novum ✒ pro

AF141691

MICA SCHOLTEN

DIE SEELE IM UNTERZUCKER

Wenn der Körper zum Feind wird

Am Ende
müssen wir
uns selbst
retten!

novum pro

Dieses Buch ist auch als
e-book
erhältlich.

www.novumverlag.com

Bibliografische Information
der Deutschen Nationalbibliothek:

Die Deutsche Nationalbibliothek
verzeichnet diese Publikation in
der Deutschen Nationalbibliografie.
Detaillierte bibliografische Daten
sind im Internet über
http://www.d-nb.de abrufbar.

Alle Rechte der Verbreitung,
auch durch Film, Funk und Fernsehen,
fotomechanische Wiedergabe,
Tonträger, elektronische Datenträger
und auszugsweisen Nachdruck,
sind vorbehalten.

© 2021 novum Verlag

ISBN 978-3-99107-238-6
Lektorat: Mag. Eva Zahnt
Umschlagfoto: www.pixabay.com
Umschlaggestaltung, Layout & Satz:
novum Verlag
Innenabbildung: Mica Scholten

Gedruckt in der Europäischen Union
auf umweltfreundlichem, chlor- und
säurefrei gebleichtem Papier.

www.novumverlag.com

Inhaltsverzeichnis

Die Namen der handelnden Personen wurden
aus Datenschutzgründen geändert.

Vorwort

Wenn ich heute auf meine bisherige Lebensgeschichte zurückblicke, so bin ich ziemlich schockiert darüber, was für ein Mensch ich früher einmal war. Was rechtfertigte meine kuriose Denkweise und mein Verhalten in der Vergangenheit? Wo liegt der Punkt, an dem ich selbst zu meinem schlimmsten Feind wurde? Möglicherweise ab jenem Zeitpunkt, ab welchem sich mein Körper dazu entschloss gegen sich selbst zu kämpfen? Brachte er ab diesem Zeitpunkt nicht nur sämtliche fehlgeleitete Antikörper, sondern auch meinen Geist gegen mich auf? Oder war dies lediglich ein Resultat davon? Seit ich mich erinnern kann war ich auf irgendeine Art und Weise stets mit mir selbst auf Kriegsfuß. Versuchte mir selbst zu entfliehen, indem ich die abstrusesten Ideen und Vorhaben ausprobierte, nur um mich nicht mit mir selbst auseinandersetzen zu müssen.

Heute bin ich 28 Jahre alt, alles in allem ziemlich ausgeglichen und gehe wieder zur Schule, um anschließend Journalismus, Ernährungswissenschaft, Psychologie oder Grafikdesign zu studieren. Ganz schlüssig bin ich darüber noch nicht. Aber wenigstens habe ich endlich ein konkretes Ziel im Auge. Und darauf bin ich ehrlich gesagt stolz. Zu viel Zeit in meinem Leben habe ich schon verschwendet, welche ich anderweitig deutlich sinnvoller hätte investieren können. Aber was bringt es schließlich noch im Nachhinein, seine Zeit mit „hätte, wäre, wenn …" zu vergeuden? Das ist wiederum nur verschwendete Zeit!

Es ist hilfreich, gelegentlich zu reflektieren und sich vor Augen zu halten, was früher schieflief und dies in Zukunft anders zu machen. Oder zumindest etwas besser. Wer Wunder erwartet, fällt viel schneller auf die Schnauze.

Es gibt Menschen, welche glauben, dass sich ein Mensch grundsätzlich niemals ändert. Andere behaupten wiederum das Gegenteil.

Ich glaube, dass wir durchaus dazu in der Lage sind, mit zunehmender Lebenserfahrung das eine oder andere gezielt zu verändern. Zumindest dann, wenn wir nur konsequent dranbleiben. Irgendwann ist ein Punkt erreicht, an welchem wir aufhören müssen, alles auf die Vergangenheit oder eine schwierige Kindheit zu schieben. Im Grunde ist das eine banale Ausrede für die eigenen Defizite, wenn möglicherweise auch eine Erklärung. Aber keinerlei Freibrief dafür, andere Menschen oder Tiere darunter leiden zu lassen. Am Ende zählt die persönliche Charakterstärke und die nötige Portion Willenskraft. Jeder Einzelne von uns kann ein guter Mensch sein, welcher etwas bewirken kann. Auch Menschen mit härteren Schicksalen. Selbst mit Kleinigkeiten verbessern wir die Welt. Wir müssen es nur wollen!

Frühe Kindheit

Im Jahr 1992 erblickte ich das Licht der Welt. Ich war das erste und einzige Kind meiner beiden Eltern, welche sich kurz vor der Wende in Ost-Berlin kennenlernten. Nach der Wende zog meine Mutter, welche ursprünglich aus Thüringen stammt, zu meinem Vater nach Baden-Württemberg, wo dessen Wurzeln lagen.

Voller Fürsorge boten mir meine Eltern, ja eigentlich meine ganze Familie, alles, was ich brauchte. Sie sorgten dafür, dass ich immer gut zu essen hatte, mein Sortiment an Kleidung und Spielzeug war ausgiebig und auch sonstige Aktivitäten wie Ausflüge, schöne Ferien und Familienfeste gehören zu den schönsten Erinnerungen, welche ich noch immer bei mir trage.

Zu meinen frühesten Erinnerungen zählen die gemeinsamen Ferien bei meiner Oma in Thüringen. Dort wurde viel gemeinsam unternommen. Deren Mann, mein Opa starb als ich ein dreiviertel Jahr alt war. Also kann ich mich nicht mehr wirklich an ihn erinnern. Ich kenne ihn nur aus vielerlei bunten Erzählungen, Bildern und Videofilmen.

Ich denke bis heute sehr gerne an die gemeinsamen Stunden im Gartenhäuschen, auf dem Campingplatz oder im Freibad zurück. Ich kannte und mochte die einfachen und bescheidenen Menschen in der kleinen Ortschaft. Auf Unternehmungen jeder Art freute ich mich regelmäßig.

Stundenlang spielte ich mit meiner Oma Kartenspiele wie Mau-Mau, Skip-Bo und UNO. Auch ausgiebige Puzzlespiele kamen nicht zu kurz. Ich hatte immer einen enormen Spaß an den Stunden des Spiels.

Ich spielte weiterhin gerne Gesellschafts- und Brettspiele mit meinem Vater, welcher die Spielrunde meist noch etwas bunter gestaltete. Spielten wir zu zweit ein Spiel, welches eigentlich für vier Personen gedacht war, wie „Mensch-ärgere-dich nicht" oder „Fang-den-Hut", so nahm mein Vater noch zwei Handpuppen von meinem Kasperletheater dazu, setzte sie auf den Tisch, teilte ihnen eine Farbe zu, „vertonte" sie während des Spiels und ließ sie auf diesem Wege an der Runde teilhaben. Bis heute erinnere ich mich an die witzigen Stimmen, welche er für den König oder das Krokodil imitierte.

Mein geliebtes Abendritual in Form einer Gute-Nacht-Geschichte ist meiner Mutter zu verdanken. Jeden Tag saß sie an meinem Bett und las mir einige Seiten aus diversen Kinderbüchern vor. Einige dieser Geschichten hatte ich auch als Hörspiel in Form von Radio-Kassetten für meinen Walkman, welche mein Vater in seinem Geschäft zum Verkauf anbot. Im Kindergarten wurden sie auch des Öfteren im Stuhlkreis vorgelesen.

Ich war ein sehr kuschelbedürftiges Kind. Jede Nacht drückte ich mich fest an eines meiner Plüschtiere, welche den Rand meines Kinderbettes zierten.

Mein Vater führte über viele Jahre ein Geschäft, welches Unterhaltungselektronik zum Verkauf anbot und Reparaturen vornahm. Direkt darüber lag unsere Wohnung. Wir brauchten nur die Treppen herunter zu steigen und schon waren wir mitten im Laden. Jener war bereits in dritter Generation in seinem und meiner Tantes Besitz, nachdem sie ihn von meinen Großeltern übernommen hatten, als diese Mitte der Neunziger in Rente gingen. Mein Vater war in unserer kleinen Stadt eine angesehene Persönlichkeit und hatte einen Meister als Radio-Fernsehtechniker. Meine Tante, seine Schwester, fungierte im Geschäft als Kauffrau.

Ich liebte es als Kind mit Konsolen zu spielen. Mein Favorit war die Nintendo 64, von welcher ich aufgrund meines Vaters Status beinahe alle Mario-Spiele besaß und auch beherrschte. Gefühlte hunderttausend Stunden verbrachte ich damit zu spielen, ganz gleich ob zuhause oder im Laden direkt, in welchem eine Testkonsole für Kunden aufgebahrt stand. Jene war meistens durch mich belegt, ich war definitiv einer seiner besten Kunden, hihi. Zu meinem 5. Geburtstag im Jahre 1997 bekam ich meine erste eigene Nintendo 64 und einige Lieblingsspiele dazu. Zu Weihnachten folgte ein schwarz-weißer Gameboy 64. *Hach, das waren noch echte Retro-Klassiker...*

Meine Großeltern väterlicherseits hatten ein großes Haus mit einem schönen Garten, welcher auch ein eigenes Schwimmbad beinhaltete. Regelmäßig war ich dort zugange, lernte schon sehr früh das Schwimmen und tobte ausgelassen im Garten herum. Gemeinsame Grillabende mit der ganzen Familie waren im Sommer an der Tagesordnung. Ich war eine regelrechte „Wasserratte", wie man mich damals gerne titulierte. Regelmäßig musste man mich ermahnen, nun endlich den Pool zu verlassen, nachdem vom langen Aufenthalt im Wasser meine Lippen schon ganz blau waren. Mit meinem Vater und meinem Opa lieferte ich mir regelrechte Atem-Anhalt-Wettbewerbe. Auch auf unserem Balkon wurde im Sommer immer ein großes Planschbecken aufgeblasen, in welchem sich an heißen Tagen abgekühlt werden konnte. Gelegentlich waren auch Freunde von mir zu Besuch, welche den Badespaß mit mir teilten.

Meine Großeltern hatten einen kleinen Zwergschnauzer, welchen ich sehr gerne mochte. Er war ihr absoluter Liebling, meine Großeltern hatten im Gesamtbild ein sehr großes Herz für Tiere aller Art. Auch Vögel, Igel und Wildkatzen wurden regelmäßig mit Futter im Garten versorgt. Ich schätze, dass ich meine bedingungslose Liebe zu Tieren zum Großteil ihnen zu verdanken habe.

Worauf ich mich als Kind immer am meisten freute, waren die Schützenfest- und Jahrmarktbesuche mit meinen Eltern. Mein Vater war ein leidenschaftlicher Fahrgeschäft-Abenteurer, keine Fahrt war ihm zu wild.

Ab einem gewissen Alter bereitete es auch mir die größte Freude, an den aufregenden Fahrten teilzunehmen. Meine allererste Fahrt verlief mit dem Schnee-Express. Zuerst hatte ich

Bedenken, doch als diese Hürde überwunden war, konnte ich von den Fahrten nie mehr genug bekommen. Nach dem Schnee-Express folgten erste Fahrten mit der Achterbahn, dem Break Dancer (bis heute mein Lieblingsfahrgeschäft), dem drehenden Oktopus und vielen mehr. Hierbei fällt mir ein, dass ich stets wahnsinnig enttäuscht und frustriert darüber war, dass ich einige Bahnen damals noch nicht fahren durfte, da man für diese eine Körpergröße von mindestens 1,40 m haben musste. Ich fühlte mich diskriminiert und ausgeschlossen. Dass es sich nur um eine Vorsichtsmaßnahme handelte, kam mir nicht in den Sinn. Natürlich wollte ich ALLE aufregenden Fahrgeschäfte sofort ausprobieren, ganz besonders die angebetete Überschlagbahn Top Spin, welche mein Vater schon häufiger bestiegen war. Anfangs leider noch ohne mich.

Mein Vater war von Natur aus ein sehr lebhafter Mensch. Er pflegte viele Freund- und Bekanntschaften, mit welchen regelmäßig etwas unternommen wurde. Er war unter anderem Mitglied bei den Segelfliegern, in einem Kochclub und auch gern gesehener Kamerad beim Stammtisch, zu welchem ich ihn in Kindertagen gelegentlich begleiten durfte.

Zu Weihnachten und Geburtstagen waren die Tische für mich prall gefüllt mit diversen Geschenken in Form von Spielsachen, Geld, Gutschriften und Kleidung. Nicht nur meine expliziten Kinderwünsche wurden erfüllt, sondern auch stets dafür gesorgt, dass es mir anderweitig an nichts fehlte.

Zu Ostern wurden liebevolle Nester zusammengestellt, welche ich jedes Jahr am Ostersonntag in den frühen Morgenstunden suchen durfte. Das war ein jährliches Highlight für mich, wie es wohl für die meisten Kinder eines darstellt. Ich erinnere mich noch heute an die unendliche Vorfreude auf die ersehnte Suche, als ob es gestern gewesen wäre. Wie ich morgens in die Betten meiner Eltern kletterte, hibbelig wartete, bis jene sich endlich „erbarmten" aufzustehen und die aufregende Suche beginnen konnte. Ostern mochte ich dank der stets so aufregend gestalteten Suche immer am liebsten. Sogar noch lieber als Geburtstage und Weihnachten, obwohl es da meist die „größeren" Geschenke zu erwarten gab. An Ostern überwiegten doch meist die Süßigkeiten.

Ich war von der Konfirmation katholisch. Als Kind war ich lange sehr gläubig, betete sogar eine Zeit lang jeden Abend das Vater-Unser und redete mit Jesus. Ich erzählte ihm von meinem Tag und teilte ihm meine sonstigen Kindersorgen mit. Ich bat ihn um Frieden und Gesundheit in der Welt und ganz besonders darum, dass es allen Tieren gut gehen sollte. Im Grunde spielte das Thema Religion niemals eine größere Rolle in meiner Familie. Wir gingen nicht jeden Sonntag – ja eigentlich so gut wie gar nie – in die Kirche. Noch nicht mal zu Weihnachten oder zu Ostern. Das Einzige, an das ich mich konkret erinnere, ist, dass am Karfreitag kein Fleisch gegessen wurde. Meist kochte mein Vater ein Gericht mit Fisch.

Geschichten aus der Bibel kannte ich aus dem Kindergarten und auch von zuhause zur Genüge. Am liebsten mochte ich die Noah-Geschichte, weil die vielen Tiere überleben durften und alle „bösen" Menschen ausradiert wurden. Die Welt wurde für einen Neustart präpariert. Keine üble Idee, oder?

Mein Kopf war schon sehr früh mit viel Fantasie gefüllt. Durch Kinderserien, Hörspiele, Geschichten und Bücher inspiriert, erfand ich sehr viele eigene Geschichten. Diese spielte ich nicht nur mit meinen Spielfiguren über viele Stunden nach, sondern zeichnete auch sehr viel in Form von Bildern und Comics. Malen zählte zu den größten Hobbys meiner Kindheit. Gelegentlich zeichne ich noch heute.

Meine Mutter meinte einmal zu mir, dass sie persönlich eine wesentlich strengere Kindheit hatte als ich. Es wurden mitunter die besten Noten und die nötige Begeisterung für Virtuosität erwartet, da meine Großeltern mütterlicherseits beide sehr musikalisch waren bzw. sind. Beide unterrichteten sogar als Lehrer Musik, spielten ausgezeichnet Klavier und waren auch sonst sehr belesen in klassischer Musik. Zu meinem Geburtstag war es üblich, dass ich jedes Mal per Telefon ein Ständchen mit dem Klavier von meiner Omi bekam. Ich bewunderte meine Oma für ihre musikalische Begabung und hörte sehr gerne zu. Dieses Talent hatte sie natürlich auch an meine Mutter weitergegeben, welche ihre virtuosen Fähigkeiten später unter anderem sehr gut bei ihrer Arbeit im Kindergarten einbringen konnte, wenn sie mit den Kindern Lieder sang oder für Aufführungen probte. Ich bin sicher, dass es meine Mutter zu einer großen Pianistin gebracht hätte, wenn sie diesen Weg weiter verfolgt hätte.

Und trotzdem schwor sich meine Mutter schon in Kindertagen, ihren eigenen Kindern eines Tages jene Erwartungen zu ersparen. Weder Druck in der Schule zu machen noch das gezielte Erlernen eines Instruments. Dass die Kinder vor 40–50 Jahren noch „strenger" und anders erzogen wurden, ist kein Geheimnis. Auch mein Vater wuchs in Bezug auf Disziplin und Gehorsam deutlich strenger auf als ich.

Was Bestrafung und Disziplin anging, erhielt auch ich gelegentlich mal eine „Backpfeife", wurde aber nie wirklich verhauen, wie es bei anderen Kindern der Fall ist. Hin und wieder gab es mal Fernsehverbot, allerdings schaffte ich es meist regelmäßig so lange zu nerven, bis ich vor Ablauf der Frist wieder gucken durfte.

Meine Großeltern väterlicherseits waren deutlich anders gestrickt als meine Verwandtschaft in Thüringen. Extrem konservativ, traditioneller und viel mehr darauf bedacht, „was denn die Nachbarn denken könnten".

Nachdem sich herausgestellt hatte, dass ich „unterwegs" war, drängten meine Großeltern väterlicherseits meine Mutter und meinen Vater zur Heirat. Wie sähe dies denn sonst in der Gesellschaft aus? Und außerdem müsse das Kind doch IHREN Familiennamen tragen! Meine Mutter (welche noch niemals die Nerven für ewig lange Diskussionen hatte), fügte sich am Ende und ließ den stolzen Vorzeigebürgern ihren Willen. Einem solch konservativen Druck wäre ich persönlich wohl niemals nachgekommen. Schließlich hat doch jeder ein Recht auf ein frei gewähltes Leben.

Alles in allem hatte ich eine sehr schöne und unbeschwerte frühe Kindheit, welche ich nicht mehr missen möchte!

Diagnose: Diabetes Typ 1

Im Sommer 1996 sollte meine bis dato recht unbeschwerte Kindheit zum ersten Mal im Leben auf eine harte Probe gestellt werden. Wir waren gerade im Urlaub bei meiner Oma in Thüringen, so wie jedes Jahr in den Sommerferien. Erzählungen zufolge begann ich nachts wieder ins Bett zu machen. Und das, obwohl ich schon seit einiger Zeit die Nächte über trockengestellt war. Begleitet wurde dieser Zustand von verstärktem Durstgefühl und leichter Abgeschlagenheit.

Die Symptome erweckten bei meiner Mutter einen Verdacht, da sie einige Zeit zuvor schon einmal einen Fachartikel darüber gelesen hatte. Geistesgegenwärtig führte sie einen Keton Test mittels eines Urinstreifens durch, welcher eindeutig positiv ausfiel.

Wir fuhren einige Tage früher als geplant nach Hause und zusammen mit meiner Mutter ging es auf die Kinderstation, wo ihr befürchteter Verdacht eindeutig bestätigt wurde. **Diabetes mellitus Typ 1**. Eine unheilbare Autoimmunerkrankung, bei welcher die körpereigene Bauchspeicheldrüse die Produktion von Insulin nach und nach vollkommen einstellt, weil sie fälschlicherweise von Antikörpern angegriffen wird und somit die aufgenommenen Kohlenhydrate nicht mehr verwerten kann. Die Folge: Der Blutzuckerspiegel steigt durch den nicht aufgenommenen Zucker aus Nahrung und Getränken ins Unendliche an. Der Zucker kommt ohne das lebenswichtige Hormon Insulin nicht mehr in Zellen und Muskeln, und verbleibt somit direkt im Blut. Irgendwann kommt es zu einer Ketoazidose, ein lebensgefährlicher Zustand mit übersäuertem Blut, welcher ohne die Zufuhr von Insulin schon bald tödlich endet. Durch vermehrtes Trinken versucht nun der Körper, das völlig überzuckerte Blut weitestgehend zu reinigen und scheidet den Zuckerüberschuss auf diesem Wege über die Nieren aus. Das erklärte meinen starken Durst und den erhöhten Harndrang, welcher nachts aus eigener

Kraft nicht mehr zurückzuhalten war. Meine Nieren verlangten durchgehend Nachschub, um mein Blut zu säubern.

Vor jeder Mahlzeit hieß es nun mit einer Stechhilfe einen Stich in die Fingerkuppe zu machen und anhand eines Blutstropfens via Blutzuckermessgerät herauszufinden, wie hoch mein Blutzuckerwert war. Idealwerte liegen in etwa zwischen 80 und 160 mg/dl (Stand von vor rund 20 Jahren, heute ist jener Aspekt noch eine Spur strenger geworden und man sagt sogar teilweise bereits zwischen 70 und 140 mg/dl). Wobei es hier im Gesamtbild noch vielerlei mehr Feinheiten zu beachten gibt. Nüchtern-Wert, vor-dem-Essen, nach-dem-Essen, Schlafenszeit, nachts etc.

In Bruchstücken erinnere ich mich noch immer an jene Zeit. Meine Mutter blieb die ganze Zeit über an meiner Seite und schlief auf einer Klappliege neben meinem Krankenbett. Ein weiteres Kind bewohnte ebenfalls mit seiner Mutter das Zimmer, wir verstanden uns sehr gut mit den beiden. Die Ärzte und Schwestern waren alle sehr lieb zu mir, obwohl ich gelegentlich aufgrund der neuen Situation auch etwas mürrisch agierte. Aber ich schätze, das ist mir nicht allzu übel zu nehmen. Ständige Stiche in die Fingerkuppen und in den Bauch sind für ein fast 4-jähriges Kind alles andere als ein Zuckerschlecken. Wortwörtlich, haha!

Alle paar Stunden musste von nun an mein Zuckerwert bestimmt werden, damit meine Insulintherapie perfekt eingestellt werden konnte. Sogar in den nächtlichen Stunden ging zwischenzeitlich die Türe auf. Eine Nachtschwester kam herein, desinfizierte meinen Finger und versetzte mir einen PETser um meinen Wert zu bestimmen. Anhand dieser Maßnahme wurde die Dosis meines Basalinsulins, (welches den Bedarf unabhängig vom Essen abdeckt), optimal angepasst. Das war eine sehr nervige und mitunter auch schmerzhafte Prozedur. Ganz besonders dann, wenn immer ein anderer Finger zum Pieksen ausgewählt wurde. An unberührten und frischen Stellen schmerzten die Stiche um einiges mehr als an jenen Fingern, welche bereits eine kleine Hornhaut aufgrund der Stiche gebildet hatten.

Mithilfe eines sehr lustig gemachten Hörspiels für Kinder, welches ich damals auf meinem Walkman rauf und runter hörte, begann ich mein neues Handicap allmählich zu begreifen. Durch die lustig untermalten Lieder darin lernte ich sogar schon frühzeitig einige Fachbegriffe bezüglich der Zuckerkrankheit kennen und ansatzweise verstehen.

Wer noch etwas mehr Hintergrundwissen über Diabetes Typ 1 sammeln möchte, liest dieses Kapitel zu Ende. Wen es so gar nicht interessiert, der springt einfach über zum nächsten … ☺

Folgende Begriffe sollten jeder Diabetiker und auch deren nächste Angehörige kennen:

Hypoglykämie (Hypo) = Unterzuckerung

Hyperglykämie (Hyper) = Überzuckerung

Basalinsulin = langwirksames Insulin, welches über mehrere Stunden den täglichen Insulinbedarf unabhängig vom Essen abdeckt

Bolusinsulin = kurzwirksames Mahlzeiten- und Korrekturinsulin

BE = Broteinheit (10–12 g Kohlenhydrate) zur Berechnung des benötigten Insulins. Als altbewährte Faustformel der intensivierten Insulintherapie gilt: Eine Einheit pro BE! Das variiert jedoch ein bisschen von Person zu Person.

<u>Beispiel</u>: 1 mittelgroßer Apfel oder 1 Scheibe Toastbrot haben jeweils 1 BE. Wenn ich nun zum Frühstück 2 Scheiben Toast gegessen habe, musste ich mit 2 Einheiten Bolusinsulin korrigieren. War Käse oder Wurst auf dem Brot, musste dies nicht berücksichtigt werden, da diese keine Kohlenhydrate, sondern nur Fett und Eiweiß enthalten. Anders sah es bei Marmelade oder Nutella aus. 25 g davon, eine weitere BE. Und so weiter und so fort. Hinzu kommt die Tatsache, dass der Körper in den Morgenstunden einen höheren Bedarf an Insulin hat als in den Mittags- und Abendstunden. Alles Feinheiten, welche man für eine perfekte Therapie berücksichtigen muss.

Für einen Diabetiker gilt ernährungstechnisch dasselbe wie für einen „Nicht-Diabetiker!

Diese Weisheit, welche bereits mein damaliges Kinderhörspiel besagte, bestätigt sich bis heute. Erst vor kurzem hörte ich sie erneut in meiner letzten Diabetiker-Schulung. Um Folgeerkrankungen vorzubeugen muss ein chronisch kranker Mensch mit Diabetes stets doppelt so sehr auf der Hut sein wie ein gesunder Mensch. Aber auch jenem würde es natürlich alles andere als schaden, sich in puncto Ernährung an ein ähnliches Schema zu halten. In diesem Sinne gilt so mancher disziplinierte Diabetiker mit gesunder Ernährungsweise sogar als Vorbild. Die einfachsten Regeln dürften wohl nahezu bekannt sein.

- Regelmäßig frisches Obst und Gemüse.
- Die täglichen Mahlzeiten (besser sind mehrere kleine über den Tag verteilt als riesige Portionen) wenn möglich immer zu denselben Uhrzeiten einnehmen.
- Gesunde und lang sättigende Kohlenhydrate mit wenig Zucker.
- Keine großen Portionen vor dem Schlafengehen (bringt den Zuckerspiegel in der Nacht unnötig aus dem Gleichgewicht und sorgt für zu hohe Blutzuckerwerte am Morgen).

- Zuckerhaltige Getränke nur in Maßen (auch mit Light-Getränken nicht übertreiben, da die Zuckeraustauschstoffe nicht gerade das Maß aller Dinge sind) Am besten sind Wasser und Tee.
- Regelmäßig Bewegung und Sport.

Injiziert sich ein Diabetiker mehr Insulin als nötig, so verfällt er in eine **Unterzuckerung (Hypoglykämie)**.
Auch dies variiert wieder individuell von Person zu Person. Der eine merkt bereits bei einem Zuckerwert von **80 mg/dl** typische Symptome, der andere wiederum erst ab **50 mg/dl** oder sogar weniger.

Die typischen Symptome hierbei sind vorübergehende Seh- und Konzentrationsstörungen, Heißhunger, zitternde Beine, Schwitzen, Krämpfe, Panikattacken, Aggressivität, übertriebene Albernheit, Verwirrung bis hin zur Bewusstlosigkeit (meist bei extremer Unterzuckerung, auch „**schwerer Hypo**" genannt). Auch von diesen wechselnden Begleiterscheinungen kann ich als langjähriger Diabetiker mittlerweile ein Lied singen.

Im Falle einer Bewusstlosigkeit ist Hilfe von anderen Personen unerlässlich. Es sollte Traubenzucker oder ein recht schnell wirkendes Getränk wie Apfelsaft oder Cola verabreicht werden, um das Bewusstsein des Diabetikers so schnell wie möglich wiederherzustellen. Ist dies nicht mehr möglich, so darf auf keinen Fall gewaltsam gehandelt werden. Es besteht Erstickungsgefahr!
Bei jeder Unterzuckerung ist der ganze Körper massiver Belastung und Stress ausgesetzt. Die Leber (welche unter anderem Fett- und Zuckerreserven im Körper abspeichert) schüttet in diesem Zustand vermehrt Zucker aus, um den ganzen Kreislauf am Leben zu erhalten. Aus diesem Grunde ist es praktisch unmöglich, an einer Unterzuckerung direkt zu versterben. Reagiert man jedoch nicht rechtzeitig, so nimmt man langfristig teilweise irreparable Schäden in Kauf (Gehirnzellen sterben ab, Muskulatur und Nerven leiden darunter etc.). Deshalb: Unterzuckerungen gilt es

konstant zu vermeiden! Lieber ein kleines bisschen zu hoch, als öfters oder sogar konstant zu tief.

Ganz zu schweigen von den äußeren Einflüssen und Gefahren, wenn man nicht mehr Herr über Körper und Sinne ist. Wie zum Beispiel im Straßenverker.

Ein Unterzucker kann in gewisser Weise einem Vollrausch gleichgesetzt werden. An Unterzuckerungen in meiner frühesten Kindheit erinnere ich mich teilweise.

Der Hba1C – eine Art Zwischenzeugnis der Diabetiker

Alle 3 Monate heißt es für den gut koordinierten Diabetiker zum Arzt gehen und den **Hba1C** (Langzeitblutzuckerwert) bestimmen zu lassen. Jener liegt im besten Fall zwischen 4 und 6. Wobei auch hier zu sagen gilt, dass es sich dabei um einen Richtwert handelt, der von Diabetiker zu Diabetiker variiert. Ein gesunder Mensch hält sich auf natürlichem Wege automatisch in diesem Bereich, die wenigstens Typ 1-Diabetiker schaffen es wohl dauerhaft, auf dieser Ebene zu verbleiben. Blutzuckerschwankungen lassen sich bei diesem Krankheitsbild in der Praxis niemals vollständig vermeiden. So viele Faktoren beeinflussen ihn. Nicht nur die Essensmenge und die darauf abgestimmte Insulindosis bestimmen die Werte. Außerdem tun es Dinge wie Stress, Krankheiten, Bewegung, anspruchsvolle körperliche Aktivität, Adrenalin, psychische Faktoren, Alkohol und Nikotin, sonstige Begleiterkrankungen etc.

Der Hba1C widerspiegelt den gehaltenen Blutzuckerspiegel der vergangenen 3–4 Monate quasi als Durchschnitt. Er setzt sich zusammen aus den „normalen", sowie den zu hohen und zu tiefen Werten und ergibt so die Gesamtsumme.

Er wird beim Termin mit dem behandelnden Diabetologen gründlich besprochen, sowie das Blutzuckertagebuch analysiert, um vergangene „Patzer" zu besprechen und künftig zu verbessern.

Beispielsweise wird die Essensmenge neu besprochen oder die Insulindosis den Lebensumständen entsprechend neu angepasst. Wer mehr isst, muss dementsprechend mehr spritzen, simple Logik!

Es soll sogar Diabetiker geben, welche sich einige Tage vor der Kontrolle absichtlich in den Unterzucker spritzen, um ihre Statistik zu verbessern. Sinnvoll ist das nicht. Der Arztbesuch ist keine strenge Abschlussprüfung, sondern viel eher eine Hilfestellung. Niemand ist dazu verpflichtet, aber es ist durchaus hilfreich. Ganz besonders zu Beginn der Krankheit.

Im Laufe der Jahre stellt sich Routine ein.

Ich erinnere mich noch sehr gut an die damaligen, vierteljährlichen Besuche bei meinem Lieblingsdoktor Hofer, an welchen ich bis heute gelegentlich zurückdenke. Er war sehr freundlich, hatte für jede Lebenslage ein offenes Ohr und unterstützte mich und meine Eltern in jeder Hinsicht. Ob es nun um die Kontrolle der Spritzstellen an Bauch und Schenkeln und die Anwendung der Nadeln ging, die BE-Anzahlen der Zwischenmahlzeiten oder die Basalratendosis – auf seinen Rat vertrauten wir immer gerne. Bis zum heutigen Tag kann ich mich an keinen Arzt erinnern, welcher mir je sympathischer war. Auch meine Mutter erinnert sich nach wie vor gerne an ihn zurück.

Der Tag des Hba1C war für mich bezüglich der „ganz großen" Blutabnahme als Kind immer der pure Horror. Aus welchen Gründen auch immer wurde mir in Kindertagen das Blut aus dem Handrücken abgenommen, was natürlich mehr weh tat als aus der Armbeuge. Und obwohl Nadeln mittlerweile zu meinem „täglich Brot" gehörten, fürchtete ich diesen Stich mit der ganz großen Nadel immer ganz besonders. Während ich mit meiner Mutter wartete, wimmerte ich häufig vor lauter Angst im Wartezimmer. Der eigentliche Vorgang war dann zwar kurz unangenehm, aber trotz allem recht schnell vorbei. Naja, meistens. Ich hatte noch niemals sonderlich gute Venen und oft wurde beim ersten Stich kein Blut gefunden, weshalb noch einmal neu gestochen werden musste. Meine Venen neigen laut einigen

Arzthelferinnen dazu, sich zu „verstecken". Ist das nicht ein eindeutiger Beleg meiner sozialen Inkompetenz und Schüchternheit? Haha!

Nach der Blutabnahme freute ich mich immer darauf, mir ein buntes Kinderpflaster auszusuchen. Jedes Mal war ich gespannt, welche lustigen Motive mich denn dieses Mal erwarteten. Die Pflaster klebte ich nach dem Abriss an meine Kinderzimmertüre. Eine Art Trophäensammlung für meine Tapferkeit.

Als Kind verstand ich noch nicht allzu viel vom Hba1C-Wert. Ich wusste nur so viel, wenn er gut war, hatte ich beim Messen und Spritzen alles richtig gemacht und war ein bisschen stolz auf mich. Natürlich nur so weit, die nervige Piekserei immer tapfer erduldet zu haben. Die Kunst der Berechnung unterlag allein der Fürsorge meiner Eltern.

Nachdem stationär alles nach Plan verlief, sich mein körperlicher Zustand stabilisiert hatte und auch sonst alle nötigen Vorkehrungen für zuhause getroffen waren, durfte ich die Kinderstation nach 2 Wochen wieder verlassen. Meine Eltern waren dank der großartigen Ärzte und des kompetenten Personals auf der Station bestens auf unser zukünftiges Leben mit meinem „kleinen Handicap" vorbereitet. Jenes bestand von nun an aus Nadeln, Spritzen, Messstreifen, Tupfern, Pflastern und natürlich dem überlebenswichtigen Insulin, welches mir fortan tagtäglich 4-mal verabreicht wurde. Vor jeder Mahlzeit und vor dem Schlafengehen.

Auch ich selbst gewöhnte mich von Tag zu Tag mehr an die neuen Lebensumstände. Irgendwann wurde die tägliche Piekserei Routine und sehr bald kannte ich es nicht mehr anders. Ich lernte mich an zuckerfreie Getränke und Kaugummis zu gewöhnen, Nascherein hielten sich von nun an stärker in Grenzen.

Meine Eltern gaben sich beide sehr große Mühe bezüglich meiner Ernährung und der Einhaltung der erforderlichen Maßnahmen.

Ganz besonders mein Vater, welcher von Natur aus ein leidenschaftlicher Hobby-Koch und Genießer war, experimentierte viel mit neuen Rezepturen, wobei natürlich auch die geliebte, deftige Hausmannskost nicht fehlen durfte.

Am Anfang wurden die Portionen mithilfe einer Küchenwaage noch aufs Gramm genau abgewogen, um die genaue BE-Zahl so perfekt wie möglich einzuhalten. Meist klappte das auch nahezu optimal, meine Werte blieben im Rahmen. Es wurde anfangs auch noch sehr viel mit Urinstreifen gearbeitet. Daran ließ sich unter anderem feststellen, ob meine Basalrate (langwirkendes Insulin, welches der Körper unabhängig von den Mahlzeiten benötigt, um den restlichen Stoffwechsel aufrecht zu erhalten) optimal eingestellt war. Da diese individuell abhängig von Alter, Gewicht, Muskulatur, Fettmasse, Bewegung und sämtlichen weiteren Faktoren ist, musste sie oftmals neu angepasst werden. Wovon ich in den ersten Jahren noch nicht viel verstand, geschweige denn mitbekam. Ich spritzte immer brav das Vorgeschriebene bzw. ließ es mir von meinen Eltern spritzen. Ich hinterfragte wenig in dieser Hinsicht, irgendwann ging alles wie von selbst.

Ich liebte die damaligen Zeichentrickserien auf dem Kinderkanal (heute KiKa), welche jeden Abend im Fernsehen liefen. Mein regelmäßiges Ritual zum Abendessen, auf welches ich mich täglich ganz besonders freute. Ganz besonders die Biene Maja mochte ich gerne. Mein Vater imitierte nun vor jedem Stich in den Bauch die Titelmelodie und sagte, dass jetzt Maja wieder stechen würde. Das amüsierte mich und lenkte immer ein wenig vom Einstich ab. „Ich will aber nicht, dass die Maja sticht, dann ist sie ja tot!“, protestierte ich auf ironische Art in meiner kindlichen Unbeholfenheit. Und schon war der Vorgang auch wieder vorbei.

Meine Eltern waren stets bemüht, dass ich in Bezug auf Ernährung trotz Anrechnung von Broteinheiten und deren Korrektur wie alle anderen Kinder aufwachsen durfte. Im Gegensatz zu anderen Diabetikern, welche alles zu 100% genau nehmen, und vollständig auf Süßigkeiten verzichten, verlebte ich in diesem Sinne eine recht normale Kindheit. Allerdings gab es trotz allem ein genaues Muster, an welches sich tagtäglich gehalten wurde.

Morgens gab es Frühstück, am Vormittag eine Zwischenmahlzeit (meist ein kleiner Joghurt oder Obst), dann Mittagessen, am Nachmittag nochmals eine kleine Zwischenmahlzeit, später Abendbrot und vor dem Schlafengehen noch eine kleine Spätmahlzeit. Die BE-Zahlen der Mahlzeiten wurden immer recht identisch gehalten, so dass sich das gewohnte Schema in Form vom kurzwirksamen Bolusinsulin zu den Mahlzeiten nicht inständig ändern musste. Die damals berechneten Einheiten, BE-Zahlen und das verwendete Insulin kann ich allerdings heute, bald 25 Jahre nach der Erstdiagnose, nicht mehr eindeutig wiedergeben.

Cool, dieses Jahr habe ich 25-jähriges Jubiläum. Gibt's da was Besonderes zu gewinnen? 😸😸😸 *grins*

Was mich im Alltag ziemlich nervt, ist die oberflächliche Annahme, dass Diabetes stets mit ungesunder Ernährung zusammenhängt. Das mag zuweilen stimmen. Diabetes Typ 2 (auch Altersdiabetes genannt) ist in der Tat auf zu wenig Bewegung und schlechte Essgewohnheiten zurückzuführen. Dieses Krankheitsbild mutierte besonders in den vergangenen Jahren zu einer echten Volkskrankheit. Etwa 95 % aller Diabetiker in Deutschland leiden tatsächlich unter Typ 2. Nur etwa 5 % sind so wie ich von Typ 1 betroffen. Ich finde es ein bisschen schade, dass es diesbezüglich zu wenig Aufklärung und Abgrenzungen gibt. Möglicherweise wird dieses Buch in dieser Hinsicht ein wenig Licht ins Dunkel bringen… 💡

Ich versuchte stets Sprüche wie „Oh, zu viel Süßes gegessen?!" vornehmlich zu ignorieren. Manche Leute wissen es einfach nicht besser oder sind zu bequem um nachzuforschen. Andererseits: *würde ich es tun, wenn ich niemals mit jener Thematik in Verbindung gekommen wäre?* Ich kann es nicht beschwören. So vieles wird eben mal dahingesagt, ohne es tatsächlich bewusst böse zu meinen oder genauer zu überdenken. Hauptsache einen Kommentar abgegeben.

Ferner nervt es mich häufig, dass viele Menschen der Meinung sind, dass Diabetes zwangsläufig mit einer ganz gezielten

Ernährung in Verbindung steht. Dass wir keine Süßigkeiten essen dürften etc. Teilweise wird dieses Klischee sogar noch in Filmen und Serien vertreten. **DAS STIMMT EINFACH NICHT!!!!** Dieses Schema wurde verfolgt, als es noch keine **intensivierte Insulintherapie** gab und sämtliche Insuline noch nicht programmiert werden konnten. Noch vor rund 40 Jahren durfte lediglich in einem vorgesehenen Zeitraum gegessen werden, wenn das Insulin seine Hochphase der Wirkung erreicht hatte. Und dann auch nur eine begrenzte Menge an „gesunden Kohlenhydraten" wie Kartoffeln, Nudeln, Brot oder Reis. Süßigkeiten waren damals weitestgehend tabu, außer im Unterzucker. Aber dieses Schema ist längst veraltet und durch die zusätzliche Zufuhr von Insulin ist es heutzutage jedem Diabetiker möglich, alles zu essen, wann und wie viel er will! Selbst 5 Stück Schwarzwälder Kirschtorte wären rein theoretisch machbar. Hierfür bräuchte es eben rund 40 Einheiten extra. Und ob es so gesund wäre (Diabetes hin oder her), ist wiederum die nächste Frage … 🫤

Das Schlimmste ist nicht die Krankheit selbst.
Das Schlimmste ist die Sonderrolle.

Individueller Knabe

Meine Mutter arbeitete in der kleinen Nebenortschaft in einem Kindergarten als Erzieherin. Dort wurde auch ich in meinem ersten Kindergartenjahr vorerst untergebracht. Allerdings in einer anderen Gruppe, da man es für kontraproduktiv in Bezug auf meine Selbstständigkeit betrachtete, wenn ich in der Gruppe meiner Mutter wäre. Als ich dorthin kam, war ich knapp 3 Jahre jung. Ein Jahr später wechselte ich in den Kindergarten, welcher sich direkt in unserem Wohnort befand.

Als mein Diabetes entdeckt wurde, befand ich mich bereits seit fast 2 Jahren im Kindergarten. Auch dort musste nun vieles gemanagt, die Erzieherinnen und anderen Kinder aufgeklärt werden. Diesbezüglich bekam ich immer viel Rückhalt, Verständnis und gelegentlich auch Hilfe. An einige Dinge kann ich mich noch recht gut erinnern. Beispielsweise daran dass ich einmal eine Unterzuckerung erlitt, als wir mit der Gruppe einen ausgiebigen Wandertag veranstalteten.

Ich erwachte in den Armen meiner Erzieherin, welche im Schatten eines großen Baumes mit mir zurückgeblieben war und mir etwas Apfelsaft und Traubenzucker verabreicht hatte. Verwirrt fragte ich nach, da ich das Bewusstsein verloren hatte. Nachdem es mir wieder etwas besser ging machten wir uns daran, den Rest der Gruppe wieder einzuholen.

Was Freundschaften anging, so verstand ich mich in der Regel mit fast allen anderen Kindern gut. Ich hatte eine Handvoll Freunde, mit welchen ich regelmäßig spielte. Mit diesen traf ich mich ab und an auch nachmittags, da unsere Mütter bereits aus Zeiten der Krabbelgruppe und des Krankenhauses miteinander befreundet waren. Allerdings waren jene Freundschaften niemals so tiefgründig wie es bei manch anderen Kindern der Fall ist. Schon immer war ich ein besonderer Kandidat. Entweder überdreht und risikofreudig, dann jedoch wieder introvertiert und zurückhaltend. Launenhaft und auch etwas unberechenbar würde ich es im Nachhinein beschreiben. Kam dies möglicherweise mitunter durch den wechselnden Blutzuckerspiegel? Möglich wäre es zumindest, angeblich hat die Zuckerkrankheit auch einen enormen Einfluss auf die Psyche und das soziale Verhalten. Was ich lange Zeit nicht wusste, erst vor einigen Monaten las ich einen interessanten Ratgeber darüber.

Dass ich mich im Kindergartenalter schon großartig mit anderen Kindern verglich, war mir nicht bewusst. Ich machte einfach das, worauf ich Lust hatte. Ich hatte schon im Kindergarten meine festen, immer wiederkehrenden Rituale. Seit ich denken kann, bin ich ein sehr starkes Gewohnheitstier und Veränderungen und Spontanitäten überforderten mich zuweilen. So spielte ich schon damals z.B immer mit denselben Spielsachen, schaute mir in der Leseecke immer dieselben 3 Lieblingsbücher an und verteidigte meinen besten Spielkameraden/meine beste Spielkameradin, dass er oder sie bloß nicht zu häufig mit anderen Kindern spielte und diese möglicherweise lieber mochte als mich. Ich würde es im Nachhinein nicht als besitzergreifend bezeichnen, viel eher als eine Art Verlustangst. Was ich für mich haben wollte, beschützte ich. Ganz gleich, ob es sich um eine Bezugsperson oder mein Lieblingsspielzeug handelte.

Wen ich mochte war ebenfalls launenabhängig. Ärgerte mich jemand oder tat mir (auch unbeabsichtigt) weh, so war diese Person erst einmal längere Zeit abgeschrieben. Niemals vergaß ich eine Beleidigung oder eine Gemeinheit. Vergeben fiel mir schwer, selbst wenn es sich nur um eine Lappalie handelte, welche im Grunde gar nicht der Rede wert war. Dies bezog sich auch auf die Erzieherinnen. Einmal brach ich gemeinsam mit einem anderen Kind eine Regel. Wir betraten bei Regenwetter das Klettergerüst, was aufgrund großer Rutschgefahr verboten war. Daraufhin erhielten wir für eine Woche Gerüst-Verbot. Bis ich das wieder verziehen hatte, das dauerte eine Weile.

Ich bin im Sternzeichen Skorpion. Jene sind angeblich von Natur aus rachsüchtig und vergessen niemals eine Bosheit. Wäre möglicherweise auch eine Erklärung. Wenn auch natürlich keine Rechtfertigung für mein oftmals egozentrisches Verhalten anderen Menschen gegenüber.

Mein Auftreten und meine Dominanz variierten immer sehr unterschiedlich nach Tagesform und auch abhängig von den Personen, mit welchen ich mich umgab. Im Nachhinein betrachtet war ich für die Wünsche und Bedürfnisse anderer Menschen schon immer etwas immun und es fiel mir schwer, mich in andere hineinzuversetzen.

Manche Regeln zu befolgen fiel mir ebenfalls schon immer schwer. Ganz besonders dann, wenn jene nur für MICH allein galten und die anderen nicht betrafen. Es kann gut möglich sein, dass auch dies eine unterbewusste Rebellion meiner Seele darstellte, nachdem mein Diabetes ausgebrochen war und mir plötzlich sämtliche Freiheiten in puncto Essen und Trinken genommen waren. Ganz egal wohin ich ging, so war doch stets das nervige Mäppchen mit dem verhassten Inhalt an Spritzen und Co. irgendwo im Gepäck. Und auch in meinem Hinterkopf.

Im späteren Kindesalter wurde es noch eine Spur extremer. Auf Familienfeiern empfand ich es beispielsweise als herabwürdigend, dass ich nicht zusammen mit den Erwachsenen mit Alkohol anstoßen durfte, weil ich nach deren Aussagen noch zu klein war. Durch diese völlig normale Handhabung fühlte ich mich stark diskriminiert und ausgeschlossen. Obwohl es eigentlich das Normalste der Welt ist.

Gab es Meinungsverschiedenheiten und wurde geschrien, so war es ein sehr ernüchterndes Gefühl, wenn ich nicht zurück brüllen durfte. Schließlich haben Erwachsene ja andere Rechte als Kinder. Bescheuerte Logik – jeder ist doch schließlich gleich viel wert, oder? Hören wir das nicht täglich tausendfach in den Medien? Gleichstellung, Toleranz, gleiches Recht für alle?

Obwohl es hier doch eigentlich nur um eine Form des Respekts geht. Es dauerte lange, bis ich das begriff. In Kindertagen fühlte sich das so falsch an.

Heute vertrete ich die Meinung, dass im Grunde niemand grundlos schreien sollte. Weder die Eltern noch die Kinder. Schreien macht krank. Eine vernünftige und sachliche Diskussion ist deutlich effektiver. Aber natürlich platzt jedem mal die Hutschnur …

Ich kündigte bereits als Kind des Öfteren an, dass ich an meinem 16. Geburtstag (damals war es noch ab 16 erlaubt) mit dem Rauchen anfangen würde. Und genau so kam es auch. Was ich ohnehin von der Logik als Kind niemals begreifen konnte war die Tatsache, dass viele Erwachsene rauchten, obwohl es doch angeblich so ungesund wäre. Sie priesen es sogar selbst als schlecht an, taten es aber trotzdem in der Gegenwart von uns Kindern. Also musste doch wohl irgendetwas dran sein, was es das wert machte zu tun, oder? Möglicherweise reizte mich auch hierbei das Verbotene, bei welchem ich es nicht erwarten konnte, die Gleichberechtigung mit dem 16. Lebensjahr endlich zu besitzen.

Immer wieder stellte sich für meine Eltern die Frage: Hält man sich strikt an Regeln oder lässt man in gewisser Hinsicht auch mal locker und sorgt somit für Entlastung? Denn schließlich leidet die Seele zusätzlich, wenn man alles Schöne komplett aus dem Leben verbannt und verbietet. Was ich aus moralischem Aspekt heute mehr als nachvollziehen kann. Denn jeder meint es auf seine persönliche Art und Weise gut und versucht natürlich nur das Beste. So auch damals in meinem Fall.

Ich habe keinen blassen Schimmer, wie ich persönlich vorgehen würde, hätte ich ein Kind mit diesem Handicap. Höchstwahrscheinlich würde ich es dazu ermutigen, sein Leben zu leben und zu genießen, so weit wie nur möglich. Eventuelle Konsequenzen kann schließlich niemand exakt prophezeien und es kann jeden Tag zu Ende sein. Wer garantiert schon das Morgen? Vielleicht stürzt in den nächsten zehn Sekunden das obere Stockwerk auf mich herunter und somit wäre meine Geschichte gänzlich hinfällig. Hoffen wir es mal nicht, ich möchte noch ein bisschen mehr aus meinem „turbulenten" Leben erzählen... ☺

Heute frage ich mich manchmal, warum ich nicht etwas konsequenter und strenger erzogen wurde. Warum ich niemals wirklich motiviert wurde, an einer Sache konstant dranzubleiben, so wie dies bei anderen Kindern der Fall ist. Sehr viele Kinder entdecken durch eine virtuose Ader in ihrer Kindheit die Liebe zur Musik und erlernen beispielsweise ein Instrument. Andere finden in sportlicher Hinsicht eine freudige Begabung und bauen diese mit Leidenschaft aus. Zum Beispiel in einem Verein.

Ich dagegen probierte zwar einiges, hatte aber meist beim ersten Fehlschlag wieder genug. Warum nahm mich niemand an die Hand und motivierte mich zum Weitermachen? Die Antwort lautete, man wollte mir einfach nichts aufzwängen. Schließlich hatte ich schon genug an der Backe, womit ich mich herumschlagen musste. Und durch meine ungeduldige Ader schien das auch gar nicht so einfach zu sein. Irgendwann würde ich bestimmt etwas finden, was mir zusagte und worin ich aufgehen konnte. Außerdem hatte sich meine Mutter bereits in Kindertagen geschworen, ihre eigenen Kinder eines Tages zu nichts zu zwingen, was sie nicht aus eigener Leidenschaft gerne tun wollten.

Manchmal war ich ein Quälgeist. Bekam ich meinen Willen nicht, so nörgelte ich so lange herum, bis des lieben Friedens willen endlich einer nachgab. Somit hatten meine Eltern zwar ihre Ruhe und ihr Gewissen entlastet, allerdings glaube ich heute, dass mir erziehungs- und disziplintechnisch fürs Leben kein allzu großer Gefallen getan wurde. Hätte man mich doch nur ein- oder zweimal länger quengeln lassen. Das mochte zwar damals eventuell etwas nervtötender gewesen sein, aber ich hätte wesentlich früher einen besseren Bezug zu Regeln, Grenzen und Realität gehabt. Das ist jedoch alles andere als vorwurfsvoll gemeint. Es ist nur so ein Grundgedanke, welcher mich gelegentlich beschäftigt.

Im Nachhinein weiß ich, dass man es immer gut mit mir meinte. Außerdem waren meine Eltern ebenfalls beide mit vielerlei eigenen Sorgen beschäftigt, welche sie belasteten. Davon bekam ich in frühen Kindertagen jedoch niemals etwas mit, was ich ihnen bis heute sehr zugute halte. Wenn man sich dagegen viele andere Rabeneltern ansieht, welche in Gegenwart ihrer Kinder brüllen, mit Dingen schmeißen, Gewalt anwenden oder sich mit diversen Rauschmitteln ausklinken. In dieser Hinsicht waren bzw. sind meine Eltern mehr als ein Griff in den Glückstopf.

Der lässige Onkel

Als ich etwa 5 Jahre alt war, nahm ich zur Kenntnis, dass ich fast jedes Wochenende zusammen mit meiner Mutter auf Besuch zu einem guten alten Bekannten, Ernie Beck, fuhr. Etwa eine Stunde Fahrt entfernt von zuhause, inmitten der Berge im Allgäu. Ein Jugendfreund von ihr, mit welchem sie bereits seit ihrem 16. Lebensjahr eine Art On-Off-Beziehung hatte. Das war noch bevor sie meinen Vater kennenlernte, welcher damals in der ehemaligen DDR auf Besuch war. Auch ihr damaliger Freund Ernie Beck immigrierte wie meine Mutter nach der Wende in den Westen. Ich hatte ihn schon öfter mal gesehen, wenn er bei uns zu Festlichkeiten eingeladen war, ihn aber bis dahin niemals als tragende Rolle in unserem Leben wahrgenommen. Für mich war er stets nur der lässige „Onkel Beck", welcher mir gelegentlich seinen Gameboy zum Spielen auslieh. Aber natürlich ahnte ich als Kind noch nicht, dass ER der baldige Anlass zur Trennung meiner Eltern sein würde.

Dass es damals zwischen meinen Eltern kriselte, davon bekam ich niemals etwas mit. Das Einzige, was mir bewusst auffiel, war, dass meine Mutter gegen Ende des gemeinsamen Zusammenlebens mit meinem Vater vermehrt im Gästezimmer schlief. Hinterfragte ich dies damals überhaupt? Keine Ahnung. Und wenn, so könnte ich mir vorstellen, dass simple Ausreden benutzt wurden, um mich nicht unnötig zu verunsichern. Beispielsweise„Papi schnarcht" oder so. Jedenfalls interessierte es mich auch nicht sonderlich. Ich war schon immer viel eher mit mir selbst beschäftigt, als mich um andere Menschen zu kümmern. Selbst dann, wenn sie mir nahe standen. Wird schon seinen Grund gehabt haben.

Meine Mutter erzählte mir im Nachhinein, dass Onkel Beck nur der Anlass zur endgültigen Trennung war, jedoch nicht die Hauptursache. Über die Jahre hatte sich schlichtweg herausgestellt, dass meine Eltern vom Wesen her zu unterschiedlich waren. Dass es sich jemals um die „ganz große Liebe" beiderseits handelte, bezweifle ich heute. Beide stritten dies im Nachhinein mehrfach ab.

Mein Vater war beispielsweise sehr unternehmungslustig. Beinah jedes Wochenende wollte er etwas Besonderes mit der ganzen Familie unternehmen, um ganz besonders mir als Kind eine große Freude zu bereiten. Was er auf seine Art lieb meinte, war für meine Mutter häufig eine Spur zu viel. Sie wollte auch hin und wieder ihre Ruhe haben und einfach nur gemütlich auf dem Sofa sitzen und Formel 1 schauen.

Ich glaube, dass mein Vater die Beziehung in gewisser Weise aus jener Intension heraus einging, um seiner konservativ und traditionell eingestellten Familie zu gefallen und deren Ansprüchen in Form vom „erfolgreichen Geschäftsmann mit Ehefrau und Kind" zu entsprechen. So wie es sich in der guten Gesellschaft „eben gehört".

Bei meiner Mutter war es nach ihren eigenen Angaben wohl anfänglich das „große Los mit dem erfolgreichen Wessi", wie sie es mir später selbst einmal umschrieb und im Laufe der Zeit dann eben das gewohnte Alltagsmuster, welchem sich die meisten Menschen nach und nach zu fügen lernen. Gezielt geplant war ich laut Erzählungen nicht. Allerdings traf man auch keine Maßnahmen, welche eine Schwangerschaft gänzlich verhindert hätten.

Natürlich verstand ich mit 5 Jahren noch nichts von Treue und sonstigen Vereinbarungen zweier Menschen innerhalb einer Ehe. Ich wusste nur so viel, dass Mami und Papi eben zusammengehörten, ohne irgendwelche Einzelheiten zu kennen. Ich war bis dato auch noch nicht aufgeklärt. Einst fragte ich meinen Vater einmal, wo denn eigentlich die Kinder herkämen. Er meinte damals nur zu mir, wenn sich Mami und Papi zusammen beide ganz fest ein Kind wünschen, dann kommt es irgendwann ganz automatisch in den Bauch der Mami. Aus heiterem Himmel eben, von Gott, dem Storch oder woher auch immer. Ich hinterfragte damals keine weiteren Einzelheiten.

Als ich einige Jahre später (es muss im 1. oder 2. Grund-schuljahr gewesen sein) von einem Mitschüler erfuhr, wie Kinder tatsächlich entstehen, so konnte ich das zunächst gar nicht recht glauben. Ich befürchtete, dass mich mein Klassenkamerad verarschen wollte.

Dass meine Mutter und Onkel Beck bereits vor der Ehe meiner Eltern eine Beziehung hatten, war mir damals nie bewusst gewesen. Ab einem gewissen Zeitpunkt war es dann auch völlig normal, dass wir die Wochenenden bei Onkel Beck verbrachten. Wir verstanden uns prima. Ich mochte die lässige Atmosphäre. Alles war so locker und unkompliziert. Was mir als Kind ganz besonders viel Spaß machte, waren die gemeinsamen Spieleabende an der geliebten Nintendo 64, von welcher auch Onkel Beck ein Modell besaß. Wir spielten gemeinsam Mario-Kart und lieferten uns stundenlange Kämpfe, indem wir Jagd auf unsere Gegenüber machten, um ihnen im „Battle-Mode" die Ballons wegzuschie-ßen. Noch heute überkommt mich eine Art nostalgisches Ge-fühl, wenn ich daran denke, wie viel Spaß wir damals mit dem Spiel in der herrlichen Retro-Grafik hatten. Die heutigen Spiele sind alle so furchtbar hektisch und aufdringlich. Auch wenn die tolle Grafik keinerlei Vergleich mehr darstellt.

Durch Onkel Beck lernte ich auch mein baldiges neues Lieb-lingsspiel, Tetris, kennen, welches ich fortan nonstop auf seinem Gameboy spielte. Auch die erste Version von Snake auf dem alten Nokia Handy wurde schon bald von mir über Stunden „ge-sucht", wie man heute so schön sagt. Für Geduldsspiele dieser Art konnte ich mich stundenlang begeistern.

Onkel Beck kannte sich außerdem sehr gut mit Computern aus. Bisher war ich nie großartig damit in Kontakt gekommen, außer gelegentlich im Geschäft meines Vaters, welcher jenen aber nur für Kundenkontakte, Buchführung oder Bestellungen be-nutzte. Für mich als Kind größtenteils uninteressant. Onkel Beck dagegen spielte an dieser neuen interessanten Entdeckung sämtli-che Spiele, welche mich in Kindertagen weitaus mehr faszinier-ten als Rechnungswesen und Tabellen. Ich schaute Onkel Beck wiederholt bei „Moorhuhn 2" und „Melker" über die Schulter und beobachtete ihn dabei, wie er in einem weiteren Retrospiel durch unterirdische Gänge lief, um Gegner abzuknallen. Auch ich durfte mich immer mal wieder daran versuchen. Weiterhin war Onkel Beck in Bildbearbeitung und Fotografie äußerst gewandt. Jenes Hobby begann meine Mutter schon sehr bald mit ihm zu teilen. Gemeinsam gingen sie stundenlang in die freie Natur und machten die schönsten Aufnahmen.

Auch meinem Vater schwärmte ich fortan von den coolen Stunden mit Onkel Beck und meiner Mutter vor. Was diesen im Nachhinein betrachtet sehr verletzt haben muss. Doch so weit dachte ich als Kind noch nicht. Plump und unüberlegt, so wie die meisten Kinder, plapperte ich stets heraus, was ich gerade dachte.

Im Nachhinein kann ich gar nicht wirklich verstehen, warum mein Vater das alles so bedingungslos hinnahm, dass meine Mutter Wochenende für Wochenende mit mir zu Onkel Beck fuhr. Ganz eindeutig in dem Wissen, dass dort zwischen ihnen deutlich mehr lief als nur entspannte Foto-Ausflüge und gemütliche Konsolen-Abende. Was für mich in jungen Jahren nur nach harmlosen Besuchen bei einem lockeren Freund aussah, war tatsächlich das nahende Ende der Ehe meiner Eltern.

Liebte mein Vater meine Mutter nicht genug, um sie zurückzuhalten? Sollte er überhaupt noch Kraft in eine Sache investieren, die doch schon eindeutig gegessen zu sein schien? War er zu weich und gutmütig? Wie tief saßen ihre Differenzen tatsächlich? War es jemals Liebe oder einfach nur ein gescheiterter Versuch, welcher schließlich in der puren Gewohnheit endete? Am Ende womöglich sogar nur noch meinetwegen? So viele Fragen schossen mir über die Jahre durch den Kopf, auf welche es am Ende doch niemals eine Antwort geben wird. Auch wenn mir beide ihren Standpunkt mehrmals aus ihrer jeweiligen Perspektive erläuterten, so glaube ich doch nach wie vor, dass sich beide in gewisser Weise etwas vormachten. Mein Vater wollte dem Idealbild einer konservativen Gesellschaft entsprechen, welches von ihm erwartet wurde, und meine Mutter fügte sich dementsprechend. Aber irgendwann ging es einfach nicht mehr. Spätestens als das Feuer zwischen meiner Mutter und Onkel Beck wieder aufflammte. Inwieweit und wie lange es vorher schon kriselte, kann ich nicht beurteilen. Ich kann mir nur aus Erzählungen ein eigenes Urteil bilden. Doch was sollte das im Nachhinein noch großartig ändern? Es sollte wohl nicht sein.

Eines Tages wurde mir berichtet, dass ich mit meiner Mutter bald umziehen würde. In eine neue Wohnung in der Nachbarortschaft. Gleich neben dem Kindergarten, in welchem sie als Erzieherin arbeitete. Jedoch ohne meinen Vater. Aber warum? Das verstand ich nicht.

Für mich fühlte es sich am Anfang noch wie ein großes Abenteuer an. Ich erinnere mich bis heute, dass ich einmal quer durch den Kindergarten rannte und allen euphorisch von meinem baldigen Umzug berichtete.

Höchstwahrscheinlich war ich mit 5 Jahren noch zu klein, um eine Scheidung zu verstehen. Plötzlich hatte ich eben zwei Zuhause. Eines bei Mami, bei welcher ich unter der Woche lebte, das andere bei Papi, bei welchem ich von nun an nur noch die Wochenenden verbrachte.

Die neue Wohnung war nicht sonderlich groß und absolut kein Vergleich zu unserer alten Wohnung, in welcher mein Vater noch eine Weile nach unserem Auszug verblieb. Unter anderem, weil sich sein Geschäft direkt darunter befand. Die neue Bleibe, in welche ich gemeinsam mit meiner Mutter umzog, hatte nur zwei Zimmer. Eines für meine Mutter und eines für mich. Es gab noch nicht einmal Türen, nur eine Art Bogen, welcher die beiden Zimmer offen trennte. Daneben eine kleine Küche und ein winziges Bad mit Dusche. Vollkommen ungewohnt für mich, zum damaligen Zeitpunkt kannte ich nur Baden in der Wanne. Diese Wohnung diente fürs Erste nur zur Überbrückung. Meine Mutter plante, so bald wie möglich mit Onkel Beck zusammenzuziehen, sobald sie eine passende Wohnung in dessen Heimatstadt gefunden hätten, welche etwa eine gute Stunde Autofahrt von unserem alten Zuhause entfernt lag. Eine, welche genug Platz für UNS DREI bieten würde. Dachte ich damals zumindest …

Sehr bald erfuhr ich, dass sich mein schon länger andauernder Wunsch nach einem Geschwisterchen in naher Zukunft erfüllen sollte. Meine Mutter erwartete ein weiteres Kind. Allerdings nicht von meinem Vater, wie ich anfänglich dachte, sondern von Onkel Beck. Auch diese Tatsache ging damals weit über meine kindliche Vorstellungskraft. Ich war nach wie vor noch nicht aufgeklärt. Mehrmals fragte ich zur Absicherung, ob mein ungeborenes Geschwisterchen tatsächlich von Onkel Beck war. Und nicht doch ganz zufällig von meinem Vater, wie ich innerlich hoffte Als meine Mutter dies immer wieder bestätigte, glaubte ich es auch irgendwann. In jenem Fall würde es sich um ein Halbgeschwisterchen handeln, welches ich persönlich jedoch niemals so ansah.

Recht bald stellte sich heraus, dass ein Brüderchen unterwegs war. Schon lange vor seiner Geburt malte ich mir in bunten Farben aus, wie wir beide einmal zusammen Nintendo spielen würden und ich ihm eines Tages sämtliche Spiele und Strategien zeigen würde. Ich freute mich darauf, ein großer Bruder zu werden.

Ich kann nicht mehr genau sagen, wann sich der genaue Zeitpunkt bestätigte, dass meine Mutter schwanger war. Jedenfalls warf diese Neuigkeit meinen Vater ziemlich aus der Bahn. Ohnehin hatte ihn die Trennung ziemlich mitgenommen. Seine kleine heile Familienwelt, für die er doch stets alles gegeben hatte, lag in Trümmern. Kurz darauf begann er, regelmäßig Alkohol zu trinken, verfiel in schwere Depressionen und magerte unmittelbar nach der Trennung auch etwas ab. Nachdem er von der Schwangerschaft meiner Mutter erfahren hatte, erlitt er seinen ersten körperlichen Zusammenbruch infolge eines epileptischen Anfalls, welcher durch den nun regelmäßigen Konsum von Alkohol noch bestärkt wurde. Die Kombination Epilepsie und Alkohol ist alles andere als förderlich. Von diesem ersten Zusammenbruch bekam ich als Kind allerdings nichts mit, es wurde mir erst viel später erzählt. Zum besagten Zeitpunkt war ich nicht bei ihm, sondern bei meiner Mutter.

Dass mein Vater nach Feierabend gerne ein oder zwei Gläschen Bier trank, war kein Geheimnis. Das ist auch absolut nichts Verwerfliches, viele Menschen tun dies. Aber nach der Trennung meiner Eltern nahm es wohl Überhand.

Seit mehreren Monaten lebte ich nun mit meiner Mutter in der kleinen Wohnung direkt neben ihrer Arbeitsstätte, dem Kindergarten. Die letzten Monate vor meiner baldigen Einschulung (welche in der Heimatstadt von Onkel Beck im Allgäu geplant war), verbrachte ich nun aufgrund der Trennung in diesem Kindergarten, weil es die damalige Situation handlicher machte. So konnten meine Mutter und ich täglich ganz bequem rüber laufen, es waren nur rund 100 Meter

Ich traf einige Kinder wieder, welche ich aus meinem ersten Kindergartenjahr an diesem Ort bereits kannte. Mit einigen wenigen hatte ich auch zwischenzeitlich Kontakt gehalten bzw. unsere Mütter. Zum damaligen Zeitpunkt, Anfang 1999, gab es noch keine sozialen Messenger wie wir sie heute kennen. Für Menschen, welche damals schon ganz gut in puncto Computer unterwegs waren, gab es zwar Möglichkeiten sich auszutauschen, aber lange noch nicht für Kinder. Noch nicht einmal wirkliche Handys, welche den heutigen Anforderungen nur ansatzweise entsprachen. Kein Vergleich zur heutigen Kindheit. Man verabredete sich noch telefonisch. Als Kinder bezeichneten wir es als „etwas ausmachen" für den Nachmittag. So verbrachte ich noch ein zusätzliches Jahr im Kindergarten, im Alter zwischen 5 und 6 Jahren.

Ich war sehr gerne dort. Die Tatsache, dass meine Mutter mitunter als meine Erzieherin fungierte, schränkte unser Verhältnis in keinster Weise ein. Auch den anderen Kindern gegenüber wurde ich nicht bevorzugt. Mit den anderen Erzieherinnen verstand ich mich ebenfalls gut.

Sehr gerne denke ich noch heute an die naiven, unbeschwerten Zeiten zurück. An die vielen Stunden auf dem Spielplatz, die

St. Martin-Umzüge, die Nikolaus-Besuche, die lustigen Stuhl-
kreise, Mal- und Bastelarbeiten, einige Aufführungen vor den
Eltern und die Besuche in der Turnhalle. Die lustigen Kasperletheater, welche meine Mutter zusammen mit einer Kollegin regelmäßig vor uns Kindern aufführte, habe ich noch heute in sehr
guter Erinnerung. Als wir im letzten Jahr den Regenbogenfisch
aufführten, war die gesamte Familie anwesend und applaudierte
laut, als ich als glitzernder Fisch verkleidet in ein Mikrofon sang.

In diesem Zeitraum kam ich außerdem zum ersten Mal mit dem
Thema Tierquälerei in Verbindung, welches mich schon im zarten Alter von 6 Jahren ziemlich mitnahm. Wir saßen zuhause in
unserer kleinen Wohnung und im Hintergrund liefen Musik-
clips, welche meine Mutter damals auf Videokassette aufgezeich-
net hatte. Meine Mutter mochte Michael Jackson und plötzlich
kam der Videoclip von „Earth Song". Was mir sofort ins Auge
stach, waren die toten, schwer geschändeten Elefanten. Als ich
den Delfin sah, welcher mit aller Kraft versuchte, dem Netz zu
entfliehen, wurden meine Augen glasig. Als wenige Sekunden
später irgendein Drecksack auf eine unschuldige Robbe einschlug,
heulte ich aus tiefster Seele. Ich fragte meine Mutter, warum in
diesem Video Tiere zu sehen wären, welchen so sehr wehgetan
wird und was diese Schlimmes getan hätten um das zu verdienen. Meine Mutter erklärte mir im altersgerechten Schema, dass
es viele Menschen gibt, welche Tiere aus Profitgier fangen und
töten, um mit ihnen Geld zu verdienen. Dass Robben beispielsweise getötet werden, um aus ihren Pelzen Kleidung zu machen.
Ich konnte es nicht fassen. Wie widerlich konnten Menschen nur
sein? Das Thema verschwand nie wieder aus meinem Hinterkopf.

Mein Vater ließ sich für sämtliche Wochenenden, welche ich fortan bei ihm verbrachte, nach wie vor immer etwas Großartiges
einfallen, um mir eine schöne Zeit zu ermöglichen. Besuche in
Freizeitparks und sonstige Ausflugsziele für Familien waren einige schöne Aspekte. Auch Unternehmungen mit dem Stammtisch
standen weiterhin auf unserem Programm. Im Herbst gingen wir

regelmäßig im Wald Pilze suchen, welche später zuhause zu einem sensationellen Gericht verarbeitet wurden. Mein Vater war stets ein leidenschaftlicher Koch, welcher die köstlichsten Gerichte zauberte.

Das Vergnügen des Pilzesammelns teilte ich ebenfalls mit meinen Großeltern, welche mir noch zusätzliches Wissen über essbare und giftige Pilze entgegenbrachten. In Bezug auf Tiere und Pflanzen kannten sich meine Großeltern ohnehin sehr gut aus. Diese Fähigkeiten nutzten sie außerdem für ihren großen Garten, in welchen sie tagtäglich viele Stunden Arbeit investierten. Gelegentlich half auch ich in Kindertagen dort in Form von Laub rechen oder Unkraut zupfen. Natürlich noch keine Schwerstarbeit, aber immerhin ein „Tröpfchen auf dem heißen Stein", wie es mein Opa im Spaße einmal bezeichnete. Gelegentlich sollte ich auch meine Oma zur Kontrolle in den Finger stechen und ihren Blutzuckerspiegel bestimmen. Ihre Mutter, meine Uroma, war im hohen Alter an Diabetes Typ 2 erkrankt und es interessierte sie, ob sie unter Umständen auch betroffen bzw. gefährdet war. Ihre Werte waren jedoch stets im Normalbereich.

Im Kindergarten gefiel es mir nach wie vor und die Tatsache, dass wir bald erneut umziehen würden, ärgerte mich ein bisschen. Gelegentlich fragte ich meine Mutter, wann wir denn endlich wieder zu Papi zurückkehren würden. Womöglich hielt ich die ganze Sache noch immer für eine Art verlängertes Abenteuer.

In den großen Sommerferien im Jahre 1999 war meiner Mutter die Schwangerschaft bereits deutlich anzusehen. Das war kurz vor dem Zeitpunkt, zu welchem sie in den 3-jährigen Mutterschutz gehen würde. In jener Zeit sollte auch der Umzug zu Onkel Beck erfolgen, welcher inzwischen eine neue Wohnung für uns alle gefunden hatte. Seine alte Wohnung, in welcher meine Mutter und ich am Wochenende oft zu Besuch waren, stellte definitiv nicht genug Platz für 4 Personen zur Verfügung.

Schließlich begannen die Sommerferien und meine Mutter und ich verabschiedeten uns vom Kindergarten. Für sie hieß es nun Mutterschutz, für mich bald die Schulbank drücken. Aber erst nach den Sommerferien.

Urlaub in Frankreich und
ein gravierender Unterzucker

Bevor die Schule für mich in meiner neuen Heimat beginnen sollte, hatte mein Vater noch eine ganz besondere Überraschung für mich geplant: Ein 2-wöchiger Urlaub in Frankreich bei seiner Brieffreundin Seline, welche er seit seiner Jugend aus regelmäßigem Briefwechsel kannte und auch schon des Öfteren besucht hatte. Sie waren niemals ein Paar, sondern stets nur gute Freunde gewesen, die in Briefen und auch telefonisch regelmäßig Kontakt hielten. Trotz der hohen Telefongebühren ins Ausland seinerzeit.

Meine Mutter und Onkel Beck brachten mich zu meinem Vater. Im Hofe stich mir sofort ein großes Wohnmobil ins Auge, welches mein Vater für den bevorstehenden Urlaub gemietet hatte. Ich war beeindruckt. Niemals hätte ich es als Kind für möglich gehalten, dass man in einem größeren Fahrzeug derartig „wohnen" konnte. Ich kannte zwar den Wohnwagen meiner Oma mütterlicherseits, die Innenausstattung erinnerte mich sehr daran. Allerdings war ich noch niemals mitgefahren, geschweige denn über mehrere Tage drinnen verblieben. Am Wohnwagenplatz meiner Omi wurde meist nur gegrillt, gebadet und entspannt.
  Nachdem ich den Innenraum neugierig begutachtet hatte und mein Gepäck in den geräumigen Innenschränken verstaut war, verabschiedeten wir uns von meiner hochschwangeren Mutter und Onkel Beck. Es konnte auch schon direkt losgehen, alles andere hatte mein Vater schon bestens organisiert. Ein wenig komisch war mir trotz allem zumute. Noch nie war ich 2 Wochen lang von meiner Mutter getrennt gewesen. Wehmütig blickte ich ihr vom Wohnmobil heraus hinterher. Noch immer sehe ich meine Mutter mit Babybauch in ihrem roten Kleid mit weißen Punkten zum Abschied winken. Es war ein sonniger Tag, der perfekte Start für einen Urlaub!

Es war sehr aufregend für mich, in einem Wohnmobil mitzufahren. Das größte Auto, in welchem ich bis dato mitfuhr, war
unser alter Geschäftskombi, mit welchem mein Vater immer in
den Außendienst zu Geschäftskunden fuhr. Dort baute er Satel-
litenschüsseln auf dem Dach auf, installierte Receiver und erklärte den Kunden den sicheren Umgang. Ich spielte derweil
mit den Kindern der Bauern im Heustock und streichelte die
süßen Katzenbabys.

Nachdem ich anfänglich brav vorne gesessen hatte, kletterte ich nach einiger Zeit übermütig während der Fahrt hinauf in
die Betten, welche sich oberhalb der Fahrerkabine befanden, und
spielte mit meinem Gameboy mein geliebtes Tetris, welches mir
Onkel Beck für die Ferien anvertraut hatte. Nach wenigen Stunden verließen wir Deutschland und überquerten die französische
Grenze. Die erste Nacht verbrachten wir im Wohnmobil, da die
gesamte Fahrtstrecke an einem Tag nicht zu schaffen war. Zum
Glück hatte mein Vater genug Proviant mitgebracht, er wusste
natürlich genau, was mir schmeckte. Es gab belegte Brote, welche
wir im Sonnenuntergang auf einem Autobahnrastplatz hungrig
zu uns nahmen. Nachdem wir uns an einer öffentlichen Toilette die Zähne geputzt hatten, gingen wir schlafen.

Am nächsten Tag kamen wir nach langer Fahrt gegen Nachmittag endlich an. Ich war gespannt auf jene Seline und ihre Familie,
welche ich durch vielerlei Erzählungen meines Vaters bereits ein
wenig zu kennen glaubte. Auf einem Parkplatz war ein Treffpunkt
ausgemacht, da mein Vater mit der neuen Adresse ihres Hauses
noch nicht vertraut war. Bei seinem letzten Besuch in Frankreich
vor vielen Jahren lebte sie noch anderswo. Und alsbald hatten wir
sie auch schon erblickt. Freudig kam sie auf uns zu und begrüßte
uns ganz nach französischer Art. Für jeden gab's ein Bussi links
und ein Bussi rechts auf die Backe. Ich war etwas perplex, diese
Art der Begrüßung war mir fremd. Aber ich fand sie sehr sympathisch und lieb, auch wenn ich fast kein Wort von dem, was
sie sagte, verstehen konnte. Mein Vater, welcher die französische Sprache sehr gut beherrschte, hatte mir immer mal wieder

einige Wortfetzen und kurze Sätze beigebracht. Aber sprechen und verstehen, davon war ich Welten entfernt.

So fuhren wir zu ihr nach Hause und begrüßten auch den Rest ihrer Familie. Ihren Mann Pierré und ihren Sohn Lucas, welcher ein paar Jahre älter war als ich. Nicht zuletzt ihre beiden Hunde und Katzenbaby Figaro, mit welchem mich schon bald eine innige Freundschaft verband. Mit Lucas konnte ich mich sprachlich zwar nicht sonderlich gut verständigen, allerdings teilten wir eine Leidenschaft für Konsolen und spielten in den nächsten Tagen immer mal wieder zusammen Tekken, Mario Kart und Banjo Kazooie.

Noch einige Tage verbrachten wir im Hause von Seline und ihrer Familie. Inmitten der vielen lieben Tiere fühlte ich mich äußerst wohl. Mein Vater und ich teilten uns das Gästezimmer. Jeden Morgen weckte mich Figaro, welcher so lange mit seinen Milchzähnchen auf meinem Finger herum knabberte, bis ich endlich wach wurde. Täglich gab es frisches Baguette, eben ganz typisch französisch, und einen leckeren Streichkäse.

Seline arbeitete als Arzthelferin in einem Krankenhaus. Das hatte den Vorteil, dass sie sich auch recht gut mit Diabetes und der medizinischen Handhabung auskannte. Ihr wurde auch die „große Ehre" zuteil, mir ab und an die Spritze zu geben. Dieses Recht hatten ansonsten nur meine Eltern. Seline hatte ich schon bald derart ins Herz geschlossen, dass ich ihr in dieser Hinsicht voll und ganz vertraute.

Nachdem wir einige schöne Tage bei Seline und Co. verbracht hatten, fuhren wir mit unserem Wohnmobil weiter quer durch Frankreich bis hin zum Atlantik in der Nähe von Bordeaux. Wenn wir schon einmal hier waren, sollte ich doch auch gleich noch das Meer kennenlernen dürfen. Dort quartierten wir uns mit unserem Wohnmobil auf einem Campingplatz ein, nur wenige Meter vom Meer entfernt. Es war fußläufig zu erreichen, nachdem eine sehr hohe Düne bezwungen wurde.

Als wir den warmen Berg Sand erklommen hatten, sah ich den weiten Atlantik direkt vor uns liegen. Und gerade ich, als gnadenlose Wasserratte, konnte es natürlich nicht erwarten, mich schnellstmöglich in die Fluten zu stürzen.

2 Tage später dann die große Überraschung: Seline und ihre Familie standen plötzlich vor der Tür! Sie wollten ebenfalls einige Tage bei uns am Meer verbringen Wir erlebten ein paar tolle gemeinsame Tage auf dem Campingplatz, an welche ich mich teilweise noch immer erinnere.

An unserem letzten Tag auf dem Campingplatz stand ein toller Ausflug an den Strand auf dem Programm. Anschließend wollten wir noch am selben Abend zurück zu Seline nach Hause fahren, um die übrigen Urlaubstage bei ihr zu verbringen. Wir fuhren mit dem Wohnmobil an eine Stelle, wo das Meer deutlich höhere Wellen schlug und somit das Plantschen für uns Kinder noch eine Spur abenteuerlicher sein sollte.

Nachdem wir einige Zeit tobend im Meer verbracht hatten, kehrten wir zurück zum Wohnmobil und bereiteten uns auf das Mittagessen vor. Seline machte sich auf den Weg zu einem Schnellimbiss, um Pommes für uns alle zu organisieren. Anschließend wollten wir losfahren. Mein Vater setzte mir meine regelmäßige Spritze vor der Mahlzeit.

Doch leider ging es mit dem geplanten Mittagessen nicht so schnell wie erwartet. Seline musste sehr lange anstehen und mein Insulin wirkte in Kombination mit der vorangegangenen Bewegung im Meer doppelt so stark. Irgendwann verlor ich das Bewusstsein. Alles, was ich berichte, weiß ich aus den Erzählungen meines Vaters.

Als Seline mit dem Mittagessen endlich eintraf, war ich bereits vollständig weggetreten. Mein Vater hatte es bereits mit Traubenzucker und Apfelsaft versucht, was bisher bei jeder größeren Unterzuckerung im Dusel auch funktioniert hatte. Doch diesmal nahm ich nichts mehr auf, öffnete noch nicht mal mehr im dösigen „Halbschlaf" den Mund und ließ mich nicht wie sonst immer füttern. Zum Glück hatte mein Vater die sogenannte „Notspritze" im Gepäck, welche im Falle einer totalen Unterzuckerung mit völligem Bewusstseinsverlust einem Diabetiker injiziert werden sollte. Jene enthält Glukose, welches bei direkter Injektion in die Blutbahn den Zuckerspiegel wieder schnell nach oben treibt. Da mein Vater, ganz krank vor Sorge, dazu nicht mehr in der Lage war und bereits zitterte, übernahm Seline die Aufgabe, mir die Spritze zu geben. Als geschulte Arzthelferin für sie keinerlei Problem.

Doch selbst nach dieser Spritze wurde ich nicht wieder wach. Die Unterzuckerung war bereits zu weit fortgeschritten, möglicherweise wurde auch einfach zu viel Insulin verabreicht. Keine Ahnung, an diesem Tage war es wohl einfach eine Verkettung unglücklicher Umstände. Schließlich wurde ein Krankenwagen alarmiert, welcher mich ins nahegelegene Krankenhaus in Bordeaux brachte. Da es sehr schnell gehen musste, wies man meinen Vater an, mit dem Wohnmobil hinter dem Krankenwagen herzufahren. In der regen Hektik blieb keine Zeit, eine genaue Anschrift zu hinterlegen. Auch Navis gab es damals noch nicht. Seline und ihre Familie fuhren mit ihrem Auto nach Hause, wie ursprünglich geplant. Mein Vater verfolgte den Krankenwagen, in welchem ich mich befand, verlor ihn jedoch irgendwann im turbulenten Stadtverkehr aus den Augen. Verzweifelt und hilflos fragte er sich durch, bis sich schließlich ein hilfsbereiter, ortskundiger Mann bereiterklärte, ihm den Weg zu zeigen.

Inzwischen war ich bereits schon im Krankenhaus eingetroffen, wo mir eine Infusion mit Glukose gesetzt wurde. Als ich erwachte, war mein Vater bereits bei mir und berichtete, was geschehen war. Ich konnte mich an rein gar nichts mehr erinnern. Weder an die Unterzuckerung direkt noch an die Fahrt im Krankenwagen quer durch Bordeaux. Das Letzte, an das ich mich erinnern konnte, waren die vergnügten Stunden in den Wellen. Die Tatsache, dass ich eine schwere Unterzuckerung erlitten hatte, schockte mich weniger als jene, dass meine geliebte Seline bereits ohne uns nach Hause gefahren war.

2 Tage sollte ich zur Beobachtung im Krankenhaus verbleiben, bis sich mein Zuckerspiegel wieder vollständig normalisiert hatte. Denn nun musste präzise darauf geachtet werden, dass durch die Injektion der Glukosespritze mein Pegel nicht „Ping Pong" spielte. Dies ist in etwa so zu verstehen: Steigt der Blutzuckerspiegel zu weit und unkontrolliert nach oben, so muss mit mehr Insulin korrigiert werden als normal. Fällt er dagegen zu weit in den Keller und muss mit übermäßig viel Zucker wieder nach oben gepusht werden, so kann dies unter Umständen zur Folge haben, dass auch die nächsten Tage deutlich mehr oder weniger Insulin benötigt werden kann. Je nach Körper, Stoffwechsel, Situation, körperlicher Verfassung, gegessener Kohlenhydrate etc. muss hier nach einem schweren Hypo individuell gehandelt und aufgepasst werden. Nicht zu vergessen: In den Stunden der Bewusstlosigkeit ist der Körper einer erheblichen Stresssituation, Adrenalin und Entzugserscheinungen ausgesetzt. Nerven und Zellen werden geschädigt und sterben im schlimmsten Falle ab. Das beeinflusst die Werte ebenfalls. Darum ist es auch so wichtig, in einer Lage wie dieser schnellstmöglich zu handeln, so wie es mein Vater und Seline damals taten.

Nachdem so weit alles wieder in Ordnung war, wurde ich am zweiten Tage wieder entlassen. Mit meinem Lieblings-Teletubbie im Arm verließ ich freudestrahlend das Krankenhaus und konnte die Ankunft bei Seline und Co. kaum noch abwarten.

Gemeinsam verbrachten wir noch ein paar letzte schöne Urlaubstage, bevor es dann wieder nach Hause ging. Nach beidseitigem Abschiedsschmerz versprach mir mein Vater, dass wir ganz bestimmt mal wieder nach Frankreich fahren würden.

Ferner freute ich mich auf zuhause, meine baldige Einschulung und ganz besonders auf die lang ersehnte Ankunft meines Bruders!

Familienzuwachs

Zurück zuhause gab es eine weitere Veränderung. Meine Mutter und Onkel Beck hatten in meiner Abwesenheit bereits die neue Wohnung eingerichtet, welche wir nun gemeinsam bezogen. Sie lag sehr zentral in einem Reihenhaus, hatte vier große Zimmer und sogar einen kleinen Balkon. Alles in allem gefiel sie mir recht gut. Ich hatte ein eigenes Zimmer, welches ganz ähnlich wie mein altes eingerichtet wurde. Auch das Zimmer für meinen Bruder war bereits fertiggestellt, in wenigen Tagen sollte es so weit sein.

Doch noch vor seiner Ankunft wurde ich in der neuen Stadt in den Bergen eingeschult. Mit Schultüte in der Hand ging ich gemeinsam mit meinen Eltern in die neue Grundschule, welche von meinem neuen Zuhause einige Busstationen entfernt lag. Ein weiterer Schritt in die Selbstständigkeit für mich. Dort wurden alle neuen Schüler willkommen geheißen, den verschiedenen Klassen der 1. Jahrgangsstufe zugeteilt und die künftigen Klassenlehrer vorgestellt. Mein Lehrer war sehr freundlich und kompetent. Allerdings noch ein wenig vom alten Schlag. So mussten wir uns beispielsweise noch gelegentlich in die Ecke stellen, wenn wir frech oder unaufmerksam waren. Da ich schon vor Schulbeginn ein bisschen lesen konnte, erlernte ich auch recht schnell das Schreiben. Mein Vater erzählte mir einige Zeit später, dass er am Tage meiner Einschulung nur mit Mühe und Not die Fassung behalten konnte. Als er mich bei seiner Ankunft im Hof mit der Schultüte in der Hand stehen sah, hätte er am liebsten geweint. Ich vollkommen allein in einer fremden Stadt unter lauter fremden Menschen. Das machte ihm zu schaffen.

Weil wir in einem Reihenhaus wohnten und auch dementsprechend von einer großen Nachbarschaft umgeben waren, dauerte es nicht lange, bis ich die ersten Freundschaften geschlossen hatte. Ich spielte mitunter mit dem netten Jungen, welcher im Erdgeschoss wohnte, und mit einem netten Mädchen aus dem Nebengebäude, welches auch in meiner Klasse bald meine beste Freundin wurde. Wir alle mochten Disney Filme und spielten mit den Sammelfiguren von McDonalds. Hinter unserem Haus befand sich ein großer Spielplatz, welcher ebenfalls einen beliebten Treffpunkt darstellte. Im Winter fuhren wir auf einem aufgeschütteten Schneehaufen mit unseren Plastikschlitten abwärts. Das machte großen Spaß.

Schließlich war es so weit. Die Geburt meines Bruders stand unmittelbar bevor und ich wurde zu meinem Vater gebracht. Ich protestierte, da ich bei der Geburt so gerne mit dabei gewesen wäre. Doch das war alles andere als angebracht.

Mein Vater hatte zum damaligen Zeitpunkt gerade Besuch von einer alten Freundin, mit welcher er früher bereits einmal zusammen war. Inzwischen führten sie eine erneute Art der Beziehung. Ob es sich dabei nur um eine Ablenkung von meiner Mutter handelte, kann ich nicht beurteilen. Ihr Name war Heidi, sie war sehr nett und offen. Gemeinsam spielten wir mit meinen Spielfiguren amüsante Geschichten, um mir die lange Wartezeit auf meinen Bruder zu verkürzen. Heidi und mein Vater waren noch einige Zeit in gewisser Weise zusammen. Allerdings nicht für lange. Später einmal machte er deutlich, dass jene Heidi, mit welcher er über einen längeren Zeitraum vor meiner Mutter in einer Beziehung war, im Grunde seine ganz große Liebe gewesen war. Ob das tatsächlich stimmte, oder ob das seine persönliche Art der Verdrängung darstellte, wusste wohl nur er allein.

Schließlich erhielten wir Meldung, dass die Geburt erfolgreich verlaufen und mein Bruder heil und wohlbehalten das Licht der Welt erblickt hatte. Im Vergleich zu mir erfolgte die Geburt auf natürlichem Wege. Ich dagegen war ein Kaiserschnitt, weil ich mich im Bauch gedreht hatte. Womit er mir gegenüber ebenfalls im Vorteil war: sein Zungenbändchen war wie meines ebenfalls verkürzt. Jedoch wurde es bei ihm rechtzeitig entdeckt und direkt nach seiner Geburt durchtrennt, so dass es keine große Sache darstellte. Bei mir blieb dies als Baby dagegen unbemerkt.

Zum ersten Mal konnte ich die Rückreise vom Wochenende bei meinem Vater kaum erwarten. Während ich ansonsten beinahe bei jeder Rückfahrt jammerte und bettelte, noch etwas länger bei meinem Vater bleiben zu dürfen, war ich dieses Mal so aufgeregt und voller Vorfreude auf meinen kleinen Bruder. Die Nacht zuvor hatte ich bereits von ihm geträumt.

Der Abschied von meinem Vater verlief kurz und knackig. Euphorisch stürmte ich die Stufen hinauf und fragte voller Eifer: „Wo ist mein Bruder, wo ist mein Bruder?"

Meine Mutter nahm mich an die Hand und führte mich leise in sein Kinderzimmer. Und dort lag er. Mein kleiner Bruder Finn. Tief schlafend in seinem Kinderbettchen. Mit hochrotem Köpfchen, nicht viel größer als eine Puppe. Er sah so winzig und zerbrechlich aus. Irgendwie ein komisches Gefühl, auf einmal ein Brüderchen zu haben. Aber meine Freude war grenzenlos und ich war voller Stolz. Ich konnte es nicht erwarten, bis er endlich aufwachte und ich ihn zum ersten Mal in den Arm nehmen durfte.

Wenig später war dies dann auch der Fall. Als er wach wurde, nahm ihn meine Mutter ganz vorsichtig aus dem Bettchen heraus und setzte ihn mir auf den Schoß. Wie amüsant er sich leicht hin und her bewegte. Die Augen noch halb geschlossen.

Die nächsten Tage erlebte ich so viel Neues. Ich durfte beim Wickeln und Baden zusehen und ihm zwischendurch auch mal das Fläschchen geben. Er war schon ein putziger kleiner Pfannkuchen. In meinem Zimmer war er von nun an auch gerngesehener Gast. Mithilfe von Kuscheltieren, Filmen und Nintendo-Spielen schaffte ich es immer wieder ihn zum Lachen zu bringen. Sah ich fern, so lag er oft lange auf meinem Bauch und schaute mit. Kopf an Kopf, ein Bild für Götter.

Es dauerte nicht lange, da stand auch schon der erste Besuch von unserer gemeinsamen Omi aus Thüringen an. Natürlich war auch ihre Freude über einen weiteren Enkel sehr groß und wir verbrachten eine schöne Zeit miteinander. Neben den Aktivitäten mit meinem Bruder, übte meine Omi mit mir für die neue Schule. Nachdem ich gelernt hatte, ganz passabel in Schreibschrift zu schreiben, übten wir das Schreiben von ganzen Sätzen neben meinen herkömmlichen Hausaufgaben.

Es gab Zeiten, da war ich beinah schon etwas eifersüchtig auf meinen neuen kleinen Bruder. Er bekam so viel Zuwendung und Aufmerksamkeit von allen Seiten, stand eigentlich meist im Mittelpunkt. Außerdem war er das gemeinsame Kind von meiner Mutter und Onkel Beck, also musste ihn meine Mutter doch automatisch lieber haben als mich, oder? Es ist wohl weitestgehend normal, dass ein Baby deutlich mehr Beachtung erhält als die schon etwas größeren Kinder. Ich denke trotz allem, dass meine Mutter meine damalige Situation überinterpretierte, indem sie mich als den „verwöhnten Prinzen" (was ich eindeutig war, keine Frage) bezeichnete, der plötzlich durch den jüngeren Bruder vom Thron gestoßen wurde. Heute denke ich jedoch, dass diese Konstellation in sehr vielen Familien besteht und es eines der natürlichsten Dinge im Leben ist, dass Babys nun einmal mehr Aufmerksamkeit bekommen als die älteren Kinder, welche schon ganz gut auf eigene Faust zurechtkommen.

Zudem kam mittlerweile auch vermehrt Onkel Becks Mutter, Ulla, auf Besuch, um Finn, ihren ersten Enkel, zu besuchen, welchen sie mächtig ins Herz geschlossen hatte. Ich mochte sie nicht besonders, empfand sie sogar gelegentlich als störend und eine Spur ZU emotional. Ich erinnere mich noch ganz genau daran, dass ich mich einmal unbewusst mit ihr anlegte, obwohl dies gar nicht meine Absicht war. Sie kuschelte mit Finn und nannte ihn liebevoll „ihren" kleinen Schatz. Ich nörgelte sie an, dass es nicht IHR kleiner Schatz wäre, sondern er nur meiner Mutter, Onkel Beck und mir gehörte. Das verletzte sie zutiefst. Sie begann zu heulen und verdeutlichte meiner Mutter lautstark, wie frech und ungezogen ich doch wäre. Heulend verließ sie unsere Wohnung und ich bekam einen Rüffel. Dabei hatte ich es doch gar nicht so böse gemeint.

Natürlich war es meinerseits nicht die feine englische Art im Nachhinein betrachtet. Schließlich war sie trotzdem seine Oma, was es zu respektieren galt. Möglicherweise akzeptierte ich sie nicht, weil sie nicht MEINE Oma war. Unsere gemeinsame Oma aus Thüringen, war da schon eine andere Hausnummer, welche uns ja auch verband. Auf der anderen Seite war aber auch ihr Verhalten alles andere als erwachsen. Eine reife Frau ihres Alters hätte über jener kindlichen Aussage einfach drüberstehen müssen und nicht eine derartige Szene an den Tag legen dürfen.

In der darauffolgenden Nacht kam es zu einem Eklat zwischen meiner Mutter und Onkel Beck. Ich wurde von einem lautstarken Wortgefecht geweckt, Onkel Beck war leicht angetrunken und warf meiner Mutter lautstark vor, was ich doch für ein böses, verwöhntes Kind sei und wie ich es hätte wagen können, seine Mutter derartig zu verletzen. Türen flogen, ich hörte Schreie.

Dies war nicht das erste Mal, dass ich nachts von derartigen Szenarien aus dem Schlaf gerissen wurde …

Nächte der Angst

Onkel Beck war schon lange nicht mehr nur der lockere, unkomplizierte Zeitgenosse, als welchen ich ihn anfangs kennengelernt hatte. Die erste große nächtliche Aktion in meinem Beisein fand in jener Nacht vor meinem 7. Geburtstag statt.

Meine Mutter hatte mir am Vorabend liebevoll einen Geburtstagstisch hergerichtet. Onkel Beck begann in der Nacht lautstark mit meiner Mutter zu schimpfen, mein anstehender Geburtstag war der Anlass. Er ärgerte sich im Alkoholrausch darüber, wie man einem „so bösen Kind" doch einen solch schönen Geburtstagstisch bereiten könne. Als es lauter wurde, schlich ich zur Tür heraus und sah die beiden energisch miteinander streiten. Meine Mutter bat ihn leiser zu sein und vermerkte, dass ich doch Angst hätte. „Soll er ruhig Angst haben!", nuschelte Onkel Beck unbeeindruckt vor sich hin.

Ich verzog mich wieder in mein Zimmer, in der Hoffnung nun endlich Ruhe und Schlaf zu finden. Trotz allem freute ich mich auf meinen Geburtstag und dieses Gefühl wollte ich mir nicht nehmen lassen. Die Erwachsenen würden sich schon wieder einkriegen, so schlimm konnte es doch bestimmt nicht sein.

Wenige Minuten später hörte ich einen lauten Knall und meine Mutter entsetzt aufschreien. Dies veranlasste mich dazu, noch einmal mein „sicheres" Bett zu verlassen und nachzusehen. Onkel Beck hatte in Rage meine Geburtstagsgeschenke auf den Boden geworfen. Das brach mir das Herz. Wie konnte mich ein Mensch nur so sehr hassen?

Insgesamt waren es bestimmt zehn derartige Nächte der Angst, welche in meiner Gegenwart zwischen meiner Mutter und Onkel Beck stattfanden. Dass Onkel Beck zum damaligen Zeitpunkt psychisch sehr krank war und nur aus diesem Grunde meine Mutter das alles mit sich machen ließ, verstand ich als Kind natürlich nicht. Der Alkohol verstärkte seinen Gemütszustand nur noch mehr.

In einer weiteren Nacht bestand er darauf, meinen Bruder Finn mit zu sich ins Bett zu nehmen, da er morgens beim Aufwachen gerne mit ihm kuschelte. Meine Mutter wehrte sich dagegen, da sie wusste, dass er spätestens nach 10 Minuten ungemütlich im Eck des Bettes liegen würde. Er sollte lieber in seinem eigenen Bettchen bleiben und ungestört weiterschlafen. Kein Verständnis von Onkel Beck. Durch lautes Geschrei wach geworden, sah ich durch den Türspalt wie Onkel Beck auf meine Mutter einschlug und sie ins Bett meines Bruders schubste. Was diesen natürlich aufweckte und er zu schreien begann. „Nein, nein, NEIN!" „DOCH, DOCH, DOCH!!!"

Was sollte ich nur tun? Ich war wie gelähmt vor Angst und traute mich nicht zu helfen. Sollte ich meinen Vater anrufen? Selbst das traute ich mich nicht, da ich schnell wieder in mein Zimmer verschwunden war und sich das Telefon irgendwo im Wohnzimmer befand. Ich betete insgeheim, dass die Nacht schnell vorbeigehen würde, ohne dass meiner Mutter etwas Schlimmes passieren würde. Was hätte ich als 7-jähriger Pupser schon tun können? Später hörte ich ein lautes Klirren. Onkel Beck hatte die Schlafzimmertüre mit voller Wucht gegen den Wandspiegel gedonnert, woraufhin dieser zersprang.

In der Schule lief es dagegen sehr gut, allerdings hatte ich zum ersten Mal in meinem Leben mit einer Form des Mobbings zu kämpfen. Obwohl ich schon 7 Jahre alt war, mochte ich noch immer die Teletubbies, von welchen ich einige Kuscheltiere, Spielfiguren, VHS-Kassetten und Hörspiele besaß. An der Bushaltestelle erzählte ich einem anderen Kind, wie toll ich die Serie doch fand und dass es sogar zurzeit im V-Markt „Tubbie-Pudding" zu kaufen gab. Einige der anderen Kinder fanden es jedoch alles andere als cool, dass ich auf eine derartige Babysendung stehen würde und begannen damit, mich systematisch zu hänseln. Sie lachten mich aus und stahlen mir die Mütze. Als jene im Bus herumflog, machte mich zudem noch eine alte, verbitterte Frau dumm an, dass ich meinen Mist gefälligst bei mir behalten solle und bezeichnete mich als Arschloch. Seit diesen Geschehnissen hatte ich schwere Probleme damit, meinen Mitmenschen zu sagen, was mir gefällt. Ganz egal, ob es sich hierbei um einen Lieblingsschauspieler, eine Lieblingsband oder um einen Lieblingsfilm handelte, jene Vorlieben behielt ich fortan für mich. Nie wieder wollte ich zu einer erneuten Zielscheibe dieser Art werden. Diese Hemmung, anderen Menschen offen zu sagen, was mir gefällt, hält bis heute teilweise an.

Einmal verlief ich mich in der neuen Stadt. Ich war mit einer Klassenkameradin nach der Schule zum Kiosk gelaufen, um mir für ein paar Pfennig am Kiosk Süßigkeiten zu kaufen. Daher verpasste ich meinen täglichen Bus, welcher direkt neben meiner Schule Halt machte, und wusste nicht mehr, wie ich nach Hause kommen sollte. Panisch ging ich mit meiner Klassenkameradin nach Hause, welche jedoch auch nicht weiterwusste. Ich wusste zwar meine Anschrift, allerdings wussten die Eltern von Yasmine auch nicht, wie man denn dorthin kommen könnte. Außerdem sprachen jene kaum ein Wort Deutsch, Yasmine musste übersetzen. Am Ende wurde die Polizei gerufen, welche mich nach Hause fuhr. Dort hagelte es eine gehörige Standpauke von meiner Mutter, welche ganz krank vor Sorge war. Zudem noch die Tatsache, dass ich mit der Polizei nach Hause gekommen war. Auch Onkel Beck schnauzte mich gehörig an. Die Nacht darauf war erneut gefolgt von einem nächtlichen Desaster zwischen den beiden, an welchem meine Mutter mir die Schuld zuwies. Ich fragte mich nur, was das denn sollte. Dass mich meine Mutter schimpfte, war die eine Sache. Aber jetzt auch noch Onkel Beck, welcher in meinen Augen alles andere als ein Recht dazu hatte. Schließlich war er nicht mein Vater und hatte sich persönlich auch niemals in jener Rolle gesehen, geschweige denn versucht.

Zu diesen Zeiten war es auch, dass es meinem Vater körperlich und psychisch immer schlechter ging. Er trank nun regelmäßig Alkohol und war auch am Wochenende, wenn ich ihn besuchen durfte, zuweilen recht komisch. Er war mir gegenüber niemals aggressiv oder gewalttätig, so wie dies bei anderen Menschen mit Alkoholproblemen der Fall ist. Aber ich merkte oft, dass er ganz anders war als früher. Geistig etwas abwesend und übertrieben albern. Er vergaß Dinge schneller und redete gelegentlich etwas langsamer und durcheinander.

Das hatte bestimmt auch mit seiner schweren Depression zu tun, welche nach der Trennung vermehrt auftrat. Wie viel und wann er tatsächlich trank, kann ich nicht sagen. Und die abendlichen ein, zwei Bierchen hatte ich niemals als Bedrohung betrachtet, das hatte er schließlich schon immer gemacht. Gelegentlich durfte auch ich einmal nippen. Auch wenn es mir als Kind nicht wirklich schmeckte. Viel zu bitter. Ich war schon immer ein Fan von eher süßlichen Dingen. Wen wundert das schon bei Zucker? Hihi.

Als ich meinem Vater erstmals von den nächtlichen Szenarien zwischen meiner Mutter und Onkel Beck erzählte, nahm er es entweder gar nicht wirklich zur Kenntnis oder mich nicht ernst genug. Ich kann mich noch gut daran erinnern, dass ich ihn bat, Mami, mich und meinen kleinen Bruder Finn zurück zu sich nach Hause zu holen. Er entgegnete nur unbeeindruckt, dass er meiner Mutter wohl eindeutig zu langweilig war und „die Weiber eben einen Mann bräuchten, welcher sie anbrüllt und ihnen auch gelegentlich eine verpasst". Nur das ziehe sie wohl an und hält sie gefügig. Naja, wenn er meinte …

Im Gegensatz zu meiner Mutter begann er nun vermehrt sie in meiner Gegenwart schlecht zu machen. Nicht mit bösartigen Aussagen, viel eher auf eine ironische Art und Weise. Wie eben jenes Beispiel vom tiefsitzenden Bedürfnis der Frauen nach einem gewalttätigen Mann, welcher sie erniedrigt. Außerdem lästerte er kontinuierlich über seinen Gegenspieler Onkel Beck. Was dieser andersherum jedoch genauso tat. Wiederholt rühmte sich Onkel Beck in der Rolle des unwiderstehlichen Mannes, welchem es gelungen war, meinem Vater die Frau auszuspannen.

Einen Teil meines Vaters Theorie kann ich in gewisser Weise sogar nachvollziehen. Meine Mutter war von Natur aus schon immer eine Geber-Seele, die es gerne jedem recht machte. Auch wenn sie dafür auf der Strecke blieb. Gerade in jener Zeit, als wir bei Onkel Beck lebten, fiel mir verstärkt auf, dass sie alles dafür gab, es ihm und auch uns Kindern so angenehm und komfortabel wie möglich zu gestalten.

Vom Wesen her war sie allerdings gelegentlich auch sehr schnell reizbar, wenn etwas nicht nach Plan verlief. Selbst wenn es sich um Lappalien handelte. Diesen Wesenszug habe ich teilweise von ihr übernommen.

Allerdings war auch mein Vater diesbezüglich nicht immer die Ruhe selbst. Ganz besonders dann, wenn er seinem Beruf nachging und das Innenleben von Fernsehern und Receivern reparierte, kam es regelmäßig zu Wutausbrüchen und Flüchen. Was ich sehr gut nachvollziehen kann, für ein Gefummel dieser Art würde mir persönlich auch die Geduld fehlen. Wurde Dreck im Haushalt gemacht, so folgte Kritik und Meckerei. Auch bestand er darauf, sich täglich zu duschen. Häufiges Händewaschen war seinerseits ebenfalls erwünscht. Was mich als Kind gelegentlich ziemlich nervte. Seine Wohnung war stets wie geleckt, Ordnung und Sauberkeit das höchste Gebot. Meine Mutter war diesbezüglich deutlich lockerer. Bei uns zuhause war es auch recht ordentlich, jedoch niemals so klinisch rein wie bei meinem Vater.

Mein Vater hatte in dieser Zeit noch einmal eine kurz andauernde Beziehung zu einer Frau namens Gitti. Auch ich lernte sie kennen und durfte mit dabei sein, als er ihr beim Umzug mit unserem Geschäftskombi half. Er fragte mich des Öfteren im Spaße, ob ich mir denn vorstellen könnte, dass diese Gitti meine „zweite Mami" werden würde. Ich mochte sie zwar soweit ganz gerne, hätte sie aber niemals als zweite Mutter betrachtet. So wie ich auch Onkel Beck niemals als zweiten Vater gesehen habe. Ich hatte zwei Eltern, warum bräuchte ich noch welche auf Reserve? Falls mal ein Reifen platzt, oder was?

Die Beziehung hielt nicht sehr lange, irgendwann machte Gitti mit meinem Vater Schluss. Die Begründung lautete unter anderem, dass er seine Freizeit viel lieber mit mir, seinem Kind verbrachte, anstatt mit ihr. Das erzählte mir mein Vater später einmal und sorgte somit für ein schlechtes Gewissen bei mir. Es ist schon wahr, dass mich mein Vater vergötterte und die meiste Zeit am liebsten mit mir als Kind verbrachte. Aber ist ihm dies zu verdenken? Ganz besonders nach der Scheidung, wo er mich doch ohnehin nicht mehr täglich sah? Inwieweit sie damit übertrieb oder ob es tatsächlich begründet war, kann ich nicht beurteilen.

Anfang 2000 war das Zusammenleben mit Onkel Beck endgültig Geschichte. Nachdem er in einem weiteren nächtlichen Wutanfall gedroht hatte, meinen Bruder Finn aus dem Fenster zu werfen (bei diesem Vorfall war ich gerade bei meinem Vater auf Besuch), zog meine Mutter ein für alle Mal einen Schlussstrich. Sie schnappte sich meinen Bruder und fuhr weg. Unterkunft fanden sie bei einer guten Freundin, während ich solange bei meinem Vater blieb. Meine Mutter befand sich sehr schnell auf der Suche nach einer neuen Wohnung in meiner alten Heimatstadt und wurde auch schon bald fündig. Der Einzug erfolgte einige Tage später. Die Wohnung lag nur fünf Häuser weit weg von der meines Vaters, gegenüber auf der anderen Straßenseite. Für mich war das mehr als perfekt, so konnte ich ihn jederzeit besuchen und mich auch wieder regelmäßig im Geschäft aufhalten und auf der Konsole spielen. Sogar unter der Woche. Ich hatte allerdings nie Gelegenheit gehabt, mich von meiner alten Klasse und meinem Lehrer zu verabschieden. Von heute auf morgen hieß es, dass wir wieder zurückziehen werden. Ein komisches Gefühl, schließlich hatte ich doch bereits einige Freundschaften geschlossen. Aber die Tatsache, dass ich einige alte, bekannte Gesichter in der neuen Schule wiedertreffen würde, welche ich bereits aus Kindergartentagen kannte, machte es mir deutlich leichter.

Rückkehr nach Hause

Onkel Beck hatte eindeutig übertrieben. Auch wenn er im Grunde für seinen Gemütszustand nichts konnte, war es verantwortungslos von ihm, meine Mutter und uns Kinder in eine derartige Situation der Angst zu versetzen. Nachdem meine Mutter den Mut hatte, die Sache trotz Liebe und allem Verständnis zu beenden, machte er sich wohl doch Gedanken. Er reduzierte seinen Alkoholkonsum und begann eine Psychotherapie. Nach einer Weile Funkstille führten die beiden auch über die nächsten Jahre ihre On-Off-Beziehung weiter. Nur eben in getrennten Wohnungen. Ein Zusammenleben war definitiv nicht mehr möglich. Und meine Mutter hatte auch gar nicht mehr den Wunsch danach. Nachdem sie mit mir und Finn die neue Wohnung bezogen hatte, wurde ihr klar, dass sie allein viel besser klarkam. Nach eigenen Angaben wollte sie keinen Mann mehr im Hause haben. Weder Onkel Beck noch meinen Vater. Was mich anfänglich etwas bedrückte, hoffte ich doch noch immer heimlich, dass sich meine Mutter und mein Vater wieder zusammenraufen würden.

Heute habe ich Onkel Beck schon seit langer Zeit vergeben, auch wenn mir jene Bilder von damals für immer im Gedächtnis bleiben werden. Laut Erzählungen meiner Mutter hatte er in frühester Jugend ebenfalls eine Art Trauma erlebt, nachdem ihn seine Mutter Ulla (welche ebenfalls ein eindeutiges, psychisches Problem hatte) im Alter von 16 Jahren allein zurückließ und mit einem Liebhaber durchbrannte. Also nur verständlich, dass Onkel Beck aufgrund dessen und womöglich noch vielerlei anderer Faktoren, von denen ich nichts weiß, von massiven Verlustängsten geplagt war. Er wollte meine Mutter ganz für sich allein. Und sie natürlich auch in seinem männlichen Stolze dominieren.

Ich lebte mich sehr schnell in meiner neuen Klasse ein. Ich hatte eine sehr nette Klassenlehrerin und auch mit den anderen

Kindern, welche ich zum Großteil schon aus Kindergartentagen kannte, verstand ich mich gut. Niemals war ich ein sonderlicher Gruppenmensch, schon immer etwas eigen und anders als die anderen. Ich hatte immer zwei, drei enge Freunde, mit welchen ich am meisten machte, in der Pause spielte, nach Hause lief und ähnliches. Treffen am Nachmittag gab es gelegentlich, allerdings im Vergleich zu anderen Kindern recht spärlich. Ich spielte viel lieber allein, zeichnete und fing schon bald damit an, mir im Hinterhof aus altem Bauschutt ein Baumhaus zu bauen. Es war nichts Besonderes, einfach nur ein paar simple Bretter dran genagelt, so dass man drauf sitzen konnte. Ich träumte davon, jenes eines Tages zu einem richtig großartigen Baumhaus auszubauen, mit kleinen Zimmern, möglicherweise sogar mit einem Fernseher drin. Dieser Wunsch war natürlich nichts weiter als eine kindlich naive Träumerei. Handwerklich hätte ich dies aus eigenen Stücken niemals geschafft. Und die technische Umsetzung wäre auch niemals möglich gewesen. Aber es war trotz allem ein schöner Kindertraum. Viele Nachmittage verbrachte ich in meinem Baum.

Bald darauf bekam ich auch meinen ersten eigenen Computer. Ein alter Windows 96, ohne Internet, kaum Speicherplatz und ziemlich langsam. Kein Vergleich zu den heutigen Geräten. Aber für mich war er fortan mein ganzer Stolz. Ich arbeitete viel mit dem Zeichenprogramm Paint, spielte stundenlang Moorhuhn 2, Mah-Jongg und Melker und schrieb gelegentlich Kurzgeschichten mit einem Schreibprogramm.

Als Kind und Jugendlicher war ich sehr gerne und regelmäßig bei meinen Großeltern, den Eltern meines Vaters, welche nur eine Ortschaft weiter wohnten. Uns verband stets ein sehr inniges Verhältnis, allerdings hatten wir auch eindeutige Differenzen. Sehr vieles, was ich tat, passte ihnen gar nicht. Zu allem wurde ihr persönlicher Senf abgegeben, ganz besonders meine Oma stichelte und kritisierte regelmäßig. Alles, was meine Eltern in ihren Augen „verbockt" hatten, warfen sie MIR vor. So wurde unter anderem regelmäßig bedauert, dass ich in keinem

Sport- oder Musikverein Mitglied war, so wie viele andere Kinder auch. Ebenfalls durfte ich mir regelmäßig anhören, dass sie sonntags in der Kirche sämtliche andere Kinder beim Gottesdienst gesehen haben, nur MICH mal wieder nicht. Warum warfen sie das ausgerechnet MIR vor? Wäre dies ein traditionelles Ritual gewesen, so wäre ich doch bestimmt der Letzte, der sich geweigert hätte. Aber weder mein Vater noch meine Mutter erwarteten jemals von mir, sonntags in die Kirche zu gehen. Warum sollte ich diese Initiative von mir selbst aus ergreifen? Ganz besonders in verspielten Kindertagen? Nur weil es die anderen machten, hieß das noch lange nicht, dass ich das auch machen musste. Schon erst recht nicht, weil es in meinem Leben niemals eine Rolle gespielt hatte.

Meine Großeltern gingen meiner Ansicht nach ohnehin auch nur regelmäßig sonntags zur Kirche, weil man es in der gutbürgerlichen, konservativen Gesellschaft eben macht. Was könnten denn sonst um Himmels willen die Nachbarn denken? Dass sie selbst tatsächlich gläubig waren, bezweifle ich stark. Einst sagte mein Opa einmal im Vertrauen zu mir, dass diese ganzen Bibelgeschichten früher von der gebildeten Oberschicht im Mittelalter erfunden wurden, um ihre spärlich gebildeten Knechte damit zu beeindrucken. Sprich, arbeitet man nicht fleißig, ehrt nicht seine Familie, lügt, stiehlt oder tötet, so kommt man in die Hölle. So konnte man das „niedrige Volk" ganz prima kontrollieren und zum persönlichen Belieben erziehen. Diese Theorie kam mir nicht mal so abwegig vor. Irgendwie würde es sogar Sinn ergeben.

Meine Großeltern wuchsen beide im 2. Weltkrieg und in der späteren Nachkriegszeit auf. Sie erlebten alles hautnah mit, auch wenn sie noch sehr jung waren. Mein Opa betonte immer wieder, wie sehr es der heutigen, verwöhnten Gesellschaft doch mal guttun würde, wenn nur mal ein halbes Jahr lang Krieg und Entbehrung herrschen würde, ohne dies wirklich böse zu meinen. Was die beiden schon immer ärgerte waren Verschwendung und Selbstverständlichkeit, da sie es durchaus anders kannten. Beide erzählten Geschichten vom wenigen Essen in der Kriegszeit und wie sehr man sich über jede Kleinigkeit gefreut hatte. Mein Opa berichtete, wie sie als Buben durch den Wald gingen und als sie voller Stolz nach Hause kamen, hatten sie ein paar Beeren, Pilze oder Tannenzapfen zum Heizen gefunden. Als der Krieg zu Ende war, fand mein Opa als Junge im Wald gelegentlich halbleere Dosen mit Erdnussbutter, welche die Amerikaner, die im damaligen Nachkriegsdeutschland stationiert waren, liegen gelassen hatten. Ein unglaublich wertvoller Fund.

Ich habe sehr großen Respekt vor meinen Großeltern, was sie sich über all die Jahre hart erarbeitet und erspart haben. Sie übernahmen nach ihrer Hochzeit das Geschäft meines Urgroßvaters, welches dieser einst gegründet hatte. Jenes beschränkte sich in den Fünfzigerjahren noch hauptsächlich auf Schallplatten und Radios. Fernseher und sonstige Unterhaltungselektronik kam erst etwas später dazu. Meine Großeltern haben beide erfolgreich eine kaufmännische Ausbildung absolviert, mein Opa war außerdem noch in jungen Jahren im Servicebereich tätig. In jener Zeit lernte er sogar prominente Persönlichkeiten aus Film und Fernsehen kennen, welche er damals bedienen durfte.

Obwohl meine Großeltern keine Nazis waren, sagten sie häufig, dass vieles in ihrer Jugend noch deutlich besser war. Ganz besonders in der Gesellschaft. Die Menschen waren noch anständig, bescheiden und man wusste einfach, was sich gehörte. Nicht so wie heute, wo man kaum noch das Fernsehprogramm wechseln könne, um auf jedem dritten Kanal eine Sexszene zu sehen zu kriegen. So etwas „Primitives" gab es damals nicht. Wurde ein Mädchen unter der Volljährigkeit und ohne verheiratet zu sein schwanger, so war sie das Gespött der Gesellschaft. Und das war ihrer Meinung nach auch gut so.

Ich glaube, dass sie diese Meinung einfach unbewusst in ihrer Kindheit verinnerlicht haben. Ein Kind übernimmt meist das, was ihm die Eltern vorleben und gutreden. Und so bildet sich nach und nach die eigene Meinung daraus. Wie sehr sich diese im Laufe der Zeit noch individuell ändert, geschweige denn verbessert, ist eine Frage des Charakters.

Dass diese Generation von der Strenge und der Disziplin her noch einen Deut härter war, ist wohl bei den meisten Familien so. Andere Zeiten, andere Sitten, keine Frage. Allerdings hätte ich mir gelegentlich ein bisschen mehr Unterstützung und Toleranz erwartet als ich es doch tatsächlich erhielt. Statt Lob hagelte es eher Kritik. Auch über meine Mutter wurde nach der Scheidung regelmäßig hergezogen. Immerhin hatte SIE ja meinen Vater, ihren über alles geliebten „Vorzeigesohn", verlassen, dadurch war sie für meine Großeltern durch die Blume gesagt, gestorben Meine Großeltern verhielten sich meiner Mutter gegenüber zwar nach wie vor korrekt und höflich, aber eine direkte Bindung gab es seit der Trennung nicht mehr. Sogar sarkastische Wetten wurden darauf abgeschlossen, wie lange sie denn dieses Mal wieder mit Onkel Beck zusammen wäre. 3 Wochen? 4 Wochen? 2 Monate?

Zu Weihnachten und Geburtstagen erhielt ich von meinen Großeltern immer großzügige Geschenke. Auf meine Frage hin, warum sie denn meinem Bruder Finn nichts schenken würden, hieß es immer nur: „Der ist ja nicht UNSER Enkel, der geht uns nichts an!"

Das fand ich ziemlich gehässig. Natürlich war er nicht IHR leiblicher Enkel, aber trotz allem MEIN Bruder. Er wurde nie abwertend behandelt oder ähnliches. Aber eine Einladung im Garten zum Schwimmen wäre schon gelegentlich angebracht gewesen.

Ebenso erhielten meine Mutter und ich regelmäßig einen Vortrag darüber, warum sich mein Bruder in späteren Jahren stets telefonisch mit unserem Nachnamen meldete, obwohl er denselben Nachnamen wie Onkel Beck trug. Das ging den beiden gehörig gegen ihren familiären Stolz. Meine Mutter und ich überhörten die Meckerei irgendwann gezielt. Mein Bruder tat dies ganz bewusst, um fremde Leute, welche telefonisch mit meiner Mutter sprechen wollten, nicht unnötig zu verunsichern. Aber das wollten meine Großeltern nicht so recht einsehen. Immerhin handelte es sich um IHREN guten Namen.

Mit etwa 8 Jahren, ich müsste lügen, wenn ich sage, ich weiß es noch hundertprozentig genau, vermutete meine Mutter, dass ich möglicherweise unter ADHS leiden könnte und vereinbarte regelmäßige Gesprächstherapien bei einem Kinderpsychologen. Ich wusste damals nicht, was jene Gesprächsstunden bei dem netten älteren Herrn denn sollten. Worüber sollte ich mit ihm sprechen? Was wollte er wissen?

Ich erinnere mich, dass wir viele Stunden über zusammen mit Handpuppen und sonstigem Spielzeug spielten und uns dabei gemeinsam die lustigsten Geschichten ausdachten. Wie viel Spaß machte das doch zur Abwechslung, nicht immer nur allein damit zu spielen, sondern regelmäßig in Gesellschaft.

Meine Mutter wollte Klarheit darüber, warum ich oftmals so unkonzentriert, geistig abwesend und sozial anders eingestellt war als andere Kinder. Und wie weit das außerdem etwas mit meinem Diabetes zu tun hatte. Was ich vor einigen Monaten auch zum ersten Male bewusst wahrnahm, weil ich mich zuvor nie ernsthaft mit Begleiterscheinungen und sonstigem beschäftigt hatte, weil es mich schlichtweg nie interessierte: Diabetes und psychische Erkrankungen hängen oft sehr dicht zusammen!

Als Kind zeigte sich dieses Verhalten hauptsächlich in übermäßiger Hyperaktivität und Egozentrik. Nicht zuletzt darin, stets immer alles besser zu wissen.

Jedenfalls sah jener Psychologe nach einiger Zeit keinen Anlass mehr, die Therapie fortzuführen. Die paar kleinen Kinderprobleme, die ich hätte, würden schon von selbst vergehen. Meine Mutter warf mir vor, dass ich ihn bewusst getäuscht hätte, um mich vor einer erfolgversprechenden Therapie zu drücken. Es mag schon sein, dass ich das eine oder andere Problem nicht offen ansprach und lieber den unbeschwerten, fantasievollen kleinen Unschuldsengel gab. Allerdings wusste ich zum damaligen Zeitpunkt auch nicht wirklich, was diesbezüglich von mir erwartet wurde. Bis auf meinen blöden Zucker war doch eigentlich nicht viel anders als bei „normalen" Kindern. Oder …?

In diesem Zeitraum hatte ich außerdem meine erste stationäre Schulung. Eine Woche allein im Krankenhaus auf der Kinderstation, um selbstständig zu erlernen, wie ich denn mit meinem

Diabetes am besten umzugehen habe. Bisher hatten dies stets meine Eltern für mich übernommen.

Auf der Station lernte ich mehr über die BE-Anzahlen und wie man jene errechnet. Außerdem erhielt ich eine komplett neue Mess-Spritz-Ausrüstung, inzwischen war diese schon wieder auf einem etwas neueren Stand. Die Nadeln der Spritzen waren inzwischen deutlich kürzer und ich erhielt ein neues Basalinsulin. Weiterhin ein neues Messgerät, welches mit einer kleinen Streifentrommel à 50 Stück versehen wurde. So musste nur noch vor jeder Messung ein kleiner Buttom nach oben geschoben werden, woraufhin ein winzig kleiner Teststreifen direkt aus dem Messgerät ausgefahren wurde. Das fand ich sehr viel praktischer als jedes Mal einen neuen Streifen einzuführen und fast 30 Sekunden auf das Testergebnis zu warten. Der Countdown vom neuen Gerät fiel deutlich kürzer aus.

Außerdem war es nun langsam an der Zeit, selbst die Nadel in die Hand zu nehmen. Schließlich musste ich früher oder später selbst erlernen, wie ich mich (auf Lebenszeit?) mit Insulin zu versorgen hatte. Ich fürchtete mich anfangs davor und weigerte mich zunächst, es selbst zu versuchen. Die Macht der Gewohnheit eben. Meine Mutter bot sich während der Schulung tapfer an, dass ich es zuerst einmal an ihrer Bauchfalte probieren sollte, bevor ich mich selbst spritzte. Natürlich handelte es sich bei jenem „Probelauf" nicht um echtes Insulin, sondern um eine harmlose Substanz, welche keinen Einfluss auf ihren Körper hatte. Ich glaube, es war Wasser. Jedenfalls klappte es recht gut und ich war motiviert, es nun auch an mir selbst zu versuchen. Schon bald hatte ich es gut raus und es wurde zur Gewohnheit, es nun täglich selbst zu tun. Allerdings achtete ich niemals vorbildlich auf das Abwechseln der Einstichstellen und verwendete auch mehrmals die gleiche Spritze. Das Resultat: Meine rechte Bauchfalte neben dem Nabel verhärtete und es bildete sich ein dicker Knubbel. Lieblingsdoktor Hofer zeichnete mit dem Kugelschreiber einen Kreis darum, welcher mich daran erinnern sollte, an anderen Stellen zu spritzen.

Ferner erklärte er mir in einer weiteren Schulung einige Jahre später, dass BEs nicht nur in Form von Zucker allein, sondern durch Kohlenhydrate errechnet werden.

So glaubte ich zuvor doch ernsthaft, dass die Knabberbox aus Chips und Salzbrezeln, welche ich mir am Krankenhauskiosk gekauft hatte, keine Broteinheiten zum Herunterspritzen enthielt. Tja, Pustekuchen aber auch …

Doktor Hofer erschrak regelrecht, als er mich beim abendlichen Kontrollrundgang mit der Box auf meinem Bett erwischte und fragte entsetzt, ob mir denn bewusst wäre, wie viele BEs in solch einer „Sünde" stecken würden. Ich verneinte.

Tja, wieder was dazugelernt, auch ein Diabetiker lernt eben niemals vollständig aus. Ehrlich gesagt: Mit dem Auswendiglernen sämtlicher Inhaltsstoffe, geschweige denn BEs, war ich früher noch nie wirklich up to date. Da es bis dato auch immer meine Eltern für mich berechnet hatten. Natürlich trotzdem keine Entschuldigung dafür, dass ich mich selbst niemals intensiv damit beschäftigt hatte. Alles, was ich wollte, war normal zu sein, ohne ständiges Kopfzerbrechen und Berechnen. Dank meinen Eltern blieb mir dies auch recht lange erspart.

Das nächste Handicap

Nachdem ich mich in meiner alten Heimatstadt wieder eingelebt hatte und eigentlich alles zum Besten stand, da sollte schon
wieder ein weiterer Schicksalsschlag erfolgen. An meinem rechten Fuß bildete sich nach und nach ein dunkler Fleck, die Haut
versteifte immer mehr. Es sah optisch so aus, als hätte ich dort
eine schwere Verbrennung erlitten. Und irgendwann kam ich
mit meiner rechten Ferse nicht mehr auf den Boden.

Ein alter Freund unserer Familie, ein türkischer Arzt, seit
Jahren im Ruhestand, fand einen ersten Anhaltspunkt: **zirkumskripte Sklerodermie**. Ein Besuch bei einer Fachärztin bestätigte diesen Verdacht.

Eine sehr seltene rheumatische Erkrankung, bei welcher sich Flecken auf der Haut bilden und sich das Bindegewebe von innen
zerstört. In meinem Fall hatte es den rechten Fuß erwischt und
verhinderte somit das normale Wachstum der Sehne. Zu meinem
Glück hatte ich „nur" die äußere Form der Sklerodermie, welche
sich auf Haut, Sehnen und Gelenke bezieht und deren Funktion einschränkt. Es gibt von dieser seltenen Krankheit auch eine
innere Verlaufsform, welche Organe, Zellen und Gefäße befällt
und in den meisten Fällen zum Tode führt. Glück im Unglück?
Ansichtssache …

Da ich das zusätzliche „Glück" hatte, dass mich diese Krankheit noch im Wachstumsalter erwischte (bei Kindern sind nur
sehr wenige Fälle dieser Krankheit bekannt), war ich in puncto Gehfähigkeit von nun an überwiegend eingeschränkt. Meine
Ferse hing in der Luft, hinten konnte ich fortan nicht mehr auftreten. Ich lief ab diesem Zeitpunkt nur noch auf Zehenspitzen.
Schuheinlagen vom Orthopäden schafften erste Abhilfe. Aber es
sollte nie wieder so werden wie vorher.

Nachdem wir nun wussten, um welche Erkrankung es sich handelte, vereinbarten meine Eltern einen Termin in einer Spezialklinik. Dort wurde eine spezielle UVA1-Licht-Bestrahlung in die Wege geleitet, zu welcher ich nun wöchentlich mehrmals hingehen musste. Dies sollte bewirken, dass die Krankheit zum Stillstand kommen möge, sich das Bindegewebe wieder erholen und die Sehne normal weiterwachsen sollte. Mir wurde ein Tuch um den Körper gelegt, welches ihn vor der Bestrahlung schützte. Zusätzlich trug ich eine spezielle Sonnenbrille in der Kabine, eine von denen, welche auch in richtigen Solarien zum Einsatz kommen. Jedes Mal saß ich nun etwa für 10–50 Minuten in der Kabine (Die Dauer wurde pro Tag um etwa 1 Minute gesteigert, um meine Haut an das Licht zu gewöhnen) und ließ mich in der besonderen Solariumkabine braten. Nebenbei hörte ich Musik über meinen Walkman, um mir die Wartezeit zu verkürzen.

Parallel dazu erhielt ich eine zusätzliche Behandlung in Form vieler Tabletten. Cortison, MTX, Folsäure und viele weitere Präparate (von welchen ich weiß Gott die Namen nicht mehr weiß), wurden verschrieben, um mein Wachstum zu unterstützen. Ich hasste Tabletten wie die Pest und tat mir anfangs richtig schwer, die ganzen Dinger hinunter zu kriegen. Zum Glück nur eine weitere Gewohnheitsfrage.

Einige Wochen später der nächste Schlag: Nun schien auch noch meine rechte Hand betroffen zu sein. Als ich im Geschäft meines Vaters auf der Treppe saß und spielte, entdeckte mein Vater eine kleine dunkle Verfärbung auf meinem rechten Handrücken. Er reagierte geschockt und flehte, dass es doch bitte nicht an dieser Stelle auch noch losgehen möge. *Was für ein Unsinn,* dachte ich mir anfangs nur. Meine Hand funktionierte einwandfrei. Elastizität und Bewegungsfreiheit waren bis dahin noch ganz normal. Jedoch änderte sich auch dies rapide in den nächsten Monaten der Wachstumsphase. Irgendwann konnte ich die Finger nicht mehr richtig herunterbiegen, eine normale Faust zu machen war inzwischen unmöglich. Und auch nach unten konnte ich das Handgelenk nicht mehr beugen. Auf der linken Seite blieb dagegen alles normal. Wie auch bei den Füßen. Rechtsseitig vorübergehend außer Betrieb, links entwickelte sich alles normal. Der Fleck breitete sich nach und nach immer weiter aus und erstreckte sich über meinen gesamten rechten Unterarm. Jene Stellen wurden von nun an auch bestrahlt.

Doch damit immer noch nicht genug. Ein weiterer großer Fleck bildete sich an meiner rechten Hüfte und breitete sich übers Gesäß aus. Mehrere kleinere Flecken erstreckten sich nach und nach über meinen ganzen Körper, überwiegend auf der rechten Seite. Oberarm, Bein, Schenkel und Brustkorb waren bald übersät mit kleinen Flecken. Die meisten nicht viel größer als ein 2 €-Stück. Dies ist unter anderem auch der Grund, warum ich seit diesem Zeitpunkt nie mehr gerne öffentlich zum Schwimmen ging. Ich schämte mich zutiefst, auch für meinen hinkenden Barfußgang, und zog das private Schwimmen im Pool meiner Großeltern vor. Aufgrund dieses Problems gehe ich auch heute noch sehr ungern ins öffentliche Frei- oder Schwimmbad. Und wenn, so lasse ich zumindest immer ein Shirt an, bis zu dem Punkt, an welchem ich ins Wasser gehe. Noch immer gehen mir die offensichtlichen Blicke der anderen doch ziemlich ans Gemüt. Auch wenn ich gerne etwas anderes behaupten würde. Neben „gesunden" Körpern kriege ich nach wie vor Komplexe und vergleiche mich mehr als ich sollte. Ich will nicht auffallen, ich hasse es so sehr, offensichtlich angeglotzt zu werden.

Inwieweit hatte diese Krankheit wohl mit meinem Zucker zu tun? Es ist bekannt, dass eine sehr häufige Begleiterkrankung bei Diabetes das sogenannte „Fußsyndrom" darstellt. Die Füße werden immer schlechter durchblutet, irgendwann überwiegen Taubheitsgefühle und sie verlieren nach und nach die Funktion. Sterben im schlimmsten Fall sogar ab und müssen amputiert werden. Damit konnte es allerdings nichts zu tun haben, mein Blutzuckerspiegel war in Kindertagen dank meiner Eltern stets in Ordnun. Natürlich gab es immer mal wieder leichte Über- oder Unterzuckerungen. Jeder langjährige Typ 1-Diabetiker wird mir zustimmen, dass es von der Theorie her zwar sehr logisch und einfach klingt, es sich aber in der Praxis niemals vollkommen umsetzen lässt.

Es wäre schön gewesen, hätte man die Sklerodermie damals zum vollkommenen Stillstand gebracht. Ein paar Flecken auf der Haut mögen zwar kein Fest für die Augen sein, jedoch schränkten mich die verkürzten Sehnen um einiges mehr ein. Ich konnte nicht mehr allzu weit laufen, nach jeder längeren Belastung schmerzte mein Fuß ungemein. Hinzu kam, dass sich auch die Zehen durch die verkürzten Sehnen nach unten krümmten und die Nägel durch den permanenten Druck brüchig und schmerzempfindlich wurden. Mein Vater sagte einmal, dass ihn mein rechter Fuß an eine Vogelkralle erinnern würde. Charmant ausgedrückt, aber im Grunde hatte er Recht …

Im Sportunterricht in der Schule war ich fortan von der Benotung befreit, nahm aber weiterhin daran teil. So weit es mir eben möglich war. Ich war noch niemals ein Spitzenathlet gewesen, allerdings machte es die Sklerodermie nicht wirklich besser. Dies führte unter anderem zu schweren Minderwertigkeitsgefühlen. Wurde ein dummer Spruch von Mitschülern abgegeben, kränkte mich dies innerlich zutiefst. Selbst wenn es nur ein unsinniger Spaß von Kumpels war. Ganz besonders schlimm war es jedes Jahr bei den Bundesjugendspielen. Es war für mich eine arge Erniedrigung, meine vitalen und sportlichen Mitschüler dabei zu beobachten, wie sie die verschiedenen Disziplinen durchliefen, bei welchen ich inzwischen kaum noch mithalten konnte. Als sie im Anschluss ihre Urkunden bekamen und ich dagegen nur eine mit der Aufschrift „Teilgenommen" erhielt, fühlte ich mich wie ein aussortierter Sonderling.

Warum hatte ich jetzt noch eine weitere Sonderstellung vom Schicksal aufgebrummt bekommen, war der Diabetes denn nicht schon genug? Ich wollte doch nur so sein wie alle anderen, Sonderrollen tun weh.

Um meine gesundheitliche Situation noch weiter zu verbessern, wurde eine wöchentliche Physiotherapie für mich arrangiert, zu welcher ich nun regelmäßig ging. Frau Treptow war eine sehr nette und kompetente Frau, welche sich fürsorglich meiner annahm. Die Therapie bestand aus speziellen Massagen und gezielten Übungen für die betroffenen Bereiche. Einige davon waren zuweilen sehr anstrengend und ich verlor schnell die Motivation weiter zu machen. Immerhin schaffte ich es nach einigen Sitzungen, die Finger an meiner rechten Hand wieder zur Handinnenfläche herunter zu drücken. Anfangs konnte ich das nicht, sie waren definitiv noch zu steif. Mit Knetball und Co. wurde das gemeinsam mit Frau Treptow erreicht. Allerdings ließ sich die fortschreitende und bereits bestehende Sehnenverkürzung trotz regelmäßiger Krankengymnastik nicht wieder rückgängig machen. Möglicherweise hätte ich zuhause noch mehr Übungen machen müssen. Aber selbst dann ist es sehr unwahrscheinlich, dass ich die rechte Seite jemals wieder so hätte bewegen können wie ein „gesunder" Mensch. Eine Operation mit Verlängerung der Sehnen wurde angedacht, sobald ich ausgewachsen wäre.

Da ich fortan die inständige Angst besaß, meine rechte Hand und mein rechter Fuß würden zunehmend mehr versteifen, übte ich zusätzlich mit links zu schreiben. Ein schönes Gekritzel kam zustande. Aber für den Notfall war ich nun zusätzlich ein bisschen vorbereitet. Von Natur aus bin ich Rechtshänder, allerdings ist meine rechte Hand in so vielen Funktionen eingeschränkt, allein kräftemäßig, so dass ich für viele Dinge im Alltag überwiegend die linke Hand benutze. Ich darf mich also guten Gewissens als „Beidhänder" bezeichnen … hihi.

Ein Kleeblatt mit vier Blättern gilt als Glücksbringer.
Obwohl es vom natürlichen Vorkommen her
eine Missbildung darstellt.

Versuchskarnickel

Nachdem sich durch die Behandlungsmöglichkeit mit der UVA1-Licht-Bestrahlung keine wirklich sichtbaren Erfolge zeigten, wurde diese vorerst eingestellt. Als nächstes sollte aus einem Fleck am Unterschenkel eine Gewebeprobe entnommen und zur genaueren Analyse ins Labor geschickt werden. Diese bevorstehende Tatsache machte mir unendliche Angst und ich flehte, mir diese Prozedur zu ersparen. Es musste jedoch sein, schließlich hofften wir ja alle auf Besserung und darauf, die tückische Krankheit endlich zum Stillstand zu bringen.

An jenem Tag wurde ich morgens von der Schule befreit und fuhr in Begleitung meiner Eltern ins Krankenhaus. Ich wimmerte vor Angst beinahe die ganze Hinfahrt über. Immerhin sollten zwei Stücke in der Größe eines Gummibärchens aus meinem Unterschenkel herausgeschnitten werden. Meine Eltern versuchten mich zu beruhigen. Bis auf einen kleinen Betäubungsstich würde ich rein gar nichts spüren. Die Geschichte erfolgte ambulant unter örtlicher Betäubung per Injektion. Eine Vollnarkose war nicht nötig.

Einige der anwesenden Ärztinnen und Schwestern kannte ich bereits aus vorherigen Besuchen in der Klinik und natürlich von der Bestrahlung. Auf einmal sahen diese so ulkig aus. Alle im türkisfarbenen Kittel mit Mundschutz.

Ängstlich legte ich mich auf der Liege auf den Bauch. Nun sollte es gleich passieren. Mein Vater lenkte mich mithilfe eines lustigen Taschenbuches ab, während mir von hinten eine Betäubung verabreicht wurde. Wie versprochen spürte ich sie kaum und von der eigentlichen Entnahme der Gewebeprobe merkte ich rein gar nichts. Nachdem die Wunde genäht und versorgt war, durften wir die Klinik auch schon wieder verlassen. Als Belohnung von meiner Mutter durfte ich mir im Anschluss zwei Action Figuren aussuchen. Für beide zusammen zahlte sie über 40 DM, was das geplante Budget bei weitem überstieg. Ich freute mich sehr darüber und vergaß beinahe das unangenehme Ziehen der Wunde, welches langsam einzutreten begann, da die Narkose allmählich nachließ.

Über mehrere Wochen hatte ich noch ziemliche Beschwerden beim Sitzen. Der Gang zur Toilette und auch das Sitzen auf den harten Schulstühlen war mehr als unangenehm. Die Wunde musste gut gepflegt werden, damit sie sich in jenem Bereich des geschwächten Bindegewebes nicht noch weiter entzündete. Die Ergebnisse, welche einige Wochen später vorlagen, brachten uns nicht in dem Maße weiter wie wir erhofft hatten. Im Endeffekt war jene Aktion völlig für die Katz. Naja, einen Versuch war es immerhin wert …

Meine Großeltern versuchten mich ständig zu motivieren, NOCH mehr Krankengymnastik zuhause zu betreiben. Vielleicht würde es dann tatsächlich besser werden. Sie selbst litten unter schlimmen arthritischen Beschwerden, ganz besonders in den Kniegelenken. Das mag nicht sonderlich spektakulär klingen, schließlich leiden die meisten Menschen ab einem gewissen Alter an Beschwerden dieser Art. Allerdings war es jedoch auch meine Tante, die Schwester meines Vaters, welche schon in recht jungen Jahren unter massiven Knieproblemen litt und immer wieder operiert werden musste. War ich in dieser Hinsicht familiär zusätzlich belastet? Konnte es diesbezüglich einen Zusammenhang geben?

Ein weiterer Arzt, welcher auf rheumatische Erkrankungen dieser Art spezialisiert war, wurde ausfindig gemacht. Jener befand sich in München, zu welchem ich erstmals gemeinsam mit meinen beiden Eltern fuhr. Bis heute erinnere ich mich ganz bewusst an jenen Tag. Als wir mit dem Auto in die Stadt fuhren, war ich unendlich fasziniert von dem großen bunten Trubel. Die vielen Gebäude und Geschäfte, die vielen Lichter und Plakate … eine echte Großstadt eben. Bei der Rückkehr an jenem Tag stand ein neues Lebensziel für mich fest: Bin ich groß, so ziehe ich auf alle Fälle in die Großstadt. So viele Menschen, so viele Möglichkeiten. Es ist einfach immer etwas los. Viel spannender als ein Leben in einer Kleinstadt, wo wirklich jeder jeden kennt. Bestimmt musste sich hier niemand verstecken, um bloß keinen Puffer für Tratschereien und Spekulationen zu liefern.

Der neue Arzt war mir äußerst sympathisch. Es war ein älterer, gemütlicher Bayer, welcher sich stets viel Zeit für mich nahm, meine Medikamentenkontrolle fortan betrieb und immer mit dem nötigen Rat zur Seite stand. Er hielt eine weitere Form der Bestrahlungstherapie für sinnvoll, welche alsbald viermal wöchentlich fortgeführt werden sollte.

Jene neue Therapie der UVA1-Licht-Bestrahlung unterschied sich ein bisschen von der vorherigen Therapie, in welcher ich aufrecht in der Bestrahlungskabine saß. Zuerst musste ich für 30 Minuten in ein spezielles Bad, in welchem eine Folie um mich herum gelegt wurde. Keine Ahnung, was das für eine spezielle Substanz darstellte und was deren Wirkung sein sollte. Anschließend wurde noch 30 Minuten auf einer Liege im Nebenzimmer extra bestrahlt. Wieder mit Solariumbrille ausgestattet, lag ich die ersten 15 Minuten auf dem Rücken und anschließend auf dem Bauch, so dass sämtliche Stellen meines Körpers, welche von den Flecken betroffen waren, durch die Strahlen erreicht werden konnten.

In diesem Zeitraum waren mir meine Mutter und mein kleiner Bruder Finn, welcher inzwischen etwa 2 Jahre alt war, eine enorme Stütze. Vor allem mein kleiner quirliger Bruder, welcher fröhlich überall herumsprang und alles erkundete (die Schwestern fanden ihn immer sehr unterhaltsam) verkürzte mir die Wartezeit in der Badewanne immer enorm. Er lenkte mich ab, indem er mich zum Lachen brachte und mir ab und zu vereinzelte Gummibärchen fütterte, welche wir zuvor im HappyMeal bei McDonalds bekommen hatten Ich selbst konnte mich in dieser Lage nicht bewegen, um meinen Körper erstreckte sich Folie.

Diese Prozedur wurde etwa ein halbes Jahr lang viermal wöchentlich durchgeführt. Natürlich auch ein großes Opfer für meine

Mutter, welche mich nun immer mittags mit meinem Bruder im Schlepptau von der Schule abholte, um direkt zur Behandlung zu fahren. Hin- und Rückfahrt konnte man über den Daumen täglich mit 100 km rechnen. Auf halber Strecke hielten wir häufig an, um uns Mittagessen bei McDonalds zu holen, was zu diesem Zeitpunkt unterwegs deutlich handlicher war. Am Anfang war das noch ein besonderes Highlight für mich und meinen Bruder, da McDonalds bis dato eigentlich ein Ritual darstellte, welches nicht allzu häufig an der Tagesordnung war. Doch schon nach wenigen Wochen hatten wir beide unser täglich Fast Food wortwörtlich gefressen und keine Lust mehr darauf.

Ganz besonders schlimm war es für mich im heißen Hochsommer, jeden Nachmittag einmal in das warme Bad zu müssen und anschließend noch auf die „Sonnenbank". Ich schwitzte mich fast zu Tode und bat die netten Schwestern, mir das Badewasser eine Spur kühler zu machen. Aber das durften sie natürlich nicht, da dies die Behandlung erforderte. Körpertemperatur war angesagt. Einmal schaffte ich es jedoch, meine liebste Schwester auf 35 °C herunterzuhandeln.

Auf dem Rückweg in diesem heißen Sommer war es ein liebgewordenes Ritual, bei meinen Großeltern abgesetzt zu werden und den Rest des Tages Abkühlung im Schwimmbad zu finden. Dies machte es deutlich einfacher für mich und die ganze Prozedur über freute ich mich darauf.

Da es für die Erkrankung der zirkumskripten Sklerodermie kein spezifisches Behandlungsschema gab und meines Wissens nach noch immer keines gibt, wurde ich lange Zeit über von Arzt zu Arzt geschleppt, von welchen jeder eine ganz andere Art der Behandlung in die Wege leitete. Ich wurde im Grunde nicht nur behandelt, sondern diente parallel dazu auch als eine Art Versuchskarnickel. Ich hatte schon damals das Gefühl, dass die verschiedenen Behandlungsmöglichkeiten eine Art russisches Roulette darstellten. Entweder sie wirkten oder eben nicht. Zumindest wurde etwas versucht. Danke Leute, immer wieder gerne! Vielleicht habe ich auf diese Art und Weise wenigstens das eine oder andere Tier gerettet, welches für Forschungszwecke im Labor dafür hätte herhalten müssen. Das wäre es zumindest wert gewesen, eine sehr schöne Utopie!

Es folgten weitere Therapieversuche in Form einer Laserbehandlung und mit chinesischen Heilkräutern. Jene musste ich tagtäglich trinken. Ich erinnere mich, dass es mir jedes Mal allein nur vom Geruch her beinahe den Magen umdrehte. So kombinierten wir es mit Johannisbeersaft, welcher den widerlichen Geschmack etwas milderte. Die Laserbehandlung war auf dem dünnhäutigen, angegriffenen Fußrücken besonders schmerzhaft. Der Arzt meinte, es würde sich in etwa so anfühlen, als würde man mit einem kleinen Gummiband dagegen schnipsen. Es brannte jedoch wie Feuer. 45 Schübe ertrug ich tapfer. Noch heute sind kleine Punkte von dieser Behandlung auf meinem rechten Fußrücken minimal sichtbar.

Speziell angefertigte Schienen für Bein und Hand, welche ich jede Nacht zu tragen hatte, wurden bei einem Orthopäden angefertigt. Das war sehr unbequem und nervig. Außerdem wurden Hand und Fuß jede Nacht mit einer speziellen Cortison-Creme eingeschmiert, anschließend mit Plastikfolie umwickelt und so wurde schließlich geschlafen. Ganz besonders im Sommer juckte das unerträglich und ich wachte häufig inmitten der Nacht auf. Kratzen ging jedoch aufgrund der Schienen, welche durch Riemen befestigt waren, nicht. Immerhin hatte ich mir das Sternenmuster dafür aussuchen dürfen. Jackpot!

Irgendwann kam die Krankheit schließlich von selbst zum Stillstand und es traten keine weiteren Flecken mehr auf.

Sogar spezielle orthopädische Schuhe wurden für mich maßgetreu angefertigt. Dazu machte man Gipsabdrücke, um sie so komfortabel und bequem wie möglich zu gestalten. Zwar konnte ich mit diesen recht gut laufen, allerdings entsprachen sie alles anderem als meinen optischen Vorstellungen und waren zudem noch äußerst auffällig. Neugierige Blicke blieben nicht aus. Ich zog sie im Großen und Ganzen vielleicht zehnmal an. Danach versauerten sie im Schrank. Ich bevorzugte einen schmerzhaften

Gang in meinen schmalen rot-weißen Turnschuhen gegenüber einem bequemen in orthopädischen „Clownsstiefeln", wie ich sie damals bezeichnete.

Bitte nicht NOCH eine Sonderrolle und doppelt schief angeguckt werden. Lieber Schmerzen …

„Darfst du das essen?" „Schaffst du diese Strecke?"
Fragen wie diese, welche von anderen Menschen zwar
lieb und fürsorglich gemeint waren, belasteten mein Gemüt am meisten. Eine Sonderbehandlung ist so furchtbar!
Wenn etwas nicht klappt oder eine Unsicherheit besteht,
bin ich durchaus in der Lage, dies zu erwähnen.

In der 1., 2. und 3. Klasse war ich stets ein herausragender Schüler in Bezug auf meine Leistungen gewesen. Vom Wesen her allerdings schon immer etwas auffällig,, geistesabwesend und gelegentlich auch etwas streitsüchtig. Ebenfalls von einer gewissen Egozentrik beherrscht. Was ICH wollte, hatte Priorität. Es endete nicht in Gewaltausbrüchen oder ähnlichem, aber mit rebellischem Verhalten war durchaus zu rechnen. Ich war noch nie ein Mensch, welcher gut mit Kompromissen klarkam. Meine Devise lautete schon sehr früh entweder ganz oder gar nicht – ein Mittelweg bringt es nicht.

Meine Krankheiten stellten mich zusätzlich in eine eigene Ecke, jedoch denke ich mir heute, dass ein anderes Verhalten meinerseits einige Meinungsverschiedenheiten und Konflikte hätte vermeiden können. Hier bestätigte sich wieder einmal das altbekannte Problem, dass ich mit Konsequenz und Geduld wohl niemals einen Blumentopf in diesem Leben gewinnen werde. Ich bin ein chronischer Hektiker, welcher nicht selten direkt aus dem 1. Impuls handelt, ohne tiefgründiger darüber nachzudenken.

Nachdem ich aufgrund meiner Therapie bezüglich der Sklerodermie so häufig und regelmäßig zum Arzt und zur Bestrahlung musste, ist es wohl gewissermaßen nachvollziehbar, dass mir in jenem Zeitraum sehr viel im Kopf umher spukte, meine Konzentration noch stärker schwankte als ohnehin schon und sich dementsprechend auch meine Noten verschlechterten. Ganz besonders in Mathe begann ich rapide abzusacken, nachdem die Thematik in Form von Textaufgaben, Bruchrechnung und Geometrie schwieriger zu werden begann. Irgendwann hatte ich den Faden verloren, obwohl ich im Grundrechnen doch stets so gut war. Regelmäßig wurde das Kopfrechnen zusammen mit meiner Oma in unbeschwerten Stunden im Garten geübt. Die Antworten mussten „wie aus der Pistole geschossen" erfolgen, um den Grundstein für eine erfolgreiche Mathematik zu gewährleisten, wie sie es damals bezeichnete. Als ich schlechter wurde und mich jene aufgrund dessen gelegentlich tadelte, reagierte ich beleidigt und konterte auf meine eigene

Art. „Ihr habt doch damals eh nur auf Täfelchen 2+5 zusammengezählt. Richtig anspruchsvolle Mathematik gab es doch damals noch gar nicht!"

Diese Annahme wurde von ihr glücklicherweise doch schnellstens widerlegt. Ich fühlte mir auf den Schlips getreten, da ich früher doch immer gut war. Meine Niederlage wollte ich mir einfach nicht eingestehen.

Im Alltag bin ich bis heute gelegentlich ziemlich geistesabwesend. Es grenzt an ein Wunder, dass ich nicht schon mindestens zehnmal vom Bus überfahren wurde oder sämtliche Knochenbrüche erlitten habe. Dies ist bestimmt sehr vielen aufmerksamen, empathischen Personen zu verdanken, welche in jenen Momenten für mich mitdachten. Meine mangelnde Konzentrationsfähigkeit stellt mir immer wieder ein Bein. Es würde mich persönlich alles andere als wundern, wenn mich der eine oder andere als unhöflich, teilnahmslos oder sozial vollkommen unfähig (stimmt ja auch teilweise) einstufen würde. So käme es mir persönlich wahrscheinlich auch bei anderen Menschen vor.

Als Kind und Jugendlicher besaß ich die unhöfliche Angewohnheit, ständig dazwischenzureden, wenn mir ein spontaner Gedanke durch den Kopf schoss. Obwohl andere gerade mit mir oder jemand anderem redeten. Völlig aus dem Zusammenhang heraus fiel ich aus dem Nichts ins Wort. Unterbrach die anderen, obwohl sich so etwas wirklich nicht gehört. Auch im Unterricht stellte ich häufig vollkommen blödsinnige Fragen, welche überhaupt nichts mit dem Schulstoff zu tun hatten und unterbrach die Lehrer. Heute glaube ich, dass ich dadurch unbewusst versuchte, mich wiederholt mit lustigen Dingen abzulenken, um nicht an meine Sorgen erinnert zu werden, wenn mir der Unterricht zu langweilig wurde oder ich wieder einmal nicht mitkam.

Sorry, war niemals eine böse Absicht …

Ganz anders dagegen stand es mit Themen, welche mich brennend interessierten. Beispielsweise Biografien von prominenten

Menschen wie Schauspielern, für welche ich mich schon frühzeitig als alter Film- und Fernsehfan zu interessieren begann. Den Grundstein hierfür legte mein Vater, welcher mit mir als Kind regelmäßig alte Komödien, Schülerfilme, Western, Krimis und später auch Horrorfilme und Thriller schaute. Vieles aus seiner Kindheit zeigte er mir, das meiste gefiel mir recht gut. Ich begann schon früh damit, eine Leidenschaft für diverse Schauspieler zu entwickeln, welche mich besonders ansprachen. Auch ältere Schauspieler, welche schon gar nicht mehr lebten und meiner Generation teilweise überhaupt kein Begriff mehr sind, erhielten meine volle Aufmerksamkeit. Nachdem auch meine Eltern im Besitz von einem hauseigenen PC mit Internetzugriff waren, nutzte ich diesen für stundenlange Recherchen. Ich wollte stets alles ganz genau wissen, wie alt mein momentanes „Vorbild" aus Film und Fernsehen war, wo er oder sie geboren ist, wie groß und wie schwer sie waren (was mit den damaligen Suchfunktionen noch recht schwer herauszufinden war), ob verheiratet oder nicht und vieles mehr. Teilweise mutierte dieses Verhalten schon zu einer kleinen Besessenheit. Hatte ich eine schlechte Note mit nach Hause gebracht, war natürlich das übermäßige Interesse an meinem Vorbild daran schuld. Alles schien wichtiger als die Schule zu sein. Und das war gar nicht mal so falsch. Viele Kinder sind durch diverse Freizeitaktivitäten außerhalb der Schule abgelenkt. Ich nehme mich da gar nicht aus. Auf jeden Fall war die Recherche über meine diversen Idole ein großes Hobby meiner Kindheit und Jugend. Ich freute mich regelmäßig über Parallelen, welche ich finden konnte. Diese halfen mir schon früh dabei, mein Selbstbewusstsein etwas aufzuwerten.

Auch im gezielten Auswendiglernen bin ich alles andere als schlecht. Mathematische Formeln zu merken fiel mir niemals schwer. Nur an der konzentrierten Anwendung scheiterte es regelmäßig. So viele Klausuren versemmelte ich durch simple Flüchtigkeitsfehler, für welche ich mich im Nachhinein hätte sonst wo rein beißen können. Der Ansatz war richtig, aber durch Kleinigkeiten war die komplette Formel im Eimer. Vorzeichenregel nicht beachtet, Strich vor Punkt genommen, in der Hektik verrechnet ... Die Utensilien für den erfolgreichen Zusammenbau waren gegeben, aber die Betriebsanleitung war mal wieder vom Winde verweht. Permanente geistige Abwesenheit kann mitunter ganz schön nervig sein.

Mein Vater übte von nun an am Wochenende Mathematik mit mir, bis ich von den vielen Fünfern wenigstens wieder auf einen Dreier-Schnitt gelangte. Das sollte am Ende der Grundschule ausreichen um mich auf die Realschule schicken zu können. Vom ursprünglichen Start in der Schule war stets davon auszugehen, dass ich es einmal, wie auch mein Vater, aufs Gymnasium schaffen könnte. Dem war leider nicht so, was mich anfänglich etwas frustrierte.

Mein bester Freund

Als ich in der 3. Klasse war, lernte ich meinen besten Freund kennen. Durch einen lustigen Zufall eigentlich. Ich ging mit Klassenkamerad John, mit welchem mich eine recht gute Kameradschaft verband, nach der Schule nach Hause. Ich lieh ihm eines meiner vielen Nintendo-Spiele aus, damit er mir einen neuen Kampf-Charakter freischalten konnte. John war ein noch weitaus leidenschaftlicherer und besserer Spieler als ich.

Als wir nach der Übergabe des Spiels noch kurz hinters Haus in den Garten gingen, sah ich aus dem Augenwinkel heraus jemanden auf dem Baum herum klettern. Es war Axel. Ein dünner Junge aus Johns Nachbarschaft, mit welchem John gelegentlich spielte. Wir begrüßten uns und wechselten einige Worte. Er war eine Klasse unter uns und genau ein Jahr jünger als ich. Ich kann den genauen Zusammenhang nach über 18 Jahren selbstverständlich nicht mehr wortgetreu wiedergeben, jedoch bin ich mir sicher, dass wir uns überwiegend über Spiele austauschten. Ich hatte ihn unter den vielen anderen Kindern auf dem Schulhof bestimmt schon öfter in der Pause gesehen, jedoch bis dato nie bewusst wahrgenommen.

In den nächsten Wochen sahen wir uns häufiger im örtlichen Freibad. Da wir uns nun flüchtig kannten, kamen wir immer weiter ins Gespräch und spielten zusammen im Wasser. Eines Tages klingelte es an unserer Haustür, es war Axel. Ganz überraschend und ohne Anmeldung kam er zu Besuch, was mich überaus freute. Stolz zeigte ich ihm meine Nintendo und meine dazugehörigen Spiele, von welchen ich ihm schon häufiger erzählt hatte. Ohne viele Worte zu verlieren setzten wir uns an die Konsole und begannen „Super Smash Bros 64" zu zocken. Er kämpfte mit Samus, ich mit Pikachu.

Es machte unheimlich viel Spaß, sodass die Zeit wie im Fluge verstrich. Als er an jenem Abend wieder nach Hause ging, war der Grundbaustein für eine langjährige Freundschaft gelegt. Noch heute reden wir immer wieder über diesen einen besonderen Tag, welcher quasi zur Geburtsstunde einer unzertrennlichen Freundschaft wurde. Axel bezeichnet jenen Tag noch immer als einen der schönsten seines Lebens. Was ich nur bestätigen kann.

Auch Axel war wie ich vom Charakter ein wenig „anders" als die anderen Kinder. Einerseits sehr hyperaktiv, dann jedoch wieder nicht sonderlich gesprächig und ein kleiner, naiver Tagträumer. Und trotz allem immer witzig und gut gelaunt. Seine Gesellschaft munterte mich jedes Mal auf. Im Gegensatz zu mir fiel es Axel jedoch noch niemals schwer, Bindungen und rasche Freundschaften zu seinen Mitmenschen aufzubauen. Ich agierte in dieser Hinsicht viel vorsichtiger und skeptischer.

Fortan trafen wir uns immer wieder bei mir zuhause und probierten noch viele weitere Spiele durch. Allerdings blieb das Smash immer unser gemeinsamer Favorit. Auch mein kleiner Bruder Finn war regelmäßig mit von der Partie. Für ihn war es als kleiner Hosenmatz stets ein großes Highlight, wenn er uns aufmerksam zusehen durfte. Natürlich nur, wenn er uns vorher ausgiebig mit Schokoriegeln und Joghurts aus dem Kühlschrank bedient hatte. Sorry, Bruder, war nie böse gemeint, ich schätze deine derartige Verausgabung bis heute! *zwinker* *zwinker*

Anfänglich war meine Mutter alles andere als begeistert von Axel. Sie meinte, er würde doch ohnehin nur zum Nintendo spielen kommen und bezeichnete ihn als dümmlichen Herumtreiber. Dieser erste, eindeutig falsche Eindruck widerlegte sich jedoch im Laufe der Zeit immer mehr und sie erkannte, dass unsere Freundschaft von wahrhaftiger Natur war. Heute verstehen sich die beiden blendend und schwelgen gerne gemeinsam in Erinnerungen. Noch strenger urteilten dagegen mein Vater und meine Großeltern, welche ja ohnehin von Natur aus mehr darauf bedacht waren, was denn die Nachbarn denken könnten. Axel wäre weit unter meinem geistigen Niveau und ich solle mich gefälligst mit Kindern umgeben, welche „meinem Niveau" entsprachen. Das ärgerte und kränkte mich in Axels Namen, ich mochte ihn ganz genau so wie er war. Wer hat bitte das Recht zu beurteilen, mit welchem angeblichen „Niveau" man sich zu umgeben hat? Axel hatte etwas, was vielen oberflächlichen Bauernkindern in meinem Umfeld fehlte. Verständnis und Loyalität. Und das sind jene Dinge, welche kein Professorentitel dieser Welt jemals ersetzen kann. Er urteilte niemals über meine Handicaps und ich nicht über seine. Wir nahmen uns ganz genau so wie wir waren. Natürlich stritten wir uns auch gelegentlich und tun es bis heute. Aber das ist es ja im Endeffekt auch, was eine wahre Freundschaft ausmacht. Immer nur lächeln und nicken ist zwar bequemer, auf Dauer aber falsch und verlogen.

Axel wohnte mit seiner Familie, welche aus insgesamt 7 Kindern bestand, in einem großen Doppelhaus am anderen Ende der Stadt. Sie hatten einige Haustiere, Hunde, Katzen, Vögel und Nagetiere. Nachdem wir uns des Öfteren gesehen und er mich häufiger besucht hatte, so lud er mich auch zu sich nach Hause ein, wo ich seine Eltern kennenlernte. Beide waren sehr freundlich zu mir. Ganz besonders Vater Herbert war stets lustig und oft für einen Spaß aufgelegt. Es ist ihm zu verdanken, dass wir mit 10 und 11 Jahren im Kino einen Film sehen durften, welcher eigentlich erst ab 12 Jahren freigegeben war. Anschließend lud er mich, Axel und seinen jüngeren Bruder Marco noch auf ein kleines Wettessen von Cheeseburgern bei McDonalds ein, da wir im Kino vergünstigte Gutscheine bekommen hatten.

Da sie sehr viele Kinder in der Familie waren, versteht sich von selbst, dass Axel niemals in Geld schwamm. Er war der Zweitjüngste und musste sogar gelegentlich die alten Kleidungsstücke von seinen großen Brüdern tragen. Wie stark dies damals schon an seinem Selbstwertgefühl nagte erzählte er mir erst viele Jahre später. Früher gab er stets den Unbeeindruckten. Wenn ich ihn diesbezüglich stichelte, trug er mal wieder ein abgetragenes Hemd, in welchem er fast versank. Gegenseitig gestichelt haben wir uns über all die Jahre. Es gibt Millionen Insiderwitze, welche nur wir beide verstehen und über welche wir uns jedes Mal halb totlachen, wenn wir uns sehen. Wie oft die Leute wohl denken mussten, wie dermaßen bescheuert wir beide in Kombination wohl sein müssen, lässt sich definitiv nicht mehr an nur einer Hand abzählen.

Mit meiner Stechhilfe, mit welcher ich mich täglich in den Finger stach um meinen Zuckerwert zu ermitteln, schlossen Axel und ich eines Tages sogar „Blutsbrüderschaft".

Axel liebte das Geschäft meines Vaters, welches diverse Unterhaltungselektronik anbot. Er verfügte zwar nicht über das nötige Budget, um sich regelmäßig Spiele und Konsolen zu kaufen, aber er war trotz allem immer wieder neugierig, was denn gerade frisch auf dem Markt war und stöberte.

Wir borgten uns gegenseitig Spiele aus und unterstützten uns beim Freischalten diverser Charaktere. Während ich in den Rennspielen besser war, triumphierte Axel überwiegend bei den Kampfspielen. Beinahe jeden Abend telefonierten wir über Festnetz und gaben regelmäßige Rückmeldung, wie viele Durchgänge wir heute schon geschafft hatten.

Aber wir beide saßen nicht nur vor der Spielkonsole. Weiterhin unternahmen wir viel außerhalb der eigenen vier Wände. Wir gingen zusammen aufs Schützenfest, spielten in meinem Baumhaus, gingen zum Schwimmen und auch ab und an ins Kino. Gelegentlich spielten wir auch mit anderen Kids, waren aber überwiegend zu zweit unterwegs. Wir besaßen beide einen City Roller und tourten damit und mit unseren Fahrrädern durch Feld und Fluren. Axel versuchte vergebens, mir das Inline Skaten beizubringen, was mir aufgrund meiner Sehnenverkürzung auf der rechten Seite jedoch niemals gelang.

Axel war ein Abenteurer und sehr mutig. Einmal wettete ich mit ihm, dass er sich bestimmt nicht trauen würde, zwischen zwei Silos einer Firma hinaufzuklettern. Das war eine sehr waghalsige Aktion, aber Axel wagte es tatsächlich. Zwischen den Silos auf den nur knapp zwei Zentimeter breiten Rillen kletterte er fast 30 Meter in die Höhe. Ein falscher Schritt und er hätte sich höchstwahrscheinlich das Genick gebrochen. Ich hatte wahnsinnigen Respekt, er hatte die Wette eindeutig gewonnen. Sein Preis: Mein Plastikschwert. Wohlverdient, würde ich sagen …

Einmal gingen wir im Frühjahr zu unserem örtlichen Freibad, welches gerade frisch nach dem Winter wieder befüllt worden war. Wir hielten die Füße rein und stellten fest, dass es doch noch wesentlich frischer war als wir erwartet hatten. Wir beschlossen mutig zu sein und eine Runde über den Weiher zu schwimmen. Es dauerte eine gefühlte Ewigkeit bis wir den Mut hatten, wenigstens knietief ins Wasser zu kommen. „Jetzt oder nie!", rief Axel und schubste mich ohne jegliche Vorwarnung in das eiskalte Wasser und sprang hinterher. Mit aller Kraft durchquerten wir einmal tapfer den See, Axel hing sich vor lauter Kälte an meine Schultern und drückte mich beinahe runter. Als wir es geschafft hatten, besuchten wir mit klatschnassen Klamotten meinen Vater, welcher uns für absolute Spinner erklärte. Aber wir fühlten uns dennoch unüberwindbar stark und tapfer.

Unsere Freundschaft wurde auf eine harte Probe gestellt, nachdem wir eine kindliche Peinlichkeit betrieben hatten. Ich hatte einen kleinen Fotoapparat, welcher noch mit einem Film bestückt war, den man entwickeln lassen musste. Axel und ich saßen bei mir im Zimmer herum und machten unnötigen Blödsinn in Form von Grimassen und ähnlichem. Irgendwann wurden wir so albern, dass wir Arschbilder knipsten. Axel drehte sich zusätzlich noch um, ich drückte ab. So entstanden Bilder, welche es nicht hätte geben sollen …

Nachdem wir die entwickelten Bilder abgeholt hatten, lachten wir uns darüber schlapp. Versprachen uns aber fest, jene Aufnahmen niemals jemandem zu zeigen.

Einige Tage später spielten wir mit Axels kleinem Bruder Marco und Axel ärgerte mich beim Spielen. Ich wollte ihn ebenfalls ärgern, indem ich eines der Fotos aus der Tasche zog und einige Sekunden vor den Augen seines Bruders schwenkte. Ich hatte damit gerechnet, dass jener anfangen würde zu lachen oder ähnliches. Dem war allerdings nicht so. Geschockt riss er das Foto an sich und rannte damit zu seiner Mutter. Beschämt ging ich nach Hause, das war nun wirklich nicht meine Absicht, ich wollte ihn nur necken. Konnte ja nicht ahnen, dass sein Bruder Marco eine derartige Petze war. Natürlich war es auch nicht die feine englische Art meinerseits, schließlich hatten wir uns versprochen, keinem von den Bildern zu erzählen und sie schon gar keinem zu zeigen. Dies zeigte mal wieder von meinem mangelnden Einfühlungsvermögen und meiner hyperaktiven Egozentrik. Axel war enttäuscht von mir, was ich ihm alles andere als verübeln konnte. Nicht nur ein arger Vertrauensbruch, sondern auch eine sehr peinliche Situation für ihn.

Noch am selben Abend bei unserem täglichen Telefonat war plötzlich seine Mutter am Ende der Leitung, welche mich aufforderte, ihr sämtliche Fotos und Negative am nächsten Tag vorbeizubringen. Eingeschüchtert willigte ich ein und stand am nächsten Tag wie gewünscht auf der Matte. Sie erwartete uns draußen im Hof auf der Bank. Ich entschuldigte mich kleinlaut für die alberne Aktion mit den Bildern und hoffte, dass sie uns nicht allzu böse war. Ich überreichte ihr den Umschlag mit allen Negativen. Sie hielt die kleinen braunen Schnipsel prüfend gegen das Licht, Axel war beschämt. „Mama, muss das sein?", fragte er genervt. Sie war entsetzt und wiederholte immer wieder, dass etwas Derartiges ganz und gar nicht ginge und in welche Schwierigkeiten Axel kommen könnte, käme so etwas an die Öffentlichkeit. Was wir beide als etwas übertrieben empfanden, auf den Aufnahmen waren keine Gesichter zu erkennen. Sie nahm die Bilder und Negative und verbrannte sie vor unseren Augen in der Flamme einer Kerze. Kein großer Verlust für die Welt. Anschließend sprach sie ein künftiges Kontaktverbot aus, sie könne es nicht riskieren, dass Axel durch mich in Schwierigkeiten käme. Ich entschuldigte mich unter Tränen noch einmal und beteuerte, dass das bestimmt nicht wieder vorkommen würde. Axel war doch schließlich mein allerbester Freund. Sie sagte, dass das definitiv nicht gehen würde und bat mich, zu gehen.

Heulend verließ ich das Grundstück und ging nach Hause. Dort erzählte ich niemandem von der Sache. Ich ging schwer davon aus, dass ich Axel tatsächlich nie wieder sehen würde, seine Mutter machte einen sehr strengen und dominanten Eindruck.

Natürlich ist es verständlich, dass eine Mutter über eine Aktion wie jene alles andere als erfreut ist und auch dementsprechende Konsequenzen zieht. Aber ein Kontaktverbot für immer? Das schien mir mehr als knallhart …

Wenige Stunden später klingelte das Telefon, es war Axel. Ich konnte es gar nicht recht glauben, schließlich herrschte doch ab sofort striktes Kontaktverbot?!

Axel meinte, seine Mutter sei gerade nicht anwesend und darum nutzte er die Chance mir zu sagen, dass er trotz allem mein bester Freund bleiben würde und sich den Umgang mit mir nicht verbieten lasse. Wir sollten uns von nun an eben heimlich treffen und bei Anrufen auf seinem Festnetz sollte ich mich als jemand anderes ausgeben, wenn Mutter, Vater oder Geschwister ans Telefon gehen sollten. Ich war so überglücklich seine Stimme zu hören und versicherte ihm noch einmal wie leid es mir tat, dass ich seinem Bruder das Foto unter die Nase gehalten hatte. Axel war nicht böse, er meinte nur, dass es Aktionen wie diese nie wieder geben dürfe.

Von nun an trafen wir uns auswärts nur noch heimlich oder eben bei mir zuhause, wo keine „Gefahr" bestand. Meine Mutter wusste nur am Rande von der Geschichte, sah dies allerdings nicht so streng wie Axels Mutter. Sie meinte auch, dass es zwar eine blöde Aktion war, aber ein Kontaktverbot auf Lebenszeit hielt auch sie für weitaus übertrieben. Schließlich machen alle Kinder und Jugendliche einmal Blödsinn.

Das Ende einer Ära

Leider musste mein Vater sein Geschäft, welches er über viele
Jahre erfolgreich als Meister geführt hatte, zu unser aller Bedauern im Jahre 2002 endgültig schließen. Es rentierte sich einfach
nicht mehr, die elektronischen Großkonzerne überrollten den
Markt. Mein Vater hätte sich möglicherweise rechtzeitig auf die
immer moderneren Geräte (Flachbildschirme, DVD-Player, Handys etc.) spezialisieren und eventuell auch Computer und Zubehör in sein Geschäftsmodell integrieren müssen, was man ihm
auch des Öfteren anriet. Dass das Familiengeschäft unter diesen
potenziellen Umständen tatsächlich finanziell rentabel überlebt
hätte, ist jedoch reine Spekulation.

Dies führte zu weiteren schweren Depressionen meines Vaters, das Geschäft war stets sein ganzer Stolz und sein Lebens-
werk gewesen. Nicht zuletzt das Vermächtnis der Familie. Und
ganz bestimmt spielten hierbei natürlich auch der familiäre Druck
und die damit verbundenen Schuldgefühle eine tragende Rolle.
Hatte das über Generationen erfolgreiche Geschäft unter seiner
Führung letztendlich versagt. So musste es sich für meinen Vater,
welcher von Natur aus sehr sensibel und feinfühlig war, angefühlt
haben. Aber über die Schließung sämtlicher „Tante-Emma-Lä-
den", ganz gleich in welcher Branche, müssen wir hier gar nicht
erst anfangen. Dieses Thema versteht sich wohl von selbst. Verdammte Großkonzerne! Auf der einen Seite für den Otto-Nor-
mal-Bürger natürlich sehr praktisch, auf der anderen Seite aber
auch verantwortlich für das Aussterben vieler Existenzen. Was
bedeutet schon noch ein Einzelschicksal in einer Welt, in welcher
es nur um Geld und Macht geht? Einen feuchten Scheißdreck!

Kurz vor der Schließung des Geschäfts war mein Vater bereits in
eine andere Wohnung gezogen, da er die Miete für unsere ehemalige gemeinsame Wohnung direkt über dem Geschäft nicht

länger aufbringen konnte. Diese Wohnung schloss ich von Anfang an ins Herz. Es war eine wunderschöne Maisonettewohnung, welche sich vom 1. Stock bis hin ins Dachgeschoss streckte. Sie besaß einen schnuckeligen kleinen Balkon, auf welchem mein Vater und ich uns stundenlange Schach-, Trivial Pursuit- und Sechsundsechzig-Runden lieferten. Oben im Dachgeschoss lag neben dem Wohnzimmer auch mein neues Kinderzimmer, in welches durch das große schräge Dachfenster die Sonne im Sommer nur so durchbrach. Längeres Spielen mit meinen Figuren war dann nicht mehr möglich.

Unten im Keller besaß mein Vater einen Raum, welcher als Werkstatt für diverse Reparaturen benutzt wurde. Nachdem das Geschäft geschlossen war, schaffte es mein Vater dank einiger langjähriger Stammkunden, sich auf selbstständiger Basis mit Reparaturen, Bestellungen und Arbeiten im Außendienst noch eine Weile lang über Wasser zu halten. Auf Dauer reichte es allerdings nicht für den Lebensunterhalt und die Selbstständigkeit musste aufgegeben werden. Er wurde arbeitslos. Gelegentlich fielen trotzdem einige Arbeiten an, welche mein Vater „unter der Hand" für alte Kunden verrichtete. Auch mein damaliger Videorecorder und mein kleiner Röhrenbild-Fernseher lagen regelmäßig auf seinem Tisch zur Wartung.

Nachdem es mit seiner Werkstatt in den hauseigenen Wänden nicht mehr lief, begann mein Vater für eine Zeit lang in einer Firma zu arbeiten, welche sich ebenfalls mit Elektrotechnik beschäftigte. Aufgrund seines Status' als Radio-Fernsehtechniker-Meister erhielt er dort auch einen ganz guten Posten als Abteilungsleiter. Seine Aufgabe bestand darin, die Arbeiter der Elektroteileherstellung zu überwachen und anzuweisen. Einmal durfte auch ich mitgehen und gelbe Sticker auf Platinen kleben. Ich freute mich für ihn, dass er wieder eine neue Stelle gefunden hatte. Aber irgendwie klappte dies nicht allzu lange und er wurde nach einigen Monaten wieder entlassen. Mir gegenüber begründete er es so, dass er die unmöglichen, nervigen Klatschweiber aus seiner Abteilung auf Dauer nicht aushielt und deshalb auf eigenen

Wunsch hin kündigte. Was sich im Nachhinein als unwahr herausstellte, da ihm gekündigt wurde. Aber diesbezüglich mache ich ihm keinen Vorwurf, es ist nur zu verständlich, dass er in meinen Augen der vorbildliche Vater sein wollte, der immer alles im Griff hatte. Die Gründe für seine Kündigung sind mir bis heute unklar, allerdings kann ich mir mögliche Erklärungen zusammenreimen. Einerseits war es die ungewohnte neue Arbeitssituation als Angestellter, welche er auf diese Art nicht kannte. Er war in seinem Geschäft stets sein eigener Chef und selbstständig gewesen, was es ihm natürlich schwer machte, sich von heute auf morgen unterzuordnen. Eventuell spielten seine schweren Depressionen und sein gelegentlicher Alkoholkonsum ebenfalls eine tragende Rolle. Ich glaubte fest an ihn, dass er seine Fähigkeiten bald anderswo zum Einsatz bringen könnte, sobald er das Richtige gefunden hätte. Schließlich war er sogar Meister, kannte sich in Radio- und Fernsehtechnik blendend aus. Aber genau wie ich, so war auch mein Vater vom Wesen her ein Gewohnheitstier. Vermutlich wäre es ihm sehr schwergefallen, hätte er sich auf Computertechnik und ähnliches spezialisieren müssen.

Da es von nun an beruflich für meinen Vater alles andere als rosig aussah, blieben irgendwann auch die regelmäßigen Unterhaltszahlungen an meine Mutter aus. Sie blieb ihm gegenüber stets fair und korrekt, hatte er doch die letzten Jahre immer regelmäßig bezahlt. Sogar meist mehr als er eigentlich hätte müssen, als es ihm finanziell noch deutlich besser ging. Es war eine noble Charaktereigenschaft von meiner Mutter, meinem Vater in dieser Hinsicht nicht unter Druck zu setzen, was ich ihr bis heute sehr hoch anrechne. Viele andere wären in dieser Situation schon wiederholt zum Anwalt gerannt und hätten ihre Unterhaltszahlung auf irgendeine Art und Weise eingeklagt.

Und jenes Geld fehlte uns von nun an. Doch meine Mutter schaffte es immer, uns gut über die Runden zu bringen. Wir lebten nicht im Luxus und sparten wo es nur ging. Zumindest meine Mutter. Mein Bruder und ich waren beide recht verwöhnt, was das Essen anging. Wobei hier fairerweise erwähnt werden muss, dass es bei meinem Bruder lange nicht so ausgeprägt war wie bei mir. Im Kleinkindalter aß er alles gerne, was man ihm vorsetzte. Sogar Dinge, welche mir persönlich nicht so schmeckten.

Meine Mutter ist von Natur aus ohnehin keine leidenschaftliche Köchin wie es mein Vater war. Obwohl mir ihr Essen meist auch sehr gut schmeckte. Beispielsweise ihr Brokkoli-Auflauf und ihre Lasagne waren phänomenal und auch bei der leckeren Bohnensuppe langten wir stets kräftig zu. Um Zeit und Geld zu sparen, gab es allerdings auch gelegentlich Ravioli oder Käsenudeln. So kann gesagt werden, dass wir durchaus eine abwechslungsreiche und ausgewogene Ernährung genossen. Ganz besonders mein tägliches Abendessen, welches zum Großteil aus Gemüse bestand, versorgte mich über viele Jahre mit den nötigen Vitaminen und Mineralstoffen. Auch dann, wenn es mittags mal schnell gehen musste, was auch nur allzu verständlich war im aktiven Berufs- und Schulalltag.

Da mein Vater nun noch mehr Zeit als sonst zum aktiven Kochen hatte, wollte er fürs bevorstehende Wochenende immer ganz genau wissen, was ich mir denn wünschte. So hatte er unter der Woche genug Zeit, alles Nötige dafür zu besorgen und vorzubereiten. Stundenlang schwelgten wir im Gaumenschmaus, anschließend wurden noch Mandelhörnchen und Vanilleeis genascht. Auf der einen Seite natürlich nachvollziehbar, dass man sich ein schönes und unbeschwertes Wochenende machen möchte, wenn man das Kind die ganze Woche über selten sieht. Aber trotz allem hätte auch er mich ein bisschen bremsen sollen, allein schon wegen meiner immer molliger werdenden Figur und meinem Zucker.

Essen als Ventil?

Es mag Menschen geben, für welche Essen einfach nur dazugehört oder eben ein Mittel zum Zweck darstellt, aber keine tiefgründigere Bedeutung aufweist. Natürlich schmeckt das eine deutlich besser als das andere, aber nach der Mahlzeit ist es dann auch wieder für eine Weile vorbei. Das war bei mir schon immer deutlich anders. War eine gute Mahlzeit zu Ende, war ich häufig traurig und holte mir einen Nachschlag, um das Gefühl des Genusses und der Befriedigung noch einige Zeit länger aufrecht zu erhalten. Selbst dann, wenn ich im Grunde eigentlich schon längst satt war und nur noch wegen des guten Geschmacks nachschaufelte.

Es hängt bestimmt auch mit meinem schon sehr früh eingetroffenen Diabetes zusammen, dass das Essverhalten in meinem Leben schon immer eine zentrale Rolle spielte. Was und wann darf bzw. sollte ich essen? Wie viel und wie oft muss ich dafür per Injektion korrigieren? Und mit wie vielen Einheiten? Als Typ 1-Diabetiker ist beim Essen permanentes Mitrechnen im Kopf Voraussetzung. Zumindest dann, wenn man es einigermaßen richtig machen will.

Aufgrund meiner Handicaps und meiner Sonderrolle nutzte ich das Essen nicht nur als Mittel zum Zweck, sondern als regelrechtes Ventil um mich gut zu fühlen. Dies führte dazu, dass ich natürlich auch immer ordentlich zulangte, dementsprechend viel Insulin benötigte und über die Jahre immer fülliger wurde. Ich war zwar niemals krankhaft fettleibig oder adipös, wie man es in der Fachsprache bezeichnet, aber trotz allem recht mollig und ausgefüllt. Lange machte ich mir diesbezüglich keinen Kopf, aber irgendwann begann es doch in mir zu arbeiten. Spätestens ab der Pubertät, wo man die eigene Optik gerne einmal genauer unter die Lupe nimmt. In dieser Zeit begann ich mich optisch mit anderen zunehmend zu vergleichen.

In Kindertagen war es nur insoweit ein Thema, dass ich manchmal neidisch auf meinen kleinen Bruder war, was das Essverhalten anging. Er konnte so viel naschen, wie er nur wollte und war stets ein kleiner dürrer Hering, wie er häufig von meiner Mutter bezeichnet wurde. Ich fragte mich schon damals, wie er das nur konnte. Naschte er doch an manchen Tagen wirklich viel, bis zu einer Packung Milchschnitte. Als Kleinkind war ICH definitiv rundlicher als er. Möglicherweise hatte er diesbezüglich die Gene von Onkel Beck geerbt? Jener war etwas schlanker als mein Vater. Mein Vater hatte eine etwas kräftigere Statur, er war sehr muskulös, allerdings nicht wirklich dünn. Zudem war auch er ein leidenschaftlicher Genießer und auch das gelegentliche Bierchen ließ den Bauchspeck natürlich alles andere als verschwinden. Aber mein Vater machte sich deswegen nichts draus, sondern genoss sein Leben in vollen Zügen. Zumindest was das Essen betraf.

Meine Mutter war, soweit ich mich erinnern kann, immer recht normal gebaut. Nicht übermäßig dünn, aber auch nicht korpulent. Ein gesundes Mittelmaß. Obwohl meine Großeltern manchmal sagten, sie sei übermäßig schlank. Dieser Aspekt liegt natürlich im Auge des Betrachters.

Hatte ich mich in Kindertagen doch eigentlich immer recht genau an die Essensregeln meiner Eltern gehalten, so änderte sich dies ab jenem Zeitpunkt, als ich in die Realschule kam. Ich begann mit meinen Werten zu schlampen, aß zwischendurch immer häufiger etwas Süßes und auch die Größen der Mahlzeiten wurden je nach Lust und Laune zusammengestellt.

Im Nachhinein betrachtet weiß ich, dass ich zu einigen Zeitpunkten, an welchen ich mich gar nicht gemessen hatte, wie zum Beispiel während der großen Pause in der Schule, möglicherweise vom Zuckerspiegel viel zu tief war.

Unterzucker und Insulin lösen unbeschreiblichen Heißhunger aus, das ist für die meisten gesunden Menschen kaum nachzuvollziehen. Nicht ohne Grund wird es den armen Seelen in der

Massentierhaltung regelmäßig verabreicht, wie mir meine Diabetologin einst erklärte. Damit sie möglichst viel Hunger kriegen, viel essen und dementsprechend fett werden.

Ganz besonders nach Zucker, welcher dem Körper im Unterzucker fehlt, schreit der Körper dann förmlich und sendet die entsprechenden Signale. Nur durch sehr viel Selbstbeherrschung und die notwendigen Vorkehrungen kann einem unkontrollierten Fressrausch im Unterzucker erfolgreich entgegengewirkt werden.

Ich setze jenes Gefühl einer langen Hungerstrecke gleich, unter welcher man mehrere Stunden oder Tage leidet. Wer kennt es nicht? Man hat den ganzen Tag über nichts gegessen, war beruflich oder anderweitig aktiv und kann das bevorstehende Abendessen kaum noch erwarten. Möchte am liebsten vor lauter Hunger die noch nicht mal gebackene Tiefkühlpizza sofort verschlingen. Der ganze Körper zittert, der Magen knurrt. So einem Gefühl entspricht dieser Zustand etwa. Selbst wenn die vorherige Mahlzeit noch nicht mal allzu lange her ist und auch entsprechend ausgiebig war. Ohnehin ist es ja Fakt, dass selbst gesunde Menschen eine Unterzuckerung bekommen können, wenn sie über einen langen Zeitraum nichts gegessen haben. Besonders Hochleistungssportler können ein Lied davon singen.

Bei mir ist dieser Zustand allerdings besonders ausgeprägt, da ich eigentlich so gut wie immer Hunger verspüre, welchen ich leider viel zu schlecht von purem Appetit unterscheiden kann. Woher kommt das nur? Bestimmt spielt auch hier mal wieder Freund Diabetes eine Rolle. Allerdings glaube ich auch, dass es sich hierbei ferner um eine Kopfsache handelt. Essen als Ventil. Ein Rausch des Genusses, ein Rausch zum Vergessen …

Ein weiteres Problem meines Essverhaltens war stets meine enorme Ungeduld. Anstelle von bewusstem Genießen schlang ich das Essen vollkommen unbedacht hinunter. Ganz besonders in der großen Pause, wo die Zeit begrenzt und die Schlange vor dem Bäckerhäuschen meist ziemlich lang war. Nicht viel Zeit zum bewussten Genießen, Hektik verdirbt hier die benötigte Zeit und Ruhe. Ein ähnliches Schema wie in den Mittagspausen in vielen Arbeitsbetrieben. Zeitdruck und Stress sind pures Gift für die Nahrungsaufnahme. Sie sollte ein geschätzter Moment der Ruhe sein. Oder eben mit etwas Schönem verbunden werden, wie einem entspannenden Film nach Feierabend oder der Gesellschaft von vertrauten Personen.

Im Gegensatz zu vielen anderen Kindern, welche oftmals Reste vom Mittagessen liegen lassen, aß ich meist immer vollständig auf und wollte Nachschub. Außer wenn es mir absolut nicht schmeckte. Fisch und Reis zählten in Kindertagen zu meinen verhassten Gerichten, was wiederum meiner Mutter und natürlich meinem allesfressenden kleinen Bruder behagte. Dies wurde dann wiederum meist durch einen dementsprechenden Nachtisch ausgeglichen. Meine Mutter ermahnte mich regelmäßig, dass es jetzt nun wirklich langsam reichen würde. Was ich im Fresswahn meist vornehmlich ignorierte.

Dass das Sättigungsgefühl erst nach rund 20 Minuten eintritt, auch das wollte ich meiner Mutter als Kind partout nicht glauben und lieber sofortigen Nachschub.

„Gut gekaut ist halb verdaut." So lautet ein sehr schöner Spruch, in welchem viel Weisheit steckt. Wie ich erst kürzlich lernte, werden durch den vermehrt gebildeten Speichel im Mund sogenannte Amylasen gebildet. Enzyme, welcher der Körper produziert um Kohlenhydrate aufzuspalten. Je mehr man also kaut, umso weniger hat der Magen bezüglich der Amylase-Produktion zu tun und die Nährstoffe gelangen schneller durch den Dünndarm in die Blutbahnen. Langsam und bewusst essen lautet also die Devise! Heute halte ich mich bewusst daran. Als Kind schlang ich dagegen wie eine 7-köpfige Raupe, wie mich meine Großeltern im Scherz oft betitelten.

Während meiner frühen Schulzeit hatte ich eigentlich immer ein festes Essensritual, welches zuhause vorgegeben war. Morgens eine Schüssel Cornflakes mit Milch, in der Schulpause meine Zwischenmahlzeit vom Bäcker, nach der Schule Mittagessen, am Nachmittag so gegen 15:00 Uhr nochmal eine Zwischenmahlzeit (meist ein Joghurt oder eine kleine Süßigkeit), später Abendbrot und vor dem Schlafengehen noch eine kleine Spätmahlzeit. Oftmals mopste ich jedoch in unbeobachteten Minuten etwas aus dem Kühlschrank und ließ die Verpackungen unauffällig hinter meinem Bett verschwinden. Dies blieb lange unbemerkt von meiner Mutter. Obwohl gelegentlich die Frage auftrat, ob ich noch einen Schokoriegel oder ein Päckchen Gummibärchen zum abendlichen Einschlafen geklaut hätte, was ich jedoch aus Scham meist verneinte. Natürlich wusste sie es trotzdem, blöd war sie ja auch nicht. Außerdem verrieten mich meine Blutzuckerwerte am Morgen. Sie fielen dann deutlich zu hoch aus.

Von meinem Taschengeld kaufte ich mir eine Zeit lang täglich Schleckereien vom Drogeriemarkt. Ich vergötterte die großen Trolli Burger, von welchen ich oftmals jeden Nachmittag 4 Stück aß. Lang und ausgiebig lutschte ich an den einzelnen Stückchen herum, während ich nebenbei Filme ansah. Meine Mutter arbeitete damals an zwei Nachmittagen in der Woche, so dass ich ausgiebig Zeit hatte, genüsslich zu naschen.

Es weitete sich immer mehr aus. Aus EINER Portion Cornflakes am Morgen wurden nach und nach 3–4 Schüsseln und ein Liter Milch und zum Mittagessen holte ich mir nun auch mal einen Döner mit Spezi. Mein Gewicht war mir noch immer recht egal und auch mein Kleidungsstil war lange Zeit über sehr unorthodox. Da ich als Kind eine starke Abneigung gegen Knöpfe hatte, zog ich bis in meine Jugend eigentlich immer nur Radler- und Jogginghosen an. Optisch gefallen mir Knöpfe bis heute nicht wirklich, allerdings toleriere ich sie inzwischen problemlos an Hosen. Niemals würde ich jedoch ein Polo-Shirt oder ähnliches tragen, es ist einfach nicht mein Geschmack. Jene engen Hosen machten einen etwas komischen Eindruck. Dazu noch knallenge T-Shirts, welche ich mir mit meiner damaligen Statur definitiv nicht leisten konnte.

Gewohnheit ist der schlimmste Fluch.
Wie auch die Selbstverständlichkeit.
Vergleichbar mit einem Kaugummi in den
Haaren, welcher sich einfach nicht
herauspulen lässt.
Hier hilft meist nur ein vollständiger
„Cut".

Zusammenbruch vor meinen Augen

Das Jahr 2004 neigte sich seinem Ende zu und mein Vater hatte für das bevorstehende Silvester etwas ganz Besonderes geplant. Ein Wochenende auf einer Skihütte eines guten Freundes vom Stammtisch, zu welchem ich mitfahren durfte. Ich freute mich sehr darauf, auch wenn ich 90 % der Zeit an einem Schulprojekt arbeitete, in welchem es um die Zusammenfassung eines Buches ging.

Die Hütte lag in Österreich in den Bergen. Alles war tief eingeschneit und wir hatten große Mühe, diesen Ort mit dem Auto zu erreichen. Wir fuhren bei Freund Ralf und seiner Frau Irmgard mit. Als wir die Hütte erreicht hatten, richteten wir uns in einem der Gästezimmer ein und schlugen unsere Schlafsäcke auf. Wir lernten einige neue Leute kennen, welche wir teilweise noch gar nicht kannten. Eines der Ehepaare hatte ihre Tochter mitgebracht, mit welcher ich Schlitten fuhr.

Bereits am ersten Abend ging es meinem Vater sehr schlecht. Er erbrach sich in einem fort und konnte das Bett (oder besser gesagt den Schlafsack) nicht mehr verlassen. Er verpasste sogar den Jahreswechsel und das Feuerwerk, auf welches wir dank der Lage in den Bergen eine grandiose Sicht hatten. Ich hielt es für ihn auf Bildern fest. Warum es ihm so schlecht ging, wusste keiner. Wir dachten, er hätte eine kleine Lebensmittelvergiftung.

Nach 2 Tagen auf der Hütte fuhren wir wieder nach Hause. Nachdem wir nach 2-stündigem Stau endlich die Heimat erreicht hatten, waren wir alle recht froh. Es war noch sehr glatt und verschneit. Mein Vater fühlte sich inzwischen wieder etwas besser. So dachten wir zumindest. Nachdem wir uns von Ralf und Irmgard verabschiedet hatten, stiegen wir die Treppen zum Wohnungseingang hinauf und mein Vater schloss die Türe auf. Plötzlich ein gequälter Laut. Mein Vater kippte vor meinen Augen nach vorne über und landete auf dem Bauch. Er krampfte und sabberte. Zuerst dachte ich noch, dass er ein Späßchen mit mir machen wollte, so wie er es öfters gerne versuchte und schaltete nicht sofort. Doch als er so liegen blieb sah ich, dass es ernst war und rannte schnell zur Nachbarin und klingelte Sturm. Ich sagte, mein Vater sei plötzlich umgefallen. Sie und ihr Sohn kamen sofort herbei und alarmierten einen Krankenwagen. Ich sprintete nach oben in die Wohnung, schloss die Wohnungstüre auf, schnappte mir das Telefon und rief meine Großeltern an. Meine Oma meldete sich, wünschte ein frohes neues Jahr und fragte gut gelaunt, wie es denn in Österreich gewesen war. Ich weiß noch genau, dass es mir sehr leid tat sie jetzt beunruhigen zu müssen, aber sie musste ja schließlich auch Bescheid wissen. Ich erzählte, dass Papi soeben im Treppenhaus zusammengebrochen war und sie und Opa schnellstmöglich kommen sollten.

Sie trafen kurz nach dem Krankenwagen ein. Mein Vater – inzwischen von der Nachbarin mit einem der Schlafsäcke aus unserem Gepäck zugedeckt – war inzwischen sogar wieder bei Bewusstsein. Die Sanitäter sagten ihm, dass sie ihn mit ins Krankenhaus nehmen würden. Mein Vater protestierte, schließlich hatte er seit 2 Tagen nicht geduscht. Ich musste gedanklich schmunzeln, das war so typisch für meinen stets hoch gepflegten Vater. Doch das rückte jetzt erst einmal in den Hintergrund und er wurde auf der Trage mitgenommen. Meine Großeltern und ich gingen noch einmal kurz in seine Wohnung und suchten einige Dinge für ihn zusammen. Unterwäsche, Schlafanzug, Waschsachen etc. Anschließend fuhren wir zu ihm ins Krankenhaus.

Dort fanden wir ihn in der Notaufnahme. Er saß auf einer Liege und schien geistig schon wieder ganz anwesend zu sein. Was war eigentlich passiert? Man erklärte uns, dass er einen epileptischen Anfall erlitten hatte, was auch die Krämpfe und die Zuckungen erklärte. Dass er unter einer leichten Form der Epilepsie litt, wusste ich bis zum damaligen Zeitpunkt noch gar nicht.

Er meinte, dass es ihm soweit wieder gut gehe und er jetzt nach Hause könne. Doch der Arzt bestand darauf, ihn über Nacht zur Beobachtung im Krankenhaus zu behalten. Was auch passierte. Meine Großeltern und ich verabschiedeten uns alsbald und waren froh, dass er in guten Händen war. Sie waren ganz krank vor Sorge und fragten mich, ob er am Wochenende denn Alkohol getrunken hatte, was ich verneinte. Wann denn auch? Er war ja zum Großteil außer Gefecht und schlief.

Zuhause angekommen, erzählte ich auch meiner Mutter was geschehen war. Ich war noch immer in größter Sorge um meinen Papa und schaute einige Stunden später am Abend nochmal bei ihm im Krankenhaus vorbei. Ich wollte ihm meinen Lieblingsteddy vorbeibringen, dass er die Nacht über nicht so allein war. Als ich ihn dort vorfand, erschrak ich sehr. Er hatte eine herausgezogene Infusionsnadel in seiner Hand und war überströmt mit Blut. Außerdem wirkte er sehr benommen und verwirrt. Die Infusion sei irgendwie herausgerutscht und er bekomme sie nicht wieder hinein. Ich rief nach einer Schwester, welche sich seiner annahm. Ich verließ das Zimmer und versprach, direkt morgen wieder zu kommen. Ich war in Sorge und hoffte, dass er gut über die Nacht kommen würde. Dass er so durcheinander war, machte mir Angst. Meine Mutter beruhigte mich und sagte, dass ein epileptischer Anfall eine enorme Stresssituation für den Körper darstellt, er in guten Händen sei und es ihm morgen bestimmt schon wieder besser gehen würde. Zuversichtlich legte ich mich bald schlafen, nachdem ich noch den Rest von meinem Gouda gegessen hatte, welchen ich mir bewusst für später aufgehoben hatte.

2 Tage später wurde mein Vater wieder entlassen. Er bekam von nun an Tabletten gegen seine Krankheit, welche künftigen Anfällen vorbeugen sollten. Außerdem hatte er die strikte Auflage, keinerlei Alkohol mehr zu trinken. Nicht mal sein geliebtes Feierabendbierchen durfte offiziell nun mehr sein. In meiner Gegenwart hielt er sich auch überwiegend daran. Trank er zwischendurch trotzdem mal etwas (einmal holte er sich in meiner

Anwesenheit nach einem Arztbesuch in München ein Bierchen und „bestach" mich mit einer Fahrtrunde in einem Fahrgeschäft auf dem Rummelplatz, wenn ich es niemandem erzählen würde), so stufte er es als harmlose Ausnahme ein. Daher beachtete ich es auch nicht weiter, ganz bestimmt wusste er, was er tat. Gelegentlich ein Bierchen klang in der Tat recht harmlos und war ihm auch mehr als vergönnt. Was und wie viel er tatsächlich in meiner Abwesenheit konsumierte, wird auf ewig sein wohl gehütetes Geheimnis bleiben.

Depressionen

Es war zuweilen recht erschreckend, in wie viele Widersprüch-
lichkeiten ich mich über die Jahre verrannte. Meine Meinungen
variierten häufig nach Tagesform und änderten sich gelegentlich
schneller als das Wetter. Ein gutes Beispiel hierfür waren meine Krankheiten, welche
ich gerne zum persönlichen Belieben variabel verwendete. Ei-
nerseits wollte ich unter keinen Umständen eine Sonderbehandlung. Jedoch kamen mir einige Ausreden ab und an ganz gelegen. Hatte ich auf irgendetwas keine Lust, so schob ich meine
Sehnenverkürzung vor und bekundete, dass ich das nicht schaffen würde. Obwohl ich es im Grunde mit ein bisschen Disziplin
durchaus geschafft hätte. Zum Beispiel hätte ich mich viel mehr
bewegen können. Zumindest nach meinen persönlichen Möglichkeiten in meinem eigenen Tempo.

Irgendwann kam der Punkt, an welchem ich anfing, bewusster auf mein Äußeres zu schauen. In meiner Klasse waren definitiv
nicht alle schlanke Topmodels, einige waren, wie auch ich, von etwas kräftigerer Natur. Ich begann überwiegend Schwarz zu tragen
und zog sehr enge Unterhemden an, die so straff saßen, dass sie mir
im Hochsommer sogar Striemen in die Haut rissen welche teilweise eiterten. Die Schmerzen und das endlose Schwitzen ertrug ich
jedoch, um unnötige Fettpolster so gut wie möglich zu verbergen.

Zu Weihnachten 2005 bekam ich von meinem Vater meine erste Digitalkamera mit der Möglichkeit zur Tonaufzeichnung,
welche bald zu meinem liebsten Begleiter mutierte und das alte
Diktiergerät meines Vaters ablöste, welches ich bis dato stets bei
mir getragen hatte. Ich knipste alles und jeden und drehte kurze
Videos. Meist heimlich von meinem armen Vater, welchen ich
gezielt regelmäßig zur Weißglut brachte, um mich später über
die Aufnahmen köstlich zu amüsieren. Andere zu ärgern machte

mir in jenem Zeitraum sadistische Freude, ich konnte mich stundenlang über Wutanfälle totlachen. Ich filmte heimlich, wie ich meinem Vater „versehentlich" auf den Fuß trat, er lautstark vor Schmerzen aufschrie und schaute mir jenes Szenario gefühlte hundertmal in Folge an.

Auch in der Schule war die Kamera nun ständiger Begleiter. Ich stellte bewusst naive Fragen und stellte mich blöd, so dass die Lehrer oftmals nervlich an ihre Grenzen gelangten. Das alles nahm ich meist in Form von Sprachaufnahmen auf, zog es mir zuhause auf den Rechner und hörte es mir immer wieder an. Meine Form der Belustigung in einsamen Stunden. Natürlich machte ich jene – im Grunde unerlaubten Aufnahmen – niemals öffentlich und löschte auch die meisten im Laufe der Zeit wieder. Sie waren lediglich für mich und meine persönliche Belustigung gedacht.

Dieses Verhalten war nur bis zu einem gewissen Punkt lustig. Irgendwann nervte es sämtliche Mitschüler und ich wurde gemieden. Warum schoss ich mich schon wieder in eine Sonderrolle und diesmal aus freien Stücken? Bezüglich meiner Krankheiten wurde ich verhältnismäßig selten gemobbt, allerdings führte mein immer aufsässigeres, provokantes Verhalten dazu, dass ich von nun an regelmäßigem Mobbing ausgesetzt war. Selbst jene Mitschüler, welche ich bereits aus Kindergartentagen kannte, wendeten sich immer mehr von mir ab und mieden den Kontakt. Was ich inzwischen sogar verstehen kann. Wer konnte mich schon wirklich einschätzen und noch ansatzweise ernst nehmen? Meine soziale Inkompetenz ließ mal wieder herzlich grüßen. Außerdem konnte meinen speziellen und sadistischen Humor kaum jemand nachvollziehen. Was war so lustig daran, wenn sich die Leute aufregten? Auf der anderen Seite, wenn man sich heute so die Pannenshows und Amateur-Aufnahmen im Internet ansieht … da scheint mein sadistischer Humor nun doch wieder kein Einzelfall zu sein. Wie auch immer…

Durch das Mobbing noch bestärkt, begann ich mich immer mehr selbst zu verabscheuen. Ich begann zunehmend verschlossener zu werden und schämte mich für beinahe alles, was ich tat und mochte. Fuhr mich meine Mutter beispielsweise in die Schule und hörte etwas lauter Musik, so bat ich sie regelmäßig die Musik beim Ausstieg kurz leise zu machen. Die anderen durften auf keinen Fall wissen was wir hörten, um bloß keine neue Angriffsfläche für Mobbing zu bieten. Seit meiner Zeit in der 1. Klasse, als ich auf Busfahrten zur Schule regelmäßig wegen meiner Leidenschaft zu den Teletubbies schikaniert wurde, behielt ich ohnehin sämtliche persönliche Favoriten für mich. Diese Prägung hält sogar bis heute noch teilweise an. Fährt zum Beispiel ein Fremder bei mir im Auto mit, so schalte ich meine persönliche CD ganz automatisch aus und wechsle um auf Radiosender. Nicht, dass es etwas zu verbergen gäbe, ich höre keine verbotene Index-Musik. Aber ich schäme mich trotz allem noch immer für alles, was mir persönlich gefällt. Meine Mutter sagte mir immer, ich solle zu den Dingen stehen, für welche ich mich begeistere. Dies gelingt mir jedoch nur in Maßen. Obwohl sich jene Phobie über die Jahre bereits deutlich besserte. Aber in Zeiten der frühen Jugend war es besonders extrem.

Auch wenn ich sehr viel provoziert habe, so muss ich dennoch sagen, dass mir selbst auch die eine oder andere Gemeinheit widerfuhr, welche ziemlich heftig war. Ein gutes Beispiel hierfür war beispielsweise die gelegentliche Illoyalität von meinem besten Freund Axel. Er hatte einige Freunde, welche mich nicht sonderlich mochten und auch gelegentlich ärgerten. War er mit mir unterwegs und jene kamen unmittelbar um die Ecke, zog er sich dezent zurück, um nicht mit mir gesehen zu werden. Allerdings glaube ich inzwischen, dass dies einfach aufgrund seiner konfliktscheuen Art passierte. Axel war schon immer der Typ, welcher es sehr gerne allen recht machen wollte und unnötigen Diskussionen aus dem Weg ging. Außerdem waren wir beide noch sehr jung, daher ist ihm in dieser Hinsicht kein Vorwurf zu machen. Heute würde er anders zu mir stehen, wenn mich jemand in seiner Gegenwart dumm anmachen würde, das weiß ich genau.

Meine Depressionen verstärkten sich immer mehr, was sich nach außen hin in Hyperaktivität und provokantem Verhalten äußerte. Nicht nur ärgerte ich meinen Vater und nervte gelegentlich meine Lehrer durch Albernheiten, sondern richtete meinen inneren Druck auch irgendwann gegen mich selbst. Ich begann mir im Gesicht herum zu schürfen und mir die Nase mit meinem Haustürschlüssel blutig zu kratzen. Später fügte ich mir größere, flächenartige Verletzungen auf den Wangen zu. Ich schürfte dazu an einer Hauswand entlang, welche recht rau war. Solange, bis die Haut vollkommen aufgerieben war und blutete. Dieser äußerliche brennende Schmerz half mir dabei, den inneren Druck etwas zu reduzieren und kurzzeitig zu vergessen. Anfänglich erfand ich Ausreden, dass ich hingefallen wäre und ähnliches. Aber natürlich war meine Familie nicht blöd und wusste sehr bald Bescheid. Aufgrund dessen und natürlich wegen sämtlicher anderer Aspekte meines Verhaltens wurde ich erneut in ambulante Psychotherapie geschickt, bei welcher ich in den nächsten Jahren verbleiben sollte.

Meine neue Therapeutin war sehr nett und verständnisvoll. Heute sage ich mir, dass ich damals möglicherweise viel mehr hätte erreichen können, wenn ich die Therapie nur ernster genommen hätte. Ich redete über viele Themen und sprach auch recht offen über Dinge, welche mich belasteten, wie familiäre Probleme, Minderwertigkeitsgefühle gegenüber anderen und meine Außenseiterrolle. Allerdings neigte ich sehr dazu, mir selbst alles schöner zu reden, als es tatsächlich war und vieles zu verharmlosen, um (unnötigen?) Themen, welche mich verletzten, möglichst aus dem Weg zu gehen. Der Weg des geringsten Widerstandes war mir auch damals schon der liebste. 50% der Therapiestunden wurden benutzt, um heimlich aufgenommene Videos von meinem armen Vater vorzuführen und mich damit bestens zu amüsieren.

Es wäre gelogen zu sagen, jene Therapie hätte mir in keinerlei Hinsicht geholfen. Sie bestärkte mich durchaus, ganz besonders wenn es darum ging, mich besser auf mich selbst zu konzentrieren. Ich brachte zum Ausdruck, wie erdrückend die ständigen Vergleiche mit anderen Menschen für mich waren und jene unbeschreiblichen Komplexe, wenn ich nicht mit jenen mithalten konnte. Ganz egal, ob es sich um einen optischen Aspekt oder eine besondere Begabung handelte. Die kleinen Erfolge der Therapie waren jedoch nicht von Dauer. Inkonsequent wie ich mein Leben lang schon war, fiel ich immer wieder in alte Muster zurück. Für die Zukunft war schon sehr bald eine stationäre Therapie im Gespräch. Dagegen sträubte ich mich jedoch sehr lange, ich wollte nicht aus meiner gewohnten Umgebung heraus.

Mit Axel hatte ich über eine gewisse Zeit kaum Kontakt. Da wir inzwischen auf verschiedene Schulen gingen (Axel besuchte die Haupt- und ich die Realschule), sahen wir uns nicht mehr täglich auf dem Pausenhof. Ich war es zuvor ja auch überwiegend, welcher auf seine Kontaktaufnahme angewiesen war, da wir von seiner Mutter aus immer noch unter „offiziellem Treffverbot" standen. Unser Kontakt war für ein knappes Jahr, es muss so im Jahre 2006 bis 2007 gewesen sein, recht eingeschlafen. Ich fragte mich häufiger, wie es ihm denn ginge und warum er sich nicht mehr meldete. Hatte er bessere Freunde gefunden? Wir hatten uns nicht gestritten und trotzdem war der Kontakt irgendwie eingeschlafen.

Eine Zeit lang versuchte ich krampfhaft, mit den Jungs aus meiner Klasse engere Freundschaften aufzubauen, indem ich mich im Sommer mit ihnen am See zum Schwimmen verabredete. Und obwohl sie mich dort immer wieder ärgerten, indem sie meine Luftmatratze und mein aufblasbares Krokodil heimlich mit Urin füllten, meine mitgebrachten Süßigkeiten aufaßen, ohne mir etwas abzugeben und mich in der Runde mit doofen Sprüchen stichelten, ging ich immer wieder erneut mit ihnen zum See um in Gesellschaft zu sein. Tief im Inneren wusste ich ganz genau, dass ich nicht wirklich dazugehörte und im Grunde nur „anwesend" war. Es war keine sehr feinfühlige und verständnisvolle Gesellschaft. Was mich nicht störte, aber ich war trotzdem sensibler. Ich tat so, als würden mir jene Streiche nichts ausmachen und ich stünde drüber. Irgendwie war ich tief im Inneren sogar dankbar, dass ich mit dabei sein durfte. Trotz sämtlicher Sticheleien, welche ich teilweise aus Schulzeiten bereits gewohnt war.

Irgendwann hatte ich jedoch nicht länger die Kraft, jenen Gemeinheiten standzuhalten und bevorzugte es, zuhause zu bleiben. Ich spielte häufig mit meinem Bruder Finn, welcher inzwischen auch schon in die Grundschule ging. Im Jahr zuvor hatte ich ihm bereits schon das Lesen beigebracht. Schnell zeigte sich, dass er über eine ausgeprägte Intelligenz verfügte und sehr schnell begriff. Ohnehin hatte er sich in Kindertagen schon immer sehr viel mit Dingen beschäftigt, welche teilweise über seine altersentsprechenden Fähigkeiten gingen. Finn konnte bereits im zarten Alter von 5 Jahren fließend Autobahnkarten entziffern und kannte nahezu jede wichtige Straßenabfahrt, welche wir (auch im Urlaub bei meiner Oma in Thüringen) häufiger nutzten. Ferner interessierte er sich für den Weltraum und konstruierte regelmäßig wunderschöne Kunstwerke mit Magnetkugeln und deren Verbindungsstücken. Ein IQ-Test, welchen meine Mutter in Kindertagen durchführen ließ, bestätigte seine Intelligenz.

Auch in puncto Konsolenspiele trat er schon bald in meine Fußstapfen und spielte selbst leidenschaftlich gerne an der Nintendo 64 und am Computer. Durch viele Stunden des Zusehens hatte er hierfür den benötigten Grundstein. Während mein Spiel-Eifer diesbezüglich irgendwann ab der Pubertät abflaute, legte er erst so richtig los. Bis heute ist er ein leidenschaftlicher Gamer, wenn er in freien Stunden dazu kommt.

Über den Computer meiner Mutter erstellte ich mir im Jahr 2007 einen ICQ-Account, meldete mich in einem sozialen Netzwerk für Jugendliche an und schloss online schon bald einige neue Kontakte. Und auch wenn ich mit 95 % jener Menschen niemals im wahren Leben in Kontakt kam, fühlte sich diese neue Welt so sicher und vertraut an.

Überwiegend viel war ich zu dieser Zeit bei meinen Großeltern zu Besuch, welche eine ganze Weile über wie meine besten

Freunde waren. Täglich half ich ihnen im Garten, badete viele Stunden im Pool und spielte ausgiebig mit den Wildkatzen, welche durch die regelmäßigen Fütterungen meiner Großeltern bald ganz zahm wurden. Wir unternahmen regelmäßig schöne Dinge miteinander. Besuche auf dem Weihnachtsmarkt, in Museen und Gartenfachgeschäften, um nur einige zu nennen.

Einmal kam es in dieser Zeit zu einem großen Eklat, woraufhin ich eine sehr lange Zeit den Kontakt zu meinen Großeltern und meinem Vater verweigerte. Meine Großtante, meines Opas Schwester, feierte einen runden Geburtstag, zu welchem die ganze Familie väterlicherseits eingeladen war. Alle – bis auf mich. Ich durfte nicht mitkommen mit der Begründung, ich hätte doch am nächsten Tag Schule und müsse früh ins Bett. *Könnte man denn nicht in diesem Fall eine Ausnahme machen,* fragte ich mich. Ich bettelte viele Tage, auch an der großen Feier teilnehmen zu dürfen. Ich erinnerte mich an die runden Geburtstage meiner Großeltern, zu welchen ich ebenfalls mitkommen durfte und tolle Feiern veranstaltet wurden. Ich liebte derartige Feierlichkeiten als Kind abgöttisch. Irgendjemand fand sich immer, der sich für meine Malereien begeistern konnte, während alle anderen Erwachsenen langweilige Unterhaltungen führten. Und außerdem war stets das Essen so gut und ausgefallen …

Wenigstens mein Vater schien zu mir zu halten. Um mich zu schonen behauptete er, nicht zur Feier zu gehen, weil er ebenfalls am Folgetag aufstehen müsste. Diese Tatsache erleichterte mir die schmerzliche Erkenntnis, ausgeschlossen worden zu sein. Immerhin ging mein Vater auch nicht hin … so dachte ich zumindest.

Einige Tage später erfuhr ich durch meine Großeltern, dass er wohl doch bei der Feierlichkeit dabei gewesen war und fühlte mich hintergangen. Nicht, dass ich es ihm nicht von Herzen gegönnt hätte, so wie allen anderen auch. Aber es fühlte sich so gemein an, dass es allen anderen vergönnt war, nur nicht mir. Was hatte ich wohl alles verpasst? Ich besuchte sie anschließend für einige Zeit nicht mehr und war äußerst eingeschnappt.

Ich verspürte ein ähnlich starkes Gefühl der Ausgeschlossenheit, als für meine Klasse im 7. Schuljahr eine Woche im Schullandheim bevorstand. Diese sollte hauptsächlich aus langen Wanderausflügen und Tagen im Kletterwald bestehen. Als ich erstmals davon hörte, freute ich mich sehr darauf. Bis mir meine Lehrerin verkündete, ich dürfe aufgrund meiner Sehnenverkürzung nicht mitgehen. Sie hielt es körperlich für zu anspruchsvoll, da sie einen vergangenen Schulausflug im Zoo noch deutlich vor Augen hatte. An jenem Tag tat mir nach vielen Stunden des Laufens der rechte Fuß unendlich weh und ich musste mich des Öfteren hinsetzen und pausieren. Es wäre daher nur in meinem Sinne und auch in jenem meiner Klasse, da nicht 35 andere Kinder ständig Rücksicht auf einen Einzelnen nehmen könnten. Ich sollte diese Woche in der Parallelklasse verbringen, welche ganz normalem Unterricht nachging.

Meine Mutter fand diese Entscheidung ebenfalls nicht korrekt und versprach mir dafür zu sorgen, dass ich jene Woche wenigstens zuhause bleiben dürfte und nicht „zur Strafe" noch den regulären Unterricht besuchen müsste, während sich meine Klassenkameraden im Kletterwald amüsieren durften. Nachdem sie mit meiner Klassenlehrerin gesprochen hatte, bestand das Ende vom Lied darin, dass ich jene Woche nun doch in der Parallelklasse verbringen musste. Angeblich waren meine Noten so bescheiden, dass mir eine Woche zusätzlicher Lernstoff alles andere als schaden würde. Vielen Dank auch fürs Gespräch …

Die innere Frustration über meinen eingeschränkten Fuß und die allgegenwärtige bildliche Vorstellung meiner Klassenkameraden, welche nun Spaß haben durften, während ich im regulären Unterricht saß, nagten an meinem Gemüt.

„Gesunde" Kinder dürfen nun einmal Spaß haben, Krüppel nicht. Mein Selbsthass hatte mal wieder ordentlich Futter bekommen. Dass dies aus reiner Rücksicht für alle Parteien erfolgte, kam mir nicht in den Sinn. Heute verstehe ich meine Lehrerin und ihre Entscheidung nur zu gut. Ihr tat es im Grunde ja selbst leid, was sie mir im Nachhinein auch noch einmal beteuerte. Sie schenkte mir zum Trost ein kleines Notizblöckchen, auf welchem lustige Kühe abgebildet waren. Als mir meine Mitschüler von der Zeit im Schullandheim erzählten, wollte ich nichts hören. Zu groß war die Angst, etwas besonders Schönes verpasst zu haben. Was ich nicht weiß, macht mich nicht heiß. Verdrängung? In Wirklichkeit interessierte es mich brennend …

Immer häufiger begann ich damit, mich selbst zu verletzen. Im Gesicht hatte ich es mittlerweile aufgegeben, da ich dort keine bleibenden Narben riskieren wollte. Ich suchte mir andere Stellen aus, überwiegend den Unterarm. War doch ohnehin schon verunstaltet von den Narben meiner Hautkrankheit, warum nicht noch ein bisschen mehr nachhelfen? Diesmal jedoch aus eigener, selbstbestimmter Kraft. Was du kannst, kann ich schon lange, du erbärmlicher, dämlicher Körper!!!

Tat ich dies anfänglich eventuell nur aus der ursprünglichen Intension etwas Aufmerksamkeit zu erhalten, wurde es irgendwann zur regelrechten Sucht. Der kurze Moment des Schmerzes, wenn es mir kurz heiß-kalt den Rücken herunterlief, ließ mich vergessen und verdrängte den inneren Druck. Mein Vater, welchem die teilweise sehr tiefen Schnitte auf Dauer natürlich nicht verborgen blieben, behauptete, ich hätte ein Borderline-Syndrom. Jene psychische Erkrankung, von welcher auch Onkel Beck angeblich betroffen war, wie man mir sagte. Bei ihm äußerte sich jene „Erkrankung" allerdings nicht in Selbstverletzung wie bei mir, sondern eher in aggressivem Verhalten, was durch Alkohol verstärkt wurde. Bestimmt litt auch er unter Depressionen. Und jene äußern sich bei jedem Menschen etwas anders. Ob ich oder er tatsächlich explizit unter Borderline litten bzw. leiden, wurde jedoch niemals eindeutig diagnostiziert. Jene Symptome sind zwar typisch für diese psychosomatische Erkrankung, allerdings passen sie auch gleichzeitig zu mindestens zehn anderen psychischen Krankheitsbildern. Dass ich Symptome davon aufzeigte, streite ich nicht ab.

Zweimal versuchte ich mir mithilfe einer Überdosis Insulin in frühen Jugendjahren das Leben zu nehmen. Ich wusste damals noch nicht, dass es quasi unmöglich ist, auf diese Weise zu sterben.

Ich dachte immer, ist der Blutzuckerwert auf 0 mg/dl, so stirbt man ganz automatisch. Das stimmt allerdings so nicht ganz. Man verliert zwar irgendwann das Bewusstsein und fällt in eine massiv komatöse Unterzuckerung, aber die Leber arbeitet systematisch dagegen an und gibt zuvor gespeicherte Zuckerreserven ins Blut ab, welche es quasi unmöglich machen zu versterben.

Zweimal zog ich mich abends in mein Zimmer zurück, zog mir 3 prall gefüllte Spritzen mit Kurzzeitinsulin auf und spritzte mir diese in den Bauch. Irgendwann schlief ich friedlich ein, wurde aber beide Male rechtzeitig von meiner Mutter entdeckt, welche mir Traubenzucker fütterte, bis ich wieder bei Bewusstsein war. Ich erzählte nichts von meiner Absicht, begründete es einfach damit, mir versehentlich ein bisschen zu viel gespritzt zu haben. Das war auch nicht weiter verwunderlich für sie, es kam häufiger vor, dass ich ein bisschen zu tief war, was beim Typ 1-Diabetes beinahe unvermeidlich ist. Ob ich es damals wirklich mit vollem Herzblut tun wollte, bezweifle ich heute ein bisschen. Ich hatte weder meine Zimmertüre verschlossen noch einen Abschiedsbrief verfasst. Bestimmt handelte es sich auch hierbei um einen unbewussten Hilferuf.

Allerdings war dieser Gedanke gar nicht so abwegig. Ich träumte sehr oft von einem schnellen und schmerzlosen Tod, welcher den durchgehenden Sturm in meinem Kopf in Form von Selbsthass, Unsicherheit und Trauer ein für alle Mal beenden sollte. Es war doch alles so sinnlos, niemals würde mich jemand verstehen oder so akzeptieren wie ich war. Jeder hackte meiner Ansicht nach nur auf mir herum und wusste es besser. Die Anfeindungen aus der Schule und meine Sonderrolle, die Sorge, dass ich durch meine schlechten Noten ohnehin keinen guten Abschluss bekommen, geschweige denn einen guten Beruf erlernen würde. Die Tatsache, dass ich niemals ein Leben ohne körperliche Einschränkungen führen werde, die immer wiederkehrenden Schuldgefühle und Ängste …

Ich hatte einfach genug von dieser ungerechten Welt und brachte dies auch gelegentlich zur Sprache. Was meiner Mutter mehr zu schaffen machte als ich ursprünglich dachte. Eines Tages erzählte sie mir, dass sie sehr empfindlich gegenüber dem

Thema Selbstmord eingestellt wäre. Der Grund: Mein Opa, ihr Vater, von welchem bis dato alle immer nur in lustigen Erinnerungen schwelgten, hatte sich während der Feier zu seinem 50. Geburtstag das Leben genommen ...

Auch er litt angeblich unter schweren Depressionen, welche es ihm unmöglich machten weiter zu leben. Ich war schockiert. Bis dato dachte ich immer, dass er schwer krank gewesen wäre, was in diesem Sinne ja auch keine Lüge war. Nur handelte es sich eben nicht um eine körperliche, sondern um eine psychische Krankheit, welche ihn letztendlich tötete. Als ich bewusst reflektierte, fiel mir auf, dass tatsächlich niemals über jenes Thema in meiner Gegenwart gesprochen wurde und auch meine Oma immer gleich abblockte, wenn es darum ging, wie er denn genau gestorben war. Was auch nur allzu verständlich ist.

Auch mit meinem Vater sprach ich die Tage noch einmal über jenes Thema und erzählte ihm, dass ich von nun an auch Bescheid wüsste. Daraufhin erzählte mir mein Vater Genaueres über jenen Tag. Auch wir waren damals zur Geburtstagsfeier meines Opas anwesend. Die Feier fand im Gartenhäuschen meiner Großeltern statt und war in vollem Gange. Plötzlich fehlte Opa. Nach ausgiebiger Suche wurde er am Ende schließlich tot in der Garage gefunden. Er hatte sich erhängt.

Ich war ein dreiviertel Jahr alt und bekam daher natürlich noch nichts weiter mit. Aber trotz alledem ich meinen Opa nie wirklich gekannt habe, ein kleiner Schock war es doch.

Einige Zeit später sprach ich noch einmal mit meiner Therapeutin darüber und bekundete meine Überraschung. Sie zog die Möglichkeit in Erwägung, dass ich in diesem Zeitraum, obwohl ich noch ein Baby war, möglicherweise mehr mitbekommen hätte als zunächst angenommen. Auch Babys und sogar ungeborene Föten speichern bereits sehr viel in ihrem Unterbewusstsein und nehmen sowohl negative als auch positive Signale durchaus wahr.

Ganz zu schweigen von jener Tatsache, dass Depressionen häufig vererbt werden ...

So sein wie meine Vorbilder – um jeden Preis

Und obwohl das Thema Selbstmord fürs Erste vom Tisch war, interessierte es mich dennoch weiterhin. Ich empfand eine große Ehrfurcht vor jenen Menschen, welche den Mut und die Entschlossenheit besaßen, ihrem Leben aus eigener Bestimmung ein gezieltes Ende zu setzen. Ganz bewusst und geplant, ohne Rücksicht auf Verluste. Ich weiß, dieses Thema lässt sich aus mehreren Perspektiven betrachten und ist allein aus ethischen Gründen mit großer Vorsicht zu behandeln. Aber ich muss dennoch zugeben, dass ich jenen Respekt niemals ganz verloren habe. In meinen Augen gehört eine gehörige Portion Mut dazu, auch wenn es sehr viele Menschen als feige und verantwortungslos betrachten.

Natürlich ist es vor allem gegenüber den Angehörigen in gewissem Sinne verantwortungslos und auf den ersten Blick betrachtet gibt es doch für fast alles eine Lösung. Aber ist Verantwortungsgefühl und Nächstenliebe wirklich der alleinige Grund dafür am Leben zu bleiben? Selbst wenn alles doch so aussichtslos ist? Wenn man zum Beispiel unter einer unheilbaren Krankheit leidet, zu welchen auch manche, besonders schwerwiegende Formen der Depression gehören? Diese Frage liegt im Auge des Betrachters. Meiner Ansicht nach hat jeder Mensch ein Recht auf Selbstbestimmung in dieser Hinsicht. Wenn es nicht mehr geht, dann geht es nicht mehr. Aus welchen Gründen auch immer. Ich persönlich würde eine Art Sterbebegleitung, wie sie in anderen Ländern schon lange üblich ist, durchaus begrüßen.

Meine Eltern schauten beide regelmäßig Dokumentationen über verschiedene Themen im Fernsehen. Häufig ging es hierbei um historische Ereignisse, Biografien oder um aktuell diskutierte Geschehnisse. Eines Abends gammelte ich im Wohnzimmer herum und spielte an meinem neuen Handy.

Im Hintergrund lief gerade eine Art Reportage über einen radikal-islamistischen Terroranschlag, welcher nach einigen Minuten der geistigen Zerstreuung am Handy auch meine Aufmerksamkeit erregte. Da ich mich bis dahin nur recht oberflächlich mit der Materie auseinandergesetzt hatte, sie aber trotz allem hochinteressant fand, schaute ich die gesamte Dokumentation mit meiner Mutter zu Ende. Am Schluss empfand ich ein sehr zwiespältiges Gefühl. Die meisten Menschen neigen dazu, mit den Opfern solcher Anschläge zu trauern. Aber ich persönlich konnte das irgendwie nicht. Sicher, wäre ein Mensch aus meinem nächsten Umfeld unter den Opfern gewesen, hätte die ganze Sache möglicherweise ganz anders ausgesehen. Aber ich war beinah schon erschrocken über mich selbst, dass ich in absolut keiner Weise Mitleid oder Bedauern empfand.

Viel mehr interessierten mich ab diesem Abend die Motive und Hintergründe der eigentlichen „Täter“. Was hatte diese jungen Männer dazu veranlasst, so etwas zu tun? Irgendeinen Grund muss es schließlich gegeben haben, niemand tut so etwas mal eben aus Jux und Tollerei. Also recherchierte ich weiter und fand einige sehr interessante Hintergrundfakten über die Thematik.

Ich begriff, dass es vor allem häufig sehr labile und einsame Menschen sind, welche durch radikale Fanatiker stark beeinflusst werden können. Oder auch Menschen mit einem bescheidenen Bildungsstand, welche im Grunde überhaupt nichts haben, woran sie glauben können und was ihnen Halt und Sicherheit verspricht. Und durch solche „überzeugenden Redner“ finden sie schließlich etwas, was ihnen eine neue Perspektive verschafft. Versprechen von ewiger Glückseligkeit, vielen Frauen, Liebe, einfach nur vollkommener Freiheit. Wer leicht zu überzeugen ist, wird hier schnell selbst zum „Opfer“.

Es ist jedoch falsch zu denken, dass es lediglich dumme Menschen sind, welche sich zu einer solchen „Gottesmission“ überzeugen lassen. Viele dieser „heiligen Krieger“ sind durchaus intelligent, und auch gesellschaftlich etabliert. Und trotzdem gibt es da etwas, was sie dazu bewegt, ihr Leben für „eine gute Sache“ zu opfern. Was sind die Gründe hierfür? Möglicherweise auch Depressionen oder anderweitige seelische Defizite? Es musste doch einfach mehr dahinterstecken als ein simples Versprechen auf eine wundervolle Ewigkeit, für welche es keinerlei Beweise gibt. Jeder x-beliebige Fuzzi könnte sich im Vollrausch eine solche Traumvorstellung zusammenreimen, aufschreiben und verbreiten. Und einige würden es womöglich tatsächlich glauben. Und warum? Weil sie es glauben WOLLEN! Ein besonders raffinierter Mechanismus der Seele, um sich selbst ein bisschen aufzuputschen.

Ferner beeindruckte mich damals der Mut, welchen es für ein solches Unterfangen benötigte. Auch wenn es unbeteiligten Menschen gegenüber eine absolut unverzeihliche Grausamkeit darstellt, so benötigt es auf gut Deutsch gesagt trotzdem mächtig „Eier in der Hose", um morgens aufzustehen und zu wissen: Heute renne ich in eine Menschenmenge und sprenge mich in die Luft. Oder eben auf anderen Wegen. War hier das starke Gemeinschaftsgefühl in einer gläubigen Gruppe der ausschlaggebende Punkt? Oder konnte tatsächlich etwas dran sein an jenem Glauben? Wer saugt sich so etwas schon aus den Fingern? Wenn es wahr wäre, dann wäre dies doch eine ganz wunderbare Sache, oder nicht? Aus dieser Perspektive wären die sogenannten „Terroristen" noch nicht einmal böse, sondern viel eher gut. Immerhin erlösten sie aus ihrer persönlichen Sichtweise diverse „Sünder" aus ihren irdischen Ketten und beförderten sie auf direktem Wege in eine bessere Welt ohne Probleme und Sorgen. Also konnte doch nicht nur ausschließlich gnadenlose Grausamkeit dahinterstecken, oder? Wenn sie an etwas Wundervolles dieser Art glaubten …

Ich fixierte mich auf dieses spezielle Gedankengut und wollte von nun an auch unbedingt daran glauben. Ich kaufte mir ein kleines arabisches Wörterbuch, lernte einige Schriftzeichen, Wörter und Gebete. Jeden Tag betete ich von nun an fünfmal täglich Richtung Mekka. Es war gar nicht so einfach, sämtliche Wörter und Sätze auf Arabisch auswendig zu lernen, von welchen ich die Hälfte überhaupt nicht verstand und sie einfach nur herunterleierte. Ganz zu schweigen von der Tatsache, dass es für jeden Buchstaben im arabischen Alphabet mehrere Schreibweisen am Satzanfang, am Satzende und in der Mitte gab. Anfangs noch heimlich, später dann auch ganz offen vor meinen Eltern. Da ich ab diesem Zeitpunkt konsequent auf den Genuss von Schweinefleisch verzichtete, konnte ich es ohnehin nicht mehr verheimlichen. Meine Mutter war sämtliche Spinnereien von mir gewöhnt und ließ mich mit dem Thema weitestgehend in Ruhe. Sie respektierte meinen Wunsch, kein Schweinefleisch mehr zu essen und kaufte Hähnchen oder Pute.

Mein Vater machte sich über meine neue Überzeugung wiederholt lustig. Immer wenn ich „betete", äffte er mich nach und lachte mich aus. Aber ich machte mir nichts daraus und blieb dabei. Ihm war es nicht recht, dass er beim Kochen nun kein Schweinefleisch mehr verwenden durfte, hielt sich aber mir zuliebe daran. Und von meinen Großeltern müssen wir gar nicht erst anfangen. Sie verstanden mich in jenem Punkt ganz und gar nicht und verurteilten meine Entscheidung. Was sollten denn nur wieder die anderen denken, wenn ich schon wieder aus der Reihe tanze?

Mein Vater war der Einzige, welchem ich erzählte, warum ich denn neuerdings auch gerne Moslem werden wollte. Ganz einfach aus dem Grunde, weil ich etwas mit meinen neuen „Vorbildern" gemeinsam haben wollte. Und weil ich es damals im Inneren für das Richtige hielt. Es fühlte sich gut an, dass ich etwas gefunden hatte, an das ich mit voller Überzeugung glauben konnte. Ob es nun das war, was man wirklich glauben SOLLTE, ist natürlich etwas fragwürdig.

An seinem Rechner recherchierte ich ungeniert weiter, druckte mir zwei Bilder meiner damaligen „Idole" aus, von welchen ich eines ständig bei mir trug. Ich bestellte mir eine Dokumentation auf DVD aus den USA, welche es in Deutschland nicht zu erwerben gab. Unser DVD-Player wollte jene DVD zunächst gar nicht abspielen, da sie einen anderen Ländercode integriert hatte. Ich recherchierte im Internet, wie man den Player mit einem Zahlencode hacken konnte, um die Dokumentation abspielen zu können. Als mir dies gelang, war ich überglücklich den ersehnten Film endlich zusammen mit meinem Vater ansehen zu können. Da er auf Englisch war, verstand ich leider nicht alles auf Anhieb. Mein Vater half mir etwas. Ich schaute den Film die nächsten Wochen jedoch noch so häufig an, dass ich bald jede Passage auswendig kannte. Außerdem wusste ich durch meine vorherigen Recherchen genauestens über den Inhalt Bescheid.

Was genau faszinierte mich damals derart an einer Geschichte wie dieser? Das Extreme, das Schrecken und Aufmerksamkeit erregte? Jene unendliche Überzeugungskraft, für eine Sache einzustehen und bis zum Schluss durchzuziehen? Eine Eigenschaft, welche mir persönlich schon immer aufgrund mangelnder Disziplin und fehlender Zukunftsaussichten fehlte. Einige Zeit träumte ich sogar davon, selbst einmal etwas Ähnliches zu tun, um dem massiven Problem der Überbevölkerung entgegenzuwirken. Ich suchte mir in meinen persönlichen Gedanken allerdings nicht Menschen aus, welche ich vorher nie kannte, welche möglicherweise lieb und gerecht waren und welche es bei solchen Attentaten wohl überwiegend trifft. In meinen Fantasien wählte ich von mir persönlich verhasste Menschen, welche mich verspotteten oder nicht so akzeptieren wollten wie ich war.

Stationärer Therapieversuch

Im Frühjahr 2007 sollte ich tatsächlich für einige Wochen in stationäre Therapie gehen, um sämtliche soziale und emotionale Defizite bewusst anzugehen und an jenen Problemen offensiv zu arbeiten. Dies befürwortete auch meine damalige Therapeutin. Nach langer Überredungskunst meiner Eltern und einer engen Freundin von ihnen willigte ich ein, es zumindest einmal zu versuchen. Begeistert war ich jedoch nicht.

Meine Eltern brachten mich in die Klinik, führten ein Aufnahmegespräch mit der Gruppenleiterin, übergaben mir etwas Taschengeld und richteten mir mein Zimmer ein, welches ich mit einem anderen Jugendlichen teilen sollte. Er war sehr nett, litt allerdings unter starker Magersucht. Auf der Station, auf welcher ich untergebracht war, gab es sehr viele Jugendliche, welche unter einer Essstörung litten. Bis auf meinen Zimmernachbarn waren jedoch alle anderen übergewichtig und sollten in der Therapie hauptsächlich erlernen, wie sie auf Dauer erfolgreich abnehmen und ihr Gewicht auch halten können. Mein Zimmerkamerad dagegen sollte lernen, wieder regelmäßig zu essen und etwas zuzunehmen. Ich konnte dessen Beweggründe damals kaum nachvollziehen – wie konnte man nur aus freien Stücken, auf das nahezu Schönste im Leben verzichten? Das Essen. Ich wurde nicht ganz schlau daraus, allerdings gefiel mir ehrlich gesagt seine Statur …

Nachdem meine Eltern wieder gefahren waren und ich meine Sachen in den Schränken verstaut hatte, kamen einige der anderen Kids in mein Zimmer und stellten sich vor. Sie erzählten von ihren Problemen und warum sie hier waren. Die meisten hatten Probleme mit leichtem oder schwerem Übergewicht und nutzten die Therapie überwiegend zum Abnehmen und auch um Selbstbewusstsein aufzubauen, da sie aufgrund ihres

Übergewichts teilweise auch unter Minderwertigkeitskomplexen litten. Auch ich wurde ausgefragt, gab allerdings nicht sonderlich viel von mir preis. Ich erzählte nicht, dass auch ich unter starken Minderwertigkeitskomplexen litt. Durch die Schnitte auf meinen Armen konnten sie wohl davon ausgehen. Ebenfalls erwähnte ich, dass ich den Wunsch hatte, alsbald zum Islam zu konvertieren, was von den anderen mit erstaunlichem Verständnis aufgefasst wurde. Hier hatte jeder sein persönliches Päckchen zu tragen, niemand wurde verurteilt.

Nach einigen Stunden packte mich jedoch starkes Heimweh und ich schrieb meiner Mutter eine verzweifelte SMS, wie sehr ich sie doch liebhatte und dass sie mich bitte wieder abholen sollte. Aber das stand momentan noch nicht zur Debatte und ich solle mich doch erst einmal einleben. Ich war sehr traurig und verkroch mich unter der Decke. Heimlich schaute ich auf meiner Digitalkamera noch einige Videos von meinem Vater, welche ich an den Tagen zuvor heimlich aufgenommen und ihn damit mal wieder ausgiebig geärgert hatte. *Mein armer Papa,* dachte ich nur. Sobald ich hier wieder rauskäme, würde ich ihn ganz bestimmt nie wieder ärgern oder heimlich filmen, schwor ich mir in der Einsamkeit.

Unsere Handys mussten wir abgeben und bekamen diese nur zu bestimmten Tageszeiten ausgehändigt. Glücklicherweise war ich zuvor schlau genug gewesen, ein altes, längst inaktives Handy abzugeben und mein aktuelles heimlich bei mir zu behalten. Dieses benutzte ich für heimliche Telefonate am Abend, um mit meinem Vater Kontakt aufzunehmen. Gutmütig wie er war, rief er mich jeden Abend für eine gute Stunde zurück, damit mein Guthaben nicht leer wurde. Wie hoch seine Telefonrechnung in jenem Zeitraum ausfiel will ich lieber nicht wissen. Ich schwor ihm mich zu ändern, nicht mehr so hyperaktiv und aufsässig zu sein, wenn ich nur hier raus dürfte. Jeden Abend beruhigte und ermutigte er mich noch ein bisschen durchzuhalten. Ginge es wirklich gar nicht, so könnte man immer noch abbrechen.

Ich glaube, ich gab der ganzen Geschichte von vorneherein nicht jene Chance, welche sie im Grunde verdient hatte. Möglicherweise hätte man tatsächlich etwas ändern, mein Denken und Handeln zum Positiven beeinflussen und mein Selbstwertgefühl bestärken können. Hätte ich die „Arschbacken zusammengekniffen" und besser mitgemacht. Ich verstand mich zwar mit allen recht gut, gemeinsame Unternehmungen wie Kino, morgendlicher Frühsport, Shopping im Zentrum und die Disco-Nacht im Keller machten Spaß. Aber trotz allem wollte ich wieder in meine gewohnte Umgebung zurück. Niemals fühlte ich mich in größerer Gesellschaft sonderlich wohl, ein Gruppenmensch war ich noch nie. Ich fühlte mich immer irgendwie beobachtet und in jeglicher Hinsicht persönlich angesprochen. Selbst dann, wenn es gar nicht um meine Person ging. Lachte beispielsweise jemand im Hintergrund, bezog ich das sofort auf mich, obwohl ich gar nicht gemeint war. Hupte es im Straßenverkehr, auch dann fühlte ich mich angesprochen. Möglicherweise habe ich eine Art Sozialphobie oder leide unter einer leichten Form der Paranoia. Ich wünschte, jene Probleme damals angesprochen zu haben. Allerdings sah ich sie damals noch nicht.

Die Betreuer waren zwar fachlich geschult, allerdings gab es keine zusätzliche Psychotherapie wie ich sie ambulant bereits kannte. Ich glaube, die ganze Maßnahme diente hauptsächlich dazu, selbstständiger zu werden und auch den Zusammenhalt und gegenseitige Unterstützung durch die Gruppe zu lernen. Da ich mir mit gemeinsamer Übernachtung in einem Raum sehr schwertat, wurde mir zumindest jener Gefallen getan, meinen Zimmerkameraden in einem anderen Zimmer unterzubringen, nachdem zwei andere Kids entlassen worden waren. Dadurch fühlte ich mich viel sicherer, obwohl wir bestens miteinander auskamen. Aber was Privatsphäre angeht bin ich etwas eigen.

Nachdem sich mein fester Entschluss, die Therapie vorzeitig wieder zu verlassen, auch nach 2 Wochen nicht verändert hatte, wurden meine Eltern eingeladen und die Situation besprochen. Beinahe jeden Tag hatte ich ihnen einen persönlichen Brief geschrieben, welcher gefüllt war mit diversen Entschuldigungen, Rechtfertigungen und optimistischen Versprechen für eine bessere Zukunft. Nachdem alle verstanden hatten, dass ich partout nicht bleiben wollte, willigten sie schließlich (jedoch alles andere als begeistert), ein. Ich wünschte mir so sehr, dass sie wenigstens ein kleines bisschen stolz auf mich wären, immerhin hatte ich doch etwas über 2 Wochen tapfer „ausgehalten", was ich mir als kleinen Verdienst anrechnete. Zumindest hatte ich es versucht, oder? Naja, auch das liegt wieder im Auge des Betrachters … Im Endeffekt hatte ich aufgegeben, bevor es erst richtig beginnen konnte …

Mein Vater holte mich einen Tag später mit seinem Auto ab, meine Mutter musste arbeiten. Er machte einen recht fröhlichen Eindruck und begann bereits auf der Heimfahrt wieder mit lustigen Imitationen von Comedians, was mein Vater wirklich mehr als super konnte. Er wäre der perfekte Kabarettist oder Komödiant geworden, was ihm im Spaße der Familienkreis auch öfters angeraten hatte, sich mal als solcher zu versuchen.

Zuhause angekommen, bemerkte ich, dass mein Zimmer aufgeräumt und gesaugt war. Was mich im ersten Moment freute. In dieser Hinsicht wurden mein Bruder und ich als Kinder recht entlastet, wir mussten selten unser Zimmer selbst saugen, Betten beziehen oder ähnliches. Das übernahm stets meine Mutter. Ich erinnere mich noch genau daran, dass ich ihr einmal eine Freude machen wollte und nach der Schule die Spülmaschine aus Eigeninitiative ausräumte und alles einsortierte. Doch anstatt einem Lob erntete ich hierfür Kritik. Ich hätte die Hälfte falsch eingeräumt und sie hätte es besser gleich selbst gemacht. Na, bitte schön, von mir aus doch. War ja nur gut gemeint. Allerdings muss ich sagen, dass ich sie in diesem Punkt heute ganz gut verstehen kann. Ich kann es mittlerweile auch nicht ausstehen, wenn jemand anders meinen Haushaltsplan durcheinanderwirft, da auch ich inzwischen meine festen „Haushaltsrichtlinien" habe. Meinem Vater dagegen DURFTE ich niemals im Haushalt helfen, da dieser stets befürchtete, ich würde etwas hinunterschmeißen, schmutzig machen oder verschütten. Und er hätte hinterher dann die doppelte Arbeit. Dies ist zurückzuführen auf seinen teilweise sehr extremen Sauberkeits- und Ordnungsfimmel, andererseits auch auf meine gelegentliche geistesabwesende, tollpatschige Ader.

Nachdem ich ausgepackt hatte, setzte ich mich frohgemut an meinen PC, um meine in der Therapie gemachten Bilder und Videos drauf zu ziehen und am Monitor noch einmal anzusehen. Als ich das Passwort eingeben wollte bemerkte ich neben der Tastatur einen aufgefalteten Zettel. Es war ein Foto meines damaligen Idols, welches ich bei meinem Vater einige Wochen zuvor ausgedruckt und für die Zeit meiner Abwesenheit zusammengefaltet unter meiner Tastatur versteckt hatte. Plötzlich war es aufgefaltet, ich war mir jedoch ganz sicher, dass ICH das nicht gewesen sein konnte. Ich rief meine Mutter bei der Arbeit an und fragte, ob sie das Bild unter meiner Tastatur aufgemacht hatte. Was sie zunächst verneinte. So recht wollte ich das allerdings nicht glauben, hatte sie doch schon beim letzten Wochenendbesuch in der Therapie eine komische Andeutung gemacht, was dieses Thema anging. Ich rief meinen Vater an, welcher sich verplapperte und mir erzählte, dass meine Mutter ihn darauf angesprochen hatte, jenes Bild in meinem Zimmer gefunden zu haben. Wütend rief ich noch einmal meine Mutter an und fragte, was das sollte und warum sie in meinen Sachen schnüffelte. Sie entgegnete nur, ich solle froh sein, dass sie das Foto eines "derartigen Verbrechers" nicht direkt weggeschmissen hatte und dass wir aufgrund meiner Online-Recherchen nicht schon längst den Verfassungsschutz am Hals hätten. Ich war wütend und enttäuscht, vor allem über die Tatsache, dass sie eines meiner „Idole" so derart beleidigte. Ich packte meine wichtigsten Sachen zusammen und zog vorübergehend zu meinem Vater. Er freute sich darüber, auch wenn ihn der lange Aufenthalt einige Nerven kostete. Ganz besonders, weil der Ramadan (muslimischer

Fastenmonat) begann, welchen auch ich dieses Jahr mitmachte. Obwohl Diabetiker im Normalfall davon befreit sind, blieb ich hart und wollte es auch schaffen. Was mir auch recht gut gelang, nur einmal wurde ich schwach, nachdem ich in den Unterzucker kam. Mein Vater ärgerte mich zwischenzeitlich und aß ein deftiges Schwarzwurstbrot in meiner Gegenwart. Doch ich erwartete stets den ersehnten Sonnenuntergang, um endlich futtern zu dürfen. Den Kontakt zu meiner Mutter vermied ich fürs Erste. Ich war „im Namen meines Vorbildes" zu gekränkt.

Vaters Leidensweg

Die Wochen bei meinem sonst so peniblen Vater mutierten im Großen und Ganzen zu sehr lustigen, unbeschwerten Zeiten. Jede Nacht blieb ich lange auf, nachdem mein Vater im Bett war und schaute heimlich Serien für Erwachsene auf MTV. Manchmal blieb ich ganz gezielt bis 00:00 Uhr auf, weil da auf DSF die Sexy Sport Clips liefen, welche ich … sagen wir mal recht interessant fand. Allerdings schauten meine Mitschüler diesbezüglich da schon härteres Zeug, was sie auch regelmäßig auf ihren Klapphandys im Aufenthaltsraum der Schule vorführten. In puncto Pornografie hatte ich recht wenig Interesse. Ich konnte einfach nichts daran finden, mir völlig fremde Personen anzuschauen, zu welchen ich keinerlei emotionalen Bezug hatte. Möglicherweise war es am Anfang für eine kurze Zeit ganz spannend, wie bei den meisten Jungs. Aber mein Interesse diesbezüglich war sehr schnell wieder verflogen.

Ich weiß nicht mehr, wann genau und wie ich mit meiner Mutter wieder in Kontakt kam. Ich glaube, dass wir eines schönen Tages mal wieder telefonierten und sie sagte mir, dass sie mich schon sehr gerne wieder zuhause hätte. Ich freute mich das zu hören, da ich sie und meinen Bruder natürlich auch vermisste und zog nach rund 6 Wochen bei meinem Vater wieder zu ihnen.

Leider waren meine Noten in der Schule trotz aller Lernbemühungen eindeutig zu schlecht, um eine Versetzung in die 8. Klasse zu erreichen. Ich war recht niedergeschlagen darüber und hatte aufgrund meiner kontaktscheuen Ader auch etwas Muffe vor einer neuen Klasse und neuen Lehrern. Nach den Sommerferien sollte es schließlich so weit sein, aber zunächst freute ich mich auf die Sommerferien, welche wir wie jedes Jahr bei meiner Oma in Thüringen verbrachten.

Ziemlich am Ende der Sommerferien stellte sich eine weitere, vertraute Überraschung ein. Mein bester Freund Axel kam endlich mal wieder aus heiterem Himmel zu Besuch. Und diesmal im ganz neuen Look. Er war rapide in die Höhe geschossen, mittlerweile einen halben Kopf größer als ich. Seine Stimme war erstaunlich tief geworden, viel tiefer als meine. Außerdem war von seinem alten Look, (welcher überwiegend aus zu großen Hemden und Shirts bestanden hatte), nichts mehr zu sehen. Er trug ein cooles, orangenes Sommerhemd und eine sportliche Hose, welche seiner großen, schlanken Statur schmeichelte. Dies fiel mir alles so extrem auf, da wir uns für einige Zeit nicht gesehen hatten.

Ohne großartig über die lange Pause zu philosophieren, machten wir wie immer direkt dort weiter, wo wir aufgehört hatten. Axel setzte sich auf mein Bett und kramte einen Stapel von Zeitschriften heraus, welche er interessiert durchblickte. Mickey Maus, YU-GI-OH und auch einige alte BRAVO-Zeitschriften, welche ich mir aufgrund eines Star-Schnitts eine Weile lang gekauft hatte. Amüsiert las er sich die Doktor Sommer-Artikel durch und musterte die nackten Jugendlichen, welche damals noch abgebildet wurden. Ich lachte über seine Kommentare zu den verschiedenen Bodys.
Anschließend drehten wir witzige Videoclips mit meiner Digitalkamera, spielten Interviews und sprachen darin über unsere damaligen Lieblingsserien, von welchen sich bald herausstellte, dass wir abends auf MTV die gleichen Favoriten hatten. Zu diesem Zeitpunkt hatte ich noch keinen eigenen Internetzugang in meinem Zimmer, was Axel schade fand. An Tagen, an welchen meine Mutter außer Haus war, setzten wir uns ins Wohnzimmer an ihren Rechner, surften, chatteten per ICQ oder MSN und sahen uns lustige Videos auf YouTube oder MyVideo an. Axel veralberte mich regelmäßig, wenn ich zwischenzeitlich in mein Zimmer zum „Beten" verschwand. Währenddessen

schaute er heimlich Pornos, was er mir jedoch erst viele Jahre später erzählte.

Ab diesem Zeitpunkt begannen wir mit unserem neuesten Hobby: Filme und Serien per Kamera vom TV im stummen Modus abzufilmen und sie parallel dazu neu einzusprechen. Wir synchronisierten allerlei Blödsinn, einiges kam spontan, gelegentlich schrieben wir uns Zitate auf. Das meiste war überwiegend kindischer und auch vulgärer Blödsinn. Einige unserer „besten" Videos stellten wir später dann auf MyVideo, wo sie allerdings nicht sonderlich viel Beachtung fanden. So versuchten wir es außerdem noch auf YouTube, wo es schon mehr Leute zu Gesicht bekamen. Nachdem ich die Videos noch etwas nachbearbeitet und zusätzliche Geräusche und Schnitte eingefügt hatte, stellten wir sie ins Netz. Das meiste erhielt überwiegend schlechte Kritik, teilweise sogar richtig radikale Beschimpfungen. Wir hatten u.a. einen Bibelfilm nachgesprochen und inhaltlich alles andere als „heilig" gestaltet, welcher diverses, negatives Feedback erhielt. Ganz bestimmt von irgendwelchen Möchtegern-Christen, welche sich gerne aufblasen und wichtig machen. Unsere Meinung hierzu war stets: Gibt es wirklich einen Gott, so ist er über derartigen Kinderhumor alles andere als wütend und lacht höchstens selbst darüber. Ganz bestimmt würden wir DESHALB nicht „am jüngsten Tage in der Hölle schmoren", wie es uns sämtliche Kommentatoren auf YouTube prophezeiten. Ein bisschen Spaß muss schließlich sein!

Einige Zeit später vertraute mir Axel erstmals an, dass er sich überwiegend für Männer interessierte. Was mich nicht sonderlich wunderte, aus vergangenen Zeiten war mir das schon länger klar. Dass ich selbst auch bi war, wusste ich schon lange. Schon vor meiner Pubertät war mir aufgefallen, dass ich mich sowohl schon in Mädchen als auch in Jungs verknallt hatte. Dass ich mich selbst niemals an einem spezifischen Geschlecht orientierte, erschien mir noch niemals merkwürdig. Geschlechtsorgane betrachte ich persönlich lediglich als Mittel zum Zweck, das die

Fortpflanzung gewährleistet. Aber kein Auswahlkriterium, um einen Menschen zu lieben.

Im Grunde konnte ich damals auch gar nicht viel damit anfangen, da ich persönlich weder beim einen noch beim anderen Geschlecht Erfahrung in irgendeiner Form hatte. Während einige aus meiner Klasse schon in ersten Beziehungen waren (wenn man dies denn so nennen konnte), war ich in dieser Hinsicht scheu und zurückhaltend. Ich war zwar schon häufiger verknallt gewesen, hatte aber niemals den Mut gehabt, dies zuzugeben.

Trotzdem fand ich es ziemlich spannend als mir Axel zeigte, in welchen Chatrooms er inzwischen so unterwegs war. Er hatte sich ein Profil erstellt und auch schon einige Kontakte geschlossen, mit welchen er bis dato allerdings nur chattete. Live-Kontakte waren selbst Axel noch etwas zu früh. Im Spaße fragte er mich, ob ich mir nicht auch ein Profil erstellen wolle. Ich dachte darüber nach. *Warum eigentlich nicht? Könnte bestimmt lustig werden.* Und so meldete auch ich mich an. Allerdings erst weitaus später als Axel. Jener hielt „sein Geheimnis" zunächst noch vor seiner Familie, vor anderen Freunden und seinen Klassenkameraden verborgen. Fürs Erste wusste nur ich als sein bester Freund darüber Bescheid.

Ein hochgewachsener Baum verlor
sämtliche Äste im Wind, überlebte
so manchen Sturm.

Nach den Sommerferien kam ich in meine neue Klasse, welche ich wiederholen musste. Ich war beruhigt, dass ich zumindest einige Lehrer hatte, welche ich bereits kannte. Auch einige der neuen Mitschüler kannte ich bereits vom Sehen, hatte aber keinen wirklichen Bezug zu ihnen. Noch immer war ich verärgert über die Tatsache, das Schuljahr noch einmal wiederholen zu müssen, aber es half ja alles nichts. Mit einigen in der Klasse verstand ich mich recht gut, mit anderen dagegen eher mäßig. Diese ärgerten mich zuweilen richtig, da sie mit meiner Art mal wieder nicht zurechtkamen. Ich war inzwischen zwar deutlich ruhiger geworden als früher, nicht mehr so provokant und vorlaut, auch den Lehrern gegenüber nicht. Aber sehr viele aus der Klasse fanden immer etwas zum Ärgern. Anfangs konterte ich noch zurück, später zog ich mich relativ zurück und ließ sie reden. Lügen und Intrigen wurden geschmiedet, Bilder von mir geändert und bearbeitet, gehässige Namen erfunden und ähnliches. Um dem Mobbing aus dem Weg zu gehen, machte ich eine Zeit lang für sämtliche andere Jungs die Hausaufgaben, damit sie mich ein bisschen besser in ihrer Mitte akzeptierten oder wenigstens in Ruhe ließen.

Auch zuhause war es alles andere als einfach. Mein Vater hatte seit Jahren mal wieder einen epileptischen Anfall erlitten, welcher von seinem heimlichen Trinkverhalten begünstigt wurde. Was mich zusätzlich belastete, in meinen Augen war er doch bereits seit vielen Jahren trocken. Sogar auf sein geliebtes Feierabendbierchen hatte er in meiner Anwesenheit immer verzichtet und nur Wasser oder Apfelschorle getrunken. Fand ich einmal Bierflaschen in seinem Kühlschrank, so war seine ständige Erklärung hierfür, dass diese für seinen guten Freund und ehemaligen Arbeitskollegen Ullrich bestimmt waren, welcher gelegentlich für Reparaturarbeiten in seiner Werkstatt vorbeischaute und ihm half. Es gab für mich keinen Grund, meinem Vater nicht zu glauben. Zwar war er am Wochenende gelegentlich verwirrt und langsam, was aber angeblich von seinen Medikamenten kam. So glaubte ich zumindest. Ich will ihn in dieser

Hinsicht auch nicht zu Unrecht beschuldigen, da ich die genaue Wirkung jener Medikamente nicht kenne und nicht einschätzen kann. Möglicherweise stimmte das auch, zumindest teilweise. Aber es war mehr als eindeutig, dass er trotz allem Leugnen immer wieder heimlich trank.

Nach besagtem Anfall ging er für einige Wochen in stationäre Therapie, was er vor einigen Jahren schon einmal versucht, allerdings vorzeitig abgebrochen hatte. Dort besuchte ich ihn regelmäßig zusammen mit meinen Großeltern, welche mir damals mitunter vorwarfen, ich solle mich gefälligst mehr um meinen Vater kümmern. *Bitte was?* Sollte ich ihm etwa 24/7 das Händchen halten und aufpassen, dass er bloß nichts trinkt? Wie sollte das bitte zu verstehen sein?

Schuldzuweisungen dieser Art empfand ich als absolut ungerechtfertigt. Durch die Blume klang das beinahe so, als wäre ich für seine Depressionen und sein Trinkverhalten verantwortlich. Und das war ich mit ziemlicher Sicherheit nicht. Ich war zwar gelegentlich ein nerviger, provokanter Quälgeist, aber diese Tatsache allein treibt wohl keinen reifen Vater in die Alkoholsucht. Hier steckte deutlich mehr dahinter.

Es war in Zeiten meiner frühen Jugend oft nicht ganz einfach mit meinem Vater. Auch von seiner Seite aus nicht. Ich spürte, dass er wohl irgendwie versuchte, seine innere Traurigkeit unbewusst auf mich abzuwälzen. Nicht selten stichelte und nörgelte er und warf mir verschiedene Dinge vor. Zum Beispiel hängte er sich nach wie vor an der Tatsache auf, dass ich eine ganze Weile lang wöchentlich ins Kino ging. Bei jenen Kinobesuchen handelte es sich um eine Art Belohnung an mich selbst, eine weitere Schulwoche erfolgreich überstanden zu haben. Auf dieses Ritual (welches ich meist auf den Freitagnachmittag nach meiner Therapiestunde legte), freute ich mich die ganze Woche. Hierfür investierte ich mein gesamtes Taschengeld und anderweitige Ersparnisse von Weihnachten und Geburtstagen, indem ich nicht nur die Kinokarte, sondern auch noch sämtliche teure Snacks wie Popcorn, Nachos und Cola kaufte. Zu einem schönen Film oder einer Serie gehörte für mich persönlich stets etwas Gutes zu essen, andernfalls konnte ich mich nicht konzentrieren. Daran hat sich bis heute nichts geändert. Am Ende des Tages waren hier schon mal 20 € ausgegeben. Doch selbst als diese Phase schon lange vorüber war, unterstellte mir mein Vater noch Monate später, ich würde jede Woche ins Kino gehen und mein ganzes Geld zum Fenster hinauswerfen. Damit brachte er mich auf 180. Ungerechtfertigte Beschuldigungen sind etwas, was mir die Galle überlaufen lässt. Und ER musste ja gerade reden. Seit Jahren zahlte er schließlich keinen Unterhalt mehr. Es war wohl meine Sache, wofür ich mein persönliches Taschengeld investierte.

Im Sommer 2007 hatte ich mal wieder einen Termin bei meinem rheumatischen Arzt in München. Wie üblich fuhren wir per Bayern-Ticket mit dem Zug, um den hohen Parkhausgebühren und Zusatzkosten für die U-Bahn zu entgehen. Bereits am frühen Morgen merkte ich, dass mein Vater wieder einmal sehr komisch war. Langsam, verwirrt und unaufmerksam. Er bewegte sich wie in Zeitlupe, ich hatte eine böse Vorahnung.

Als wir das Auto vor dem kleinen Bahnhof parkten bemerkte ich, dass der mitgebrachte Apfelsaft im Rucksack ausgelaufen und dieser vollkommen durchnässt war. Ich bat meinen Vater, den undichten Apfelsaft hier zu lassen, wir könnten uns ja unterwegs etwas holen. Doch mein Vater trug den klitschnassen Rucksack inklusive kaputter Apfelsaftflasche mit in den Zug. Dort nickte er kurzzeitig weg. Im Anschluss unterhielt er sich mit einigen Jugendlichen, welche zuvor noch über ihn gelacht hatten, als er in einer unvorteilhaften Position eingeschlafen war. Mein Vater dachte tatsächlich, sie würden mit ihm scherzen. Irgendwann wurde mir das zu peinlich und ich setzte mich einige Reihen weiter weg. Was meinen Vater nicht störte, er alberte weiter mit den Jugendlichen herum. Fremdschämen pur!

Nachdem wir angekommen waren, mussten wir beide auf die Toilette am Bahnhof. Ich war bereits fertig und wartete draußen auf meinen Vater, welcher etwas länger zu brauchen schien.

Nachdem ich einige Minuten vergeblich gewartet hatte, klopfte ich an seine Türe und fragte, ob alles in Ordnung sei. Er meinte nur, er bekäme die Hose nicht mehr zu und komme gleich. Ich wartete geduldig und unterhielt mich mit der netten, dunkelhäutigen Frau, welche den Teller mit den Münzen vor der Toilette verwaltete. Sie sprach kaum Deutsch und fragte mich, was denn mit meinem Vater los wäre. Ich sagte, dass ich es nicht genau wüsste, er möglicherweise etwas falsches gegessen und Bauchweh hatte.

Als er nach über 30 Minuten endlich aus der Kabine kam, war er noch immer total neben der Spur. Sein Blick war trüb, er hatte ein komisch sanftes Lächeln aufgesetzt, als ob er bekifft wäre. In Zeitlupe drehte er seinen Kopf zur Klofrau und fragte: „Oh hallo! Und aus welchem Land kommen Sie?" Peinlich, peinlich … 🙄♂️🙄♂️🙄♂️

In einer unbemerkten Minute rief ich per Handy meine Mutter an und erklärte ihr die Sachlage. Sie wusste sich auch keinerlei Rat und meinte, sie könne nicht kommen, da sie an jenem Tag selbst auf einem dienstlichen Ausflug war. Ich sollte einfach ein bisschen auf meinen Vater aufpassen und schauen, dass er etwas isst. Wir holten uns einen kleinen Imbiss an einem unterirdischen Essensstand. Jenes Szenario filmte ich heimlich, um es später meiner Mutter zeigen zu können. Mein Vater war noch immer wie in Zeitlupe, biss immer wieder in sein Brötchen, legte es zwischendurch auf der Theke ab und wischte sich den Senf vom Mund. Sein Geldbeutel lag (außer von mir) vollkommen unbeobachtet auf der Theke, so dass ihn jeder im Vorbeigehen hätte problemlos einstecken können. Mein Vater hätte es in seinem Zustand wohl kaum zur Kenntnis genommen. Ich steckte ihn in seine Jackentasche, damit er nicht verloren ging.

Als wir anschließend weitergingen, bekam mein Vater ganz plötzlich starke rechtseitige Schmerzen und setzte sich auf den kalten Steinboden in der unterirdischen U-Bahnstation. Ganz ungeniert vor allen Leuten, welche natürlich auch verwundert guckten. Unter normalen Umständen hätte er sich bestimmt zu

Tode geschämt. So übernahm ich diesmal die Aufgabe, mich anhand der komplizierten Tafeln über die benötigte U-Bahnverbindung Richtung Odeonsplatz zu informieren, was sonst stets mein Vater getan hatte.

Nachdem sich mein Vater unter Schmerzen wieder aufgerappelt hatte und sich in schräger Seitenhaltung wie ein angeschossenes Tier hinter mir herschleppte, wollten wir die U-Bahn betreten, welche ich zuvor ausfindig gemacht hatte. Die Türen öffneten sich, die Leute stiegen aus und wir stiegen ein. Ich ging voraus, mein Vater brach jedoch noch auf der Schwelle zusammen. Einige nette Passanten halfen dabei, ihn wieder nach draußen zu ziehen. Das Bewusstsein hatte er noch, war jedoch nicht mehr wirklich bei Sinnen. Jene Passanten riefen einen Krankenwagen, während ich meine Mutter anrief. Sie sagte mir, ich solle versuchen allein zum Arzt zu gelangen und anschließend nach Hause kommen. Ich sagte meinem Vater Bescheid, welcher von den hilfsbereiten Passanten umsorgt wurde. Auch jene bestätigten mich darin, dass ich guten Gewissens zum Arzt gehen sollte, um meinen Vater würde sich gut gekümmert werden. Ich war zuerst unsicher, hielt es jedoch auch für das Beste, in der Hoffnung meinem Vater könnte nun endlich einmal geholfen und er anschließend wieder in sichere Therapie gebracht werden. Dies war schließlich kein Dauerzustand. Ermutigend klopfte ich meinem Vater auf die Schulter und meinte, er solle sich keine Sorgen um mich machen, ich würde den Weg bestimmt allein finden. Was mir auch gelang. Ich schnappte mir unser Bayern-Ticket und machte mich auf den Weg. Aufmerksam verfolgte ich den Lageplan und kam nach einigen Stationen auch schließlich ans Ziel.

Der Besuch beim Arzt verlief recht unspektakulär und ohne jegliche Befunde. Meine Sklerodermie war weiterhin im Stillstand, es waren über die letzten Jahre auch nie wieder neue Flecken aufgetreten. Also bedurfte es diesbezüglich auch keiner weiteren Medikamente mehr, was mich freute.

Nun musste nur noch die Heimfahrt bewältigt werden. Auch diese gelang mir besser als gedacht und ich fand zwischen den vielen Verbindungen in der Großstadt den richtigen Weg. Traditionell holte ich mir auf dem Heimweg an unserem Lieblingsplatz wie jedes Mal meinen Amerikaner. Nur die geliebte Currypfanne meines Vaters wurde an diesem Tag von jemand anderem verputzt. Das war unser regelmäßiges Ritual bei jedem Arztbesuch in München. Insgesamt hatte es über die Jahre bestimmt 10 Stück davon gegeben.

Auf der Heimfahrt machte ich mir große Sorgen um meinen Vater. Andererseits beschlich mich jedoch auch ein starkes Gefühl der Beruhigung und der großen Hoffnung, dass mein Vater nun eine sehr schöne Therapie in München machen dürfte, welche ihn womöglich endgültig vom Alkohol befreien konnte. Bestimmt würde es ihm dort besser gefallen als in der anderen Einrichtung, allein schon wegen des guten Essens. In Gedanken sah ich schon vor mir, wie ich mit meinen Großeltern jede Woche einmal auf Besuch käme und wir gemeinsam in einem schönen Biergarten deftig Mittag essen würden.

Diese Hoffnung zerschlug sich allerdings noch am selben Abend, als ich endlich zuhause war. Plötzlich klingelte das Telefon, meine Mutter hob ab. Es war mein Vater. Ich dachte zuerst, er befände sich noch im Krankenhaus in München und wollte sich melden, um Auskunft über sein Befinden zu geben. Als er mir jedoch erzählte, er sei eben auch nach Hause gekommen, wurde mir komisch. Wie konnte er nach nur wenigen Stunden in diesem Zustand wieder entlassen worden sein? Hatten jene Ärzte keinerlei Verantwortungsgefühl? Und vor allem: Warum war mein Vater nicht vernünftig und wenigstens für eine Nacht zur Beobachtung geblieben? Ich hakte nach.

Angeblich ging es ihm nach der Ankunft im Krankenhaus wieder deutlich besser. Er erhielt Tabletten zur Stabilisierung, welche er von nun an auch weiterhin nehmen sollte. Dies sollte die Tage noch einmal mit unserer gemeinsamen Hausärztin besprochen und weiterhin überwacht werden. Mein Vater hörte sich im Vergleich zum Vormittag wesentlich besser an, sprach klar und deutlich und fragte nach, wie es mir denn ohne ihn in der Stadt ergangen sei. Ich erzählte ihm alles. Er sagte mir, dass er selbst keine Erklärung für seinen merkwürdigen Zusammenbruch habe. Schließlich war doch zuvor alles gut gewesen, er hätte viel Lustiges mit den anderen Fahrtgästen im Zug erlebt und plötzlich änderte sich dies schlagartig. *Naja, wenn du meinst,* dachte ich nur bei mir. Ich ließ ihn rücksichtsvoll in jenem Glauben. Bestimmt hatte ihm der heutige Tag schon genug zugesetzt. Mir jedoch auch. Es war unser letzter gemeinsamer Besuch in München.

Wenige Wochen später feierte mein Vater seinen 50. Geburtstag im Kreis der Familie. Er trug jedem Gast zuliebe ein kleines Widmungsgedicht vor, bei welchen ich ihm geholfen hatte es zu schreiben. Auch dort verzichtete er konsequent auf jegliche Art von Alkohol und benutzte selbst zum Anstoßen nur Apfelschorle. Ich war stolz auf ihn. Er schien wieder so glücklich und unbeschwert wie früher.

Das Ende der Kindheit

Meine Mutter hatte beschlossen, dass ich mit 15 Jahren nun auch langsam ein Anrecht auf eigenes Internet in meinem Zimmer hätte, was mich natürlich überaus freute. Endlich konnte ich meine Chatrooms und sozialen Netzwerke auch am eigenen Rechner verwenden und nicht nur zwischendurch im „öffentlichen" Wohnzimmer. Auch wenn mich meine Mutter in dieser Hinsicht niemals störte oder überwachte. Sie ließ mir diesbezüglich alle Freiheiten und vertraute mir.

Auch Axel fand diese Tatsache mehr als super. Nun konnten wir ganz in Ruhe im Internet umher stöbern, surfen, chatten und weiter an unseren Synchronvideos arbeiten. Axel hatte zuhause zwar auch Internetzugang, allerdings musste er sich diesen mit seinen Geschwistern teilen und war dabei auch alles andere als ungestört. Wenn es um spezielle Themen wie etwa seine neu entdeckte Vorliebe für Boys ging, musste er hier sehr vorsichtig sein. Noch immer war er zuhause und in der Schule nicht geoutet. Und wie wir beide vor Jahren am eigenen Leibe zu spüren bekamen, war sein kleiner Bruder eine echte Petze, welche uns beim kleinsten Anlass sofort wieder verraten hätte, keine Frage.

Nun hatte ich noch mehr Kontakt zu anderen Kids in Chatrooms und auch zu einigen mehr aus Axels Schule, woraus alsbald eine eigene kleine Clique entstand.

Per Chat lernte ich ein Mädchen, Denise, aus der Nachbarstadt kennen, mit welchem ich mich recht gut verstand und welches mich alsbald einmal gerne persönlich treffen wollte. So verabredeten wir uns schließlich auf einen Kakao. Auch Axel war mit von der Partie. Ein etwas durchgeknalltes Teenie-Girl, hyperaktiv und ein eindeutiges Aufmerksamkeitsproblem. Bereits nach wenigen Minuten bekundete sie, dass sie sich häufig ritzen würde, um bewusst ihre Großmutter zu erschrecken und zeigte mir aufdringlich und beinahe schon angeberisch ihre Narben, welche sie stolz zu machen schienen. Das empfand ich als albern. Ich verstand zwar aus eigener Erfahrung das Grundproblem mit der Selbstverletzung, aber nicht auf diese Art und Weise.

Nach wenigen Minuten bekundete sie mir, dass sie sich in Axel verknallt hatte und etwas von ihm wollte. Ich war verdutzt. Verknallt nach etwa 10 Minuten? Äh, alles klar …

Axel gefiel Denise wohl auch etwas und am Ende des Tages waren sie zusammen. Allerdings nur für knappe 24 Stunden. Am nächsten Tag beschloss Axel aus einer spontanen Laune heraus, dass er doch keinen wirklichen Bock auf Mädchen hatte und bat mich ihr dies zu sagen. Sie reagierte geschockt, heulte und schickte mir Bilder von Selbstverletzungen, welche sie sich aufgrund des „Verlustes" zugefügt hatte. Ich sollte Axel davon unterrichten. Axel hatte auf ein derartiges Teenie-Drama allerdings absolut keine Lust, während ich ihr dagegen mit einem offenen Ohr begegnete, weil sie mir irgendwie leidtat. Axel konnte gelegentlich schon ganz schön schroff sein, ich war diesbezüglich eine Spur feinfühliger. Wochenlang lag sie mir in den Ohren, ich solle doch nochmal mit ihm reden und wie sehr sie ihn doch liebte.

Dass Denise Axel wollte und nicht mich, ging mir innerlich gegen den Strich und ich stellte mich einmal mehr selbst infrage. War ich nicht so hübsch wie Axel? Lag es daran, dass er größer, dünner und männlicher wirkte? Oder einfach nur mehr Ausstrahlung besaß? Oder lag es daran, dass er kerngesund war und keinen moderaten Gehfehler hatte so wie ich? Tausend Gedanken schossen mir durch den Kopf. Ich fühlte mich unterlegen.

In den nächsten Wochen trafen wir uns trotz allem noch einmal alle als normale Freunde. Diesmal brachte Denise auch eine gute Freundin von ihr, Jenny, mit. Sie war sehr nett und verständnisvoll, ganz anders als Denise, welche es im Grunde niemals interessiert hatte, wie es MIR bei der ganzen Sache mit Axel ging. Wir hielten einen recht guten Kontakt, telefonierten täglich und chatteten viel.

Axel dagegen hatte zwischenzeitlich Kontakt zu einem Typen namens Thomas aus Norddeutschland hergestellt. 29 Jahre alt, recht gutaussehend und lässig. Per Video-Chat unterhielten sie sich inzwischen täglich und planten ein baldiges Live-Treffen. Thomas wollte mit der Bahn für einen Tag herkommen, um sich mit Axel zu treffen. Axel machte bereits im Vorfeld Andeutungen, was sie dann zusammen machen wollten, was ich anfangs noch für einen schlechten Scherz hielt. Axel war doch gerade mal 14 Jahre alt, jener Thomas dagegen schon 29. Ich hielt es für reine Angeberei, selbst dann noch, als Axel mich bat, ihn nackt zu fotografieren um die Bilder anschließend an Thomas zu schicken. Ich konnte es nicht fassen. Hatte er denn aus der damaligen Aktion nichts gelernt? Doch Axel war neugierig und vertraute Thomas.

Nachdem die beiden ein genaues Datum für ihr Treffen ausgemacht hatten, fragte mich Axel, ob ich an jenem Tag mitkommen würde. Er allein war zu schüchtern. *Zu schüchtern? Aber Nacktfotos schicken, is klar ...*

Trotz anfänglicher Zweifel bejahte ich, da er mein bester Freund und ich in gewisser Weise auch irgendwo neugierig war. Ich konnte noch immer nicht glauben, was er vorhatte.

In aller Frühe bestiegen wir den ersten Bus. Das Treffen war in einer benachbarten Stadt ausgemacht, damit Freunde und Familie bloß nichts mitbekamen. Axel war dermaßen aufgeregt und hibbelig, er konnte es nicht mehr erwarten.

Als wir am Bahnhof ankamen, sahen wir uns um. Wo konnte der mysteriöse Thomas aus dem Internet wohl stecken? Schon bald erblickten wir ihn von weitem, als er auf uns zulief. Ein schlanker Mann mit schulterlangen schwarzen Haaren, kariertem Pulli, schwarzer Hose und Chucks. Eine Art Emo-Style, welcher Axel ziemlich ansprach.

Er umarmte uns zur Begrüßung und machte alles in allem einen sehr netten Eindruck und sah auch wirklich ganz passabel aus. Wir hielten einen kleinen Smalltalk, allerdings war Axel anfangs noch recht schüchtern und still. Obwohl sie bereits eindeutige

Bilder ausgetauscht hatten, was ich noch immer nicht verstand. Aber im Internet ist bekanntlich vieles leichter.

Wir unternahmen einen langen Spaziergang durch die Stadt und frühstückten eine Kleinigkeit bei McDonalds. Anschließend wanderten wir weiter und machten an einem Kaufhaus Halt. Wir bummelten durch die Kleiderabteilung und ich schaute mir die T-Shirts an. Gepfefferte Preise. Plötzlich fehlten die beiden und ich suchte nach ihnen. Nachdem ich sie jedoch auf dem gesamten Stockwerk nicht entdecken konnte, fiel mir auf, dass eine der Umkleidekabinen belegt schien und linste unauffällig unten durch. Die Schuhe kannte ich, es waren jene von Axel und Thomas. Vorsichtig öffnete ich den Vorhang, da ich wissen wollte, was da gerade abging. Die beiden waren ganz vertieft und innig am Knutschen. Komischer Anblick. Ich konnte nicht glauben, dass Axel tatsächlich schon für derartige Dinge bereit war. Ich stand etwas außerhalb und guckte ungläubig durch den Schlitz des Vorhangs. Plötzlich drehte sich Thomas um, grinste forsch und fragte ganz selbstverständlich: „Na, willst du auch mal?" Noch bevor ich widersprechen konnte, drückte er mein Gesicht fest an seines und gab auch mir einen innigen Zungenkuss. Komisches Gefühl. Vor lauter Verwirrung wehrte ich mich noch nicht einmal dagegen. Vollkommen durcheinander und beschämt flitzte ich anschließend aufs Klo, betete auf Arabisch zu Allah und bat ihn um Vergebung. Im Islam ist Homosexualität nicht akzeptiert. Auch wenn ich wusste, dass ich ebenfalls etwas für Jungs übrighatte, so hätte ich mich zum damaligen Zeitpunkt aufgrund meines (zweifelhaften) Glaubens niemals getraut, dies auszuleben.

Nachdem die beiden nach über 20 Minuten endlich fertig waren, kamen sie wieder aus der Kabine heraus, verschwanden jedoch noch einmal kurz aufs Klo. Axel flüsterte mir im Anschluss zu, dass er dort einen Blowjob bekommen hatte. *WHAT???* Bestimmt prahlte er nur …

Unser Tagestrip wurde fortgesetzt. Am Nachmittag gingen wir noch in die Innenstadt um ein Eis zu essen und Thomas rauchte nebenbei gemütlich. Gegen Abend wollte er wieder zurück nach

Hause fahren. Ich dachte, das wäre es zunächst gewesen. Doch der eigentliche „Hauptfilm" sollte erst noch beginnen und die beiden wollten verwirklichen, was sie bereits wochenlang im Chat geplant hatten. Noch einmal betraten wir ein Kaufhaus, welches deutlich größer war als das andere. Wir setzten uns ins hauseigene Restaurant und überflogen die Speisekarte. Jedoch hatten Thomas und Axel alles andere im Kopf als zu essen. Plötzlich zogen sie gemeinsam ab. Ich blieb zunächst sitzen und bestellte mir eine Portion Pommes, während ich auf sie wartete. Nachdem sie nach über 30 Minuten noch immer nicht zurück waren, wurde ich neugierig und ging nachsehen. Wie vermutet, befanden sie sich auf der Toilette ein Stockwerk tiefer, welche etwas abgelegen im Treppenhaus lag. Sodass die beiden recht ungestört waren. Bereits beim Betreten der Herrentoilette nahm ich eindeutige Geräusche wahr, welche verstummten, nachdem ich hereintrat. Zunächst tat ich so, als müsste ich ebenfalls nur aufs Klo und betrat die Nachbarkabine. Ich räusperte mich leise, damit sie vernehmen konnten, dass ich es war. „Mica?", hörte ich Axels Stimme fragen. „Ja?"

„Komm rein!", flüsterte er und öffnete die Türe. Verunsichert drückte ich mich in der engen Kabine an ihnen vorbei in eine Ecke. Die beiden waren diesmal alles andere als nur am Knutschen... Ich war schockiert über den Anblick und konnte nicht glauben, dass das gerade wirklich live vor meinen Augen passierte. Axel grinste mich an und sagte im Spaß, ich solle nicht hingucken. Nach wenigen Sekunden verließ ich die Kabine und setzte mich regungslos zurück ins Restaurant. Dort fragte mich der Wirt, ob ich noch etwas essen wolle. Ich verneinte, da mir das Geld ausgegangen war. Er meinte, er würde eine Runde Pommes spendieren, da ja bald Ostern sei. Ich freute mich über die nette Einladung. Wie versteinert aß ich die Pommes in Zeitlupe, bis sie am Ende schon vollständig kalt waren.

Als Axel und Thomas endlich zurückkamen, sahen beide ziemlich fertig aus. Axel hatte vor lauter Aufregung bereits die Nacht zuvor kein Auge zugetan. Und auch Thomas bereitete sich auf den Abschied vor, schließlich hatte er noch viele Stunden Zugfahrt vor sich. Die beiden gaben sich am Bahnhof, als niemand hinsah, ein dezentes Abschiedsküsschen. Im Vergleich zur vorher geschehenen Szene kam mir das vor wie eine FSK6-Version.

Ich fragte nach, wie es denn gewesen war. Axel erzählte mir alles in allen Einzelheiten. Dass sie sogar „richtig gefickt" hätten. WHAT??? Wie um Himmels willen sollte das zwischen zwei Männern gehen? Knutschen und Rummachen ist das eine, aber … Tat das nicht höllisch weh? Axel meinte, es wäre nur anfänglich etwas unangenehm, dann wäre es geil. Wir bestiegen den Bus und fuhren Richtung Heimat. Axel fielen nach wenigen Minuten die Augen zu, er war unglaublich müde. Ich war vollkommen durcheinander und konnte nicht ansatzweise verstehen, wie man nach solch einem Erlebnis einfach einpennen konnte. Ich persönlich fühlte mich verwirrt, stark unterlegen und ungewollt. Frustriert setzte ich mir meinen MP3-Player auf und hörte gedankenschweifend Musik. Warum durfte Axel im Gegensatz zu mir ein derartiges Abenteuer erleben? Warum war ich so gehemmt und hatte mich nicht auch getraut? War es mein noch immer bestehender Glaube an Keuschheit vor der Ehe bezüglich des Islams, welchen ich damals vertrat? War es meine Optik? Oder eben wieder meine Ausstrahlung und meine Unsicherheit? Heute glaube ich, dass ich mich in die Geschichte mit der islamischen Keuschheit flüchtete, um mir nicht eingestehen zu müssen, dass ich mich selbst niemals hätte anfassen lassen. Das machte es mir damals wohl deutlich leichter, mich nicht wie eine verklemmte Pfeife zu fühlen. Stattdessen verkroch ich mich hinter einer Lüge.

Natürlich ist es ebenso nicht der übliche Werdegang, dass ein 14-jähriger Junge seine Unschuld an einen fast 20 Jahre älteren Mann verliert, das muss dazu gesagt werden. Axel schlug diesbezüglich auch einen sehr individuellen Weg ein. Um welchen ich ihn damals beneidete. Alex war damals nicht nur mein bester Freund, sondern gleichzeitig auch meine zentrale Leitfigur, welcher ich vieles (unbewusst) nachmachte, um dieselbe Anerkennung zu erhalten, welche er in meinen Augen bekam.

Zuhause angekommen zog ich mich zurück. Axel legte sich für einige Stunden aufs Ohr, kam jedoch am späten Abend noch einmal in ICQ online. Er sagte, er wäre immer noch wie gerädert. Ich reagierte nur mit sehr kurzen und spärlichen Antworten wie „ja" und „ok". Was denn mit mir los wäre, wollte er wissen. Ich sei komisch.

Ich sagte ihm, dass ich es scheiße fand, dass sie mich die ganze Zeit über allein haben warten lassen. Warum ich nicht einfach mitgemacht hätte, wollte er wissen. Sie wären nicht abgeneigt gewesen … Mein Herz machte einen kleinen Hüpfer. War ich doch nicht ganz so abstoßend wie ich dachte? Schnell verdrängte ich diesen Gedanken jedoch wieder und redete mich heraus.

Ein gläubiger Moslem tut so etwas nicht, lautete meine Rechtfertigung. Ich fuhr fort, dass ich einige Zeit für mich brauchen würde und dass ich nicht sicher sei, ob unsere Freundschaft noch Sinn machen würde. Axel war schockiert. Er meinte, dass er mich nicht verlieren wollte und dass es ihm leidtäte. Es war der 22. März 2008 …

Was dem ganzen Erlebnis die finale Krone aufsetzte, war die Tatsache, dass dieser Tag auch in gewisser Weise meine Kindheit beendete. Natürlich hört man im Alter von 13-15 Jahren immer sehr viel über Sex, ganz besonders unter Freunden und in der Schule. Ein Großteil davon ist jedoch nichts weiter als Theorie und nicht selten leere Angeberei. Dass ich das alles so hautnah mitbekam, war ein gewaltiger Sprung ins kalte Wasser. Auch wenn ich nicht daran beteiligt war, so waren die kindlich-naiven Vorstellungen bezüglich dieser Thematik von nun an irgendwie vorüber. Sex existierte also tatsächlich und nicht nur im Fernsehen oder in einer Teenie-Zeitschrift – das musste alles binnen kürzester Zeit verarbeitet werden.

Die nächsten Tage herrschte spärlicher Kontakt. Ich war deprimiert, zurückgezogen und konnte an nichts anderes mehr denken. Ständig sah ich Axel und Thomas vor Augen, wie sie in der Toilettenkabine wilden, leidenschaftlichen Spaß hatten. Während der hässliche Moppel allein zurückgelassen und ignoriert wurde. Obwohl es höchstwahrscheinlich noch nicht einmal eine böse Absicht der beiden darstellte. Ich war davon überzeugt, dass es nur an meiner Optik lag, dass ich nicht so einen Schlag bei anderen hatte wie Axel. Erst Denise aus dem Chat, welche doch ursprünglich MEIN Flirt war, dann jener Thomas.

Axel war groß, schlank und so männlich. Ich dagegen der dicke, hinkende Krüppel, als welchen ich mich empfand. Meinen Zucker und meine Sehne konnte ich nicht eigenhändig reparieren, so viel stand schon einmal fest. Aber ich konnte etwas an meiner molligen Figur ändern, das wusste ich. Also wurden neue Prioritäten gesetzt. Von nun an bat ich meine Mutter, mir täglich Thunfischsalat zu machen, radelte wie ein Irrer, besuchte meine Großeltern fortan auch nur noch mit dem Fahrrad und radelte selbst in ihrem Keller noch regelmäßig auf deren Hometrainer. Süßigkeiten und fettiges Essen waren fürs Erste weitestgehend gestrichen. Ich wollte auch schlank sein, so wie die meisten anderen Jugendlichen in meinem Alter und ganz besonders wie Axel. Bestimmt wäre dies schon die halbe Miete bezüglich all meiner Probleme. Irgendwann begann ich sogar damit, mich nach dem Essen gelegentlich zu übergeben. Dies mutierte glücklicherweise niemals zu einer folgeschweren Sucht und ich machte es nur selten, wenn ich ganz besonders viel gegessen hatte. Nachdem sich herausstellte, dass das mit dem Kotzen absolut nichts brachte, ließ ich es dann auch wieder gänzlich sein. Ich fürchtete um meine Zähne und meine Speiseröhre.

Zur Ablenkung ging ich für 2 Wochen eine kurze „Beziehung" mit Jenny, der besten Freundin von Denise, ein. Es war nichts Ernstes, wir sahen uns insgesamt vielleicht fünfmal.

Außerdem verlor ich langsam, aber sicher den Bezug zum Islam.

Entzweiung

Bei Axel gab es inzwischen interessante Neuigkeiten. Er hatte seit einigen Tagen einen festen Freund namens Pepper. Dieser war 21 und damit auch schon um einiges älter als Axel. Allerdings noch nicht so alt wie jener Thomas, zu welchem Axel allmählich den Kontakt verlor. Alter war ohnehin nie eine große Frage für uns beide. Es ist schließlich nur eine Zahl. Solange beide Parteien zueinanderpassen, ist alles andere nebensächlich.

Nachdem wir wieder zusammen auf Tour waren, stellte er mich seinem neuen Freund vor. Er holte uns mit einem schönen Auto ab und war mir recht sympathisch. Wir gingen zusammen ins Kino. Diesmal hatte Axel jedoch den Anstand, nicht mehr in meiner Gegenwart in die Offensive zu gehen. Außerdem hatten sich die beiden schon vor einigen Tagen „besser kennengelernt". Trotz allem war mir die ganze Sache ein Dorn im Auge und ich wünschte mir eine Art Beziehung zu dritt. Möglicherweise war ich damals auch ein kleines bisschen in Axel verknallt. Vielleicht wollte ich ihn deswegen nicht teilen. Oder war es einfach nur die Tatsache, meinen besten Freund nicht mehr länger für mich allein zu haben? In doppelter Hinsicht? Axel und ich hatten immer mal wieder ein bisschen „experimentiert", nachdem ich meinen Islam-Spleen endgültig abgelegt hatte … 🙊

Ich ärgerte mich, dass ich beim „Online-Dating" nicht ganz so viel positives Feedback erhielt wie Axel, welcher durchaus begehrter war. Dies ist jedoch auch nicht überzubewerten. Viele Teenager erhalten einen Korb oder ernten Desinteresse. Ich blieb dran und suchte weiter. Schließlich konzentrierte ich mich auf ein griechisches Mädchen namens Eleni, welches ich per Zufall in einem Chatportal für Jugendliche kennengelernt hatte. Täglich chatteten wir per ICQ, schrieben uns stundenlang süße SMS (glücklicherweise hatte ich inzwischen einen Tarif) und telefonierten auch bald tagtäglich. Im Chat waren wir bereits ein virtuelles Paar. Nachdem wir uns endlich einmal persönlich getroffen hatten, waren wir es offiziell. Von nun an trafen wir uns fast jedes Wochenende. Eleni wohnte knapp 60 km von mir entfernt. Meist gingen wir dann ins Kino oder hingen in der Stadt herum.

Sogar meinem Vater stellte ich sie einmal vor als wir zusammen in die Stadt gingen. Er fand sie sehr sympathisch und süß. Er schlug sogar vor, sie einmal bei mir, also bei ihm in der Wohnung, übernachten zu lassen. Dazu kam es allerdings nie. Elenis Vater, ein recht strenger griechischer Mann, erlaubte dies nicht. Ebenso durfte dieser niemals wissen, dass sie einen Freund hatte. Das wäre nach seiner Weltanschauung mehr als verwerflich gewesen. Aufgrund dessen blieb unsere „Beziehung" stets in einem sehr „braven" Stadium…

Axel begann seinen Stil überwiegend bunter und abenteuerlicher zu gestalten. Inzwischen hatte er sich geoutet, da er nun einen festen Freund hatte. Ihm schien das angemessen und er war jetzt bereit dazu. Seine Mutter akzeptierte dies lange Zeit über nicht, aber nach und nach gewöhnte auch sie sich an den Gedanken. Axel probierte die verschiedensten Stile aus, ließ sich die Haare wachsen und blieb schließlich beim Emo-Style hängen. Lange Haare, meist gefärbt, kariert-gestreifte Pullis, enge Röhrenjeans, fingerlose Handschuhe, Schmuck und Chucks. Sogar bunte Extensions schmückten seine Matte. Da Axel in gewisser Weise mein reales Vorbild war, begann auch ich diesen Style alsbald zu kopieren. Ich hatte ohnehin meist überwiegend Schwarz getragen und mochte harte Rockmusik. Daher gefiel mir dieser verwandte Stil ebenfalls recht gut. Mein Style ging jedoch schon bald eher Richtung Metal-Gothic, schwarzer Ledermantel, Boots und Nietenschmuck. Aufgrund dessen wurden wir beide in der Schule häufig noch zusätzlich schikaniert, verspottet und als Schwuchteln oder Tussis beschimpft. Ich verabscheute jene, welche diese Dinge sagten, nur weil sie unseren Stil nicht akzeptieren wollten. Überwiegend die plumpen Bauernjungs machten sich lustig über uns. Da wir auf verschiedene Schulen gingen, konnten wir uns auch nicht gegenseitig decken.

Wir zählten zweifellos zu den skurrilsten Typen unseres Umfeldes. Die meisten anderen kleideten sich neutral, im Hip-Hopoder Rap-Stil. Wir hassten die „Hopper", wenn sie in Cliquen unterwegs waren und verdrückten uns regelmäßig, bevor sie uns fertig machen konnten. Sie waren selten gewalttätig, aber verbal äußerst verletzend.

Nur am Wochenende fanden wir eine wohl verdiente Auszeit der Schikanen, wenn wir uns mit unserer Clique und Axels Freund Pepper trafen. Wir besuchten einige Male den Emo-Treff, wo wir Gleichgesinnten begegneten und viele neue Bekanntschaften schlossen. Emos, Goths, Rocker und Punks. Ein bunt gemischter Haufen, aber die meisten vollkommen cool und easy. Überwiegend war es Axel, welcher immer wie ein bunter Paradiesvogel durch das Geschehen hüpfte und die unbeschwerte Zeit einfach nur genoss. Jedem neu gewonnenen Freund und jeder neuen Freundin wurde von ihm sofort ein spontanes Freundschaftsbussi aufgedrückt und jeder durfte auf seinen Schuhen unterschreiben. Noch immer nagte dies an meinem Ego, da ich meist recht schüchtern und passiv im Hintergrund agierte und Axel für seinen Übermut und seine unbeschwerte Art beneidete. Im Grunde war es nicht fair von mir, ihn allein schon in Gedanken für meine persönlichen Mankos zu verfluchen. Aber dieser Neid ließ sich einfach nicht abstellen und gelegentlich hatten wir deswegen auch Streit. Axel war damals selbst noch auf der Suche nach seinem wahren Ich und probierte sich aus. In alle nur erdenklichen Richtungen.

In den Sommerferien im Jahre 2008 bekam ich nach dem jährlichen Urlaub bei meiner Oma in Thüringen einen freudigen Anruf von meinem Vater. Er hatte im Radio eine Urlaubsreise am Bodensee für 2 Personen gewonnen, welche er mit mir antreten wollte. Für meinen Vater stellte dies ein besonderes Highlight dar, konnte er mir doch seit Jahren nie mehr wirklich etwas Derartiges aufgrund seiner überwiegenden Arbeitslosigkeit bieten. Ich sagte zu. Könnte möglicherweise ganz nett werden. Wie damals unser Urlaub in Frankreich.

Ich packte meinen Koffer und mein Vater wollte mich später abholen kommen. Als er klingelte, flitzte ich hinunter. Was dann geschah, ließ mich ganz stark an jenen Tag in München vor knapp einem Jahr zurückdenken.

Lallend hielt er sich schräg am Geländer fest und sabbelte undeutlich: „Du hast eindeutig die falsche Haltung.! Du musst jetzt sagen, Tschüss Mami, Hallo Woche Bodensee!" Mir jagte ein kalter Schauer über den Rücken. Warum war er schon wieder so komisch wie an jenem Tag in München? Hatte er etwa doch wieder heimlich getrunken? Oder wirkten seine Medikamente stärker als sonst? Ich wusste es nicht. Innerlich hoffte ich, dass es nur der erste Eindruck war, er möglicherweise mal wieder herumalberte, wie er es im Scherz öfters machte, um mich zum Lachen zu bringen. *Hoffentlich macht er nur Spaß in der Vorfreude auf den Urlaub,* dachte ich mir, legte meine Tasche in den Kofferraum und setzte mich mit einem mulmigen Gefühl ins Auto. Mein Vater fuhr einige Meter weiter zur Tankstelle, um das Auto noch voll zu tanken. Er war eindeutig neben der Kappe, das war mir nun klar, nachdem er weiter in diesem langsamen Modus agierte und wirres Zeug plapperte. Von Rechtswegen hätte er gemeldet werden müssen und ihm der Führerschein entzogen gehört. Doch das brachte aus Mitleid niemand aus der Familie fertig. Noch nicht einmal unsere Hausärztin, welche es bereits öfters angedacht, jedoch niemals durchgezogen hatte.

Was sollte ich nun tun? Aus reiner Höflichkeit mitfahren und mich einem derartigen Risiko, geschweige denn unglaublicher Angst wie einst in München aussetzen? Ich hatte solche Schuldgefühle, weil ich sah wie sehr sich mein Vater freute. Freudestrahlend watschelte er in die Tankstelle um zu bezahlen. Aber ich hatte zu große Bedenken, verließ das Auto und rannte zurück nach Hause.

Ich klingelte Sturm und rannte zurück in die Wohnung, wo ich meiner Mutter und ihrer guten Freundin Ella erzählte, wie komisch mein Papa schon wieder war und dass ich so nicht mit ihm mitfahren könne. Was beide durchaus verstanden. 2 Minuten später klingelte es. Mein Vater war zurückgekommen und wollte wissen was los war. Zusammen mit meiner Mutter ging ich die Treppen hinunter, um noch meine Tasche zu holen, welche ich im Eifer völlig vergessen hatte. Was das denn solle, wollte mein Vater vollkommen durcheinander und schockiert wissen. Meine Mutter sah ihn an, während sie meine Tasche holte, und sagte nur: „Mensch, guck dich doch mal an!"

Mein Vater wurde wütend und lauter. „Ja, jetzt guck DICH doch mal an!", antwortete er hilflos und voller Wut. Er fragte mich, ob wir denn jetzt fahren würden. Er stand da wie bestellt und nicht abgeholt, in seinen knallroten Augen stach pure Ratlosigkeit hervor. Ich sah ihn an und sagte: „Ich kann nicht mitkommen, bitte sei nicht böse. Ein andermal, ok?"

Mein Vater begann zu schimpfen und verteufelte meine Mutter und ihre Freundin als nichtsnutzige dumme Weiber, welche mich gegen ihn aufgebracht hätten. Bevor die Tür zufiel, hörte ich ihn zum Abschied rufen: „Dann bleib halt hier, bist eben genauso dämlich wie die Weiber!"

Unbeschreibliche Wut begann in mir hoch zu kochen. Am liebsten wäre ich wieder hinausgerannt und hätte ihm auf diese miesen Worte hin ordentlich die Meinung gesagt. Das war alles so furchtbar ungerecht. Aber ich verkniff es mir, schließlich wusste er tief im Herzen wohl selbst, dass es mehr als berechtigt war, dass ich zuhause blieb. Es war nur seine Hilflosigkeit, welche in jenem Moment aus ihm sprach, und seine unendliche Wut gegen sich selbst, diese richtete er nun gegen meine Mutter, Ella und mich.

Überfordert und ziemlich wütend über seine ungerechtfertigten Abschiedsworte, setzte ich mich in die Küche an den Tisch zu Ella und meiner Mutter um mir etwas Luft zu machen. Die beiden redeten mir gut zu und versicherten mir, dass ich definitiv nichts

Falsches getan hatte. Es wäre sogar mutig von mir gewesen. Das beruhigte mich, da ich mir etwas feige vorkam.

Eine Stunde später meldete sich mein Vater noch einmal kurz telefonisch bei mir und erstattete Bericht, dass er den Urlaub, welchen „ich versaut hatte", storniert hätte, dass ihn noch rechtzeitig jemand anderes antreten konnte. Diese Worte trafen mich erneut und ich erwiderte ein simples „Ja, ok". „Dann haben wir uns ja nichts mehr zu sagen", sagte mein Vater daraufhin trocken und legte auf. Über mehrere Monate sollten wir vorerst nichts mehr voneinander hören.

Ohne Rücksicht auf Verluste

Nachdem ich anfänglich auf einem recht guten Weg bezüglich meiner Gewichtsabnahme war, hielt dieser Erfolg jedoch nicht an. Mit Sport, weniger Essen und gelegentlichem Kotzen allein nahm ich nicht weiter ab. Unter 70 kg schaffte ich es trotz aller Bemühungen nicht. Auch das viele Fahrradfahren brachte nichts mehr. Ich habe von Natur aus nicht den besten und schnellsten Stoffwechsel. Jedes noch so kleine gegessene Fitzelchen setzte sich stets sofort an. Die Tatsache, dass viele Menschen so viel essen konnten wie sie wollten und trotzdem so dünn blieben, schien mir mehr als ungerecht. Ein lodernder Hass auf jene „Glückspilze" begann in mir aufzusteigen Das wollte ich endlich auch einmal erleben dürfen.

Hinzu kam, dass das Hormon Insulin eine erhebliche Rolle am Fettstoffwechsel spielt und unter anderem dazu dient, dass sich Körperfett aufbauen kann. Manchmal sogar mehr als erwünscht. Wäre ich ohne den verdammten Diabetes und die damit verbundene Pflicht mir jenes Insulin von außerhalb zuzuführen möglicherweise von Natur aus schlanker? Möglicherweise schon. Ich hatte meine Mutter des Öfteren sagen hören, dass Insulin ein „systematischer Dickmacher" wäre und dass ich durch viel Sport und Bewegung deutlich weniger davon bräuchte. Mein Kopf konstruierte einen gefährlichen Plan, welcher mein gesamtes Leben für immer verändern sollte …

Wäre es eventuell eine Option, mit dem Scheiß Insulin eine Zeit lang zu pausieren? Zumindest so lange, bis ich einige verhasste Kilos verloren hätte? Wären 1–2 schlechte Hba1C-Werte verkraftbar? Schließlich war ich doch noch so jung, was sollte schon großartig passieren? Höhere Werte hatte ich öfters mal zwischendurch und niemals fühlte ich mich dadurch sonderlich beeinträchtigt. Ein bisschen schlapp und durstig vielleicht, aber das war auch alles. Wenn das die finale Lösung darstellen sollte und ich auf diesem Wege tatsächlich schnellstmöglich einige Kilos innerhalb kurzer Zeit verlieren könnte, würde ich diese Durststrecke wortwörtlich sehr gerne in Kauf nehmen. Ohne großartige Diäten, welche durch den massiven Heißhunger, welcher durch das Insulin ausgelöst wurde, ohnehin kaum durchzuhalten waren.

Gedacht, getan. Fortan kümmerte ich mich nicht mehr sonderlich darum, wenn ich mal wieder einen zu hohen Zuckerwert erreicht hatte. Ganz im Gegenteil. Ich wusste, nun arbeitet mein Körper systematisch dagegen und versucht jenen gegessenen Zucker durch übermäßiges Durstgefühl und dadurch getrunkenes Wasser unverarbeitet wieder auszuscheiden. Ganz ohne, dass sich dieser an Bauch, Schenkeln oder Oberarmen festsetzen würde. Damit die Muskeln während dieser „Durststrecke" trotzdem über die nötige Energie verfügen, welche sie zum Überleben brauchen, bilden sich Ketone im Körper, welche ans überschüssige Fettgewebe gehen und jenes nach und nach abbauen. Klingt traumhaft, oder? Beinahe ein Traum für jeden „Gesunden", welcher ebenfalls mit leichtem oder übermäßigem Übergewicht zu kämpfen hat oder einfach nur einige Problemzonen verlieren möchte. Essen, was man möchte. Einfach nur massenhaft Wasser trinken und sämtliche Leckereien einfach wieder heraus pullern. Da wünscht man sich doch schon beinahe Diabetes, oder? *sarkastischer Humor*

Doch ganz so einfach und unproblematisch sich das erst mal anhören mag ist es leider auch wieder nicht. Durch den erhöhten Blutzuckerspiegel wird der ganze Körper einer enormen Belastung ausgesetzt. Es bleibt nicht nur beim unbändigen Durstgefühl allein, welches mit etwas Wasser durchaus bewältigt werden kann. Irgendwann schmerzen sämtliche Muskeln, da sie unterversorgt sind. Die Niere ist durch die permanente Filterung des überzuckerten Blutes vollkommen überfordert, die Leberwerte erhöhen sich drastisch und auch die Atmung wird durch das übersäuerte Blut immer schwerer. Arterien verstopfen, der Blutfluss ist nur noch erschwert möglich. Außerdem bilden sich rasch Kopf- und Bauchschmerzen. Mein persönlicher Trink-Rekord in dieser Zeit lag einmal bei 8,5 Litern an einem Tag. Ich war bestimmt 30 Mal auf Toilette.

Anfangs behielt ich jenes Vorgehen für mich, jedoch konnte ich meine Mutter natürlich auf Dauer nicht täuschen. Sie wunderte sich über viel zu hohe Werte, bemängelte, dass ich mein Blutzuckertagebuch nicht mehr ordentlich führte und machte mich zwischenzeitlich auf mögliche gesundheitliche Konsequenzen aufmerksam. Was ich natürlich nicht hören wollte oder verharmloste. So schnell wie möglich dünn zu werden war fortan oberste Priorität. Ich sah mich in Gedanken schon vor mir, wie ich wieder gemeinsam mit Axel zum Emo-Treff gehen würde und diesmal ICH es sein würde, welchen sämtliche Parteien anschauen und anhimmeln würden. Eine echte Traumvorstellung.

Erste Erfolge ließen nicht lange auf sich warten. Aufgrund meiner „Disziplin", den Zuckerspiegel so hoch wie möglich zu halten, purzelten sämtliche Kilos binnen weniger Wochen. Was auch Axel nicht verborgen blieb. Er fand es großartig, dass ich so viel abzunehmen schien. Ich glaube, dass ich ihm gegenüber erwähnt hatte, auf welche Weise ich es tatsächlich geschafft hatte. Allerdings verurteilte er mich damals nicht dafür, da er sich der gesundheitlichen Folgen nicht mal im Ansatz bewusst war. Genau so wenig wie ich im Grunde. Unternahmen wir gemeinsam Dinge, so spritzte ich gerade einmal so viel wie nötig, um nicht dauerhaft trinken zu müssen, geschweige denn Atemnot erlitt. Außerdem wollte ich in seiner und der Gegenwart unserer Clique nicht unnötig nach Aceton aus dem Mund riechen. Das geschieht aufgrund des erhöhten Zuckerspiegels und der gebildeten Ketone im Blut. Dadurch riecht der Atem beißend säuerlich, ein bisschen wie Nagellackentferner.

Meine 70 kg purzelten binnen weniger Wochen hinunter auf 63, welche ich mit Mühe und Not halten konnte. Weiter herunter ging es nicht mehr, auch wenn ich dies gerne wollte. Es fühlte sich so gut an, zum ersten Mal im Leben eine schlanke Statur zu haben. Endlich konnte ich wieder mit T-Shirt hinaus gehen, hatte ich mich doch in den vergangenen Jahren unter weiten Klamotten und Jacken versteckt. Auch engere, figurbetonte Hosen konnte ich inzwischen vermehrt tragen. Wie Axel, welcher mich durch seinen Emo-Style auf jenen Trend gebracht hatte. Körperlich ging es mir jedoch äußerst schlecht. Ich hatte Bauchschmerzen, permanenten Durst und bei sehr hohen Zuckerwerten auch Atembeschwerden. Aber der Blick in den Spiegel war es wert. Auch in der Öffentlichkeit trat ich nun eine Spur selbstbewusster auf und versteckte mich nicht länger.

Alles eine Frage der Perspektive.

Im Oktober 2008 erhielt ich die Meldung, dass mein Vater einen erneuten körperlichen Zusammenbruch erlitten hatte. Er war wieder einmal ins Krankenhaus gekommen, was mich schockierte. Noch immer herrschte zwischen uns Funkstille aufgrund des Vorfalls in den Sommerferien. Und obwohl ich ihm sein ungerechtes Verhalten und vor allem seine gemeinen Abschiedsworte noch immer sehr übelnahm, beschloss ich, dass es Zeit wäre zu vergeben und besuchte ihn an seinem 51. Geburtstag im Krankenhaus.

Als ich in sein Zimmer trat, wusste er zuerst nicht wer ich war und verwechselte mich mit einem Cousin. Nachdem er mich jedoch wiedererkannt hatte, freute er sich unendlich mich zu sehen und einige Zeit später ging es ihm wieder etwas besser. Diesmal blieb er über einige Tage im Krankenhaus, ich besuchte ihn täglich. Nie wieder verloren wir ein Wort über den Streit im vergangenen Sommer.

Axel hatte seine Beziehung zu Pepper, mit welchem er knapp ein halbes Jahr zusammen war, an seinem 15. Geburtstag beendet und war nun wieder „auf dem Markt". Motiviert geisterten wir zusammen durchs Internet und suchten nach „brauchbarem Material". Lange mussten wir nicht suchen, unsere Community war prall gefüllt. Wir waren inzwischen 15 und 16 Jahre alt und für einige in dieser Szene begehrtes Frischfleisch.

Gelegentlich trafen wir uns mit einigen Typen, bei welchen allerdings Axel derjenige war, welcher zum Zuge kam. Durch massive Berührungsängste und Gehemmtheit war es mir noch immer nicht möglich, jemanden an mich heranzulassen. Noch immer schämte ich mich aufgrund meiner Statur, meiner Flecken auf der Haut, meiner Optik allgemein. Übernachteten wir außerhalb, so war es meist Axel, welcher in meiner Gegenwart seinen Spaß hatte.

Ungehemmt und verspielt sprang er in Shorts umher und holte sich von den Männern, was er wollte. Während ich überwiegend zusah. Ich möchte nicht sagen, dass ich nicht auch eindeutig Gelegenheit gehabt hätte. Die meisten unserer „Dates" waren sehr locker und offen eingestellt. Jedoch konnte ich es nicht zulassen. Und außerdem hatte ich noch meine Freundin.

Irgendwann kam jedoch der Punkt, an welchem auch ich in dieser Hinsicht neugierig wurde. Zunächst konzentrierte ich mich auf Typen, mit welchen Axel schon einmal etwas hatte und begann damit, zu experimentieren. Später suchte ich auch selbstständig nach Dates. Zuerst noch recht spärlich, später dann etwas mehr. Und obwohl es eine vollkommen neue Erfahrung war, anderen Menschen auf diese Art und Weise näher zu kommen, empfand ich niemals sonderlichen Spaß dabei. Für mich war es im Großen und Ganzen ein rein mechanischer Vorgang, welcher zum Erwachsen-werden eben dazugehörte. Es diente viel eher der Intension, mich neben Axel nicht länger unerfahren zu fühlen. Ich wollte auch mitreden können. Großteils handelte es sich bei diesen Dates um einmalige Geschichten, von welchen man im Nachhinein nie wieder oder nur selten etwas hörte.

Inzwischen weiß ich noch nicht einmal mehr genau, mit wem ich damals mein „erstes Mal" erlebt hatte. Wie sollte das überhaupt definiert werden? Unter Männern? Gab es diesbezüglich eine ähnliche Vereinbarung wie zwischen Mann und Frau?

Axel und ich erlebten viele Abenteuer in dieser Zeit. Wir trafen uns regelmäßig mit Typen aus dem Internet. Wenn wir nicht gerade auf Beutefang waren (Axel und ich hatten hin und wieder gleichzeitig etwas mit anderen Typen), luden uns diese ins Kino, zu McDonalds oder anderweitig zum Essen ein. Meist in der Hoffnung, später noch mit uns ins Bett zu dürfen. Doch jeden dahergelaufenen Heini nahmen wir auch nicht mit.

Eines Tages erhielt ich eine sonderbare Nachricht von einem Typen aus dem Chat. „Lust zu treffen? Interesse an TG?"

TG? Was sollte das denn bedeuten? Als ich nachfragte, stellte sich heraus, dass dieser Typ von Taschengeld geredet hatte, welches er mir zahlen wollte, wenn ich Sex mit ihm hätte. Offenbar war es keine Seltenheit dass dies einige Typen in unserer

Community anboten. Ganz besonders junge Typen waren in dieser Hinsicht begehrte Ware.

Zunächst widerte mich diese Frage noch gewaltig an und ich antwortete nicht darauf. Was sollte das denn bitte schön? Sah ich aus wie eine billige Nutte, oder was?

Als ich jedoch darüber nachdachte und feststellte, dass ich durchaus etwas Geld gebrauchen konnte (um unter anderem meinen inzwischen kontinuierlichen Zigarettenkonsum zu finanzieren), schrieb ich diesem Typen zurück und fragte, was er sich denn explizit vorgestellt hatte. Er schrieb, dass es ihm bereits reichen würde, einen runtergeholt zu bekommen. Dafür würde er einen Zwanni springen lassen. *Ernsthaft?* 20 € für 5 Minuten? Das schien mir mehr als ein guter Stundenlohn zu sein, welcher für mich damals eine ganze Woche Kippen bedeutete.

Wir machten eine Uhrzeit aus, zu welcher er mich abholen wollte. Ich machte mich zurecht und watschelte zur Tankstelle. Ich wollte auf Nummer sicher gehen und mich nicht zuhause abholen lassen. Schnell hatte ich ihn auch schon entdeckt und setzte mich zu ihm ins Auto. Er fragte mich, wohin wir gehen konnten, um die Sache in aller Ruhe durchzuziehen. Ich schlug einen etwas abgelegenen Wald vor, in welchen wir schließlich fuhren. Dort sollte es auch schon losgehen. Etwas zuwider war mir die ganze Aktion tatsächlich. Der Typ war nicht sonderlich attraktiv und etwas ungepflegt. Er wirkte, als wäre er gerade eben von einer handwerklichen Arbeit nach Hause gekommen. Ich bemühte mich abzuschalten und lediglich an das Geld zu denken und brachte es schnellstmöglich hinter mich.

Und tatsächlich ging die ganze Sache recht schnell über die Bühne und nach rund einer halben Stunde war ich wieder zuhause. Dort ging ich gründlich duschen und kaufte mir im Anschluss Zigaretten.

Anfang des Jahres 2009 schloss ich über die Community eine erneute Bekanntschaft. Ein Typ namens Jürgen hatte mir eine Nachricht geschrieben und mich gefragt, ob er denn meine Handynummer haben könne. Ich gab sie ihm, was sollte schon groß passieren. Kurz darauf rief er mich an und fragte, ob wir uns denn nicht einmal persönlich treffen wollen. Er käme mit dem Auto und wäre in einer knappen Stunde da. Ich bejahte, da er mir ganz nett vorkam. Bestimmt wieder ein gratis Essen bei McDonalds, Kino oder ähnliches. Ich sagte Axel Bescheid, dass ich jemanden gefunden hätte, welcher uns einen netten Abend spendieren würde. Wenige Minuten später klingelte er an der Türe und wir warteten gemeinsam an unserem üblichen Treffpunkt, der Tankstelle.

Wenig später traf jener Jürgen auch schon ein. Wie schon auf den Bildern machte er alles andere als einen begehrenswerten Eindruck. Wenig Haare, ungepflegte Zähne, nicht sonderlich gut angezogen und außerdem ziemlich plump und direkt. Wir fuhren in den Wald zum Quatschen, wie wir es meist mit neuen Bekanntschaften machten. Selbst wenn es sich nicht um Abenteuer von sexueller Natur handelte. Man wollte schon gerne wissen, mit wem man es denn zu tun hatte.

Nachdem wir uns eine Weile unterhalten hatten, fing er an Axel im Schritt herum zu grapschen. Was diesen ziemlich störte. Ich dachte mir im ersten Moment nicht viel dabei. Schließlich war Axel doch Dingen dieser Art niemals abgeneigt. Doch bei diesem Jürgen war das anders. Nicht nur, dass er optisch alles andere als unseren Ansprüchen entsprach und ziemlich stank, sondern dass er gar nicht mehr aufzuhören schien. Schließlich schlug ihm Axel die Hand aus seinem Schritt und verließ das Auto. Geschockt und angewidert lief er einige Meter in den Wald, um das Geschehene erst einmal zu verdauen. Jürgen fing an, währenddessen mit mir zu quatschen und erzählte von einer angeblichen Vergewaltigung, welche ihm in frühester Jugend einmal widerfahren wäre. In der Jugendherberge wäre er zu Schulzeiten einst von Mitschülern abgefangen worden, welche ihm angeblich einen Besenstiel rektal eingeführt hatten. So recht konnte ich das allerdings nicht glauben. Warum begrapschte er dann Axel gegen seinen Willen, obwohl es dieser doch eindeutig nicht wollte?

Axel wirft mir noch heute gelegentlich vor, dass ich damals still daneben saß und nichts sagte. Ich schaltete in diesem Moment einfach nicht rechtzeitig. Und außerdem hätte er ja selbst etwas sagen können. Ich schätze, dass auch Axel in gewisser Weise geschockt und eingeschüchtert war. Und Jürgen fehlte von vorneherein das nötige Feingefühl.

Nachdem Axel wieder zurückkam und verdeutlichte, dass er die Aktion alles andere als angemessen fand, lud uns Jürgen als Entschuldigung zu McDonalds ein und brachte uns später wieder nach Hause.

Axel verzieh Jürgen diesen Vorfall niemals wirklich. Trotzdem trafen wir uns die nächsten Wochen noch einige Male mit diesem penetranten Typen, da wir durch ihn unter anderem neue Kontakte schlossen, mit welchen wir uns gut verstanden. Für uns als Kiddies vom Land waren das einfach aufregende Abwechslungen, aus der konservativen Kleinstadt für einige Stunden auszubrechen und neue Freiheiten zu erleben. Ich traf mich manchmal auch mit Jürgen allein, als Axel keine Lust auf ihn hatte oder anderweitig unterwegs war. Er machte zwar immer wieder Andeutungen, jedoch versuchte er es bei mir niemals auf diese Art und Weise. Wofür ich auch wirklich dankbar bin, mir hätte es den Magen umgedreht.

Jürgen nahm uns wiederholt mit in seine Heimatstadt, wo er seinen Bekanntenkreis hatte. Gemeinsam fuhren wir alle im Auto umher, gingen zu Festivals und tranken Bier am See. Einer seiner Bekannten war Mirko, ein sehr schlanker, netter und ausgeglichener junger Mann, welcher gelegentlich sexuelle Dienste gegen Bezahlung anbot. Aus seinen Erzählungen schloss ich, dass er damit einiges an Geld nebenbei verdiente, mit welchem er mehr als gut über die Runden kam. Ich erzählte ihm, dass ich es auf diese Weise auch schon einmal versucht hatte, was uns sofort verband. Allerdings ging Mirko viel weiter und machte durchaus mehr als einen „schnellen Handjob" für 20 €. Schon sehr verband uns eine sehr gute Freundschaft und wir trafen uns häufiger.

Sugar Boy

Nachdem ich eine Weile über Mirkos Erzählungen nachgedacht hatte, kam ich zu dem rationalen Schluss, dass es im Grunde gar keine schlechte Idee wäre, hin und wieder jemanden zu daten, welcher mir als „Gegenleistung" ein Taschengeld gab. Ich brauchte nicht lange zu suchen, bis ich hierfür die ersten Connections gefunden hatte, welche diesbezüglich eindeutiges Interesse zeigten. In diesem Zeitraum verlor ich meine verklemmte Ader gänzlich und hatte am Ende nur noch das Geld vor Augen. Ein vollkommen neues Gefühl, sich einige finanzielle Wünsche erfüllen zu können, welche zuvor auf der Strecke blieben. Bei diesen Treffen konnte es sich entweder um 20, an guten Tagen jedoch auch schon mal um 50 oder gar 100 € handeln.

Ich schaltete keine öffentliche Anzeige, da ich sonst von der Plattform geflogen wäre. Aber ich erhielt inzwischen mindestens genauso viele Mails wie Axel, welcher mich in den Monaten zuvor stets überboten hatte. Fragte man mich nach „gewissen Dingen", so bejahte ich von nun an lediglich unter der Voraussetzung, dass dies unter Bezahlung erfolgen sollte. Was viele definitiv tun wollten. Die Tatsache, dass ich noch nicht 18 war, reizte einige Typen zusätzlich. Im Vorfeld wurde immer genauestens im Chat abgesprochen, was denn im Detail gewünscht war und ob ich jene Dinge tun wollte oder nicht. Auf keinen Fall wollte ich extrem ekelige Dinge mitmachen, von welchen ein paar Typen ebenfalls fantasierten. Teilweise war es für mich ziemlich überraschend, was es doch für unglaubliche Vorlieben und Fetische gibt. Manches überstieg meine damalige Vorstellungskraft um Welten. So gab es unter anderem Typen, welche sich wünschten, dass ich ihnen in den Mund pissen oder sogar kacken sollte. *Ging's eigentlich noch?* Da hörte es aber langsam auf...

Die Altersspanne meiner „Kunden" war breit gefächert. Die meisten waren zwischen 30 und 40 Jahre alt. Mein ältester „Stammkunde", mit welchem ich mich eine Weile lang einmal wöchentlich traf, war 62 Jahre alt, verheiratet, Kinder und Enkelkinder. Er führte ein unauffälliges, bürgerliches Vorzeigeleben und seine Frau wusste nichts von seiner Vorliebe für junge Männer. Und das war seiner Meinung nach auch gut so. Schließlich braucht jede einzelne Partei auch ein Hobby für sich allein. Ob es sich nun gerade um ein solches Hobby oder um die geliebte Modelleisenbahn im Keller handeln sollte, liegt natürlich wieder einmal im Auge des Betrachters.

Mein jüngster „Kunde" war gerade einmal Anfang Zwanzig. Er war in einer festen Beziehung mit seiner Freundin. Allerdings durfte er bei ihr nicht so häufig ran, wie er gerne wollte und holte sich daher seinen Spaß gelegentlich woanders. Einfach locker und unkompliziert. Es ist also ein weit verbreiteter Irrglaube, dass nur „unattraktive" Menschen käuflichen Spaß erwerben. Die meisten meiner „Kunden" waren ein durchschnittliches Mittelmaß, was den optischen Aspekt betraf, und einige auch in einer Beziehung. Manche waren noch nicht einmal als homo- oder bisexuell geoutet und mit Frauen zusammen. Daher war dies unter anderem der Grund, warum sie es auf diesem Wege taten. Allein schon aus Gründen der Diskretion, was sie von mir durchaus zu erwarten hatten. Ich hielt es selbst geheim, lediglich Axel wusste Bescheid. Jedenfalls glaube ich seitdem fest daran, dass viel mehr Menschen als es tatsächlich offen zugeben bi- oder homosexuell sind.

Warum sollte man es denn auch jedem auf die Nase binden? Wem ist man in dieser Hinsicht schon Rechenschaft schuldig? Außer sich selbst.

Ganz besonders am Anfang war es recht widerlich für mich, vollkommen fremden Männern auf diese Art und Weise „gerecht zu werden". Ich hatte zwar das Glück, dass die meisten relativ gepflegt waren. Aber es war dennoch eine sehr gewöhnungsbedürftige Angelegenheit. In Gedanken stellte ich mir häufig vor, es würde sich hierbei um jemanden handeln, welcher mir persönlich zusagte. Diese geistige Ablenkung machte es just in diesen Momenten deutlich einfacher. Und spätestens ab jenem Zeitpunkt, zu welchem sich schon einige Scheinchen in meinem Versteck angesammelt hatten, betrachtete ich es ohnehin nur noch als lukrativen Job, welcher alles in allem sehr schnell wieder vorbei war.

Es waren nette und sympathische Typen dabei, mit welchen ich mich auch anderweitig gut verstand. Es war also nicht nur generell ein schneller, käuflicher Spaß irgendwo im Wald. Manchmal wurde ich auch noch zum Essen eingeladen, bekam Zigaretten spendiert und gelegentliche Hausbesuche waren bei Typen, welche ich schon etwas besser kannte, an der Tagesordnung. Dort schauten wir Filme und bestellten uns Pizza. Es grenzt an ein Wunder, dass sich keiner an meinem Mundgeruch nach Aceton zu stören schien, welchen ich in diesem Zeitraum durch meinen permanenten Überzucker eindeutig hatte.

Da sich sämtliche Typen immer wieder aufs Neue meldeten und erneuten Bedarf verkündeten, war ich davon überzeugt, ein recht passabler „Sugar Boy" zu sein. Im doppelten Sinne wortwörtlich gesehen … ☺

Allmählich häuften sich meine Ersparnisse. Zum ersten Mal erlernte ich außerdem das Sparen im Leben, da ich nun wusste wie es sich anfühlt, Geld zu besitzen, für welches man selbst gearbeitet hat. Geschenktes Geld ist da schon schneller und weitaus unbedachter ausgegeben als selbst verdientes. Ich begann so manchen Sparfuchs zu verstehen, welcher nicht gerade am Hungertuch nagt, aber trotzdem präzise auf sein Geld achtet. Von nichts kommt schließlich nichts. Dies lehrten mich in Kindertagen schon damals meine Großeltern, welche ebenfalls immer bedacht auf ihr eigenes, hart erspartes Vermögen und ihren Besitz waren. Gingen wir beispielsweise zusammen einkaufen, so nahmen sie sich immer die nötige Zeit, um Preise zu vergleichen und Sonderangebote zu suchen. Ich verstand das als Kind niemals, schließlich hatten sie es doch offenbar zur Genüge. Warum machten sie ein Fass wegen einem Stückchen Käse auf, welches

20 Pfennige teurer war als das andere? Was bekam man schon großartig für 20 Pfennige? Einmalig vielleicht nichts, aber auf längere Sicht gerechnet bestimmt das eine oder andere. Außerdem kontrollierten sie nach jedem Einkauf noch einmal den Kassenzettel, ob tatsächlich alles stimmte. Schließlich kann auch dem Kassierer mal ein Missgeschick passieren, welches natürlich nicht übersehen werden sollte. Diese Zeit sollte man sich immer nehmen, sagten sie. Nur auf diese Art und Weise schafft man es auch, sich langfristig etwas zusammen zu sparen. Außerdem ist es bestimmt alles andere als verkehrt, im Ernstfall etwas auf der Seite zu haben. Früher dachte ich mir hierbei stets, das sei lediglich blödes Geschwafel. Schließlich leben wir HEUTE und nicht erst in 20–30 Jahren. Heute denke ich anders darüber. Wobei ich hierbei noch ergänzen möchte, dass es mir von meinem heutigen Standpunkt aus gesehen sehr wichtig ist, WAS für Produkte ich kaufe und vor allem WOHER sie stammen. Billigprodukte sind nicht selten das Resultat von unsagbarem Tierleid. Leider kümmerte mich dies früher nicht bzw. ich wusste nichts davon.

Irgendwann fand auch meine Mutter heraus, dass ich auf diese Art und Weise zu meinem nötigen Kleingeld kam. Ich kann nicht mehr ganz genau sagen, wie sie es herausfand. Ob ich einmal bewusst etwas erzählte oder ob sie es sich schlichtweg einfach nur zusammenreimen konnte. Wir sprachen niemals großartig darüber, allerdings erwähnte ich ab diesem Zeitpunkt, dass ich mir durchaus vorstellen konnte, auf diese Art und Weise für den Rest meines Lebens Geld zu verdienen. Meine Mutter machte mir klar, dass ich mir in diesem Fall eine eigene Wohnung suchen müsse – einen Stricher wolle sie nicht unter ihrem Dach.

Ich glaube, dass die Intension ihr von meinem Vorhaben zu erzählen darin bestand, dass sie mich einige Zeit zuvor auf einem Informationstag für Ausbildungsberufe in der Schule einmal persönlich sehr anging.

Ich war inzwischen in der 9. Klasse. Mit meinen Noten stand es mal wieder nicht zum Besten und es war vorauszusehen, dass ich das laufende Schuljahr mal wieder nicht schaffen würde. In diesem Falle müsste ich die Realschule verlassen, zweimal das Schuljahr binnen 2 Jahren zu wiederholen war dort nicht möglich. Aus diesem Grund besuchte ich mit meiner Mutter gemeinsam einen Berufsinformationstag, welcher verschiedene Fachrichtungen in puncto Ausbildung präsentierte. Mit Flyern, Fragebögen, Eignungstests und ähnlichem. Ich überlegte (überwiegend ironisch), ob ich nicht eine Ausbildung bei der Polizei anstreben wollte und schaute mir die Infotafel an. Jedenfalls sagte meine Mutter nur zu mir, dass die Polizei auf eine solche „Tucke" wie mich ganz bestimmt nicht warten würde. *Na, dann hätten wir dieses Thema ja schon abgeschlossen,* dachte ich mir.

Es gab an diesem Tag keinen Beruf, für welchen ich mich sonderlich interessieren oder auch nur in kleinster Weise begeistern konnte. Ohnehin war ich in dieser Hinsicht stets sehr orientierungslos, da ich mich auch nie sonderlich damit beschäftigte und mich meine körperlichen Handicaps in so vielen Dingen einschränkten. Langes Stehen und Laufen ging ja schon mal von vornherein nicht bei mir und das ist nun einmal in den meisten Berufen Voraussetzung.

Eine Zeit lang verfolgte ich den Wunsch, durch meine kreative Ader Mediengestalter oder Grafiker zu werden. Dieser Wunsch zerschlug sich jedoch, nachdem ich ein 2-wöchiges Praktikum in einem Betrieb absolvierte, in welchem ich zu 90 % nur die Farbpaletten sortieren oder bei der Druckfolienherstellung an den Rollen assistieren durfte. Aufwändige Bildbearbeitung oder Gestaltungsarbeit war hier nicht gefragt. Nur einmal durfte ich aus freien Stücken einen Vorschlag für einen Flyer entwerfen, das war aber auch schon alles. Außerdem ist für einen Beruf wie diesen mindestens die mittlere Reife, wenn nicht sogar das Abitur erforderlich.

Auch ein Beruf in journalistischer Hinsicht wurde angedacht, allerdings sehr schnell wieder verworfen, weil dieser u. a. ein jahrelanges Studium der Germanistik voraussetzt. Zumindest laut dem offiziellen Werdegang, wenn man sich nicht über Connections und Umwege Eintritt in die Thematik verschafft.

Noch ein Ansporn mehr, meine „Ersparnisse" frühzeitig etwas zu erweitern. Ich traf mich erstmal weiterhin mit meinen „Kunden" und sammelte ordentlich Puffer. Als schließlich feststand, dass ich die 9. Klasse definitiv nicht bestehen würde, meldete mich meine Mutter extern an der benachbarten Hauptschule (welche auch Axel besuchte), zur jährlichen Abschlussprüfung an. So hätte ich wenigstens den Hauptschulabschluss in der Tasche. Besser als gar nichts.

Intensivstation

Es war in den Pfingstferien 2009. Ich hatte mich mit Mirko, Jürgen und einigen anderen „Gay-Kumpels" zum Grillen am See in deren Stadt verabredet. Jürgen sollte als Fahrer fungieren, welcher mich morgens abholte und später am Abend wieder nach Hause brächte. Ich machte mich fertig, setzte mir meine „notwendigste" Dosis an Insulin, welche mir einige Stunden des Wohlbefindens ermöglichen sollte. Allerdings ließ ich mein vollständiges Equipment an Insulin zuhause, da ich den Tag über frei essen und trinken wollte. Ohne jene Sorge im Hinterkopf, dass sich jenes Essen durch Insulin wieder sofort ansetzen würde. Hatte ich doch bereits so viel an Gewicht verloren. Jetzt durfte auf keinen Fall schlapp gemacht werden.

Jürgen sammelte mich ein und fuhr mit mir zu Mirko und den anderen Boys an den See. Dort herrschte bereits eine lockere und gemütliche Stimmung. Es wurde Bier getrunken und einige der Jungs badeten. Es war ein kochend heißer Sommertag und ich wäre auch am liebsten ins Wasser gesprungen. Was mir meine Scham aufgrund meiner Flecken am Oberkörper wieder einmal unmöglich machte. Mirko bot an, mir ein altes T-Shirt von ihm zum Schwimmen zu borgen, da er von meinen Bedenken diesbezüglich wusste. Es kam allerdings nicht mehr dazu, die Pläne wurden spontan verworfen.

Jürgen hatte sich zwischenzeitlich in einen der anwesenden Männer verguckt, welcher erstaunlicherweise seine Gelüste erwiderte und alsbald mit ihm verschwand. Wir sahen sie den ganzen Tag über nicht mehr. Womöglich hatten sie eindeutig Besseres zu tun, als weiterhin mit uns am See abzuhängen.

Die meisten Jungs wussten gar nichts von meinem Zucker. Ich sprach generell nur darüber, wenn es unbedingt sein musste. Um so normal wie möglich zu agieren, schnitt ich das Thema von mir aus nie großartig an. Nur Mirko wusste Bescheid, war sich allerdings über dessen Ausmaß und Gefahren gar nicht so wirklich bewusst. Beim späteren Rundgang durch die Stadt (es war bereits späterer Abend), sagte ich ihm, dass ich heute noch unbedingt nach Hause kommen sollte, um mir mein Insulin zu verabreichen.

Wir hatten Jürgen und seinen neuen Lover nicht mehr erreicht. Er ging nicht mehr ans Handy, schied also als Chauffeur für den heutigen Tag definitiv aus. Von den anderen Jungs hatte keiner einen Führerschein bzw. ein Auto parat. Auch der letzte Zug in meine Richtung war bereits längst abgefahren. Der nächste fuhr erst wieder in den frühen Morgenstunden des nächsten Tages. Mirko, welcher gerade dabei war, seinen Führerschein zu machen, hatte am nächsten Tag seine erste Überlandfahrt. Er fragte seinen Fahrlehrer telefonisch, ob er diese eventuell in meine Richtung machen dürfte und mich somit gleich direkt nach Hause bringen könnte. Der nette Fahrlehrer stimmte dieser Bitte zu.

Na gut, warum nicht, dachte ich mir. Womöglich die beste und einfachste Lösung und die paar Stunden würde ich ganz bestimmt auch noch irgendwie überstehen. Mirko hatte angeboten, mich bei sich zuhause auf dem Sofa schlafen zu lassen.

Ich hielt mich recht tapfer, obwohl mir bereits hundeelend zumute war. Mein quälendes Durstgefühl war kaum noch unter Kontrolle zu kriegen. An Schlaf war vor lauter Bauchweh und Atemnot nicht zu denken. Alle 20 Minuten schlich ich mich zur Toilette, trank gefühlte 10 Liter am Wasserhahn und schwemmte alles sofort wieder heraus. Außerdem wurde meine Atmung immer schwerer. Ich litt unter starken Schweißausbrüchen und japste nach Luft. Was für eine unendliche Befriedigung und welch unbeschreibliche Entlastung ein großer Schluck Wasser darstellt, wurde mir in dieser Nacht zum ersten Mal wirklich bewusst. Ich war zuvor zwar schon häufiger extrem im Überzucker gewesen. Größtenteils lag mein Wert dann schon bei HI (das bedeutet nicht mehr messbar, ab einem Wert von über 600 mg/dl), in jenen Zeiten, als ich alles daransetzte, durch diese Maßnahme mein Körpergewicht zu senken. Allerdings spritzte ich dennoch immer eine kleine Portion Insulin, wenn ich es vor Schmerzen und Durst nicht mehr länger aushielt. In jener Nacht war dies leider nicht möglich, weil ich ja alles zuhause gelassen hatte.

Sollte ich Mirko Bescheid geben oder womöglich selbstständig einen Krankenwagen rufen? *Nein,* dachte ich mir. *Jetzt hast du schon so lange ausgehalten, nur noch wenige Stunden. Die kriegst du auch noch rum. Später zuhause erst mal 'ne ordentliche Dosis Insulin und dann ist der Käse gegessen. Und künftig immer das Equipment mitnehmen,* so viel stand schon mal fest. Ich kann nur mutmaßen, wie hoch mein Pegel in jener Nacht tatsächlich gewesen ist. Aber im Grunde war es mir just in diesem Moment auch vollkommen gleichgültig. Luft und Wasser war alles, was ich in diesem Zustand wollte.

Als es endlich Morgen war und Mirko aufstand, freute ich mich innerlich wie ein Schneekönig. Endlich nach Hause und einen ordentlichen Schuss Insulin setzen. Als der Fahrlehrer eintrudelte und Mirko sich ans Steuer setzte, verfrachtete ich mich auf die Rückbank und versuchte zu entspannen. Mein Körper war im absoluten Ausnahmezustand. Ich bekam kaum noch Luft und beugte mich nach vorne, um besser atmen zu können. Ich versuchte trotz allem noch immer sehr bemüht, so unauffällig wie möglich zu agieren, um Mirko und den mir fremden Fahrlehrer nicht unnötig zu verunsichern. Die Fahrt wurde zur gefühlten Ewigkeit und meine Atmung immer schwerer. Obwohl es nur knapp 60 km bis zu mir nach Hause waren.

Endlich erreichten wir das Ziel. Dankend verabschiedete ich mich von Mirko und dem Fahrlehrer und stieg aus dem Auto. Mit letzter Kraft schloss ich die Haustüre auf und schleppte mich keuchend in den 2. Stock, in welchem unsere Wohnung lag. Es war recht früh am Vormittag, meine Mutter war am Arbeiten und hatte auch Finn in den Kindergarten mitgenommen. Das machte sie häufiger, wenn dieser Schulferien hatte. Ich suchte nach meinem Etui, in welchem sich Insulin & Co. befanden. Ich machte mir erst gar nicht die unnötige Mühe mich zu messen, da der Wert ohnehin nicht mehr zu ermitteln gewesen wäre. Hastig zog ich mir zwei volle Spritzen mit Insulin auf und drückte sie mir in den Bauch. Jetzt hieß es nur noch abwarten, so hoffte ich. Vollkommen erschöpft und außer Atem legte ich mich auf mein Bett und japste weiterhin krampfhaft nach Luft. Die Atmung wurde immer schwerer, ich befürchtete zu ersticken.

Scheiße, auf diese Art und Weise wollte ich nun doch nicht verrecken, das schien eindeutig zu qualvoll. Alles war wie verschwommen, ich sah kleine Blitze als ich die Augen schloss. *Luft, bitte einfach nur Luft,* dachte ich mir, rollte vom Bett auf den Boden und atmete schwerer denn je. War's das jetzt gewesen?

Mit letzter Kraft holte ich das Telefon aus dem Wohnzimmer und rief mit schwacher Stimme einen Krankenwagen. Als jener eintraf, schaffte ich es gerade noch, auf dem Boden kriechend mit ausgestrecktem Arm den Türöffner zu drücken und kroch zurück zum Sofa. *Bloß nicht ersticken,* sagte ich mir immer wieder in Gedanken. Die Sanitäter nahm ich nur noch sehr eingeschränkt wahr. Mit letzten Worten japste ich heraus, dass ich mich im Überzucker befand und bereits einige Einheiten injiziert hätte. Die Sanitäter machten sich sofort ans Werk, setzten mir eine Atemmaske auf und legten einen Zugang. Kurz darauf verlor ich das Bewusstsein.

Ich erwachte einige Stunden später auf der Intensivstation. Ich hing an einer Notinfusion. Der Bereich, in welchem mein Bett stand, war mit einem weißen Tuch von den anderen Patienten abgeschirmt. Ich hörte ein wiederholtes Piepsen. Es war die Blutdruckmessung, welche auf meiner Fingerkuppe steckte. Ich spürte ein starkes Ziehen im Schritt. Sogar ein Katheter war mir gelegt worden. Eine der bislang widerlichsten Erfahrungen meines Lebens.

Ich wusste überhaupt nicht, wo ich war und was ich hier machte. Aber irgendwie konnte ich es mir schon zusammenreimen. Ich erinnerte mich an die letzten Minuten mit den Sanitätern. War es doch so schlimm gewesen, dass sie mich ins Krankenhaus bringen mussten? Nie war ich aufgrund einer Überzuckerung dort gelandet. Höchstens mal wegen einer Unterzuckerung. Im Laufe der Jahre kam das gelegentlich mal vor. Allerdings durfte ich das Krankenhaus dann meist immer in Begleitung meiner Mutter abends wieder verlassen. Ich dachte zunächst, ich befände mich in meiner Heimatstadt im Krankenhaus. Jedoch befand ich mich zwei Ortschaften weiter, da es im Krankenhaus meines Wohnortes keine Intensivstation gab. Also musste ich verlegt worden sein.

Nachdem ich aufgeklärt wurde, was denn eigentlich geschehen war, kam auch alsbald meine Mutter zu mir auf die Station. Sie war alles andere als erfreut und machte mir untertönige Vorwürfe. Dass ich es mit meinen Überzuckerungen so dermaßen übertreiben würde, hätte sie niemals erwartet. Zwar hatte sie mitbekommen, dass ich es ganz besonders in der letzten Zeit mit meinen Werten nicht so genau nahm und auch des Öfteren bewusste Überzuckerungen tolerierte um abzunehmen. Aber von DIESEM Ausmaß hatte sie nichts geahnt. Ich sollte sofort in stationärer Psychotherapie untergebracht werden, sobald ich aus dem Krankenhaus entlassen würde, das konnte sie nicht weiter verantworten.

Die nächsten 2 Tage verblieb ich auf der Intensivstation, wo ich sogar im Bett gewaschen und mir ein Töpfchen ans Bett gereicht wurde. Was ich persönlich mehr als übertrieben empfand. Ich konnte bereits locker wieder aufstehen und hätte auch durchaus allein aufs Klo gekonnt. Aber das zuständige Personal wollte wohl kein unnötiges Risiko eingehen. Ich sehnte mich unsterblich nach einer Zigarette, welche mir allerdings verweigert wurde.

Anschließend wurde ich auf die Normalstation verlegt, wo ich mir mit einem netten älteren Herrn das Zimmer teilte. Wir verstanden uns gut, trotz meiner Angstphobie gegenüber Zimmernachbarn.

Neben meiner Mutter bekam ich auch noch Besuch von meinen Großeltern, welche mir im Krankenhauspark verdeutlichten, wie leichtsinnig diese ganze Aktion doch gewesen wäre und dass das künftig nicht mehr passieren dürfte. Immer nur Sorgen mit mir, wie sollte das nur weitergehen? Na, die hatten gut reden. Sollten die sich doch nur mal eine Woche viermal täglich eine Spritze setzen und davon immer fetter werden. Ein bisschen mehr Verständnis hätte ich mir gewünscht. Immer nur meckern und klug daher reden ist schon sehr einfach … 🙄

Auch mein Vater wollte zu Besuch kommen, wie mir meine Mutter versprach. Ich erwartete ihn eines Nachmittags und freute mich auf seine Gesellschaft. Die Stunden verstrichen, er kam jedoch nicht. Als ich nachfragte erzählte man mir, dass er angeblich sein Auto nicht mehr gefunden hatte, welches er einen Tag zuvor auf einem Parkplatz abgestellt hatte, als er dort die jährliche Funkausstellung besuchte.

Am Folgetag trudelte er schließlich ein. Wieder einmal vollkommen verlangsamt und verwirrt betrat er mein Zimmer und überreichte mir ein Tütchen, in welchem sich zwei Bücher befanden. Diese könnte ich in langweiligen Stunden lesen. Es handelte sich jedoch um Themen, welche mich eindeutig nicht ansprachen… Was sollte ich mit einer Biografie über Erich Mielke? Das interessierte mich just in diesem Moment recht wenig. Etwas vorwurfsvoll im Unterton und ohne Verständnis dafür, dass er am geplanten, vorherigen Besuchstag nicht erschienen war, hakte ich diesbezüglich nach. Er meinte, er habe einfach sein Auto nicht mehr gefunden, wofür mir allerdings das nötige Verständnis fehlte. Wie konnte man bitteschön sein Auto verlieren?

Nachdem ich seine Rechtfertigungen leid war, bat ich ihn energisch zu gehen. In diesem peinlichen Zustand konnte er sich seinen Besuch durchaus sparen. Wie ein Häufchen Elend verließ er das Zimmer. Mein Zimmernachbar, welcher seinen Auftritt live mitbekommen hatte, sah mich fragend an und meinte nur: „Alkohol?"

Wenige Sekunden später überkam mich ein großes Schuldgefühl, meinen Vater so schroff davongejagt zu haben. Kurz entschlossen sprintete ich ihm hinterher und holte ihn am Ausgang der Klinik tatsächlich noch ein. Außer Atem entschuldigte ich mich bei ihm und sagte, dass ich mich trotz allem über seinen Besuch freuen würde, auch wenn der erste Besuch nicht funktioniert hatte. Sehr schnell versöhnten wir uns wieder und er blieb noch einige Zeit bei mir und versprach, mich am nächsten Tag nach Hause zu holen.

Als er mich schließlich abholte, durfte ich sogar bei ihm im Auto meine lang ersehnte Zigarette rauchen, obwohl er ja eigentlich ein ziemlicher Gegner vom Rauchen war. Ich glaube, er hatte zum damaligen Zeitpunkt schon gar nicht mehr die nötige Kraft, sich über Lappalien dieser Art aufzuregen. Zu weit fortgeschritten waren bereits sein schlechter körperlicher Zustand und seine innere Schwäche. Auf irgendeine Weise hatte er resigniert. Er wirkte so unbeschwert, fast wie ein lockerer Kumpel. Von seiner früheren, meist so nervigen, übervorsichtigen und pingeligen Art war nicht mehr viel übrig. Ich erzählte ihm sogar durch die Blume, dass ich mich gelegentlich mit anderen Männern traf. „Ja, pfui Deifel, also des würd i net machen!", sagte er im recht gleichgültigen, leicht ironischen Tonfall. Er schien jedoch nicht geschockt oder sonderlich betroffen deswegen. Vor einiger Zeit wäre dies noch deutlich anders gewesen.

Die angedachte Maßnahme mit der stationären Unterbringung wurde zu meiner persönlichen Freude „vertagt". Die Prüfungen für den bevorstehenden Hauptschulabschluss standen in einigen Wochen an und mein Abschluss hatte erst einmal Vorrang.

Außerdem machte meine Freundin Eleni nach einem guten Jahr „Wochenendbeziehung" Schluss mit mir, was sie anfänglich nicht begründete. Ich hatte Bedenken, sie hätte von meinen Aktivitäten in Bezug auf Männer Wind bekommen. Allerdings geschah es angeblich aufgrund ihres strengen Vaters, wie sie mir im Nachhinein erzählte.

Abschied

Grundvoraussetzung, dass ich nicht in die psychiatrische Klinik musste, war, dass ich mich von nun an wieder konsequent messen und spritzen würde. Und auch wieder brav Heftchen führen um darin meine Werte und Einheiten einzutragen. Ich hielt mich überwiegend daran, da ich einer stationären Unterbringung unter allen Umständen entgehen wollte. Weiterhin besuchte ich meine Therapeutin und sprach mit ihr über die aktuelle Sachlage. Ich erzählte ihr aber nach wie vor nicht alles und machte gerne wieder einmal mehr auf heile Welt. Ich begann mich gelegentlich wieder zu übergeben, um meine hart erkämpften 63 kg nicht wieder durch normale Insulinzufuhr zu verlieren. Zum ersten Mal im Leben fühlte ich mich ansatzweise passabel in meinem Körper und war stolz, so viel abgenommen zu haben.

Mein Hauptschulabschluss sollte wie geplant stattfinden. Ich ging für 3 Tage in die Parallelklasse von Axel und legte dort extern, gemeinsam mit den anderen Schülern, die Prüfungen in Deutsch, Mathe und Englisch ab. Außerdem hielt ich ein Referat, welches extra benotet wurde. Ich erreichte einen Schnitt von 2,4, was mich in gewisser Weise stolz machte. Immerhin – diesen Abschluss hatte ich in der Tasche. Nach den Sommerferien sollte ich im Nachbarort eine weiterführende Schule besuchen, welche sich im Schwerpunkt auf Chemie bezog. Durch deren Besuch sollte ich meine mittlere Reife und eine Berufsqualifizierung erlangen. Ursprünglich wollte ich auf die Schule mit Schwerpunkt Informatik gehen. Allerdings war diese Schule bereits voll ausgebucht und bevor ich ein Jahr verlor, wählte ich eben eine andere. Ich ärgerte mich diesbezüglich ein wenig, war Chemie doch niemals ein Interessensgebiet von mir gewesen. Ganz zu schweigen von meinem jüngeren Bruder, welchem jene Thematik von Anfang an große Freude bereitete und welcher später sogar einmal Chemie studieren sollte.

Eines späten Nachmittags, ich war gerade mit dem Bus auf dem Heimweg von meiner wöchentlichen Therapiesitzung, beschlich mich ein komisches Gefühl. Ich weiß nicht, ob es sich um eine Vorahnung oder einfach eine Laune durch einen Song handelte, welchen ich auf der Heimfahrt hörte. Irgendetwas sagte mir, dass etwas definitiv nicht stimmte.

Als ich nach Hause kam, wurde ich bereits von meiner Mutter erwartet. Sie meinte in einem leisen, eindeutige bedrückten Tonfall, dass sie mir etwas sagen müsse. Ich erstarrte. „Ist jemand gestorben?" „Ja!" „Papi?" „Ja …"

Komischerweise überraschte mich diese Tatsache weniger als man vermuten möchte. Hatte ich tief im Inneren doch schon länger damit gerechnet, obwohl wir uns in den letzten Wochen eigentlich häufiger gesehen hatten. Er wohnte in letzter Zeit überwiegend bei meinen Großeltern, welche sich seiner angenommen hatten. Sie hatten ihn unter anderem bei sich im Haushalt eingespannt, damit er nicht so allein war und sinnvollen Aufgaben nachgehen konnte. So übernahm er in diesen Wochen beispielsweise Arbeiten im Garten, welche meinen Großeltern aus altersbedingten Gründen inzwischen zu schwer waren. Vermutlich wussten auch sie, wie schlecht es um seine Gesundheit und seine psychische Verfassung stand. Zwischenzeitlich war er immer mal wieder zuhause, damit er putzen konnte, Post abholen und ähnliches.

Warum er und nicht ich? Diese Frage beschäftigte mich. Mein Vater war so ein lieber und gutherziger Mensch, welcher es im Grunde jedem recht machen wollte. Meine Mutter erzählte mir, dass er leblos von meinen Großeltern in seiner Wohnung aufgefunden wurde, als diese nach ihm sehen wollten, nachdem sie tagelang kein Lebenszeichen von ihm erhalten hatten. Er lag auf dem Teppich im Esszimmer, neben ihm mehrere Blutlachen, welche er kurz zuvor erbrochen hatte. Eine Hauptschlagader im Hals war ihm geplatzt, vermutlich aufgrund eines akuten Leberversagens. Somit musste es wohl sehr schnell gegangen sein und höchstwahrscheinlich hatte er keine allzu großen Schmerzen. Was ich bis heute sehr stark hoffe, wofür es jedoch leider keine Gewissheit gibt. Ich wünsche ihm jedenfalls von ganzem Herzen, dass er nicht leiden musste.

Ich ging in mein Zimmer um alles zu realisieren. Ich wusste noch ganz genau, wann ich zuletzt mit ihm gesprochen hatte. Es war genau 2 Tage zuvor. Wir hatten vormittags telefoniert und er meinte im Laufe des Gesprächs, dass er noch etwas zu erledigen hätte und dass ich ihn doch noch einmal gegen Abend anrufen sollte. Was ich ihm zusagte, allerdings an jenem Tag verschwitzte, da ich noch mit Axel unterwegs war.

War er zu diesem Zeitpunkt bereits tot? Hätte es möglicherweise etwas daran geändert? Wahrscheinlich nicht, aber ich fragte mich trotzdem alle möglichen Dinge, welche wohl jedem Menschen in einer solchen Situation durch den Kopf gehen. Das genaue Todesdatum war nicht klar und konnte nur geschätzt werden. Möglicherweise starb er bereits einen Tag zuvor, eventuell aber auch einen Tag später. Ich bin so unendlich froh, dass wir nicht im Streit auseinandergingen und wir uns trotz des großen Disputs im Jahr zuvor inzwischen wieder versöhnt hatten. Mein Vater hat mir trotz diverser Zwischenfälle und Umstände stets alles bedeutet, kein Streit konnte daran etwas ändern. Bereits in Kindertagen war er mein persönlicher Held gewesen, welcher immer für ein neues Abenteuer gesorgt hatte.

Gemeinsam mit meiner Mutter fuhr ich zum Hause meiner Großeltern, wo sämtliche Familienmitglieder bereits beisammensaßen. Im Wohnzimmer leuchtete eine Kerze, einige weinten. Keiner konnte es so recht glauben, es war einfach zu viel. Ganz besonders schlimm muss es vor allem für meine Großeltern gewesen sein, welche ihren Sohn leblos auf dem Boden gefunden hatten. Diesen Anblick stelle ich mir grauenhaft vor. Ein Schock fürs Leben, welchen definitiv niemand verdient hat. Irgendwie realisierte ich das Ganze gar nicht und war größtenteils nur körperlich anwesend. Natürlich begriff ich, dass ich meinen geliebten

Vater in diesem Leben niemals wiedersehen würde. Dass wir beide nie mehr zusammen auf den Jahrmarkt, in den Wald zum Pilze sammeln oder gemeinsam zum Stammtisch gehen würden. Aber in irgendeiner Hinsicht war ich gleichzeitig beruhigt, dass er nun sämtliches Leid und alle physischen und psychischen Qualen dieser Welt hinter sich gelassen hatte und dass es ihm von nun an besser gehen würde. Wenn es tatsächlich ein Leben nach dem Tode geben sollte, so war mein Vater definitiv ein Kandidat, welchem ein angemessener Platz in der Ewigkeit gesichert war.

Nachdem noch einige Worte gewechselt, Details bezüglich Beerdigung und ähnlichem besprochen wurden, ging ich mit meiner Mutter zurück nach Hause. Ich erwähnte, dass ich meinen Vater gerne noch einmal sehen würde. Dieser Wunsch wurde jedoch abgelehnt. Ich sollte ihn so in Erinnerung behalten wie er zu Lebzeiten war. Was mich anfänglich zunächst ärgerte, da ich mich gerne noch persönlich verabschieden wollte, erscheint mir heute als die beste Variante, welche es geben konnte. Und auch die sinnvollste. Was hätte es mir gebracht? Ich hätte eine leblose „Hülle" gesehen, in welcher einst mein Vater wohnte. Jedoch war seine Seele längst in eine bessere Welt gegangen. Kein Grund also, sinnlos einen toten Körper anzuschauen.

Ebenso wenig bin ich ein Befürworter von großen Trauerfeiern, aufwändigen Beerdigungen etc. Ganz ehrlich, was soll das noch bringen? Dem Toten die letzte Ehre erweisen? In meinen Augen macht man dies viel eher, wenn man wertvolle Erinnerungen an diesen bewahrt. Und nicht, indem man aufwändige Gräber, Blumenkränze und Zubehör kauft und die Toten noch einmal für tausende von Euros für einen kurzen Moment des Abschieds „aufleben" lässt. Durch den Tod wird so viel Geld zum Fenster rausgeworfen, was anderweitig in den Kreisen der noch Lebenden viel besser investiert werden könnte. Beispielsweise im Tierschutz oder in der Welthungerhilfe. Erinnerungen bleiben, der Körper vergeht.

Die ganze Zeit über war ich in Anwesenheit meiner Familie recht tapfer gewesen, hatte nicht geweint oder ähnliches. Ich wollte einfach stark sein, den anderen Halt geben. Dafür wurde mir im Nachhinein von meiner Oma vorgeworfen, dass mich der Tod meines Vaters in keinster Weise mitgenommen hätte und mir mein Vater im Grunde „recht wurscht" war. Dieser Vorwurf traf mich extrem, entsprach er doch alles anderem als der Wahrheit. Ich versuchte es jedoch nicht persönlich zu nehmen und interpretierte es als ihre persönliche Art der Verarbeitung.

Am späteren Abend erhielt ich einen Anruf von Axel. Er entnahm meiner Stimme, dass etwas nicht stimmte. Ich erzählte ihm vom Tod meines Vaters, was auch ihn sehr schockierte, und er unverzüglich zu mir kam. Wir hockten nicht lange bei mir im Zimmer herum, sondern gingen zu einem unserer Lieblingsplätze, rauchten und redeten viele Stunden. Das gab mir weitaus mehr Kraft als die trauernde Familie um mich herum. Axel verstand es immer schon wie kein anderer, mich zum Lachen zu bringen. Seine extrovertierte Lebensfreude steckte mich immer wieder an.

Axel hat einen ganz besonderen, gelegentlich leicht sarkastischen Humor, welchen ich und auch viele andere Menschen schätzen. Ganz besonders in Zeiten, in welchen ich von einem Vorbild besessen war und diverse Fragen stellte, kamen vielerlei Situationen des puren Lachens zustande. Fragte ich im Scherz zum Beispiel, ob Axel glaubte, ob mein momentanes Idol auch eine E-Mailadresse hatte, so antwortete dieser: „Nee, der verschickt Brieftauben, weißte!"

Ganz ehrlich, wer einen Freund wie Axel hat, der erspart sich auf Dauer viele Päckchen Antidepressiva… 👫

Wenige Tage später erfolgte die Beerdigung. Neben meiner Familie war die halbe Stadt gekommen, da mein Vater über viele Jahre eine beliebte und auch angesehene Persönlichkeit war. Allein schon durch sein Geschäft, welches einige Jahre zuvor schließen musste. Gut angezogen betraten wir die kleine Kapelle, wo die Abschiedsrede vom Pfarrer gehalten wurde. Wir, die Familie, saßen ganz vorne. Noch immer hielt ich nichts von diesem ganzen Heckmeck, da es in meinen Augen nur sinnlose

Zeitverschwendung darstellte. Allerdings hätte es sich mein Vater bestimmt gewünscht, dass ich im Moment seines Abschieds bei ihm wäre. Ihm zuliebe blieb ich dort. Ich empfand es als unbehaglich, dass einige Leute weinten. Ich weiß nicht warum, aber es war mir zuwider. Ich machte meine Gefühle lieber mit mir selbst aus. Trauer bewältigt nun einmal jeder auf seine persönliche Art und Weise. Das ist eine weitere Charaktereigenschaft an mir, welche ich ziemlich abstoßend finde. Immer wenn jemand anderes weint, ist das furchtbar für mich. Anstatt diesen Menschen in jenem Moment einfach nur in den Arm zu nehmen und Trost zuzusprechen, ziehe ich mich viel lieber zurück. Ich bin definitiv der falsche Ansprechpartner, wenn es darum geht, sich auszuweinen. Selbst bei Menschen, welche mir nahestehen.

Als die Rede des Pfarrers beendet war, wurde der Sarg auf einem Rollwagen Richtung Grab gezogen. Sämtliche Trauergäste folgten still im Schritttempo hinterher. Am Grabe angekommen, wurde der Sarg in die zuvor ausgehobene Grube hinabgelassen. Ein komisches Gefühl zu wissen, dass sich in jenem Sarg mein Vater befand und jener nun für immer in der Erde verschwinden würde. Wäre es nach mir gegangen, hätte ich mir eine Einäscherung für ihn gewünscht. Die Tatsache, dass sein toter Körper von Würmern und Maden zerfressen werden würde, erschien mir abstoßend. Meine Großeltern entschieden allerdings darüber, wie in allen Dingen bezüglich der Beerdigung.

Nachdem noch einige Rosen in die Grube geworfen wurden, stellte sich die Familie vor dem Grab in einer Reihe auf, so dass jeder der anwesenden Trauergäste einmal vorbeischreiten, uns die Hand geben und sein Beileid ausdrücken konnte. *Bitte nicht,* dachte ich mir. Was sollte das bitte bringen? So eine theatralische Höflichkeitsform, welche sich „eben so gehört". War das Ganze nicht schon schlimm genug? Warum muss man bei solchen Dingen immer mehr Fässer aufmachen als unbedingt nötig? Es mag sein, dass dies für einige Menschen eine bedeutsame Form des Abschieds darstellt, was auch vollkommen in Ordnung ist. Jeder trauert auf seine Weise. Für mich war das allerdings zu viel.

Ganz besonders deshalb, weil ich mich in größeren Menschenmengen ohnehin nie wohlfühlte. Anstandshalber ließ auch ich mir neben meiner Familie die Hand schütteln und nickte dankend. Gleichzeitig fühlte ich mich wie auf dem Präsentierteller und war froh, als die ganze Chose vorbei war.

Da ich bei der Beerdigung ebenfalls nicht weinte, hörte ich später erneut von meiner Großmutter, dass ich überhaupt nicht traurig über den Tod meines Vaters wäre. Langsam reichten mir ihre gehässigen und bösartigen Unterstellungen jedoch endgültig, alles musste ich mir auch nicht gefallen lassen. Ich liebte meinen Vater über alles und durch seinen Tod ist auch ein Teil von mir gestorben. Nur weil ich dies nicht der ganzen Welt bei einer öffentlichen Beerdigung veranschaulichte (auf welcher ich bestimmt einen Drittel der anwesenden Gäste nicht einmal kannte), hatte sie keinerlei Recht, mir so etwas zu unterstellen. So etwas auch nur ansatzweise von mir zu denken, war eine Denunzierung ohne Ende. Sie hätte mich als ihren manchmal rebellischen, aber bedingungslos liebenden Enkel durchaus besser kennen müssen …

Ich beschloss den Kontakt abzubrechen. Unterstellungen wie diese waren nicht die erste Gemeinheit, welche ich über die letzten Jahre von ihr zu hören bekam. Aber diese war eindeutig die Heftigste. Schmerz hin oder her, irgendwann ist Schluss. Im Grunde war in ihren Augen ohnehin alles falsch und verwerflich, was ich tat.

Die Wohnung meines Vaters, welche meine Großeltern einige Jahre zuvor für ihn gekauft hatten, wurde erneut verkauft und in den Tagen nach seiner Beerdigung von meiner Oma unter der Mithilfe meiner Mutter ausgeräumt. Dass ich hierbei nicht half, bot natürlich wieder einmal Angriffsfläche für meine Oma. Aber wenigstens hielt meine Mutter zu mir. Sie verstand, dass ich nicht mehr in jene Wohnung wollte, in welcher ich viel Zeit mit meinem Vater verbracht hatte.

Ganz ehrlich, ich hatte auch keinerlei Bedürfnis mehr dorthin zu gehen. Und bin im Nachhinein auch ganz froh darüber.

Das meiste seiner Habseligkeiten behielten meine Großeltern, einiges übernahm meine Mutter. Es handelte sich jedoch um keine wirklichen Wertsachen, es ging lediglich um Küchenutensilien, kleinere Möbelstücke und ähnliches. Sämtliche Sparkonten, welche meine Eltern für mich in Kindertagen angelegt und welche mein Vater verwaltet hatte, waren leergeräumt. Es wäre daher nur ein nettes „Trostpflaster" von Seiten meiner wohlhabenden Großeltern gewesen, hätten sie diesbezüglich in seinem Namen einen kleinen Ausgleich geschaffen, wie zum Beispiel meiner Mutter die über Jahre ausgebliebenen Alimente zu erstatten. Aber so weit ging ihr Familienstolz dann doch auch wieder nicht. Wenn es um Geld ging, so waren sie stets die typischen Schwaben. Obwohl sie meinem Vater wiederum doch jede finanzielle Sorge über die Jahre abgenommen hatten. Was keinerlei Vorwurf darstellt, sondern viel eher lobenswert gemeint ist. In dieser Hinsicht waren sie für meinen Vater äußerst verantwortungsvolle und fürsorgliche Eltern gewesen. Meine Mutter war jedoch spätestens seit der damaligen Trennung abgeschrieben gewesen. Warum sollten sie dann auch noch Geld zustecken, für einen Enkel, welcher doch vorne und hinten nicht deren Vorstellungen entsprach?

André

In den Sommerferien 2009 erhielt ich per ICQ eine Nachricht von André. Einem ehemaligen Klassenkameraden von Jürgen, mit welchem ich vor einiger Zeit bereits einige sporadische Mails gewechselt hatte. Jürgen hatte diesem von Axel und mir erzählt und André war neugierig geworden. André fragte höflich, ob ich Lust hätte, mit ihm ins Kino zu gehen. Ganz ohne Hintergedanken, einfach nur zum Kennenlernen. Ich sagte zu und fragte, ob auch mein bester Freund Axel mitkommen könnte. André hatte kein Problem damit.

Nachdem wir uns fertig gemacht und unseren üblichen Treffpunkt, die Tankstelle, mit André vereinbart hatten, zogen wir frohgemut los. Wir freuten uns auf den 6. Teil von Harry Potter, welchen wir im Kino gemeinsam anschauen wollten. Wir kannten uns nicht sonderlich gut mit Autos aus und mussten daher genauer hinschauen, bis wir André gefunden hatten. Da stach uns ein grauer Jaguar mit ortsfremdem Kennzeichen ins Auge. Das musste er wohl sein. Wir schauten vorsichtig durchs Fenster und erblickten ihn tatsächlich. Von Bildern wusste ich bereits, wie er ungefähr aussah. *Wow, ziemlich hübscher Typ,* dachte ich mir. „Hi, ich bin der André!", sagte er. Wir stellten uns ebenfalls vor und platzierten uns wie gewöhnlich bei unseren „Treffen im Doppelpack" beide auf der Rückbank. Was André ein bisschen seltsam fand, wie er mir später erzählte. Normalerweise setzt sich doch stets einer nach vorne.

Wir unterhielten uns in wenigen Sätzen. André machte einen sehr stillen Eindruck. Möglicherweise nur, weil Axel und ich mal wieder ganz in unserem Element waren und die ganze Zeit lachten und herumalberten. Mit den meisten Themen konnte André nicht sonderlich viel anfangen. Er ließ uns reden und blieb selbst recht still und passiv.

Im Kino gingen Eintritt und Snacks auf André, was wir von den meisten Dates zwar schon gewohnt waren, jedoch nach wie vor zu schätzen wussten. Während der Vorstellung hatten wir nicht sonderlich viel Zeit, um uns besser kennenzulernen. Auch im Anschluss redeten wir nicht besonders viel. André machte einen Zwischenstopp bei der Tankstelle, um sich Zigaretten zu kaufen. Ich fragte, ob er uns auch ein Päckchen mitbringen würde. Als er wiederkam, erhielt jeder von uns ein eigenes Päckchen Zigaretten, was mich wunderte. Wir waren von EINEM für uns beide bzw. hauptsächlich für mich ausgegangen, Axel rauchte im Gegensatz zu mir nur gelegentlich. Aber André hatte für jeden von uns eine Schachtel gekauft. Das fand ich außerordentlich großzügig und aufmerksam. Im Anschluss fuhr er uns alberne Kindsköpfe wieder nach Hause.

Wir hielten den Kontakt. André war mir sympathisch, wenn auch etwas still am Anfang. 2 Tage später trafen wir uns erneut. André lud uns in eine Pizzeria ein, wo Axel und ich dermaßen überdreht waren, lautstark lachten, den Kellner heimlich veralberten und André ganz offensichtlich peinlich waren.

Anschließend fuhren wir in der tiefen Nacht auf einen abgelegenen Kinderspielplatz, schubsten uns gegenseitig die Seilbahn hinunter und hatten viel Spaß dabei. Auch der schüchterne André kam hierbei zum ersten Mal so richtig aus sich heraus und lachte fröhlich. Im Anschluss boten wir ihm für die vielen Einladungen aus freien Stücken heraus, ein „offensichtliches Dankeschön" an. André verneinte jedoch, auf Derartiges war er nicht aus. Seine ursprüngliche Intension bestand im Grunde nur darin, uns (überwiegend mich) persönlich kennenzulernen, da er sich anhand von Jürgens Erzählungen definitiv nicht vorstellen konnte, dass es so junge Typen gab, welche für ein bisschen Taschengeld gewisse Dinge anboten. Er wollte Gewissheit, dass das tatsächlich stimmte. Jürgen konnte schließlich viel erzählen. Nachdem André wusste, dass ihn Jürgen diesbezüglich nicht belogen hatte, fand er diese Tatsache ziemlich heftig. Allerdings verurteilte er mich deswegen in keinster Weise. Ohnehin verurteilte

André in aller Regel niemanden für etwas, solange diese Person in seinen Augen ein guter Mensch war.

Die nächsten Tage trafen wir uns beinah jeden Abend mit André, gingen öfters essen (André war schockiert von den riesigen Portionen, welche ich verdrückte), kletterten auf Jägerstände und verbrachten die Abendstunden auf freien Feldern. Axel war überwiegend auch dabei. André legte ein aufregendes Manöver mit seinem Jaguar in einem Maisfeld hin. Mit Vollgas einmal quer durchs Feld. Yiiihaaaa, das machte Spaß! Im Anschluss war sein geliebtes Auto voller Halme und Maiskörner. Axel setzte sich im Anschluss auf seinen Kofferraum und André fuhr los. Axel flog herunter, tat sich aber nichts. Es waren sehr lustige Abende. Da gerade Sommerferien waren, konnten wir ausschlafen und waren inzwischen im Alter von 16 und 17 Jahren von unseren Müttern nicht mehr allzu stark überwacht. Meist brachten wir Axel irgendwann nach Hause, blieben dann aber noch eine Weile zu zweit. Was wir Axel anfangs nicht sagten, aus Angst, er könnte sich ausgeschlossen fühlen. Unsere Abende verliefen stets ohne irgendwelche Hintergedanken. Einfach nur ausgiebig reden und gemütlich rauchen. André meinte, dass er mich viel ernster nehmen konnte, wenn wir unter uns waren und vernünftig miteinander kommunizierten. Wir sprachen ausgiebig über diverse Themen. André erzählte mir von seiner Tätigkeit als Tontechniker bei verschiedenen Bands und von seinem Aushilfsjob als LKW-Fahrer. Ich spürte Leidenschaft in seinen Worten. Live-Sound zu machen schien sein Lebensinhalt zu sein. Ich bewunderte diese Freude an einer Lebensaufgabe, welche gleichzeitig auch beruflich zum Erfolg geführt hatte.

Auch ich erzählte von mir und vertraute André von Tag zu Tag mehr. Und er mochte mich genauso wie ich war. Er störte sich weder an meiner verkürzten Sehne noch an meinem Zucker, von welchem ich ihm eines Abends ebenfalls erzählte. Er verurteilte mich diesbezüglich weniger als ich es selbst tat. Ich vertraute ihm sogar an, dass ich des Öfteren über Selbstmord nachdachte, was der lebensfrohe und verträumte André nicht glauben konnte. Für ihn schien alles so leicht und selbstverständlich. Es war, als käme er aus einer völlig anderen Welt, in welcher es keinerlei Probleme gab. Er war die Harmonie in Person, für jeden Spaß zu haben und vollkommen ausgeglichen.

In den Sommerferien 2009 ging es wie üblich zu meiner Oma nach Thüringen. Ich freute mich einerseits, war aber auch traurig André für eine Woche nicht sehen zu können und verdeutlichte ihm dies in einer SMS. Diese rührte ihn dermaßen und er sagte mir, wie sehr er mich doch in den vergangenen Wochen liebgewonnen hätte. Was ich ihm nur bestätigen konnte. Für mich war er neben Axel inzwischen zu meinem engsten Vertrauten geworden. Umso mehr freute ich mich natürlich, als er mir verkündete, dass er während meines Urlaubs beruflich in der Nähe wäre und mich im Anschluss noch besuchen käme. Ich konnte es nicht erwarten und freute mich während der schönen Zeiten bei meiner Oma auf seinen bevorstehenden Besuch.

Meine Mutter hatte in den vergangenen Wochen den Namen André häufiger vernommen und wurde neugierig. Schließlich fragte sie nach, wo er denn herkam und wie alt er war. Sie hatte sich jedoch nichts weiter dabei gedacht. Sie fragte nur auf ihre persönliche, leicht ironische Art, ob jener André (welcher zum damaligen Zeitpunkt bereits 34 Jahre alt war), nichts Besseres zu tun hätte, als die abendliche Freizeit mit uns Kindsköpfen zu verbringen.

André hatte sich das Auto seines Kollegen vor Ort ausgeliehen und war am späten Nachmittag bei mir. Ich wartete im Hof und stieg freudestrahlend ein als ich ihn erblickte. Er hatte sich sehr schick zurecht gemacht, peppiges Outfit, die blonden Haare mit Gel nach oben gestylt. André wirkte ohnehin viel jünger als er eigentlich war. Anfänglich schätzte ich ihn auf 24, hatte allerdings in meiner geistigen Abwesenheit vollkommen vergessen, dass er ein ehemaliger Klassenkamerad von Jürgen war. Und obwohl André nicht meinem sonstigen Schönheitsideal entsprach (ektomorphe Veranlagung, groß, sehr dünn, längere Haare), gefiel er mir auf seine Art äußerst gut. Das lag wohl auch an seiner positiven und lebensbejahenden Ausstrahlung. Gegensätze schienen sich wohl doch anzuziehen.

André und ich verbrachten einige Stunden miteinander, aßen Schnitzel mit Pommes und Champignonsauce, fuhren in eine benachbarte Stadt und redeten über Gott und die Welt. Er erzählte mir unter anderem von seinem ausbeuterischen „Ex-Freund", von welchem er seit einigen Monaten getrennt war. Von diversen Bands, für welche er über die vergangenen Jahre den Sound machte, und wir lästerten auch ein bisschen über Jürgen. Auch André bestätigte die Meinung von Axel und mir, dass es sich bei diesem um einen notgeilen, empathielosen, egoistischen und oberflächlichen Menschen handeln würde, dem jegliche Form von Anstand und Feingefühl fehlte. Bereits in ihrer Jugend bedrängte Jürgen André und versuchte ihn wiederholt zu gewissen Dingen zu überreden, was André auf Dauer ziemlich nervte. Selbst als er den Kontakt wiederholt abbrach, schaffte es Jürgen immer wieder Kontakt aufzunehmen. Laufend wollte er wissen, ob sie sich treffen wollten, was André meist ablehnte. Er kannte Jürgens Intensionen genau.

Mica und die starken Männer

Nach den Sommerferien sollte es für mich in der Schule weitergehen. Ein Gefühl der Unsicherheit beschritt mich, da ich nun wieder vollkommen neue Gesichter kennenlernen würde. Auf der anderen Seite hoffte ich auch auf eine Art Neuanfang und malte mir aus, dass sämtliches Mobbing und die fiesen Verleumdungen von Mitschülern der Vergangenheit angehören sollten.

Von nun an musste ich tagtäglich noch eine Stunde früher aufstehen als sonst, da ich noch eine halbe Stunde Busfahrt in die benachbarte Stadt vor mir hatte.

Der Unterricht begann hier schon um 07:30 Uhr anstelle von 08:00 Uhr, so wie ich es bisher gewohnt war. Ich war noch nie ein sonderlicher Morgenmensch. Lange schlafen war mir das liebste. Ganz besonders dann, wenn ich bis spät in die Nacht hin aufgeblieben war und erst in den frühen Morgenstunden ins Bett ging. Dies beschränkte sich zu Schulzeiten hauptsächlich auf die Ferien. Die Nacht war mir stets willkommener als der Tag. Alles dunkel, still und weniger Menschen zu ertragen. Meinen Zucker ließ ich hierbei vollkommen außen vor. Ich spritzte mich zwar wieder regelmäßig und achtete einigermaßen auf meine Werte. Allerdings hielt ich niemals besondere Uhrzeiten bezüglich Langzeit-, Kurzzeitinsulin oder Mahlzeiten ein und aß, wann und was ich wollte. Ohne großes Berechnen, einfach alles nach reinem Gefühl. Ärzte und Schulungen besuchte ich schon längst nicht mehr. Auch mein vierteljährlicher Hba1C-Wert war mir hupe.

Die neue Schule war anfänglich in Ordnung, die Mitschüler ganz okay und deren Altersklassen breit gefächert. Zwischen 16 und 30 Jahren. Einige waren dabei, die nachträglich ihre mittlere Reife nachholen wollten. Andere kamen wie ich direkt von der Realschule, hatten aber das Klassenziel ebenfalls nicht erreicht. Der Schwerpunkt bezüglich Chemie lag mir allerdings nicht sonderlich, da mich die Thematik schlichtweg nicht interessierte. Ab dem Schwerpunkt Periodensystem, Atome, Außenelektronen etc. war bereits in der 7. Klasse bei mir Sense gewesen. Ich konnte mir rein gar nichts darunter vorstellen. Ferner interessierte es mich nicht die Bohne.

In Mathematik schaffte ich komischerweise sogar eine 1–2 in der ersten Klausur, da ich mich mit der Thematik intensiver befasste und mir von Anfang an mehr Mühe gab als in der Realschule.

Leider konnte ich aufgrund meiner sozialen Inkompetenz, meiner Schüchternheit, der Unfähigkeit mich zur Wehr zu setzen und einiger mieser Lügen und Gerüchte, welche durch bekannte Gesichter durchsickerten, in jener Schule nicht wirklich Fuß fassen. Schon bald war ich einem erneuten Spießrutenlauf ausgesetzt. Ich fühlte mich allein und verfiel in alte Muster.

Die Gesellschaft von Axel und André, welche ich in meiner Freizeit weiterhin regelmäßig sah, war das Einzige, was mich davon abhielt, mir erneut selbst Schaden zuzufügen oder allem sogar endgültig ein gezieltes Ende zu setzen. Außerdem war ich mir viel zu unsicher und womöglich auch zu feige. Was, wenn es schief gehen würde? Dann wäre ich über Monate, vielleicht sogar über Jahre in psychiatrischer Unterbringung weggesperrt oder möglicherweise fürs Leben noch schwerer gezeichnet als ohnehin schon. Gelähmt, geistig behindert oder ähnliches. Sehr viele Selbstmordversuche enden „erfolglos".

Gezielte Ablenkung fand ich in Andrés neu entdeckter Welt. Er nahm mich erstmals mit zu einem Live-Konzert von einer seiner Bands. Mit einer Thematik wie dieser war ich bis dato noch nie in Verbindung gekommen. Niemals war ich in meiner Jugend am Wochenende auf einer Live-Veranstaltung wie viele andere Jugendliche, welche frühzeitig diese Form von Partyspaß entdecken.

Viel lieber war ich damals zuhause, schaute fern oder unternahm etwas mit Axel.

Den ganzen Abend über saß ich auf einem Case direkt neben André am Mischpult und schaute ihm zu. Die vielen blinkenden Hebel und Knöpfe, die ganzen Menüs für Hall, Geschwindigkeit, Echo, Equalizer und Co. fand ich recht interessant, auch wenn ich deren Bedeutung nicht verstand. Ich bewunderte André, dass er sich mit der ganzen Materie so gut auskannte und einen derart bombastischen Sound hinlegte. Die Band coverte viele bekannte Rock- und Metal-Songs, was mir musikalisch besonders zusagte. An diesem Abend, an welchem ich zum ersten Mal einen Gig besuchte, musste André nicht das gesamte Bühnenequipment auf- und abbauen. Er war diesmal nur für den Sound gebucht. André nahm mich zu dieser und auch zu anderen Bands an den nächsten Wochenenden häufiger mit. Sehr bald kannte ich auch einige Musiker, mit welchen ich mich gut verstand. Die Szene war so locker und easy. Es wurde geredet, geraucht, getrunken und gefeiert. Als mich André alsbald als seinen festen Freund vorstellte, war ich sehr stolz.

Es gab zwischen uns niemals eine spezielle Abmachung in Bezug auf eine feste Beziehung. Wir fragten uns auch nicht etwa „Willst du mit mir gehen?", oder ähnliches. Ab einem gewissen Zeitpunkt waren wir einfach zusammen. Völlig unkompliziert und ganz automatisch.

Einige Zeit später fragte mich André, ob ich nicht mal Lust hätte ihn zum Auf- und Abbau zu begleiten. *Klar, warum nicht,* dachte ich mir. Wenn ich mal helfen konnte, war das doch mehr als angebracht. Schließlich war André stets spendabel gewesen und inzwischen ja auch noch mein Freund. Da versteht es sich doch von selbst. Allerdings machte ich mir damals noch keine allzu große Vorstellung, was so ein Auf- und Abbau auf einer Konzertbühne tatsächlich bedeutete. Ich ging davon aus, einige Instrumente aufzustellen, ein paar Kabel zu verlegen und anschließend zu testen, ob denn alles funktioniert. Musste doch bestimmt binnen einer Stunde passiert sein …

Na, Pustekuchen aber auch! Als der große Sattelschlepper vorfuhr, wurde mir klar, dass es sich hierbei nicht nur um ein paar Instrumente handeln konnte. Sämtliche schwere Kisten, die

„Cases", wie sie in der Szene genannt werden, waren voll bepackt und gestapelt auf der Ladefläche des LKWs. André, der Lichttechniker, und noch ein paar weitere „Roadies" fingen sofort damit an, die schweren Kisten mit vereinten Kräften herunter zu dippen und über die Rampe aus dem LKW heraus in die Halle zu schieben, in welcher die Veranstaltung stattfinden würde. Ich merkte schnell, wie schwer die ganze Ausrüstung tatsächlich war, nachdem ich beim Reinschieben der Rollkisten half. Jungs, ernsthaft jetzt???

Einmal am Werk und mit genug Adrenalin ging es natürlich deutlich besser. Irgendwann kam auch ich in Fahrt und versuchte das, was mir aufgetragen wurde, so gut wie möglich zu erledigen. Allerdings schaffte ich die schweren Arbeiten nicht ansatzweise so gut wie André und der Rest der Crew. Plötzlich sah ich André aus einem vollkommen neuen Blickwinkel. Er wirkte so anders, nicht mehr so vertraut wie sonst immer, sondern wie eine Art unbezwingbarer Herkules. Dass er kräftig und wendig war, wusste ich. Aber SO dermaßen? Ich begann mich wie ein kleines Würmchen neben ihm zu fühlen und wurde neidisch. Warum war er körperlich so fit und vital im Gegensatz zu mir? Wie konnte er einen derart schweren Bass beinahe allein auf einen Tower von weiteren Bässen wuchten? Zudem aus dem Stand heraus springen wie ein Känguru? Ich verstand die Welt nicht mehr. Er hatte mir zwar häufiger erzählt, dass er nicht nur für den Sound allein zuständig, sondern auch regelmäßig am Auf- und Abbau der jeweiligen Veranstaltungen beteiligt war. Aber erst an diesem Tag bekam ich zum ersten Mal ein reales Bild davon. Und dieses überforderte mich ziemlich. Alte Komplexe, welche ich schon als kleiner Hosenscheißer verspürt hatte, als mein Vater dazu imstande war, einen schweren Röhrenfernseher zu stemmen und ich nicht, flackerten wieder auf.

Der Abend verlief wie immer. Ich saß neben André am Mischpult, bewunderte aber diesmal nicht konstant die Band und den gewaltigen Sound, sondern machte mir meine persönlichen Gedanken. Ich begann mich in etwas hineinzusteigern, was ich nicht begreifen konnte. Warum war die Welt so verdammt ungerecht? Warum konnte ich nicht auch den Körper und die Kraft von André haben? Hatte ich mich vor den anderen „harten und vollwertigen" Kollegen blamiert? Was dachten sie von mir? Empfanden sie Hohn oder gar Mitleid? Beschwerten sie sich nur nicht über mich, weil André ein angesehener und geschätzter Kollege war?

Der Abbau verlief nach einem ähnlichen Muster wie der Aufbau. André und die Crew wuchteten wie die Ochsen. Ich tat, was ich eben tun konnte. Aber die Arbeiten, welche ich gerne getan hätte, schaffte ich nicht.

Als feststand, dass André weitaus mehr war als der lockere Soundmann, der auf „Kofferjob" zum Auftritt fährt, den Sound abmischt und anschließend wieder die Kurve kratzt, kamen mir Zweifel. Als er mich in dieser Nacht nach Hause brachte, sagte ich ihm, dass ich mir das mit uns definitiv noch einmal genau überlegen müsste. So etwas hatte ich nicht erwartet. Dass mich diese Tatsache derart geschockt hatte, verstand André nicht im Ansatz. Für ihn war das vollkommen normal, er machte das schon sein halbes Leben lang. Er versicherte mir, dass auch ich, wenn ich künftig öfter mitgehen würde, mehr Kraft bekommen, handliche Griffe und Techniken erlernen, ja im Gesamtkonzept viel mehr Routine bekommen würde. Woran ich nicht glaubte, schließlich war ich doch ein Krüppel. In der rechten Hand hatte ich kaum Kraft, mein rechtes Bein war ebenfalls ein enormes Handicap. Ich denke, dass mich die wenigsten bezüglich dieser skurrilen Denkweise verstehen können. Jeder andere, der mit sich selbst im Reinen ist, hätte die Sachlage aus einer vollkommen anderen Perspektive betrachtet. *„Das ist MEIN Freund, ich bin sehr stolz auf ihn, was er alles kann! Wirklich attraktiv und sexy, wie sportlich und stark er ist!"*

Das wäre wiederum eine „normale" und wohl auch gesunde Denkweise gewesen.

Als ich am nächsten Tag aus der Schule kam, holte mich André mit dem Auto ab. Als wir zu ihm nach Hause fuhren sagte ich ihm, dass ich es nicht für sinnvoll hielte, wenn wir weiter zusammenblieben. Ich fühlte mich ihm dermaßen unterlegen und das war ein Gefühl, mit welchem ich nicht klarkam. André wollte das jedoch nicht hinnehmen und verdeutlichte mir, dass es absolut kein Grund wäre alles aufzugeben. Ich sollte einfach noch einige Male mitgehen und mir die Routine erarbeiten, wenn mir dies denn so viel bedeuten würde. Es sei doch nur allzu verständlich, dass man von mir bei meinem allerersten Aufbau keine Wunder erwartete. André berichtete, wie auch er am Anfang ganz langsam in die Materie hineinwuchs. Ich müsste nur Geduld haben. Geduld? Ich und Geduld haben? Das schien mir in etwa so wie einer Katze zu sagen, sie möchte klassischen Stepptanz vorführen.

Aber ich ließ mich darauf ein. Schließlich bedeutete mir André sehr viel. Für den Augenblick schaltete ich meine Minderwertigkeitskomplexe ab und war dankbar, dass André mich genau so nahm wie ich war.

André kaufte als Symbol unserer Bindung ein neues Auto. Einen Alpha Romeo 156 Diesel und legte seinen alten Jaguar still, da dieser als Benziner für unsere vielen Touren ungeeignet war. Ebenso ließ er ein neues Kennzeichen anfertigen, welches unsere beiden Initialen trug. Eine besondere Ehre für mich. Sobald ich einen Führerschein hätte, würden wir ihn zusammen nutzen! Das Auto bekam von André den Namen „Großvater", weil es nicht mehr das jüngste Model war. Es war eine Art Ritual von ihm, jedem seiner Autos einen Spitznamen zu geben, da Autos zu seinen größten Leidenschaften im Leben zählten.

Meiner Mutter und meinem Bruder Finn hatte ich André in der Zwischenzeit ebenfalls vorgestellt. Ab und an kam er auf einen Kaffee vorbei, wenn er mich abholte. Meine Mutter empfand ihn als sehr nett und spannte ihn dank seiner handwerklichen Fähigkeiten gleich zum Ausbau ihres alten Herdes und zum Einbau ihres neuen Autoradios ein. Auch meinem Bruder, welcher inzwischen 10 Jahre alt war und das Gymnasium besuchte, war der fröhliche André alsbald sympathisch.

Immer öfter besuchte ich André nun bei ihm zuhause und verbrachte auch überwiegend die Nächte dort. Morgens fuhr er mich zur Schule. Gelegentlich allerdings auch nicht, hatte ich mal wieder keine Motivation. Unter der Woche war André meist zuhause. Am Wochenende fuhr er nach Unterfranken, wo er angestellt war und für seine Band Sound machte und auf- und abbaute. Seine eigentliche Hauptband hatte ich bis dato noch nie gesehen. Eines Tages hatte er einen Auftritt, zu welchem er mit dem LKW gefahren war. Ich überraschte ihn mit einem Besuch, nachdem ich über mehrere Stunden mit Bus und Bahn durch die Pampa gefahren war. Bei dieser Gelegenheit lernte ich seine Band, welche er hauptberuflich betreute, und auch seinen Chef kennen. Ich wurde sofort freundlich aufgenommen und durfte nach dem Auftritt beim Abbau mithelfen. Dieses Mal funktionierte es schon etwas besser als beim ersten Versuch. Einige erste Kenntnisse wie Molton ans Alu hängen, Gummimatten zusammenrollen, Podeste aufstellen und Kabel verlegen nahm ich schon vom ersten Auf- und Abbau mit. Außerdem hatte André seinem Chef erzählt, dass ich des Öfteren mit Videoprogrammen arbeitete und gerne Videos schnitt. Jener fragte mich daraufhin, ob ich nicht mal Lust hätte, ein Video für die Band zu schneiden, welches beim Auftritt live per Beamer auf die Leinwand projiziert wird. Es war mir eine große Ehre und als ich wieder zuhause war, machte ich mich sofort ans Werk. 2 Tage arbeitete ich konstant daran und freute mich, einen Beitrag zu leisten. Nach Vorführung in der Runde wurde es jedoch abgelehnt. Die Meinung der verschiedenen Bandmitglieder fiel einfach zu unterschiedlich aus. Jeder hatte individuelle Wünsche. Einige Monate später schnitt ich ein erneutes Exemplar, welches diesmal deutlich positiveres Feedback bekam und fortan bei jedem Live-Gig auf der großen Leinwand im Hintergrund lief. Ich war sehr stolz auf mein Resultat, obwohl es sich nur um eine simple Aneinanderreihung von Bildern und kurzen Filmausschnitten handelte. Kein Hexenwerk in diesem Sinne, aber immerhin eine brauchbare Arbeit meinerseits, welche geschätzt wurde. Und jedes Mal sahen es viele Zuschauer, ein schönes Gefühl!

Es war Winter 2009. Meine Noten in der Schule verschlechterten sich erneut. In Kombination mit André fühlte ich mich wohl und sicher. So ungebunden und frei von sämtlichen Verpflichtungen. Selbst Axel, welchen ich zuvor fast täglich gesehen hatte, sah ich inzwischen deutlich weniger, da ich mich nur noch auf André und seine Gesellschaft fixierte. Ich war mit 17 Jahren im Grunde noch schulpflichtig, sah allerdings in dieser Form von Schule keinen Sinn mehr. Immerhin hatte ich André an meiner Seite. Meinen Freund, meine Bezugsperson, meinen Beschützer. Ich wollte weg aus meiner Heimatstadt, welche ich im Grunde verabscheute. So viele negative Erinnerungen verband ich über die Jahre mit diesem Ort. Den Tod meines Vaters, das jahrelange Mobbing, die vielen konservativen, geschwätzigen Nachbarn, Lügen, Gerüchte und den unterschwelligen Druck meiner Großeltern. Mit André war das Leben so viel einfacher. Alles war ein Abenteuer.

Meine Therapeutin, welche ich noch immer regelmäßig besuchte, hielt unsere Bindung jedoch alles andere als für gut, da ich mich ihrer Meinung nach viel zu sehr auf André fixierte und vergaß, mich auf mich selbst zu konzentrieren. Im Grunde hatte sie wohl Recht. Ich blendete sämtliche Prioritäten aus, nur um bei André zu sein. Dieser machte leider den Fehler, mir zunächst sämtliche Schwierigkeiten abzunehmen.

Natürlich merkte auch André, dass ich psychisch alles andere als im Reinen mit mir selbst war und hielt eine mehrwöchige, stationäre Therapie für sinnvoll. Allerdings respektierte er auch meinen Wunsch, die Schule vorzeitig zu verlassen, wenn es mir doch wirklich alles andere als zusagte. Gemeinsam gingen wir zu meiner Mutter, welche André inzwischen auch schon einige Male gesehen hatte und erklärten, dass ich sehr gerne zu André ziehen würde. Und dann ging es da noch um die Tatsache mit der Schule. Ich bat meine Mutter, mich vorläufig zu entschuldigen. Inzwischen wollte ich mir in Ruhe einen stationären Therapieplatz suchen. In der Zwischenzeit bei André bleiben, weit weg von allen unangenehmen Erinnerungen. Meine Mutter befürwortete die Tatsache mit der Schule zwar nicht, hielt aber die

Idee bezüglich der Therapie für die einzig sinnvolle Maßnahme, welche ich machen konnte. Aufgrund dessen willigte sie ein und erreichte auch eine Befreiung von der Schulpflicht für mich.

Was ICH nicht habe, sei auch DIR nicht vergönnt!

In der Tat hatte ich mich anfänglich mit dem Gedanken beschäftigt, eine stationäre Therapie in Betracht zu ziehen. Allerdings überwog wieder einmal die Angst davor und letztendlich
der Weg des geringeren Widerstandes. Ein gemütliches Leben
mit André schien mir erträglicher und vielversprechender. Von
nun an war ich hauptsächlich bei ihm zuhause.

André bewohnte ein Stockwerk in der vorderen Haushälfte
im Haus seiner Schwester Martina und deren Mann. Auf seiner Etage hatte er ein eigenes Badezimmer und später eine Küche, bei welcher ich beim Einbau half. Eine Küche brauchten
wir anfangs kaum. Wir holten uns beinahe täglich Essen von
außerhalb. Außerdem kamen unsere Wocheneinkäufe niemals
zu kurz. Ich durfte mir aussuchen, was immer ich wollte. Ich
aß sehr viel Cornflakes in dieser Zeit, naschte viel und auch
zuckerhaltige Getränke waren an der Tagesordnung. Konnte
man doch alles herunterspritzen, man lebt schließlich nur einmal. Mein Gewicht war lange Zeit kein akutes Thema mehr.
Viel schöner war das freie Leben mit André, welcher mich genauso mochte wie ich war.

Einmal zeigte mir André ein Foto von sich aus seiner Jugend,
auf welchem er sehr dünn und mit langen, lockigen Haaren zu
sehen war. Genau mein Idealbild. Ich fragte ihn, ob er sich seine kurzen, stets gestylten Haare nicht wieder so wachsen lassen
könnte. Das gefiel mir sehr gut. André machte es sehr gerne für
mich, auch wenn ihn die dicke Matte zeitweilig ziemlich nervte.
André hat von Natur aus sehr kräftiges, volles Haar, auf welches
so mancher Mann mit spärlichem und dünnem Haar recht neidisch ist. So auch ich. Mein Haar ist im Vergleich dagegen recht
dünn und fransig. Fast täglich muss ich es waschen, um wenigstens ein bisschen Volumen rein zu bekommen.

Unsere meiste Freizeit verbrachten wir im Zimmer von André. Wir schauten überwiegend Reality-Soaps, Gerichtsshows und Filme. Wir fanden immer irgendetwas. Nebenbei wurde stets üppig gegessen. Alle zwei bis drei Tage gingen wir in einen riesigen Einkaufsmarkt und gaben dort einen Haufen Geld für Red Bull, Zigaretten und sonstige Markenprodukte aus. Ich wurde immer verschwenderischer und wollte häufig das Beste vom Besten. André erfüllte mir jeden Wunsch, war er auch noch so überflüssig und ungesund.

André war in seiner Jugend gemeinsam mit seinem Stiefvater in einem Musik-Duo, welches auf Tanzschiffen und in Ausflugslokalen auftrat. Dabei spielte er Keyboard, Gitarre und Bass. Außerdem hatte er sich selbst das Schlagzeugspielen beigebracht, was zu seinen Hobbys zählte. In der Garage seiner Schwester stand sein Set, auf welchem er auch mir einige Grundrhythmen beibrachte. Obwohl mir das Spielen zu Beginn recht großen Spaß machte, hatte ich nicht die nötige Geduld und Motivation, konstant dran zu bleiben. Ich fand heraus, dass ich durchaus über das nötige Taktgefühl verfügte, welches zum Spielen eines Instruments notwendig ist. Aber sobald mir wiederholt Fehler unterliefen (ganz besonders beim Üben von Vierteltakten auf der Snare), gab ich bereits schon wieder auf. Ich fühlte mich wie ein Loser, welchem nichts gelingt. André fand es schade, dass ich so schnell wieder aufgab.

Im Hause wohnten außerdem noch die beiden Neffen von André, die Söhne seiner Schwester Martina und deren Mann. Einer von beiden hatte sein Zimmer direkt neben unserem auf derselben Etage in der vorderen Haushälfte. Er konnte daher häufig genauestens vernehmen, was wir machten, anschauten oder sprachen. Insgesamt war ich vielleicht fünfmal mit den anderen im Hause in Kontakt, sowie in der anderen Haushälfte auf Besuch. Mit Schwester Martina verstand ich mich anfangs sehr gut. Sie war eine sehr liebe, soziale und verantwortungsbewusste Frau, welche sich stets mit ganzem Herzen um Freunde, Familie und auch die Tierwelt kümmerte. Sie war ebenfalls ein großer Rock-, Metal- und Gothic-Fan, was mir vom Stil her natürlich gefiel. Ich mochte ihre vielen Tattoos auf den Armen und ihre blutroten Haare. Einige ihrer Poster, welche ihre bunte Wohnung schmückten, hatte ich selbst auch zuhause bei meiner Mutter in meinem Zimmer. Ihr Mann dagegen mochte mich von Anfang an nicht sonderlich. Er war mir gegenüber nach außen hin zwar stets freundlich aber hinter meinem Rücken trotzdem recht abgeneigt, auch unserer Beziehung gegenüber. Er hielt es nicht für angebracht, dass wir nun zu zweit, beinahe mietfrei, bei ihnen im Haus wohnten. Das merkten wir insbesondere daran, dass er uns regelmäßig die Internetleitung herauszog, bevor er morgens zur Arbeit fuhr. Als wir ihn auf das oftmals fehlende Internet tagsüber ansprachen, mimte er den Ahnungslosen. André schlich sich einmal in sein Zimmer, wo sich unsere Vermutung bestätigte, dass er tatsächlich bewusst den Stecker zog, um uns zu ärgern. Wir konnten ihn natürlich nicht darauf ansprechen, sonst wäre aufgefallen, dass wir in sein Zimmer gingen und den Stecker in seiner Abwesenheit gelegentlich wieder einsteckten.

Trotz der neuen, eigentlich recht entspannten Umgebung fühlte ich mich immer noch nicht wohl in meiner Haut. Neben André kam ich mir immer wieder aufs Neue so klein vor. Was nur aufgrund meiner eigenen Komplexe geschah. Ich wusste noch immer nicht, was ich beruflich machen wollte und war auch diesbezüglich neidisch auf André und bestrafte ihn deswegen auf unbewusste Art. Waren wir am Wochenende bei den Auftritten, so wurde es schon bald zu einer gnadenlosen Selbstverständlichkeit, dass ich einen Großteil seiner geliebten Arbeit am Mischpult an mich riss. So bestand ich beispielsweise eine Weile darauf, dass ich durchgehend das „Tap Delay" bedienen durfte, welches den Wiederholungseffekt bei Liedpassagen erzeugt. Bald war dies MEIN Part, welchen ich nicht mehr abgeben wollte. Musste ja schließlich auch irgendetwas beitragen …

Ich erwartete beim Auf- und Abbau häufig doppelte Arbeiten, wenn ich mir nicht sicher war, ob ich die soeben erledigte

Sache von anderen ebenfalls konnte. Einmal hob André mit einem Kollegen ein recht schweres Stativ von der Bühne, woraufhin ich sie bat, es noch einmal herauf zu heben und es mich mit dem Kollegen hinunter heben zu lassen. Ich wollte Gewissheit, dass ich das gleiche konnte was auch André schaffte. Hirnrissige Aktionen wie diese verschafften mir eine Art Sicherheit doch nicht ganz so unfähig zu sein, wie ich selbst von mir dachte. Gelang mir etwas nicht so gut wie André, so bekam ich die schlimmsten Minderwertigkeitskomplexe. Meine Gedanken fuhren Achterbahn und setzten mich außer Gefecht. Ich verschwand häufig auf die Toilette, heulte und kam erst wieder heraus, als ich mich wieder beruhigt hatte. Ich wollte mich vor den anderen nicht blamieren. Allerdings gelang mir dies nicht immer. Mein Frust wurde durch meine isolierte Haltung und meinen traurigen Gesichtseindruck von mehr Leuten wahrgenommen, als ich damals realisierte. Dafür schäme ich mich im Nachhinein. Leider lässt es sich heute nicht mehr rückgängig machen.

Warum konnten die anderen Dinge, die ich nicht konnte? Ganz besonders körperliche Dinge belasteten mich sehr. André und ich haben mit 1,78 m ungefähr die gleiche Körpergröße, daher musste es doch eine logische Erklärung geben. Ich blendete meine körperlichen Einschränkungen vollkommen aus, was mich doppelt so stark unter Druck setzte.

Gelegentlich bekamen auch Freunde und Kollegen von André meine Missgunst und meine daraus resultierende schlechte Stimmung mit. Sie sagten jedoch meistens aus Loyalität André gegenüber nichts. Jedenfalls nicht direkt zu mir. André erzählte mir erst viele Jahre später, dass der eine oder andere durchaus mehr mitbekam, als mir in jenen Momenten der Ausblendung bewusst war. Nahm ich es nicht wahr? Oder wollte ich es nicht wahrnehmen? André bekam sogar angeraten, er solle mich in den Wind schießen. Was er jedoch aus Loyalität mir gegenüber niemals tat. Wäre es für ihn nicht besser gewesen? Im Nachhinein betrachtet wäre sein Leben ohne mich mit Sicherheit weitaus unkomplizierter verlaufen.

Warum verletzen wir immer ausgerechnet die
Menschen, welche uns am meisten bedeuten???

Aussagen von meiner Therapeutin, meiner Mutter oder von André selbst, dass es doch immer etwas geben würde, was der eine besser als der andere kann, wollte ich nicht gelten lassen. Ich wollte ALLES können, was André auch konnte. Um jeden Preis. Was er sich jahrelang mühevoll erarbeitet hatte, erwartete ich binnen kurzer Zeit ebenfalls zu können. Wie durch ein Wunder, ohne große Anstrengungen. Klares und rationales Denken war in diesem Fall für mich nicht mehr möglich. Ich wollte jemand sein, der ich nicht war und der ich niemals sein würde. Es dauerte sehr lange, bis ich zu dieser finalen Schlussfolgerung gelangte: Ich wollte André sein! Am liebsten wäre ich zum damaligen Zeitpunkt mit ihm verschmolzen und selbst vollständig verschwunden.

Lappalien schaukelten sich immer weiter hoch. Ich ärgerte mich über Dinge, bei welchen jeder „normal" denkende Mensch nur den Kopf schütteln konnte. Bald schon wich ich nicht mehr von Andrés Seite. Überwachte alles, was er tat, mit wem er sprach etc. Ich entwickelte eine Art Verfolgungswahn und wollte immer alles ganz genau wissen. Eine Zeit lang ließ ich André noch nicht einmal mehr allein zur Toilette gehen und wartete wie ein kleiner Wachhund draußen vor der Türe. Immer die permanente Angst im Hinterkopf, ihm könne etwas passieren, ich würde etwas verpassen oder ähnliches.

Ich ärgerte mich urplötzlich über Dinge, welche ich nicht wusste und in welchen André sich sehr gut auskannte. Beispielsweise sämtliche Autos und deren technische Details, was unter anderem Andrés Fachgebiet darstellte. Er kannte beinahe von jeder Marke das Baujahr, die PS-Anzahl, Details des Hubraums, Beschleunigungen von 0 auf 100 km/h und vieles mehr. Ebenso seine virtuose Ader, von sämtlichen Liedern nicht nur die Texte, sondern auch die Bassläufe, Drumbeats und Gitarrensolos auswendig im Kopf zu haben. Was eine absolut lobenswerte und bewundernswerte Eigenschaft darstellt, war in meinen Augen schon wieder ein Grund mehr, um mich selbst kleiner neben ihm zu fühlen. Was wusste ich dagegen schon?

Sein handwerkliches Geschick und sein technisches Verständnis neidete ich André ebenfalls an. Krampfhaft versuchte ich an jeder Aufgabe, welche zu erledigen war, teilzuhaben. Selbst wenn es nur um das Halten eines Werkzeuges ging. So hatte ich meiner Ansicht nach zumindest mitgeholfen und einen ganz kleinen Teil zum Erfolg beigetragen. In meinem Wahn glaubte ich dies zumindest.

Trotz allem muss ich sagen, dass ich durch André sehr viel an handwerklichem Geschick über die Jahre gelernt habe. Er brachte mir unter anderem bei, mit Bohr- und Schleifmaschine zu hantieren, Inbusse und Muttern zu setzen, Raufasertapete zu streichen, Kabelbinder anzubringen, Laminat- und Vinylböden zu verlegen, Dübel in die Wand zu befördern und noch einiges mehr.

Rechte, welche André vorbehalten waren, wie beispielsweise Auto fahren, wollte ich fortan ebenfalls haben. Ich war 17 Jahre alt und hatte noch keinen Führerschein. Trotzdem schaffte ich es immer wieder, dass mich André heimlich mit „Großvater" fahren ließ. Was anfänglich seinerseits nur zum spaßigen Ausprobieren auf einem Feldweg angedacht war, endete meinerseits schon bald in einer gnadenlosen Selbstverständlichkeit. Selbst auf öffentlichen Straßen wollte ich inzwischen fahren. Teilweise sogar tagsüber im turbulenten Berufsverkehr. André riskierte hierbei nicht nur seinen Führerschein, sondern auch die Gefahr, seiner Tätigkeit im Verleih nicht mehr nachgehen zu können, sollte er diesen verlieren. Für mich ging er ein derartiges Risiko ein, nur damit ich ein Gefühl der Gleichberechtigung verspürte und mich nicht benachteiligt fühlte.

Eine falsche Methode von André, mir jeden Wunsch zu erfüllen und jeder Forderung nachzukommen? Wer gutmütig, friedliebend und loyal ist, mit dem lässt es sich durchaus machen. Das Kind brüllt nur immer wieder nach seiner Lieblingssüßigkeit im Supermarkt, solange es ganz genau weiß, dass Vater und Mutter höchstwahrscheinlich nachgeben werden. Das gleiche Prinzip passte auf André und mich. André tat stets alles, um mir das

Leben erträglicher und schöner zu machen, da er von meinen schweren Depressionen und Minderwertigkeitskomplexen wusste. Und natürlich auch des lieben Friedens willen. Im Nachhinein betrachtet ging auch er den einfachen, aber den eindeutig falschen Weg.

Im Gegensatz zu André erkannte seine Schwester Martina meine schwerwiegenden psychischen Probleme und legte mir ans Herz, einen stationären Therapieplatz zu suchen, wo meine Probleme mit Sicherheit behandelt werden könnten. Ich hatte begonnen, mich gelegentlich wieder zu verletzen und einmal sah sie meine Schnitte, als ich unsere Einkäufe in die Wohnung trug und mir dabei der Jackenärmel nach oben gerutscht war. Sie hatte große Angst, dass ihre beiden Söhne, Andrés Neffen, etwas mitbekommen könnten und untersagte mir aufgrund dessen sogar für eine Weile, mich in ihrem Haus aufzuhalten. Wogegen auch André nichts machen konnte. Erst als wir gemeinsam die ortseigene psychiatrische Einrichtung für Jugendliche besucht hatten, uns bezüglich eines Therapieplatzes beraten ließen und ich versprochen hatte, dorthin zu gehen, sobald ein Platz frei wäre, so durfte ich wieder zu Besuch kommen. Außerdem mussten wir von nun an leiser sein. Ihr jüngerer Sohn, dessen Zimmer direkt neben unserem lag, hatte den einen oder anderen Streit vernommen und war diesbezüglich verunsichert.

Tatsächlich meldete sich die Klinik einige Zeit später und erklärte, dass alsbald ein Termin für mich frei wäre und ich ihn wahrnehmen könne. Dazu kam es allerdings nicht mehr, ich hatte mich mal wieder „erfolgreich gedrückt". Auch André bestand nicht konsequent darauf. Mit Martina hatte es bislang nie mehr Ärger gegeben. Ich hatte es eine Weile über geschafft, mich mehr oder weniger äußerlich zusammenzureißen.

Touren des Grauens

Da wir nun zu zweit waren, von meiner Seite aus keinerlei Einnahmen oder Zuschüsse kamen (die Halbwaisenrente meines Vaters wurde eingestellt, nachdem ich die Schule vorzeitig verlassen hatte), wurde es auf Andrés Konto allmählich mau. Seit wir zusammen waren hatte ich mich nie mehr mit „Kunden" getroffen und war inzwischen selbst ziemlich abgebrannt. Wie es der Zufall wollte, bekam André in diesem Zeitraum ein Angebot von einem alten Bekannten, welcher eine Spedition für LKWs führte, und für welchen André bereits vor einiger Zeit einmal als Aushilfe gefahren war. Jener suchte aktuell nach einem festen LKW-Fahrer, welcher unter der Woche im Fernverkehr unterwegs war und regelmäßige Auslieferungstouren fuhr. André sagte unter der Bedingung zu, dass er mich mitnehmen dürfte. Dies ist aufgrund diverser Sicherheitsbestimmungen, Gefahren, Versicherungsgründe und ähnlichem nicht immer möglich. Der Chef bejahte jedoch und am Ende des Tages stand ein neuer Lebensabschnitt fest: Schubboden-Fernverkehr-Fahren mit André!

Ich freute mich unbändig darauf, war ich zuvor doch schon einmal eine Woche lang mitgefahren, als André bei einer anderen Spedition eine Urlaubsvertretung fuhr. Das war ein ziemliches Abenteuer gewesen. Die ganze Woche im großen Führerhaus verbringen und alles von oben betrachten, Spanngurte aufmachen, die Plane vom Dach aus aufdrehen und einhängen, den leeren Auflieger nach Transport der losen Ware auskehren und mit dem Luftgebläse reinigen. Auf langen Fahrten und während der Wartezeiten gemütlich aus dem ausziehbaren Kühlschrank zwischen den Sitzen essen und nach Feierabend hinten in die engen, aber gemütlichen Kojen krabbeln, um zu schlafen. Ein unabhängiges Leben voller Abwechslung und Abenteuer. Ich war bereit dafür!

Wir packten alles Nötige zusammen. Klamotten, Bettzeug, Besteck, Laptop, Handys, Ladekabel, meine Medikamente und weiteres. Nun konnte es losgehen. Wir fuhren mit dem Auto auf den Hof der Spedition, welcher etwa 300 km im Raum Unterfranken entfernt lag. Anschließend beluden wir den LKW mit all unseren Sachen. Es war Sonntagabend, also mussten wir wegen des Sonntagsfahrverbotes für LKW noch bis 22:00 Uhr stehenbleiben. Dann konnte es endlich losgehen.

Die Touren waren meist dieselben, in abwechselnder Reihenfolge. Wir fuhren überwiegend Ersatzbrennstoff, loses Altpapier und Paletten mit Getränken. Gelegentlich auch alten Restmüll und Gartenabfälle. In alle Firmen durfte ich mit rein gehen unter der Voraussetzung, ich trug Sicherheitsschuhe und eine neongelbe Warnweste. Die meisten der Pförtner dachten, ich wäre ein Azubi. Einige dachten jedoch auch, ich wäre Andrés Sohn, was uns stets sehr amüsierte. Das war keine Kunst, noch immer sah ich optisch viel jünger aus, was mich innerlich allerdings störte. Ich hatte stets einen sehr spärlichen und ungleichmäßigen Bartwuchs und noch bis in die späte Jugend eine recht hohe Stimme, weshalb man mich lange für 12–13 einschätzte, obwohl ich doch schon 17 war. Ich wusste damals noch nicht einmal, dass viele Typ 1-Diabetiker, bei welchen die Krankheit schon in der frühen Kindheit ausbricht, oftmals einen gestörten Hormonhaushalt haben und neben dem fehlenden Insulin unter anderem Schilddrüsenhormone sowie auch Sexualhormone eine eingeschränkte Funktion aufzeigen. Eine Weile lang musste ich dies in der Endokrinologie in meiner Jugend ausgleichen lassen.

Bald schon wurden die Fahrten zum tagtäglichen Horror und André musste eine Prozedur des Grauens ertragen. Alles, was er tat bzw. beruflich tun musste, wurde von mir in Frage gestellt. Jede Aufgabe musste ich fortan doppelt übernehmen. Um André, aber in erster Linie mir selbst zu beweisen, dass ich es natürlich auch konnte und genauso hart und gesund war wie er. Zunächst begann es mit einfachen Arbeiten wie Lieferscheinen schreiben, die Plane auf und zu drehen und den Aufleger auskehren.

Außerdem hatte mir André beigebracht, mit einem elektrischen Hubwagen zu arbeiten, mit welchem die beladenen Paletten auf die Ladefläche in Reihen gefahren wurden. Diese Arbeit machte mir am meisten Spaß. War wenig los, so bekamen wir zwei „Ameisen" gestellt, beluden den Anhänger im Doppelpack und waren zu zweit auch deutlich schneller.

Fuhren wir Getränke auf Paletten, so mussten wir meist einen Stapel von ca. 30 Stück davon vom Typ Euro nach Auslieferung als Pfand wieder mitnehmen. Diese luden wir zuerst auf die Ladefläche, im Anschluss in die seitlichen Palettenkästen, welche sich unterm Anhänger befanden. Dies war eine körperlich sehr anspruchsvolle Tätigkeit, welche von uns beiden recht verhasst war. Hierbei kam es regelmäßig zu Eskalationen, wenn André schneller im Stapeln und Heben war als ich. Aus Trotz wuchtete ich die Paletten nicht selten wieder doppelt auf die Ladefläche und hob sie erneut heraus, um zu zeigen, wie viel Kraft auch ich hatte. Das brachte selbst den lockeren und gutmütigen André irgendwann an seine Grenzen. Doppelte Arbeit, vollkommen verschwendete Energie und verlorene Zeit. Wenn wir schon zu zweit waren, sollten wir seiner Meinung nach inständig als gutes Team agieren, vollkommen hupe, welcher gerade schneller war. Kein Verständnis meinerseits. Am liebsten hätte ich alles komplett allein gemacht, nur um mich zu beweisen. Und quälte ich mich körperlich auch noch so sehr. Ich blendete es aus und fixierte mich auf meine starren Gedanken. *Mica, du schaffst das! Mica, du bist vollwertig!* Als wäre ich damals von einem bösen Geist besessen gewesen, welcher mir befahl, derartig gestört vorzugehen.

Noch weitaus extremer wurde es im Laufe der Zeit, als es ans Thema Fahren ging. Dieses Recht wollte ich nun ebenfalls haben, obwohl ich noch nicht einmal im Besitz eines normalen PKW-Führerscheins war. Viel mehr drehte es sich hierbei ums Thema Rangieren, also das Rückwärtsfahren mit dem Sattelschlepper. Was sich im Grunde aus einer simplen Laune heraus entwickelte.

Wir standen wie so oft auf einem Firmengelände und warteten auf die Anweisung des Staplerfahrers, an eine nummerierte

Rampe zu fahren, an welcher die Paletten ausgeladen werden sollten. Ich fragte, ob ich nicht auch mal rückwärts an die Rampe fahren dürfte. André verneinte zunächst, da es sich hierbei um eine recht komplexe Sache handelte. Was ich nicht glauben konnte, so schwer konnte das Rückwärtsfahren doch schließlich nicht sein. Ich wollte es unbedingt versuchen. Schließlich gab André mal wieder nach. Binnen einiger Sekunden würde ich es ganz bestimmt problemlos schaffen, bei André sah das immer so einfach aus. Doch als ich es versuchte, merkte ich plötzlich, dass es sich hierbei um eine ganz andere Hausnummer als beim Rückwärtsfahren mit dem PKW handelte. Der Hänger reagierte vollständig anders als ich erwartet hatte. Er fuhr in die komplett andere Richtung als ich eigentlich wollte, bei der kleinsten Lenkbewegung brach er wieder aus. Anweisungen von André ignorierte ich gezielt. Ich wollte es allein schaffen. Nach wenigen Minuten verlor ich die Geduld und wurde wütend, woraufhin natürlich noch viel mehr schief ging und die bereits erreichte Position wieder vollkommen verpatzt wurde. Als es schließlich zu lange dauerte, ging André wieder ans Steuer und setzte den „Arsch" vom LKW wie von selbst ans Tor. Minderwertigkeitskomplexe waren wieder einmal vorprogrammiert. Wie konnte man nur so selten ungeschickt und dämlich sein wie ich?

André erklärte mir, dass es sich hierbei um eine Sache handelte, welche einige Zeit Routine und viel Übung bräuchte. Auch bei ihm ging das nicht von heute auf morgen. Wir könnten es ja zwischendurch, wenn genügend Zeit war, an passender Stelle noch einmal versuchen. Aber dafür brauchte es eben Zeit, Verständnis und Geduld. *Schon wieder Geduld? Hört das denn nie auf? Himmel, Arsch und Zwirn!*

Von nun an hatte ich mir in den Kopf gesetzt, das Rangieren unter allen Umständen und ohne Rücksicht auf Verluste so schnell wie möglich zu perfektionieren. Konnte ja wohl nicht angehen, dass André schon wieder eine Sache derartig besser konnte als ich …

Bei jeder sich bietenden Gelegenheit bestand ich nun darauf, rückwärts an die Rampe oder an einen Haufen zum Abladen zu fahren, um mir dadurch das ersehnte Gefühl jener Kompetenz zu verschaffen. Irgendwann hatte ich es auch einigermaßen erlernt. Allerdings war das auch sehr tages- und natürlich ortsabhängig. Da jene Sache stets volle Konzentration benötigt, fiel es mir häufig schwer. Nicht selten musste mir André mit Anweisungen wie links, rechts und gerade zurück behilflich sein. Gelang es mir nicht schnell genug oder herrschte Zeitdruck, wurde ich wütend und agierte besserwisserisch. Einst verweigerte mir André den erwünschten Gefallen aufgrund von extremem Zeitdrucks, die Firma würde in 20 Minuten Feierabend machen und schließen. So begann ich in Rage wiederholt die Handbremse zu ziehen, während André versuchte rückwärts an den Papierhaufen zu fahren. Ich trieb es so weit, dass der Baggerfahrer verwundert schaute und aufgrund der Verzögerung bereits in Stress geriet. Was auch André innerlich unter Druck setzte, er mich packte und kurz davor war, mich zur Beifahrertür hinauszuwerfen. Ich krallte mich an der Seitenstange am Einstieg fest. Dass er mich tatsächlich hinuntergeworfen hätte, bezweifle ich stark.

Aus der regelmäßigen, ambulanten Therapie bei meiner Jugendtherapeutin war ich bereits seit einiger Zeit ausgestiegen. Nur noch sehr selten und unregelmäßig ging ich dorthin. Allerdings hielt ich mit meiner Therapeutin noch eine Weile per Mail und SMS Kontakt. Lag mir etwas sehr schwer im Magen, so schrieb ich ihr dies. Sie gab mir dann immer Ratschläge, wie ich mich am besten verhalten sollte. Auch André kannte sie inzwischen, er war zuvor bei 1–2 Sitzungen mit dabei gewesen. Sie riet mir immer wieder, dass es für mich persönlich am sinnvollsten wäre, würde ich mich von ihm trennen. Nur so könnte ich bewusst an mir selbst arbeiten und mir meine eigene Zukunft erschaffen. André brächte mich durch seine individuelle Lebenslage immer wieder davon ab. Doch ich schaffte es nicht, mich von ihm zu lösen. Es war eine sehr kuriose Mischung aus Liebe, Fürsorge, Kameradschaft, Abhängigkeit und Konkurrenz. Ich schätze, dass eine solche Art von zwischenmenschlicher Beziehung nicht allzu häufig in Erscheinung tritt.

Nachdem meine Psychosen immer weiter zunahmen, meine Selbstverletzungen sich steigerten und André bereits innerlich vollkommen am Ende war und nur noch apathisch alles tat, was ich von ihm erwartete, um seine Ruhe zu haben, wurde mir klar, dass es so nicht weitergehen konnte. Natürlich wusste ich die ganze Zeit über, dass mein Verhalten vollkommen skurril und unnormal war und André tat mir leid dafür, was er mit mir durchmachen musste. Ich suchte Rat bei einem Neurologen, welcher mir ein leichtes Antidepressivum verschrieb. Da sich dadurch jedoch auch nach Wochen noch keine Besserung zeigte, ging ich erneut dorthin und bekam ein etwas stärkeres Medikament. Nachdem ich dies über einige Zeit genommen hatte, merkte ich eine leichte Besserung. Ich geriet nicht mehr ganz so schnell in Rage wie zuvor. Legte allerdings deutlich an Gewicht zu und meine Leberwerte erhöhten sich.

Für unterwegs hatten wir uns unter anderem mit zwei Messern ausgestattet, welche wir in der Schublade des LKWs mit uns führten. Sie sollten zum Brote schmieren und zum Öffnen von Verpackungen dienen. Sie waren äußerst scharf und mit Schutzkappen bedeckt.

Eines Tages standen wir an der Tankstelle, kurz nach dem Beladen an einer Firma. André war gerade mit Tanken beschäftigt, während ich im Führerhaus in der Schublade nach Kaugummis kramte. Versehentlich streifte ich dabei an eines der Messer, von welchem die Schutzkappe heruntergerutscht war und schnitt mir über die gesamte innere Länge meines linken Daumens. Dunkelrotes Blut schoss in Strömen heraus, binnen weniger Sekunden war der ganze Boden des LKWs damit überströmt. Just in diesem Moment kam André vom Tanken zurück ins Führerhaus, erblickte das Szenario und reagierte geschockt. „Du blödes Arschloch, wieso tust du mir das an???“, rief er panisch und schlug mir gegen den Oberarm. Er hatte im ersten Moment tatsächlich gedacht, dass ich mir die Pulsadern aufgeschnitten hätte. Erst als er sah, dass es sich um meinen Daumen handelte, glaubte er mir, dass es kein Selbstmordversuch war. Welcher Selbstmörder ist bitte so blöd und schneidet sich den Daumen auf? Etwas umständlich, oder?

Wir fuhren auf den Hof der Spedition, welcher nicht allzu weit von unserem Standort entfernt war, und sagten dem Chef Bescheid, dass wir ins Krankenhaus zum Nähen müssten. Wir machten die nächstmögliche Notaufnahme ausfindig und fuhren mit unserem privaten Auto dorthin. Mit einem ZEWA-Tuch und einem Pflaster aus dem Notfall-Verbandskasten aus dem Kofferraum, machte ich einen provisorischen Druckverband an meinem Daumen, welcher komischerweise überhaupt nicht schmerzte. Womöglich war es eine Art Schockreaktion des Körpers, welche den ersten Schmerz unterdrückte.

Als wir das Krankenhaus erreicht hatten, eilten wir zur Notaufnahme. Ich fürchtete mich ein bisschen vorm Nähen, hatte ich diesbezüglich doch schon einige Schauermärchen gehört. Aber anders ging es nicht, der Schnitt war viel zu tief, die Innenseite des Daumens komplett gespalten. Ich bin sehr froh darüber, dass mich André damals zu diesem Schritt überredete. Andernfalls wäre mein linker Daumen heute möglicherweise nicht mehr so beweglich.

Der Arzt setzte mir eine Betäubungsspritze in den Daumen, was äußerst schmerzhaft war und höllisch brannte. Sekunden danach war mein Daumen nicht mehr zu spüren und durch die Betäubung aufgequollen wie ein Luftballon. Sah beinah schon lustig aus. Die Stiche spürte ich nicht, der Rest ging wie von selbst.

Nachdem das Nähen erfolgreich verlaufen war, wurde noch ein ausgiebiger Verband zum Schutze drum herum gemacht. Der Arzt gab mir noch etwas Schmerzmittel mit auf den Weg und erklärte mir, dass ich in etwa 2 Wochen zum Fädenziehen gehen solle. Zum Abschied riet er mir, mich künftig nicht mehr selbst zu verletzen. Das brächte rein gar nichts, nur unschöne Narben. Ich erklärte, dass es sich hierbei um einen Unfall gehandelt hatte. Er deutete auf meinen Unterarm, welcher bereits mit alten und auch frischen Narben übersät war, und zog eine Augenbraue nach oben… 😬

Die nächsten Tage verliefen aufgrund meines verletzten Daumens sehr schmerzhaft für mich. Trotz allem versuchte ich weiterhin krampfhaft, sämtliche Tätigkeiten weiter auszuführen. Auch jene, welche mir wehtaten. Beim Rangieren konnte ich einmal nicht schnell genug reagieren, woraufhin ich mit der geöffneten Hinterseite des Anhängers zu schnell gegen die Rampe knallte. Das Resultat: Eine dicke Beule im Metall. Das durfte der Chef natürlich nicht erfahren. Aus diesem Grund besorgte André einen schweren Vorschlaghammer, um die Delle wieder einigermaßen auszubügeln. Dass ich diese Aufgabe übernehmen wollte, davon riet mir André dringlich ab. Ich versuchte es trotzdem und schlug trotz meines verletzten Daumens mit aller Gewalt auf die Delle. Dies hatte einen starken Wundstarrkrampf zur Folge, bei welchem es mir einmal blitzartig durch den Daumen schoss. Selbst schuld, würde ich heute sagen.

Immer mehr steigerte ich mich in diverse Kleinigkeiten hinein, welche sich regelmäßig wiederholten. Tat André irgendetwas, was er mir nicht angekündigt hatte, wurde ich nervös. Tat er es bewusst, um mir wehzutun? Wollte er mir seine Überlegenheit demonstrieren? Ich wollte endlich Ruhe in meinem Kopf, konnte André aber trotzdem nicht verlassen.

Schon früh flüchtete ich mich in persönliche Traumwelten, wenn mir die Realität schlichtweg zu schmerzhaft wurde. Ich hatte die unrealistischsten Flausen im Kopf, hielt schlichtweg alles für möglich. Was ich früher nicht gewagt hatte auszusprechen, quoll nun in Andrés Gegenwart im Überfluss aus mir heraus. Er wurde zur unbewussten Zielscheibe für all die Stürme in meinem Kopf. Warum? Das hatte er absolut nicht verdient. Er ist der liebste, verständnisvollste und fürsorglichste Mensch, welchen ich jemals kennenlernen durfte.

André musste sich stets zweimal überlegen, was er denn sagen, tun, ja beinahe schon denken durfte. In seiner Not rief er zwischenzeitig sogar meine Therapeutin und meine Mutter an. Obwohl ich ihn gebeten hatte, niemandem von meinen Psychosen zu berichten. Natürlich schämte ich mich dafür und tief im Inneren wusste ich irgendwie die ganze Zeit über, dass jene Zustände der inneren Hilflosigkeit alles andere als normal waren. Mein Hass gegen mich selbst richtete sich fälschlicherweise gegen André.

Irgendwann erzählte André alles automatisch so, dass es für mich einigermaßen erträglich war. Ganz besonders wenn es um Dinge aus seiner Vergangenheit ging, welche ich nicht gerne hörte und um welche ich ihn beneidete. Dass MEIN André bereits ein Leben vor meiner Zeit führte, war für mich damals vollkommen inakzeptabel. Und ich glaubte ihm. Oder wollte ich ihm einfach nur glauben? Obwohl ich doch tief im Inneren wusste, dass er es im Grunde nur so erzählte, um mir nicht weh zu tun. Lange kann man versuchen, sich selbst zu belügen. Sich zwingen, an etwas zu glauben, was man einfach glauben möchte. In so vielen verschiedenen Bereichen des Lebens. Aber irgendwann platzt jede Seifenblase.

Einmal bekam ich einen Wutanfall auf der Ladefläche, nachdem André mal wieder ohne meine Hilfe die Paletten hinunterbefördert hatte. Er kam zu mir, wollte mich in den Arm nehmen und beruhigen. Da lief hinter uns ein Mitarbeiter der Firma vorbei. Lautstark brüllte ich, dass mich André umbringen wollte. Dieser Typ schien es jedoch weitestgehend zu ignorieren, womöglich dachte er sich schon, dass ich einen an der Waffel hatte. Als André im Anschluss meine Mutter anrief und jene mich sprechen wollte, nahm ich sein Handy und knallte es auf den Boden. Damit hatte André absolut nicht gerechnet. Ich wollte mit niemandem sprechen. Schon gar nicht mit meiner Mutter, welche mir ohnehin nur wieder vor Augen geführt hätte, ich solle eine Therapie machen. Ferner schämte ich mich für mein Auftreten, hasste mich innerlich dafür selbst. Aber ich konnte nicht anders. Alles lief wie im Autopiloten.

André, du gute Seele. Was habe ich dir nur angetan? Manchmal wünsche ich mir, dass es für verschiedene Lebensabschnitte eine „Rückgängig-Taste" geben würde …

Manche Gedanken ähneln einem Luftknoten.
Auf den ersten Blick sehr kompliziert, im Grunde aber
sehr einfach zu lösen.

Ans Bett gefesselt

Es war Anfang August 2010. Wie üblich waren wir mit dem LKW unterwegs und früh morgens an einem Müllheizkraftwerk angekommen, um Schutt abzuladen. Schon beim Hineinfahren hatte ich mal wieder recht schlechte Laune, war müde und gereizt. Das Leben eines Fernfahrers ist (abgesehen von meinen psychotischen Ausnahmezuständen), stressig genug. Ständiger Zeitdruck, wenig Schlaf, teilweise unfreundliche und ungeduldige Menschen und mangelnde Hygiene, um nur einige Aspekte zu nennen. Ich lag noch im Bett, als André bereits mit dem LKW-Schubboden am „Abkacken" über der Müllgrube war. Obwohl er mich doch schon einige Male ermahnt hatte aufzustehen. Das Rangieren hatte ich schon einmal verschlafen, das hatte er diesmal übernommen. Was mich im Unterbewusstsein bereits ärgerte, ich es allerdings nicht mehr ändern konnte. War meine Schuld, ich kam nicht rechtzeitig aus der Koje.

Naja, was soll's. SO schwer sah diese Einfahrt nun auch wieder nicht aus. Und ich käme bestimmt noch häufiger am heutigen Tage dazu, dachte ich mir, warf mir meine neongelbe Warnweste über und kletterte aus dem Führerhaus. Ich wollte den Aufleger auskehren, hatte aber nicht bemerkt, dass André schon dabei war. Wut stieg in mir hoch, das wollte ICH doch machen. In meinen Gedanken hatte ich den Ablauf genauestens geplant. André hatte mir allerdings einen Strich durch die Rechnung gemacht, indem er schneller war als ich. Wütend nahm ich den anderen Besen und begann noch einmal von ganz hinten auszukehren. Obwohl André es doch bereits fast fertig gemacht hatte. Was das denn sollte, wollte André wissen. Es herrschte mal wieder arger Zeitdruck. Einige LKWs hinter uns in der Schlange wollten ebenfalls abladen und die Fahrer machten Gesten der Ungeduld. Doch ich ließ mich davon nicht beirren, machte in aller Ruhe weiter und sagte nur: „ICH wollte auskehren, also mach ich das jetzt auch!"

Das versetzte André in Rage. Er riss mir den Besen aus der Hand, schlug die Türen des Anhängers zu und sagte, ich solle ins Führerhaus und ruhig sein. Die fremden Fahrer würden schon wieder schauen, was hier so lange dauert. Nicht gerade der lockerste und geduldigste Job der Welt.

Im Führerhaus geriet ich in Panik und Unsicherheit. Alles war mal wieder so schnell, wie an meinen Augen vorbei, abgelaufen. Ich wurde wohl eindeutig nicht benötigt, diese Tatsache zog mich hinunter. Geknickt griff ich nach meinem Messer und wollte den brennenden inneren Schmerz mal wieder nach außen kehren. André schaute mich entsetzt an: „Wenn du DAS jetzt machst, ruf ich die Polizei!", drohte André. „Ja, mach doch!", erwiderte ich unbeeindruckt und setzte mir einige Schnitte. Niemals hätte ich für möglich gehalten, dass André seine Drohung wahr machen würde und wenige Sekunden später tatsächlich die Polizei anrief. Er berichtete, dass ich mich immer weiter verletzen würde und dass sie mich abholen sollten.

Als er aufgelegt hatte, konnte ich noch immer nicht so recht glauben, dass jetzt tatsächlich die Polizei kommen sollte. Ich fuhr einige Gänge herunter, entschuldigte mich und bat André weiterzufahren. Doch André blieb stehen und sagte nichts mehr. „Ich halte es nicht mehr aus!", sagte er. André riss mir in seiner Verzweiflung eines der scharfkantigen Messer aus der Hand, kletterte damit aus dem Führerhaus, zertrat es mithilfe seiner Sicherheitsschuhe auf dem Asphalt und schmiss es in einen Gully. Das andere steckte ich mir in die Hosentasche.

Just in dieser Minute kam auch schon ein Streifenwagen mit zwei Polizisten um die Ecke. Ich wurde unsicher, André hatte tatsächlich Ernst gemacht. Ich hatte noch den Funken einer Hoffnung gehabt, es handle sich um eine leere Drohung. Die beiden Polizisten befragten André, was denn los sei und einer der Männer hielt mich fest. André wies sie darauf hin, dass sich noch ein Messer in meiner Hosentasche befinden würde, welches einer der Polizisten vorsichtig herausholte. Nachdem sie meinen Arm sahen, von welchem das Blut tropfte, legten sie mir meine Hände auf den Rücken und packten sie in Handschellen. „Ich bin doch kein Verbrecher!", stammelte ich vollkommen verwirrt und bat André noch einmal um Entschuldigung. Ein Krankenwagen kam ebenfalls angefahren, in welchen ich samt Handschellen auf einen Sitz verfrachtet und festgebunden wurde. Was würde nun passieren?

Die beiden Polizisten hatten sich von André meinen Ausweis und mein medizinisches Equipment an Insulin und Co. aushändigen lassen und wechselten mit ihm vor dem Krankenwagen noch einige Worte. Sie erläuterten ihm, dass sie mich zunächst ins Krankenhaus zur medizinischen Versorgung und anschließend in die geschlossene Psychiatrie bringen würden, wovon ich allerdings nichts mitbekam. Im Krankenwagen auf dem Sitz festgeschnallt rief ich wiederholt den Namen von André. Dieser kam mit Tränen in den Augen noch einmal kurz zu mir herein und sagte mir, dass er sich bemühen würde, die nächste Woche frei zu bekommen. Dann könnte man in Ruhe noch einmal über alles sprechen. Das sagte er allerdings nur, um mich nicht noch weiter aus der Fassung zu bringen. Als er wieder ging, rief ich weiter nach ihm. Schließlich fuhr der Krankenwagen davon. Ich versuchte noch einen letzten Blick auf den parkenden LKW zu erhaschen, was mir vom Krankenwagen aus nicht wirklich gelang. Ich fühlte mich wie abgeschnitten von der Welt. Wo sollte ich nun hinkommen? Was würde passieren? Würde meine Mutter von der ganzen (mir im Grunde doch sehr peinlichen) Geschichte ebenfalls erfahren und dementsprechende Maßnahmen einleiten? Aber mein hauptsächlicher Gedanke galt nach wie vor André. Ich wünschte mir so sehr, alles Geschehene wieder rückgängig machen zu können. Ganz besonders die letzte halbe Stunde. Aber das war leider nicht mehr möglich.

Im Krankenhaus angekommen wurde ich (noch immer auf meinem Sitz festgeschnallt), in die Notaufnahme gefahren, wo sich ärztliches Personal meiner Verletzungen annahm. Die Schnitte waren diesmal nicht sonderlich tief. Das angetrocknete Blut

wurde entfernt, die Wunden mit einer rosafarbenen Masse über-
strichen. Dies blieb über einige Zeit haften. Ich schätze, es handelte sich um eine Art desinfizierende Schutzschicht. Die beiden Polizisten waren noch immer zur Überwachung an meiner
Seite. Immer wieder fragte ich nach André. Sie sagten mir, dass
er sehr bald nachkommen würde. Höchstwahrscheinlich jedoch
nur, um mich weitestgehend ruhig zu halten.

Nachdem meine Wunden versorgt waren, wurde ich in die
geschlossene Psychiatrie gebracht. Die Glastüren ließen sich nur
mithilfe einer speziellen Karte öffnen, welche durch einen seitlichen Schlitz gezogen wurde. In einem kleinen, ziemlich dunklen
Zimmer wurde ich einzeln untergebracht. Nachdem ich allein war,
verfiel ich in Panik. Niemand war mehr da, den ich nach André
fragen konnte. Und schon gar kein André selbst. Immer wieder
schaute ich durch die kleine Spalte des vor meinem Fenster an-
gebrachten Rollos, von wo man Blick auf einen Parkplatz hatte.
Würde André jede Minute hier eintreffen um mich wieder abzuholen? Was tat er gerade? Erledigte er harte Arbeiten ohne mich?
Rangierte er gerade an eine besonders schwere Stelle? Sobald er hier
ankommen würde, wäre er mir sämtliche Erklärungen schuldig …

Doch die Zeit verstrich und André kam einfach nicht. Ich fühlte mich zunehmend unruhiger und klingelte nach dem Personal. Ungeduldig und panisch fragte ich nach André, wann jener
denn nun endlich kommen würde. Als mir gesagt wurde, dass
sie von nichts wüssten, wurde ich aggressiv und laut. Nachdem
sie mich gar nicht mehr beruhigen konnten, wurde ich auf den
Rücken ins Bett gelegt und an Händen und Füßen daran fixiert.
Auch um den Bauch wurde mir eine Art Gürtelschnalle gelegt.
Mein Protest war jedoch noch nicht zu Ende. Aus diesem Grunde legten sie mir eine Tablette auf die Zungenspitze, welche sich
binnen weniger Sekunden auflöste. Sie schmeckte nach nichts.
Kurz darauf verlor ich das Bewusstsein.

Einige Stunden später erwachte ich wieder. Noch immer an Armen und Beinen ans Bett gefesselt, drehte ich meinen Kopf zum

Fenster. Die große dunkelrote Jalousie war noch immer heruntergelassen. Durch die Schlitze hindurch erblickte ich auf dem Parkplatz einen Alpha Romeo. Handelte es sich möglicherweise um „Großvater"? War André inzwischen endlich nachgekommen und wartete möglicherweise schon ungeduldig an der Pforte auf mich? Ich hoffte es so sehr. Wie lange hatte ich geschlafen? War es noch immer der gleiche Tag? Was hatte André zwischenzeitlich ohne mich erlebt?

Eine Schwester kam ins Zimmer und brachte mir eine warme Mahlzeit. Es gab kleine Kartoffelklöße, mit etwas Fleisch und Blaukraut. Nachdem sie festgestellt hatte, dass ich mich inzwischen wieder beruhigt hatte, löste sie mich aus den Fesseln und erlaubte mir, mich zu messen und zu spritzen und anschließend zu essen. Ich freute mich ein wenig darüber, nach dieser ganzen Prozedur war ich nun doch ziemlich hungrig. Außerdem konnte ich ohnehin nicht entfliehen. Sämtliche Türen waren nur mithilfe einer elektronischen Karte zu öffnen. Und jene waren sicher in den Taschen des Personals verwahrt.

Ich wollte so gerne eine Zigarette haben, hatte allerdings keine bei mir. Innerhalb der Räume herrschte strenges Rauchverbot. Zudem dauerte es noch 2 Monate, bis ich 18 Jahre alt werden würde. Daher war dieses Thema zunächst völlig vom Tisch. Nach dem Essen durfte ich im Badezimmer duschen gehen, nachdem meine Zimmertüre wieder abgeschlossen wurde.

Noch am selben Abend erhielt ich die Erlaubnis, einen Anruf meiner Mutter auf der Station entgegen zu nehmen. André hatte sie zwischenzeitig kontaktiert und ihr von der ganzen Aktion erzählt. Wiederholt entschuldigte ich mich bei ihr und versuchte zu retten, was möglicherweise noch zu retten war. Mit Versprechungen und diversen Rechtfertigungen unternahm ich hilflose Versuche, mich so schnell wie möglich wieder zu André zu lassen. Doch diesbezüglich war in jenem Moment keine Hoffnung in Sicht. Meine Mutter hatte veranlasst, dass ich gleich am nächsten Tag in geschlossene, stationäre Unterbringung verlegt werden sollte, um mich endgültig einer mehrwöchigen Therapie zu unterziehen. Ich bettelte, mir jene Prozedur zu ersparen und fragte wiederholt nach André. Das konnte er doch bestimmt nicht gutheißen, oder? Nicht gegen meinen Willen. Ich war mir sicher, dass ich ihm mittlerweile auch schon sehr fehlen würde. Bei unserem Abschied im Krankenwagen hatte ich das starke Gefühl, dass er die ganze Aktion selbst gerne rückgängig gemacht hätte, nachdem ich so abrupt abtransportiert wurde. André würde ich die nächste Zeit erst mal nicht mehr so schnell wiedersehen, meinte meine Mutter. Es gäbe zu viele Probleme, an welchen ich nun vorrangig zu arbeiten hätte und mit welchen ich lernen sollte zu leben. Unabhängig von André. Und nach all diesem unerträglichen Psychoterror, welchen ich ihm über die vergangenen Wochen und Monate zugemutet hatte, täte auch ihm eine Pause sehr gut.

In der darauffolgenden Nacht fand ich nur sehr wenig Schlaf. Voller Sorgen wälzte ich mich hin und her und starrte noch immer auf den roten Rollladen vor meinem Fenster. Zwischen den Schlitzen hindurch leuchteten die Straßenlaternen, hin und wieder fuhr ein PKW am Parkplatz vorbei. Die Hoffnung, dass André hier jeden Moment eintreffen würde, hatte ich durch das sehr deutliche Telefonat mit meiner Mutter längst verloren. Im Nachbarzimmer vernahm ich Geräusche, welche sich nach einem Wutanfall anhörten. Diese Annahme bestätigte sich durch Schritte und Stimmen auf dem Gang. Ganz offenbar waren hier noch mehrere Leute, welche sich nicht ganz so gut unter Kontrolle hatten. Kein Zweifel, es war ja auch immerhin eine geschlossene Psychiatrie. Noch immer konnte ich nicht fassen, dass ich nun tatsächlich hier gefangen war.

Nachdem ich einen Tag in der geschlossenen Psychiatrie verbracht hatte, wartete am Morgen des zweiten Tages erneut ein Krankenwagen, welcher mich zurück in den süddeutschen Raum bringen sollte. Da ich mit André im Fernverkehr unterwegs war und jene Aktion im Raum Unterfranken stattgefunden hatte, sollte ich die stationäre Therapie in der Nähe meiner Heimatstadt machen. Lustigerweise genau in jener Einrichtung, welche

André und ich bereits einige Monate zuvor auf Wunsch seiner Schwester Martina hin besucht hatten. Sozusagen genau um die Ecke. Möglicherweise hätte mich der Gedanke beruhigt, André in der Nähe zu wissen, wäre er zu diesem Zeitpunkt zuhause gewesen. Doch er war noch immer im Fernverkehr unterwegs. Wäre das erfolgversprechender für eine längerfristige Therapie gewesen? Hätte ich mich unter diesen Umständen nicht ganz so allein gefühlt? Ich weiß es nicht.

Noch immer traute man mir nicht über den Weg. Die Fahrt verbrachte ich zusammen mit einer Begleitperson auf der Ladefläche des Krankenwagens. Festgeschnallt auf einer Trage. Die Fahrt dauerte etwa 3 Stunden, zwischenzeitlich döste ich weg. Ich sprach einige Worte mit meiner Begleiterin und fragte, ob sie etwas von André gehört hatte. Diesbezüglich gab sie mir jedoch keinerlei Auskunft. Alles, was sie mir sagte, war, dass mit meiner Mutter vereinbart wurde, dass ich die nächste Zeit in stationärer, zunächst sogar geschlossener Unterkunft verbringen würde. Na super, was bedeutete bitte schön „die nächste Zeit"? Auch wieder so ein herrlich dehnbarer Begriff. Es konnte sich um eine Woche handeln, allerdings auch um Monate. Ungewissheit machte mich schon immer verrückt, ich hatte stets gerne einen konkreten Plan vor Augen.

Nachdem wir das Gelände des Klinikums erreicht hatten, fuhren wir durch die Schranken. Einmal quer durch die Anlage hindurch, bis nach ganz hinten zum letzten Gebäudekomplex, die stationäre Jugendpsychiatrie. Dort wurde ich bereits erwartet, in Empfang genommen, meine Sachen wurden übergeben und schließlich fuhr der Krankenwagen wieder ab. Die Betreuer waren überwiegend jüngere Leute, recht easy und freundlich. Allerdings nahm ich dies zum damaligen Zeitpunkt nicht bewusst zur Kenntnis, da sich meine Gedanken nur um André und meine baldige „Freiheit" drehten. Einiges war mir optisch noch in vager Erinnerung geblieben, als ich einst mit André zur Besichtigung vor Ort war. Nachdem ich angekommen war, wurden die große Haupttüre und die beiden Türen zum Garten hinaus verschlossen. Aufgrund meiner ablehnenden Haltung bestand Fluchtgefahr. Ich verspürte zwar den dauerhaften Drang danach auszubrechen, hätte aber aus freien Stücken keinen Versuch diesbezüglich unternommen. Zu meiner Mutter zurück nach Hause konnte ich schlecht gehen, da diese die ganze Geschichte in die Wege geleitet hatte und mich sofort wieder zurückgebracht hätte. Und wo sich André gerade befand, wusste ich nicht. Irgendwo im Fernverkehr. Außerdem konnte ich niemanden kontaktieren, da mir mein Handy bei der Ankunft abgenommen wurde.

Ich wollte so wahnsinnig gerne eine rauchen. Hatte aber weder Zigaretten noch die Erlaubnis. Ich konnte nicht begreifen, dass wegen lächerlicher 2 Monate bis hin zu meiner Volljährigkeit diesbezüglich noch ein Fass aufgemacht wurde. Inzwischen rauchte ich schon fast 2 Jahre und verspürte dementsprechend auch gewisse Entzugserscheinungen. Möglicherweise wurde meine innere Unruhe durch den Nikotinentzug noch verstärkt.

In einem freistehenden Dreibettzimmer wurde ich zunächst untergebracht. Die Station war momentan nicht voll ausgelastet, weshalb das Zimmer leer war. Wenigstens diesbezüglich eine Sorge weniger. Ein Zimmer zu teilen erschien mir noch immer unmöglich. Meine Medikamente wurden stationär bei den Betreuern deponiert. In deren Gegenwart musste ich mir meine Insulininjektionen setzen und meine Antidepressiva einnehmen. Sogar „Heftchen führen" mit Blutzuckerwerten wurde veranlasst. Was für eine nervtötende Prozedur, dieses Laster hatte ich bereits lange hinter mir gelassen.

Die Station war alles in allem sehr hell und freundlich eingerichtet. Es gab ein öffentliches Büro mit Computer, einen großen Gruppentisch zum Essen, einen Fernsehraum mit großem Sofa, einen Kickertisch und natürlich Toiletten und Badezimmer. Auch eine sehr schöne Gartenanlage, welche ich zunächst aufgrund der angeblichen Fluchtgefahr noch nicht betreten durfte. Sogar ein ausgepolsterter Raum, eine Art „Gummizelle", war vorhanden.

Dass es so etwas tatsächlich gab? Dies hielt ich bis dato immer für eine Art Witz aus Filmen und Serien.

Ich setzte mich ins Fernsehzimmer zu einer der Betreuerinnen und fragte sie wiederholt nach André und meiner Mutter. Hatten sie sich nach mir erkundigt? Wann würden sie zu mir kommen? Was konnte ich tun, um die Therapie schnellstmöglich „erfolgreich" abzuschließen und wieder in die Freiheit zu gelangen? Sie blockte jedoch wiederholt ab und meinte, ich solle jetzt endlich mal abschalten und aufhören, mich derartig auf jene Gedanken zu fixieren. Das behindere mich nur unnötig. Anstandshalber unterließ ich das Nachfragen zunächst und saß still und brav herum. Aber in meinem Kopf tobte nach wie vor der Sturm. Ich saß wie auf Kohlen und starrte auf die große analoge Uhr an der Wand und verfolgte beinah schon paranoid den tickenden Zeiger. Sekunden fühlten sich wie Stunden an.

Die ganze Station blieb meinetwegen die nächsten Tage über komplett verschlossen. Nach und nach lernte ich auch die anderen Jugendlichen kennen, welche sich ebenfalls in Therapie befanden. Sie schienen es mir nicht allzu übel zu nehmen, dass sie (welche über freien Ausgang auf dem gesamten Gelände verfügten), jedes Mal zu einem der Betreuer gehen mussten, um sich einen Schlüssel zu holen. Es war gar nicht so unüblich, dass die Türen bei kritischen Neuzugängen immer mal wieder verschlossen waren. Einige der Kids waren schon seit vielen Wochen, sogar teilweise mehreren Monaten hier. Das konnte ich nicht verstehen. Wie konnte man nur so viel Geduld für einen Aufenthalt dieser Art haben? Mit den meisten konnte man sich recht nett und „normal" unterhalten. Ihre psychischen Erkrankungen nahmen ihnen keinerlei Form der Sympathie. Nur einer von ihnen war aus meiner damaligen Sicht sehr seltsam, angeblich litt er unter einer besonderen Form der Schizophrenie. Er sprach kaum ein Wort und wenn, dann auch nur sehr leise und undeutlich. Sehr zurückgezogen und verschüchtert. Um einen guten und sozialen Eindruck zu hinterlassen, spielte ich einmal eine Runde Schach mit ihm. Möglicherweise brächte mir das Pluspunkte ein. Einmal beobachtete ich diesen Jungen, wie er sich seine Socken über die Hände streifte und sich mit einer Schöpfkelle an der Mineralwassermaschine bediente. Daraufhin kam er einige Zeit in den Ruheraum, die Gummizelle. Komischer Vogel. Auf der anderen Seite – was hatte ich schon für ein Recht ihn zu verurteilen? Ich kannte immerhin seine Geschichte und die genauen Ursachen nicht.

Nach 2 Tagen erhielt ich ein kleines Einzelzimmer, weil noch einige Jugendliche mehr eintrafen. Darunter auch ein Mädchen muslimischer Abstammung, mit welchem ich mich recht gut verstand. Vom Wesen her war sie sehr robust, ihr Stil war Hip-Hop-Gangster-typisch. Sie hatte ein bisschen Tabak eingeschmuggelt, welchen sie in kleine Papiere drehte. Wir verzogen uns in den ersten Tagen des Einschlusses gelegentlich ins Badezimmer, welches sich von innen abschließen ließ und nahmen einige Züge am Fenster, welches sich nur einen kleinen, ganz engen Spalt nach außen hin öffnen ließ. Was für eine süße Erlösung, endlich mal wieder etwas Nikotin zu inhalieren. Auch wenn es nichts besonders Hochwertiges war. Aber dennoch besser als nichts.

Die ständige Ungewissheit machte mich am meisten verrückt. Von einer Therapie hatte ich mir stets etwas ganz anderes erwartet. Täglich mehrere Stunden Gesprächstherapien mit Psychologen, möglicherweise irgendwelche speziellen „Zauberpraktiken" wie Hypnose, Schocktherapie oder ähnliches, um die grundlegenden Probleme systematisch zu bearbeiten. Neben den 5 Betreuern, welche in abwechselnder Schicht anwesend waren, gab es für die gesamte Station, welche aus ca. 20 Jugendlichen bestand, noch 3 geschulte Psychologen, bei welchen es jeweils zweimal die Woche eine Gesprächsstunde pro Nase gab. Das war in meinen Augen deutlich zu wenig. Die meiste Zeit bestand aus Freizeitaktivitäten, Hobbyerweiterung, Konzentration auf persönliche Stärken und ähnliches. Da ich seit Jahren keinem kontinuierlichen Hobby mehr nachging, fand ich diesbezüglich auch nicht wirklich etwas Entsprechendes. Ich setzte mich ein bisschen ans

Keyboard, welches im Flur aufgestellt war, und lernte die Melodie für „Summ, summ, summ, Bienchen summ herum" auswendig. Aber wie so oft fehlten mir die nötige Geduld und Disziplin jenes potenzielle neue „Hobby" weiter auszubauen. Es würde sich doch jetzt bestimmt nicht mehr rentieren anzufangen. Außerdem waren andere darin weitaus besser als ich. Ich würde mich ohnehin neben den Besseren nur wieder minderwertig fühlen. Dass auch diese einmal klein angefangen hatten, kam mir nicht in den Sinn.

Nach einigen Tagen stand ein Besuch im Kino auf dem Plan. Mit zwei Betreuern setzte die Gruppe zum langen Fußmarsch durch die Stadt an. Ein ziemlich weiter Weg, welcher mit meinem verkürzten Fuß (damals noch ohne orthopädische Einlagen) eine enorme Herausforderung darstellte. Als wir am örtlichen Einkaufsladen vorbeiwanderten, liefen mir ungebeten einige Tränen aus den Augen. Dies war der Ort, an welchem André und ich stets unsere ausgiebigen Wocheneinkäufe tätigten. Mein Herz zerbrach fast vollständig, nur mit viel sehr Mühe konnte ich weitere Tränen zurückhalten. Ein Mädchen aus der Gruppe nahm mich aufmunternd zur Seite und versicherte mir, dass ich André doch sehr bald wiedersehen würde und wir dann wieder gemeinsam hier einkaufen würden.

Im Kino sahen wir uns „Das Leuchten der Stille" an. Ein sehr interessanter Film, in welchem es unter anderem um das Thema Autismus geht. Möglicherweise hatten die Betreuer ihn deswegen ausgewählt. Außerdem bezog sich die Handlung auf ein frisch verliebtes Paar, welches durch berufliche Umstände eine sehr lange Zeit getrennt war. Sie schrieben sich tagtäglich Briefe, um sich jedes noch so kleine Detail aus ihren Leben zu berichten, solange sie getrennt waren. Das imponierte mir. Ich glaube, dass mir dieser Film in der damaligen Situation etwas dabei half, die vorübergehende Distanz zu André besser zu ertragen. Sehr viele Menschen in Beziehungen, Familien und Freundschaften sind zuweilen über einen längeren Zeitraum voneinander getrennt. Das ist eine von vielen Hürden, welche es im Leben zu meistern gilt.

Als wir an diesem Abend wieder auf die Station kamen, schrieb auch ich für André einen langen Brief, welchen er bekommen sollte, sobald er mich besuchen durfte. Ich entschuldigte mich unter anderem für alle Fehler und sämtliche Aussetzer, welche ich ihm in den vergangenen Monaten zugemutet hatte. Nach reiflichem Nachdenken war mir ansatzweise bewusst geworden, dass Neid und Missgunst nicht die Antwort sein konnten. Ich nahm mir als Vorsatz, Andrés Talenten und Vorzügen künftig nicht mehr mit Missgunst und Neid zu begegnen, sondern viel eher mit Stolz und Respekt. Das hatte ein guter Mensch wie er eindeutig verdient. Und noch viel mehr. Würde mir mein Vorhaben gelingen? Sicherlich nicht von heute auf morgen aber auf lange Sicht ganz bestimmt.

Nach einigen Tagen in „Gefangenschaft" öffneten sich endlich die Türen. Auch ich durfte nun die Station ohne Aufsicht verlassen und mich auf dem gesamten Therapiegelände frei bewegen. Einige der Jugendlichen rauchten heimlich, ganz bestimmt wussten dies auch die Betreuer. Sagten jedoch nicht immer etwas, da sie selbst teilweise rauchten. Hinter dem Kiosk befand sich ein beliebter Treffpunkt, an welchen auch ich nun regelmäßig ging und mir gelegentliche eine Fluppe schnorrte.

Am ersten Wochenende der Therapie kündigte meine Mutter ihren ersten Besuch an. Als ich hörte, dass auch André kurz vorbeischauen würde, machte mein Herz einen doppelten Salto. Ganz bestimmt würde er dafür kämpfen, mich gleich wieder mitnehmen zu dürfen. In Gedanken befand ich mich bereits als neu gesonnener Mensch am bevorstehenden Montag wieder mit ihm auf Touren.

Ich erinnere mich noch ganz genau an jenen Tag. Wie ein kleiner Hund wartete ich an der großen Glastüre des Haupteingangs. Als ich André in weiter Ferne erblickte, war ich sehr glücklich. Ich klopfte aufgeregt gegen die große Glastüre, damit er mich auch gleich finden würde. Als er mich sah, lächelte er mir zu. Noch heute sehe ich ihn in seinem weißen T-Shirt, welches er sich einige Zeit zuvor neu gekauft hatte, mit einigen

Zetteln und einer Tüte in der Hand in meine Richtung kommen. Als die Tür aufging umarmte ich ihn fest.

Allzu lange sollte André nicht bleiben, das hielt man momentan für kontraproduktiv. Außerdem würde auch meine Mutter später noch vorbeischauen. Hibbelig und aufgedreht zeigte ich André mein kleines Zimmer, in welchem ich seit einigen Tagen einquartiert war. In der großen Tüte, welche er für mich mitgebracht hatte, befanden sich überwiegend Klamotten von mir, welche ich bei ihm zuhause gelagert hatte und sich teilweise noch in den Schränken des LKWs befunden hatten. André wusste, dass in der Therapie absolutes Rauchverbot herrschte. Trotzdem hatte er mir eine Packung Zigaretten in eine der Hosentaschen gepackt, welche von den Betreuern glücklicherweise nicht gefunden wurde. Halleluja! Es braucht manchmal so wenig zum Glücklichsein…

Ich redete wie ein Wasserfall, obwohl ich wusste, dass unsere gemeinsame Zeit begrenzt war. Ich beteuerte, wie sehr ich mich denn schon gebessert hatte, was mir in den letzten Tagen alles bewusst geworden wäre und wofür ich mich schämte. André war so unendlich lieb zu mir. Gestand aber trotzdem, wie sehr ihn die ganzen Geschehnisse belastet hatten. Er sagte mir sachlich, dass er es sehr befürworten würde, wenn ich die Therapie durchziehen würde. Ganz bestimmt könnte mir langfristig geholfen werden, wenn ich es nur durchhalten würde. Für ihn, für uns, aber hauptsächlich für mich. Ich versicherte ihm, dass bereits wenige Tage einiges verändert hätten, mir nun bewusst wäre, aus wie vielen Mücken ich große Elefanten gemacht hatte. Wie viele sinnlose Umstände ich verursacht hatte. Glaubte mir André? Und vor allem: Glaubte ich mir selbst?

Er zeigte mir einige Blätter, welche er mit diversen Stichpunkten bekritzelt hatte. Ich staunte nicht schlecht. André schrieb niemals so viele Sätze, wenn es nicht unbedingt sein musste. Jene Auflistung war für die zuständigen Psychologen gedacht. Er hatte aufgelistet, was ihn am meisten belastete und was seiner Ansicht nach therapiert werden musste.

Und obwohl ich tief im Inneren wusste, dass es einige weiträumige Baustellen bei mir gab, betrachtete ich diese Aktion als eine Art Fall in den Rücken. Ich hatte erwartet, dass André dafür kämpfen würde, mich schnellstmöglich wieder mitnehmen zu dürfen.

Nach etwa 20 Minuten verabschiedete sich André wieder. Ich merkte ihm an, dass es ihm durchaus leidtat, mich wieder „alleine" zu lassen. Aber er zog es konsequent durch. Zum Abschied gab ich ihm noch den Brief, welchen ich ihm einige Tage zuvor geschrieben hatte.

Ich wusste nicht, wann ich ihn wiedersehen würde. In 2 Tagen würde er wieder mit dem LKW unterwegs sein um Getränke, Ersatzbrennstoff und Altpapier ausfahren. Jedoch ohne mich.

Am späteren Nachmittag kam auch noch meine Mutter zu Besuch. Zu meiner Verwunderung schimpfte sie nicht mit mir, sondern war überwiegend sachlich. Sie führte mir vor Augen, dass es so nicht weitergehen könne, dass ich das Leben von André nicht weiter belasten dürfe. Und dass es JETZT die optimale Gelegenheit wäre, endlich an meinen tiefsitzenden Problemen zu arbeiten. Noch wäre es nicht zu spät, ich könnte noch so viel erreichen.

Ich wollte nicht viel von ihrer Meinung hören. Gab jedoch den Einsichtigen und bestätigte, einige Probleme zu haben. Ich zeigte ihr eine Liste mit guten Vorsätzen, an welche ich mich nach der ersehnten Entlassung unbedingt halten wollte. Dazu gehörte unter anderem, André wieder mehr Freiraum zu lassen und mich mehr auf mich selbst zu konzentrieren, anstatt ihn vollständig kopieren zu wollen. Ich bat um die Erlaubnis, mich schnell zu entlassen. Ich würde auch wieder in ambulante Therapie gehen und mich um meine berufliche Zukunft kümmern.

Wir unternahmen einen langen Spaziergang übers Gelände und redeten über diverse Dinge. Schließlich lud mich meine Mutter noch auf einen kleinen Eisbecher im Café ein und organisierte mir in ihrer Gutmütigkeit ein weiteres Schächtelchen Zigaretten. Damit ich wenigstens in dieser Hinsicht über die nächsten Tage eine Sorge weniger hatte. Das fand ich äußerst korrekt. Meine Mutter rauchte damals noch selbst und hatte dieses „Manko" an mir inzwischen ganz gut akzeptiert. Wir vereinbarten, dass ich noch einige Zeit bleiben sollte. Wenigstens für 6 Wochen. Dann könne man immer noch weitersehen. Möglicherweise würde ich dann ja sogar noch freiwillig einige Wochen dranhängen, sollte ich merken, dass es mir eventuell doch weiterhilft.

Bestimmt nicht …

Wiedersehen

In den nächsten Tagen standen einige gemeinsame Unternehmungen mit der Gruppe auf dem Tagesplan. Wir gingen gemeinsam zum Bowling, machten Radtouren und übten im Klettergarten was es bedeutet, durch Gemeinschaft und Zusammenhalt einiges zu erreichen. Durch mein körperliches Handicap fühlte ich mich jedoch trotz allem Verständnis weiterhin unwohl bei Aktivitäten wie diesen. Außerdem machten mir meine Berührungsängste zu schaffen. Ganz besonders bei den Kletter- und Hangel-Übungen, bei welchen man sich an den Händen nehmen musste, um die schmalen Baumstämme zu überqueren. Die Bedeutung von Zusammenhalt brachte diese Übung jedoch sehr gut zum Ausdruck.

Ich agierte zunehmend gelassener, offener und heuchelte vermehrt Einsicht. Natürlich merkten dies auch die geschulten Psychologen und Betreuer. Sie hatten längst durchschaut, dass ich von meinem eigentlichen Bestreben, die Therapie so schnell wie möglich wieder verlassen zu dürfen, nicht abzubringen war. Nach zwei Wochen wurde schließlich ein sachkundiger Richter einbestellt, welcher beurteilen sollte, ob ich denn vorzeitig entlassen werden dürfte. Ob ich selbstmordgefährdet wäre oder gar eine Gefahr für andere darstellen würde. Als ich mit ihm sprechen durfte, erläuterte ich sehr ausführlich, dass ich die Aktion mit der Selbstverletzung zutiefst bereute. Es sei erstmalig im Affekt geschehen, eine Intension des Selbstmordes bestand nach meinen Angaben niemals. Durch den frühen Tod meines Vaters im vorherigen Jahr, meine chronischen Einschränkungen und die vielen neuen Lebensumstände mit André sei einfach sehr viel zusammengekommen. Ich erzählte von meinem neuen Berufswunsch, LKW-Fahrer zu werden. Dies konnte ich mir trotz Sehnenverkürzung sehr gut vorstellen, da es sich im Fernverkehr um eine überwiegend sitzende Tätigkeit handelte. Außerdem wollte ich weiterhin ambulant in Therapie gehen. Aber stationär würde ich eine Therapie definitiv ablehnen.

Das Gericht befragte ferner die Betreuer, die Psychologen und auch meine Mutter. Keiner von ihnen befürwortete eine vorzeitige Entlassung. Jedoch entschied der Richter zu meinen Gunsten. Was brächte es noch, mich gegen meinen Willen für 2 Monate bis zur Vollendung meines 18. Lebensjahres einzusperren? Würde ich mich doch spätestens zu diesem Zeitpunkt selbst entlassen. In diesem Fall wären sämtliche Bemühungen, Kosten und auch Hoffnungen für die Katz. Es wurde ein Datum festgelegt, an welchem ich die Klinik wieder verlassen durfte. Ich freute mich unsagbar darauf und fertigte mir eine Liste an, welche ich an meiner Pinnwand aufhing. Jeder verstrichene Tag bedeutete nun ein neues Kreuzchen. Ein baldiges Ende war in Sicht! Schön, endlich wieder eine Gewissheit zu haben und sich auf etwas einstellen zu können.

Wenige Stunden vor meiner Entlassung nahm mir einer der Betreuer mein noch halbvolles Päckchen Zigaretten weg. Ich wunderte mich, hatte ich doch immer geglaubt, dass es im Grunde niemanden interessieren würde. Auch wenn mich direkt niemals jemand erwischt hatte. Und dann auch noch am letzten Tag, was sollte das denn bitteschön? Möglicherweise handelte es sich um eine symbolische Maßnahme. Als mich meine Mutter schließlich abholte, wurden die Zigaretten wieder ausgehändigt.

Meine Mutter war nicht gerade erfreut und setzte sich zumindest so weit durch, mich unmittelbar nach meiner Entlassung nicht wieder sofort zu André zu lassen. Es war Mitte August 2010, die Sommerferien hatten schon begonnen. Ich sollte wie üblich eine Woche mit zu meiner Oma nach Thüringen fahren. Und obwohl es stets eine schöne Zeit war, wollte ich doch viel lieber wieder zu André. Aber immerhin, zunächst mal wieder frei sein, das war ein erster Schritt.

André und ich hielten inzwischen wieder über Handy und Chat regelmäßigen Kontakt. Er befand sich mal wieder im Fernverkehr.

Ich fragte ihn, wann wir uns wiedersehen würden. Er meinte, er würde mich während der Ferien bei meiner Oma für ein Wochenende besuchen kommen. Das war mit meiner Mutter so vereinbart und von ihr abgesegnet.

Die Ferien in Thüringen verliefen nach unserem typischen Muster. Viele Ausflüge und Wanderungen, abendliches Grillen im Gartenhäuschen, Bummeln in der Stadt und diesmal sogar ein Besuch in der Freilichtoper. Wir sahen uns „Die Zauberflöte" an. Eine klassische Oper, welche sehr schön in Szene gesetzt war. Ich kannte diese Oper bereits aus Kindertagen. Stolz erklärte ich meiner Mutter, meiner Oma und meinem Bruder Finn, dass es sich bei den dort installierten Frontscheinwerfern um PAR-64er Lampen handelte, welche mit einem Dimmer betrieben wurden. Eine Kenntnis, welche ich mir durch die Musik-Szene angeeignet hatte.

Nach wenigen Tagen kam schließlich auch André zu Besuch. Voller Ungeduld wartete ich an der Straße auf ihn, bis ich unser Auto „Großvater" schließlich erblickte. Voller Glück hüpfte ich ins Auto und konnte es noch gar nicht so recht glauben. Wir freuten uns beide so sehr. Vergessen waren in diesem Moment sämtliche Geschehnisse und Probleme aus jüngster Vergangenheit.

Es gab so viel zu erzählen, zu erfragen und so viel zu versprechen. André brachte noch einmal zum Ausdruck, dass er fest an uns glaubte und auch wusste, dass ich im Grunde nichts für meine psychischen Aussetzer konnte. Aber er konnte unter diesen Umständen definitiv nicht weitermachen. Außerdem dürfte es nie mehr kriminelle Aktionen wie Schwarzfahren mit PKW und vor allem mit dem LKW geben. So viel stand schon einmal fest. Ich versprach, fest an mir zu arbeiten. Bat ihn allerdings auch weiterhin um Geduld. Uns beiden war bewusst, dass eine vollständige Wendung um 180 Grad in kürzester Zeit niemals möglich sein würde. Es wäre noch ein sehr langer Weg.

André war Realist und erwartete keine Wunder. Er bestand hauptsächlich darauf, dass ich ihn psychisch niemals wieder so stark unter Druck setzen, jede spontane Bewegung und jedes

„falsche" Wort persönlich nehmen dürfte. Diese permanente Angst, mir in irgendeiner Form unbewusst wehzutun, belastete ihn am meisten. Niemals wollte er das doch tun. Er wollte mich doch stets glücklich und selbstbewusst an seiner Seite wissen. Außerdem bat er mich darum, die nächsten Wochen nicht mehr bei ihm im LKW mitzufahren. Ich sollte mich erst einmal um mich selbst kümmern, um meine berufliche Zukunft, meine psychische Situation und ähnliches. Diese Tatsache behagte mir nicht. Ich ging diesen Kompromiss jedoch schweren Herzens ein.

Nachdem wir einen sehr schönen Tag verbracht hatten, fuhren wir gen Abend zum Gartenhäuschen meiner Oma. Dort wurden leckere Rostbratwürstchen serviert und André lernte nun erstmals meine Oma kennen. Locker wie sie ist, bot sie ihm gleich ein Bierchen an. Viel gesprochen wurde nicht. Die ganze momentane Situation war noch etwas zu verkorkst.

André übernachtete in dieser Nacht gemeinsam mit mir im Gartenhäuschen, welches meine Oma extra für uns beide hergerichtet hatte. Das war eine besondere Ausnahme, sonst wurde niemals dort geschlafen.

Träumer André empfand diese ganze Sache als großes Abenteuer und fand es absolut cool. Er malte sich in bunten Farben aus, wie es wohl wäre, in einem kleinen Häuschen wie diesem zu leben. Abends saßen wir noch lange auf der Terrasse, rauchten und redeten über die Zukunft.

Am nächsten Tag besuchten wir noch einmal jenen Imbiss, welchen wir im vorherigen Jahr schon einmal aufgesucht hatten, als wir uns erst ganz frisch kannten. André meinte, dass er es damals niemals für möglich gehalten hätte, dass wir einmal zusammenkommen würden.

Gegen Abend verabschiedete sich André schließlich und versprach mir, dass wir uns am kommenden Wochenende wiedersehen würden, wenn er wieder zuhause bei Martina wäre. Es fiel mir innerlich so unendlich schwer, ihn fahren zu lassen. Die Zeit bis zum nächsten Wiedersehen war zwar absehbar, jedoch haderte ich innerlich noch immer mit sämtlichen Fragen, was er denn wieder die Woche über machen würde. Dinge, welche ich möglicherweise nicht konnte oder zu welchen ich nicht berechtigt war? Mit wem telefonierte er? Was gab es hinter meinem Rücken zu erzählen? Ich versuchte ihm zu vertrauen.

Als sich der Besuch bei meiner Oma dem Ende zuneigte, riet sie mir zum Abschied, mir endlich einmal bewusst Gedanken um meine Zukunft zu machen. Es wäre doch noch Zeit.

Nachdem ich wieder zuhause war, traf ich mich wieder öfter mit Axel. Ihn hatte ich im vergangenen Jahr kaum noch gesehen, da ich die meiste Zeit mit André zusammenhing. Axel hatte inzwischen sein Berufsvorbereitungsjahr absolviert und sich im Nachbarort auf eine Lehrstelle in der Gastronomie beworben, welche er auch bekam. Nach den Sommerferien sollte es dort für ihn losgehen. Was ich denn schulisch oder beruflich machen wollte, fragte mich Axel. Ich sei doch alles andere als blöd, ich könnte doch durchaus locker leicht einen dementsprechenden Abschluss erlangen. Ich entgegnete, dass ich gerne LKW-Fahrer werden würde, da ich mir dies auch mit meiner Sehnenverkürzung vorstellen konnte, da es sich um eine überwiegend sitzende Tätigkeit handelte. Aber hier müsste ich eben noch etwas warten, immerhin war ich noch nicht einmal ganz 18 Jahre alt und im Besitz eines PKW-Führerscheins. Dieser nächste Schritt stand jedoch unmittelbar bevor. Durch André war ich auf eine Fahrschule in seiner Heimatstadt aufmerksam geworden, welche er selbst vor Jahren einmal besucht hatte.

Ferner besuchte ich noch einige Male meine langjährige Jugendtherapeutin ambulant. Ich erzählte ihr von sämtlichen Geschehnissen aus vergangenen Wochen und Monaten. Redete doch wie meist das eine oder andere schön und verharmloste tatsächliche Geschehnisse. Noch immer befürwortete sie eine dauerhafte Trennung von André, was ich jedoch nicht hören wollte. Aus diesem Grund schlief die Therapie auch allmählich ein. Außerdem war sie hauptsächlich für Kinder und Jugendliche zuständig. Bald wäre ich schon volljährig.

Die nächsten Wochen verbrachte ich nun abwechselnd wieder bei meiner Mutter, meinem Bruder und André. Dieser hatte mir mittlerweile verkündet, dass sein Chef, der Spediteur, von dem einen oder anderen von mir verursachten „Vorfall" während der LKW-Fahrten Kenntnis erhielt und daraufhin entschieden hatte, dass ich nicht mehr als Begleiter agieren durfte. Von heimlichen Schwarzfahrten auf Firmengeländen war ihm unter anderem berichtet worden. Das konnte er aus rechtlichen und versicherungstechnischen Gründen nicht verantworten. Deshalb hatte er André die freundliche Anweisung übertragen, mich künftig nicht mehr mitzunehmen.

André entschied sich mir zuliebe jedoch einige Wochen später dagegen und ließ mich trotzdem zwischendurch wieder mitfahren. Anfangs verheimlichte er es noch nicht einmal. Er versprach in meinem Namen, dass es keine illegalen Aktionen oder Blamagen mehr geben würde.

Vorerst durfte ich nicht mehr rangieren, was mir doch so viel bedeutet hatte. Bei einigen Firmen musste ich sogar draußen bleiben. Oder ich verzog mich nach hinten in die Schlafkabine und zog die Vorhänge zu.

Um finanziell etwas beitragen zu können, meldete ich mich anonym in einer Online Community für Autoren an. Dort gab es einen „Autorenpool", in welchem freie Texter Artikel mit diversen vorgegebenen Themen annehmen konnten und jene mit meist vorgegebener Wortanzahl und Keywords zu einem Text zusammenfassen mussten. Nach erfolgreicher Abgabe und Überprüfung der Kunden wurden diese Artikel dann angenommen und vergütet. Damit ließen sich keine Unmengen an Geld verdienen. Nur winzige Beträge kamen zusammen. Die Überweisungen, meist nur im bescheidenen Wert von etwa 10 bis 30 €, ließ ich mir zwischenzeitlich auf mein damaliges Jugendkonto überweisen und zahlte davon regelmäßig stolz einen Teil des Einkaufes.

André hatte einen Laptop mit WLAN-Stick, mit welchem ich auf Fahrten schreiben und recherchieren konnte. Soweit es bei dem stetigen Gewackel eben möglich war. Aber immerhin hatte ich nun eine kleine Aufgabe, welche mich etwas erfüllte. Auch wenn es sich finanziell noch nicht mal um einen Tropfen auf dem heißen Stein handelte. Erneut träumte ich kurzzeitig von einer vielversprechenden Karriere als Autor oder Journalist, unternahm jedoch keinerlei Anstrengungen, diesem Wunsch näher zu kommen. Die vielen Jahre bis hin zum Abitur mit anschließendem Studium schienen mir einfach zu lang. Wer garantierte mir, dass ich in 5 Jahren überhaupt noch lebte?

Da André wusste, wie viel mir das Rangieren bedeutete und mein (falsches?) Ego bestärkte, ließ er mich zwischenzeitig trotz allem immer mal wieder an die Rampen fahren. Natürlich nur, wenn keiner hinsah. Dies hatte zur unangenehmen Folge, dass es nach und nach wieder zur gnadenlosen Selbstverständlichkeit mutierte und ich einen Teil meines Selbstwertgefühls daraus bezog.

Allerdings gab es kaum mehr Auseinandersetzungen bezüglich Tankdeckel öffnen, Lieferscheine verfassen, Blinker betätigen und ähnlichem. Auch die manuelle Handschaltung bei „Großvater" durfte André fortan wieder selbst übernehmen.

Der See des Lebens ist unergründlich.
Auch wenn die Oberfläche noch so klar erscheint.

Endlich 18!

Zwischenzeitig hatte Martina, Andrés Schwester, eine sehr verantwortungsvolle Aufgabe für mich. Der Tierschutzverein, in welchem sie aktiv war, hatte einen Straßenhund aus der Türkei gerettet, welcher nur knapp überlebt hatte. Jenem waren die Ohren und der Schwanz abgeschnitten worden, um ihn bei Hundekämpfen einzusetzen. Da er jedoch zu gutmütig zum Kämpfen war, landete er auf der Straße. Fast vollständig verhungert, brachten sie die arme Seele nach Deutschland. Nun wurde dringend ein vorübergehender Pflegeplatz benötigt, wo Hund Jonny unterkommen konnte, bis sich ein endgültiges Heim gefunden hätte.

Da Martina von meiner großen Tierliebe wusste, fragte sie mich, ob ich es mir denn zutrauen würde, für einige Zeit auf Jonny aufzupassen. Natürlich bejahte ich sofort, Tiere lagen mir schon immer mehr am Herzen als alles andere auf der Welt. So passte ich über eine Woche auf Jonny auf und verblieb in jenem Zeitraum in der Wohnung von André. Durch Martina unterstützt und beraten, erlernte ich alsbald einen verantwortungsvollen Umgang mit dem herzensguten Hund.

Optisch schien er entstellt. Aber das war mir absolut egal und schließlich konnte er ja nichts für sein grauenhaftes Schicksal. Wie viel Leid und Ungerechtigkeit müssen Millionen Tiere durch die „überlegene" Gattung Mensch über sich ergehen lassen? Das ist so schrecklich. Ich war glücklich, dass ich im Gesamtbild wenigstens einen kleinen Beitrag leisten konnte, indem ich Jonny hütete. Nach gut einer Woche fand sich schließlich auch ein wunderschönes Heim für ihn.

Nachdem Jonny wieder fort war, kehrte ich mit André in den Fernverkehr zurück. Parallel dazu machte ich meinen PKW-Führerschein. Das Geld hierfür hatte ich zum Großteil aus einem Sparbuch meiner Patentante bekommen, welche mir dieses zu meinem 18. Geburtstag ausgezahlt hatte. Über die Jahre hatte sie immer wieder zu bestimmten Anlässen etwas für mich einbezahlt. Auch von anderen Familienmitgliedern, welche über die Jahre ein bisschen was für mich zusammengespart hatten, erhielt ich Geldgeschenke zu meiner Volljährigkeit. Der Kontakt zu meinen Großeltern war in der Zwischenzeit ziemlich eingeschlafen, ich meldete mich nur noch sehr selten und besuchte sie nur noch zu Weihnachten. Dies tat ich unter anderem aus Scham, da ich wusste, dass sie mit meiner momentanen Lebenssituation alles andere als einverstanden waren. Allerdings auch, weil ich ihnen sämtliche Demütigungen und Vorwürfe nicht verzeihen konnte. Ich wäre über den Tod meines Vaters nicht traurig gewesen und dass er mir im Grunde doch egal war, brauchte ich mir nicht länger sagen lassen. Denn es entsprach einfach nicht der Wahrheit. Jeden Tag trug ich meinen Vater im Herzen bei mir. Das ist meiner Ansicht nach viel wertvoller als jede Woche „symbolisch" auf den Friedhof zu rennen. Diese Tatsache, dass ich selten an sein Grab ging, warf meine Oma weiterhin auch meiner Mutter vor, wenn sie diese gelegentlich beim Einkaufen traf. Zum Glück teilte und verteidigte meine Mutter stets meinen persönlichen Standpunkt.

Ich war glücklich darüber, endlich volljährig zu sein. So konnte mich nun niemand mehr gegen meinen Willen in eine geschlossene Unterbringung stecken. Womöglich machte mich dieses „Gefühl der Sicherheit" wieder nachlässiger in Bezug auf mein Verhalten und meine Selbstbeherrschung. André und ich stritten uns erneut wegen Kleinigkeiten und ich brachte ihn an seine Grenzen.

Meine Antidepressiva schienen jedoch allmählich Wirkung zu zeigen, nahm ich jene nun bereits seit einigen Monaten. Ich rastete nicht mehr so schnell aus wie zuvor und auch mein Drang, alles ganz genau so machen zu wollen wie André, schien allmählich nachzulassen.

Es wäre gelogen zu sagen, dass die vollständige Zeit gemeinsam auf Tour ein durchgehendes Psychodrama war und wir niemals auch sehr schöne Momente hatten. Nach Feierabend schauten wir gemütlich DVD-Filme über den Laptop, badeten im Hochsommer in einem großen See, wo uns einmal beinahe ein Schwan attackierte, und gingen ab und zu an einem Autohof Abendessen. Während der Fahrten drehten wir lustige Videoclips, in welchen wir „Azubi und der alte Fernfahrer" spielten. Anfänglich fand André dies noch sehr spaßig, allerdings ging es ihm bald schon auf die Nerven.

Am Wochenende waren wir entweder zuhause bei Martina oder bei einem Auftritt, wo André weiterhin die Tontechnik übernahm. Da er nun nicht mehr fest beim Verleiher angestellt war, gingen wir überwiegend nur zum Soundmachen dorthin.

War ich nicht gerade unmittelbar neben ihm am Mischpult, so trieb ich mich zunehmend mehr mit Andrés Kumpels auf der Tanzfläche herum und trank Wodka-Bull.

Über die Musikszene entwickelten sich in den folgenden Jahren viele neue Bekanntschaften, mit welchen ich regelmäßig ausgiebig feierte. Die meisten davon waren sehr nett und locker, trink- und partyfreudig. Sie nahmen mich genauso wie ich war. Auch mit den meisten Musikern verstand ich mich sehr gut. Häufig schlug ich jedoch mit meinem Alkoholkonsum über die Stränge und trank so viel, dass ich albern und peinlich agierte. Aber das ist eine Sache, für welche ich mich nicht sonderlich schäme. In meiner Jugend ging ich dagegen niemals mit Klassenkameraden zum Saufen. In dieser Hinsicht war ich ein ziemlicher Spätsünder. Und außerdem heißt es doch im Volksmund, nur kleine Kinder und Betrunkene sind ehrlich. Einige Menschen werden unter Alkoholeinfluss sehr aggressiv und zetteln Schlägereien an. Häufig bekam ich Derartiges bei Auftritten mit, als die Securitys angerannt kamen, um prügelnde Betrunkene auseinander zu ziehen. Das war bei mir nie der Fall. Ich selbst agierte betrunken lustig und entspannt. Möglicherweise ist mein wahrer Grundkern doch nicht so übel?!

Meinen Zucker ließ ich in dieser Hinsicht vollkommen außer Acht. Dass Alkohol einen enormen Einfluss auf den Zuckerspiegel hat, ihn sogar systematisch in den Keller treiben kann, war mir zum damaligen Zeitpunkt nicht bewusst.

Der Alkohol machte stets so unglaublich locker. Nach 6–8 Gläschen waren sämtliche Hemmungen vergessen und ich fühlte mich einfach nur frei. Zu diesem Zeitpunkt machte sich selbst meine Sozialphobie auf der meist gut gefüllten Tanzfläche nicht mehr so ausgeprägt bemerkbar.

Die meisten Leute aus der Musikszene tranken über den Abend verteilt ihre geliebten Jacky-Cola. Ich war durchaus nicht der Einzige, welcher am Ende des Auftrittes ordentlich einen in der Krone hatte. Auch André trank regelmäßig ein paar Gläschen. Allerdings wusste er meist, wo seine Grenzen lagen und hörte ab einem gewissen Zeitpunkt immer auf. Und so viel wie ich vertrug er ohnehin nicht. Hihihi!

Irgendwann beschloss Andrés Chef, dass ich nun überhaupt nicht mehr mitkommen durfte. Noch immer begründete er es mit versicherungstechnischen Umständen. Jedoch ahnten wir, dass es an den Verspätungen und Auffälligkeiten lag. So fuhr ich fortan, nur noch unter Angst entdeckt zu werden, heimlich mit André mit. Wir gingen keinerlei Risiko mehr ein. Sehr bald wussten wir genau, welche Kollegen welche Touren bekamen und planten dies in unsere Heimlichkeiten ein. Auch der Chef fuhr gelegentlich selbst auf einem seiner LKWs. Einmal wussten wir genau, dass dieser uns auf der Autobahn mit sehr großer Sicherheit entgegenkommen würde. Also setzte mich André an einem Autobahnparkplatz aus, auf welchem er mich nach einiger Zeit wieder abholen wollte. Ich wartete dort knapp 2 Stunden auf ihn. Dies diente dazu, dass ich auf dem Hof der Spedition nicht entdeckt wurde. Als André eintraf, erzählte er mir, dass der Chef noch nicht gestartet war. Er könnte uns also immer noch jeden Moment entgegenkommen und unter Umständen sogar das Führerhaus kontrollieren.

Also schlüpfte ich in den leeren Palettenkasten, welcher sich unterhalb des Anhängers befand. André verschloss die Türen von außen und fuhr los. Diese Art des Transports war alles andere als komfortabel. Es holperte, wackelte und ich knallte bei jedem kleinen Schlagloch auf der Autobahn mit dem Kopf gegen die Decke. Doch das war mir recht egal, es war beinahe schon ein lustiges Abenteuer. Alles, was zählte, war nicht entdeckt und wieder nach Hause geschickt zu werden. In der Tat war unsere gefährliche Mission erfolgreich, obwohl der Chef nicht, wie befürchtet, kontrollierte. Nach etwa 30 km hielt André wieder an und ließ mich zurück ins Führerhaus. Nun befanden wir uns wieder in sicheren Gefilden.

Um die Zeit, welche ich André nicht begleiten konnte, effektiv zu nutzen, suchte ich gemeinsam mit meiner Mutter jene orthopädische Klinik auf, in welcher ich vor vielen Jahren schon einmal wegen meiner Sklerodermie in Behandlung war. Ich wollte erfragen, wie es denn inzwischen mit der Möglichkeit für eine Operation bezüglich meiner verkürzten Sehne aussähe. Damals hieß es schließlich immer, dass jene verlängert werden könnte, sobald ich ausgewachsen wäre.

Nach sorgfältiger Prüfung, neuen Röntgenbildern und Blutwerten nahm uns der zuständige Arzt zur Seite und erklärte die Sachlage. Eine Operation sei aufgrund des schwer geschädigten Bindegewebes extrem gefährlich und es bestehe die fünfzigprozentige Gefahr, dass die Narben niemals wieder zuwachsen würden, weil sich diese Region im schlimmsten Falle nicht regenerieren würde. In jenem Fall wäre eine vollständige Amputation die unmittelbare Folge. Auch Freund Diabetes machte die Sache nicht einfacher, da bei Diabetes die Wundheilung meist schlechter verläuft. Die Entscheidung lag bei mir. Sie würden es auf meinen Wunsch hin zwar versuchen, konnten aber für nichts garantieren. Die Aussichten ständen eher schlecht.

Ich überlegte intensiv. Sollte ich das Wagnis eingehen und im besten Fall nach einigen Wochen das Krankenhaus mit einem neuen und gesunden Fuß verlassen? Oder sollte ich tatsächlich eine Amputation riskieren, für welche die Risiken sehr hoch standen?

Ich entschied, dass ich auf keinen Fall mit einer Prothese durchs Leben gehen wollte. Meine Ferse war zwar rund 5 cm verkürzt und mein Fuß kräftemäßig eingeschränkt, allerdings trotz allem noch zu gebrauchen. Womöglich zehnmal besser als eine

Prothese. Ich hatte Gefühl darin und konnte inzwischen mithilfe von Schuheinlagen auch einigermaßen unauffällig laufen. Ich lehnte die Operation vorerst ab und nahm meinen eingeschränkten, jedoch natürlichen Fuß weiterhin in Kauf.

Möglicherweise gibt es in einigen Jahren noch andere Optionen. Spätestens dann, wenn die Menschheit ohnehin nur noch aus ausgetauschten Teilen besteht …

Blinkende Maschinen des Glücks

Es war ein ruhiger Abend. Wir hatten keinen Auftritt und sa-ßen zuhause bei André herum. Plötzlich schoss mir ein sponta-ner Spleen durch den Kopf. Da ich inzwischen volljährig war und sämtliche neue Rechte besaß, wollte ich davon nun auch Gebrauch machen. In der Stadt gab es eine große Spielothek, welche ich bis dato immer nur im Vorbeifahren gesehen hatte. Ich erinner-te mich an die Besuche mit meinem Vater in München, bei wel-chen wir regelmäßig in unserer Lieblingsgaststätte am Odeons-platz einkehrten. Dort hing ein leuchtend bunter Automat an der Wand, an welchem man per Münzeinwurf Geld gewinnen konnte. Schon damals wollte ich gerne einmal daran spielen, was mir mein Vater jedoch niemals gestattete. Diese Automaten sei-en erst ab 18 Jahren erlaubt. Großer Frust als Kind meinerseits, da ich mich mal wieder ausgeschlossen fühlte. Doch diese „Aus-grenzung" hatte sich inzwischen erledigt. Bingo!

Ich bat André, zur Spielothek zu fahren, ich wollte es so gerne ein-mal ausprobieren. André verneinte jedoch, auf Dinge solcher Art hatte er absolut keine Lust. Das wäre nur sinnlose Geldverschwen-dung. Doch ich ließ nicht locker und schaffte es schließlich, dass er mich für eine Stunde dort absetzte, damit wenigstens ich einmal wortwörtlich mein Glück versuchen konnte. Aufgeregt betrat ich die Halle. Innen angekommen musste ich wie erwartet an der The-ke meinen Ausweis zeigen. Was ich aufgrund meiner Volljährigkeit auch guten Gewissens tun konnte. Ich bekam ein gratis Getränk und sah mich um. Einige Menschen waren in der Spielhalle und saßen vor den Automaten. Die bunten Walzen drehten sich durch-gehend, die Geräusche waren einprägsam. Von dem ganzen System hatte ich noch keinerlei Ahnung. Wie funktionierte das überhaupt?
Ich setzte mich an einen freien Automaten und tippte auf dem Display herum. Dort waren verschiedene Spiele aufgereiht, die

Auswahl war groß. Was sollte ich denn jetzt spielen? Wo kam das Geld rein? Und wie funktionierte der Einsatz?

Ein freundlicher Nebenmann erklärte mir, wie das Ganze ablief. Der niedrigste Einsatz pro Klick belief sich auf 5 Cent, der höchste lag bei 2 €. Ich hatte nur wenige Euros mitgebracht, da ich mir von der ganzen Thematik erst einmal ein bewusstes Bild schaffen wollte. Also warf ich 2 € in den Schlitz, welche auch sofort rübergebucht waren. Ich startete meinen Einsatz mit 5 Cent und wählte das Spiel „The Money Game". Für ein paar Minuten konnte ich nun spielen und freute mich, als zwischenzeitig drei einheitliche „Scatter" in Form von goldenen Dollarzeichen stehenblieben und mir somit 10 gratis Spiele, sogenannte Freispiele, verschafften. Es kam kein beträchtlicher Gewinn zusammen. Aber es war aufregend zuzusehen und parallel dazu auf einen größeren Gewinn zu hoffen.

Nach einiger Zeit war mein Einsatz heruntergespielt, ich hatte nur noch ein einziges 2 €-Stück in der Tasche. Voller Hoffnung warf ich es ein und stellte den Einsatz „mutig" auf 10 Cent. Hierbei ist zu erwähnen, je höher der Einsatz, desto höher natürlich auch der Gewinn, ganz klar. Und tatsächlich hatte ich einen kleinen Lauf, wenn man es denn so bezeichnen kann. Ich bekam vermehrt Freispiele und die Summe auf dem Bildschirm steigerte sich von 2 € auf etwa 14 € hinauf. Mit 8 € hatte ich die Halle betreten. Hatte also mit viel „Mühe und Geduld" binnen weniger Minuten mein Budget beinahe verdoppelt. Einfacher ging es doch nicht, oder? Ich war stolz auf mich, buchte meinen Gewinn herüber und ließ die Münzen heraus. Voller Eifer rief ich André an, welcher mich einige Minuten später wieder abholte. Stolz erzählte ich ihm von meinem großen Erfolg. Und obwohl es sich nicht um den ganz großen Jackpot handelte, von welchem ich in blinder Naivität ansatzweise geträumt hatte, hatte es sich gelohnt. Schon ein großes Päckchen Kippen extra.

Am nächsten Abend besuchten wir das Casino erneut. Beeindruckt von meinem kleinen Erfolg und meinen Erzählungen bezüglich der gemütlichen Atmosphäre, gratis Getränken, Rauchen erlaubt etc. begleitete mich diesmal auch André in die bunten Hallen. Möglicherweise würden wir diesmal zu zweit sogar noch mehr gewinnen? André gab der ganzen Geschichte eine Chance.

Ich erklärte ihm, wie das ganze System funktionierte. Wo die Münzen rein kamen, wie man den Einsatz und das Spiel auswählte und was „Freispiele" bedeuteten. Ich versuchte mich noch einmal an jenem Spiel, welches mir am Vortag ein bisschen Glück gebracht hatte, André wählte ein Spiel mit bunten Früchten, „Sizzling Hot". Reihten sich jene Früchte, so kam ein Gewinn. Der höchste war zu erzielen, wenn eine Reihe von 7ern entstand. Freispiele gab es dort nicht. Trotzdem läpperte sich André nach und nach weiter nach oben. Nachdem ich bei meinem Spiel nicht den gewünschten Erfolg erzielt hatte, wechselte ich ebenfalls auf jenes Spiel, welches André ausprobiert hatte. Ich beobachtete aufgeregt die Kirschen, Trauben, Zitronen, Orangen, Pflaumen und Melonen, welche sich gelegentlich aneinanderreihten und somit einige kleine Beträge einbrachten. Die ersehnte Reihe von fünf Siebenern blieb vorerst leider aus.

Nachdem es André geschafft hatte, sich von 2 auf 8 € hochzuschrauben, wurde er mutiger. Er schaltete den Einsatz von 10 Cent auf 20 und drehte die Walzen per Autostart. Und tatsächlich lief es gar nicht mal so schlecht. André schwankte immer zwischen 10 und 20 € und hatte recht schöne Bilder. Zwischenzeitig wagte er sich sogar schon auf 30 Cent. Auch ich selbst schwankte auf und ab, Verlust machten wir an diesem Abend keinen. Am Ende des Abends hatten wir sogar ein bisschen Plus gemacht. Damit begnügten wir uns. Unser gemeinsames Fazit: Es macht sehr viel Spaß! Und ständig besteht Hoffnung auf Gewinn. Das probieren wir die Tage unbedingt nochmal aus!

Lange dauerte es nicht, bis wir die bunt leuchtende Halle des „Glücks" erneut aufsuchten. Mit ein bisschen mehr Puffer im Gepäck, gingen wir wenige Tage später erneut ins Casino, belegten zwei Automaten und ließen die Früchte auf den Walzen rollen.

Wir hatten großen Spaß dabei und ständige Hoffnung. Kamen zwischenzeitig fünf Früchte derselben Sorte, so füllte sich der Input des Geldspeichers. Dies veranlasste uns dazu, nun konstant auf 20 bis 30 Cent pro Klick zu spielen. Nach einigen Stunden des Auf und Ab hatte André seinen ersten größeren Treffer. Vier 7er reihten sich, ein Gewinn von 80 € war das Resultat. Wir waren fassungslos vor Glück. Motiviert ließen wir den Gewinn heraus, gingen ausgiebig einkaufen und feierten den Sieg in einer Pizzeria. Aus 40 hatten wir nun 80 € gemacht. Leichter ging es gar nicht. In gemütlicher Atmosphäre, nebenbei rauchen, lecker Spezi und Red Bull gratis trinken. Das erschien uns als das perfekte Nebeneinkommen!

Immer häufiger gingen wir von nun an zu unserem neu entdeckten Lieblingsplatz. Praktisch jede freie Minute. Regelmäßige Gewinne blieben nicht aus. Allerdings zeigte sich auch schon sehr bald die andere Seite des Glücksspiels. Immer häufiger legten wir drauf und gingen vermehrt mit Null oder sogar Minus hinaus. Diese Tatsache stachelte uns jedoch nur noch mehr dazu an, beim nächsten Besuch den vorherigen Verlust wieder einzuholen. Was im Verhältnis nur selten gelang. Ein Teufelskreis begann …
    Immer wieder der ständige Glaube daran, dass wir doch die Auserwählten sein mussten, welchen die Automaten einmal ganz besonderes Glück bringen sollten. Es musste doch einfach einmal geschehen, es musste einfach. Ständig den großen Jackpot vor Augen, verspielten wir jeden letzten Cent, welchen wir auftreiben konnten.
    Nach und nach lernten wir auch einige der anderen Zocker kennen und beobachteten deren Spielverhalten. Einige coole Typen waren dabei. Allerdings auch sehr viele Assis, welche sich unmöglich aufführten, auf die Automaten einschlugen und mehrere Maschinen auf einmal blockierten, während wir und andere warten mussten.

André probierte im Gegensatz zu mir immer mehr neue Spiele aus. Er fand es spannend zu vergleichen und auszutesten, welches

Spiel mit welchem System denn am erfolgreichsten lief und am meisten Gewinn brachte. So versuchte er sich bei „Book of Ra", „Lucky Ladys Charme", „Lord of the Ocean", „Wings of fire", „Dolphins Pearl" und vielen anderen. Es gab so viele verschiedene Spiele mit verschiedenen Systemen. Einige lösten kostenlose Freispiele aus, wenn drei Scatter stehen blieben. Kamen in jenen Freispielen erneute Scatter hereingeflogen, so verlängerten sich die 10 auf 20. Und so weiter. Viele der Spiele enthielten in den Freispielen ein Zusatzsymbol, welches sich beim Stehenbleiben zusammenläpperte. Manchmal spielten wir bis tief in die Nacht und holten nach vielen Stunden des Zockens noch in letzter Sekunde vor Ladenschluss unseren gesamten Verlust wieder ein.

Unsere gelegentlichen Gewinne standen auf Dauer in keinerlei Verhältnis zu unseren Einbußen. Mit der Zeit wurden wir immer wagemutiger, spielten mit höheren Einsätzen und deutlich mehr Geld. So waren oftmals bis zu 300 € an einem Tag verspielt, welche wir krampfhaft wieder zurückholen wollten. Damals war es noch möglich, intern an einem Geldautomaten Geld vom Bankkonto abzuheben, was wir auch oft taten, wenn uns das mitgebrachte Bargeld ausging. Immer mehr Rücklagen gingen flöten, wir waren beide in einem Kreis der Sucht gefangen. Von den seltenen Gewinnen geblendet, baute sich eine falsche Traumwelt der Hoffnung auf. Noch immer glaubten wir an den großen Jackpot, welcher alles Verlorene wieder zurückbringen würde. Diese sinnlose Hoffnung ließ uns immer weitermachen. Bei größeren Verlusten waren wir beide frustriert und hilflos. Wir liehen uns zeitweilig sogar Geld, um weiter machen zu können. In unserem engsten Bekanntenkreis wusste niemand von unserer ausgeprägten Spielsucht. Bei einigen Leuten hatten wir am Rande erwähnt, dass wir gelegentlich zum Spielen gingen. Gaben jedoch niemals das genaue Ausmaß unserer Einsätze an. Höchstwahrscheinlich vermuteten diese, dass wir gelegentlich im Vorbeilaufen mal ein 2 €-Stück einwarfen. Einfach nur so aus Spaß. Diese Automaten sind ja nicht nur in expliziten Casinos, sondern auch in vielen Gaststätten, Tankstellen und Kneipen zu finden.

Wir verfluchten die Spielothek im Laufe der Zeit immer mehr und wünschten uns so oft, niemals mit diesem Mist angefangen zu haben. Ganz besonders ich fühlte mich schuldig, den gutgläubigen Träumer André dazu überredet zu haben. So oft hatte man bereits im Vorfeld vernommen, dass es ein überwiegendes Verlustgeschäft wäre und dass in den meisten Fällen die Sucht nicht lange auf sich warten lässt. Das wussten auch die meisten unserer Mitspieler. Sie verteufelten das Zocken im Grunde genau so sehr wie wir, jedoch konnten sich die meisten von ihnen auch nicht mehr entziehen. Handelt es sich hierbei nur um die Gewohnheit oder tatsächlich um den inständigen Glauben, alles wieder zurückzuholen und somit nicht mehr in den Miesen zu sein? Würde man ab diesem Zeitpunkt tatsächlich aufhören und nie wieder sämtliche Finanzen riskieren? Ganz ehrlich, ich glaube es nicht. Der Glaube an das unerreichbare Glück ist einfach zu stark. Wie bei so vielem im Leben. Eine Art Rauschgefühl, welches beim Spielen immer wieder aufgefrischt wird. Irgendwann geht es nicht mehr nur ums Geld. Es geht um den Kick. Der Wunsch nach dem schnellen Geld ist nur ein Faktor. Die grundsätzliche Gefahr ist das akute Glücksgefühl, welches man verspürt, sobald sich der Gewinn summiert und ein Freispiel nach dem anderen hereinflattert. Ein Überschuss an Dopamin und Serotonin – pure Glückshormone. Das ist meiner Auffassung nach die hauptsächliche Intension des Zockens.

Das ganze Leben ist ein Glücksspiel!

Hinter Gittern

Unsere Spielsucht begleitete uns inzwischen auch in den Fernverkehr. Nach Feierabend gingen wir immer häufiger an Autohöfen zum Spielen und besuchten Casinos an der Autobahn. Im Januar 2011, an Andrés 36. Geburtstag, suchten wir am frühen Abend eine Spielothek auf, in welcher wir binnen weniger Stunden über 400 € verloren. Mein Frust war unbändig, hatte ich mir doch vorgenommen, André einen großartigen Gewinn zum Geburtstag zu verschaffen und ihm davon ein schönes Geschenk zu kaufen. André steckte es lockerer weg. Bezüglich seines Geburtstages war ihm das vollkommen egal. Das verlorene Geld ärgerte ihn um einiges mehr als kein Geschenk zu erhalten. Ohnehin war André stets ein Typ, welchem Geburtstage, Jahrestage, Weihnachten, Ostern und weitere Anlässe noch niemals sonderlich viel bedeuteten. Er betrachtete jene Anlässe auch nur als stinknormale Tage. Ganz im Gegensatz zu mir. Allein durch meine schöne Kindheit war ich schon immer ein Fan von besonderen Anlässen, welche es gebührend zu feiern galt.

Der Ärger über den großen Verlust begleitete mich noch viele Stunden später. Meine Laune war gedrückt und ich innerlich am Kochen. Ich weiß nicht mehr, was der genaue Auslöser war. Jedenfalls stritten wir uns mal wieder heftig wegen einer Lappalie. Es kam ein Stau und André drückte routinemäßig auf den Knopf der Warnblinkleuchten. Dies führte abrupt zu alten Verhaltensmustern. Ich wurde aggressiv und warf André vor, dass ICH den Knopf drücken wollte. Das brachte André zur Weißglut, alte Erinnerungen kamen schlagartig wieder hoch. Er fuhr auf einen Autobahnparkplatz und stieg aus. Er kam zur Beifahrerseite herüber, machte die Türe auf und wollte mich beruhigen. Ich haute in Rage gegen das angeschraubte Armaturenbrett, so dass der Laptop versehentlich herausfiel und auf dem Asphaltboden zerschellte. Wütend warf ihn André gegen das Armaturenbrett, so dass die große Frontscheibe des LKWs einen massiven Sprung erhielt. André fuhr an den nahegelegenen Autohof und rief erneut die Polizei. Ich entschuldigte mich und versuchte ihn zu besänftigen. Doch keine Chance. André verließ den LKW und rannte auf dem Parkplatz von mir weg. Er wollte nichts mehr sehen und nichts mehr hören. Als die Polizei eintraf, berichtete er über mein aggressives Verhalten und bat sie mich wegzubringen. Was ich in jenem Moment alles andere als nachvollziehen konnte, immerhin hatte André doch die Scheibe geschrottet, nicht ich. Jedoch nur durch mein vorangegangenes Verhalten. Auch der Chef wurde informiert. Immerhin hatte die Frontscheibe einen massiven Schaden erlitten, welcher schnellstmöglich behoben werden musste. Spider-App, würde man heute sagen.

Die beiden Polizisten brachten mich auf die nahegelegene Polizeiwache. André kam mit dem Auto hinterher, nachdem er den LKW auf dem Hof der Spedition abgestellt hatte und erklärte die Sachlage. Während André mit den Polizisten sprach, wurde ich in eine vergitterte Zelle gesperrt, in welcher ich etwa eine Stunde ausharren musste. Ich versuchte zu verstehen, was sie redeten. Ich konnte jedoch nichts hören, lediglich undeutliches Flüstern. Ich hatte Angst, dass ich erneut eingeliefert werden würde. Was auch passierte. Als die Polizisten und André wieder herauskamen, wurde ich zur Fahrt bereit gemacht. Auf der Terrasse verabschiedete ich mich von der Polizeikatze, welche ich vor Abfahrt einige Minuten gestreichelt hatte. Noch einmal legten sie mir Handschellen an, ich rollte mit den Augen. Leute, ernsthaft jetzt?

Ich wurde erneut in eine geschlossene Psychiatrie gebracht, nachdem ich mich noch kurz von André verabschieden durfte.

Ich bereute mein Verhalten, fand allerdings auch Andrés Reaktion etwas überspitzt. Ganz bestimmt arbeitete der vorherige Tag, welcher durch einen massiven finanziellen Verlust geprägt war, auch noch in ihm. Verständlich. Und die Sache mit der Frontscheibe hatte er natürlich auch nicht mit Absicht gemacht.

Den Schaden musste er selbst tragen und rund 400 € an den Chef erstatten. Mein Verhalten setzte dem Ganzen nur noch die Krone auf, weshalb ich ihm keinen Vorwurf mache.

Diese geschlossene Psychiatrie war etwas anders als jene, welche ich bereits vom vergangenen Jahr her kannte. Das System mit den verschließbaren Türen und den Karten verlief nach einem ähnlichen Muster. Allerdings war jene Station viel größer, da vor Ort auch stationäre Therapien durchgeführt wurden. Die letzte „Zwischenstation" glich im Verhältnis eher einer Isolationshaft.

Auf der Station angekommen, wurde ich in ein Einzelzimmer gebracht. Ich machte mir keine allzu großen Gedanken, da ich mir relativ sicher war, dass ich diese Einrichtung am Folgetag wieder verlassen dürfte. Ich war inzwischen volljährig, hatte niemandem geschadet oder gedroht und mich auch nicht selbst verletzt. Diesmal im Grunde also vollkommen überflüssig, wieder weggesperrt worden zu sein. Es handelte sich einfach um einen Hilferuf von André, in welchem sämtliche Déjà-vus wieder aufflammten und welcher sich noch immer professionelle Hilfe für mich wünschte. Ich fragte, ob ich draußen eine rauchen gehen dürfte. Draußen nicht, aber immerhin gab es einen Raucherraum auf der Station. Diesen suchte ich sofort auf. Zigaretten hatte ich noch bei mir, aber kein Feuerzeug. Allerdings waren genug Leute anwesend, welche ich danach fragen konnte. Ich fragte eine Frau, welche still und in sich gekehrt an einem der Tische saß. Sie lieh mir ihr Feuerzeug. Als ich einige Minuten später noch eine zweite Zigarette zur Beruhigung anzünden wollte und sie freundlich fragte, ob ich das Feuer noch einmal haben dürfe, schaute sie mich ganz entgeistert an und sagte mit zitternder Stimme: „Naaaiin, naaaaiin …"

Sie reagierte, als wollte ich sie abstechen. Ich war verwirrt und fühlte mich zunehmend veralbert, dass ich mit solchen Personen zusammengesteckt wurde. Mir war klar, dass es diverse psychische Erkrankungen geben mag, von welchen ich noch nicht mal im Ansatz gehört hatte. Aber ich selbst zählte mich neben meinen kurzzeitigen Aussetzern und Eigenheiten noch zu den

„Harmlosesten", wenn man es denn so nennen durfte. Ein weiterer Anwesender im Raum unterhielt sich im Flüsterton in russischer Sprache mit seinem Radio, was ich schon beinahe amüsant fand. Aber eine Therapie unter solchen Menschen? Niemals …! Wieder einmal litt ich ganz besonders unter der Tatsache, nicht „normal" zu sein.

Am Abend sprach ich noch einmal mit einer zuständigen Betreuerin. Ich fragte, wann ich denn wieder hinausdürfe. Sie fragte mich, ob ich es mir nicht überlegen wollte, für einige Wochen oder Monate in Therapie zu bleiben. Sie hatte telefonischen Kontakt zu André aufgenommen, welcher sie gebeten hatte, mich diesmal für längere Zeit in Therapie zu behalten. Was sie aus rechtlichen Gründen nicht tun durfte. Bestand in keinerlei Hinsicht Gefahr, so durfte ich die Station nach 24 Stunden wieder aus freien Stücken verlassen. Ich versicherte ihr, dass keinerlei Selbstmordgefahr oder ähnliches bestand und ich eine stationäre Therapie nach wie vor ablehnte. Sie versuchte mich noch einmal dazu zu bewegen, führte mich durch die Station und zeigte mir alles. Das Esszimmer, den Aufenthaltsraum etc. Doch ich ließ mich nicht umstimmen. Sie bedauerte meine Entscheidung, akzeptierte es aber und unterschrieb am nächsten Tag die Entlassungspapiere. Die Nacht verlief ohne weitere Vorkommnisse. Ich telefonierte noch einmal kurz mit André, welcher sich inzwischen auch wieder etwas beruhigt hatte. Er sagte mir, es war einfach ein bisschen viel die letzten Tage und bat mich, nach meiner Entlassung mit dem Zug nach Hause zu fahren. Mitnehmen würde er mich vorerst nicht mehr.

Als ich am nächsten Tag entlassen wurde, lief ich einmal quer durch die Stadt bis zum Bahnhof und fuhr nach Hause. Es dauerte eine gefühlte Ewigkeit, ich musste x-mal umsteigen. Zuhause angekommen, räumte ich die Wohnung auf und überraschte André mit einem Laminatboden, welchen ich eigenständig im Flur vor der Toilette verlegte. Das hatten wir schon länger vorgehabt, waren allerdings zeitlich bislang nicht dazugekommen.

Ich versuchte mich abzulenken. Allein zu sein war die schlimmste Strafe für mich. Ich lernte fleißig für meine bevorstehende Führerscheinprüfung. Und verdrückte in langweiligen Minuten Unmengen an Essen.

Hinein ins Arbeitsleben

André und ich versöhnten uns recht schnell wieder. Und obwohl ich ihm die erneute Einweisung übelnahm, konnte ich sie andererseits auch irgendwie verstehen. Hatte ich meine inneren Dämonen inzwischen zwar deutlich besser im Griff als noch vor wenigen Monaten, so saßen sie doch nach wie vor tief in meinem Unterbewusstsein. Alles andere als erwünscht kamen sie immer wieder hervor, zogen mich hinunter, verschafften mir das ständige Gefühl, unnütz und ungeliebt zu sein. Ich fühlte mich in keinerlei Hinsicht gebraucht und geliebt. Größtenteils von meinen Mitmenschen nur „erduldet". Wie so oft in meinem Leben wünschte ich mir den Tod und malte mir in Gedanken aus, wie es denn schnell und schmerzlos zu erreichen wäre.

Schließlich kam der große Tag, an welchem ich mit großer Freude meine Führerscheinprüfung bestand. Leider bekam ich diesen noch nicht sofort ausgehändigt. Er befand sich wegen einer kleinen Formalität noch beim zuständigen Landratsamt. Also bestieg ich noch ein letztes Mal den Zug, um meinen Führerschein abzuholen. Nachdem ich ihn in der Tasche hatte, bestieg ich erneut den Zug und fuhr zum Haus von Martina, wo „Großvater" vor der Haustüre schon auf mich zu warten schien. André war im Fernverkehr, also konnte er bei meiner ersten Fahrt nicht mit dabei sein. Allerdings vertraute er mir, als ich ihn bat, das Auto abholen zu dürfen, um damit zu meiner Mutter zu fahren. Aufgeregt stieg ich ein und machte alles so, wie ich es in der Fahrschule gelernt hatte. Ich stellte Sitz und Spiegel ein und startete das Auto. Vorsichtig rollte ich aus der Einfahrt heraus und fuhr durch die Stadt. Im Umgang mit „Großvater" war ich bereits recht sicher, hatte mich André doch schon oft damit fahren lassen. Nach einiger Zeit stellte sich eine gewisse Sicherheit ein und ich agierte weniger verkrampft. Nach einer guten Stunde erreichte ich die Wohnung meiner Mutter.

Ich freute mich so sehr, dass ich nun endlich den Führerschein hatte und somit noch eine Spur unabhängiger geworden war.

Nun konnte ich freier wählen, wo ich mich aufhielt. Bei meiner Mutter oder bei André. Auch Axel konnte ich nun wieder öfter treffen, ich war nicht mehr auf Umstände mit Bus und Bahn angewiesen, mit welcher ich zum damaligen Zeitpunkt aufgrund meines Schwerbehindertenausweises noch kostenlos fahren konnte. Zumindest im Umkreis von 50 km.

Martina hatte stets sehr viel Verantwortungsbewusstsein, war offen eingestellt und überwiegend gerecht. Über den einen oder anderen lautstarken Streit zwischen mir und André hatte sie hinweggesehen und uns freundlich ermahnt, etwas leiser zu sein. Allein schon wegen ihrer Kinder, Andrés Neffen. Sie sollten sorglos aufwachsen und nicht mit irgendwelchem Psychokram belastet werden. Auch hatte sie zwischenzeitlich Partei für uns ergriffen, als ihr Mann einen Auszug forderte, da er auf gewisse Tratschereien der Nachbarn bezüglich unserer Beziehung hingewiesen hatte. Erstens zwei Männer und natürlich der enorme Altersunterschied. Als unsere Streitigkeiten über einen gewissen Zeitraum wieder einmal überhandnahmen, entschied Martina, dass ich nicht mehr wohnen bleiben dürfte. Was einen großen Schlag für André und mich darstellte.

Auch hier mussten nun Heimlichkeiten erfolgen. Tagsüber fuhr ich nun für eine Zeit lang jeden Tag zu meiner Mutter und kam nur noch am Wochenende. Oder eben wenn André Urlaub hatte. Wir parkten „Großvater" gezielt um die Ecke in einer Seitenstraße und schlichen uns heimlich in die Wohnung. Und waren dort ganz leise. Sehr wahrscheinlich wusste Martina auch irgendwann Bescheid, blöd war sie ja auch nicht. Aber sie schien zumindest froh, dass es keine lautstarken Streitigkeiten mehr gab, welche die Kinder abschrecken konnten. Ich schätze, dass sie dieses Resultat in Form von Ruhe und Frieden durch ihr offizielles Besuchsverbot auch erreichen wollte.

Nachdem Andrés Chef, der Spediteur, herausgefunden hatte, dass ich immer wieder erneut heimlich mitfuhr, kündigte er André seine Stelle in der Spedition. Einige Tage verweilte André nun zuhause, fand aber schon sehr bald eine neue Arbeitsstelle am Bodensee. Nur etwa 20 km weg von zuhause. Kein weiter Arbeitsweg mehr im Vergleich zu vorher. Ich bedauerte zutiefst, dass ihm durch meine Schuld gekündigt wurde und akzeptierte aus diesem Grund Andrés Entscheidung, mich in seiner neuen Arbeitsstelle von Anfang an nicht mehr mitzunehmen. Es handelte sich erneut um eine LKW-Fahrerstelle. Diesmal aber überwiegend im Nahverkehr. Das bedeutete, dass André jeden Abend zuhause war und allein diese Tatsache machte es mir wesentlich leichter.

Und auch ich fasste zum ersten Mal im Leben den Mut, eine neue Seite in beruflicher Hinsicht aufzuschlagen. Durch einen Kumpel von André kam ich auf die Idee, mich bei einer Zeitarbeitsfirma vorzustellen und nach einem Job zu fragen. Und tatsächlich waren die Vermittler sehr freundlich zu mir, ließen mich sofort einen Arbeitsvertrag unterzeichnen und planten mich für den nächsten Tag direkt in einer Firma ein. Meine „Handicaps", den Zucker und die Sehnenverkürzungen, hatte ich sporadisch angesprochen und verdeutlicht, dass ich nicht allzu lange stehen konnte, ohne mich zwischenzeitig hinzusetzen. Mir wurde versprochen, diese Umstände zu berücksichtigen. Hätte ich Schmerzen, so dürfte ich mich jederzeit hinsetzen, keine Frage.

Stolz zeigte ich André meinen Arbeitsvertrag und verkündete, dass ich bereits am nächsten Morgen meinen allerersten Arbeitstag antreten würde. André freute sich für mich. Würde auch ich nun endlich meinen Platz finden?

So wurde ich am Folgetag als Lagerist in einer Großfirma eingeteilt. Punkt 06:00 Uhr morgens musste ich an der Pforte einstempeln.

Als ich „Großvater" auf dem Mitarbeiterparkplatz abgestellt hatte, hielt ich Ausschau nach dem Eingang, an welchem ich mich melden sollte. Im Vorbeigehen vernahm ich die parkenden LKWs, welche bereits an den Rampen standen und gerade beladen wurden. In diesem Moment war ich etwas frustriert dies zu sehen, da ich mir selbst wünschte, LKW zu fahren. Genau wie

André just in diesem Moment. Aber der LKW-Führerschein lag finanziell noch in weiter Ferne. Circa 8.000 € musste man zu diesem Zeitpunkt in etwa dafür einplanen. Geld, welches uns damals natürlich fehlte. *Also erst einmal anfangen zu arbeiten und drauf sparen*, lautete mein innerer Ansporn.

Als ich zusammen mit zwei anderen Mitarbeitern meiner Zeitarbeitsfirma in Empfang genommen wurde, bekamen wir die Aufgaben erklärt. Am Fließband stehen und kleine Verpackungen mit Hunde-Snacks richtig sortieren. In jeden Karton kamen 3 verschiedenfarbige Päckchen. Im Anschluss wurde es verpackt, zugeklebt und auf Paletten gestellt. *Nun ja, so schwer und anspruchsvoll kann diese Arbeit ja wohl nicht sein,* dachte ich mir und packte motiviert mit an. Die anderen Kollegen waren soweit recht in Ordnung und mit niemandem gab es Probleme. Doch bereits nach wenigen Stunden begannen meine Füße zu schmerzen, da es sich um eine durchgehend stehende Tätigkeit handelte. Ganz besonders der rechte Fuß mit der Sehnenverkürzung verursachte enormen Druck. Ich freute mich, als nach 4 Stunden erstmalig Pause war. Wir setzten uns auf eine leerstehende LKW-Rampe im Freien, rauchten und aßen unser mitgebrachtes Essen. Die Hälfte war schon einmal geschafft, juhu!

Minuten, welche ich auf der großen Firmenuhr aus dem Augenwinkel heraus heimlich zählte, fühlten sich wie Stunden an. Meine Füße schmerzten und fühlten sich an wie Blei. Trotz allem riss ich mich zusammen und wollte es unbedingt durchziehen.

Als es am Abend schließlich in den wohlverdienten Feierabend ging, machte ich in Gedanken zehn Kreuze. Fix und fertig fuhr ich nach Hause, wo André bereits auf mich wartete. Natürlich wollte er wissen, wie es mir ergangen war. Anstrengend natürlich. Ich ging an diesem Abend früh ins Bett, schließlich klingelte am Folgetag bereits um 05:00 Uhr schon wieder der Wecker.

Am nächsten Tag erwartete mich noch einmal dieselbe Tätigkeit. Stundenlang am Fließband stehen und Hunde-Snacks in Kartons verpacken. Die Eintönigkeit jener Arbeit störte mich nicht. Ich empfand es als angenehm genau zu wissen, was ich zu tun hatte. Zu viel Verantwortung und Input auf einmal hätten mich viel eher genervt. Als mir nach wenigen Stunden die Füße erneut wehtaten, fragte ich nach, ob es denn möglich wäre, mir einen Hocker oder eine Kiste zu geben, auf welche ich mich während der Arbeit am Fließband setzen könnte. Diese Arbeit wäre auch problemlos aus einer sitzenden Haltung ausführbar gewesen. Trotzdem wurde mir diese Bitte verweigert, weil man es den anderen Mitarbeitern gegenüber für unfair hielt.

Na super, wo war das Versprechen der Zeitarbeitsfirma geblieben, dass ich mich nur melden müsste, wenn ich nicht mehr stehen konnte? Hier handelte es sich wohl um mangelnde Kommunikation zwischen dieser und den Vorgesetzten vor Ort. Ich fragte nicht erneut nach, da ich befürchtete, die Anweiser mit meiner Bitte zu nerven.

Am dritten Tage erhielt ich eine andere Tätigkeit. Eine, welche sogar noch um einiges härter zu bewältigen war. Diesmal musste ich in eine andere Abteilung im großen Lager und dort an einem sehr schnell laufenden Fließband schwere Kisten vom Band herunternehmen und auf eine Palette stapeln. Um mir selbst und auch den anderen zu beweisen, wie hart und belastbar ich doch war, gab ich trotz Schmerzen Vollgas. Am Ende des Tages war ich noch fertiger als in den beiden Tagen zuvor.

Wenige Tage später besuchte ich die Zeitarbeitsfirma und verdeutlichte, dass mir diese Tätigkeiten auf Dauer zu schwer seien. Sie setzten mich von nun an woanders ein. Einen Tag verbrachte ich in einem anderen Lager einer Autowerkstatt, wo ich Teile in Regale einsortieren musste. Doch dieser Einsatz war nur einmalig.

Insgesamt war ich nur etwa 2 Wochen bei jener Zeitarbeitsfirma angestellt, bevor mir wieder gekündigt wurde. Sämtliche zu vergebende Tätigkeiten waren körperlich sehr anspruchsvoll und definitiv nicht die passenden Arbeiten für mich. Ich ärgerte mich, hatte ich doch gerade erst damit begonnen zu arbeiten. Um massiven Schuldgefühlen und Minderwertigkeitskomplexen zu entgehen, suchte ich im Internet sofort nach einer anderen

Tätigkeit. Lange suchen musste ich nicht. Zwei Tage später war ich bereits bei einer anderen Zeitarbeitsfirma unter Vertrag.

Diesmal wurde ich in einer Textilfabrik eingesetzt. Meine Aufgabe bestand darin, mit einer Art Tacker Tüten zu verschweißen, welche vom Nebenmann mit Inhalt versehen wurden. Dabei durften wir an einem großen Tisch nebeneinandersitzen und kamen schließlich ins Gespräch. Dieser mir anfänglich sehr sympathische muslimische Mann erzählte mir, dass er hier nur aus versicherungstechnischen Gründen arbeitete und seine Haupteinnahmequelle das Zocken wäre. Ich wurde sehr schnell hellhörig. Er berichtete mir, dass er einen Geheimtrick kannte, mit welchem er die Automaten manipulieren und somit regelmäßig an den Hauptgewinn kommen konnte. Es handelte sich um einen angeblichen Code auf dem Display, welchen man eingeben musste, wenn keiner hinsah. Dadurch hatte er sich angeblich schon viele tausend Euros zusammengespart und plante eine vorzeitige Rente. Ich bat ihn, mir jenen Trick zu verraten, da ich selbst auch Zocker war. Er meinte, wenn ich 200 € Einsatz aufbrächte und mit ihm gemeinsam die Spielhalle aufsuchen würde, so könnte er mir den Trick persönlich zeigen. Sollte dies die Lösung für einen dauerhaften Erfolg in den Spielhallen darstellen? Als ich André am Telefon davon erzählte, war dieser jedoch sehr skeptisch. Oftmals hatte er auch schon von diversen Tricks und Cheats im Internet gelesen und sich gefragt, ob an jenen wirklich etwas Wahres dran wäre. So recht glauben konnte er es nicht. Sollte es so etwas tatsächlich geben, wüssten doch bestimmt mehrere Leute davon, oder? Jedoch wirkte mein Kollege so seriös und überzeugend. Also wollte ich es genau wissen.

Nachdem wir einige Tage miteinander gearbeitet und immer wieder über das Thema gesprochen hatten, verabredeten wir uns schließlich eines Abends in der Spielothek, wo wir unseren großen Plan umsetzen wollten. Wie ausgemacht hatte ich die 200 € im Gepäck, aus welchen wir nach seinen Angaben mindestens 2.000 € machen würden. Diese wollten wir dann am Ende als eine Art Entschädigung für das Geheimnis teilen. Ich freute mich unsagbar, endlich den großen Geheimtrick zu erfahren. So setzten wir uns zusammen vor einen der Automaten und begannen zu spielen. Besonderes Glück hatten wir jedoch nicht. Jedoch bestand laut ihm noch kein Grund zur Beunruhigung. Der Automat bräuchte eine Weile, bis er den eingegebenen Geheimcode auf dem Display übernommen hätte. Also vertraute ich ihm und sah zu, wie mein mitgebrachter Einsatz immer weniger wurde. Immer wieder schmiss er nach, ich wurde zunehmend skeptischer. Er spielte auf sehr hohem Einsatz, weshalb das Geld sehr schnell aufgebraucht war. Wie konnte das sein? Er hatte es doch so fest versprochen und war so dermaßen sicher, dass es funktionieren würde. Er meinte nur unbeeindruckt, dass sein Geheimtrick möglicherweise am gleichen Tag schon von jemand anderem an diesem Automaten angewendet wurde. Er würde angeblich nur einmal in 24 Stunden funktionieren. Ich hatte noch nicht einmal gesehen, dass er einen derartigen Trick angewendet hatte. Angeblich hatte er es gemacht, als ich anfangs kurz auf der Toilette war. Wir sollten es morgen Abend noch einmal versuchen. Auf „Gut Glück", dass jener Trick an diesem Tage möglicherweise noch nicht anderweitig ausgeführt wurde.

Ich war wütend und fassungslos. Ich hatte mich so fest darauf verlassen, dass es tatsächlich funktionieren würde. Aber dass es sich hier nur um einen süchtigen Maulhelden handelte, welcher meine Gutgläubigkeit dafür ausnutzen würde, um für einige Zeit zocken zu können, hätte ich nicht gedacht. Mal wieder war mein Glaube an das Gute im Menschen enttäuscht worden. Ich entwickelte einen regelrechten Hass auf ihn. Große Geldsummen auf der Seite, von welchen er mit seiner Freundin schon bald in Rente gehen würde? Wer's glaubt, wird selig. Und ich naiver Idiot glaubte es tatsächlich. Doch ich wurde alles andere als selig ...

Am nächsten Tag in der Firma konfrontierte ich ihn mit der Tatsache, dass er mich eiskalt angelogen hatte und machte meinem Ärger Luft. Doch er konterte. Was könne ER denn dafür, dass die Automaten in DIESER Spielhalle nicht auf seinen

Geheimtrick ansprängen? Als er sich ertappt fühlte, bewarf er mich mit einer der noch nicht zugeschweißten Tüten. Daraufhin verließ ich wortlos meinen Arbeitsplatz. Ich meldete mich noch kurz beim Vorgesetzten, bekundete meinen Ärger und verdeutlichte, dass ich mit einem „Arschloch" dieser Art nicht zusammenarbeiten könne.

Nachdem ich meinen Arbeitsplatz aufgrund dieser „Lappalie" vorzeitig verlassen hatte, wurde ich ins Chefbüro der Zeitarbeitsfirma zitiert. Der Chef wollte wissen, wie es dazu kommen konnte. Hatte er sich doch extra um eine Arbeit für mich bemüht, bei welcher ich sitzen konnte. Ich erzählte von diesem hinterhältigen Lügner, welcher mich betrogen und am Ende sogar mit einer Verpackung beworfen hatte. Ich sagte ihm, wie enttäuscht ich war, hatte ich doch all meine Hoffnungen in diesen „Geheimtrick" gesetzt, der mich in naher Zukunft sehr reich machen sollte. Mein Chef war jedoch Realist. Durch so einen Schwachsinn würde man bestimmt alles andere als reich werden. Reichtum könne man höchstens durch gute, harte und ehrliche Arbeit erlangen. Er verzieh mir meinen vorzeitigen Abgang und vermittelte mich anderweitig.

Platz fand ich für die nächsten beiden Wochen in einer Produktionsfirma, wo meine Aufgabe darin bestand, frisch angefertigte Spulen unter einer Lupe zu betrachten. Die guten Stücke wurden für die Auslieferung verpackt, die fehlerhaften wurden aussortiert. Diese Arbeit sagte mir zu. Ich konnte gemütlich sitzen, musste nur gelegentlich zum Kartonagen Beschaffen aufstehen. Sie war überschaubar und einfach. Eintönig, genau wie ich es mochte. Ich hatte ein ruhiges Eckchen, was mich zusätzlich bestärkte. Keine Hemmungen aufgrund anderer Personen. Ich fühlte mich nicht beobachtet und konnte frei arbeiten.

Mein dortiger Vorgesetzter war allerdings ein ziemliches Ekelpaket. Stets hektisch und unfreundlich. Einmal kam er zu mir her und forderte mich dazu auf, kurzzeitig an einer laufenden Maschine auszuhelfen. Ich wunderte mich zunächst und fragte höflich, ob ich beim Spulen Kontrollieren etwas falsch gemacht

hätte. „Ich muss IHNEN hier keine Rechenschaft ablegen!",
sagte er in einem genervten Tonfall. *Blödes Arschloch,* dachte ich
nur. Man wird wohl noch fragen dürfen, oder? Dieser Tonfall
stempelte mich so minderwertig ab. Was bildete er sich eigentlich ein? Nur weil ich „unter" ihm arbeitete, war ich weniger
wert, oder was? In Gedanken verfluchte ich ihn. Was konnte ich
denn dafür, dass ihn möglicherweise seine Olle gestern Abend
nicht rangelassen hatte? Vorgesetzte wie diese kannte ich durch
die Tätigkeit mit André im Fernverkehr bereits zur Genüge.
Ganz besonders in den großen Lagerhallen, in welchen wir regelmäßig ablieferten, waren die Menschen häufig genervt, hektisch und einfach nur mies gelaunt. Infolgedessen ließen sie ihren Frust an den „unteren Mitarbeitern" und den LKW-Fahrern
aus. Schämt euch, ihr widerliches Pack! Nur weil ihr aus persönlichen Gründen genervt seid, können andere Menschen, welche
lediglich eine gute Arbeit machen wollen, nichts dafür! Aber so
weit denken die meisten Choleriker nicht einmal …

Trotz dieses Zwischenfalls verliefen die nächsten Wochen an jenem Arbeitsplatz gut und erfolgreich. Da ich als Urlaubsvertretung arbeitete, belief sich diese Position nur auf eine begrenzte
Zeit. Dann sollte ich wieder woanders eingesetzt werden.

An meinem nächsten Arbeitsplatz hatte ich leider nicht so viel
Erfolg. Es handelte sich um eine Tätigkeit als Garnelenschäler
in einer Fabrik für Lebensmittel. In weißer, steriler Arbeitsklei-
dung, mit Mundschutz und Schutzhaube ausgestattet, betrat ich
eine gekühlte Halle voller Kacheln, wo ich zusammen mit anderen Mitarbeitern Garnelen von ihrer Schale befreien sollte. Im
Grunde keine schwere Arbeit. Nur handelte es sich leider wieder
einmal um eine durchgehend stehende Tätigkeit.

Fünf Personen standen um einen sterilen Tisch herum und
pulten geduldig die Schalen von den Garnelen ab. Ich kam
dazu, fragte jedoch schon nach kurzer Zeit, ob ich mich hinsetzen dürfte. Dies wurde konsequent verneint, da es den anderen gegenüber wieder einmal unfair gewesen wäre. Ach so,
wirklich? War es mir denn gegenüber den anderen nicht auch

von Natur aus unfair, dass jene gesund waren und ich ein kaputtes Bein hatte? Fragte in dieser Hinsicht vielleicht auch mal jemand nach? Anscheinend nicht …

Da ich nicht lange stehen konnte, wurde ich frühzeitig nach Hause geschickt. Leider hatte die Zeitarbeitsfirma fortan keine andere passende Stelle für mich übrig, weshalb ich einige Tage zuhause bleiben sollte. Und diese wurden mir vom Urlaub abgezogen. Das empfand ich als unfair. Ich hätte doch gearbeitet, wäre etwas Passendes verfügbar gewesen.

Da sich dieser Zustand in den nächsten Tagen nicht änderte, erteilte man mir eine erneute Kündigung.

André und ich waren inzwischen beinahe 2 Jahre zusammen. Also hielt er es allmählich für angebracht, dass ich seine Eltern kennenlernte. Ich hatte ihn bereits einige Male darum gebeten mich mitzunehmen, wenn er sie sonntags zwischendurch besuchte. Doch bis dahin hatte er es immer abgelehnt, da mein Verhalten stets von der psychischen Tagesform anhängig war. Nicht, dass er sich für mich geschämt hätte. Es ging ihm viel eher darum, dass sich seine Mutter keine Sorgen um Nichtigkeiten machen sollte.

André stellte mich erstmals als einen guten Arbeitskollegen vor, welchen er aus der Musikszene kannte. Ich sollte mich von einer guten und sympathischen Seite zeigen und mit seinen Eltern auf eine Wellenlänge kommen. Dann würde sich der Rest bestimmt von allein ergeben. Ich spielte mit.

So fuhren wir zur Wohnung seiner Mutter Anna und seines Stiefvaters Dietmar. Von seinem leiblichen Vater Lorenz war seine Mutter bereits seit Andrés frühester Kindheit getrennt. Dieser lebte noch immer in Nordrhein-Westfalen, wo auch André, Martina und seine Mutter ursprünglich herkommen.

Ich war nervös, wollte ich doch unbedingt einen positiven ersten Eindruck hinterlassen, mich von meiner besten Seite zeigen und keinen Anlass zur Sorge geben.

Ich wurde freundlich begrüßt, nachdem wir eintraten. Andrés Eltern bewohnten eine schöne Mietwohnung, sehr hell, liebevoll und ordentlich eingerichtet. Wir setzten uns an den Esstisch, wo wir ein sehr leckeres Mittagessen serviert bekamen. Es gab Hähnchen mit Kartoffeln und Gemüse.

Sehr bald kamen wir über verschiedene Dinge ins Gespräch. Die Tatsache, dass die beiden einen Kater hatten, sprach mich als eingefleischten Tierfreund natürlich besonders an.

Anna hatte sich vor kurzem ihren allerersten Computer gekauft. Da ich mich recht gut mit Computern auskenne, half ich ihr bei den Grundkenntnissen wie Defragmentierung, Virenscanning, Lesezeichen einrichten, Bilder abspeichern und dem Einrichten der Startseite. Anna war Mitglied in einem Internetforum. Dort erlernten die Online-Freundinnen zu jenem Zeitpunkt gerade gemeinsam, mit einem Bildbearbeitungsprogramm zu arbeiten. Schritt für Schritt gingen sie nach präziser Anleitung vor. Da ich selbst passabel in der Bearbeitung von Bildern und Videos bin, konnte ich Anna den einen oder anderen Tipp geben. Es dauerte nicht lange, da waren wir alle auf einer Wellenlänge.

Die nächste Zeit besuchten wir die beiden nun häufiger zusammen. Ich freute mich stets auf lange, ausgiebige Unterhaltungen mit Stiefvater Dietmar, welcher sehr gerne von früher erzählte. Geschichten von früher hörte ich schon immer sehr gerne, bereits vor einigen Jahren von meinem Vater und meinen Großeltern. Da diese nun nicht mehr auf meiner persönlichen Bildfläche waren, übernahm diese Aufgabe nun Dietmar, welcher stets zu einem Späßchen mit mir aufgelegt war. Ferner erzählte er gerne von seiner Tätigkeit im Musik-Duo, welche er regelmäßig mit einem Kameraden betrieb. Sie coverten Volksmusik- und Schlager-Klassiker und spielten vor kleinerem Publikum in Gaststätten, Tanzlokalen und auf Hochzeiten. Das Akkordeon- und Keyboard-Spielen war immer seine große Leidenschaft gewesen. André war in jungen Jahren ebenfalls eine Zeit lang mit Dietmar im Duo unterwegs. Dietmar hatte ihm unter anderem das Keyboard- und Gitarre-Spielen beigebracht. Zusammen spielten sie damals schon in Gaststätten, auf

Hochzeiten und auf Tanzschiffen. Das legte den Grundstein für Andrés Liebe zur Musik, welche später in seine Berufung, die Tontechnik, überging.

Anna hatte eine große Sammlung von lebensechten Puppen, welche sie liebte. Jede hatte ihren Namen und ein persönliches Outfit. Stolz zeigte sie mir jede Einzelne davon. Ich war sprachlos wie realitätsgetreu sie aussahen.

Für Katerchen Rocky tat Anna alles, um ihn glücklich und zufrieden zu machen. Und das merkte man, er war ziemlich verwöhnt. Mochte er ein Döschen Katzenfutter nicht, so machte Anna gleich das nächste auf, welches ihm möglicherweise besser schmecken würde. So lange, bis er „gnädig" zugriff. Ich finde, dass es nichts Schöneres auf der Welt gibt, als einem Tier ein wunderbares Heim zu schenken.

Mit Vollgas in den Unterzucker

Ich bemühte mich weiterhin in beruflicher Hinsicht, fand allerdings nichts Neues mehr. Also meldete ich mich zum ersten Mal in meinem Leben als arbeitssuchend. Lange dauerte es nicht, bis meinem Antrag auf Arbeitslosengeld 2 stattgegeben wurde. In regelmäßigen Abständen musste ich nun zum Arbeitsamt gehen und mit meiner Sachbearbeiterin über meinen beruflichen Standpunkt sprechen. Sie legte mir eine Ausbildung ans Herz, da es in Zeitarbeitsfirmen meist nur überwiegend Tätigkeiten gibt, für welche man die nötige körperliche Fitness mitbringen musste. Zumindest bei Stellen, für welche keine spezifische Ausbildung benötigt wurde. So könnte ich später auch einmal im Büro arbeiten oder ähnliches. Doch das wollte ich nicht. Ich wollte nie wieder in meinem Leben zurück auf die Schulbank, da mir das jahrelange Mobbing noch immer schwer in den Knochen steckte. Ich hatte große Angst vor der Nähe zu sämtlichen Mitmenschen. Und außerdem waren mir 3 Jahre viel zu lange. Ich bestand darauf, dass ich noch immer gerne LKW-Fahrer werden wollte. In diesem Job könnte ich überwiegend sitzen und wäre größtenteils allein. Doch dazu müsste man mir erst einmal den Führerschein finanzieren, eine herkömmliche Ausbildung kam nicht infrage. Und ich müsste 21 Jahre alt sein, das war Voraussetzung für den Führerschein und die Erlaubnis als Berufskraftfahrer zu arbeiten. Ich war gerade mal knapp 19 Jahre alt. Wir verblieben vorerst, dass ich weiterhin nach Jobs Ausschau halten sollte, welche ich körperlich umsetzen konnte.

Eines Tages hatte ich mal wieder in den frühen Morgenstunden einen Termin beim Arbeitsamt. André hatte bereits vor einigen Stunden das Haus verlassen und mir für diesen Tag das Auto dagelassen. Ich verschlief, wie so oft. Nachdem ich den Wecker im letzten Moment gerade noch gehört hatte, machte ich mich fertig, setzte mir meine tägliche, morgendliche Insulinspritze und brauste los. Für Frühstück war keine Zeit mehr, sonst würde ich den Termin nicht rechtzeitig wahrnehmen können. Ich schaffte es noch pünktlich und führte mein Gespräch mit der freundlichen Sachbearbeiterin.

Auf dem Rückweg bemerkte ich, dass ich schlagartig müde wurde. Mir kam nicht in den Sinn, dass es möglicherweise an meinem Zuckerspiegel liegen könnte. Ich schob den Zustand lediglich auf die Tatsache, an jenem Tag schon so früh aufgestanden zu sein. Zuhause wollte ich in aller Ruhe frühstücken und mich anschließend noch etwas hinlegen.

Doch so weit sollte es nicht mehr kommen. Mir fielen wiederholt die Augen zu, ohne dass ich es wirklich wahrnahm. Mein Zustand glich einer Art Sekundenschlaf. Jeder Mensch, welcher schon einmal in einem schwer übermüdeten Zustand mit dem Auto unterwegs war, kann sich dieses Gefühl wohl ansatzweise vorstellen. Normalerweise hätte ich sofort am Straßenrand anhalten und Traubenzucker essen müssen. Und erst wieder weiterfahren, wenn sich mein Zustand und vor allem mein Blutzuckerspiegel normalisiert hatten. Ich wünschte, ich hätte noch die Kraft dazu gefunden, dies zu tun. Doch ich war vollständig weggetreten, schlug nur noch kurzzeitig die Augen auf und nahm entgegenkommende, hupende Autos wahr, als ich im schwankenden Modus auf die Gegenspur ausbrach. Es war kurz vor einem gefährlichen Crash und ich bin im Nachhinein sehr dankbar, dass diese Autofahrer damals so geistesgegenwärtig reagierten. Tut mir leid, Leute!

Plötzlich wich „Großvater" von der Straße ab und fuhr seitlich abwärts in den steilen Graben. Ich befand mich in einem kleinen Waldstück, kurz vor der Auffahrt auf die Umgehungsstraße. Man hört so oft jene Story von Menschen, welche bei einer Nahtod-Erfahrung noch einmal ihr komplettes Leben binnen Sekunden vor ihren Augen ablaufen sehen. Und seit diesem Tage kann ich nur sagen: Es ist wahr! Es ging alles so unendlich schnell. Viel Zeit zum Reflektieren und Erinnern blieb jedoch nicht. Mein letzter Gedanke war: *André, bitte verzeih mir!*

„Großvater" prallte mit voller Wucht gegen einen Baum. Mit etwa 80 km/h war ich den Abhang hinuntergerast. Allerdings bremsten die Schräge und das viele Laub die Geschwindigkeit etwas ab. Es gab einen unglaublichen Knall, es erschütterte mich in Mark und Bein. Plötzlich war ich wieder hellwach und wusste nicht, was eigentlich geschehen war. Träumte ich und würde bestenfalls jeden Moment aufwachen?

Wie in Trance drehte ich am Schlüssel. Wollte versuchen, rückwärts wieder den Abhang hinaufzukommen. Doch Fehlanzeige. Der Motor sprang nicht mehr an. Wie auch, bitte? „Großvater" hatte einen Totalschaden erlitten, war vorne vollkommen verbeult und eingedrückt. Im Auto hatten sich noch eine leere Kaffeetasse und einige lose herumliegende CDs befunden. Alles war in tausend Stücke zerschellt. Auch mein Handy war zertrümmert. Sogar die kleine Speicherkarte war herausgeflogen und ich konnte sie partout nicht mehr finden. Komischerweise waren noch nicht einmal die Airbags aufgegangen. Was mich ziemlich wunderte, da es sich um einen sehr heftigen Aufprall gehandelt hatte.

Wie durch ein Wunder hatte ich dagegen nicht einen einzigen Kratzer abbekommen. Und das obwohl doch sämtliche Utensilien im Innenraum zerschellten. Wow, bin ich möglicherweise unsterblich? Oder hatte ich einen besonderen Schutzengel? Meinen Vater vielleicht?

Ich öffnete (noch immer wie in Trance) die Fahrertür und kletterte den Abhang hinauf zur Straße. Dort hatte bereits ein PKW angehalten, welcher meinen „Abflug" beobachtet hatte. Ein freundlicher Mann fragte mich, ob alles in Ordnung wäre. Ich bejahte und bat ihn, mir kurz sein Handy auszuleihen. Ich wollte André anrufen, welcher sich gerade beim LKW Fahren befand. Ich kannte seine Nummer glücklicherweise auswendig und wählte. Zuerst einmal ging er nicht an sein Handy. Was mich nicht wunderte. An unbekannte Nummern ging er nur höchst selten, seitdem er einmal bei einem angeblichen Gewinnspiel hereingefallen war und monatelang Telefonbelästigung herrschte. Also wählte ich erneut. Bis er beim dritten Versuch schließlich abhob. Ich erzählte ihm, dass ich im Unterzucker einen schweren Unfall gehabt hatte. Er war geschockt, allerdings auch sehr froh, dass es mir gutging und dass niemand anderes darin verwickelt gewesen war. Ich übergab das Telefon an meinen Nebenmann, welcher ihm erzählte, dass es sich um einen Totalschaden handelte. In meinem Zustand konnte ich das nicht beurteilen und hoffte darauf, „Großvater" in der Werkstatt noch retten zu können.

Der Mann hatte bereits einen Krankenwagen angerufen. Ich erinnere mich nicht mehr an allzu viel, nur noch daran, dass sie mich sofort auf eine Trage legten, mich in den Rettungswagen schoben und mir dort eine Infusion setzten, nachdem sie meinen Zuckerwert ermittelt hatten. Ich kann noch nicht einmal mehr sagen, ob die Polizei anwesend war und mich zum Unfallhergang befragte. Ich erinnere mich noch sehr dunkel an einen Abschleppwagen, welcher „Großvater" aus der Grube zog. Doch zu diesem Zeitpunkt befand ich mich bereits im Krankenwagen, welcher mich ins Krankenhaus brachte.

Dort angekommen wurde ich in ein Zimmer gebracht. Unruhig lag ich im Bett und machte mir Gedanken. Konnte „Großvater" noch gerettet werden? Was würde es kosten? Schließlich war er noch nicht einmal vollständig abbezahlt und erst 2 Wochen zuvor frisch durch den TÜV gekommen. Würde man mir den Führerschein entziehen, weil ich grob fahrlässig gehandelt hatte? Wäre André sehr wütend auf mich? Durfte doch alles nicht wahr sein! Hätte ich doch bloß eine Kleinigkeit gefrühstückt oder beim ersten Anzeichen angehalten. Ich wunderte mich in diesem Moment erstmalig über stark gerötete und juckende Unterarme. Was war das denn schon wieder? Ach ja, ich war ja durch Brennnesseln den Abhang hinaufgekrabbelt. Hatte ich zum Zeitpunkt des Geschehens in meinem Schock nicht wahrgenommen …

Nachdem sich mein Zuckerspiegel wieder normalisiert hatte, durfte ich das Krankenhaus auf eigenen Wunsch hin verlassen. Nachdem die Infusion gezogen war, machte ich mich hektisch fertig. Ich nahm mir noch nicht einmal mehr die Zeit, für

2 Minuten den Tupfer auf meine Armbeuge zu drücken, wie mir aufgetragen wurde, sondern klatschte direkt ein Pflaster drauf. Alles, was ich wollte, war nach Hause zu gehen. Dass meine Armbeuge stark nachblutete, nachdem die Infusion gezogen worden war, bemerkte ich in meiner Hektik überhaupt nicht. Ich hetzte durch die Stadt und betrat das erstbeste Elektrofachgeschäft. Dort kaufte ich mir von meinem letzten Geld auf meinem Konto ein neues Handy, da mein altes beim Unfall zu Bruch gegangen und nicht mehr zu gebrauchen war. Wenigstens hatte die SIM-Karte überlebt, so dass ich meine Nummer behalten konnte. Ich wählte das billigste Modell, Hauptsache ein Handy.

Am Abend befragte mich André noch einmal expliziter über den genauen Hergang und wie das denn passieren konnte. Das wusste ich selbst nicht mehr, ich hatte nur noch bruchstückhafte Erinnerungen. Ich konnte mich nur immer wieder entschuldigen und hoffte noch immer, dass „Großvater" gerettet werden konnte. Zum Glück lieh Andrés Chef diesem für die nächsten Wochen den Firmenwagen, damit André seine Arbeitsstelle täglich erreichen konnte.

Wir besuchten unser völlig demoliertes Auto an einem der folgenden Tage. Es stand auf einem Gelände, wo sich Autos zum Verschrotten befanden. Als André den Wagen sah, war er mehr als geschockt. Dass ich DAS unbeschadet und ohne den kleinsten Kratzer überlebt hatte, grenzte an ein Weltwunder. Noch viel mehr wunderte ihn, dass die Airbags nicht aufgegangen waren. Zu jenem Zeitpunkt musste ich einen sehr kompetenten Schutzengel gehabt haben. Hatte ich in dieser Welt noch irgendeine Mission zu erfüllen? Oder war es einfach Glück im Unglück?

André bestätigte, dass es keinen Sinn mehr hatte, „Großvater" zu reparieren. Es handelte sich um einen gravierenden Motorschaden. Ich war traurig, als wir unser treues und erstes, gemeinsames Auto so ganz allein und verletzt in der kalten Halle zurückließen. Wohl wissend, dass er die nächsten Tage in der Presse verschwinden würde.

Umzug

Es passte gerade rein, dass Martina uns bat, die nächsten Wochen auszuziehen. Sie hatte die Vormundschaft für ein junges Mädchen übernommen, dessen Mutter sich einige Zeit zuvor das Leben genommen hatte. Dieses wohnte seit einiger Zeit bei ihr und allmählich wurde es in ihrer Haushälfte zu eng. Martina hatte beschlossen, dass das Mädchen unser Stockwerk beziehen sollte.

André musste nicht sehr lange nach einer neuen Wohnung suchen. Sein Chef, der Spediteur, besaß ein Haus und wie es der Zufall wollte, hatte die Vormieterin erst vor wenigen Tagen gekündigt und diese Wohnung war nun frei für uns. Und für André passte das wie die Faust aufs Auge. Fortan konnte er bequem mit dem Fahrrad zur Arbeit fahren, solange wir ohne PKW waren. Ich freute mich darauf, zum ersten Mal im Leben eine wirklich eigene Wohnung zusammen mit André zu haben. Bei Martina im Haus war ich im Grunde stets nur zu Gast gewesen, wenn man so will. Meine Anschrift befand sich bis dato noch immer bei meiner Mutter in meiner alten Heimatstadt, wo ich noch regelmäßig zugange war.

André besichtigte die Wohnung und stimmte zu. Er fand sie recht abenteuerlich und war sich sicher, dass sie auch mir gefallen würde.

Dem war anfangs allerdings nicht so. Ich empfand sie als viel zu groß für uns beide und war über ihren anfänglichen Zustand angewidert. Sie war nicht sehr ordentlich hinterlassen worden, die Wände sahen sehr ungepflegt aus, die Badewanne hatte einige Kratzer und auch der kleine Garten im Hinterhof ähnelte einem verwachsenen Dschungel. Die Wohnung, welche sich im Hinterhaus befand, streckte sich über drei Stockwerke. Ganz oben war eine Art Dachboden, welcher nur durch eine ausziehbare Leiter erreicht werden konnte. Gerade dieser Aspekt gefiel André besonders gut.

Außerdem war die Lage perfekt. Keine 100 Meter entfernt lag der nächste Einkaufsladen. An der großen Hauptstraße befanden sich noch weitere Lebensmittelgeschäfte, Tankstelle, Bank, Bushaltestellen, Friseure, Ärzte und sogar ein kleiner Asia-Imbiss. Alles fußläufig zu erreichen. Was wollte man mehr?

Ich wehrte mich zunächst gegen diese neue Bleibe am Bodensee in der Innenstadt. Sie gefiel mir ganz und gar nicht. Diese schlampige Umgebung war mir ein Dorn im Auge. André verstand meine anfängliche Abneigung nicht. Er fand die Wohnung perfekt für uns. Was hässlich war, konnten wir schließlich nach und nach selbst verschönern. Außerdem wäre nach einem ausgiebigen Hausputz bestimmt nichts mehr eklig. Ich ließ mich überreden und gab der neuen Umgebung eine Chance.

Martina war froh, dass sie nun den benötigten Platz für ihre neue Pflegetochter zur Verfügung hatte. Auch ihr Mann war mehr als erleichtert, als wir endlich auszogen. Andrés Chef lieh uns für den Umzug seinen Sprinter. Damit fuhren wir etwa dreimal, bis wir all unsere Habseligkeiten in unsere neue Bleibe geschafft hatten. Allzu viel hatten wir nicht. Zuvor hatten wir die neue Wohnung noch gründlich geputzt und auch die Küche und das Schlafzimmer mit weißer Raufasertapete schön angestrichen.

Nachdem sämtliche Schränke positioniert, unser Schlafsofa aufgestellt und alle restlichen Utensilien verstaut waren, kümmerten wir uns um den Internet- und TV-Anschluss. Im Garten befand sich ein kleiner Schuppen. Dort lagerten wir mein Fahrrad, mit welchem André fortan täglich zur Arbeit fuhr.

Wenige Tage später meldeten wir uns beim örtlichen Einwohnermeldeamt. Dort wurden wir unter unserer neuen Adresse registriert. Es war das erste Mal in meinem Leben, dass ich ein offizielles Dokument in den Händen hielt, welches meine erste, eigene Anschrift belegte. Ein stolzes Gefühl. Zusätzlich musste ich mich noch beim Landratsamt melden, da nun eine andere Gemeinde unter neuem Wohnsitz für meine Finanzen in Form von Arbeitslosengeld 2 zuständig war. Das Geld wurde sehr schnell bewilligt, mein neuer Sachbearbeiter war recht sympathisch und verständnisvoll.

Ich erzählte ihm von meinen „Handicaps" und meinem Wunsch, LKW-Fahrer zu werden. Er meinte, dass ich zunächst einmal weiterhin nach anderweitiger Arbeit suchen sollte, bevor man mir diesen Wunsch erfüllen konnte. Es handelte sich hierbei um eine sehr teure Leistung, welche nicht mal eben nebenbei bewilligt wird. Außerdem war ich noch weit von meinem 21. Geburtstag entfernt.

Einige Zeit nach unserem Umzug googelte ich im Internet nach einem neuen Auto. Ich wollte meinen groben Verlust von „Großvater" unbedingt wieder gutmachen. Und tatsächlich fand ich sehr schnell ein vielversprechendes Schnäppchen. Einen Alpha Romeo für 500 € in der gleichen Stadt, welcher noch einige Zeit TÜV hatte. Sofort nahm ich Kontakt auf und fuhr zur angegebenen Adresse. Der Besitzer ließ mich unverzüglich Probe fahren. Schnell war ich überzeugt. Mit Hilfe meiner Mutter, welche noch eine kleine Ersparnis für mich auf der Seite hatte, kaufte ich das Auto und überraschte damit André, als dieser am Abend nach Hause kam. Er freute sich sehr über die Tatsache, wieder ein Auto zu haben. Auch wenn es ein kleines Manko mit der Kupplung hatte. Besser als nichts.

In beruflicher Hinsicht sah es weiter eher mau aus für mich aus. Ich bewarb mich bei einem Lieferdienst, welcher täglich Pakete an Privathaushalte ausfuhr. Mit einem Transporter. Zwar kein LKW, aber immerhin eine Fahrertätigkeit. Ich war guter Dinge. Doch bereits nach meinem ersten Tag als Praktikant war mir klar, dass dieser Job für mich nicht infrage kam. Morgens standen wir über 2 Stunden neben einem sehr schnell laufenden Fließband und nahmen Päckchen zwischen 2 und 20 kg herunter, welche für unseren Umkreis bestimmt waren. Wir orientierten uns an den Postleitzahlen. Separat verluden wir diese auf die Ladefläche unseres Sprinters. In jener Reihenfolge, welche der Fahrer, der mich einlernen sollte, vorgab. Er kannte seine tägliche Route genau und verlud nach einem praktischen Schema. Am Ende des Durchlaufs war der Transporter bis unters Dach hin voll. Ich zählte 123 Päckchen. Uff, ernsthaft jetzt?

Ich saß auf dem Beifahrersitz und beobachtete den Tagesablauf. Alle paar Meter hielt der rüstige Fahrer an, um ein oder gleich mehrere Päckchen auszuliefern. Dafür benutzte er einen Scanner, auf welchem die Kunden nach Annahme unterschrieben. Wurde ein Kunde nicht angetroffen, so würde es später auf der Rückfahrt noch einmal versucht. Andernfalls müsste der Kunde das Päckchen in der Filiale abholen kommen. Das Fahren stand in dieser Tätigkeit nur ganz am Rande, hauptsächlich war es Schlepperei. Ich hatte mir etwas deutlich Einfacheres vorgestellt. Das hier würde mein Fuß bestimmt nicht lange mitmachen. Aus diesem Grund verdeutlichte ich bereits nach Feierabend, dass ich das nicht machen konnte. Man nahm es mir nicht allzu übel, da noch kein Arbeitsvertrag unterschrieben wurde. Ein weiterer Job als Fahrer, in welchem es darum ging, Autoteile auszuliefern, hatte ebenfalls keine Zukunft.

Seit diesen Erfahrungen in der Auslieferungsbranche kann ich nur sagen: Hut ab, Jungs, welche ihr einen Knochenjob wie diesen über viele Jahre durchzieht! Denkt bitte an Euren Rücken!

Ich fasste noch einmal Fuß bei einer Zeitarbeitsfirma, wo ich Verpackungsarbeiten und Sichtkontrollen durchführen musste. Dies ging über einige Wochen. Doch auch dort war sehr bald kein Bedarf mehr und ich somit wieder überflüssig.

Die immer wiederkehrenden beruflichen Niederlagen frustrierten mich zunehmend und irgendwann unternahm ich keinerlei große Bemühungen mehr. Ich beschloss gezielt abzuwarten, bis ich 21 Jahre war. Dann endlich LKW fahren!

Auch wenn André regelmäßig über seine Tätigkeit auf dem Truck schimpfte. Ganz besonders dann, wenn kurz vor Feierabend mal wieder kilometerlanger Stau war und sich somit alles verzögerte. Oft nur 5 Fahrminuten von unserer Haustüre entfernt. Ganz besonders im Hochsommer, wenn viele Urlauber und Touristen an den Bodensee fuhren, war es das reinste Chaos. Aber eine Schattenseite hat wohl jeder Beruf. Wenn nicht mehrere.

Futtern, saufen, schlafen

Allmählich begann ich mich in unserem neuen Zuhause am Bodensee wohlzufühlen. André hatte mit seiner Vorahnung, dass die Wohnung wie für uns gemacht war, absolut recht behalten. Zunächst hatten wir das ganze Haus für uns allein, in der vorderen Hälfte wohnte lange über niemand. Sämtliche Nachbarn waren sehr freundlich und schon bald hatte ich mich auch mit den Nachbarkatzen angefreundet.

Tagsüber war ich meist allein, wenn André im Nahverkehr unterwegs war. Um mir die Stunden der Einsamkeit zu verkürzen, blieb ich bis spät in die Nacht auf, schaute Fernsehen, surfte im Internet und chattete stundenlang mit diversen Freunden aus dem Netz. Einige kannte ich aus der Musikszene, andere, meist Chatfreunde aus anderen Ländern, hatte ich über die Jahre zuvor im Internet kennengelernt. Besonders häufig schrieb ich mit Sina, einem Mädchen aus Bulgarien, welches ich bereits im Jahr 2008 über YouTube kennengelernt hatte. Wir unterhielten uns überwiegend in Englisch. Seitdem ich die Sprache im täglichen Chat regelmäßig verwendete, beherrsche ich diese beinah fließend. Wir tauschten uns über Gott und die Welt aus.

Immer wieder betrank ich mich nun auch unter der Woche wiederholt mit Wodka-Mischgetränken in den Nächten. Was ich bereits einige Male bei Auftritten mit Freunden erlebt hatte, wollte ich nun auch zuhause genießen. Es wurde schon bald zu einem sehr lieb gewordenen Ritual, mich mindestens einmal die Woche mit einer Flasche Wodka zurückzuziehen und die ganze Nacht dabei am Rechner zu verbringen. Ich schwelgte in nostalgischen Erinnerungen, indem ich mir alte Videoaufnahmen ansah, heimlich aufgenommene Sprachaufzeichnungen wiederholt anhörte und mich erneut darüber totlachte. Oder ich hörte einfach nur stundenlang Musik. In diesen Momenten konnte

ich vollkommen abschalten und einfach nur genießen. Die Welt
da draußen schien auf einmal so weit weg. Es gab nur mich und
meine kleine Seifenblase. Den Tag darauf konnte ich guten Gewissens verschlafen, war ich doch ohnehin allein und ohne Be-
schäftigung.

BEs zählen oder einen konstanten Spritz- und Essensplan einhalten, gab es bei mir schon lange nicht mehr. Ich handelte nur
nach bloßem Gefühl. War ich mal wieder auf 450 mg/dl, beeindruckte mich das nicht sonderlich. Runterspritzen lautete die
Devise, fertig, aus. Meine Schlamperei führte dazu, dass ich in
diesen Zeiten nicht selten in den Unterzucker geriet und sogar
zuweilen das Bewusstsein verlor. André kümmerte sich dann immer um mich, indem er mir sehr geduldig päckchenweise Traubenzucker verabreichte. Was nachträglich betrachtet viel zu viel
war. Normalerweise genügen 2–3 Blättchen und etwas Geduld.
Er wusste es damals nicht besser, da er in dieser Thematik niemals wirklich aufgeklärt worden war. Er wusste nicht, was eine
BE ist und mit wie vielen Einheiten man wie viel zu korrigieren
hat und ähnliches. Ganz ehrlich: Ich wusste es auch nicht wirklich und hatte diesbezüglich auch nie großartig mit ihm darüber
gesprochen. Ich bevorzugte es nach wie vor, die Thematik so gut
wie möglich zu verdrängen. Hätte ich damals disziplinierter gelebt, hätte ich André natürlich frühestmöglich besser aufgeklärt.
Aber er dachte stets, dass ich alles im Griff hätte.
    Wochenlang benutzte ich die gleichen Spritzen und Nadeln.
Obwohl man das nicht tun sollte. Wie ich in meiner letzten Schulung lernte, ist eine Nadel maximal bis zu dreimal zu gebrauchen.
Spätestens dann wird sie stumpf und unter Umständen kann sich
die Dosis an Insulin nicht mehr problemlos verteilen. Von potentiellen Verhärtungen und Entzündungen ganz zu schweigen.
War mir stets vollkommen egal. Als man mich zwischenzeitig
auf Pens anstelle von Spritzen umstellen wollte, reagierte ich ab-
lehnend. Ich war es so gewohnt und wollte es auch so beibehal-
ten. Außerdem sparte ich mir zwei separate Einstiche, wenn ich
morgens und abends das Kurz- und Langzeitinsulin in EINER

Spritze kombinieren konnte, so wie ich es mein Leben lang gewohnt war. Meine Ärzte respektierten diesen Wunsch. Auch wenn jene Einweg-Spritzen längst überholt waren. Ein Insulintagebuch führte ich ebenfalls nicht mehr. Ich wollte nur frei leben. Wie André, wie Axel, wie alle Menschen aus meinem Bekanntenkreis. Was ist falsch daran, verdammt nochmal??? Warum musste ich mich überhaupt für eine Sache rechtfertigen, welche für den Großteil der Menschheit vollkommen normal ist?

Ferner verdrückte ich Unmengen an Essen und zuckerhaltigen Getränken. Meine kulinarischen Gewohnheiten waren alles andere als gesund, meist viel zu süß und zu fettig. Unsere Lieblingsessen bestanden aus Spaghetti Bolognese, Strammer Max, Kartoffelknödel (es gab Tage, da verdrückte ich bis zu 8 Stück auf einmal), diverses Dosenfutter, Fertigpüree, Frikadellen, Steaks und Fischstäbchen. Ich persönlich entwickelte im kulinarischen Sinn ohnehin immer wieder neue, geliebte Rituale. Eine Zeit lang aß ich mit großer Vorliebe päckchenweise rohe Bacon-Würfel, welche normalerweise dazu benutzt werden, angebraten ins Rührei oder in Aufläufe gemischt zu werden. Frisches Obst und Gemüse? Fehlanzeige. Am Gesündesten aßen wir, wenn wir sonntags bei Anna und Dietmar zu Gast waren. Da gab es zumindest immer frisch zubereitetes Gemüse als Beilage.

Abends auf dem Sofa futterten wir uns beim Fernsehen mit Süßigkeiten voll. Während André eine große Vorliebe für Chips und Salzstangen hatte, bevorzugte ich eher Zuckerschlangen, Gummibärchen, Gebäckstückchen oder Nougat Schokolade. Ohne Rücksicht auf meinen Zucker und in vollkommener Ungewissheit darüber, wie viele Broteinheiten darin enthalten waren. Ganz zu schweigen von meiner Figur, welche über die Jahre immer mehr in die Breite ging. Ich bemerkte es zwar, ließ es aber nicht bewusst an mich heran. Zu groß waren der Genuss und meine Liebe zum Essen. Es gab schließlich Programme am Computer, an welchen die eigene Figur durchaus vorteilhafter in Szene gesetzt werden konnte. Irgendwann glaubte ich sogar dieser Illusion.

Ganz extrem war es in Zeiten von Ostern und Weihnachten und in den Wochen zuvor, wenn die Regale der Supermärkte bereits prall mit Leckereien gefüllt waren. Warum machen Supermärkte eigentlich so etwas? Unnötige Versuchungen zu diversen Anlässen bereits Monate zuvor in die Regale packen? Wo ist da noch die wahre Würdigung eines spezifischen Anlasses? Da ist es doch zum eigentlichen Zeitpunkt längst nichts Besonderes mehr. Massenkonsum, Überbevölkerung, das müssen wir gar nicht weiter ausdehnen. Ein Teil dieser Welt lebt einfach im Überschuss und das ist im Grunde traurig.

Aber wer bin ich schon, in dieser Hinsicht den ersten Stein zu werfen? Gierig bediente auch ich mich über viele Jahre an diesen Schleckereien. Osterhasen, Marzipan, Dominosteine, Spekulatius, Zimtsterne und Christstollen landeten in jenen Zeiträumen stets auch in meinem Einkaufswagen.

Axel befand sich inzwischen schon lange in seiner Ausbildung zum Gastronomie-Fachmann. Ich bewunderte ihn, dass er es trotz ziemlich widriger Umstände so tapfer und konsequent durchzog. Seine Chefin nutze seine Gutmütigkeit ziemlich aus und selbst sein redlich verdienter Urlaub wurde ihm verweigert. Er freute sich, als er einen kurzen Zeitabschnitt seines letzten Ausbildungsjahres gleich bei mir um die Ecke in einer Berufsschule absolvieren sollte. In diesem Zeitraum wohnte er mit anderen Azubis in einer Art WG. So konnten wir uns eine Zeit lang jeden Abend sehen. Ich holte ihn wiederholt mit dem Auto ab, anschließend fuhren wir in den Wald, drehten lustige Videos, gingen zu McDonalds oder machten Klingelstreiche. Mal wieder alberne Kinder zu sein, tat einfach nur gut. Er hatte bis dato ein paar Beziehungen und Liebschaften gehabt, welche jedoch nur von kurzer Dauer waren.

Nach wenigen Jahren war die Beziehung zwischen André und mir nur noch auf einem platonischen und eher freundschaftlichen Level. André ist grundsätzlich eher asexueller Natur. Als er mir sagte, dass er anfänglich nur mitmachte, weil ICH es wollte, war das auch nicht unbedingt das, was man gerne hören möchte. Aus diesem Grund nahm er es mir auch nicht allzu krumm, wenn ich mich zwischenzeitlich auf andere Personen fixierte, ohne jedoch etwas mit ihnen zu haben. Für einen kurzen Zeitraum hatte ich ein Auge auf einen jungen Musiker aus der Coverszene geworfen, mit welchem ich häufig zusammen abfeierte. Natürlich wusste dieser niemals davon. Er war ein großer Frauenschwarm und nutzte dies auch dementsprechend. Turtelte er vor meinen Augen, fühlte ich mich recht komisch dabei.

Durch ihn lernte ich jedoch meinen baldigen besten „Saufkumpan" Günni kennen. Jener war beinahe bei jedem Auftritt mit dabei, wenn André zum Soundmachen gebucht war und ich zum Feiern mitging. Über Günni entwickelten sich noch viele weitere Kontakte, welche alle miteinander verzweigt waren. Auf Kosten der Band bestellte ich jedes Mal Jack Daniels und Wodka-Cola an der Bar, irgendwann auch für Günni und andere Freunde. Im Laufe der Abende waren wir meist sternhagelvoll und am Ende nur noch peinlich. Ab und an bekam ich einen Einlauf der Musiker, nachdem diese mitbekommen hatten, dass ich auch Kumpels mit kostenlosem Alkohol versorgte. Diese Zeit bezeichne ich heute als die schönste und unbeschwerteste meines Lebens. Einfach nur leben, ohne großartig nachzudenken.

Im Sommer 2012 verstarb mein Opa, der Vater meines Vaters, im Alter von 80 Jahren. Es war eine recht kuriose Geschichte. Kurz zuvor war er ins Krankenhaus gekommen und die Ärzte hatten meiner Oma beim letzten Besuch versichert, dass er nach wenigen Tagen schon wieder entlassen werden könnte. Beruhigt machte sich diese dann auf den Heimweg. Als sie nach Hause kam, erhielt sie den erschütternden Anruf vom Krankenhaus, dass Opa vor wenigen Minuten friedlich eingeschlafen sei.

Ich hatte die vergangenen Jahre, seitdem ich von zuhause ausgezogen war, keinen großen Kontakt mehr zu meinen Großeltern gehabt. Noch immer konnte ich ihnen (insbesondere meiner Oma) nicht verzeihen, dass sie mir so viele Gemeinheiten unterstellt hatte und nur auf ihre Sicht der Dinge bestand. Es wäre gelogen zu sagen, dass ich nicht regelmäßig an Oma und Opa dachte. An unsere schönen Zeiten in Kindertagen, die Besuche im Sommer, die unbeschwerten Zeiten am Pool, die vielen Familienfeste und die Ausflüge. Jene schönen Zeiten fehlten mir und ich werde sie für immer im Herzen behalten.

Aber dennoch wusste ich, dass sie niemals wiederkommen würden und nur noch schöne Erinnerungen darstellten. Ich hatte nicht die Kraft, mich weiterhin zu rechtfertigen und möglicherweise neuen Puffer für meinen Selbsthass zu kassieren.

Ich ging zu Opas Beerdigung, wo ich meine Oma und den Rest meiner Familie antraf. Die Kommunikation war spärlich und auch vom anschließenden Trauerschmaus verabschiedete ich mich recht schnell. Opa war wohl nie mehr über den frühen Tod meines Vaters vor 3 Jahren hinweggekommen und hatte seitdem sämtliche Lebensfreude verloren. Aus diesem Grund hatte er womöglich innerlich aufgegeben und schlief am Ende friedlich ein. Was gibt es schließlich Schlimmeres, als seinen eigenen Sohn zuerst tot aufzufinden und anschließend zu Grabe zu tragen?

Ich war sehr traurig, da mein Opa im Grunde doch ein herzensguter und geliebter Mensch gewesen war. Auf der anderen Seite trug ich noch immer die grundlegende Einstellung in mir, welche ich bereits bei meines Vaters Tod vertreten habe: Er ist jetzt an einem besseren Ort und im Endeffekt nur vorausgegangen. Nachkommen werden wir alle eines Tages. Mit etwas Glück sehen wir den einen oder anderen wieder, mal schauen.

Seit diesem Tag habe ich meine Oma und auch den Rest meiner Familie väterlicherseits nie wieder gesprochen oder gesehen. Weder ich habe mich gemeldet noch sie. Daraus schließe ich auch von ihrer Seite, dass sie eindeutig kein Bedürfnis mehr danach hatte, mich zu sehen. Lediglich meine Mutter traf meine Oma gelegentlich beim Einkaufen, wobei angeblich stets die Frage fiel, wie es mir denn ginge. Höchstwahrscheinlich jedoch nur aus reiner Höflichkeit. Kurz nach der Beerdigung meines Vaters beschwerte sie sich häufig darüber, dass ich mich so selten meldete. Aber sie meldete sich doch genauso wenig. Ich sehe nicht ein, warum dies nicht auf Gegenseitigkeit beruhen sollte. Außerdem standen die vielen Geschehnisse und Differenzen nach wie vor zwischen uns. Bestimmt konnte sie mir aus ihrer Sicht einige Dinge noch immer nicht vergeben und vieles nicht verstehen. So wie auch andersherum. Und außerdem war sie mit meiner Lebenssituation mit André nicht einverstanden und würde bestimmt erneut kritisieren und boshafte Kommentare abgeben. Das konnte ich nicht mehr ertragen.

Meine Mutter lieferte mir die wiederholte Erklärung, dass es sich um eine alte Frau handeln würde, deren Standpunkte und Meinungen sich nun einmal nicht mehr ändern ließen und verfestigt hatten. Ich sollte einfach darüberstehen. Aber diese Begründung reichte mir nicht. Es gibt sehr viele alte Menschen, welche trotz „alter Schule" tolerant und weltoffen sind. Das ist in meinen Augen eine Frage der individuellen Charakterstärke, jedoch keine Frage des Alters.

Wie häufig wünschte ich mir, meine Oma würde irgendwann einmal vor meiner Haustüre stehen und sagen: „Lass uns alles Vergangene vergessen und noch einmal ganz neu beginnen. Du bist schließlich mein einziger Enkel und ich liebe Dich genauso wie du bist!" Dieser kleine, heimliche Traum trat in dieser Form jedoch niemals ein. Anfang 2021 erhielt ich von meiner Mutter die Nachricht, dass meine Oma gestorben war. Der absolute Supergau war jedoch, dass es meine Mutter nur ganz zufällig durch eine Traueranzeige in der Zeitung gelesen hatte. Niemand aus der Familie hatte uns diesbezüglich persönlich informiert geschweige denn zur Beerdigung eingeladen. Hier zeigte sich sehr deutlich, was ich schon lange vermutet hatte: Meine Familie väterlicherseits hatte vollständig mit mir abgeschlossen. Nachdem meine Mutter, mein Bruder Finn und ich eine Trauerkarte verschickten, erhielten wir noch nicht einmal ein „formelles Dankeschön".

Ich schätze, dass in dieser Hinsicht kein weiteres Wort mehr nötig ist …

Qualifizierter Berufskraftfahrer

Mein Sachbearbeiter vom Jobcenter meldete mich im Herbst 2012 bei einer Maßnahme an, bei welcher meine beruflichen Fähigkeiten analysiert werden sollten. So wie es meine Auflagen verlangten, nahm ich auch brav daran teil. Sie dauerte insgesamt 3 Tage und bestand aus einigen Aufgaben und Tests, welche es zu lösen galt. Technisches Verständnis, sprachliche Begabung, Logik, Fingerfertigkeit und ähnliches wurden geprüft. Am Ende bekamen wir eine Art Zeugnis in Form einer Statistik ausgestellt. Dort ließ sich ablesen, wo unsere persönlichen Kompetenzen lagen. Ich befand mich in jeder Hinsicht in einem guten Durchschnittsbereich. Meine sprachlichen und computertechnischen Kompetenzen waren am besten. Trotzdem jagte ich dem Wunsch, LKW-Fahrer zu werden, konsequent hinterher und verdeutlichte dies auch immer wieder vor Ort. Nachdem meinem Sachbearbeiter die Ergebnisse vorlagen, stimmte dieser schließlich zu, mir meinen Berufswunsch zu erfüllen. Er kämpfte dafür, dass mir die beschleunigte Ausbildung zum Berufskraftfahrer, welche in einer Fahrschule stattfand, bewilligt wurde. Diese Fahrschule hatte ich bereits einige Monate zuvor aus freien Stücken aufgesucht und nachgefragt, wie denn die Möglichkeiten diesbezüglich aussehen würden. Der coole Fahrlehrer hatte mir alles genau erklärt. Lediglich die Zustimmung und die Mittel vom Landratsamt fehlten noch.

Und so begann ich schließlich mit meiner lang ersehnten Ausbildung. Mit meinem Fahrlehrer schloss ich einen Vertrag, in welchem alles genau geregelt war. Wie viele Schulstunden ich absolvieren musste, wie viele praktische Stunden es geben würde, wie und wann die Prüfungen stattfinden sollten und so weiter. Fahrlehrer Henry war mir von Anfang an sympathisch und machte einen sehr kompetenten Eindruck, welcher sich mehr und mehr bestätigte. Er wusste, wovon er sprach, besaß sehr viel Routine und verfügte auch über die sonstige Erfahrung in sämtlichen Bereichen.

Lustig und sachgerecht gestaltete er den Unterricht in leuchtenden Farben und erklärte alles, was wir wissen mussten. Unsere beschleunigte Schulung bestand insgesamt nur aus drei Schülern. Auch die anderen beiden hatten eine sogenannte „Umschulung" vom Landratsamt bekommen.

Die Fahrschule, in welcher der theoretische Unterricht stattfand, befand sich am Ende der großen Straße, in welcher wir wohnten. Rund 1 km entfernt. Sie wäre also problemlos zu Fuß zu erreichen gewesen. Aufgrund meiner damaligen Bequemlichkeit nutzte ich allerdings größtenteils den Bus.

Bis mir allerdings die endgültige Genehmigung zum Führerschein erteilt wurde, vergingen noch einige Monate, weshalb sich auch die Zeit meiner Ausbildung verlängerte. Nachdem Fahrlehrer Henry meinen Antrag eingereicht hatte, wurden noch einige ärztliche Nachweise bezüglich meiner Gesundheit eingefordert. Ich musste einen Gutachter aufsuchen, welcher bestätigen sollte, dass mein Blutzuckerspiegel durchgehend gut eingestellt war und es in den letzten Jahren keine schwerwiegenden Unterzuckerungen gegeben hatte. Andernfalls wäre ich nicht straßentauglich und eine Tätigkeit als LKW-Fahrer zu gefährlich. Was alles andere als schwer nachzuvollziehen war. Was würde wohl passieren, wenn ein LKW-Fahrer plötzlich das Bewusstsein verlieren und einen gravierenden Unfall verursachen würde? Der würde locker mal bei einem Stau zehn Autos vor sich ineinanderschieben. Diesbezüglich war ich recht froh, dass mir mein heftiger Unfall mit dem PKW vor einiger Zeit nicht angerechnet wurde.

Es stellte absolut kein Problem dar, den Gutachter zu überzeugen. Ein Tagebuch, welches meine Blutzuckerwerte der letzten Monate dokumentierte, war in etwa einer Stunde aus dem Kopf heraus zusammengestellt und mit „traumhaften Vorzeige-Werten" ausgeschmückt. Seit Jahren hatte ich kein Buch mehr geführt, Erinnerungen aus Schulzeiten kamen wieder hoch. Außerdem lag mein Hba1C-Wert, welchen der Gutachter zusätzlich bestimmte, bei 7,5. Nicht allzu schlecht, allerdings ging es noch etwas besser. Diesbezüglich glaubte er mir jedenfalls ohne Probleme, dass es in den letzten Jahren keinen Unterzucker gegeben hatte und bewilligte den Antrag. Wieder einen Schritt weiter.

Und trotz des Erfolgs stieg im gleichen Moment wieder ein ernüchterndes Gefühl in mir hoch. Schon wieder musste ich mich wegen dem verdammten Zucker rechtfertigen und wurde in eine Art Schublade gesteckt. Künftig müsste ich sogar vierteljährlich mein Tagebuch mit Werten vorlegen, um zu beweisen, dass es keinen Unterzucker gibt. Ansonsten dürfte ich nicht mehr fahren. Die Logik hierbei amüsierte mich beinah schon etwas. Wer garantierte bitte, dass es auch stimmte? Gute Werte aufschreiben konnte schließlich jeder geistig umnachtete Trottel. Möglicherweise ist die heutige Nachweismethode mit den integrierten Oberarm-Sensoren deutlich effektiver …

Nachdem ich sämtliche theoretische Stunden absolviert hatte, ging es allmählich auch ans Fahren. Henry brachte mir alles bei, was ich wissen musste. Die geringe „Schwarzfahrpraxis", welche ich bis dahin durch André gesammelt hatte, wurde nun noch durch Abfahrtskontrollen, An- und Absatteln und viele weitere Informationen unterstrichen. Fahrlehrer Henry ermutigte mich in unsicheren Situationen zu sicherem und selbstständigem Handeln. War ich geistesabwesend, appellierte er an meine Konzentration. Er schickte mich durch enge Straßen in der Innenstadt und erläuterte direkt, was es zu verbessern gab. Auf einem ruhigen Firmengelände übten wir das Rangieren. Zuerst mit der Solomaschine, später dann auch mit dem Hänger. Präzise bereitete er mich auf die praktische Prüfung vor, welche ich schon bald absolvieren sollte. Meiner inneren Unsicherheit und meinem Wahn nach Perfektion stand er stets mit viel Überzeugungskraft zur Seite. Er motivierte mich gezielt, als ich einmal während einer Fahrstunde beinah in Tränen ausbrach, weil ich beim Rückwärtsfahren nicht beim ersten Anlaufversuch um die

Kurve gekommen war. Die Sicherheit käme im Laufe der Zeit, ich solle nicht so streng mit mir selbst sein. Bislang wäre noch kein Meister vom Himmel gefallen.

Weiters beinhaltete die Ausbildung einen eintägigen Lehrgang mit einem Gabelstapler, bei welchem wir am Ende des Tages den Staplerschein erhielten.

Die theoretische Prüfung beim TÜV und die IHK-Prüfung bestand ich problemlos. Vor der praktischen Prüfung hatte ich viel mehr Muffensausen, allerdings war dies vollkommen überflüssig. Beide praktischen Prüfungen bestand ich durch Henrys Geduld und sein Engagement mit Bravour. Ich war sehr stolz, trotz aller Erfolge allerdings auch etwas unsicher. Hatte ich diesen Führerschein überhaupt verdient? War ich wirklich gut genug für diesen Beruf? War es tatsächlich meine wahre Berufung oder einfach nur ein weiterer verzweifelter Versuch, André nach wie vor nachzueifern und ihm diesbezüglich in nichts nachzustehen? Kampf um Gleichberechtigung, wie so oft in meinem Leben?

Fahrlehrer Henry war guter Dinge. „Wir haben aus einem Kind einen Mann gemacht!", sagte er mir zum Abschied. „Mach was draus!" Diese Wertschätzung meiner selbst machte mich unheimlich stolz.

Motiviert berichtete ich meinem Sachbearbeiter, welcher mir die ganze Geschichte überhaupt erst ermöglicht hatte, von meinem jüngsten Erfolgserlebnis. Ich stürzte ich mich in sämtliche Bewerbungen und wollte unbedingt fahren. Besser heute als morgen. Es dauerte nicht lange, da hatte ich einige Probearbeiten. Diese entsprachen jedoch nicht mal ansatzweise meinen Erwartungen. Ich wollte auf einen LKW gesetzt werden, mit welchem ich täglich viele Kilometer auf der Autobahn herunterreißen würde und nicht ständig aussteigen musste. Dem war jedoch nicht so. Da ich noch über kaum Fahrpraxis und Routine verfügte, wurde ich für kleine 7,5-Tonner in Betracht gezogen, um meine Praxis zu verfestigen, bevor man mich auf einen großen Sattelschlepper setzen würde. Diese kleineren 7,5-Tonner hatten jedoch stets Ladung auszufahren, welche in viele Zwischenstopps aufgeteilt war. Mit einem kleinen Hubwagen an Bord wurden Paletten ausgefahren und vor Ort per Hand ausgeladen und verfrachtet. Oftmals auch in sehr engen Innenstädten, an Getränkeläden und ähnlichem. Ich wünschte mir die gleiche Tour wie André, welcher morgens direkt vor Ort bereits beladen losfahren konnte, seine Ladung ca. 250 km nördlich auslieferte und im Anschluss erneut beladen zurückkam. Bis aufs Fahren und den LKW einmal auf und zu zu machen hatte er nicht viel zu tun. Warum konnte ich nicht auch eine solche „Traumtour" bekommen? Ohne jegliche körperliche Anstrengung? Sahen diese Idioten denn nicht, wie sehr ich mich körperlich mit meinem Bein quälte? „Komm scho, Bua! Nitt schlapp macha!" *Ja ja, du mich auch!*

Ich bekam eine Einladung, in Andrés Betrieb ein Praktikum zu absolvieren, um zu sehen, ob ich denn möglicherweise für eine andere Tour geeignet wäre. Ein anderer Fahrer lernte mich ein. Meine Aufgabe: Wechselbrücken fahren. Das bedeutete, mit einem kleineren LKW unter eine Wechselbrücke zu fahren, jene aufzusatteln und in einen anderen Teil des Werks zu fahren. Dort wieder abzustellen und die leerstehende Wechselbrücke daneben wieder zum Ausgangsort zurückzufahren. Und dieses Spiel wiederholte sich mehrmals täglich. Die ganze Sache belief sich auf einem großen Firmengelände. Dort wurden verschiedene Standpunkte innerhalb des Lagers angefahren.

Es war teilweise sehr mühselig, die stark verrosteten Füße aus den Wechselbrücken herauszuziehen, damit jene ohne Rückhalt der Zugmaschine stehenbleiben konnten. Trotz allem versuchte ich es immer wieder und bemühte mich nach Leibeskräften. Ich wollte so gerne im selben Betrieb wie André Fuß fassen, bei dieser Arbeit im Laufe der Zeit besser werden und eines Tages dieselbe Tour wie er bekommen. Und obwohl ich mich mit seinem Kollegen durchaus gut verstand, befürwortete dieser meine Übernahme in dessen Betrieb am Ende nicht. Er merkte, dass ich mich körperlich zuweilen quälte und diese Stelle auf Dauer nichts für mich wäre. Ich war unsagbar frustriert, war ich doch

2 volle Wochen täglich hochmotiviert mitgefahren und hatte versucht, mich mit aller Kraft zu beweisen. Und sein Entschluss kam am letzten Tag auch so plötzlich. Wir hatten uns immer gut verstanden und auch lustig unterhalten. Selbst, als ich einmal versehentlich sein Hemd mit der hochklappbaren Außenseite des LKWs zerriss, war er mir nicht allzu böse. So sehr musste ich mir das Lachen verkneifen, als er plötzlich bauchfrei dastand und den Rest des Tages so herumlaufen musste. Ein Bild für Götter!

Die Tatsache, dass es wieder einmal nicht hingehauen und ein weiterer langjähriger Traum, LKW-Fahrer zu werden, ganz offenbar keine Zukunft hatte, warf mich in ein erneutes Loch. Ein Gefühl der Gleichgültigkeit beschlich mich und ich zog mich zurück. Halt fand ich wie so oft im übermäßigen Essen, im Internet und im nächtlichen Alkoholkonsum.

Naiver Tagträumer

Fortan besuchte ich Axel inzwischen wieder einmal die Woche an seinem freien Tag. Er wohnte mittlerweile bei seinem neuen Freund Max, mit welchem auch ich mich recht gut verstand. Allerdings hatte auch jener zwischenzeitig deutlich auf Axel abgefärbt. Was vollkommen normal und verständlich ist, in Beziehungen übernimmt man meist etwas vom anderen. Axel war wie ich früher stets einfach und unkompliziert gestrickt. Nicht übermäßig ordentlich und diszipliniert, sondern einfach nur ein naiver, verspielter Träumer.

Was mich an Axel zunehmend nervte, war seine neu entdeckte Art der Ordnung. Ob er diesbezüglich unter der Fuchtel von Max stand oder sich einfach nur auf seine persönliche Art weiterentwickelte, weiß ich nicht zu sagen. Auf einmal verlangte er Dinge von mir wie die Schuhe in der Wohnung auszuziehen. Ansonsten gäbe es Ärger. Als er einmal bei uns zu Besuch war, störte ihn der Zustand unserer Küche. Fairerweise muss ich zugeben, dass sie sich zum damaligen Zeitpunkt tatsächlich in einem ziemlich schlechten Zustand befand. Es stapelte sich das dreckige Geschirr mit Essensresten, der Tisch klebte und sämtlicher Abfall lag verstreut. André und ich waren in dieser Hinsicht beide stets recht faul gewesen. Axel schnappte sich den Lappen und brachte die Küche auf Vordermann. Im Grunde eine nette Geste, jedoch störte mich seine überhebliche Art. SO musste eine Küche aussehen und nicht anders.

Axels Freund Max hatte einen niedlichen Jack Russell Terrier namens Kelly. Diese schloss ich sehr bald ins Herz, schmuste und spielte bei jedem Besuch ausgiebig mit ihr. Mein Wunsch nach einem eigenen Hund wurde durch sie wieder einmal nur bestärkt. Stundenlang lag ich fortan André damit in den Ohren. Doch jener verneinte immer wieder. Wir beide müssten erst einmal unser eigenes Leben besser in den Griff kriegen und vor allem ich sollte eine Aufgabe und einen Beruf finden, mit welchem ich auf Dauer klarkäme. Außerdem traute er mir nicht zu, dass ich in der Lage sei, mich um einen Hund zu kümmern. Vom finanziellen Aspekt ganz zu schweigen. Wir hatten keinerlei Ersparnisse, sollte der Hund einmal krank werden etc.

Heute bin ich sehr froh darüber, dass sich André in diesem Punkt damals konsequent durchsetzte. Als damaliger Vollzeit-Chaot wäre ich mit Sicherheit kein gutes Herrchen gewesen.

So lebte ich weiterhin in meinem bequemen Trott. Aufbleiben bis tief in die Nacht und bis mittags durchschlafen. Zwischendurch einen trinken und währenddessen mit Freunden chatten. Am Wochenende bei den Auftritten mitgehen und dort ausgiebig feiern und einmal die Woche einen lustigen Tag mit Axel verbringen. Ein traumhaftes und unbeschwertes Leben, wenn man so will. Das Arbeitsamt ließ mich überwiegend in Ruhe, da mein Fallmanager von meiner Problematik bezüglich des LKW-Fahrens wusste. Zwischenzeitig hatte ich immer mal wieder Probearbeiten mit dem LKW. Jedoch war wie so häufig nichts Passendes für mich dabei. Einen Job, bei welchem es darum ging, Essenswägen und Wäsche aus einem Pflegeheim zu transportieren, empfand ich körperlich als zu anspruchsvoll. Ein weiterer Job, bei welchem ich tägliche Touren nach Österreich zu fahren hätte, wurde bereits nach wenigen Stunden abgebrochen und André musste mich noch während der geplanten Tour an der Grenze aufsammeln. Der mitfahrende Kollege hatte meinen Fahrstil stark kritisiert, nachdem ich einem anderen LKW versehentlich die Vorfahrt genommen hatte, und mich daraufhin am Grenzübergang vorzeitig „ausgesetzt".

Für einige Monate arbeitete ich im Winter 2013 auf 1 €-Basis im ortseigenen Tierheim. Dies erschien mir zum ersten Mal im Leben wirklich sinnvoll und es auch wert zu tun. Tiere hatten in meinen Augen die höchste Priorität. Es war das höchste Gebot, diesen hilflosen und dankbaren Seelen zu helfen.

Ich war zuständig für die tägliche Reinigung der Hundezwinger, das Abspülen der Näpfe, das Aufsammeln der Kothaufen und weiteres. Einmal die Woche säuberte ich das Gehege der Nager und half gelegentlich auch beim Säubern der Pferdeboxen. Ich arbeitete täglich nur 5 Stunden lang. Morgens fuhr ich André gegen 06:00 Uhr zur Spedition und im Anschluss gleich zum Tierheim. Dort begann meine tägliche Arbeit um 08:00 Uhr.

Die Chefin des Tierheims wusste von meinem körperlichen Handicap und hatte mir zu Beginn zugesichert, dass ich mich jederzeit kurz hinsetzen und ausruhen dürfte, wenn es mir zu anstrengend werden würde. Dem war allerdings nicht so. Setzte ich mich dann doch einmal hin und sie kam zufällig vorbei, hagelte es gleich Kritik. Also unterließ ich es, weil ich mich dabei zunehmend unkollegial fühlte. Die anderen Mitarbeiter agierten so fleißig und tough.

Sehr bald kannte ich alle Hunde. Vom Charakter her waren alle recht individuell. Was verständlich war, schließlich hatte ein jeder sein eigenes Schicksal. Einige waren verspielt und fröhlich, andere wiederum zurückgezogen und schüchtern. Sie hatten teilweise schwere Schicksale durchlebt. So bellte und knurrte beispielsweise eine Hündin immerfort, wenn ich oder mein Kollege Hermann zu nah an ihren Zwinger kamen. Bei unseren Kolleginnen war sie dagegen sanft und zurückhaltend. Wir schlossen daraus, dass sie höchstwahrscheinlich einmal von einem Mann misshandelt wurde und aus diesem Grunde Männern eher aus dem Weg ging. Die meisten anderen waren recht lieb und ließen sich von mir durch die Gitterstäbe hindurch streicheln. Ich liebte es, wenn sie große Freude zeigten, hochsprangen, wedelten und mir die Finger abschleckten. Wie gerne hätte ich sie alle adoptiert. Allerdings durfte ich sie als 1 €-Kraft noch nicht einmal anfassen oder mit ihnen in direkten Kontakt kommen. Dieses Privileg war den Angestellten vorbehalten, welche dort auf 450 €-Basis arbeiteten. Es hieß, sollte einer zubeißen, wäre ich nicht versichert. Komische Vereinbarung. Doch ich kannte meine Lieblinge im Laufe der Zeit und saß in ruhigen Minuten trotzdem vor ihren Zwingern, redete mit ihnen und streichelte sie durch die Gitterstäbe.

Und trotz meiner großen Liebe zu den Tieren wurde mir auch diese Arbeit auf Dauer zu schwer. Meine Füße taten weh und sehr bald begann ich damit, mich häufiger zu entschuldigen. Was ich als berechtigt empfand, schließlich wurde mir zu Anfang versprochen, ich dürfte mich jederzeit hinsetzen – was ich im Endeffekt dann aber doch nicht tun durfte.

Meine Zeit im Tierheim belief sich insgesamt auf ca. 4 Monate. Ich stieß wegen meiner Handicaps auf wenig Verständnis, weshalb mir am Ende wieder einmal gekündigt wurde.

Gleichzeitig war es in jenem Zeitraum, als ich vermehrt über soziale Netzwerke mit dem Thema Tierschutz in Kontakt kam. Alles begann recht unspektakulär, als ich einer öffentlichen Gruppe beitrat, welche sich mit dem Thema „Abschaffung der Robben- und Waljagd" befasste. Ich erinnerte mich an meine Kindheit zurück, als mir schon einmal die Tränen über die Wangen liefen, als ich das Video zu Michal Jacksons „Earth Song" im Alter von 6 Jahren gesehen hatte. Also erschien es mir als absolute Selbstverständlichkeit, mich ebenfalls zu engagieren. Anfangs nur mit Unterschriften bei Petitionen und dem Teilen der Beiträge. Im Laufe der Zeit wurde ich in mehreren Tierschutzgruppen Mitglied, unterschrieb weiterhin regelmäßig Petitionen und wies meine Mitmenschen darauf hin, keine Produkte mit Pelz zu kaufen.

Es sollte allerdings noch eine ganze Weile dauern, bis ich mit dem wahren Ausmaß der Tierquälerei, der unsagbar schlimmen Massentierhaltung, dem Schreddern von Küken etc. in Kontakt kommen würde. Bis dato glaubte ich noch daran, dass Schweine, Kühe, Hühner etc. alle ein friedliches Leben auf dem Land führen dürften, bevor sie eines Tages, in einem angemessenen Alter, kurz und schmerzlos geschlachtet und zu Lebensmitteln verarbeitet würden. Heute frage ich mich, wie blind und naiv ich damals gewesen sein konnte. Allerdings war es nicht allzu verwunderlich, damals fehlte (wie im Grunde auch noch heute) die angemessene Aufklärung zu diesem schlimmen Thema. Ich schätze, dass die meisten Menschen, welche ihre Billigwurst beim Discounter kaufen, im Grunde gar nicht wissen, was diesen armen Geschöpfen doch tagtäglich angetan wird. Vermutlich denken die meisten, dass die Tiere ein angemessenes Leben geführt haben. So wie auch ich damals, als ich unbedacht meine billigen Bacon-Streifen und den abgepackten Leberkäse in meinen Einkaufswagen legte. Ich schäme mich heute noch sehr dafür, diesen kranken, kapitalistischen Wahnsinn so lange unterstützt zu haben.

Noch einmal fasste ich Fuß bei einer Zeitarbeitsfirma, welche mich diesmal für eine komplett anderweitige Position in Betracht zog: Sichtkontrolleur für Medikamentenfläschchen in einer Produktionsfirma für die Pharmaindustrie. Meine Aufgabe bestand darin, kleine Ampullen mit Injektionslösungen unter der Lupe zu betrachten und ggf. auszusortieren, sollten jene in irgendeiner Form beschädigt sein. Man erklärte mir genau, was es zu beachten gab und erläuterte es an spezifischen Beispielen. Fehlte ein Markierungsstrich, war die Lösung verfärbt, der Gummiring beschädigt oder hatte eine Ampulle einen Sprung am Glas, so galt es diese auszusortieren und die makellosen Modelle zu verpacken. Eine sehr verantwortungsvolle Aufgabe, ging es doch um die Gesundheit vieler Menschen. Die etwa 5 cm großen Fläschchen erinnerten mich an meine Insulinampullen, welche in etwa dieselbe Größe besaßen.

Bevor mich der eigentliche Betrieb (der Kunde jener Zeitarbeitsfirma), unter Vertrag nehmen würde, galt es eine 2-wöchige Einarbeitungsphase zu absolvieren, um die Sicherheit meiner Arbeit zu gewährleisten. Bei dieser Tätigkeit waren Flüchtigkeitsfehler ein absolutes No-Go. Also übte ich von nun an jeden Tag mit vier anderen Angestellten der Zeitarbeitsfirma an Probemodellen, welche nicht für den öffentlichen Umlauf bestimmt waren. Im Raum waren 10 Probe-Kästen mit etwa 100 Fläschchen, unter welchen sich ca. 5–10 fehlerhafte Ampullen befanden. Diese galt es zu finden und auszusortieren. Unter Aufsicht einer Ausbilderin des Betriebs übten wir nun tagtäglich fleißig für unsere bevorstehende Prüfung.

Die Arbeitsverhältnisse waren dort recht extrem. Wir alle trugen sterile weiße Kleidung, Handschuhe und Haarnetze. Bärtige

Männer trugen zusätzlich noch einen Bartschutz. Nach dem Berühren jeder Türe mussten wir uns die Hände desinfizieren und die Einweghandschuhe wieder austauschen. Was allein in diesem Betrieb jährlich an Plastikmüll verursacht wurde, konnte ich nur erahnen. Im Kontrollraum herrschte Dunkelheit und die eigentliche Kontrolle am Arbeitsplatz erfolgte unter einer beleuchteten Lupenlampe. Jeder hatte seinen Platz, welcher von den Nebenplätzen durch Trennwände abgeschirmt war.

Mit meinen neuen Kollegen verstand ich mich gut. Als die Aufsichtsperson zwischenzeitig das Zimmer verließ, kamen wir immer wieder ins Gespräch. Auch die Pausen verbrachten wir zusammen auf dem Hinterhof, nachdem wir unseren Pausenplatz nach einem aufwändigen Marsch über das gesamte Firmengelände endlich erreicht hatten. Da Stapler und LKW kreuzten, war es uns nur gestattet, über speziell angezeichnete Wege und Zebrastreifen zu laufen. Nichtbeachtung dieser Regel hätte zur sofortigen Kündigung geführt. WTF??? Man kann's echt übertreiben …

Mit einem meiner Kollegen, Ingo, verstand ich mich auf Anhieb besonders gut und wir unterhielten uns viel. Nachdem wir uns nach einigen Tagen etwas besser kannten, vertraute mir jener sogar an, dass er schwul war und einen festen Freund hatte. Nachdem er mir das erzählt hatte, erzählte auch ich ihm von meinem Freund André. Einmal gingen wir nach der Arbeit noch zusammen ein Bierchen trinken und unterhielten uns. Auch im Chat hielten wir fortan freundschaftlichen Kontakt.

Ich war fest davon überzeugt, dass ich die Prüfung mit Bravour bestehen würde. Guten Mutes betrat unsere kleine Gruppe den Raum und setzte sich an die Plätze. Für die Prüfung hatten wir genau eine Stunde Zeit. So bekam jeder sein Set, welches es zu überprüfen galt. Die fehlerhaften Flaschen waren am Boden mit einer Substanz gekennzeichnet, welche sich durch Schwarzlicht sichtbar machen ließ. Wie auch jene im Übungsraum. Mein Handy verfügte damals sogar über eine Art Schwarzlichtkamera. Ich hätte sie problemlos benutzen können, nachdem die Aufsicht den

Raum verlassen hatte. Ich tat es jedoch nicht, ich wollte es auf faire Art und Weise schaffen. Immerhin lagen die Schicksale von vielen Menschen, welche auf eine Injektion angewiesen waren, künftig in meinen Händen und dieser Aufgabe wollte ich von Anfang an gerecht werden.

Nachdem wir fertig waren, wurde unsere Arbeit bewertet. Leider hatte ich ein einziges Fläschchen übersehen, welches einen minimalen Sprung unterhalb des Gummirings aufwies. Was mich fürchterlich ärgerte, damit hatte ich die Prüfung nicht bestanden. Ingo und die anderen hatten es gerade so geschafft. Hatten jene womöglich heimlich ihre Schwarzlichtkameras verwendet? Ich wusste es nicht, es war mir ehrlich gesagt auch recht egal. Enttäuscht verließ ich das Gelände. Diese Arbeit hätte ich mir für einen längeren Zeitraum durchaus vorstellen können. Ganz besonders, weil es sich um eine sitzende Tätigkeit handelte und ich so nette Kollegen gefunden hatte. Von der guten Bezahlung ganz zu schweigen.

Ich rechnete fest damit, dass mich die Zeitarbeitsfirma wieder einmal anderweitig einsetzen würde. Das war diesmal nicht der Fall und noch am selben Tag erhielt ich die Kündigung. André versuchte mich aufzubauen und meinte, dass er eine Arbeit wie diese nicht in einer Million Jahre machen würde. Den ganzen Tag nur im Dunkeln sitzen und Ampullen kontrollieren. Dann noch diese hypersterilen Arbeitsbedingungen, das hätte er nicht gekonnt. Er fand allein mein Bestreben und meine Motivation diesbezüglich bewundernswert und respektabel. Das half mir wenig. Ich fühlte mich erneut minderwertig und unfähig. So gerne hätte ich langfristig mal etwas mehr beigetragen. Eine Aufgabe gefunden, Geld verdient. Mal wieder ein Schuss in den Ofen. Aber wenigstens hatte ich noch etwas Wodka …

Als ich bei einem Arztbesuch nach einiger Zeit wieder einmal gebeten wurde auf die Waage zu steigen, versetzte mich das Ergebnis diesmal in ziemliche Bedrängnis. Mein Gewicht lag bei 80 kg, mein BMI bei 26. Also minimal übergewichtig. Und obwohl ich mir in Bezug auf Essen, Trinken und Körpergewicht die letzten Jahre nie mehr explizit Gedanken gemacht, höchstens zwischendurch mal über ein Speckpölsterchen gemeckert, allerdings nie etwas dagegen unternommen hatte, erschreckte mich das Ergebnis so dermaßen, dass ich beinah anfing zu weinen. Satte 17 kg hatte ich in den letzten 5 Jahren zugenommen, seitdem ich mit meiner radikalen „Insulindiät" einst mühevoll auf 63 kg gekommen war. Es passierte schleichend, aber trotz allem passierte es. Wundern brauchte ich mich allerdings nicht. Mein Ess- und Trinkverhalten sprach in dieser Hinsicht Bände. Mir schmeckte es stets zu gut, um in dieser Hinsicht irgendwelche Opfer zu bringen. Trotz allem frustrierte mich diese Tatsache. Alte Gefühle kamen auf, welche ich jedoch schnell wieder beiseiteschob und gezielt verdrängte.

Raus aus den Schulden – rein ins Allgäu!

Auf unseren Konten sah es alles andere als rosig aus. Durch unsere noch immer bestehende Spielsucht waren wir ziemlich pleite und bereits nach wenigen Tagen des angefangenen Monats immer wieder im Minusbereich. Dazu kamen diverse Mahnungen und offene Rechnungen, welche seit Monaten ungeöffnet neben dem Schreibtisch lagen. André hatte sich angewöhnt, diesbezüglich alles zu verdrängen. Er wusste, wie viel er nachzuzahlen hatte und das machte ihn verrückt. Zweimal hatte er versucht, einen Kredit aufzunehmen, von welchem er sämtliche Gläubiger auf einmal auszahlen wollte. Das führte nicht zum gewünschten Erfolg. Durch das ständige Glücksspiel versuchten wir immer wieder, den ganz großen Gewinn zu erreichen und von diesem sämtliche Schulden zurückzuzahlen. Dieser ersehnte Gewinn blieb allerdings wie immer aus und unsere Hoffnung wurde immer wieder bitter enttäuscht.

André verdiente sich damals zwischendurch gelegentlich etwas Geld unter der Hand dazu, indem er die Tontechnik für Bands neben seiner Teilselbstständigkeit durchführte. Was im Gesamtpaket jedoch auch nur einen Tropfen auf dem heißen Stein darstellte. Wir waren mit rund 15.000 € überschuldet und wussten gar nicht mehr, wo wir anfangen sollten. Wir zahlten stets nur jene Rechnungen, welche bereits richterliche Androhungen enthielten.

André hatte einigen wenigen von seinem Schuldenberg erzählt. Einer davon war Aaron, ein guter Bekannter aus der Musikszene, welcher einen eigenen Musikverleih führte und mit welchem André in den vergangenen Jahren immer mal wieder zusammengearbeitet hatte. Aaron war ebenfalls ein begabter und erfahrener Tontechniker. Ich kannte ihn vom Sehen, er war wie ich Typ 1-Diabetiker. Allerdings hatten wir bis dahin niemals großartig über die Thematik gesprochen.

Eines Abends lud uns Aaron zu sich nach Hause ein, wo er André ein Angebot unterbreitete. Aaron bot an, sämtliche finanzielle Schulden für André zu tilgen, wenn jener im Gegenzug bei ihm im Verleih anfangen und sie ihm auf diesem Wege nach und nach zurückzahlen würde. Dieser Vorschlag klang vom finanziellen Aspekt her sehr vielversprechend, allerdings warf er mich im ersten Moment auch ziemlich aus der Bahn. Das bedeutete noch einmal einen kompletten Neuanfang zu wagen. Ein Umzug vom Bodensee ins Allgäu war der Plan. Das schreckte mich ab, wollte ich doch gerne am Bodensee bleiben. Dort war ich gemeldet, dort kannte ich meine Anlaufstellen in Form von Ärzten, Behörden und Einkaufsläden.

Ich bekundete meine Zweifel, was bei Aaron und seiner Freundin Melli zu Unverständnis führte. Ich solle der Sache eine verdiente Chance geben und vor allem an unsere finanzielle Situation denken, an welcher ich zum Großteil Mitschuld trug. Außerdem mussten wir in der nächsten Zeit ohnehin unsere Wohnung am Bodensee verlassen. Andrés Chef hatte das Haus an eine Familie verkauft, welche bereits seit einiger Zeit die vordere Haushälfte bewohnte. Diese wollten auf Dauer allerdings das komplette Haus beziehen, also mussten wir Platz machen.

Mit Hilfe von Aaron, welcher über Connections in der Umgebung verfügte, war eine neue Bleibe schon sehr bald in Sicht. Eine recht große Wohnung im 1. Stock eines Hauses in einer kleinen Ortschaft, welche insgesamt vielleicht 30 Seelen umfasste.

Jene Wohnung, eine ehemalige Gaststätte, befand sich zu diesem Zeitpunkt allerdings noch in der Sanierungsphase und war noch nicht bezugsfertig. Das machte jedoch gar nichts. Eine Bleibe für den Übergang war ebenfalls vorhanden. Wir bezogen gegenüber eine kleine Dachgeschosswohnung vom Hausbesitzer, welche dieser ansonsten als Gästezimmer benutzte. Ohne Probleme durften wir für einen günstigen Mietpreis dort wohnen, bis unsere neue Wohnung fertiggestellt sein würde.

Die Lage unserer neuen Bleibe erschütterte mich. Vollkommen abseits vom Schuss unter einem Haufen konservativem Bauernvolk.

Kein Einkaufsladen war zu Fuß zu erreichen, noch nicht einmal eine Tankstelle oder ein Zigarettenautomat. Zum Glück waren wir mobil, anders wäre es wohl nicht gegangen.

So packten wir unsere Sachen zusammen und verluden sie in den LKW, welchen Aaron uns für den Umzug zur Verfügung stellte. Das Meiste wurde vorübergehend in Aarons Lager gebunkert, bis es in die neue Wohnung gebracht werden konnte.

Es war ein komisches Gefühl, als wir die Türen unserer Wohnung am Bodensee für immer schlossen. So viel hatte ich dort erlebt. Unbeschwerte Nächte des Trinkens, ausgiebige Entspannung vor TV und PC und handliches Erreichen sämtlicher Anlaufstellen. So eine großartige Bleibe war wie ein Sechser im Lotto. Auch die süßen Nachbarskatzen, welche ich regelmäßig fütterte und streichelte, würde ich bestimmt sehr vermissen. Ich wollte, ich hätte die Wohnung bereits zum damaligen Einzug in diesem Maße geschätzt.

Es war Winter 2014 und ich befürchtete, dass unser Mobiliar in Aarons Musiklager verschimmeln oder von Mäusen zerstört werden könnte. Tatsächlich wurden einige unserer Plüschtiere, welche wir uns über die Jahre zu Geburtstagen geschenkt hatten, von einigen Mäusen schwer beschädigt. Einige waren zerbissen und voller Kot. Da hatten wohl einige Mäuschen einen warmen Unterschlupf gefunden. Naja, was soll's, den niedlichen Nagern sollte das warme Plätzchen wohl vergönnt gewesen sein.

Wir schlugen unser vorläufiges Quartier im Dachgeschoss gegenüber unserer künftigen Bleibe auf. Dort war bereits alles Benötigte für die nächsten Wochen vorhanden. Ein großes Doppelbett, Schränke und ein Schreibtisch schmückten den Raum. Die einzigen Sachen, welche wir von unserem Inventar mitbrachten, waren Computer, Fernseher, Receiver, einige Klamotten und Waschzeug. Alles andere blieb vorerst im Lager, bis es in unserer endgültigen Wohnung Verwendung finden würde.

Vermieter Pit war ein waschechter Allgäuer, ein fleißiger und zäher Rentner, welcher stets einen lustigen Spruch auf den

Lippen hatte und gerne gute Ratschläge gab. Aaron nannte ihn im Spaße immer den „Bürgermeister" unserer kleinen Ortschaft. Dies kam daher, dass sich jener immer gerne mit allen Leuten fröhlich unterhielt und somit über alles bestens im Bilde war.

Pit sorgte sogar für einen funktionierenden Internetempfang, indem er von seiner Wohnung aus ein Kabel in unser Dachzimmer legte. Nach Tagen ohne Internet und Handyempfang wussten wir dieses Privileg (welches für die meisten Menschen heute ganz selbstverständlich ist) wieder um einiges mehr zu schätzen. Mit mobilen Daten war in diesem kleinen Kuhkaff in der Pampa nicht zu rechnen. Noch nicht einmal das Senden einer SMS oder das Tätigen eines Anrufes funktionierte.

Tagsüber musste André nun zu Aaron ins Lager und diverse Arbeiten verrichten. Sämtliches Equipment von den Live-Auftritten und den Messen musste gewartet, gereinigt und sortiert werden. Da André sehr begabt in Sachen Elektronik ist, übernahm er auch immer wieder Reparaturarbeiten und kleinere Umbauten. Er reparierte XLR-Kabel und wartete die Tonanlagen. Gelegentlich half ich ihm, allerdings geschah dies nicht allzu häufig. Viel lieber verweilte ich im Dachgeschoss, schaute Comedy-Serien oder traf mich mit Axel.

Ich stellte mich beim zuständigen Jobcenter vor und meldete mich erneut arbeitssuchend. Meine neue Sachbearbeiterin war sehr freundlich und verständnisvoll. Auch ein neuer Hausarzt war sehr bald gefunden.

Noch immer hatte ich die Hoffnung, LKW zu fahren, nicht gänzlich aufgegeben und bewarb mich bei einer Spedition nur einige Kilometer von uns entfernt. Dort wurde ich sofort unter Vertrag genommen, was mich ziemlich wunderte. Jene Spedition fuhr täglich Wechselcontainer, im Grunde keine schwere Arbeit. Allerdings schreckte mich der Fahrer, welcher mich einlernte, ziemlich ab. Es war ein sehr grober und aggressiver Typ, welcher sich mit jedem sofort anlegte. So fing es schon in der Früh bei der ersten Ladestelle an. Er bestand darauf, sofort den Hof passieren zu dürfen, obwohl er noch nicht an der Reihe war und noch ein anderer LKW vor ihm im Hof seinen Container belud. Er betitelte die Frau an der Rezeption mit unflätigen Ausdrücken, was mich im ersten Moment amüsierte, dachte ich doch, er mache nur Spaß unter guten Kollegen. Als ich jedoch merkte, dass er tatsächlich ziemlich in Rage war, wurde mir unbehaglich. Welche ungehobelten Menschen beschäftigte dieser nette und zuvorkommende Chef? Dass viele LKW-Fahrer in aller Regel nicht gerade der gehobensten Gesellschaft angehören, ist wohl bekannt. Aber dieser Flegel ging eindeutig zu weit.

Im Aufenthaltsraum fragte er mich direkt, ob ich schwul wäre. Verwundert fragte ich, wie er darauf käme und ob ich denn so aussähe. Er meinte nur trocken: „Dazu sag i jetzt mal nix." *Indiskreter, unfreundlicher Bauerntrampel,* dachte ich mir nur. Traute mich allerdings nicht zu kontern. Dazu war mir der Typ eindeutig eine Spur zu cholerisch. Fragen dieser Art sind mir zwar nicht unangenehm, allerdings empfand ich es an diesem Tag als nicht lohnend, ihm diesbezüglich eine Antwort zu geben. Nicht diesem ungehobelten Klotz.

Rücksichtslos urinierte der notorische Kaffeetrinker auf den Firmengeländen in jede Ecke. Nachdem er sich später noch einmal lautstark mit einem anderen LKW-Fahrer angelegt hatte, welcher ihm versehentlich die Vorfahrt genommen hatte, stand für mich fest: In dieser Firma fasse ich nicht Fuß! Unter solchen primitiven Klötzen, welche lautstark Ausdrücke aus dem Fenster rufen, wollte ich nicht sein. Wie wäre er mich wohl angegangen, hätte ihm einmal etwas an mir nicht gepasst? Ich wollte mein ohnehin sehr schwaches Selbstwertgefühl nicht unnötig in Gefahr bringen.

Nach der Rückkehr am Abend widerrief ich meinen Arbeitsvertrag mit der Begründung, dass ich mir jene Tätigkeit nicht zutrauen würde. Dass es im Grunde nur an jenem psychopathischen Fahrer gelegen hatte, wollte ich natürlich nicht zugeben. Dann hätte ich wie ein verängstigtes, kleines Häschen dagestanden. Und laut Fahrlehrer Henry war ich inzwischen doch ein Mann. Naja, eher noch immer ein introvertiertes, scheues Männchen.

Wäre mir dieser Typ damals gänzlich am Arsch vorbeigegangen, hätte ich mir diese Tätigkeit durchaus vorstellen können. Aber so weit war ich noch nicht.

Insgesamt verbrachten wir 3 Monate im Dachzimmer, bevor unsere neue Wohnung bezugsfertig war. Vermieter und Hausbesitzer Rolf, ein ziemlich resoluter Schwabe, gab sich mit der Renovierung große Mühe und legte sich ins Zeug. Alles musste neu gemacht werden. Die Wände verputzt, die Böden verlegt, das Badezimmer eingerichtet und noch einiges mehr. Sogar eine Badewanne baute er unseren Wünschen entsprechend ein, obwohl er eigentlich eine Dusche angedacht hatte. Das Einzige, was jetzt noch fehlte, war eine Küche. Diese besorgten wir uns durch eine Anzeige im Internet umsonst. Durch die Wohnungsauflösung einer alten Frau, welche kürzlich verstorben war, verschenkte deren Tochter ihre alte Küche. Alles, was wir dafür tun mussten, war sie vor Ort auszubauen. Das war ein ziemlicher Umstand, da sie sich im 4. Stock befand und der Aufzug nicht auf größere Transporte ausgelegt war. Gerade mal zwei Leute fanden darin Platz. Aber wir schafften es mit vereinten Kräften trotzdem und bauten sie in den Tagen darauf bei uns ein. Ich ärgerte mich über den dreckigen Zustand und das stinkende Abwasserrohr. Was musste die Vorbesitzerin nur für eine unhygienische Person gewesen sein? André erklärte mir, dass es ganz normal sei, dass der Abfluss nach einiger Zeit der Benutzung stinken würde, das sei im ordentlichsten Haushalt so.

Ich projizierte mal wieder meine persönlichen Defizite auf die arme alte Vorbesitzerin. Möglicherweise ärgerte mich meine eigene Unordnung innerlich selbst. Lästern ist immer einfach. Zum Glück rückte mir Aaron ein bisschen den Kopf zurecht, nachdem er meine Aussage über den leicht vergilbten Schrank gehört hatte. Wer käme schon bitte dazu, jeden Tag den Schrank abzuhängen und dahinter zu wischen? Von unserem verklebten Küchentisch, welchen wir erst gar nicht vom Bodensee mitgebracht hatten, ganz zu schweigen. Im Grunde wusste ich genau, dass ich im Unrecht war und verpasste mir in Gedanken eine kleine Rüge: *Mica, kehr bitte vor deiner eigenen Haustür, du Klugscheißer!*

André wurde im Auftrag von Aaron auf eine Messe nach Norddeutschland geschickt, bei welcher er für knapp eine Woche weg sein sollte. Er musste den LKW mit dem Equipment hinauffahren und es mit einigen anderen Kollegen vor Ort aufbauen. Nachdem dies geschehen war, sollte er sich täglich um die Technik kümmern, Lautsprecher und Großbildschirme auf dem Messestand einschalten, die Mikrofone betreuen und weiteres. Die Tatsache, dass ich nun für einen so langen Zeitraum allein sein müsste, machte mich im ersten Moment ziemlich fertig. Aber ich konnte nichts daran ändern. Wenigstens hatte ich Internet- und Fernsehempfang, was mich ein wenig tröstete. Ich spielte stundenlang mein geliebtes Computerspiel „Die Sims 3", in welchem ich meiner Kreativität wieder einmal freien Lauf lassen konnte. Ich baute mir virtuelle Welten auf, erstellte Charaktere und träumte nebenbei ein bisschen. Wie schön doch das wahre Leben sein könnte, wenn man sich selbst in einer Art Creator nach persönlichen Wünschen zusammenbasteln könnte. Die Optik und die individuellen Charaktereigenschaften einfach per Mausklick erstellen. Und vor allem auch den Gesundheitszustand. Das wäre schön!

Unsere Spielsucht begleitete uns noch eine kurze Weile in unserer neuen Heimat. Allerdings flaute sie im Laufe der Zeit immer mehr ab. Irgendwann gingen wir nicht mehr täglich, sondern nur noch 1–2 Mal in der Woche und am Ende gar nicht mehr ins Casino. Die jahrelange Erfahrung hatte dafür gesorgt, dass wir endlich die Realität zur Kenntnis nahmen. Auch wenn es stets ein schönes Hobby gewesen war. Das Endergebnis stand in keinerlei Verhältnis!

Ein kleines Lichtchen

Durch die Festanstellung bei Aaron musste André seine Teilselbstständigkeit als „Tontechniker auf Kofferjob" aufgeben, da sich sämtliche Termine überschnitten hätten. Dies ärgerte André anfangs ein bisschen, liebte er doch seine damalige Band, welche Rock- und Metal-Klassiker coverte, musikalisch über alles. Aber jene wollten einen festen Techniker. Doch anstelle vom harten Rock'n Roll sollte nun eine andere, feste Coverband anstehen, welche Aaron Anfang 2015 unter Vertrag nahm. Diese spielte überwiegend Party-, Volks- und Schlagermusik, was André im ersten Moment zwar nicht sonderlich behagte, doch wollte er der ganzen Sache eine Chance geben.

Ein Probeaufbau wurde veranlasst, das entsprechende Equipment zusammengestellt und André sollte als Organisator und als Tontechniker fungieren. Auch ein neuer Lichttechniker stand schon in den Startlöchern. Es war Moritz, ein flüchtiger Bekannter von André, welchen er vor einiger Zeit durch die Vermittlung einer Soundanlage kennengelernt hatte.

Moritz stellte gerade nach und nach selbst einen kleinen Verleih zusammen und besorgte sich peu a peu das erforderliche Equipment. Moritz war ein absolut lieber, lebensfroher und unkomplizierter Zeitgenosse, welcher mir von Anfang an sehr sympathisch war. Er war sogar 2 Jahre jünger als ich. Doch trotz jungen Alters war er bereit, schwer zu arbeiten, um seinen Traum zu verwirklichen. Die Woche über arbeitete er als Industriemechaniker in einem Betrieb, am Wochenende befand er sich bei Auftritten und verlieh sein Material. Dies empfand ich als äußerst bewundernswert und ehrgeizig. Ganz besonders, weil er noch jünger war als ich.

Moritz war körperlich eine richtige Erscheinung, ca. 1,90 m groß, stabil gebaut und sehr muskulös. Es war ein Leichtes für ihn, sämtliches Material zu tragen, zu schieben und aufzubauen. Er schaffte Arbeiten, für welche man eigentlich zwei Leute benötigte, problemlos allein und war bei der Arbeit niemals mutlos oder unmotiviert. Irgendeinen Weg gab es immer. Ich bewunderte ihn für seine sympathische Art, immer locker und entspannt zu bleiben und stets für alles eine Lösung zu finden.

Die Zuständigkeit für die neue Band sollte sich auf eine 3-Mann-Crew belaufen. Neben Tontechniker André und Lichttechniker Moritz sollte auch ich als dritte Hand mitkommen. Natürlich zuerst einmal unentgeltlich, damit ich in die Materie richtig hineinkommen würde, um eventuell später einmal die Lichtshow zu übernehmen, wenn Moritz aus zeitlichen Gründen einmal nicht könnte. Ich fühlte mich geehrt und freute mich darüber. Schon seit einigen Jahren träumte ich davon, auch einmal als Lichttechniker zu arbeiten. Das Licht fand ich dem Ton gegenüber schon immer interessanter, da es in meinen Augen viel mehr Spielraum für persönliche Kreativität zuließ.

Moritz kannte sich in puncto Lichttechnik schon deutlich besser aus als ich. Obwohl er damals selbst in den Startlöchern stand und sich sämtliches Wissen noch erarbeiten musste. Beim Probeaufbau war mir alles noch so unendlich fremd. Ich wusste nicht wirklich, wie ein Dimmer funktioniert, wie sämtliche Moving-Heads (bewegliche Lampen) per DMX-Adresse und ähnlichem betrieben bzw. programmiert werden und wie Frontlicht, Blinder und ACL-Fächer angeschlossen werden, schon einmal gar nicht. Von der komplexen Bedienung eines Lichtpults ganz zu schweigen. So oft hatte ich zugesehen, es allerdings nie wirklich begriffen. Hatte mich allerdings auch nie großartig getraut explizit nachzufragen. Ich hatte stets Bedenken, die Lichttechniker zu nerven oder mich mit meinen bescheidenen Kenntnissen zu blamieren. Saufen auf der Tanzfläche erschien mir damals einfacher.

Moritz zeichnete mir einen Plan auf und erklärte mir grob das geplante Lichtmodell. In welcher Reihenfolge die Lampen aufgehängt bzw. adressiert werden mussten, wie viele Lampen auf eine Stromphase passten, welche Lampen per DMX-Signal und welche per Dimmer angesteuert wurden und schlussendlich, wie man den Hazer (Nebelmaschine) anschließt. Das war alles sehr viel Input auf einmal und die Hälfte verstand ich nicht. Niemals zuvor hatte ich mich mit der Materie so explizit auseinandergesetzt. Auch wenn ich es stets cool fand, fehlte im Grunde die Motivation zum gezielten Erlernen. Nach dem Probeaufbau hatte ich das Meiste schon wieder vergessen.

Ich freute mich jedoch über die Tatsache, dass wir bald zu dritt auf Tour gehen würden und ich immerhin als dritte Hand mit dabei sein durfte. Die Bandmitglieder waren sehr nett und meist lustig drauf. Nach einigen Jobs kannten wir uns alle recht gut. Neben dem Auf- und Abbau war ich während der Show dafür zuständig, die Band im Backstage-Bereich mit Getränken und Bier zu versorgen, Fotos von der Show für deren Homepage zu knipsen und Moritz immer mal wieder ein bisschen über die Schulter zu schauen. Er hatte sich das Programmieren passabel beigebracht und zeigte mir immer wieder wie es funktionierte. Einiges konnte ich behalten, beispielsweise wie man Positionen, Moves und Farben abspeichert und wie man Frontlampen und Blinder auf feste Tasten patcht. Auch das System der DMX-Adressen verstand ich von Mal zu Mal besser. Trotzdem flutschte vieles an Hintergrundwissen immer wieder durch. Moritz verstand meine Vergesslichkeit in dieser Hinsicht gelegentlich nicht. War ich mir unsicher, stellte ich lieber noch einmal vor dem Verrichten der Arbeit die Frage, wie herum ich denn verkabeln müsse. Moritz schmunzelte dann ironisch und fragte: „Mica, wie lange bist du jetzt schon dabei?" Ihm fiel es deutlich leichter sämtliches Insider-Wissen zu behalten und dieses stetig weiter auszubauen. Mir jedoch nicht. Außerdem hatte ich noch so viele andere Dinge während des Jobs im Kopf. *Habe ich die richtigen Schuhe mit passenden Einlagen an, dass mir gegen Ende des Abends meine Füße nicht wehtun und ich den Abbau problemlos schaffe? Werde ich von Zuschauern beobachtet, wenn ich nachher die Maßkrüge in den Backstage-Bereich kurz vor Auftrittsbeginn trage? Werden sie denken: Was für ein fetter, hinkender Krüppel? Was hat so einer in einer Branche wie dieser zu suchen?* Das tun doch sonst nur knallharte, maskuline Roadies und nicht so ein eingeschränktes Milchgesicht.

Es kam hin und wieder vor, dass ich während des Auftritts in schlechte Stimmung geriet und über Kleinigkeiten nörgelte, obwohl es eigentlich gar keinen Grund gab. Dies hing höchstwahrscheinlich damit zusammen, dass André anwesend war. In einer Beziehung zu arbeiten ist grundsätzlich schwierig, da waren wir nicht die ersten beiden. Vor anderen Menschen, mit welchen man nur gelegentlich oder beruflich zu tun hat, fällt das gekonnte Zusammenreißen deutlich leichter.

Selbst dem gutmütigen Moritz ging mein Frust gelegentlich auf die Nerven. Mit einem lustigen Spruch versuchte er dann stets die Lage aufzulockern oder für ein Lächeln zu sorgen. Auch schlichtete er manchmal, wenn André und ich verschiedene Meinungen hatten und aneinandergerieten.

Bei einigen Arbeiten, welche André und Moritz deutlich lockerer von der Hand gingen, quälte ich mich nach wie vor. Beispielsweise beim Ausladen des LKWs aufgrund meiner Sehnenverkürzung. Die Schräglage der Rampe erforderte für mich schon ohne schwere Kisten enorme Selbstkontrolle, um mein Gleichgewicht zu wahren. Dies führte zu entsprechendem Frust und daraus resultierenden Minderwertigkeitskomplexen. Immer wieder versuchte ich es dennoch gewaltsam, da ich den beiden in nichts nachstehen wollte. Oft tat ich mir weh oder schaffte es nicht so wie gewollt. Ich wollte so gerne gut arbeiten, den anderen eine Hilfe sein. Herrschte Hektik, bestärkte sich dieser frustrierte Zustand.

Moritz verstand meine Einstellung nicht. Warum versuchte ich diese Arbeiten überhaupt erst, wenn ich doch wusste, dass ich mich dabei quälte? Sollte ich mich doch lieber anderweitig einbringen, die Verkabelung übernehmen, die Halterungen der Lampen anschrauben, die Kisten sortieren oder ähnliches. Jede Arbeit benötigt ihre Zeit und als Team wären wir doch füreinander da.

Im Grunde waren wir drei ein großartiges Team, welches auch regelmäßigen Spaß hatte. Im Nachhinein wünsche ich mir, ich hätte damals mehr Engagement und Verantwortung gezeigt. Und mich in einigen Momenten besser zusammengerissen, auch, wenn mich etwas nervte. Ich brüllte zwar nicht lautstark herum oder heulte, diese Zeiten waren glücklicherweise lange vorbei. Aber meine gedrückte Stimmung verpestete trotzdem ab und an die Luft.

Was das Lichtmachen anging, so ließ mich Moritz nach einigen Jobs nun auch während der Live-Shows ans Pult. Nachdem ich diesbezüglich ein bisschen Erfahrung gesammelt hatte, verbesserten sich meine Kenntnisse nach und nach. Es stellte sich heraus, dass ich ein sehr gutes Taktgefühl und kreative Ideen besaß. Diese Eigenschaft wollte ich ausbauen. Der Abend mit unserer Band belief sich auf insgesamt 3 Runden, zwischen welchen immer ca. 20 Minuten Pause herrschte. Unser neues Ritual lautete bald: Moritz übernahm Runde 1 und 3, die 2. Runde durfte ich machen. Schon bald kannte ich unser Set auswendig und wusste ganz genau, was ich bei jedem einzelnen Lied in Szene setzen wollte. Ich hatte mich an unser (damals noch überwiegend von Moritz) programmiertes Lichtpult gewöhnt und nutzte dessen Funktionen. Ich arbeitete mit Strobos (Blitzeffekten), Gobos (Mustern in der Lampe), Fokus (Größe des Lichtkegels) und dem Prisma. Verwirklichte mich immer wieder aufs Neue und hatte auch sehr großen Spaß dabei. Moritz war mir gegenüber so weit im Vorteil, dass er das Pult und dessen Funktionen bald von vorne bis hinten vom technischen Aspekt her beherrschte. Sogar externe Lampen, welche nicht im Pult integriert waren, schaffte er anzulegen, während meine Kenntnisse bescheiden blieben.

Die Auftritte mit unserer Band fanden überwiegend in Festzelten oder auf Volksfesten statt. Gelegentlich waren es sogar mehrere Tage hintereinander. Das bedeutete, wir mussten im LKW oder gelegentlich auch im Hotel schlafen. André und ich hatten beide einen LKW-Führerschein, Moritz zu diesem Zeitpunkt noch nicht. Allerdings war er gerade dabei, diesen auch zu machen. Konnte André gar nicht mehr fahren, so übernahm ich für einige Stunden nachts auf der Autobahn. Das war ziemlich anstrengend. Nicht das Fahren, viel eher das lange Wachbleiben und die Konzentration. Einer fuhr, die anderen beiden lagen hinten in den Betten und schliefen, soweit es denn möglich war. Der firmeneigene LKW der Band war bereits über 20 Jahre alt und schon ziemlich abgenutzt und wackelig. Aber bei wirklicher Müdigkeit kann man immer Schlaf finden. Und sei es nur für 15 Minuten.

Extreme Besäufnisse, wie ich sie die Jahre zuvor bei anderen Bands vollzogen hatte, bei welchen wir nur auf „Kofferjob" waren, gab es in diesem Sinne nicht mehr. Wir tranken an heißen Tagen zwar gerne einige kühle Bierchen beim Auftritt, waren aber niemals wirklich betrunken. Zumindest einer konnte am Ende des Auftritts noch immer fahren.

Nachdem ich meine Arbeit für eine Weile lang recht passabel erledigt hatte, beschloss André, dass ich zumindest ein Taschengeld erhalten sollte. Dies wurde ihm unter der Hand gegeben, da ich aufgrund meiner Arbeitslosigkeit ja nichts unangemeldet verdienen durfte. Ich wünschte mir eine Festanstellung, wenigstens auf Teilzeit. Leider konnte sich Aaron jedoch keinen zweiten Angestellten leisten und begründete es damit, dass die Jobs in der Musikszene inzwischen einfach zu wenig seien. Außerdem wäre ich zum damaligen Zeitpunkt für eine Anstellung in dieser Hinsicht definitiv noch nicht bereit gewesen.

Die größte Freude meines Lebens

Für meinen besten Freund Axel sollte sich zwischenzeitlich ein neues Kapitel aufschlagen. Nach 2,5 Jahren beendete er seine Beziehung zu Max. Kurz zuvor hatte er sich bereits eine eigene Wohnung gesucht, welche er von einer ehemaligen Arbeitskollegin übernommen hatte. Jene lag sehr schön, hatte sogar eine kleine Terrasse mit Garten. Irgendwie bedauerte ich die Trennung der beiden, da ich mich mit Max immer recht gut verstanden hatte. Ferner lag mir die Tatsache, dass ich Kelly, die süße Jack Russel-Hündin, künftig nicht mehr sehen würde, ziemlich schwer im Magen.

Aus einer spontanen Laune heraus googlete ich im Internet nach Hunden in der Umgebung, welche ein Zuhause suchten. Ich war fest entschlossen, meinen Kindheitstraum, ein eigenes Tier zu haben, endlich zu verwirklichen. Ursprünglich tendierte ich eher zu einer Katze, dies war allerdings aufgrund von Andrés Allergie nicht möglich. Da ich noch immer Jack Russell-Hündin Kelly vermisste, suchte ich nach genau dieser Rasse. Beim Tierschutzverein aus der Nachbarortschaft wurde ich auf deren Homepage fündig. Dort gab es tatsächlich einen Jack Russell Terrier, welcher ein neues Zuhause suchte. Aus reiner Neugier machte André jene Seite auf seinem Rechner ebenfalls auf, scrollte die anderen Anzeigen durch und blieb bei einem Yorkshire-Mischling hängen. „Ist dieser hier nicht noch viel süßer?", fragte er mich ironisch. Und tatsächlich verzauberte mich der Anblick des kleinen Hundes sofort. Noch bevor André gezielten Einspruch erheben konnte, schnappte ich mir das Telefon und rief bei der angegebenen Telefonnummer an. Ich erfragte, ob der kleine Hund „Stupsi" bereits vergeben oder noch zu haben wäre. Sie sagte, dass er momentan bei ihr in privater Obhut sei und fragte, ob wir einmal vorbeischauen und ihn uns ansehen wollten. Ich sagte sofort für den kommenden Tag zu und beendete das Gespräch. André war nicht gerade erfreut. Wir könnten uns doch gar keinen Hund leisten und außerdem würde unser Vermieter ganz bestimmt keine Tiere erlauben. Und aus diesem Grunde fragte ich ihn auch gar nicht erst und wollte Nägel mit Köpfen machen. Wer zu lange nachdenkt, verpasst schließlich das Leben! Und es war schließlich unser gemeinsames Leben, bei welchem ich durchaus ein Mitspracherecht besaß. All die Jahre hatte André ein Haustier strikt abgelehnt, da er uns beide für zu unfähig hielt, einem solchen gerecht zu werden. Ich ließ nicht lange mit mir diskutieren. Wie viele Millionen Tiere versauern jährlich im Tierheim, einsam, verlassen und ungeliebt? Kaum jemand hört ihr Wehklagen in den Nächten, niemand kann wirklich nachvollziehen, was sie tatsächlich innerlich fühlen. Haben sie Schmerzen, behalten es die robusten, kleinen Wesen meist für sich. Selbst Hunde von Obdachlosen erfahren oft mehr Zuneigung als jene, welche in den teilweise so kalten und lieblosen Zwingern vergessen werden. Wenn jene es schaffen konnten, dann würden wir beide das doch mit links hinbekommen.

Tags darauf besuchten wir Amelie vom Tierschutz in ihrem Privathaus, wo sich der kleine Mischling zum damaligen Zeitpunkt aufhielt. Als wir klingelten, ertönte bereits lautes Hundegebell. „Oh je, also doch ein Kläffer, wie ich befürchtet hatte", meinte André leise zu mir. Zwei Hunde kamen aus der Haustüre gelaufen. Der eine eher gesprungen, der andere unterwürfig und zurückhaltend hinterher getapst. Der laute, dominante Hund, welcher uns mit lautstarkem Gebell begrüßte, war Tippi, der Hund von Amelie. Der kleine Stupsi tapste verschüchtert hinter ihr her. Vom Foto her erkannten wir ihn sofort. Ein wuscheliger, kleiner Yorkie-Mix, mit riesengroßen Ohren.

Wir betraten das Grundstück und gingen ins Haus. In der Küche setzten wir uns nieder, den kleinen Mischling, welcher im Hintergrund neugierig auf und ab lief, ständig im Auge. Amelie erzählte uns mehr von ihm. Er war erst seit wenigen Wochen in Deutschland, ursprünglich kam er aus Spanien. Dort wurde er ohne Biografie und Papiere vor einem Tierheim ausgesetzt, weshalb sein Alter leider nur gemutmaßt werden konnte. Er wurde damals auf etwa 9 Jahre geschätzt und man wusste rein gar nichts von ihm. Ob er einmal ein Straßenhund oder ein Familienmitglied gewesen war, bleibt auf ewig sein Geheimnis.

Stupsi hatte noch einen weiteren schweren Schicksalsschlag erlitten. Im Tierheim in Andalusien geriet er einst mit anderen Hunden im Shelter unglücklich aneinander, welche ihn angriffen und ihm die Kehle zerfetzten. Zu seinem Glück war genau an jenem Tag der zuständige Tierarzt anwesend, welcher ihm durch eine Not-OP das Leben retten konnte. Andernfalls wäre er verblutet. Sein Hals und sein Brustkorb waren kahl rasiert, eine große Narbe erstreckte sich darüber. Er tat mir so unendlich leid. Was musste der kleine Kerl nur Schreckliches durchgemacht haben?

Sein schüchternes Verhalten behagte ganz besonders André. Seine Bedingung war, dass es kein überdrehter Wirbelwind und kein Kläffer sein sollte. Ein ruhiger, unkomplizierter Zeitgenosse wäre ihm am liebsten. Stupsi schien in dieses Bild zu passen. Immer wieder versuchte ich den neugierigen kleinen Wuschel zu streicheln. Sonderlich verschmust schien er nicht zu sein, da er sich anfangs noch gezielt wegduckte. Möglicherweise war er Fremden gegenüber einfach noch etwas vorsichtig. Als er während unseres Gesprächs mit Amelie plötzlich doch zu mir herkam, und mit seinen kleinen Vorderpfötchen an mir heraufsprang, so war das für mich ein eindeutiges Zeichen. „Nimm mich mit!"

Amelie fand diese Szene sehr rührend und fragte ihn, ob er sich denn so eben sein neues Herrchen ausgesucht hatte. André war sich noch immer nicht sicher und sagte, wir würden noch einmal alles ganz in Ruhe besprechen und uns die Tage melden. Amelie erzählte, dass es noch eine weitere Interessentin für Stupsi geben würde, sie bei jener allerdings kein gutes Gefühl hatte. Eine schwer depressive Frau, welche sich einen Hund als pure Ablenkung und Erheiterung wünschte. Hoppla …

Mit Depressionen konnte ich mich durchaus identifizieren, allerdings jedoch nicht nachvollziehen, wie jemand glauben konnte, ein Tier würde sämtliche Dämonen vertreiben. Meine persönlichen Depressionen brachte ich nicht zur Sprache. Mit Stupsi würde ich jene auch niemals in Verbindung bringen, das schwor ich mir bereits im Vorfeld. Ich finde es furchtbar, dass sich sehr viele depressive Menschen bei Tieren und auch Kindern nicht im Griff haben. Hier müssen Prioritäten gesetzt werden. Diese haben Vorrang und hier sollte sich unter allen Umständen zusammengerissen werden!

Es kostete mich noch einige Mühen, André vollständig zu überzeugen. Ich hatte mich unsterblich in den kleinen Stupsi verliebt und wollte ihn inständig in meiner Nähe haben. Ihn beschützen, ihm Liebe und vor allem ein schönes Zuhause geben. Andrés Mutter Anna riet uns anfänglich, trotz ihrer bedingungslosen Liebe zu Tieren, die ganze Sache noch einmal gründlich zu überdenken. Sie selbst hatte ihr Leben lang Haustiere gehabt und sprach aus Erfahrung. Was alles auf uns zukommen würde, sei nicht zu unterschätzen. Zeit, Verantwortung und Geduld stünden von nun an auf unserem Tagesplan. Weiterhin wären furchtbare Sorgen vorprogrammiert, sobald der Hund einmal krank werden sollte. Vom finanziellen Aspekt ganz zu schweigen. Sehr viele Kosten kämen auf uns zu, sei der Kleine einmal unerwartet krank oder bräuchte womöglich eine Operation. Sie zeigte uns eine Ansammlung von Tierarztrechnungen, welche sie selbst über die Jahre für ihren Hund und ihren Kater bezahlen musste. Das war zwar ein Punkt, welchen es zu beachten galt, allerdings war es für mich kein Hinderungsgrund. Das war der kleine Stupsi mehr als wert. Eine liebende Seele ist mit Geld nicht zu bezahlen. Ich versprach André, mich stets gut um ihn zu kümmern, mit ihm Gassi zu gehen und was sonst noch alles dazu gehört. Schließlich willigte er, noch immer etwas widerwillig, ein.

Schließlich war der große Tag, an welchem Stupsi einziehen sollte, endlich gekommen. Amelie brachte ihn am abgemachten Datum bei uns zuhause vorbei, schloss mit mir den Übergabevertrag ab und nahm die Schutzgebühr entgegen. Sie freute sich ganz besonders über das Herzlich-Willkommen-Plakat, welches ich für Stupsi wenige Stunden zuvor angefertigt hatte.

Wir hatten uns bereits vor seinem Einzug einen ganzen Tag lang Zeit genommen, um für den Kleinen alles Nötige zu besorgen. Ganz besonders als blutige Anfänger wollten wir unbedingt auf alles vorbereitet sein. Näpfchen, Transportbox, Körbchen, Decken, eine große Auswahl an Futter, Bürsten, Zeckenzangen und etwas Spielzeug. Dieses rührte er allerdings niemals an. Er war kein Hund, welcher Freude an Spielzeug hat.

Nachdem Amelie die Wohnung mit einem guten Gefühl verlassen hatte, dauerte es noch einige Zeit bis Stupsi auftaute. Anfangs stand er nur auf dem Flur herum und wartete, dass sie zurückkommen würde. Ich ließ ihm Zeit und bedrängte ihn nicht. Dazu riet mir auch Axel, welchen ich im Hintergrund in der Leitung hatte und welcher diesen einen, ganz besonderen Moment zumindest akustisch mit mir teilen sollte. „Lass ihn erstmal ankommen!" riet er mir. „Der kommt dann schon irgendwann von allein!" Axel war mit Hunden aufgewachsen und kannte sich in dieser Hinsicht etwas besser aus als ich. Seine Stimmung änderte sich schlagartig, als er das erste Abendessen von uns bekam. Außerdem bekam er zur Feier des Tages bei unserem Abendessen eine Weißwurst, nach welcher er ganz verrückt war. Wir hatten nicht daran gedacht, dass eine Weißwurst, was ja eine der Spitzenreiterinnen unter den gesättigten Fettsäuren darstellt, möglicherweise zu viel für ihn wäre.

Beim ersten Spaziergang war er noch etwas unsicher, wir allerdings auch. Wir wussten nicht, wo und wie weit wir am besten mit ihm gehen sollten, wir hatten ja beide nur bescheidene Erfahrungen mit Hunden.

Stupsi lebte sich von Tag zu Tag besser ein. Auch Anna und Dietmar, Andrés Eltern, schlossen ihn sehr bald ins Herz.

Anders dagegen sah es beim ersten Besuch bei meiner Mutter aus. Sie war bis dato niemals eine sonderliche Befürworterin von Tieren gewesen und fürchtete außerdem um ihren nagelneuen Teppich im Flur. Es sollte noch einige Monate dauern, bis auch sie Stupsi so richtig ins Herz geschlossen hatte. Was jedoch auch eines Tages der Fall war. Nachdem sie merkte, wie lieb, treu und bescheiden er doch war, begann sie ihre Einstellung gegenüber Tieren bewusst zu überdenken. Inzwischen liebt sie den kleinen Stinker abgöttisch, bezeichnet ihn im Spaß als ihren „Enkel" und sagte sogar schon häufiger, dass sie sich inzwischen durchaus vorstellen könnte, im frühen Rentenalter selbst einen Hund zu adoptieren, mit welchem sie täglich sehr viel laufen würde. Die Leidenschaft, lange Strecken in der Natur zu laufen, teile ich inzwischen mit meiner Mutter.

Hatten wir einen Auftritt mit unserer Band, so war auch Stupsi häufig mit von der Partie. Beim Aufbau saß er friedlich in einer Ecke des Festzelts auf seinem Kissen und beobachtete uns bei der Arbeit. Auch Moritz schloss den Kleinen bald ins Herz. Während die Band abends spielte, schlief er friedlich in der Koje des LKWs, wo er durch die Standheizung auch niemals frieren musste. Einen besonderen Glückstag erlebte er zwischendurch, wenn ich ihm den Knochen einer Haxe brachte, an welchem er stundenlang genüsslich knabberte. Allerdings war er nicht jedes Mal dabei. Zwischenzeitig, ganz besonders bei Doppeljobs, ging er auf Besuch zu Amelie, welche sich regelmäßig freute ihn wiederzusehen. Später dann auch zu Aarons Schwester und deren Familie. Ganz besonders die beiden Kinder freuten sich regelmäßig auf Stupsis Besuch.

Ich war so unendlich glücklich, dass wir den Kleinen doch noch adoptiert hatten. Auch wenn er oft viel Arbeit und Verantwortung bedeutet. Und auch André liebt ihn abgöttisch und kann sich ein Leben ohne ihn kaum noch vorstellen.

Möglicherweise waren wir in Bezug auf Stupsis Erziehung eine Spur zu nachsichtig. Häufig musste ich mir schon von verschiedenen Menschen vorhalten lassen, dass Stupsi der Chef wäre und im Endeffekt UNS dominierte. Auf der anderen Seite ist diese ganze Hundeerziehung auch größtenteils Ansichtssache, wie auch die Erziehung von Kindern. Ich befürworte es nicht, dem Hund sämtliche natürliche Instinkte abzugewöhnen, bis er irgendwann nicht mehr er selbst, sondern nur noch ein durch Menschenhand umgeformtes Lebewesen nach deren Regeln und Ansprüchen ist. Ein Tier hat genau die gleichen Rechte sich mitzuteilen und sich auszuleben. Wenn Stupsi beim Essen herkommt und etwas haben möchte, ist er nicht unerzogen, sondern teilt sich einfach nur mit. Ein natürliches Verhalten aus dem Rudel. Warum sollte ich ihm dies verbieten und ihn widerwärtig in seine Ecke verfrachten? Nur damit ich in Ruhe essen kann. Er hat dieselben Rechte wie ich! Meiner Meinung nach ist es furchtbar, wie die „überlegene" menschliche Gattung sämtliche Tiere domestiziert. Und dazu hat sie keinerlei Recht. Tiere sind deutlich klüger als die meisten Menschen denken. Keinem Tier würde es beispielsweise einfallen, eine Atombombe zu bauen oder einen Krieg zu beginnen. Wenn es unter ihnen Ärger gibt, so klären sie das direkt. Und nach einigen Minuten ist das Thema dann auch abgehakt und die Rangordnung geklärt.

Im Nachhinein betrachtet bin ich sehr froh darüber, dass mir der Wunsch nach einem Hund in frühester Kindheit stets verwehrt blieb. Damals wäre ich mit Sicherheit noch nicht bereit gewesen, einem solchen nur ansatzweise gerecht zu werden. Ein Hund ist wie ein Kind, welchem die gleiche Fürsorge bedarf. Zumindest dann, wenn man es richtig machen möchte…

Abschied einer Freundin

Im Sommer 2016 erreichte André auf der Fahrt ein wichtiger Anruf seiner Mutter. Diese hatte leider keine erfreulichen Nachrichten. Martina, Andrés Schwester, war an einem bösartigen Gehirntumor erkrankt und ihre Prognosen standen alles andere als gut. André konnte es nicht fassen und war vollkommen verzweifelt. Obwohl wir in den letzten Jahren nur sporadischen Kontakt zu Martina gehabt hatten, so war sie doch trotzdem seine geliebte große Schwester.

Einige Tage später besuchten wir sie, ihren Mann und ihre Kinder gemeinsam mit Anna und Dietmar. Martina sah noch sehr gut aus, wirkte höchstens ein wenig abgeschlagen. Auch Stupsi hatten wir mitgebracht, welchen sie als eingefleischte Tierfreundin natürlich sofort ins Herz schloss und einige Bilder von ihm machte.

So saßen wir beisammen auf der Terrasse und unterhielten uns. Martina erzählte uns von ihrer momentanen Chemotherapie und den schlechten Vorhersagen des Arztes. Dieser hatte ihr knallhart verkündet, dass bei einem bösartigen Tumor dieser Art mit einer restlichen Lebenserwartung von nur noch einem knappen halben Jahr zu rechnen sei. Diese Aussage konnte ich nicht glauben. Wie konnte er das denn bitte so genau wissen? Schließlich ist doch jeder Mensch individuell und die Medizin inzwischen schon so weit. Martina war stets eine starke Frau gewesen, welche für ihre Ziele kämpfte und dafür einstand, woran sie glaubte. Auch wenn der Weg noch so schwer und steinig war. Sie glaubte fest daran, dass sie den Krebs besiegen würde. Zum Abschied lächelte sie mir zu und sagte: „Wir schaffen das!" Ich bewunderte ihren Mut im Angesicht dieser ungünstigen Prognose und ich glaubte fest an sie. Immerhin war sie gerade einmal 44 Jahre alt. Das konnte es doch noch gar nicht gewesen sein …

Es dauerte jedoch nicht lange bis es ihr merklich schlechter ging. Sie konnte das Bett nicht mehr verlassen, reagierte auf einmal sehr empfindlich auf die Chemotherapie und kam einige Wochen später ins Krankenhaus. Bis dahin hatten wir sie auf ihren persönlichen Wunsch hin nie mehr besucht. Sie wollte diese schwere Zeit möglichst allein durchstehen, was ich sehr gut nachvollziehen konnte. Außerdem hatte sie sich gewünscht, sollte sie einmal ins Krankenhaus kommen, keinen Besuch zu erhalten. Sie wollte nicht, dass ihre Liebsten ihr beim Sterben zusehen mussten.

Diesem Wunsch konnte verständlicherweise nicht vollkommen nachgekommen werden. Ganz besonders Anna, als liebende und fürsorgliche Mutter, besuchte sie täglich im Krankenhaus, als es ihr schon deutlich schlechter ging. Jene bat auch André einmal vorbeizuschauen. Dieser hatte zunächst Bedenken. Einerseits wollte er den Wunsch seiner Schwester gewissenhaft respektieren, andererseits aber auch gerne bei ihr sein. Ganz besonders jetzt, wo niemand wusste, wie es weitergehen würde.

So besuchte er sie im Krankenhaus, während ich in der Zwischenzeit mit Stupsi und Dietmar im Krankenhauspark spazieren ging. André erzählte mir, dass es ihr nicht sonderlich gut ging und dass sie nur noch mit Mühe und Not einige schwache Worte herausgekrigt hatte. Der Tumor wuchs täglich weiter, zunächst vielversprechende Behandlungen mit Methadon und anderen Medikamenten erzielten nicht den gewünschten Erfolg. Weiters hatte der Krebs schon massiv im restlichen Körper gestreut. Eine Operation war unmöglich.

Eines Tages kam aus dem Krankenhaus die Nachricht, dass sie nichts mehr für Martina tun konnten. Die Lage sei aussichtslos und Martina wäre „austherapiert". Durch die Unterstützung von Anna wurde sie ins nahegelegene Hospiz gebracht. André und ich wussten bis dahin überhaupt nicht, was ein Hospiz überhaupt ist. War das Krankenhaus möglicherweise mal wieder überbelegt oder herrschten Umbauten? Handelte es sich hierbei um eine Art Ausweichmöglichkeit? Es dauerte eine Weile, bis wir begriffen hatten, dass ein Hospiz einen Ort darstellte, in welchem unheilbar kranke Menschen auf ihren bevorstehenden Tod warteten.

Ziemlich makaber, wie ich erst mal empfand. Konnte man in dieser Hinsicht tatsächlich so abgestempelt werden?

Einige Zeit später, es war inzwischen November, wollte André Martina noch einmal besuchen. Er entschied, dass ich mitgehen sollte. Was mir anfangs unangenehm war, hatte ich noch ihren ursprünglichen Wunsch im Hinterkopf. André meinte, dass so etwas im Stolz gerne einmal dahingesagt würde, sich jene Meinung aber ganz bestimmt änderte, sobald es tatsächlich bald vorbei sein würde. So wäre es diesbezüglich zumindest bei ihm gewesen. Er würde sich auf dem Sterbebett Nähe wünschen und sämtliche Scham vergessen. Natürlich nicht Gott und die Welt, aber zumindest die engsten Vertrauten.

So betraten wir das Hospiz und wurden von einer freundlichen Schwester zu Martinas Zimmer geführt. Noch bevor wir eintraten, hörten wir auf dem Gang bereits ein seltsames Geräusch. Es war Martina, welche unwillkürliche Laute von sich gab. Der Krebs drückte inzwischen massiv auf ihr Sprachzentrum, weshalb es ihr nunmehr unmöglich war, sich normal auszudrücken und zu sprechen. Die Worte, welche aus ihrem Mund kamen, waren zusammenhanglos und unverständlich. Das musste wohl das Schlimmste gewesen sein. Ganz bestimmt wollte sie noch so viel mitteilen und erfragen. Konnte dies aber nicht mehr tun.

Als sie uns erblickte, bekam sie Tränen in den Augen. Sie realisierte unsere Ankunft also noch sehr deutlich. Wie schlimm muss so etwas sein, genau zu wissen, dass es bald zu Ende gehen wird und Tag für Tag, Stunde für Stunde bewusst darauf zu warten und dahin zu vegetieren? Ohne sich verständigen zu können. Was würde aus den Kindern und den Tieren werden?

Ebenso wenig konnte sie verdeutlichen, ob sie denn Schmerzen hatte. Sie bekam zwar etwas dagegen, aber war es genug? Brauchte sie womöglich mehr?

Es war sehr traurig, Martina so hilflos in ihrem Bett liegen zu sehen. Bewegen und aufstehen ging längst nicht mehr. Nur in ihrer

Hand wiegte sie geschwächt einen Igelball, welchen sie von Anna bekommen hatte.

André sprach einige aufmunternde Worte zu ihr, wusste allerdings auch nicht so wirklich, was genau er sagen sollte. Was will man in einer solchen Situation am liebsten hören? Ich versuchte mich gezielt in jene Lage zu versetzen. Ich persönlich würde wohl am liebsten hören, dass es sämtlichen Menschen, welche ich liebe, gut geht und dass für deren Sicherheit und Glück künftig gesorgt sei. Ganz besonders für Stupsi.

Als André aufs Klo ging und ich mit Martina für einen Moment allein war, sprach auch ich einige Worte zu ihr. Schüchtern wie ich stets war, überlegte ich lange herum, was ich denn sagen sollte. Da fiel mir etwas ein. Vor einigen Jahren, als wir noch bei ihr im Haus wohnten, hatte ich einst ein intensives Gespräch mit ihr und André gehabt. Das war zu jener Zeit, als ich meine wiederholten Psychosen hatte, häufig weinte und mich selbst verletzte. Martina hatte mir damals gesagt, ganz gleich was im Leben geschehen ist, es immer einen Grund gäbe, weiterzumachen und zu kämpfen. Ich sagte ihr damals, dass niemand je wirklich bedingungslos an mich geglaubt, geschweige denn mich motiviert hatte. „Jetzt sind es schon mal zwei!", entgegnete sie mir daraufhin und zeigte auf André und sich.

Ich wiederholte diese Worte und verdeutlichte, dass mir ihre damalige Aussage sehr viel Kraft und Motivation gegeben hatte. Wenn ich es damals auch nicht so zeigen konnte und oftmals wieder in alte Muster zurückfiel. Ich bedankte mich bei ihr, dass sie es vor Jahren zu mir gesagt hatte. Sie lächelte schwach. Aber ich konnte spüren, dass sie sich über meine Worte freute.

Ferner zeigte ich Martina ein von mir heimlich aufgezeichnetes Video auf meinem Handy. Darauf war eine Sprechstundenhilfe zu sehen, bei welcher ich mir regelmäßig meine Rezepte abholte. Ich hatte vor Monaten festgestellt, dass sie optisch eine sehr starke Ähnlichkeit zu Anna aufwies und sie aus diesem Grund einmal heimlich von der Hosentasche heraus gefilmt. Auch wenn man das eigentlich nicht macht. Anna fand es verblüffend, dass sie eine Doppelgängerin zu haben schien. Auch in Martinas Gesicht zeigte sich ein sanftes Lächeln, nachdem ich es ihr gezeigt hatte.

André meinte, dass es die tierliebe Martina möglicherweise aufmuntern würde, wenn wir Klein-Stupsi einmal zu ihr ins Zimmer brächten. Tatsächlich wurde uns dies von Seiten des Hospizes gestattet. Im Nachhinein betrachtet schien es jedoch keine allzu gute Idee gewesen zu sein. Nachdem wir Stupsi vorsichtig in ihren Schoß gesetzt hatten, liefen Tränen aus ihren Augen. Ganz eindeutig vermisste sie durch Stupsis Gegenwart verstärkt ihre eigenen Tiere, welche von nun an ohne sie weiterleben mussten. Martina hatte damals selbst drei Hunde und mehrere Katzen.

Wir kamen noch häufiger zu Besuch in den nächsten Wochen. Meist waren dann auch Anna und Dietmar anwesend, welche in jenem Zeitraum ebenfalls viele Stunden an Martinas Bett verweilten.

Martina hatte einen großen Kreis von Freundinnen, welche auch wie sie selbst vermehrt im Tierschutz aktiv waren. Jeden Tag kam ein anderes Gesicht vorbei. André fand es bewundernswert, wie viele enge und liebe Freunde Martina doch zu haben schien. Auch ihr Mann und ihre beiden Söhne kamen beinah täglich.

Einmal wartete ich auf dem Gang auf André, welcher noch bei Martina im Zimmer war. Just in diesem Moment lief ein Mann mittleren Alters an mir vorbei, lächelte mir gebrochen zu und sagte: „Wenn du einmal hier drin bist, dann ist das dein letzter Weg!" Noch bevor ich antworten konnte, verschwand dieser in seinem Zimmer. Wollte ich ihm anfänglich noch Mut machen, wurde mir sehr bald klar, dass es wohl nicht angebracht gewesen wäre. Sehr viele Menschen im mittleren Alter, auch sehr junge, ja sogar Kinder, erhalten eine Diagnose, welche mit großer Wahrscheinlichkeit den baldigen Tod bedeutet. Das war mir bis dahin gar nicht so bewusst gewesen. Oder sah ich die Welt einfach noch durch eine kindlich naive Regenbogenbrille? Ich hatte mich selbst stets häufig aufgrund meiner Einschränkungen schlecht gefühlt. Allerdings gibt es sehr viele Menschen, welche ein noch viel schlimmeres Schicksal durchlaufen als ich. Kinder, welche von Geburt an im Krankenhaus bleiben müssen und nur mithilfe von Maschinen am Leben erhalten werden. Menschen mit geistigen Behinderungen, welche sich niemals in diesem Leben ausdrücken können. Ich machte mir bewusst, wie viele Dinge ich im Vergleich zu jenen doch bereits erleben durfte. Dafür sollte ich im Grunde wesentlich dankbarer sein und mir dies häufiger vor Augen halten. Manchmal braucht es im Leben nicht nur Theorie, sondern auch Beispiele in der Praxis, um sich einer Tatsache so richtig bewusst zu werden.

Wollten André und Anna für einige Zeit mit Martina allein sein, so ging ich mit Dietmar und Stupsi im Außengelände spazieren. Wir unterhielten uns dabei ausführlich. Dietmar erzählte mir von seiner ersten Frau, wie sehr ihn diese einst ausgenommen und betrogen hatte. Zu ihr und zu seinen leiblichen Kindern, welche seine Ex-Frau ebenfalls gegen Dietmar aufgebracht hatte, hatte er seit Jahrzehnten keinen Kontakt mehr. Anna war seine zweite Frau, André und Martina seine Stiefkinder, wenn auch nie offiziell adoptiert. Trotz allem war er stets wie ihr eigener Vater gewesen. Dietmar vertraute mir an, dass er das Gefühl hätte, Anna nähme es ihm übel, dass er offensichtlich nicht betroffen wäre. Doch das genaue Gegenteil war der Fall. Dietmar versicherte mir, dass er Martina stets als Tochter geliebt und gesehen hatte und dass deren Situation ihn viel mehr mitnahm als Anna vermutete. Dietmar verarbeitete seine Trauer anders als Anna, welche jede freie Minute mit medizinischen Recherchen und dem Betrachten alter Fotos verbrachte. So lenkte sich Dietmar beispielsweise in jenem Zeitraum sehr viel mit seiner Musik ab, welche ihm schon sein ganzes Leben lang Halt bot. Irgendwie musste es ja weitergehen und jeder trauert auf seine persönliche Art und Weise.

Ich identifizierte mich mit Dietmars Art. Die ganze Zeit Bilder anschauen und sich quasi selbst damit zu quälen könnte ich auch nicht. Das hatte ich auch damals beim Tod meines Vaters nie getan, sondern mich stets gezielt abgelenkt.

Martina starb im Dezember 2016. Ganz genau 6 Monate nach der fürchterlichen Erstdiagnose, deren Prognose sich bewahrheitet hatte. Sie starb in Annas Armen, welche sich in der Todesnacht an ihrer Seite befand. André nahm es recht gefasst, da er im Geiste bereits Abschied genommen hatte.

In einem Moment wie diesem wurde mir mal wieder bewusst, dass es keinen Gott, keine Vorsehung oder Gerechtigkeit in diesem Leben gibt. Alles fungiert letztendlich nach reinem Zufallsprinzip. Warum musste so ein guter und engagierter Mensch wie Martina bereits so früh gehen? Sie war Zeit ihres Lebens immer für jeden da gewesen, hatte Opfer gebracht und sich mit allen Kräften für die Tierwelt eingesetzt. Das hatte sie definitiv nicht verdient. Sie hätte bestimmt noch so viel Gutes erreicht.

Ihr soziales Vermächtnis auf Erden wird auf ewig unsterblich bleiben.

Martina wurde in einem Friedwald beerdigt. Dort hatte ihr Mann einige Wochen zuvor einen eigenen Baum gekauft, welcher Platz für insgesamt 10 Personen bot. Dort sollten auch er und seine Söhne eines Tages Ruhe finden. Diese Idee fand ich sehr ansprechend. Viel besser als ein demonstratives Begräbnis auf einem Friedhof, welches viele tausend Euros verschlingt und letztendlich nur einer Art Symbolik gleicht.

Es war ein sehr schöner Ort. Friedlich abgelegen mit einer wunderbaren Aussicht. Martina hätte es bestimmt gefallen. Die Beerdigung erfolgte in sehr kleinem Kreise, nur die Familie, ich und ein paar ihrer engsten Freunde waren anwesend. Ihr Mann wollte keinen großen Auflauf. Das wäre auch nicht in Martinas Interesse gewesen.

Ihre Urne wurde in ein zuvor ausgehobenes Grab gelegt. Jeder der anwesenden Trauergäste durfte eine Schaufel Erde darauf schütten. Blumen, Figuren und ähnliches waren an jenem Ort nicht zugelassen. Der Wald sollte ganz im natürlichen Stil belassen werden.

Wieder einmal war ich über mich selbst erschrocken, dass ich die ganze Sache aus einem relativ rationalen Blickwinkel betrachtete.

Obwohl ich mit Martina im Großen und Ganzen nicht allzu viel im Leben zu tun hatte, hätte ich durchaus eine Spur betroffener sein müssen. Konnte ich für andere Menschen überhaupt Empathie empfinden? Schon bei der Beerdigung meines Vaters und meines Opas war ich sowohl äußerlich als auch innerlich wie versteinert gewesen und ließ im Endeffekt alles nur geschehen. Wäre es angebracht gewesen zu weinen? Sollte ich mich denn dazu zwingen? Das konnte ich nicht. Es erschien mir ferner äußerst kurios, dass ich lediglich aus einer akuten Psychose heraus weinen konnte, mich jedoch „wirklich tragische" Ereignisse, wie der Tod eines Mitmenschen, im Grunde nicht ansatzweise so berührten wie die meisten meiner Mitmenschen.

Ein Erlebnis, bei welchem ich mir bereits ähnliche Fragen gestellt hatte, ereignete sich schon einige Monate vor Martinas Tod im Sommer 2016.

André war einige Ortschaften entfernt und machte Sound auf einer Veranstaltung. Ich war zuhause geblieben, ließ mich jedoch von ihm überreden, später noch mit Moritz und einem seiner Kumpels vorbeizukommen. Die beiden holten mich wenig später ab, wir öffneten ein Bierchen und fuhren gut gelaunt los.

Zwei Ortschaften weiter bremste Moritz plötzlich schlagartig ab und fuhr eine Seitenstraße hoch. Am Abhang eines Feldwegs war ein Auto von der Spur abgekommen und stand schräg in der Wiese. Ganz offensichtlich hatte es einen Unfall gegeben. Moritz und sein Kumpel Hans (beide ehrenamtliche Mitglieder bei der Feuerwehr), mussten natürlich sofort die Lage checken.

Vor uns waren schon zwei andere Passanten dazugekommen, welche bereits einen Krankenwagen alarmiert hatten. Wir gingen zu dem Auto, in welchem eine junge Frau eingeklemmt, jedoch nicht lebensgefährlich verletzt war. Sie murmelte langsam etwas vor sich hin, ganz offensichtlich stand sie unter Schock. Erst jetzt bemerkten wir ein demoliertes Motorrad, welches einige Meter entfernt lag. Im Gras lag ein junger Mann in Lederklamotten, ganz offensichtlich dessen Fahrer. Die beiden waren frontal aufeinandergeprallt, was uns bei der Lage der Sonne nicht wunderte. Ganz bestimmt hatte sie den jungen Fahrer geblendet und er so das entgegenkommende Auto übersehen. Unter der Blende eines Motorradhelms ist so etwas schnell passiert.

Hans sprang sofort auf den im Gras liegenden Motorradfahrer zu, zog ihm vorsichtig den Helm vom Kopf und versuchte ihn zu reanimieren. Mein erster Gedanke war, dass er bestimmt schon tot ist. Ich entnahm dies seinem kreideweißen Gesicht und seinen offenen Augen. Als ich etwas näher herantrat, wunderte ich mich über einen Schraubenzieher, welcher aus seiner Hosentasche zu schauen schien. Welcher Motorradfahrer hat denn bitte einen Schraubenzieher in der Tasche? Beim genaueren Hinsehen war es jedoch kein Schraubenzieher, sondern sein Beinknochen. Das musste gehörig gekracht haben …

Sogar ein Hubschrauber aus dem Bundeswehrkrankenhaus wurde herbeigerufen. Noch immer führte Hans diverse Reanimationsversuche durch, welche jedoch erfolglos blieben. Nachdem der Krankenwagen eintraf, machten sich die Rettungsärzte sofort ans Werk. Sie versuchten mittels einer Maschine den jungen Motorradfahrer wiederzubeleben. Dazu benutzten sie elektrische Impulse, welche sie ihm an den Brustkorb drückten. „Keine Reaktion, keine Reaktion", verdeutlichte der Monitor alle paar Sekunden in einem blechernen Tonfall. Sie versuchten es etwa 5 Minuten, dann gaben sie auf. Es war nichts mehr zu machen, der 21-Jährige war bereits verstorben. Als auch der Hubschrauber einige Minuten später auf dem Feld landete und ordentlich Wind auf dem Feld erzeugte, schüttelten die Sanitäter nur mit dem Kopf.

Sie breiteten ein weißes Tuch über den jungen Mann. Moritz war unendlich geschockt, so hatte ich den taffen, robusten Spaßvogel noch nie zuvor erlebt. Auch seinen Kumpel Hans nahm die ganze Sache ziemlich mit. „Und ich bin doch selbst ein leidenschaftlicher Motorradfahrer", bemerkte Moritz. „Wenn man so etwas sieht, überdenkt man die ganze Sache noch einmal".

Wir wurden von der anwesenden Polizei als Ersthelfer vernommen und mussten einige Angaben machen. Der Polizist lobte unser Engagement und meinte, dass dies in der heutigen Zeit alles andere als selbstverständlich sei. Seine Worte kamen mir unberechtigt vor. Es war lediglich Moritz' und Hans' Engagement, nicht meines. Ich bin noch nicht einmal sicher, ob ich allein überhaupt angehalten, geschweige denn aufmerksam genug gewesen wäre. Auch empfand ich keinerlei Betroffenheit oder Schock, wie es bei meinen empathischen Freunden der Fall war. Die ganze Sache hatte mich im Grunde recht kalt gelassen. Der Junge hatte es jetzt besser, musste keine Sorgen und Schmerzen mehr in diesem irdischen Leben ertragen. Außerdem war es gewiss ein schneller und recht schmerzloser Tod. Lediglich seine Eltern, welche wenig später dazukamen und sich neben ihren toten Sohn ins Gras setzten und vor lauter Schock kein Wort herausbrachten, taten mir ansatzweise leid. Anstandshalber wünschte ich ihnen mein Beileid.

Die Jungs und ich fuhren weiter zu Andrés Auftrittsort. André hatte sich bereits gewundert, wo wir denn blieben. Wir erzählten ihm vom vorherigen Erlebnis, was ihn ziemlich schockte. Ob es denn grauenhaft aussah und wie wir damit umgehen würden. Dieses Bild würde uns doch bestimmt noch monatelang verfolgen. Moritz und Hans möglicherweise, mich allerdings nicht. Im Grunde nur eine leblose Hülle, nichts weiter …

Es ist merkwürdig, dass ich in dieser Hinsicht zu keinerlei Mitgefühl und Empathie fähig bin. Eine Eigenschaft, auf welche ich nicht gerade stolz bin, welche ich aber aus eigener Intension heraus nicht ändern kann.

Dieser Moment bewies wieder einmal mehr, es gibt keine Garantie im Leben, für nichts und niemanden. Es kann auch als junger Mensch so schnell vorbei sein. Binnen weniger Sekunden kann sich alles verändern, übermäßige Pläne zu machen ist überflüssig. Es gilt den Moment zu leben. Morgen kann bereits schon alles anders sein. Vielleicht sogar schon in 2 Minuten …

Gefährlicher Rückfall

Fast 2 Jahre lebten wir nun im Allgäu und hatten schon einiges erlebt. In jenem Zeitraum arbeitete ich „offiziell" noch einmal rund 2 Monate bei einer Zeitarbeitsfirma. Man setzte mich diesmal als Kontrolleur für Schrauben ein. Dieser Job behagte mir. Es handelte sich um eine sitzende Tätigkeit unter drei netten Kollegen. Wir waren in einem kleinen Raum untergebracht, kontrollierten Schrauben unter einer belichteten Lupe, dokumentierten das Gesamtgewicht und verpackten die gute Ware in Kisten. Nebenbei konnten wir uns unterhalten.

Hier machte ich wieder einmal eine gänzlich neue Lebenserfahrung. Unter meinen Kollegen war ein älterer Mann, welcher an schamanische Kräfte glaubte. Weiterhin vertrat er die Meinung, dass der PH-Wert von Wasser, welches wir aus der Leitung entnehmen, eine ungeahnte Kraft und einen enormen Einfluss auf unsere Gesundheit hätte. Es gibt einfach so wahnsinnig viele Blickrichtungen und Optionen, von welchen wir im Laufe unseres Lebens womöglich nur einen minimalen Bruchteil kennenlernen. Was hier wohl tatsächlich alles einen Einfluss hat? Ich finde solche Themen grundsätzlich sehr spannend. Selbst wenn es sich nur um wilde Theorien und Spekulationen handelt. Antworten zu suchen ist etwas, was unser Leben ausmacht.

Leider handelte es sich bei dieser Tätigkeit nur um einen zeitlich begrenzten Auftrag, welcher beendet sein sollte, wenn 400.000 Schrauben zusammengekommen waren. Meine nette Kollegin Sarah, welche ich einige Male nach der Arbeit mit dem Auto nach Hause gefahren hatte und welche im Auftrag der gleichen Zeitarbeitsfirma kam wie ich, wurde nach diesem Auftrag weiterhin in jener Firma beschäftigt und letztendlich übernommen. Sie übte von nun an eine stehende Tätigkeit aus, für welche ich nicht infrage kam. Also war ich mal wieder schneller weg vom Fenster als ein Flummi vom Asphaltboden.

Ich fühlte eine enorme Ungerechtigkeit. Warum hatte mich die Natur auf so miese Art und Weise bestraft? Nichts, was ich wollte, konnte ich so ausführen wie es notwendig wäre. Ich suchte einen Orthopäden auf, welchem ich von meiner Problematik mit meinem Fuß erzählte. In Gedanken malte ich mir aus, dass mir jener sagen würde, dass es inzwischen vielversprechende Methoden zur Korrektur meiner verkürzten Sehne geben würde. Pustekuchen. Das Einzige, mit dem ich an diesem Tag nach Hause kam, war ein Rezept für orthopädische Spezialschuhe.

Dieses reichte ich einige Tage später bei einem orthopädischen Schuhtechniker ein. Die anschließende Prozedur kannte ich bereits aus Kindertagen. Gipsabdrücke anfertigen und Maße nehmen, damit spezielle Schuhe mit Einlagen und der richtigen Erhöhung bestmöglich angefertigt werden konnten. Der Schuhmeister gab sich sehr große Mühe und wenige Wochen später waren die Schuhe fertig. Ich hatte mir erhofft, dass sich diese Modelle stärker von den Exemplaren aus meiner Kindheit unterscheiden würden, welche sehr stark an Eskimostiefel erinnerten. Aber meine Hoffnungen wurden enttäuscht, auch diese Modelle fielen trotz aller Mühen des netten Meisters eindeutig sehr „individuell" aus. Sogar unterschiedlich groß, da mein rechter Fuß eine Spur schmaler ist als mein linker, gesunder Fuß. Sie mussten noch einmal nachgebessert werden, da mir der Platz vorne zu eng war. Ich bevorzugte aufgrund meiner leicht gekrümmten Zehen am rechten Fuß stets Schuhe mit genügend Spielraum. Andernfalls scheuerten sich die Nägel ab und spalteten sich in der Mitte. Das war früher stets sehr schmerzhaft gewesen. Aufgrund dessen trug ich meine herkömmlichen Schuhe immer in Größe 44–45, obwohl meine ursprüngliche Schuhgröße nur 42 beträgt.

Eine Weile lang trug ich die neuen, orthopädischen Schuhe. Bequem waren sie allemal. Ganz besonders bei den Auftritten. Allerdings zogen sie, wie einst auch die Modelle aus Kindertagen, sehr viele neugierige Blicke auf sich. Das störte mich so sehr, dass ich sie erneut verweigerte. Ich hasse es, wenn ich offensichtlich angestarrt werde. *Leute, so schön bin ich nun auch wieder nicht …*

Der geschickte Tüftler André hatte jedoch (wie so häufig) eine ganz wunderbare Idee: Die Einlagen aus den orthopädischen Schuhen herauszunehmen und in meine Alltagsschuhe einzusetzen. Das funktionierte perfekt! Für mich die ideale Lösung. Passende Einlagen und trotz allem eine optisch zufriedenstellende Lösung. So waren auch gleichzeitig sämtliche Bemühungen des netten Schuhmeisters nicht gänzlich umsonst.

Ich nahm mir vor, die Zeiten, in welchen ich noch mit „normalen" Schuhen gehen kann, bewusst zu genießen. Möglicherweise werde ich irgendwann sogenannte „Diabetiker-Schuhe" benötigen, welche die Füße, die irgendwann gefühlsmäßig vollkommen taub sind, besser schützen können.

Immer wieder eine wahre Freude zu wissen, was aus statistischer Sicht noch alles zu erwarten ist … *sarkastischer Humor*

Mit zunehmender Zeit ärgerte mich meine füllige Statur immer mehr. Zu Weihnachten 2016, an welchem wir wie jedes Jahr zuerst bei Anna und Dietmar zum Essen und abends dann bei meiner Mutter zum Fondue eingeladen waren, setzte ich mir einen neuen Vorsatz fürs Jahr 2017: Abnehmen!

Den Rest vom Jahr noch bewusst zu genießen, an Weihnachten und Silvester noch einmal ordentlich zulangen. Und anschließend die Motoren langsam, aber sicher, herunter zu fahren. Ich war die Verdrängung, die arge Selbsttäuschung in Form stundenlanger Bildbearbeitung endgültig leid. Ich wollte mich endlich einmal wieder wohler in meiner Haut fühlen. Nicht mehr der dicke Mops sein, zu welchem ich in den letzten Jahren wieder schleichend wurde.

Das neue Jahr hatte begonnen. Und damit auch mein Vorsatz, endlich an Gewicht zu verlieren. Mehr oder weniger motiviert schnappte ich mir Stupsi und erweiterte unsere täglichen Spaziergänge um ein paar Kilometer. Auch das Essen ließ ich fortan etwas ruhiger angehen und verkniff mir die eine oder andere Süßigkeit. Ich setzte mir keinen spezifischen Zeitpunkt, um möglichst schnell an Gewicht zu verlieren. Deswegen machte ich mir in dieser Hinsicht noch keinerlei Stress.

Eines Nachts scrollte ich mal wieder durch unsere alte Bi-Gay-Community, in welcher ich seit den wilden Zeiten mit Axel noch immer angemeldet war. Ich war dort schon längst nicht mehr spezifisch auf der Suche nach erotischen Dates oder gar „Kunden". Im Grunde war ich dort nur noch wegen meinem guten Freund Pit angemeldet, mit welchem ich seit vielen Jahren über diverse Dinge schrieb. Dieser benutzte keine anderweitigen Messenger. Pit ist ein sehr lieber und philosophisch veranlagter Mensch, welcher sich ebenfalls über tiefgründigere Themen des Lebens Gedanken macht. Er kommt aus der Schweiz und einige Kilometer trennen uns. Und obwohl wir bestimmt schon gut 10 Jahre regelmäßig miteinander schreiben, haben wir uns bisher im realen Leben noch nicht kennengelernt. Eigentlich wollten wir uns im vergangenen Jahr treffen, doch da machte uns Corona einen Strich durch die Rechnung. Sobald dieser Spuk vorbei ist, werden wir uns garantiert einmal treffen.

So schaute ich mir in dieser Nacht aus reiner Neugier und ohne Hintergedanken einige Profile an, welche mich vom optischen Aspekt her ansprachen, nachdem ich die Suchkriterien im Vorfeld ausgewählt hatte. Groß, dünn und schulterlange Haare, das war mein persönliches Idealbild. Es waren nicht sonderlich viele Typen dabei, welche meinem persönlichen „Traumtyp" entsprachen. *Herrschaftszeiten, warum trägt heutzutage kaum noch ein Mann längere Haare? Immer diese kurzrasierten Büsche, was für eine Verschwendung. Hoffentlich kommt der 70-er-Jahre Stil irgendwann zurück, hihi.*
Mehr als schauen war aber nicht drin. Ich rechnete ohnehin nicht mit einer Rückmeldung oder ähnlichem, da ich mich selbst niemals als sonderlich attraktiv empfand. Nicht nur aufgrund meiner fülligen Statur, sondern auch aufgrund meines Milchgesichts. Da stehen nicht sonderlich viele Typen drauf. Meistens nur „Daddys"…
Als ich am nächsten Abend noch einmal in den Chat hineinschaute sah ich, dass mir tatsächlich eines meiner vorher besuchten Profile ein Feedback mit „Süß" gegeben hatte. Ich war erstaunt und besuchte noch einmal jenes Profil, welches ich am

Vortag nur sporadisch überflogen hatte. Tatsächlich ein recht niedliches Kerlchen dieser Ronny. Lange Haare, groß und schlank. Ich schrieb ein simples „Hallöchen", woraufhin auch sofort eine Antwort kam. Ich wunderte mich ein wenig über die Schreibweise, er schrieb in sehr virtuellem Stil. *Schmus*, *Knuddel* etc. Irgendwie war das süß. Mal etwas vollkommen anderes.

Wir verlinkten uns daraufhin auch über andere soziale Netzwerke und schrieben größtenteils dort weiter. Laut seinem Profil war er noch Jungfrau und in sexuellen Themen recht schüchtern. Was mich persönlich etwas reizte. Ich mochte es nie sonderlich, wenn Menschen, mit welchen ich in irgendeiner Weise verkehrte, zuvor schon in diversen anderen Händen waren. Ich begründete diese Denkweise stets mit einem direkten Vergleich: Wenn du ein Tempo benutzt, willst du doch auch ein frisches und nicht eines, wo schon mehrere Leute reingeschnäuzt haben, oder?

Möglicherweise mal wieder eine etwas sehr skurrile Ansicht über welche sich streiten lässt. Meine Logik muss nicht zwingend verstanden werden ... ☺

Fortan achtete ich stets auf mein Handy wie eine Katze auf ein Rascheln im Gras. Ertönte das Messenger-Signal, wusste ich sofort, dass mir dieser Ronny geschrieben hatte. Und ich wollte ihm selbstverständlich sofort antworten. Immer wieder machte er mir Komplimente, wie süß er mich fände. Was ich ihm nur zurückgeben konnte. Und das, obwohl ich zum damaligen Zeitpunkt noch knapp 78 kg hatte. Mein Gesicht war rund, meine Figur kräftig und meine Finger waren wurstig. All das schien ihn nicht zu stören, er fand mich trotzdem attraktiv.

Ronny war ein ziemlicher Bewunderer von Computerspielen, machte regelmäßig Videos davon und stellte sie ins Netz.

In so vielen Punkten waren wir auf einer Wellenlänge. Irgendwann begannen wir damit, auch täglich zu telefonieren.

Im Grunde war er es, welcher das meiste erzählte. Ich hörte viel lieber zu und wollte mich auch nicht in irgendeiner Form blamieren. Den Lässigen und Interessierten zu geben erschien mir passender.

Um seine teilweise so komplexe Art zu verstehen, dafür musste man ihn besser kennen. Auch er hatte eine recht komplizierte Vergangenheit hinter sich, er hatte familiär bereits einiges mitgemacht und im Grunde war er doch auch gelegentlich voller Selbstzweifel und Depressionen. Was er auch offen zugab. Privatsphäre war für ihn im Gegensatz zu mir ein Fremdwort. Das Internet war schon immer sein „Fenster zur Welt" wie er es nannte. Was ich neben seiner Optik an ihm schätzte, war die Tatsache, dass er via Social Media und Co. niemals ein Geheimnis aus seiner persönlichen Meinung machte. Selbst wenn es um Themen ging, welche von vielen unterschiedlichen Standpunkten betrachtet wurden. Ronny stand zu seiner Meinung. Ganz im Gegensatz zu mir. Ich sagte häufig das, was andere von mir erwarteten, um potentiellen Diskussionen oder gar Streitigkeiten von vorne herein aus dem Weg zu gehen. Womöglich konnte ich diesbezüglich noch etwas von Ronny lernen?

Auch André wusste schon bald von meinem neuen „Flirt", aus welchem ich von Anfang an kein Geheimnis machte. Im Endeffekt war er das schon von mir gewohnt. Jedoch war es diesmal etwas anderes als bei meinen sonstigen Schwärmereien, welche sich lediglich auf Menschen bezogen, welche unerreichbar waren. Meist Heteros oder Stars.

Nachdem ich ihm einige Videos von Ronny gezeigt hatte, bildete er sich schnell ein Urteil. Für ihn war Ronny nur ein belangloser Schwätzer, welcher Aufmerksamkeit suchte. Wie er sich teilweise präsentierte, fand André sehr albern. Er konnte nicht verstehen, was ich an ihm fand. Ich verteidigte Ronny, indem ich darauf hinwies, dass man ihn besser kennen müsste, um ihn zu verstehen.

Ronny wohnte im Ruhrgebiet. Etwa 600 km trennten uns. Immer wieder fragte er, wann wir uns denn einmal persönlich treffen würden. Ich fürchtete mich davor, da ich mich selbst abstoßend fand und er mich in live ganz bestimmt nicht haben wollte. Also fasste ich einen altbewährten, sehr gefährlichen Entschluss:

Eine Weile lang das Insulin zu reduzieren, um binnen weniger Wochen einige Kilos abzunehmen. Erst dann wollte ich ihm gegenübertreten. Da ich in „körperlicher Hinsicht" seit einiger Zeit auf dem Trockenen saß und diesbezüglich wieder einmal etwas erleben wollte, war ich bereit, diesen qualvollen, wenn auch effektiven Weg erneut zu gehen.

Gedacht, getan. Fortan spritzte ich mir mein Insulin nur noch dann, wenn ich es vor Durst und Atemnot beinah nicht mehr aushielt. Und in der Tat ließen erste Ergebnisse nicht lange auf sich warten. Binnen 8 Wochen war ich von 78 schon auf 67 kg gekommen. Von André, welcher sich riesige Sorgen machte und mich davon zu überzeugen versuchte, dass ich mich damit kaputt mache, ließ ich mir nicht reinreden. Ich hatte nur noch das baldige Treffen mit Ronny vor Augen, an welchem es galt so schlank wie nur möglich zu sein.

Je mehr ich abnahm, umso besser fühlte ich mich. Jeden Morgen bestieg ich inzwischen die Waage und freute mich unsagbar, wenn ich wieder einige Gramm verloren hatte. Ein großer Sieg! Hätte ich mein Traumgewicht von 55 kg erreicht, würde ich mich ganz bestimmt wieder regelmäßig spritzen, versprach ich mir innerlich selbst. Ich kann das unglaubliche Glücksgefühl kaum beschreiben, welches ich empfand, als meine stämmigen Oberarme dünner wurden, meine Wurstfinger schlanker, die Hosen immer weiter und meine verhassten „Babybacken" kantiger. Konnte ich doch ansatzweise schön sein?

Mein bester Freund Axel war inzwischen wieder in einer neuen Beziehung. Mit einem Medizinstudenten, welcher sein Studium schon beinahe abgeschlossen hatte. Sein Name war Robert. Kurz vor meinem geplanten Besuch bei Ronny stellte mir Axel diesen beim Bummeln in der Stadt vor. Wir gingen in ein Café und unterhielten uns. Er machte einen sehr sympathischen und vor allem gebildeten Eindruck und ähnelte Axel optisch sehr stark. Sie hatten die gleiche kurzgeschnittene Frisur, den gleichen

Bart-Typ und trugen beide eine Brille. Auch von der Größe waren sie identisch. Ich begann flüchtig von meinem „Flirt" zu erzählen und wie sehr ich mich freute diesen bald kennenzulernen. Das konnte Robert angesichts meiner Beziehungslage nicht verstehen. Ich war doch vergeben, warum jemand anderen treffen? Ich erklärte, dass André und ich schon seit einiger Zeit nur noch platonisch zusammen waren und ich mich in dieser Hinsicht definitiv noch zu jung fühlte, um ein Leben lang abstinent zu leben. André wusste schließlich von der Sache. Er fand es zwar nicht sonderlich klasse, hatte aber aufgrund seiner ablehnenden Haltung in Bezug auf sexuelle Dinge das nötige Verständnis. Er wollte lediglich keine Einzelheiten wissen. Für mich schien dies der perfekte Kompromiss. Fremdgehen ohne Absprache verabscheute ich schon immer zutiefst. Aber in unserem Fall erschien diese Lösung angemessen.

Axel meinte, dass ihn Ronnys Optik stark an seine eigene vor etwa 10 Jahren erinnerte, als er noch im Emo-Style mit langer Matte unterwegs war. Möglich wäre das schon. Eventuell hatte sein damaliger Style meinen künftigen Geschmack ein wenig beeinflusst.

Unser „erstes Date" rückte näher. Wir hatten vereinbart, dass ich Ronny für einige Tage besuchen würde. Da er zu jenem Zeitpunkt keiner festen Arbeit oder Ausbildung nachging, war er zeitlich recht flexibel. Ich wählte einen Zeitpunkt, an welchem wir keinen Auftritt mit der Band hatten. Von einigen vorherigen Jobs hatte ich mir ein bisschen „Taschengeld" auf die Seite gelegt, damit wir uns eine schöne Zeit machen konnten. Weiterhin hatte ich die Gelegenheit genutzt, mir endlich einmal mein verkürztes Zungenbändchen durchtrennen zu lassen. Und auch wenn mich dieses niemals eingeschränkt hatte, weder beim Essen noch beim Sprechen, erschien mir dies als die perfekte Gelegenheit.

Ich startete in den frühen Morgenstunden. An jenem Tag hatte ich sogar die korrekte Dosis an Insulin genommen, damit ich nicht allzu sehr nach Aceton aus dem Mund stinken würde. Während der Fahrt, welche sich knapp über 6 Stunden ziehen sollte, gingen mir tausend Gedanken durch den Kopf: Wie würde es wohl werden? Würde ich ihm live auch so gut gefallen wie auf den Bildern? Hätte er Probleme mit meinem etwas „anderen" Körper? Würde er mich eventuell sofort wieder fortschicken? Würden wir tatsächlich jene Dinge tun, von welchen wir in den vergangenen 3 Monaten so häufig gesprochen und fantasiert hatten? Wir hatten festgestellt, dass wir einige ähnliche Vorlieben hatten …

Ich war so unendlich aufgeregt. Immer wieder beruhigte ich mich selbst und sagte mir, dass Ronny doch auch nur ein normaler Mensch wäre, welcher mit Wasser kocht. Ich bemühte mich, einen selbstbewussten Eindruck zu simulieren und übte ein bisschen vor mich hin. „Hi, wie geht's?", „Hallöchen!", „Wow, in live sogar NOCH schöner …" Aufregung vorm ersten Date kennt wohl jeder.

In Ronnys Heimatstadt angekommen, machte ich an einer Tankstelle Halt und suchte die Toilette auf. Dort polierte ich mich noch ein wenig auf. Ich putzte mir die Zähne, damit ich nicht nach Tabak schmeckte (Ronny war Nichtraucher), machte mir meine (inzwischen auch recht langen Haare) mit etwas Haarspray zurecht und trug etwas Parfüm auf. *Würde es so gehen?* Es musste wohl.

Mein Navi zeigte nur noch 300 Meter an und mein Herz schlug immer schneller. Ich fand nur wenige Meter von seiner Wohnung entfernt einen Parkplatz und stellte den Wagen ab. In Ronnys Wohnung brannte bereits Licht, es war früher Abend. Ich schnappte mir meinen Rucksack und lief zögerlich zur Tür. Dort las ich seinen Namen auf dem Klingelschildchen. Oh Gott, ich war tatsächlich angekommen, jetzt gab es kein Zurück mehr. Ich hielt einige Sekunden inne, bevor ich mich traute, auf die Klingel zu drücken. *Mica, du schaffst das …!*

Sekunden fühlten sich plötzlich wie Stunden an, als ich auf die automatische Türöffnung wartete. *Oh mein Gott, nur noch wenige Sekunden!!!* In meinem besten Gang (ich bemühte mich gezielt nicht schief zu laufen) stieg ich die Treppen hinauf, bis ich ihn schließlich an der Türe erblickte. Jeder kennt die berühmten Filmszenen, wenn eine besonders attraktive Frau in Zeitlupe erscheint, ein helles Licht aufleuchtet und deren Haare langsam schwingen. So in etwa fühlte sich dieser Moment für mich an. WOW! ☺

Wir umarmten uns zur Begrüßung. Ronny machte ebenfalls einen etwas schüchternen Eindruck. Aber trotz allem anmutig und graziös. Wir setzten uns aufs Sofa, seine Wohnung kannte ich bereits von einigen Fotos. Sehr fantasievoll und außergewöhnlich eingerichtet. Sehr viele Accessoires aus berühmten Serien, Computerspielen und Comics. Ronny war unter anderem ein großer Anime-Fan und mochte Außergewöhnliches. Er fragte mich, ob ich etwas trinken wollte. Ich verneinte. Wir sprachen einige sporadische Sätze miteinander, wie denn die Fahrt verlaufen war etc. Allerdings waren nicht mehr allzu viele Worte nötig. Wir hatten uns die letzten 3 Monate bereits sehr ausführlich im Chat kennengelernt. Plötzlich setzte er sich auf meinen Schoß und begann mich zu küssen. *Oh Gott, hoffentlich schmecke ich nicht nach Rauch oder Aceton,* dachte ich mir. Anscheinend gefiel ich Ronny doch, was mir unnötige Zweifel nahm. Er stand auf und sagte, dass sein Bett im Schlafzimmer noch viel gemütlicher als das Sofa wäre. Ich folgte ihm …

Nachdem wir einige Zeit verbracht hatten, um uns „besser kennenzulernen", gingen wir zurück ins Wohnzimmer und unterhielten uns. Wir überlegten, was wir in den kommenden Tagen unternehmen wollten. Ronny fragte, ob ich Hunger hätte, was ich bejahte. Um beim ersten Treffen nicht unnötig dicker zu wirken, hatte ich den gesamten Tag über noch nichts gegessen. Ronny warf ein paar Kroketten in den Backofen und setzte sich an seinen Computer. In der Zwischenzeit ging ich nach unten, rauchte eine und feierte in Gedanken meinen „Triumphzug". Ich hatte es tatsächlich geschafft, dass sich jemand für mich interessierte, welcher auch mir absolut gefiel. Und dazu auch noch sehr nett, weltoffen und auch psychologisch sehr belesen schien.

Jemand, mit dem ich mich prima über diverse Themen unterhalten konnte und welcher mich zu verstehen schien.

Auf meinem Handy bemerkte ich, dass André zwischenzeitlich geschrieben hatte. Ich hatte in meiner Aufregung vollkommen vergessen, ihm direkt nach der Ankunft Bescheid zu geben. Ich gab ein kurzes Feedback, dass alles gut sei. Er fragte nicht weiter nach Details und das war auch gut so. Ich fühlte mich trotz der Tatsache, dass die Sache zwischen André und mir einvernehmlich geschah, ansatzweise wie ein Betrüger. Verwarf diese Gedanken jedoch wieder, nachdem ich zurück zu Ronny in die Wohnung ging und wir auch den Rest des Abends intensiv nutzten.

Ich verbrachte fast eine Woche bei Ronny. Neben sinnlicher Zweisamkeit und ausgiebiger Entspannung vor TV und Computer unternahmen wir auch andere Dinge. Wir gingen in den Zoo, ins Kino, mehrmals essen und spielten gemeinsam Pokémon Go Das Meiste davon bezahlte ich, da Ronny nicht viel Geld hatte. Aber das war es mir absolut wert. Alles, was ich wollte, war eine schöne Zeit mit ihm zu verbringen, ihn zu umsorgen, für ihn da zu sein. Dieser Rollentausch behagte mir in irgendeiner Form. Bei André und mir war es überwiegend dieser, welcher sich um alles kümmerte und das Meiste organisierte. Ich gefiel mir in der Rolle des romantischen, fürsorglichen Galans.

Irgendwann wurde mir jedoch bewusst, dass Ronny und ich auch diverse Unterschiede aufwiesen. Er war ein leidenschaftlicher Zocker, was ich seit Jahren schon nicht mehr war. So häufig sprach er über Spiele, deren geile Grafik und lobte sein technisches Equipment, welches er sich über die Jahre zusammengestellt hatte. Ich wollte Ronnys Aufmerksamkeit nicht verlieren. Für sein „großartiges Wissen" von vielerlei Dingen lobte ich ihn regelmäßig. Ich glaube, das bestätigte ihn. Ronny machte kein Geheimnis daraus, dass er in gewisser Weise für seine kleine virtuelle Welt lebte.

Ich konnte teilweise nicht wirklich unterscheiden, ob Ronny einfach nur ein starkes Selbstbewussten hatte, oder in gewisser Hinsicht arrogant war. So nahm er sich unter anderem das

Recht heraus, offen seine Meinung zu diversen Dingen zu äußern. Widersprach ihm dagegen jemand, wollte er dessen Meinung nicht gelten lassen. SEIN Standpunkt war stets der richtige. Daher freute mich die Tatsache, dass er für MEINE Meinung ein offenes Ohr zu haben schien. Mir schien er zu vertrauen, mich schätzte er, mit mir verbrachte er Zweisamkeit. Viel mehr brauchte es gar nicht.

Nach einigen Tagen des Besuchs sank die Stimmung zwischen uns rapide in den Keller. Ronny hatte nach eigenen Angaben niemals Besuch über so viele Tage, vermisste das ausgiebige Zocken und das Videos-Schneiden für seinen Channel. Am Abend des 5. Tages fragte er mich aus heiterem Himmel, ob es mir denn etwas ausmachen würde, am Vormittag des kommenden Tages wieder nach Hause zu fahren. Allzu lange wollte ich zwar ohnehin nicht mehr bleiben, aber trotzdem kam dies sehr plötzlich und verwunderte mich etwas.

Ich wollte, jener Lebensabschnitt wäre mit meiner damaligen Abfahrt zu Ende gewesen und lediglich als schöne Erinnerung im Gedächtnis geblieben. Allerdings war dieses Thema noch lange nicht abgeschlossen. Ich hatte mich eindeutig verliebt …

Was ist Liebe?

Können wir uns aussuchen, wen wir lieben? Nein, das können wir nicht. Aber lieben wir wirklich stets bedingungslos oder machen wir uns etwas vor? Was ich konkret von Ronny lernte war die Tatsache, dass wir meist nur die eigene Vorstellung eines anderen Menschen lieben, welche wir uns selbst von diesem im Geiste erschaffen. Wir projizieren unsere persönlichen Wünsche und Anforderungen auf unsere Gegenüber und sind enttäuscht, wenn diese am Ende so nicht erfüllt werden. Was mir zunächst als wilde Philosophie vorkam, entpuppte sich nach genauerem Nachdenken als durchdachte Wahrheit.

Ronny und ich hielten weiterhin per Chat Kontakt. Allerdings war es inzwischen eindeutig anders als vor meinem Besuch. Sämtliche Komplimente, Schwärmereien und Worte der Verliebtheit blieben fortan aus. Ich zermarterte mir den Kopf, woran es nur gelegen haben konnte. War ich ihm doch nicht hübsch genug? Schreckte ihn meine „kleine Einschränkung" in Form meiner Sehnenverkürzung ab? Spürte er meine Unsicherheit und wünschte sich jemanden, der fester und vor allem selbstbewusster im Leben stand? War ich ihm zu langweilig? Oder hatte er etwas Besseres im Auge?

André brauchte diesbezüglich nicht lange überlegen. „Er wollte dich, er hatte dich. Damit ist das Thema für ihn erledigt!" So lautete seine Mutmaßung. Stimmte das? Wollte Ronny tatsächlich nur „Spaß" haben? Aber nur mit jemandem, welchen er im Vorfeld besser kennenlernen konnte und welchem er auch ansatzweise vertraute? So viele Nächte hatten wir miteinander geschrieben, so viele Standpunkte ausgetauscht.

Selbst bei Ronny, welchen ich körperlich stark begehrte, hatte sich an meiner grundsätzlichen Haltung bei intimen Handlungen im Laufe der Zeit nichts geändert. Ständig spukten mir just in diesem Moment (welcher im Grunde zum Abschalten gedacht ist) sämtliche Fragen und Zweifel durch den Kopf. Eine stetige Anspannung in Form von Bauch einziehen, die richtige, attraktivste Lage zu finden etc. Der eigentliche Vorgang ist für mich im Grunde unbefriedigend, da ich niemals abschalten kann. Lediglich die Erinnerung daran ist jedoch etwas Aufregendes. Ich verstehe diese Denkweise nicht so ganz.

Der Besuch bei Ronny erweckte erneut den Kindheitstraum in mir, in die Großstadt zu ziehen. Alles dort war so handlich. Man musste nur einmal zur Tür hinaus und hatte alles Nötige auf der Bildfläche. Nicht ewig lange durch die Pampa gurken, wo ohnehin der Hund begraben lag und nichts los war. Außerdem schienen die Leute viel offener als im konservativen Allgäu. Wer hier ein simples „Hallo" statt einem förmlichen „Grüß Gott" verwendet, wird zuweilen schon äußerst schief angeschaut. Ganz besonders von der älteren Generation. War das tatsächlich so extrem oder einfach nur eine Art Illusion? Hing ich mich hier gezielt an Einzelvorfällen auf, welche ich damals unbewusst auf das Gesamtpaket bezog? Schon möglich.

Um bald genug Geld zusammen zu haben, um diesen Traum tatsächlich eines Tages zu verwirklichen, bemühte ich mich seit einiger Zeit mal wieder intensiv um einen Job. Und wurde sehr bald fündig. Erneut in einer Zeitarbeitsfirma, welche mich sofort unter Vertrag nahm. Da ich zu Fuß inzwischen ein bisschen besser unterwegs war, da ich unter anderem durch Stupsi Routine hatte, schaffte ich diesmal sogar eine Tätigkeit, bei welcher ich viel laufen und auch stehen musste. Ich wurde in einem Lager eingesetzt, wo meine Aufgabe darin bestand, Maschinen zu beschichten, Folien vom Band zu nehmen, jene auf Paletten zu legen und anschließend einzuschweißen. Dann ab mit dem Stapler ins Lager. Ich freute mich über diese Art der körperlichen Betätigung, da es mir bezüglich des Abnehmens nur zugutekommen würde. Noch immer verweigerte ich überwiegend mein Insulin, um noch mehr an Gewicht zu verlieren. Ich begann mir allmählich ansatzweise zu gefallen.

Zwischenzeitlich traf ich mich immer häufiger in meiner Freizeit mit Ottmar, welcher in der Dachwohnung über uns wohnte. Wir hatten uns die vergangenen Jahre immer mal wieder auf dem Flur gesehen und einige Worte gewechselt. Waren aber ansonsten nie großartig in Kontakt gewesen. Ottmar war oft wochenlang nicht zuhause, da er als Schlosser auf Montage arbeitete und regelmäßig in anderen Ländern unterwegs war.

Ottmar war ein ganz eigener Kandidat. Etwas proletenhaft, direkt und meist leicht angetrunken. Aber immer gut gelaunt und stets einen lustigen Spruch auf den Lippen. Immer häufiger kam er zu uns in die Wohnung und gab einige Bierchen aus. Dort redeten wir über alles Mögliche, tranken und lachten. Er hatte tausend Geschichten auf Lager, über welche ich mich stets sehr amüsierte.

Einmal brachte er von seiner Montage sogar ein Päckchen Koks mit, welches er gemeinsam mit uns schnupfen wollte. André lehnte ab, ich ließ mich überreden. Ottmar zeigte mir die Anwendung. Wir drehten uns zwei Röllchen aus Papier mit welchen wir die „Lines" durch die Nase zogen, welche wir zuvor mit einer Bankkarte schön gerade gemacht hatten. Es wurde ein sehr lustiger Abend. Wir standen oben auf seinem Balkon und philosophierten berauscht über Gott und die Welt. Er erzählte von seinen Reisen auf Montage, wie gastfreundlich die Leute doch in der Türkei gewesen waren. Und im gleichen Atemzug schimpfte er regelmäßig über die „Scheiß-Kanacken". Bei Ottmar war das immer sehr stimmungsabhängig.

Ottmar stellte mich auch schon bald einigen seiner Kumpels vor. Zusammen gingen wir im Sommer 2017 an den Baggersee, grillten und tranken Bier. Manchmal trafen wir uns noch sehr spät abends an der Tankstelle, redeten, lachten und tranken. Ich trank nicht jedes Mal mit, da ich befürchtete, das Bier würde mich zunehmen lassen. Außerdem vertrug ich Alkohol inzwischen nicht mehr sonderlich gut. Ich schätze, das ist auf die Verweigerung meines Insulins und die Schwächung meines Körpers dadurch zurückzuführen. Bereits nach 1–2 Gläsern bekam ich Bauchschmerzen, mit meinen nächtlichen „Trinkveranstaltungen" war es ab diesem Zeitpunkt überwiegend vorbei.

Nachdem ich meine Arbeit in der Produktionsfirma wieder einmal verloren hatte, nachdem es dort keinen Bedarf mehr gab, war es Ottmar, welcher mich größtenteils wieder aufmunterte. Seine Argumente waren politisch nicht gerade korrekt, aber auf seine persönliche Art und Weise bestimmt lieb gemeint. Aber mich frustrierte es trotz allem. Ich wollte ja arbeiten.

Obwohl ich inzwischen schon auf 65 kg gekommen war und dies laut BMI eigentlich mein Idealgewicht bedeutete, war ich weiterhin unzufrieden mit meiner Optik. Ich wollte noch viel dünner werden, koste es, was es wolle. Ich verweigerte weiterhin mein Insulin, trank literweise Wasser und spülte damit sämtliches Essen wieder aus meinem Körper. Optisch begann ich mich mit zunehmendem Gewichtsverlust jedoch mehr und mehr zu mögen. Weniger und vor allem gesünder zu essen und Sport zu treiben waren keine Optionen.

Das Feedback von außerhalb bestätigte mich zusätzlich. Sehr vielen Leuten war aufgefallen, wie viel ich schon abgenommen hatte. Ich hatte aufgehört, im Hochsommer dicke Jacken und Pullis zu tragen um meinen verhassten Speck zu verbergen.

André, welcher als mein Freund und Mitbewohner natürlich alles mitbekam, machte sich berechtigte Sorgen und redete immer wieder auf mich ein, ich solle damit aufhören. Er schleppte mich in widerwilliger Haltung zum Arzt, welcher einen Hba1C von 12,2 feststellte. Mein Hausarzt bekundete, das sei auf die Dauer absolut gefährlich, ich nähme fürchterliche Folgeschäden in Kauf, welche sich nicht mehr rückgängig machen lassen. Ich überhörte es vorsätzlich.

Ja klar, irgendwann mit 50–60 vielleicht, dachte ich mir. *Was soll schon großartig passieren? Ich bin noch jung und belastbar!*

Mein Hausarzt überwies mich an einen Psychiater mit der Diagnose „Diabetische Essstörung", was ich zunächst ziemlich amüsant fand. Ich hatte aus meiner Sicht definitiv keine Essstörung, ich aß nach wie vor stets gut und viel. Spritzte es eben nicht herunter. Im Grunde lebte ich lediglich wie ein gesunder Mensch, welcher sich über Insulin, Essensmenge und Co. niemals Gedanken machen musste.

Der Psychiater riet mir an, viel Sport zu machen. Auch dann würde ich bestimmt nicht zunehmen. Ich redete mich heraus mit der Begründung, dass ich aufgrund meiner Sehnenverkürzung keinen Sport machen könnte.

Mein Hausarzt überwies mich weiters an eine sehr nette und kompetente Diabetologin, welche ich auf Drängen Andrés kurze Zeit später gemeinsam mit ihm aufsuchte. Jene versicherte mir mit viel Verständnis, dass Insulin allein kein Dickmacher wäre, dann wäre ja jeder Mensch, dessen Bauchspeicheldrüse noch auf natürlichem Wege Insulin produziert, ebenfalls dick. Es wäre schlicht und allein die Ernährung und der Bewegungsmangel. Insulin unterstütze natürlich jenen Prozess, dass sich Fett auch am Körper ansetzen könne, aber das wäre ja nur natürlich. Der Mechanismus ist nun einmal von Natur aus so konzipiert, um sich einige Reserven für Notfälle aufzubauen. Mit und ohne Diabetes. In Zeiten des Hungers oder bei schwerer Krankheit ist etwas Speck am Körper als Notration unverzichtbar.

Die Diabetologin riet mir außerdem, einen Gastroenterologen aufzusuchen, welcher sich meiner ständigen Bauchschmerzen annehmen sollte. Diesen besuchte ich ebenfalls und machte einen Termin zur Magenspiegelung. Aus Angst, einen dicken Schlauch schlucken zu müssen, nahm ich diesen Termin am Ende dann doch nicht wahr und „schwänzte" unentschuldigt.

Trotz der Warnungen aller Ärzte hielt ich weiterhin an meinem Plan fest, weiter abzunehmen. Ich wollte 55 kg erreichen. Und wenn ich sterben sollte … dann würde ich eben sterben. Was hatte ich zu verlieren? Ein unbeschwertes Leben voller Möglichkeiten? Wohl eher nicht. Viel eher ein Leben voller Einschränkungen, allein schon aus gesundheitlichen Gründen. Seit meinem 3. Lebensjahr war ich an jedem einzelnen Tag darauf angewiesen, mir täglich zwischen 4 und 6 Spritzen zu setzen. Ohne diese ging rein gar nichts.

Was glaubten all diese Klugscheißer, was es Tag für Tag bedeutete, mit diesem Scheißdreck zu leben? Immer im Hinterkopf zu haben, ein fehlgeleitetes Immunsystem zu besitzen, welches sich ununterbrochen selbst attackiert. Quasi Selbstverletzung betreibt. Wofür es wissenschaftlich bis heute keine vernünftige Erklärung gibt. Alles nur Mutmaßungen und Spekulationen. Weiterhin die Gedanken im Hinterkopf, ohnehin eine verkürzte Lebenszeit zu haben, ein Bein zu verlieren, zu erblinden und irgendwann alle 2 Tage an die Dialyse zu rennen? *Wunderbare Aussichten…* ☺

Ich hörte in diesen Zeiten Sprüche wie „Ich habe auch einen Bekannten, der das hat. Für den ist das kein Problem, der hat's super im Griff!" *Ja, genau, sagt er vielleicht nach außen hin zu DIR,* dachte ich mir. *Natürlich, um sich nicht bloßzustellen und sich einzugestehen, dass auch er nur ein wandelnder Antikörper ist, dessen Leben vollständig davon abhängig ist. Weißt du es, ob er sich jede Nacht in den Schlaf heult, das ganze Dasein verflucht und sich innerlich ausmalt, wie er denn am besten schmerzlos sterben könnte? Das wird er DIR gerade sagen!* Menschen können zuweilen so naiv sein …

Klugscheißer, elendige! Lasst mich endlich alle in Ruhe und macht es erst mal selbst besser!, dachte ich mir und ignorierte sie bewusst. Klug daherreden konnten sie alle. Ob sie es tatsächlich selbst besser machen könnten, das bezweifelte ich stark.

Axel war erstaunt, wie viel und vor allem wie schnell ich in kürzester Zeit abgenommen hatte. Bezeichnete er mich im Spaße als „Klappergestell", war das kurioserweise das schönste Kompliment für mich. Als er jedoch begriff auf welche Art und Weise ich mein Ziel erreicht hatte, verlor er jeglichen Respekt. Ich würde in dieser Hinsicht vollständig betrügen und das verdiente keine Anerkennung. Andere Leute quälen sich dagegen lange mit Diäten und Sport um abzunehmen. Nun ja, über dieses Thema lässt sich streiten. Die unangenehmen Bauchschmerzen, das ewige Durstgefühl, die Abgeschlagenheit, die Muskelschmerzen, das Sodbrennen und die massive Atemnot waren auf Dauer auch nicht viel angenehmer als sich täglich zwei Stunden im Fitnessstudio zu verausgaben. So lautete meine ständige Argumentation. Aber zumindest konnte ich auf diese Art und Weise nach wie vor viel Essen. Das war es im Grunde auch hauptsächlich, was mich zum Durchhalten in meinem Wahnsinn bestärkte. Ich esse nun einmal von Natur aus gerne und viel. Selbst bei schwerer Krankheit oder sogar bei geschwollenen Mandeln verspürte ich stets noch akuten Hunger. Situationen, in welchen die meisten Menschen noch nicht einmal an Essen denken können. Essen ist für mich persönlich das Allerschönste auf der Welt. Eine Art persönliche Genussdroge. Ich weiß nicht, ob tatsächlich allein das Insulin die Schuld an diesem Faktor trägt (Insulin macht hungrig, das ist erwiesen), oder ob es sich zusätzlich um seelischen Hunger handelt. Ich schätze, es ist eine tückische Kombination aus beidem.

Auch von Robert, Axels neuem Freund, wurde mein Verhalten wiederholt getadelt. Er kannte sich als angehender Arzt mit der Materie recht gut aus und wusste auch von den Gefahren. Immer wieder führte er mir die Folgen (welche ich im Grunde selbst wusste), vor Augen. Allerdings hatte ich mir längst angewöhnt, gezielt zu verharmlosen. „Ach, die sind doch heute mit der Medizin so weit, wenn das tatsächlich mal so weit sein sollte, machen die mir neue Augen. Mit Lasertechnik und so." Dies wäre so nicht möglich, meinte Robert. Man könne inzwischen zwar einiges korrigieren, aber bislang noch keinen kompletten Sehnerv wiederherstellen.

Zu diesem Zeitpunkt unterschätzte ich den medizinischen Standpunkt um Welten. Ich betrachtete den menschlichen Körper viel eher als eine Art Hülle, in welchem ein paar Bausteinchen in Form von Organen zusammenarbeiten. War eines krank, könnte man es bestimmt austauschen, Krebs oder Geschwüre sicherlich problemlos herausschneiden. Dabei hätte ich es allein schon durch Martinas schwere Krankheit im Vorjahr eigentlich besser wissen müssen …

Die Kilos purzelten weiter. Ich hatte inzwischen 60 kg erreicht. Allein der morgendliche Gang auf die Waage machte mich von nun an so glücklich und mutierte zu einer Art Suchtfaktor. Körperlich ging es mir allerdings immer schlechter. Neben dem ständigen Durstgefühl und dem unbeschreiblichen Harndrang hatte ich inzwischen täglich Bauchweh, weshalb ich das Bett teilweise nur noch verließ um zu schauen, ob Ronny geschrieben hatte. Ich vernachlässigte gelegentlich sogar meinen geliebten Stupsi, welcher Gassi musste und bat aufgrund dessen André diese Aufgabe zu übernahmen. Da André damals noch im benachbarten Lager arbeitete, welches nur rund 300 Meter von unserer Wohnung entfernt lag, war dies zwar machbar (Aaron und André hatten diesbezüglich ein sehr lockeres und variables Arbeitszeitverhältnis), aber trotzdem recht umständlich. Außerdem hatte ICH doch versprochen, mich überwiegend um Stupsi zu kümmern. Was durch meinen körperlichen Zustand für einen kurzen Zeitraum absolut nicht möglich war.

Meine Muskulatur wurde immer schwächer, meine Kondition war gleich null. Ich kam irgendwann kaum noch in den 1. Stock.

Außerdem zog ich mir eine schmerzhafte Eichelentzündung zu, welche auf den dauerhaft überzuckerten Urin zurückzuführen war. Eine homöopathische Salbe, welche mir mein Hausarzt verschrieb, brachte keine Linderung. Also versuchte ich es mit Kamillenbädern und anderen Hausmitteln. Was auch nicht wirklich half. Trotz allem machte ich weiter, es war, als wäre ich in einer Art Sucht gefangen. Permanente Panik, ich würde nicht weiter abnehmen, schlimmstenfalls sogar wieder zunehmen, war ständiger Begleiter.

Bei den Auftritten war mit mir als dritter Mann schon lange nicht mehr zu rechnen. Zum Auf- und Abbau war ich körperlich nicht länger in der Lage und konnte nur noch Kleinigkeiten wie verkabeln und sortieren verrichten. Aus diesem Grund organisierte André einen anderen Helfer, welcher mich bei den körperlich anspruchsvolleren Tätigkeiten vertrat.

Irgendwann hatte ich mit Mühe und Not 57 kg erreicht. Ich fühlte mich unbesiegbar, dankte dem Schicksal schon beinahe, dass es mich mit Diabetes „gesegnet" hatte. Andernfalls wäre mir das Abnehmen bestimmt nicht so leichtgefallen. Anders gefragt:

Wäre ich ohne den Zucker und die jahrelange Insulinzufuhr überhaupt jemals so moppelig geworden? Die Möglichkeit bestand durchaus, keiner aus meiner Familie hatte explizite Modelmaße. Ohne die verdammte Sehnenverkürzung wäre ich möglicherweise auch zu anderen, körperlichen Aktivitäten imstande gewesen, hätte deutlich besser Sport betreiben oder eine Arbeit verrichten können, welche mir körperlich die nötige Bewegung verschafft hätte. Aber was brachte es schon, weiter darüber nachzudenken? Hätte, hätte, wenn und wäre. Zeitverschwendung!

Mein Kontakt zu Ronny hatte sich in den vergangenen Monaten wieder etwas vertieft. Und obwohl ich am Rande mitbekommen hatte, dass er sich anderweitig mit Typen getroffen hatte, welche seinem Geschmack entsprachen, wollte ich ihn nach wie vor wiedersehen. Schließlich waren wir niemals zusammen, geschweige denn monogam. Von Anfang an hatten wir beide im Grunde nur eine gezielte Freundschaft Plus im Sinn gehabt. Dass sich für mich persönlich daraus mehr entwickelte, dafür konnte Ronny absolut nichts. Ganz offensichtlich schien es ihm leichter zu fallen, zwischen Gefühlen und Bettgeschichten zu unterscheiden. In dieser Hinsicht sind die Menschen bekanntlich alle verschieden.

Ich konnte nicht glauben, dass Ronny Ende 2017 ein erneutes Treffen vorschlug. 9 Monate waren seit unserem letzten Treffen vergangen.

Noch einmal verbrachten wir einige Tage miteinander, unternahmen allerlei Dinge und erlebten sinnliche Zweisamkeit. Ich war vollkommen verrückt nach ihm, träumte davon, häufiger in seiner Nähe zu sein. Ich erzählte ihm von meinen Überlegungen, alsbald in die Großstadt zu ziehen. Es wäre ein Kindheitstraum von mir, welcher sich durch ihn nur noch verstärkt hatte.

Ich solle meinen Träumen folgen, meinte Ronny. Ihn nicht noch ein Jahr warten lassen…

What??? Das klang ganz so, als würde er an eine Art Zukunft mit uns glauben. Und wenn es auch nur Freundschaft Plus wäre. Eine Beziehung wollte ich mit ihm ohnehin nicht haben, dafür waren wir im Grunde zu verschieden. Und außerdem liebte ich nach wie vor André, allerdings auf eine ganz andere Art und Weise. Bei Ronny war das viel mehr der Wunsch nach körperlicher Begierde. André war mein engster Vertrauter, wir beide kannten uns in- und auswendig und waren stets füreinander da. Für mich waren das zwei Paar Stiefel, sehr schwer miteinander zu vergleichen. Ich wusste, dass Ronny allein charakterlich niemals mit André zu vergleichen war. Ronny war im Grunde viel zu sehr auf sich selbst bezogen und alle anderen Menschen waren zweitrangig. Ganz im Gegensatz zu André, welcher immer darauf bedacht war, dass es seinem engsten Umkreis und vor allem mir gutging. Ferner stand André viel fester im Leben und wusste, worauf es ankam. Ronny war in dieser Hinsicht noch äußerst flatterhaft. Im Nachhinein betrachtet, waren sie im direkten Vergleich wie zwei Pflanzen. Ronny war ein Flieder, André eine Sukkulente. Während der Flieder nur eine gewisse Zeit blüht, duftet und ein Fest für die Sinne bietet, ist die Sukkulente diesbezüglich einfacher gestrickt und fest verankert. Der Flieder ist eine Saisonpflanze, welche nur zu einer bestimmten Jahreszeit in voller Pracht steht. Die Sukkulente blüht jedoch immer, selbst dann, wenn man einmal vergessen hat, sie zu gießen. Und die Optik der beiden schönen Pflanzen liegt ohnehin im Auge des Betrachters. Warum sollte ich mich zwischen zwei sehr individuellen Pflanzen entscheiden, von welcher jede etwas Einzigartiges bot?

Sehr häufig stellte ich mir damals die Frage, ob man denn nicht mehrere Menschen gleichzeitig lieben könne. Warum eigentlich nicht? Gefühle sucht sich nun einmal keiner aus. Sie sind einfach da, wie Haare auf dem Kopf. Man kann sie abrasieren, doch sie kommen immer wieder. Anderntags fragte ich mich dagegen, ob ich überhaupt dazu fähig sei, wirklich zu lieben …

Was ist eigentlich Liebe? Liebe ist eine komplizierte Sache, welche aus so vielen verschiedenen Sichtweisen betrachtet und interpretiert wird. Ganz allgemein betrachtet, bedeutet Liebe unter anderem Treue, Vertrauen, Leidenschaft, Verständnis, Fürsorge und Kompromissbereitschaft. Jeder setzt hier seine Prioritäten woanders. Ist es aber nicht so, dass wir einige der wichtigsten Zutaten in puncto Liebesrezept häufig grundsätzlich vernachlässigen? Ganz besonders die Kompromissbereitschaft und die bedingungslose Nächstenliebe. Diese Faktoren bleiben im Alltag oft unbewusst auf der Strecke. Und warum? Weil es in der menschlichen Natur liegt, die persönlichen Prioritäten an oberste Stelle zu setzen.

Nach außen hin bekommen wir zum Thema Liebe bereits in jungen Jahren ein vollkommen unrealistisches Bild vermittelt. Angefangen bei den Märchen, in welchen die Prinzessin am Ende mit ihrem Traumprinzen durch einen großen Ballsaal tanzt. In der Regel endet die Geschichte an dieser Stelle. Traumhaftes Happy End, Friede Freude Eierkuchen, alle sind glücklich!

Doch was würde passieren, wenn unsere geliebten Kindheitsmärchen ab diesem Punkt fortgeführt würden? Wenn die starr stehenden Statisten nach und nach den Ballsaal verlassen und Dornröschen und dem Prinzen irgendwann die Füße vom Tanzen wehtun. Möglicherweise würden die beiden jetzt in ihre Gemächer verschwinden und den Abend noch richtig schön ausklingen lassen …

Doch spätestens nach sechs Monaten hätte sich auch dieses Traumpaar gehörig in der Wolle. Höchstwahrscheinlich wäre Dornröschen regelmäßig darüber angepisst, dass sich ihr Prinz jeden Freitag mit seinen Freunden in der Schenke treffen möchte, um dort ein paar Humpen zu kippen. Oder weil er zu viel Zeit mit seinen Regierungsgeschäften verbringt. Andersherum wäre auch der Prinz stinkig, weil Dornröschen regelmäßig darüber meckert, dass er manchmal vergisst, seinen Umhang an den richtigen Haken zu hängen und seine vom Turnier verschlammten Stiefel vor dem Schloss auszuziehen. Sie hat doch gerade eben erst eine ihrer guten Feen durch den Raum fliegen lassen, welche den Boden blitzblank gemacht hat.

Und schon würden sich auch hier sämtliche Kleinigkeiten so lange aufschaukeln, bis am Ende die Drachen aufeinander losgehen würden …

Eventuell geht der Prinz auch mal mit Aschenputtel ins Bett, weil ihn sein Dornröschen mittlerweile nur noch ankotzt. Als er noch seine rosarote Brille trug, kämpfte er sich für sie durch stacheligste Rosenbüsche. Inzwischen hat er jedoch noch nicht einmal mehr Bock, die Hecken im Schlosspark zu stutzen. Sie würde doch ohnehin wieder etwas zu mäkeln finden…

Mit diesem sinnbildlichen, sehr klischeehaften Beispiel möchte ich ausdrücken, dass es selbst beim „tollsten Traumpaar" niemals vollkommen harmonisch verläuft, so wie uns dies sämtliche Märchen aus der Kindheit versprechen. Der Alltag kommt auf leisen Sohlen und schleicht sich ein. Spätestens ab diesem Punkt kommt die Kompromissbereitschaft ins Spiel, ohne welche eine Beziehung grundsätzlich nicht läuft. Manche können mit den „Macken" des anderen langfristig umgehen, manche jedoch nicht. Wer es grundsätzlich nicht kann oder es noch nicht einmal versucht, sollte meiner Meinung nach keine ernsthafte Beziehung eingehen. Nicht nur wegen des Partners, sondern in erster Linie für die eigene Seele. Am Ende gibt es häufig nur noch Streit, Tränen und im schlimmsten Fall sogar Gewalt. Und darunter leiden nicht nur die jeweiligen Partner, sondern auch Kinder, Haustiere, Freunde und Verwandte. Das muss definitiv nicht sein.

Manchmal ist man als Single sogar besser dran…

Der Entschluss

Das Jahr 2017 neigte sich dem Ende zu. Wie immer verbrachten wir Weihnachten nachmittags zuerst bei Anna und Dietmar. Bei Dietmar hatten sich inzwischen erste Symptome einer beginnenden Demenz eingestellt, was Anna sehr belastete. Noch immer hatte sie den Tod von Martina nicht verkraftet. Und nun waren da auch noch zusätzliche Probleme mit Dietmar, für welchen sie immer mehr mitdenken musste. Bis dato hatte ich keinerlei Schimmer davon, was eine solche Demenzerkrankung eigentlich bedeutet. Ich dachte, Demenz wäre gleichbedeutend mit Altersvergesslichkeit, welche wohl jeden Menschen eines Tages betrifft. Doch Demenz ist noch einmal etwas vollkommen anderes …

Irgendwann im Januar 2018 sollte schließlich mein finaler Entschluss erfolgen, endlich in die Großstadt zu ziehen. Ich wollte nicht länger auf dem konservativen Land bleiben, da ich hier keine konkrete Zukunft sah. Ich wollte andere Möglichkeiten erleben, einen vollständig neuen Weg einschlagen. Mich beruflich oder schulisch gänzlich neu orientieren und zum ersten Mal im Leben auf eigenen Füßen stehen. Von André, welcher mich immer wieder bezüglich meiner „Insulin-Diät" schimpfte, fühlte ich mich inzwischen längst nicht mehr verstanden und liebgehabt. Im Grunde kämpfte ich diesbezüglich schon längst vollkommen allein, was machte es da noch für einen Unterschied? Und dann war ich auch noch ziemlich stark verliebt, was zweifellos eine kleine, aber feine Rolle spielte …

Ich begann damit, nach Wohnungen ganz in der Nähe von Ronnys Heimat zu googeln und wurde tatsächlich fündig. Ich fand etwas sehr Ansprechendes und Günstiges. Eine kleine Dachgeschosswohnung von rund 40 m² für 290 € warm. Ausgestattet mit Küchenzeile, Waschmaschine und Mikrowelle. Da konnte man doch wirklich nichts sagen!

Ich kontaktierte die angegebene Nummer und erfragte, ob die Wohnung denn noch zu haben wäre. Der nette Mann am Telefon sagte, dass sie bislang noch nicht vergeben sei und dass ich sie gerne besichtigen könne. Glücksstreffer! Wir vereinbarten einen Besichtigungstermin für Anfang Februar. Als ich Ronny davon erzählte, fand er es großartig. Auf dem Rückweg könnte ich gerne noch auf einen Sprung bei ihm vorbeischauen … 😄

So startete ich am späten Abend mit dem Auto, so dass ich in der Nacht in Ruhe auf der Autobahn durchfahren konnte. Ohne Stau und andere Hindernisse. Als ich vor Müdigkeit nicht mehr weiterfahren konnte, machte ich etwa 50 km vor dem Ziel an einem Rastplatz Halt und schlief einige Stunden auf der Rücksitzbank unseres Mercedes. Als ich erwachte, ging ich in die Tankstelle zum Duschen. Immerhin stand im Nachhinein noch ein Treffen mit Ronny auf dem Programm …

Im Anschluss fuhr ich zur besagten Adresse. Dort wurde ich bereits von Hausverwalter Martin erwartet, welcher einen sympathischen und lustigen Eindruck machte. Er wunderte sich, was mich aus dem „wunderschönen Allgäu" ins „kriminelle Ruhrgebiet" treiben würde. Ich erläuterte, dass ich mir hier bessere Arbeits- und Bildungschancen versprechen würde. Auf dem Land sei es sehr schwer für mich, die passende Arbeit zu finden. Was aufgrund meiner Einschränkungen und meinem fehlenden Bildungsabschluss auch nicht gelogen war.

Martin führte mich nach oben in die Wohnung. Diese lag im 4. Stock, es war ganz schön viel zu laufen. Aber das schien mir kein Problem zu sein. Die Lage der Wohnung war perfekt. Vor der Tür gleich eine U-Bahnstation, einige hundert Meter weiter eine Tankstelle, mehrere Kioske, eine Apotheke, Lebensmittelgeschäfte und vieles mehr. Ein Traum, alles Wichtige in fußläufiger Nähe zu wissen!

Hauswart Martin erzählte, dass es bislang einige Interessenten für die Wohnung gäbe, er bisher aber noch nicht den passenden Mieter gefunden hatte. Er erzählte mir von einer syrischen Großfamilie, welche mit 3 Kindern und 2 Rottweilern die 40 m² beziehen wollten. Was? Ernsthaft jetzt? Die Hunde und Kinder taten mir leid. Wie konnte es nur solche verzweifelten Menschen geben? Zweifellos spielte hier die günstige Miete eine tragende Rolle.

Als Wohnung für einen Single würde sich jene Bleibe perfekt eignen, fügte Martin hinzu. Ferner berichtete er von diversen Vormietern, mit welchen er schon verschiedenste Erfahrungen gemacht hatte. Messies, Partylöwen, Alkoholiker, Drogenabhängige … eine bunte Mischung eben. Dass hier die Miete hereinkam, schien das Entscheidende zu sein.

Trotz dieser neuen, ungewohnten Situation wollte ich die Wohnung unbedingt haben und mir ein eigenes Leben aufbauen. Und gleichzeitig in der Nähe von Ronny sein. Ich malte mir aus, wie wir uns ein-, zweimal die Woche sehen, Dinge unternehmen und schöne Stunden verbringen würden.

Wir gingen wieder nach unten in die Wohnung von Martin. Dort lernte ich auch dessen Freundin Anja kennen, welche ebenfalls einen sehr sympathischen Eindruck machte. Ich wunderte mich, dass ich die Wohnung bekommen sollte, obwohl ich noch nicht einmal eine feste Arbeitsstelle oder sonstige Sicherheiten nachweisen konnte. Bei uns im Allgäu wäre dies ein Ding der Unmöglichkeit gewesen, aber hier schien es wohl ganz normal zu sein. Martin gab mir sogar Tipps, wie ich es am besten mit dem zuständigen Jobcenter deichseln müsste. Er kannte sich in dieser Hinsicht bestens aus, weil er selbst offiziell arbeitslos war, wie die meisten Mieter im Haus. Er hatte schwere Rückenprobleme. Als Hausverwalter agierte er nur, um günstiger zu wohnen. Der eigentliche Vermieter war an diesem Tag nicht anwesend. Dieser verließ sich voll und ganz auf das Gespür von Martin, als ihm dieser am Telefon in meiner Anwesenheit verkündete, dass er einen jungen Mann aus dem Allgäu als Interessenten hätte, welcher einen „sehr sauberen und vernünftigen Eindruck" gemacht hatte. Seine Worte schmeichelten mir.

So unterschrieb ich hochmotiviert den Mietvertrag und bezahlte die Hälfte der Kaution, damit in dieser Hinsicht eine Sicherheit gegeben war. In knapp 3 Wochen würde ich zurückkommen und meine neue Bleibe beziehen.

Auf dem Rückweg machte ich den geplanten Zwischenstopp bei Ronny, welcher nur rund 10 km weit entfernt wohnte. Ich zeigte ihm Bilder meiner neuen Bleibe und bekundete meine Vorfreude. Nachdem ich die Nacht bei ihm verbracht hatte, fuhr ich am nächsten Tag wieder zurück zu André, welcher mein Vorhaben noch gar nicht so recht glauben konnte.

Aber alles, was er wollte, war, dass ich auf Dauer glücklich war. Die letzten Jahre hatte ich mein Leben stets nach ihm ausgerichtet, war mit ihm überall hingezogen, wo er wollte bzw. aus beruflichen Gründen musste. Das sollte sich von nun an ändern. So lange träumte ich schon von einem Leben in der Großstadt. Seit meiner Kindheit, ab dem ersten Besuch beim „Fußdoktor".

Ganz bestimmt würde ich binnen weniger Tage einen Beruf finden, welchen ich körperlich auf lange Sicht ausüben konnte.

Die Möglichkeiten in der Großstadt sind doch noch einmal ganz anders als auf dem Lande.

Trotz jenes neuen Lebensabschnittes waren meine Gefühle dennoch zwiegespalten. Ich würde meine alte Heimat, André, Axel, meine Mutter, meinen Bruder, meine sonstigen Freunde und Bekannten, sämtliche Gewohnheiten und vor allem meinen geliebten Stupsi zurücklassen. André und ich sprachen sehr lange darüber, wie wir bezüglich Stupsi verfahren sollten. Schließlich liebten wir ihn beide über alles. Ich wollte ihn am liebsten sofort mitnehmen, sah aber nach längerer Debatte ein, dass es ihm in der Großstadt lange nicht so gut gehen würde wie auf dem Land. Daher verblieben wir letztendlich so, dass er zunächst in seinem gewohnten Heim bleiben sollte, bis ich richtig Fuß gefasst und mein neues Leben durch Arbeit bzw. Ausbildung gefestigt hätte. Dann könnte Stupsi alle 2–3 Monate pendeln. Mir brach es das Herz ihn zurückzulassen. Aber ich wusste, dass André sein Leben geben würde, um ihn zu beschützen.

Über die Kleinanzeigen einer Auktionsplattform suchte ich mir einige günstige Möbelstücke zusammen, mit welchen ich meine neue Bleibe einrichten wollte. Ich fand ein fast neues Bettgestell für 100 €, welches wir mit Aarons Firmensprinter abholten. Ferner schenkte mir Axel seinen alten Schreibtisch und eine alte Lampe, welche noch gut in Schuss war. Einige Tage vor meinem Umzug ging ich mit Axel und seinem Freund Robert in einem günstigen „Ramschladen" einkaufen und suchte mir alles zusammen, was ich für meinen neuen Haushalt brauchte. Besteck, Utensilien für Bad und sonstige Haushaltsartikel waren schnell und günstig zusammengestellt. Für den Anfang sollte das reichen.

Mitte Februar war es dann schließlich soweit. Aaron stellte uns den Sprinter für den Umzug zur Verfügung, welcher bis unters Dach voll wurde. Ich fuhr mit unserem Mercedes hinterher, welchen ich die nächsten Wochen von André aus noch behalten durfte. So lange, bis ich sämtliche wichtige Gänge erledigt hätte. In diesem Zeitraum würde er für Privatfahrten das Auto von Aaron oder den Firmensprinter benutzen. Eine ehrenvolle und großzügige Geste von André, welche seine selbstlose Ader wieder einmal vollkommen symbolisierte.

Wir starteten in den späten Abendstunden, so dass wir die Autobahn bei Nacht für uns hatten. Auch Stupsi war dabei. Binnen 6 Stunden erreichten wir das Ziel und klingelten in den frühen Morgenstunden bei Hausverwalter Martin, welcher mir die Wohnungsschlüssel übergab. Wir begannen damit, alles in den 4. Stock zu schleppen. Als dies endlich geschafft war, machten wir uns oben an die Arbeit. Wir bauten mein neues Bett zusammen, stellten das kleine Klappsofa auf, welches ich mir ebenfalls günstig bei den Kleinanzeigen gekauft hatte und schlossen Computer und Fernseher an.

Nachdem wir in der Wohnung alles soweit fertig gestellt hatten, fuhren wir in die Stadt und organisierten mir einen Internet- und Fernsehanbieter. Ich musste noch einige Wochen auf dessen Freischaltung warten, was mich allerdings nicht sonderlich störte. In der Großstadt hatte ich bombastisches LTE, welches ich von meinem Handy aus nutzen konnte.

Im Anschluss gingen wir noch ein paar Lebensmittel einkaufen. Wir wunderten uns nicht schlecht, als wir am Eingang des Ladens einen Bodyguard entdeckten. Anscheinend war die Kriminalität hier doch ein wenig stärker ausgeprägt als im friedlichen Allgäu.

Nachdem wir mit Stupsi noch einige Schritte im benachbarten Park gegangen waren, gingen wir abends todmüde ins Bett. Wir waren rund 48 Stunden ohne Schlaf gewesen.

Am nächsten Tag gingen wir zum Abschied beim Asiaten um die Ecke Mittag essen. André wurde schlagartig sehr traurig und meinte, dass er das alles noch gar nicht so recht glauben konnte. Er wollte mich nicht allein zurücklassen. Auch ich war traurig. Tapfer beschlossen wir, dass ich jetzt versuchen sollte, mein Glück zu finden. Ginge es gar nicht, dürfte ich jederzeit zurück nach Hause kommen. Würde unsere Fernbeziehung funktionieren? Wir wagten den Schritt.

Den Abschied hielten wir recht kurz und schmerzlos. Als ich André und Stupsi im Sprinter von dannen rollen sah, hätte ich für einen kurzen Moment am liebsten alles rückgängig gemacht. Nun war ich vollkommen allein und auf mich gestellt. Zum ersten Mal in meinem Leben, rund 600 km entfernt von zuhause. Und ich kannte absolut niemanden. Außer Ronny.

Ein Schäfchen unter Wölfen

Ich hatte erwartet, dass Ronny in den ersten Tagen meines Umzugs unmittelbar bei mir vorbeischauen würde. Was er anfangs auch häufiger angedeutet hatte. Doch in dieser Hinsicht zeigte er keinerlei Eigeninitiative.

Aber ich hatte in den ersten Tagen auch wirklich genug zu tun und war zunächst nicht allzu böse deswegen. Ich besuchte die Innenstadt, wo ich mich als neuer Einwohner registrieren ließ. Außerdem besuchte ich das Arbeitsamt, welches meine Angaben benötigte. Sie verlangten noch allerlei Papierkram, Nachweise etc. vor der Bewilligung des Arbeitslosengeldes. Zum Glück hatte ich noch ein bisschen Puffer übrig.

Auch eine neue Hausärztin war bald ausfindig gemacht, sie befand sich in fußläufiger Nähe. Nachdem sie bei der Erstuntersuchung meine nicht allzu guten Blutwerte und vor allem meinen sehr schlechten Hba1C-Wert von mittlerweile 12,7 bemerkte, forderte sie mich zum persönlichen Gespräch auf.

Ich erzählte ihr aus welchem Grund ich meine Insulintherapie momentan „einschränkte" und dass das Abnehmen für mich oberste Priorität hatte. Sie hörte mir sehr aufmerksam und verständnisvoll zu, machte mir aber den Ernst der Lage noch einmal klar. Ich brächte mich damit in Lebensgefahr und riskiere die schlimmsten Spätfolgen.

Es folgte eine Ultraschalluntersuchung. Dort stellte sich heraus, dass ich unter einer sogenannten Fettleber litt. Sie meinte, dass das nichts Schlimmes sei, dass ich mich lediglich mehr bewegen und weniger Zucker und Fett konsumieren sollte. Dann würde sich dieses Problem wieder verbessern. Zuhause googelte ich noch einmal selbst nach dieser Diagnose. Es erschreckte mich nicht sonderlich da ich las, dass jeder vierte Deutsche davon betroffen wäre. Und Diabetiker wie bei allem natürlich doppelt so häufig. Und die Leber sei das „dankbarste

Organ von allen", welches sich am besten regenerieren würde. So weit, so gut.

Ich wollte nicht zuhause herumsitzen und mich langweilen.
Darum googelte ich gezielt nach Arbeit und wurde tatsächlich
schnell fündig. Eine Spielothek in der Nachbarstadt suchte nach
einer Aufsicht. Das klang interessant und so schrieb ich eine Anfrage. Noch am selben Abend erhielt ich einen Anruf mit der
Frage, ob ich am kommenden Tag Zeit für eine Probearbeit
hätte. Was ich in meiner Überraschung sofort spontan bejahte.

Am nächsten Tag fuhr ich mit dem PKW zum besagten Ort
und stellte mich vor. Eine freundliche junge Frau namens Aylin
nahm mich in Empfang. Sie arbeitete schon eine Weile hier und
meinte, dass es sich um eine recht gute und lockere Arbeit handelte. Mit ein bisschen Übung würde ich das bestimmt schaffen. Die bunten Maschinen kannte ich noch bestens aus vergangenen Zeiten. Alte Erinnerungen kamen hoch, jedoch nicht das
geringste Bedürfnis, wieder selbst spielen zu wollen. Von diesem
Spleen war ich bereits seit langem geheilt.

Aylin zeigte mir alles, was ich für meine neue Tätigkeit wissen musste. Wie man Geld wechselt und die Kasse verwaltet, wie
man die Automaten nachfüllte wenn sie leer waren, tägliche Rei-
nigungsarbeiten, wie man die Sicherungen abends und morgens
an- und abstellte und wie man alles richtig abschloss und siche-
te. Außerdem erklärte sie mir das Netzwerk der Abbuchungen,
die täglichen Vermerke im System und weiteres.

Der Job war offiziell als Teilzeitstelle im Vertrag vermerkt.
Allerdings würden zusätzliche Stunden anfallen, so dass mit
einer 40 Stunden-Woche oder sogar mehr gerechnet werden
konnte. Und jene Stunden würden extra bezahlt. Im Endeffekt
also eine Vollzeitstelle, welche im Vertrag als Teilzeit angege-
ben war. Würde jemand nachfragen, sollte ich einfach sagen, ich
machte Krankheitsvertretung. Ich ging davon aus, dass sich der
Chef damit Steuern sparen wollte. Dass das alles seine Richtig-
keit hatte, bezweifelte ich stark. Allerdings fragte ich auch nicht
weiter nach, da ich persönlich diesbezüglich aus dem Schneider

war. Alles, was zunächst zählte, war ein sicheres dauerhaftes Einkommen, um mein neues Leben im Ruhrgebiet zu finanzieren. Und ein Job, welchen ich machen konnte. Auch ohne Ausbildung oder Studium.

Nach 2 Wochen des Einlernens unterschrieb ich schließlich den Arbeitsvertrag. Man stellte mir eine firmeneigene schwarze Weste, welche ich während meiner Schicht tragen musste, zur Verfügung. Es dauerte einige Tage bis ich diese erhielt, da in Größe S keine vorrätig war. Ich erinnere mich noch ganz genau an jenes Glücksgefühl, als sie passte. Trug ich die Jahre zuvor doch stets Größe L oder sogar XL.

Die Spielothek hatte ihre täglichen Öffnungszeiten zwischen 08:00 Uhr morgens und 1:00 Uhr nachts. Also wurden für jeden Tag zwei Mitarbeiter benötigt. Einer verrichtete die Früh-, der andere die Spätschicht. Die Schichten erfolgten jeweils einzeln, ohne die Anwesenheit eines weiteren Kollegen. Das verwunderte mich zunächst. Als ich in vergangenen Zeiten regelmäßig die Casinos bei uns besuchte, waren dort immer mindestens zwei Aufsichten gewesen. Meistens jedenfalls. Mir war es relativ egal, in welche Schicht ich eingeteilt wurde, da ich anderweitig nicht viele Verpflichtungen hatte. Die Frühschicht war mir eine Spur lieber, da ich diesbezüglich weniger Bedenken in Bezug auf Kriminalität als während der Nachtstunden hatte. Auf der anderen Seite konnte man während der Spätschicht bis mittags ausschlafen. Ein Umstand, welcher mir als ehemaliger Nachtmensch durchaus behagte.

Mein täglicher Fahrtweg betrug etwa 20 km, überwiegend über die Autobahn. Um stets pünktlich zu sein, brachte ich immer eine gute halbe Stunde zusätzliche Zeit mit. Außerdem musste der regelmäßige Stau bedacht werden. Bei der täglichen Schichtübergabe empfand ich es als sehr amüsant, wenn meine beiden Kolleginnen übereinander lästerten. Ich gefiel mir in der Rolle des diskreten, lockeren Zeitgenossen, welcher gut zuhören und beratschlagen konnte.

Nach wenigen Tagen kannte ich die meisten unserer Stammkunden. Einige waren recht nett und pflegeleicht, andere dagegen die pure Hölle. Ganz besonders, wenn sie in der Clique unterwegs waren und sich somit stark fühlten. Sie hörten nicht auf mich, wenn es darum ging, gegen 00:45 Uhr allmählich die Hallen zu verlassen. Um 01:00 Uhr durfte sich laut Glücksspielgesetz keine Maschine mehr drehen, andernfalls wäre der Sicherheitsdienst ausgerückt. Doch das interessierte einige nicht die Bohne. Ganz besonders ein Stammkunde, Amir, regte mich tagtäglich in der Spätschicht auf. In dem Glauben, die Maschinen würden erst kurz vor Ladenschluss den Höchstgewinn ausspucken, weil sie den ganzen Tag über „gefressen" hatten, kam dieser meist erst gegen 00:00 Uhr und belegte dann gleich mehrere Maschinen. Kam tatsächlich gegen Ladenschluss noch ein Gewinn, hatte ich Mühe und Not ihn zu bitten, den Gewinn endlich herüber zu buchen. Meine Kolleginnen rieten mir diesbezüglich strenger und dominanter zu agieren. Was mir aufgrund meiner introvertierten Ader jedoch nicht wirklich gelang. Wurde ich tatsächlich konsequenter, so maulte mich dieser Flegel immer nur respektlos an. Also ließ ich ihn am Ende ganz in Ruhe.

Das Gefühl, abends in dem Wissen nach Hause zu kommen, etwas geleistet zu haben, war ein sehr schönes. Man hatte sich den Feierabend wohl verdient und seinen „Teil zur Gesellschaft" beigetragen. Ob es sich nun um das Sinnvollste handelte, was man auf dieser Welt tun konnte, war natürlich eine andere Frage. Aber es fühlte sich deutlich besser an als auf Kosten des Staates zu leben. Und trotz allem blieb diese innere Unsicherheit, auch alles richtig gemacht zu haben. *Hatte ich irgendetwas vergessen oder nicht richtig gemacht? Könnte mir jemand etwas nachsagen? Möglicherweise lästern?* Ohnehin war es so, dass ich bei der Arbeit stets alles gab und auch besser zu machen versuchte als im Grunde erwartet wurde. Wo andere Menschen bereits sagten, das ist schon längst in Ordnung so, da machte ich mir zehnfach Gedanken, ob es tatsächlich so in Ordnung war. Ich wurde ein gnadenloser Perfektionist, welcher sich selbst nicht zufriedenstellen konnte. Auch bei noch so gut verrichteter Arbeit. Regelmäßige Komplimente und Lob wären mir auf Dauer sogar lieber gewesen als eine Gehaltserhöhung. Ich war schon immer ein Mensch, welcher viel Anerkennung suchte und alles dafür gab. Dass es im normalen Arbeitsleben oftmals nicht regelmäßig Lob zu erwarten gibt, ist kein Geheimnis. Bei uns im Schwabenland hieß es stets: „Ned gschimpft isch globt gnua!", was so viel bedeutet wie: Solange keiner meckert, ist alles in Ordnung! Im Gegensatz dazu war es jedoch immer eine unerklärliche Ironie, dass ich ein Kompliment niemals wirklich für voll nehmen konnte. Bestimmt sagte man das nur aus reiner Höflichkeit. Wer konnte schon mit MIR zufrieden sein?

Es kam regelmäßig vor, dass die Automaten einen internen Systemfehler aufwiesen und von einer Minute auf die andere streikten. Manchmal musste ich nur den Schlüssel umdrehen, den Stecker ziehen und das Problem war nach Neustart behoben. War dies nicht der Fall, musste ich den zuständigen Techniker kontaktieren, welcher entweder noch am selben oder am nächsten Tag vorbeischauen würde. Wie es sein Zeitplan eben zuließ, er war für mehrere Spielotheken im Umkreis zuständig. Ihren Frust, nicht unverzüglich weiterspielen zu können oder ihr Geld zurück zu erhalten, welches noch im blockierten Automaten steckte, ließen sämtliche Spieler regelmäßig an mir aus. Sie hatten kein Verständnis, dass der Techniker nicht binnen 5 Minuten auf der Matte stand und das Problem beseitigte. Beleidigungen und Drohungen blieben hier nicht aus. Das empfand ich als sehr ungerecht, schließlich war es doch nicht mein Verschulden. Andernfalls konnte ich es auch in irgendeiner Form nachvollziehen. Als langjährigem Spieler war mir jenes Vorkommnis nicht gänzlich fremd. In einer solchen Situation dominiert allein die Sucht, der Wunsch nach Gewinn, die Sehnsucht nach Plus. Der Rausch, welcher durch das bloße Betrachten der bunten Walzen erzeugt wird, ist auf einen Schlag unterbrochen, das frustriert schon sehr.

Allerdings gab es auch sehr nette Stammkunden, über deren Besuch ich mich freute. Man konnte reden, gemütlich eine rauchen oder einen Kaffee zusammen trinken. Außerdem fühlte ich mich dann unter den „Assis" nicht ganz so allein und machtlos, wenn jene anwesend waren. Hatten die sympathischen Kunden einen Gewinn, so kam es sogar gelegentlich vor, dass sie mir etwas Trinkgeld gaben.

Eine meiner Aufgaben war es, die Ausweise zu kontrollieren. Das Betreten einer Spielothek ist bekanntlich erst ab 18 Jahren gestattet. Kamen neue Gesichter, tat ich dies auch immer. Es gab einen Tag, an welchem eine Gruppe von muslimischen Jugendlichen immer wieder aufs Neue versuchte herein zu kommen. Zwei davon hatten mir ihre Ausweise vorgelegt, einer hatte ihn angeblich zuhause vergessen. War aber nach eigenen Angaben bereits volljährig. Ich bat ihn den Ausweis schnell zu holen. Mit Engelsaugen versuchte er zu verhandeln. Ich schickte ihn wiederholt hinaus, nachdem er es mehrfach durch den Hintereingang versuchte. Hatte allerdings ein bisschen Angst, dass mir die Clique nach Ladenschluss draußen auflauern könnte, um sich zu rächen. Die regelmäßigen Schlagzeilen von Kriminalität auf meiner iPhone-Startseite berichteten häufig von genau dieser Stadt, in welcher ich arbeitete. Meist hatte ich ein mulmiges Gefühl, wenn ich die Hallen um 01:00 Uhr nachts abschloss und die wenigen Schritte weiter zu meinem Auto lief. Ich befürchtete, in der dunklen, menschenleeren Seitenstraße abgefangen und verprügelt zu werden. Außerdem machte ich mir Sorgen um mein Auto, dass es demoliert worden wäre. Meine Kollegin hatte mir von einem Vorfall an ihrem Auto berichtet, bei dem der Außenspiegel abgeschlagen wurde. Höchstwahrscheinlich von einem verärgerten Spieler, welcher seinen Ärger über den finanziellen Verlust an der Aufsicht auslassen wollte.

Ein weiterer heftiger Vorfall ereignete sich eines Abends während einer recht ruhigen Spätschicht. Ein mir bislang unbekannter Mann betrat die Halle und verwickelte mich in ein Gespräch. Er machte einen sehr freundlichen Eindruck und bat mich darum, ihm einen 50 €-Schein zu wechseln. Während des Vorgangs lenkte er mich gezielt ab, indem er mich fragte, ob er eventuell seinen Hund hereinholen dürfte, da er diesen nicht so lange allein im Auto lassen wollte. Das erlaubte ich ihm als Tierfreund sofort, Hunde waren im Casino nicht verboten. Das Geld hatte ich ihm zu diesem Zeitpunkt bereits gewechselt und übergeben. Irgendwie musste es ihm während des Gesprächs gelungen sein, seinen Fünfziger wieder einzusacken, was mir entging. Nachdem er verschwunden war, um angeblich seinen Hund zu holen, beschlich mich bereits ein komisches Gefühl. Ich machte einen sofortigen Kassensturz und bemerkte ein Defizit von 50 €. Nachdem der Mann auch nach 20 Minuten nicht wieder da war, wurde mir klar, dass ich betrogen wurde. Ich kontaktierte telefonisch den Chef und fragte, wie ich denn nun weiter verfahren sollte. Er riet mir, die Polizei zu verständigen und den Sachverhalt zu erklären.

Zwei Polizisten trafen wenig später in der Spielothek ein und nahmen meine Aussage zu Protokoll. Einige Tage später wurde ich sogar auf deren Revier zitiert, wo sie mir einige Bilder von verdächtigen Personen aus dem Umkreis zeigten. Da ich mich allerdings nicht mehr genau an sein Gesicht erinnern konnte, schaffte ich es nicht, ihn unter den Fotos herauszufinden. Auch Bilder der Überwachungskamera waren nicht verwertbar. Der Fall blieb somit ungelöst und das verlorene Geld musste ich aufgrund von „Eigenverschulden" erstatten. Was meinen Glauben an das Gute im Menschen ein weiteres Mal in seinen Grundfesten erschütterte.

Der Mercedes zeigte seit einigen Tagen eine komische Fehlermeldung an. Es hatte irgendetwas mit der Wasserkühlung zu tun. Auch André wusste sich keinerlei Rat. Er selbst fuhr seit einigen Tagen den alten Renault Twingo seiner Mutter Anna, da sich diese ein anderes Auto gekauft hatte. Er schlug vor, dass wir die Autos tauschen sollten und fuhr hinauf ins Ruhrgebiet. Ich war zunächst nicht begeistert, vom komfortablen Mercedes auf einen Kleinwagen umzusteigen, willigte aber trotzdem ein. Ich war schließlich nicht in der Position, Ansprüche zu stellen und im Grunde auch dankbar, überhaupt wieder ein Auto zu haben. Ein Privileg, welches ich eigentlich erst zu diesem Zeitpunkt wirklich zu schätzen lernte. Es war für mich in Andrés Gegenwart stets so selbstverständlich gewesen, ich hatte bislang kaum Gedanken daran verschwendet.

André verbrachte einen Tag bei mir im Dachgeschoss. Nach 3 Monaten Pause war ich überglücklich, ihn und Stupsi endlich einmal wiederzusehen. Er wollte jedoch am nächsten Tag sofort wieder aufbrechen, er hatte jede Menge Arbeit bei Aaron im Verleih, da gerade Messezeit war. Er begleitete mich noch einmal kurz zu meiner neuen Arbeitsstelle und meinte, dass er sich diesen Job sehr gemütlich vorstellen würde. Was er im Grunde auch war, wären da nicht sämtliche Kriminelle und rücksichtslose Typen gewesen. André meinte, die meisten seien (wie auch wir damals) im Grunde doch nur ganz arme, verzweifelte Würstchen, welche auf den großen Gewinn hofften. Ungehobelt, aber harmlos. Ich sollte mir nicht so viele Gedanken machen und deren Aggressionen nicht auf meine Person beziehen. Womit er sehr wahrscheinlich auch Recht hatte. Allerdings gelang mir das nicht so wirklich. Ich bezog schon immer viel zu viel auf mich persönlich, selbst wenn es dazu nicht den kleinsten Grund gab.

Während meiner Arbeitszeiten spritzte ich immer gerade einmal so viel Insulin, dass ich aufrecht gehen konnte und nicht nonstop trinken musste. Aus diesem Grund sprang ich von 57 kg wieder einmal auf 62 kg, was mich innerlich an meine Grenzen brachte. Hatte ich zwischenzeitlich einige Tage frei, so verbrachte ich jene fast nur im Bett, trank literweise Wasser und ging etwa dreißigmal am Tag aufs Klo. Das Gewicht musste wieder runter. Um jeden Preis.

Jeden Tag chattete ich weiterhin mit Ronny. Immer wieder ersehnte ich eine gezielte Anfrage, wann er mich denn nun endlich einmal besuchen würde. Doch diese Frage blieb aus. Vielmehr ging es nach wie vor um Computerspiele, YouTube-Influencer, Cosplay, „heiße Manga-Figuren" und ähnliches. Nach wie vor gab ich den Interessierten, obwohl es mir im Grund nicht sonderlich wichtig erschien.

Allerdings lud er mich einige Male zu sich nach Hause ein. Dieses Angebot nahm ich nach wie vor gerne an. Weiters lehnte ich nicht ab, als Ronny damit anfing neue Dinge mit mir auszuprobieren. Seine Vorlieben waren zuweilen ... nennen wir es „gewöhnungsbedürftig". Ich kannte Derartiges bis dato nicht und fand persönlich auch nicht sehr viel Gefallen daran. Um Ronny nicht zu verlieren, ließ ich mich jedoch überreden ...

Meine Kollegin Aylin wurde zwischenzeitlich schwer krank und konnte 2 Wochen nicht zur Arbeit kommen. Dies führte dazu, dass ich mit Kollegin Beatrix 17 Tage am Stück durcharbeiten musste, um Aylin zu vertreten. Was physisch nicht weiter schlimm für mich war, nervlich jedoch der reinste Alptraum. Es war Anfang des Monats, die Spieler hatten wieder ihre Konten voll, besuchten beinahe jeden Tag die Spielothek und blieben bis in die späten Abendstunden. Deutete ich bereits gegen 00:30 Uhr an, dass sie langsam zum Ende kommen sollten, interessierte das niemanden. Ich wurde verhöhnt und ausgelacht. „*Chill ma dein Leben, Digga!*" oder „*Jetz bleib ma locker*", lauteten die Antworten. Ganz besonders die Libanesen-Clique, welche jeden Abend an den M-Boxen spielte, ließ in keiner Weise mit sich verhandeln. Ich hatte täglich Bedenken, dass sie die Zeitgrenze überschreiten und um 01:00 Uhr tatsächlich die Sicherheitsdienste ausrücken würden, wie es mir meine Kollegin gesagt hatte. Wäre dies tatsächlich der Fall gewesen, hätte ich diesen Einsatz bezahlen müssen, da er „durch meine Schuld" verursacht worden wäre. Ja, super. *Was konnte ich schon dafür, wenn niemand auf mich hörte? Und das sollte dann MEIN Verschulden sein? Was sollte ich denn tun? Sie mit dem Baseballschläger hinausprügeln?* Mehr als bitten konnte ich nicht.

Zum Ende führte meine Arbeit an diesem Ort eines späten Abends, als die Wechselmaschine für Geldscheine einen internen Fehler aufzeigte und nicht mehr funktionierte. Ich konnte den Spielern ihr gewonnenes Münzgeld nicht mehr in Scheine umtauschen. Ich erhielt von meiner Kollegin telefonisch die Anweisung, den

Wechselautomaten still zu legen, damit er am nächsten Tag vom Techniker repariert werden konnte. Ausgerechnet an diesem Abend hatten viele Spieler eine echte Glückssträhne. Nachdem die restlichen Scheine aus der Kasse aufgebraucht waren, wurden einige von ihnen sehr sauer und ungehalten. Sie bestanden darauf, ihr Geld in Scheinen zu bekommen, was jedoch durch den defekten Wechsler nicht mehr in meiner Macht stand. Nachdem ich unverschuldet sehr viele Beleidigungen, Drohungen und sonstige Gemeinheiten ertragen hatte, beschloss ich, dass dies auf Dauer keinen Sinn hatte. Diesen täglichen Psychoterror und die emotionale Denunzierung konnte ich nicht mehr bewältigen und schrieb noch in derselben Nacht meine Kündigung.

Tags darauf wurde ich gebeten, die Schlüssel und meine Weste abzugeben. Ich fuhr noch ein letztes Mal zum Casino, entschuldigte mich für meine Unfähigkeit und erklärte dort die Gründe für meine Kündigung. Dieser Job war Gift für mein Selbstvertrauen, niemand nahm mich als eine Respektsperson wahr.

Meine Kolleginnen bedauerten diese Entscheidung sehr, hatten sie mich doch als Kollegen geschätzt. Andererseits konnten sie mich gut verstehen. Hinzu kam, dass die beiden verheiratet waren und sich in einem akuten Notfall jederzeit an ihre direkten Kontaktpersonen wenden konnten. Ich dagegen hatte niemanden in unmittelbarer Nähe. Dies tröstete mich in Gedanken ein wenig, da ich mir neben den beiden Frauen zunächst wie ein inkompetenter Schwächling vorgekommen war.

*Selbst gegen 99 Komplimente wiegt eine einzige Kritik
so schwer wie 1.000 Tonnen.*

Körperlicher Ausnahmezustand

Nachdem ich meine Arbeit im Casino aufgegeben hatte, meldete ich mich erneut beim Arbeitsamt und schilderte den Vorfall. Dort traf ich auf sehr viel Verständnis und neue Motivation. Ich suchte weiterhin nach Arbeit und schrieb einige Bewerbungen.

Allerdings hagelte es überwiegend Absagen, zu Probearbeiten kam es nie.

So blieb ich die nächsten Wochen überwiegend zuhause. Um etwas Geld nebenbei zu verdienen, loggte ich mich in meine alte Online Community für Autoren ein und schrieb reihenweise Artikel. Die Meisten nur im Wert zwischen 2 und 5 €, gelegentlich war auch mal etwas mehr drin. Aber das war sehr selten. Allmählich kam etwas Geld auf meinem Online-Konto der Plattform zusammen. Dies leitete ich direkt an André weiter, damit ich ihm wenigstens eine Kleinigkeit zurückgeben konnte. Hatte ich doch die letzten Jahre überwiegend auf seine Kosten gelebt. Innerlich bereute ich das sehr.

In meiner neuen Heimat erlernte ich zum ersten Mal in meinem Leben das bewusste Sparen. War ich doch früher immer recht unbedacht in den Einkaufsladen spaziert, so achtete ich nun bewusster auf die Preise, überlegte mir genau, was und wie viel ich denn tatsächlich brauchte und wo ich Abstriche machen konnte. So kaufte ich von nun an nur noch die billigeren Hausmarken der verschiedenen Discounter anstelle der teuren Markenprodukte. Wie es der bescheidene André bereits seit Jahren tat. Ein Markenname ist keine Garantie, dass etwas unbedingt besser sein muss, die preiswerte Variante schmeckt oft genauso gut. Lediglich bei tierischen Produkten gab ich inzwischen deutlich mehr Geld aus und achtete auf die Herkunft, da ich die grausame Massentierhaltung nicht länger unterstützen wollte.

Ich trieb weiterhin Schund mit meinem Körper. Ich katapultierte mich systematisch in den Überzucker, indem ich mich in einsamen Stunden vollfraß, ohne das Essen herunter zu spritzen. Blutzuckermessungen führte ich so gut wie nie durch. Wenn ich es tat, war der Wert ohnehin meist auf HI (über 600 mg/dl) und vom Messgerät nicht mehr zu ermitteln. Das war mir trotz Schmerzen und massiver Abgeschlagenheit egal. Alles, was ich nach wie vor wollte, war noch immer dünn zu sein. Und auch zu bleiben. Und nicht auf mein geliebtes Essen verzichten zu müssen. Ein Trostmittel, welches mir über die Jahre immer eine sehr große Stütze war.

Sobald ich den Deckel meiner Wasserflasche zugedreht hatte, drehte ich ihn bereits wenige Sekunden später wieder auf, um erneut zu kübeln. Der Durst war inzwischen kaum noch zu bewältigen, eine 1,5 Liter Wasserflasche binnen 20 Minuten leer. Da ich an manchen Tagen im 5 Minuten-Takt aufs Klo musste und irgendwann zu schwach wurde um so häufig aufzustehen, überlegte ich mir eine neue Strategie. Ich stellte mich unter die Dusche, drehte das Wasser nur moderat auf und trank dabei nonstop aus dem Wasserstrahl. Solange, bis mein Bauch so stark aufgequollen war, dass ich schon Angst hatte, mein Magen könnte platzen. Alle paar Sekunden führte mein Körper wiederholt Wasser ab, oben rein, unten raus. Ich musste den optischen Anschein einer Springbrunnenfigur erzeugt haben.

Zunächst erschien mir diese effektive Prozedur etwas widerlich, allerdings handelte es sich hierbei um reine Kopfsache. Es ist bereits von mehreren Quellen bestätigt, dass Urin eine heilende Wirkung hat und sogar in diversen Hand- und Fußcremes eingesetzt wird. Also konnte es nicht schädlich sein. Viel eher sogar förderlich für die Haut.

Nachdem ich den nicht verarbeiteten Zucker vollständig ausgeschieden hatte, seifte ich mich anschließend gründlich ab, verabreichte mir eine Kleinigkeit an Insulin und verbrachte den Rest des Tages im Bett.

Nachts erwachte ich wiederholt durch starke Wadenkrämpfe. Diese fühlten sich an, als würde mein Bein in einer Presse zermalmt. Strecken oder lockerlassen? Ich versuchte beides im kontinuierlichen Wechsel, bis sich der brennende Krampf allmählich wieder gelöst hatte und ich weiterschlafen konnte. Da ich nachts gelegentlich in die Hose gemacht hatte, legte ich mir fortan Handtücher unter und stattete meine Boxershorts mit mehreren Lagen Klopapier aus.

Immer wieder wurde mir schwarz vor Augen, alles flimmerte und ich konnte den Text auf meinem Fernseher nur noch verschwommen lesen. War es nun tatsächlich schon so weit? Würde ich demnächst erblinden? Am nächsten Tag war es meist schon wieder besser. Trotzdem blieben die Schwindelgefühle, die Schweißausbrüche und die Bauchschmerzen nahezu konstant bestehen. Selbst an Tagen, an welchen ich etwas mehr Insulin zu mir nahm, um meinem Körper zwischendurch die Möglichkeit zu geben sich etwas zu erholen. Natürlich war mir bewusst, was ich mir selbst damit antat. Doch ich blendete es gezielt aus. Immer die Hoffnung im Hinterkopf, dass mir Ronny schreiben und mich einladen würde, ihn am Abend spontan zu besuchen. Oder mich sogar endlich einmal zu besuchen. Bei unseren „Dates" musste ich schließlich einigermaßen „in Form" sein. Ronny wusste rein gar nichts von meiner systematischen Selbstzerstörung. Ich kann noch nicht einmal beschwören, dass er von meinem Zucker wusste.

Die Hitze war in meinem Dachgeschoss im Sommer 2018 kaum auszuhalten. Ich hatte eine kleine Temperaturanzeige in meiner Wohnung. Die Durchschnittstemperatur lag bei 34 °C, ich verendete fast. Hinzu kam das starke Schwitzen durch den Überzucker. Neben dem täglichen Duschen benutzte ich Kühlbeutel aus der Gefriertruhe und nasse Handtücher, um mich abzukühlen. Jeden Tag betete ich für Regen, welcher für einige Wochen ausblieb. Da ich durch meinen dauerhaften Überzucker ohnehin schon mindestens 6 Liter Wasser und zuckerfreien Eistee über den Tag verteilt verschlang, trank ich durch die Hitze nun noch mehr. Ich kaufte mir Tüten mit Eiswürfeln, welche ich in mein Glas kippte, ausgiebig lutschte und zerkaute. Diesen Spleen habe ich bereits seit frühen Kindertagen. Aber die Erfrischung hierdurch war unbezahlbar. Dieses Durstgefühl ist unbeschreiblich und für einen Schluck kaltes Wasser möchte man in diesem Zustand beinah töten. Mein durch das viele Wasser aufgequollener Bauch schmerzte unsagbar und erschwerte die Atmung. Aber der Durst war stärker.

Ich schaffte es in meinem Zustand kaum noch, in den 4. Stock zu gelangen und musste manchmal im 2. Stock pausieren. Ich litt unter enormer Atemnot und zeitweiligen Sehstörungen. Oben angekommen, riss ich zuerst einmal den Wasserhahn auf und trank literweise Wasser. Einfach nur eiskaltes Wasser, welch ein Segen!

Als ich die nächtlichen Krämpfe in den Beinen nicht mehr aushielt, suchte ich auf dringendes Anraten meiner neuen Hausärztin einen Diabetologen auf. Jener sollte recht gut und verständnisvoll sein. Schon bald bekam ich einen Termin. Als ich meine erste Sprechstunde bei ihm hatte, machte ich aus meiner Insulinverweigerung keinerlei Geheimnis. Außerdem sprach mein Hba1C-Wert Bände.

Der Doktor fragte mich, wie oft und wie viel ich denn spritzen würde und wie meine Werte so im Durchschnitt seien. Was ich nicht beantworten konnte, ich maß kaum meine Zuckerwerte. Hatte auch keinerlei Anhaltspunkte bezüglich BE-Zahlen, Korrekturmenge und ähnlichem. Als ich mich noch regelmäßig spritzte, handelte ich diesbezüglich stets nach purem Gefühl. Spritzte damals sogar noch oftmals etwas mehr, um nach der Mahlzeit noch unbeschwert naschen zu dürfen. Dies führte zu gelegentlichen Unterzuckerungen, aus welchen mich André regelmäßig herausholte, indem er mich im Dusel mit Traubenzucker fütterte.

Ich bekundete, dass ich dies nur so lange machen wollte, bis ich auf 55 kg gekommen wäre. Im Anschluss wollte ich mich wieder „vorbildlich" verhalten. Dr. Groß bestand darauf, dass ich mir wenigstens wieder Basalinsulin (Tagesdosis, unabhängig vom Essen) spritzen sollte, da der Körper nonstop Insulin benötigt, selbst wenn nichts gegessen wird. Sämtliche Prozesse sind unterbrochen, der

Körper agiert dauerhaft in einer Art Notlauf. Es wäre nur noch eine Zeitfrage, bis sich erste schwere Schäden einstellen würden, welche irreparabel wären. Ich fragte, ob es denn eine Möglichkeit auf ein Magenband oder ähnliches gäbe. Der Arzt lachte mich schon beinah aus. „Bei Ihrer schmalen Statur werden Sie in Deutschland mit Sicherheit keinen einzigen Arzt finden, welcher Ihnen ein Magenband einsetzen wird!" Ich fürchtete auf den Tod eine erneute Gewichtszunahme. „Lieber ein dünner Krüppel als ein dicker Krüppel!" So sagte ich ihm das direkt ins Gesicht. Die Worte sprudelten mir aus tiefster Seele, auch wenn sie sich nach außen hin extrem selbstmitleidig angehört haben dürften.

Er beruhigte mich. Vom Basalinsulin allein nähme ich nicht zu. Und wenn ich mich auch sonst entsprechend spritzen würde, zumindest wieder langsam anfangen würde, käme nach und nach wieder alles in Ordnung. Er schickte mich anschließend noch zur Ernährungsberaterin im gleichen Haus, welche mir einige Ratschläge gab. Ganz offen gesagt: Ich hörte nur mit halbem Ohr zu, da ich recht eingefahren und vollkommen in meinem Wahn agierte. Sie empfahl mir Xylit Zucker und Stevia, machte mich darauf aufmerksam, dass Vollkornbrot wesentlich gesünder wäre als Weißbrot und legte mir außerdem zur Sättigung viel Gemüse ans Herz. Ich erhielt noch einige Broschüren in Bezug auf Ernährung und Diabetes allgemein.

Ich hatte wohl doch ein bisschen mehr zugehört als ich mir selbst eingestanden hatte. Von nun an ging ich noch bewusster einkaufen. Ich schlenderte durch die Gemüse- und Obstabteilung und schaute mich in Ruhe um. Was mochte ich hiervon ganz gerne? Was wäre eine gute Alternative zu meinem geliebten Naschkram? Ich erinnerte mich an die Abendmahlzeiten, welche mir meine Mutter in Kindertagen täglich zubereitete. Karotten, Gurken, Paprika, Tomaten und Radieschen als Beilage. *Warum nicht wieder versuchen,* dachte ich mir und beförderte allerhand „Grünzeug" in meinen Einkaufswagen. Daneben auch noch eine Menge an frischem Obst. Äpfel und Birnen mochte ich schon immer gerne. Und die hatten recht wenig Kalorien.

Durch die Folsäure-Tabletten, welche mir mein neuer Diabetologe verschrieben hatte, hörten die nächtlichen Krämpfe nach einiger Zeit auf. Ich war glücklich darüber, waren sie doch wirklich sehr schmerzhaft gewesen. Auch meine schwere Eichelentzündung, welche ich nun schon über ein Jahr mit mir herumschleppte, gehörte dank eines kompetenten Urologen bald der Vergangenheit an. Er hatte mir eine spezielle Salbe verschrieben, welche dieses Leiden beendete.

Ich begann damit, mich wieder etwas häufiger zu spritzen und das Basalinsulin zu verwenden. Das wäre laut meinem Diabetologen bereits die halbe Miete. Messen unterließ ich allerdings weiterhin. Ich hatte diesen Mist jetzt schon so lange an der Backe, da hat man das doch allmählich im Gefühl und deutet sämtliche Symptome.

Seit einigen Wochen hatte sich eine gänzlich neue Beschwerde eingestellt. Ich hatte neben gelegentlichen Bauchschmerzen immer wieder massive Probleme mit der Verdauung. Ich schob es auf den Zustand meines Körpers, ganz bestimmt war der Überzucker dafür verantwortlich. Ich googelte zusätzlich nach den Symptomen und blieb bei einer Seite für Unverträglichkeiten hängen. Laktoseintoleranz? Was soll das denn sein? Eine Unverträglichkeit auf Milchprodukte? Ich hoffte, dies nicht zu haben. Trank ich doch für mein Leben gerne Milch. Aber es wäre eine Erklärung gewesen. Ich hatte schon so häufig gehört, dass es laktosefreie Milch gäbe, wusste bis dato aber noch nicht einmal, was das bedeutete. Laktose? Milchzucker? Bestimmt nur wieder so ein komischer Diät-Trend aus den USA. Ich schraubte den Konsum etwas zurück, allerdings besserten sich die Symptome kaum.

Über das Internet machte ich einige neue Bekanntschaften, mit welchen ich mich auch traf. Einer davon war Robin. Er wohnte nur einige Kilometer entfernt und kam eines Abends mit dem Bus vorbei. Wir trafen uns im benachbarten Park, in welchem ich häufiger lange Spaziergänge unternahm. Dort tranken wir zusammen ein Bierchen. Robin züchtete auf seinem Balkon Cannabis und hatte ein Tütchen dabei. Er fragte mich, ob ich Lust hätte, eine mit ihm zu rauchen. Was ich nicht ablehnte. Wollte ich schon immer einmal probieren. Das Zeug stank wie Hölle und ich musste am Anfang ein bisschen husten. Aber der Effekt war ganz lustig. Machte ein bisschen dösig, aber trotz allem hatte ich mehr erwartet. Und ich bekam riesigen Heißhunger. Mit Robin verband mich in den Wochen danach noch eine längere Freundschaft. Ich besuchte ihn häufiger zuhause, wo er meist etwas Gutes für uns kochte. Wir grillten auf seiner großen Terrasse und rauchten dabei immer wieder ein bisschen Gras. Robin war offiziell ebenfalls arbeitslos, verdiente sich aber als Bedienung in einer Kneipe etwas Geld dazu.

Eine weitere Bekanntschaft fand ich in Daniel, welchen ich seit einigen Monaten über den Chat kannte. Er arbeitete als Journalist und besuchte mich für einen kurzen Zeitraum häufiger mit dem Zug. Ich merkte sehr schnell, dass er für mich schwärmte und sich möglicherweise etwas mehr erhoffte. Diesbezüglich legte er auch einige Karten offen. Er erzählte, wie viele Stars er schon zum persönlichen Interview getroffen hatte und schlug vor, mich bald zu speziellen Events wie Premieren mitzunehmen. Darauf freute ich mich natürlich, da ich stets sehr viele Vorbilder an Schauspielern hatte. Er lud mich einige Male zum Essen ein und lernte auch Axel kennen, welcher mich Ende Mai für 3 Tage in meiner neuen Heimat besuchen kam. Gemeinsam gingen wir in einen Gay-Club und tranken Cocktails. Ich war zuvor niemals in einem derartigen Club gewesen, fand es allerdings auch nicht wirklich ansprechend. Dieses spezifische „Gay-, Hetero-, Bi-Niveau" hatte noch nie tiefgründigere Bedeutung für mich. Warum braucht es immer eine derartige Art der Rechtfertigung? Schwul und stolz darauf? Ist klar. Dieses Thema lässt sich natürlich wieder einmal ganz individuell betrachten. Allerdings vertrete ich persönlich die Ansicht: Was in meinem Schlafzimmer passiert, bleibt in meinem Schlafzimmer. Ganz egal, worauf ich stehe. Warum muss man das immer so herausposaunen und damit unnötig provozieren?

Die Bekanntschaft mit Daniel fand ein jähes Ende, nachdem er auf einen Absacker zu mir in die Wohnung kam und anfing mich zu begrapschen. Ich fand es unsagbar widerlich und war enttäuscht, dass er anscheinend doch gezielte Hintergedanken hatte. Ich löschte ihn wenige Tage später aus sämtlichen Plattformen, woraufhin er mich beleidigt blockte.

Eines Tages wurde mein Keller, in welchem ich meine Pfandflaschen lagerte, gewaltsam aufgebrochen. Auf Anraten Martins hatte ich zuvor dort ein zusätzliches Schloss angebracht, da hier schon häufiger eingebrochen wurde. Als ich das Pfand im Wert von etwa 40 € einmal zurückbringen und anschließend davon einkaufen wollte, bemerkte ich den Vorfall. Ich war schockiert und ziemlich sauer. Was waren das für Menschen? 40 € bedeuteten für mich damals sehr viel Geld, ein Wocheneinkauf wäre durchaus drin gewesen. Aber es war weniger das Geld, viel mehr ärgerte mich mal wieder die Boshaftigkeit der Menschen. Martin hatte einen der Mieter im Haus im Verdacht, und zwar jenen, welcher schwer drogenabhängig und auf jeden Cent angewiesen war, um sich Stoff zu besorgen. Aber natürlich konnte man ihm nichts nachweisen. Künftig lagerte ich meine Pfandflaschen nur noch in der Wohnung, in welcher ich mich fortan auch nicht mehr so sicher fühlte.

Immer wieder arbeitete ich an meinen Texten. Ich wählte bevorzugt Themen wie Psychologie, Gesundheit, Gesellschaft oder Umgang mit Tieren. Außerdem bearbeitete ich englische Übersetzungen und schrieb Fachartikel bezüglich des Urheberrechtes in eigenen Worten neu. Unique Content. Wenn ich recherchierte, fand ich oft selbst sehr viel Neues heraus und lernte ständig dazu. So schrieb ich beispielsweise einmal einen mehrseitigen Fachartikel über Muskelaufbau, in welchem es unter anderem um verschiedene Körpertypen ging. Ich fand heraus, dass es drei verschiedene Grundtypen gibt. Den Endomorph (meist klein, rundlicher, kleine Hände, kleine Füße, Essen setzt sich sofort an, allerdings auch recht immun gegenüber Krankheiten), den Mesomorph (sehr muskulös veranlagt, wenn er die entsprechenden Muskelgruppen auch beansprucht, Durchschnittsgewicht und robust) und den Ektomorph (meist groß, dünn, lange Gliedmaßen, große Hände und Füße, Fähigkeit, fast alles essen zu können ohne großartig an Gewicht zuzunehmen, allerdings auch sehr anfällig für Krankheiten). Jeder Mensch ist eine Art Mischtyp aus diesen drei, kaum einer ist ein reiner Typ. Ich wünschte mir innerlich, auch ein überwiegender Ektomorph zu sein. Wie viel allein doch in den Genen liegt, wie viel bereits von der Natur vorgegeben ist … unglaublich, wie viele Faktoren es diesbezüglich doch zu beachten gibt.

Es war inzwischen klar, dass ich früher oder später in meine alte Heimat zurückkehren wollte. Allein schon wegen Stupsi, welcher mir jeden Tag und jede Nacht so unendlich fehlte und dessen Abwesenheit mich sehr traurig machte. Die ursprüngliche Idee vom Pendeln erwies sich inzwischen als nicht sinnvoll für meinen Liebling. Da waren die Fakten, dass ich im vierten Stock wohnte, Stupsi fremde Hunde anbellte (von welchen es in der Großstadt nicht gerade wenig gab) und auch die Sache mit dem vielen Müll, der überall herumlag. An nahezu jeder Hausecke befand sich Abfall in Form von leeren Verpackungen, Zigaretten, zerbrochenen Flaschen, zerrissene gelbe Säcke, Windeln und viel mehr. Sogar in dem kleinen Bach, welcher sich im Park vor meiner Haustüre befand, schwamm jede Menge Abfall herum. Ich sah regelmäßig Enten, deren Gefieder mit irgendetwas verunreinigt war. *Ignorantes, rücksichtsloses Pack, behaltet euren Scheißdreck gefälligst bei euch!*

Ich hatte inzwischen begriffen, dass die Großstadt nicht der Ort ist, welcher sämtliche Probleme lösen kann. Die Umgebung hat zwar einen Einfluss auf diverse Lebensumstände, allerdings bleibt das Innenleben doch stets dasselbe. Wie meine Mutter schon so häufig sagte: Die persönlichen Probleme nimmt man immer mit, ganz egal wohin auf der Welt. Zu oft hatte ich mir eingeredet, dass ich ein neuer Mensch sein würde, wenn ich nur endlich in der unabhängigen Großstadt mit tausend Möglichkeiten leben würde. Das war ein reiner Irrglaube. Ich merkte zwar einen mentalen Unterschied der Gesellschaft in Bezug auf Offenheit und Toleranz, die Menschen verurteilten nicht so schnell wie die plumpen und direkten Bauern in meiner alten Heimat. Allerdings waren die Bekanntschaften auch sehr oberflächlich. Tiefgründigere Freundschaften waren beinah unmöglich. Und ganz bestimmt waren die Menschen auch hier sehr geschwätzig. Es kommt natürlich auch immer auf den individuellen Charakter an. Hier lassen sich nicht alle über einen Kamm scheren, das wäre zu einfach.

Und die Geschichte mit Ronny war ohnehin schon ziemlich gegessen. Wir sahen uns mittlerweile nur noch selten und inzwischen war es mir auch zu blöd geworden, jeden Link, welchen er mir schickte, zu kommentieren, um ein überwiegend belangloses Gespräch zu starten. Besucht hatte er mich noch immer nicht. Diese Tatsache stank mir inzwischen gewaltig.

Ich setzte mir jedoch schon bald ein neues Lebensziel: Den mittleren Schulabschluss nachzuholen und anschließend eine vielversprechende Ausbildung oder sogar das Abitur anzustreben.

Im Internet fand ich tatsächlich eine vielversprechende Möglichkeit, die mittlere Reife binnen einem Jahr nachzuholen. Diese Gelegenheit wollte ich beim Schopfe packen, so wäre der Umzug ins Ruhrgebiet nicht gänzlich umsonst gewesen.

Ich vereinbarte einen Termin mit der Direktorin jener VHS, auf deren Homepage ich das Angebot mit der mittleren Reife gefunden hatte. Ich erklärte ihr die Sachlage, sie war sehr freundlich und verständnisvoll. Ich erzählte ihr, wie leid ich es auf Dauer war, von einem Hilfsarbeiterjob zum nächsten zu springen und immer nur eine Nummer zu sein, welche jederzeit problemlos „gekickt" werden konnte. Mit einem besseren Abschluss hätte ich eindeutig bessere Karten. Das verstand sie durchaus. Sie setzte sich dafür ein, dass ich eine Aufnahmeprüfung an der VHS absolvieren durfte, um zu sehen, wie gut denn mein momentaner Bildungsstand sei und ob ich für den 1-jährigen Kurs geeignet wäre.

Die Aufnahmeprüfung bestand ich mit Bravour und im August 2018 sollte der 1-jährige Kurs beginnen. Im Juli 2019 wollte ich dann mit der mittleren Reife in der Tasche wieder nach Hause gehen. Ich freute mich so sehr, dass ich angenommen wurde und träumte von einer baldigen Karriere als Autor oder Journalist.

Der Kurs erfolgte in Vollzeit. Das bedeutete 8 Schulstunden täglich. Die meisten der Schüler waren in meinem Alter, einige noch etwas jünger. Sie alle hatten zu Schulzeiten Probleme gehabt, wurden sehr früh Eltern, hatten Probleme mit Drogen, Kriminalität und ähnliches.

Da das Jobcenter mich in diesem Zeitraum nicht unterstützen konnte, weil ich mich nicht auf dem freien Arbeitsmarkt befand, erklärte mir meine Sachbearbeiterin, dass ich BAföG beantragen müsste. Ich machte mich sofort an die Arbeit, ging zu sämtlichen Ämtern, besorgte mir die Unterlagen, telefonierte Gott und die Welt durch, bis sich der Antrag auf dem Postweg befand. Diese Rennerei ging mir (wie wohl den meisten Menschen bezüglich Behördengängen), ziemlich auf die Nerven. Aber es musste eben sein.

Anfang August, 2 Wochen bevor die Schule beginnen sollte, besuchte ich André und Stupsi in meiner alten Heimat. Zuvor hatte ich noch einen CT-Termin, bei welchem meine Leber untersucht wurde. Mein Diabetologe hatte einige Wochen zuvor einen kleinen dunklen Fleck auf dem Ultraschall entdeckt, dessen genaue Ursache er abklären wollte. Ich hatte diesbezüglich ein bisschen Bedenken. Er hatte mich beruhigt und gemeint, höchstwahrscheinlich handelte es sich nur um ein kleines Blutschwämmchen, vollkommen harmlos. Aber sicher war sicher.

So wurde ich in die Röhre gefahren und musste nach deren Vorgaben gezielt atmen. Keine große Sache. Die Ergebnisse würden meinem Doktor in etwa 2 Wochen vorliegen. So fuhr ich hoch motiviert mit meinem kleinen Twingo hinunter ins Allgäu und verbrachte eine schöne Woche mit André und Stupsi. Ich machte jeden Abend einen frischen Salat, da ich mich seit dem Gespräch mit der Ernährungsberaterin viel bewusster ernährte.

In diesem Zeitraum war auch gerade ein Auftritt, bei welchem ich mit dabei war. Hoch motiviert erzählte ich den Musikern von meinen großen Plänen bezüglich meines Abschlusses und meiner bald beginnenden Schule. Sie freuten sich für mich und drückten mir sämtliche Daumen.

Wieder zurück im Ruhrgebiet, erhielt ich dann auch sehr bald die Ergebnisse der Untersuchung. Tatsächlich handelte es sich nur um ein Blutschwämmchen, es war nichts Auffälliges beim CT herausgekommen. Außerdem lobte mich Dr. Groß für meinen aktuellen Hba1C, welcher sich bereits deutlich verbessert hatte. Er lag inzwischen schon wieder bei 9,2. Immer noch zu hoch, aber schon deutlich besser als zuvor. Ich erledigte noch einige Besorgungen bezüglich der Schule, kaufte mir Ordner, Hefte und das benötigte Schreibmaterial. Von meiner Mutter, welche sehr froh war, dass ich mich nun endlich um eine Ausbildung kümmerte, erhielt ich als verfrühtes Geburtstagsgeschenk einen Drucker, mit welchem ich sämtlichen Papierkram bewältigen konnte. Wir telefonierten in diesem Zeitraum sehr häufig miteinander. Sie sagte mir, dass sie stolz auf mich wäre und dass es manche Menschen eben „etwas später lernen".

Am ersten Tag in der neuen Klasse sollten wir uns einander vorstellen. Jeder sollte seinen Namen und einige Stichpunkte auf eine Art Mindmap schreiben. Vor anderen zu sprechen fiel mir noch niemals leicht, und ganz besonders Augenkontakt bedeutete für mich immer eine große Überwindung. Ich bemühte mich, sympathisch und offen aufzutreten und erhielt sehr nettes Feedback. Nachdem ich mich vorgestellt hatte bemerkte eine meiner Mitschülerinnen, dass sie mich zu Beginn vom Auftreten nicht wirklich einschätzen konnte. Dass ich sehr introvertiert und zurückhaltend wirkte und dass sie daher nicht wusste, ob ich in irgendeiner Weise negativ gegenüber den anderen eingestellt wäre. Nach meiner persönlichen Vorstellung könnte sie sich aber durchaus vorstellen, eine nette Bekanntschaft mit mir aufzubauen. Ich freute mich über ihre Worte. Außerdem bestätigte ihre Aussage meine innere Vermutung. Ich wirkte nach außen hin also tatsächlich etwas reserviert. Ich war schon immer eher der Typ, welcher erwartete, dass andere Menschen den ersten Schritt machen würden. Meine Unsicherheit gegenüber anderen Menschen machte es mir schon häufig schwer, Initiative zu ergreifen. Jetzt machte auf einmal alles Sinn. Ich verurteilte andere Menschen nicht länger, weil sie nicht öfter auf mich zukamen. Sehr wahrscheinlich wussten jene einfach nicht, wie sie mich einschätzen sollten. Was ich im Umkehrschluss sogar nachvollziehen konnte. Sehr wahrscheinlich würde ich eine Person, welche meist in sich gekehrt im Abseits steht, auch nicht direkt ansprechen, da ich nicht wüsste, ob es dieser überhaupt recht ist.

Ich verstand mich mit allen meinen Mitschülern überdurchschnittlich gut. Meine anfängliche Angst, wieder einmal Mobbingopfer zu werden, war vollkommen unbegründet. Jeder aus der Klasse war ein Sonderling, welcher es nicht auf dem „üblichen Weg" beim ersten Anlaufversuch in der Schule geschafft hatte. Deshalb herrschte intern das nötige Verständnis. Auch unsere Lehrer waren prima. Meine Stärken lagen wie bereits früher in Deutsch und Englisch. In Mathematik war ich im Vergleich zu früher auch recht gut. Da es mir von Natur aus sehr schwer fällt mich zu konzentrieren, nahm ich mir zuhause die nötige Zeit, um sämtliche Formeln und Rechengesetze zu vertiefen. So vieles hatte ich vergessen oder zu früheren Schulzeiten in meiner geistigen Abwesenheit gar nicht gewusst. Mathematik ist ein Fach, welches aufeinander aufbaut. Würden mir die Grundsätze fehlen, hätte ich im Vorfeld schlechte Karten. Das wusste ich inzwischen und hielt es mir vor Augen. Auch meinen jüngeren Bruder Finn, welcher inzwischen Chemie studierte und welcher in Mathe stets sehr gut war, fragte ich zuweilen um Rat. Und nachdem ich es begriffen hatte, merkte ich: Mathe macht sogar Spaß!

Ich wollte unbedingt einen guten Abschluss bekommen und in den Klausuren bestens abschneiden. So viel hatte ich bereits versäumt, aber es war bestimmt noch nicht zu spät.

In dem Haus, in dem ich wohnte, gab es zwischenzeitig immer wieder Krawall. So bekam ich unter anderem mit, dass einer der

Mieter unter mir, welcher schwer drogensüchtig war, seine Wohnung verlassen und vollkommen vergessen hatte, das Wasser der Dusche abzustellen. Ich vernahm einen sehr lautstarken Wortwechsel zwischen ihm und Hausverwalter Martin im Treppenhaus. Ich fühlte mich ein wenig verunsichert, da ich nicht wusste, worum es eigentlich ging. Martin erzählte mir einige Tage später von jenem Vorfall, nachdem er und seine Freundin mich zum Grillen in deren Garten eingeladen hatten. Das wäre schon zum zweiten Male geschehen, doch diesmal war der Schaden so schlimm, dass selbst die Wohnung unter dem Junkie einen massiven Wasserschaden davongetragen hatte. Alles durchnässt und verschimmelt. Ich war schockiert. Wer denn dafür aufkommen würde, wollte ich wissen. Und vor allem: Warum war ihm nicht gekündigt worden? Martin erklärte mir, dass der süchtige Mieter keine Haftpflichtversicherung besitzen würde und daher den Schaden nicht erstatten könne. Und der Hauptvermieter würde bestimmt nicht tausende von Euros in die Renovierung zweier Wohnungen investieren, welche von arbeitslosen und vollkommen mittellosen Menschen bewohnt wären, von welchen ohnehin nichts zu holen sei. Das verstand ich nicht. Was waren das nur für ungeklärte und gleichgültige Verhältnisse? Unter Schimmel zu wohnen kann doch auf Dauer gesundheitsgefährdend sein. Und das Haus würde davon bestimmt auch nicht besser.

Doch das schien hier nicht zu interessieren. Ich mischte mich auch nicht weiter ein, bestimmt wussten sie aus langjähriger Erfahrung, was sie taten.

Einige Zeit später wurde ich Zeuge, als Martin und seine Freundin die Polizei verständigten, nachdem der Mieter unter mir ihnen gegenüber ausfallend wurde und sie mit Schlägen bedrohte. Das geschah nicht zum ersten Mal, wie Martin mir erzählte. Schon häufiger hatte er betrunken aus dem Fenster gepöbelt, geschimpft und gedroht. Bereits bei meinem Einzug hatte mich Martin vor diesem Erwin gewarnt. Ich möge bloß nicht zu laut sein, spät abends mit Schuhen laufen oder gar noch etwas kochen. Sonst würde es mit ihm sicher Ärger geben. Mit einem vorherigen Mieter hatte dieser Erwin anscheinend permanenten Ärger, deshalb agierte ich auch in den abendlichen Stunden stets sehr leise. Erwin schien den Warnschuss mit der Polizei jedoch verstanden zu haben und verhielt sich in der nächsten Zeit vorbildlich.

Ich freundete mich mit einer netten Mitschülerin namens Diana an. Sie war etwa in meinem Alter und hatte eine knapp einjährige Tochter. Die Kita, in welche sie ihre Tochter seit einigen Tagen schickte, befand sich gleich bei mir um die Ecke. So konnte sie jeden Morgen mit dem Auto mit mir zusammen zur Schule fahren, welche einige Kilometer weit entfernt in der Stadt lag. Wir stellten Überlegungen an, eine kleine Lerngruppe zu gründen, damit wir uns in den verschiedenen Fächern unterstützen konnten. Ferner unterhielten wir uns über gesundheitliche Dinge. Ich hatte ihr im Vertrauen erzählt, dass ich meinen Zucker zum „Betrügen" benutzte, um nicht an Gewicht zuzulegen. Sie gab mir einige Ratschläge, was gesunde Ernährung betraf. So schlug sie vor, ich solle mir einfach etwas Gemüse dünsten oder eine Brühe daraus machen. Diese könnte ich mit in die Schule nehmen, um Kalorien einzusparen. Auch Reiswaffeln, welche sie unter anderem ihrer kleinen Tochter als gelegentlichen Snack gab, wären eine gute kalorienarme Alternative und ein sehr guter Sattmacher. Mein Essverhalten hatte ich schon häufiger überdacht und auch Abstriche gemacht. Spaghetti mit Reibekäse gab es inzwischen nur noch einmal in der Woche und neben meinem täglichen geliebten Eis waren sämtliche Süßigkeiten tabu. Aber alles wollte ich mir nun auch nicht nehmen lassen. Dann lieber nach wie vor am Wochenende mit dem Insulin „etwas sparsamer" sein. Ich war von meinem gefährlichen Trip noch immer nicht vollständig runter.

Wir gingen zweimal miteinander in den Park und rauchten einen Joint. Diana schwor auf dessen gesundheitliche Vorteile und meinte, würde Deutschland diese heilende Pflanze endlich legal zulassen, wären mindestens die Hälfte aller Krebsfälle und Autoimmunkrankheiten Geschichte. Sie verteufelte die Pharmaindustrie und hielt deren Gesamtpaket für eine geldgeile Mafia, welche keinerlei Interesse daran hätte, Krankheiten gezielt zu heilen. Lediglich die Symptome zu lindern, aber trotzdem Profit aus den Krankheiten von Millionen Menschen zu schlagen. Warum wäre denn die Krebsrate in Deutschland so dermaßen hoch? Viel höher als beispielsweise in Holland, wo Cannabis zum täglichen Konsum gehört. Diese Tatsache wäre nur der geldgeilen Politik und der Pharmaindustrie zu verdanken, welche andernfalls Milliarden Euro Umsatz verlieren würde. Das klang einleuchtend. Diana persönlich schwor auf Homöopathie. Außerdem glaubte sie, dass hinter den Mauern der so fortschrittlichen Industrie längst ein Heilmittel gegen Diabetes und Co. existieren würde. Und dies nur aufgrund von finanziellen Aspekten unter Verschluss gehalten würde. Diese Theorie erinnerte mich an jene meiner Mutter, welche ebenfalls daran glaubte, dass diesbezüglich schon längst eine Möglichkeit zur Heilung bestand. Seitens der Pharmaindustrie aber keinerlei Interesse, dies publik zu machen.

Was lange gärt (währt), wird richtig gut! Diese Tatsache bezieht sich lediglich auf Alkohol, nicht aber auf zwischenmenschliche Konstellationen. Wer seinen Ärger zu lange in sich hineinfrisst, der tut sich selbst und auch seinen Mitmenschen auf lange Sicht keinen allzu großen Gefallen.

Ich war schwer enttäuscht und inzwischen auch stinksauer, dass mich Ronny nach über einem halben Jahr im Ruhrgebiet noch immer nicht einmal besucht hatte. Es wäre kein sonderlicher Umstand für ihn gewesen, die 10 km mit dem Bus zu fahren. Außerdem hatte ich ihm angeboten, dass ich ihn fahren könnte. Aber es bestand seinerseits ganz offensichtlich kein Interesse. Ich wusste, dass er nach wie vor noch andere Typen traf und fand, dass das auch sein gutes Recht war. Immerhin waren wir nur Freunde mit gewissen Vorzügen und kein Paar. Ich hatte im Großen und Ganzen auch kein größeres Problem damit. Allerdings ärgerte mich irgendwann die Tatsache, dass er für einen anderen „Lover" regelmäßig eine weite Reise bis nach Süddeutschland auf sich nahm, um diesen zu besuchen. Da hätte er auch genauso gut mal zwischendurch bei mir vorbeischauen können, wie er es am Anfang häufiger angedeutet hatte. Aber anscheinend war ich ihm wohl doch nicht wichtig genug. Oder aber er hatte gänzlich andere Prioritäten. In dieser Hinsicht will ich ihm im Nachhinein keinen bösen Willen unterstellen, ganz bestimmt wollte er mich niemals gezielt verletzen.

Eines Tages sagte ich ihm diesbezüglich trotzdem meine Meinung, nachdem er mir mal wieder belanglose Links geschickt hatte. Ihm war bereits aufgefallen, dass ich mich in letzter Zeit etwas zurückgezogen hatte. Mir war die Sinnlosigkeit dieser Geschichte bewusst geworden, wir hatten einfach vollkommen unterschiedliche Prioritäten im Leben, welche in meinen Augen noch nicht mal zu einer normalen, ernsthaften Freundschaft ausreichten. Ihm bedeutete das Spielen am Computer viel mehr als das regelmäßige Treffen. Er bemängelte, dass ich ihm meinen Standpunkt nicht früher erläutert hatte, stattdessen nur feige auswich und mich kurzhielt. Sieh an, ein bisschen etwas war ihm wohl doch aufgefallen …

Wir diskutierten sachlich, stritten uns in diesem Sinne aber nicht. Er deutete an, dass ich mich so verhalten würde als wäre ich in ihn verliebt. Zum ersten Mal sagte (oder besser gesagt schrieb) ich ihm offen, dass dies stimmte. Da ich wusste, dass ihm für andere Menschen das nötige Feingefühl fehlte, ist es nicht verwunderlich, dass er diesbezüglich nicht von selbst draufkam. Ich hatte stets Angst vor einer Ablehnung oder dem plötzlichen Ende unserer Freundschaft, wenn man es denn mal so nennen konnte. Außerdem wollte ich niemals eine „Nummer" sein. Nach seinen eigenen Angaben erhielt er schon häufiger spontane Liebeserklärungen, welche zum jähen Ende einer Freundschaft führten. Hier wäre ich nicht der Erste gewesen. Und um eine Nummer zu sein, dafür war ich mir persönlich definitiv zu schade. Dann lieber ein lockerer Kumpel, mit welchem sich gelegentlich „amüsiert" werden konnte.

Er beteuerte, dass es ihm beinahe leidtäte, dass ihm niemals etwas aufgefallen war. Ich spürte eine gewisse Portion subtiler Arroganz in seinen Worten des angeblichen Bedauerns. Unter diesem Aspekt verstand er mein Verhalten ansatzweise. Aber trotzdem nicht, warum ich auf Abstand ging und das Kind nicht beim Namen nannte.

Er hielt mir einen selbstgerechten Vortrag, wie wichtig Kommunikation wäre, dass Konfliktscheue und die Angst vor Diskussionen in einer Welt wie dieser fehl am Platz wären. Wir seien alle Menschen mit dem Recht auf eine eigene Meinung. Nur durch Offenheit käme man dauerhaft weiter. Auch wenn die Wahrheit manchmal wehtut. *Ja, natürlich. Wenn DIR jemand die Meinung sagte und sie dir nicht gefiel, landete dieser doch ohnehin auf deiner Blockliste*, dachte ich damals nur.

Auf der anderen Seite wusste ich genau, dass in seinen Worten (wenn sie mir seinerseits auch nicht wirklich berechtigt erschienen) ein großer Funken Wahrheit steckte. Nur wer zu sich selbst steht, kommt weiter.

Wie viele Nächte hatte ich mit mir gerungen, ihm mit offenen Karten zu begegnen, ihm zu sagen, was er mir im Grunde bedeutete. Aber die Angst triumphierte, wie schon so oft in meinem Leben. Darum wählte ich den zunächst einfachen, wenn auch auf Dauer schmerzlicheren Weg. Auf SEINE Initiative zu warten, mich nicht aufzudrängen und weiterhin auf Wunder zu hoffen. Mit gelegentlichen Treffen begnügte ich mich damals. Tief im Inneren wusste ich jedoch immer, dass von seiner Seite aus nicht viel zu erwarten war.

Ich ärgerte ich mich ein wenig über Ronnys Arroganz, den Lehrer zu spielen, da ich genau wusste, dass klug daherreden sehr einfach und sehr typisch für ihn war. Anderen Menschen konnte er stets gute Ratschläge erteilen. Wenn es jedoch nicht mehr nach SEINER Meinung ging, machte er dicht wie ein beleidigtes Kleinkind. Im Grunde war er genauso kaputt wie ich, überspielte es nur auf seine narzisstische Art und Weise.

Ferner erzählte er mir, dass er jemanden kennengelernt hätte, mit welchem er sich eine Beziehung vorstellen könnte. Dies kam für mich nicht überraschend, da ich seine Aktivitäten über sein Profil seit nunmehr über einem Jahr verfolgt hatte. Ich war schließlich nicht völlig von gestern und konnte 1 und 1 zusammenzählen. Ich müsste lügen, wenn ich sagen würde, dass es mir gänzlich egal war. Auf der anderen Seite freute ich mich für ihn. Da er mir von Anfang an viel bedeutete, wünschte ich ihm sein

Glück von Herzen. Wenn er jemanden gefunden hatte, welcher ihn glücklich machte, so war ihm das zu wünschen. Eine Beziehung mit uns beiden wäre auf Dauer ohnehin niemals von Erfolg gewesen.

Ronny und ich schrieben von nun an nicht mehr großartig miteinander. Wenn, dann nur ganz sporadisch. Dieser Lebensabschnitt schien sich erledigt zu haben und das war in Ordnung so. Bis heute behalte ich unsere gemeinsamen Zeiten trotz allem in schöner Erinnerung, nehme sie als Lebenserfahrung mit und wünsche ihm für seine Zukunft nur das Beste.

Das Leben ist wie eine Autobahnauffahrt –
nur wer rechtzeitig auf die Tube drückt,
schafft es auf die Strecke!

Die letzte Warnung

Beinahe 4 Wochen befand ich mich nun schon in der neuen Schule und freute mich täglich auf den Unterricht. Eines Morgens erschrak ich jedoch nicht schlecht, als ich gemeinsam mit Diana zu meinem Twingo kam und sah, dass die Klappe vom Tankdeckel gewaltsam aufgebrochen wurde. Irgendjemand hatte hier wohl versucht Sprit abzuzweigen. Der Tankdeckel ließ sich nur noch mit viel Mühe wieder drauf machen, die Klappe war vollständig abgebrochen.

Ich war völlig durcheinander und erzählte meinen Mitschülern von der Sache. Einige der Jungs meinten, solche Geschehnisse seien hier an der Tagesordnung und ich sollte aufpassen, dass sie mir keinen Zucker hinein gekippt hatten, um mutwillig den Motor zu zerstören. Telefonisch kontaktierte ich André, welcher meinte, ich könne die Klappe getrost weglassen und den Kopf des Tankdeckels sollte ich einfach nur noch sporadisch draufsetzen. Die Rasterung funktionierte noch einigermaßen, lediglich das Schloss war kaputt. Ich war wieder einmal dermaßen verärgert über die Niederträchtigkeit der Menschheit. Meine Mitschülerin Diana stand mir mental zur Seite.

Seit Tagen hatte ich furchtbare Bauchschmerzen und trank täglich fast eine halbe Flasche Iberogast, um die Schmerzen während der Schulstunden zu ertragen. Auf keinen Fall wollte ich Schulstoff versäumen, weshalb ich auch vorerst keinen Arzt aufsuchte. Ich hatte bereits mein Leben lang gelegentliche Episoden von Bauchschmerzen gehabt, ich schob sie diesmal auf meine noch immer recht schlechten Zuckerwerte und den Schock mit dem Auto. Ich fühlte mich verfolgt und bedroht. Ich half mir ferner mit Pantoprazol, was ich schon öfter gegen Magenschleimhautentzündung verschrieben bekam. Die ersten Termine für bevorstehende Klassenarbeiten wurden festgelegt, ich lernte fleißig.

Wenige Tage später bemerkte ich an meiner rechten Schläfe einen großen rosa Fleck mit kleinen Punkten drauf. Dieser vergrößerte sich von Tag zu Tag und begann zu jucken. Ich dachte mir zunächst nichts dabei, bestimmt nur ein kleiner Ausschlag durch mein Haarspray, mit welchem ich täglich meinen langen Pony stylte. Als der komische Fleck nach 3 Tagen die Größe einer 2 €-Münze erreicht hatte, machte ich mir allerdings doch etwas Sorgen. Ich suchte am Wochenende einen Arzt im Krankenhaus auf, um keinen Schulstoff zu versäumen und zeigte ihm meine Schläfe. Der nette Doktor meinte, es handle sich um einen simplen Ausschlag, welcher nur so groß geworden wäre, weil ich offensichtlich gekratzt hatte. Er verschrieb mir eine Salbe, welche binnen weniger Tage Linderung verschaffen sollte. Zuversichtlich und motiviert ging ich wieder zur Schule und versuchte nicht erneut zu kratzen.

Nachdem sich jedoch auch nach Tagen keine Besserung zeigte, sich der Pickel sogar noch weiter vergrößert und einen Hof von kleineren Pickeln um sich gestreut hatte, googelte ich nach einem Spezialisten. Zu meinem Glück bekam ich noch am selben Tag nach dem Unterricht einen Termin.

Ich saß im überfüllten Wartezimmer, Minuten fühlten sich wie Stunden an. Als ich nach einer Stunde endlich an die Reihe kam, klopfte mein Herz. Was konnte es nur sein? Würde diese optische Katastrophe wieder verschwinden oder sich immer weiter ausbreiten? Hatte ich möglicherweise die Schuppenflechte meines Vaters geerbt?

Als der Arzt das Zimmer betrat, sah er sich meinen mysteriösen Ausschlag an. Er musste nicht sehr lange überlegen. Ohne sämtliche Proben zu nehmen und diese zu analysieren, was ich eigentlich erwartet hatte, sagte er mir, was es sei. Ein Herpes Zoster. Eine Art Gürtelrose am Kopf. Eine Art autoimmune Reaktion des Körpers, welche gelegentlich ausbrechen konnte, wenn man schon einmal Windpocken hatte. Nur eben nicht durch eine Nickelallergie verursacht, sondern durch eine körperlich bedingte Sache. Wie zum Beispiel Diabetes. Der Doktor ließ sich die Blutwerte der letzten Untersuchung meines Diabetologen von vor wenigen Tagen zufaxen, welche dieser eigentlich mit mir noch besprechen wollte. Aufgrund der Schule hatte ich diesen Termin allerdings abgesagt. Ich hatte keine Ahnung vom aktuellen Befund. Musste bestimmt gut sein, immerhin war ich vor knapp 6 Wochen bereits mit meinem Hba1C von 9,2 auf dem Weg der Besserung.

Als der Hautarzt wieder ins Zimmer kam, machte dieser einen geschockten Eindruck. „Wissen Sie eigentlich, dass Sie einen Langzeitblutzuckerwert von 14,7 haben?", fragte er mich vollkommen entgeistert. Ich war verdutzt. *Wieso bitte 14,7? Ich war doch schon wieder auf 9,2 gewesen. Das musste ein Irrtum sein.*

Doch der Befund war eindeutig. Wie so etwas denn passieren konnte, wollte der resolute Arzt von mir wissen. Ich wurde kleinlaut und erwähnte, dass ich es mit meinem Zucker seit einigen Monaten „nicht so genau" nahm, um an Gewicht zu verlieren. Der Doktor wurde streng. Unter diesen Umständen sei ein Herpes Zoster noch ein Tropfen auf dem heißen Stein und eindeutig als Hilferuf des Körpers zu verstehen. Ob ich noch andere Beschwerden hätte, wollte er wissen. Ich erwähnte Muskelschmerzen, regelmäßiges Bauchweh, massive Atemnot und gelegentliche Sehstörungen. Er schüttelte entgeistert den Kopf und setzte ein Rezept auf. Er verschrieb mir Aciclovir, eine Art Antibiotikum, welches den Zoster beseitigen sollte, und zusätzlich noch ein Schmerzmittel. Außerdem bestand er auf eine 1-wöchige Krankmeldung wegen Infektiosität. Der Zoster sei zwar für Menschen, welche in Kindertagen mit Windpocken in Berührung kamen, ungefährlich, allerdings könnte sich beispielsweise eine schwangere Mutter Schäden am Fötus zuziehen. Und dieses Risiko wollte er nicht eingehen. Er sagte mir, ich müsste unter allen Umständen zuhause bleiben, er könnte das nicht verantworten. Ich bat ihn, mich nicht krank zu schreiben, sonst würde ich so viel Schulstoff versäumen. Aber ich hatte keine Chance. Ich sollte mich in dieser Woche intensiv mit meinem katastrophalen Zuckerhaushalt auseinandersetzen und noch einmal meinen Diabetologen aufsuchen. Er erwartete binnen einiger Tage Rückmeldung von diesem. Außerdem durfte kein Tropfen Wasser auf die Stelle gelangen, Haare waschen war vorübergehend untersagt. Wasser würde die Wunde unnötig reizen und die Heilung erschweren.

Entgeistert verließ ich die Praxis. Was sollte ich nun tun? Tatsächlich dem Unterricht fernbleiben und somit riskieren, den Anschluss zu verlieren? Oder die ganze Sache verschweigen? Ganz bestimmt stand der Arzt unter Schweigepflicht. Allerdings war ich mir bezüglich seines dominanten Verhaltens nicht sicher, ob er nicht doch die Schulleitung informieren würde.

Und ich wollte keine Schwierigkeiten bekommen, sollte doch etwas passieren.

Ich beriet mich telefonisch mit André. Jener meinte zuerst, ich solle die ganze Sache verschweigen und trotzdem zur Schule gehen. Ganz bestimmt würde der Arzt nicht petzen. Nach reichlicher Überlegung entschied ich dann aber doch, auf den Arzt zu hören und zuhause zu bleiben.

Ich nahm die verordneten Medikamente und suchte noch einmal meinen Diabetologen auf. Dieser wollte wissen, was denn los war. Mein letzter Langzeitwert war doch schon deutlich besser gewesen. Er dachte, ich passe inzwischen besser auf und halte mich bei einem Durchschnittswert von 150 mg/dl. Ich schaute beschämt auf den Boden. „Ich schaffe das einfach nicht immer", entgegnete ich. „Ich habe dermaßen Panik, jeden Morgen auf die Waage zu gehen und wieder ein Kilo mehr zu haben. Ich habe es mir mit so vielen Schmerzen erkämpft und will es einfach nicht wieder verlieren. Das Scheiß Insulin macht dick, das liest man überall. Ich will dieses Masthormon nicht nehmen, dann bin ich gleich wieder so hässlich wie früher!"

Der sonst so nette und verständnisvolle Arzt wurde auf einmal sehr direkt. „Wenn Sie so weitermachen, bringen Sie sich um. Es ist ein Wunder, dass Sie nicht schon längst ins Koma gefallen und ins Krankenhaus gekommen sind. Spritzen Sie bitte, bewegen Sie sich ausreichend und essen Sie gesund. Dann ist das Schlimmste noch zu verhindern. Jetzt, nicht erst morgen. JETZT!"

Ich beschloss, auch noch einmal meine Hausärztin aufzusuchen und ihr die Sachlage zu erklären. Ich wollte sie fragen, ob sie denn nicht eine alternative Möglichkeit für mich wüsste, mit welcher ich mein Gewicht behalten könnte, auch wenn ich mich wieder spritzen würde. Doch sie verstand mich nicht im Ansatz und legte mir ans Herz, mein Gewichtsproblem nun erst einmal hinten anzustellen und mich um meine Gesundheit zu sorgen. Wäre das doch so einfach …

Ich saß zuhause und schaute zwiegespalten auf mein Etui, in welchem sich Spritzen, Insulin, Stechhilfe und Blutzuckermessgerät befanden. *Warum,* fragte ich mich. *Warum???* Alle um mich herum durften gesund sein und müssen sich um so einen Mist noch nicht einmal im Ansatz Gedanken machen. Warum ich nun wieder? Mir ging es in jenen Zeiten, in welchen ich mein Insulin verweigerte, körperlich sehr schlecht. Allerdings war ich im Geiste frei. Ich musste mich nicht unnötig mit Dingen wie ewiger Rechnerei bezüglich BE-Zahlen belasten und mir auch anderweitig keine Gedanken machen. Zeitweilig lebte ich sogar in einer Art Illusion, dass die Bauchspeicheldrüse irgendwann wieder gezwungen wäre zu arbeiten, wenn man den Körper nur lange genug herausforderte. Jetzt war ich gezwungen, mich diesem ganzen Elend erneut zu stellen, welchem ich bereits in meiner Kindheit immer wieder gezielt entflohen war. Und warum? Nur wegen meinem gottverdammten Immunsystem, welches von Natur aus nicht richtig funktioniert und sich fälschlicherweise selbst angreift, aus welchen Gründen auch immer. Fast mein ganzes Leben war meine Seele bereits im Unterzucker, mein Selbstbewusstsein klein wie eine Erbse, mein körperlicher Zustand durch den Zucker und die Sehnenverkürzung ein reines Desaster. Warum hat der menschliche Körper nicht eine einfache Reset-Taste, mit welcher man sämtliche Fehlfunktionen neu programmieren kann? Ich fühlte mich wie ein Computer, welcher von diversen Viren heimgesucht wird, wiederholt flackert, piept und immer wieder abstürzt. Ich wusste nicht mehr weiter. Alles war so sinnlos … war es stets gewesen und würde womöglich auch für immer so bleiben. Ich steigerte mich immer weiter rein und sehr zwiespältige Gedanken kamen auf.

Warum musste ich jemals geboren werden? Warum lebten wir nicht in einem System wie zum Beispiel im Dritten Reich, in welchem alles „Unbrauchbare", so wie ich, „erlöst" wird? Möglicherweise einmal kurz schmerzhaft, aber auf lange Sicht bestimmt sinnvoller für sämtliche leidende Parteien. Wie hieß es damals so schön? Lebensunwertes Leben? Diese Umschreibung traf es auf den Punkt. Genauso fühlte es sich an. Mein Selbsthass war grenzenlos und meine Gedanken wurden äußerst radikal.

Ich nahm das Etui und warf es wutgeladen gegen die Wand. Eines der enthaltenen Insulinfläschchen zerschellte dabei. Glücklicherweise überlebte jedoch mein Messgerät durch das weiche Innenleben. Ein beißender Geruch verbreitete sich im Zimmer, es war das Insulin, welches äußerst einprägsam und synthetisch stinkt. Ich sank auf die Knie und stützte mich auf den Boden. Meine Hände ballten sich wie ferngesteuert zur Faust. Brüllend schlug ich wiederholt auf den dunkelbraunen Laminatboden ein, unter welchem sich der gefürchtete Erwin befand. Doch dieser war mir just in diesem Moment vollkommen egal, es schien so, als hätte ich nichts mehr zu verlieren. Offenbar schien er nicht zuhause zu sein. Andernfalls hätte er sich bestimmt beschwert.

Noch in derselben Nacht, nach endlosen Stunden der Verzweiflung, beschloss ich, sämtlichen Qualen ein für alle Mal ein gezieltes Ende zu setzen, den Orkan in meinem Kopf für immer verstummen zu lassen. Ich wollte, dass alles endlich vorbei ist. Nie wieder Verzweiflung über meinen Körper fühlen und infolgedessen sämtliche andere, vollkommen unschuldige Menschen zu hassen, nur weil es diese ganz offensichtlich besser hatten als ich. Ich setzte mich an meinen Schreibtisch und begann damit, mein Testament und einige Worte der Entschuldigung zu verfassen. In erster Linie bat ich André darum mir zu verzeihen und sich immer gut um Stupsi zu kümmern. Was dieser jedoch ohnehin getan hätte. Ich entschuldigte mich ferner bei meiner Mutter, bei meinem Bruder Finn und nicht zuletzt bei meinem besten Freund Axel für das, was ich vorhatte, nun endlich zu tun. Ein Testament war im Grunde sinnlos, bis auf meinen PC, mein iPhone, meinen DVD-Player und rund 1.500 Payback-Punkte gab es nicht sonderlich viel zu hinterlassen. Es erschien mir lediglich anständig, dies zu tun.

Ich hastete zur Haustüre hinaus, von welcher sich nur rund 10 Meter entfernt der Zugang zur U-Bahn-Unterführung befand. Verzweifelt stapfte ich die schweren Steinstufen hinunter bis hin zum U-Bahngleis.

Es war 02:00 Uhr nachts, in rund 7 Minuten würde die nächste U-Bahn einfahren. Die unterirdischen Hallen waren fast vollständig menschenleer, was zu dieser Uhrzeit nicht unüblich war. Ich setzte mich auf einen der metallischen Gittersitze und schmökerte eine Kippe. Dass hier unten Rauchverbot herrschte, war mir just in diesem Moment vollkommen egal.

Ich hoffte innerlich, dass mein „Mut" anhalten und mir mein letzter Weg „erfolgreich" gelingen würde. Ich machte mir sporadische Gedanken über den Lokführer, blendete diese Bedenken jedoch schnell wieder aus.

Die Minuten verstrichen und der Zeiger auf der großen Uhr ploppte langsam, aber sicher nach vorne. Noch immer keine Menschen in Sicht, was für ein Glück. Ich band mir mein Halstuch um den Kopf, um es in letzter Minute über die Augen zu ziehen, sobald die U-Bahn einrollen würde. Ich lief an die Seite des Tunnels, damit der unterirdische Zug ganz bestimmt nicht mehr abbremsen konnte und der Zugführer im Halbdunkel nicht allzu viele „unangenehme Details" zu Gesicht bekäme. Es musste einfach geschehen, nur so könnte ich frei sein und mein Hirn käme endlich zur Ruhe.

Es dauerte nur noch wenige Sekunden, bis die U-Bahn einrollen würde, aus den Tiefen des Tunnels vernahm ich ein quietschendes Geräusch, welches auf den einsetzenden Bremsvorgang der U-Bahn hindeutete. *Jetzt oder nie!*, dachte ich mir, schloss die Augen und machte mich bereit für meinen letzten Weg.

Doch just in diesem Moment erschien es mir so, als wäre die Zeit stehen geblieben. Vor meinem inneren Auge sah ich Stupsi über die endlosen Wiesen rennen, welcher offensichtlich sehr viel Freude hatte. Als er mich sah, blieb er stehen und schaute mir direkt in die Augen. Urplötzlich gab er Vollgas und rannte auf mich zu. Er wirkte in weiter Entfernung wie ein Feldhäschen, welches über die Wiesen flitzte. In seiner Geschwindigkeit riss Stupsi mit seinen Hinterpfoten einige Grashalme aus, welche zur Seite flogen. Nachdem er mich erreicht hatte, sprang er mich vor lauter Freude an, fiepte vor Glück und wedelte mit seinem Schwänzchen wie ein wilder Propeller. Ich fühlte die bedingungslose und ehrliche Freude, welche er verspürte, nachdem er mich gesehen hatte. Mein Herz ging auf und ab dieser Sekunde konnte ich mein Vorhaben plötzlich nicht mehr umsetzen. Ich wollte nur noch nach Hause zu meinem Liebling, welchen ich in den vergangenen Monaten so sehr vermisst hatte. Ich hatte ihm damals bei seinem Einzug fest versprochen, bis zum letzten Tag an seiner Seite zu bleiben und diesem Versprechen wollte ich endlich wieder nachkommen. Der Wunsch, Stupsi wiederzusehen war auf einen Schlag größer als sämtliches Leid der vergangenen Stunden, Tage und Wochen. Auch wenn mir das Schicksal aus gesundheitlicher Sicht einen etwas schwereren Rucksack mit auf den Weg gegeben hatte, so erschien es mir auf einmal vollkommen sinnlos, alles, was ich bisher durchgemacht hatte, wegzuwerfen. Für irgendetwas mussten sich sämtliche Anstrengungen und Erfahrungen doch gelohnt haben.

Ich weiß bis heute nicht, ob diese Eingebung ein gewolltes Geschenk meines Vaters aus der Ewigkeit oder einfach nur einen Schutzmechanismus meines Geistes darstellte, um mich in letzter Sekunde noch umzuentscheiden. Die U-Bahn rollte ein und ich konnte den scharfen, kalten Wind fühlen, welcher sich nur etwa einen Meter vor mir entfaltete. Trotz aller Schicksalsschläge war ich noch nicht bereit zu gehen. Ich hatte noch so viel zu erledigen.

Leise schlich ich zurück durchs Treppenhaus hinauf in meine kleine Dachgeschosswohnung, um den gefürchteten Erwin bloß nicht aufzuwecken. Wieder zurück in meiner Wohnung zerriss ich mein zuvor angefertigtes Testament und auch den separaten Abschiedsbrief. Niemand sollte jemals von meinem Vorhaben in jener Nacht erfahren.

Heimkehr

Was hatte ich getan? Ich hatte das Beste in meinem Leben zurückgelassen, nur um einer blinden Illusion zu folgen. Ich hatte durch eine naive Verblendung alles aufgegeben. Meinen treuesten Freund André, meine gewohnte Umgebung, meinen geliebten Stupsi, meine Familie und meine Freunde. Warum war mir niemals bewusst gewesen, was ich im Grunde doch all die Jahre hatte? Etwas Unbezahlbares, was vielen „normalen" Menschen im Leben fehlt. Ich hatte bedingungslose Loyalität an meiner Seite, Sicherheit und Vertrauen. Ich hatte meinen Platz und habe ihn niemals genug geschätzt. Ich fühlte mich wie der letzte Verräter. Wie ein undankbares, rebellisches Kind, welches ich womöglich zum Teil mein Leben lang geblieben war. Und dieser permanente Kampf gegen meinen eigenen Körper, meinen zugleich größten Feind, endete beinahe in der vollkommenen Selbstzerstörung. War es das alles wert gewesen?

Zum ersten Mal in meinem Leben befasste ich mich bewusst und aufmerksam mit dem Zucker. Alles, was ich zuvor immer verdrängt oder bewusst ignoriert hatte, eignete ich mir nun zum ersten Mal an. Ich begann damit, BE-Zahlen diverser Mahlzeiten und gleichzeitig deren Kalorienzahlen auswendig zu lernen. Ich machte mir Notizen, was ich essen konnte, ohne dafür etwas spritzen zu müssen und was von Natur aus wenig Kalorien aufweist. Beispielsweise Gemüse, mageres Fleisch und Garnelen. Wie viele BEs hatte ein simples Brötchen? Ich erinnerte mich dunkel an die Liste, welche in Kindertagen an unserer Speisekammertüre hing und welche eine grobe Übersicht aufzeigte. Damals hieß es noch: Ein Brötchen hat 2 BEs. Heute hat ein Brötchen bereits zwischen 3 und 4 BEs. Je nach Größe, Mehlsorte und Gewicht. Ich besorgte mir eine Küchenwaage, um die BE-Zahlen meiner Mahlzeiten so genau wie möglich einzuhalten und neu zu

erlernen. Ich schaffte es, meinen Blutzuckerspiegel nun überwiegend um 100 mg/dl herum zu halten. Ich entwickelte urplötzlich eine regelrechte Panik und maß beinah im Stundentakt
meinen Blutzucker. War dieser zu hoch, korrigierte ich unverzüglich. Die Schäden mussten so schnell wie möglich rückgängig gemacht werden, der hässliche Zoster, welcher mein Gesicht
entstellte, wieder verschwinden. Es war eine Ironie des Schicksals. Fast 2 Jahre hatte ich sämtliche Beschwerden weitestgehend
ignoriert und erst jetzt, als es um einen „banalen optischen" Aspekt ging, geriet ich wirklich in Bedrängnis. Ich finde mich
von Natur aus nicht sonderlich schön und würde gerne einiges
verändern. Auch wenn ich schon sehr oft Komplimente bekam,
ganz besonders von Menschen, welche mich von meinen Fotos
aus dem Internet kennen. Diese fanden mich sehr oft „putzig".
Ja toll, will aber nicht „putzig" sein! Könnte ich diesbezüglich frei
wählen, würde ich mir etwas mehr markante Maskulinität anstelle von Milchbubi-Aussehen wünschen.

Ein weiteres Problem stellte sich ein. In meiner Wohnung war
Schimmelbefall ausgebrochen. Gelbe Flecken schmückten meine Dachschräge. Ich erzählte Martin davon, welcher meinte, dass
dies höchstwahrscheinlich durch die schlechte Isolation des Hauses gekommen war und möglicherweise noch durch die Flutungs-
aktionen des drogensüchtigen Untermieters verstärkt wurde. Ich
befürchtete aufgrund dessen noch mehr gesundheitliche Folgen
und überlegte. In meiner Not besprach ich mich mit André und
Axel. Beide meinten es wäre besser, wenn ich nach Hause kommen würde. Ohnehin müsste das Haus in den nächsten Monaten
nun doch grundsaniert werden, das wäre ja kein Dauerzustand.
Was brächte es, wenn ich noch 3 Monate bleiben könnte und
dann ohnehin vorübergehend ausziehen müsste? Dann könnte
ich die Schule auch nicht beenden, so wie ich es mir vorgestellt
hatte. Ich vereinbarte mit Martin einen baldigen Auszugstermin.

Ein letztes Mal ging ich zurück zur Schule und besprach mich
mit der netten Direktorin, welche so stark für meine Aufnahme

gekämpft hatte. Ich erzählte traurig, aber entschlossen, dass ich zurück in meine alte Heimat gehen würde. Diese Entscheidung bedauerten wir in schulischer Hinsicht beide. Wir versuchten gemeinsam eine andere Möglichkeit für mich zu finden, was meinen schulischen Werdegang betraf. Da ich selbst mal wieder zu schüchtern war, rief sie in meinem Namen bei einigen Schulen im Umkreis meiner Heimatstadt an und fragte, ob es dort eine ähnliche Möglichkeit gäbe, die mittlere Reife binnen einem Jahr nachzuholen. Leider fanden wir nichts Passendes. Es gab lediglich die Möglichkeit, sich extern anzumelden und am Abschlusstag die Prüfung mit den anderen Schülern mitzuschreiben. Allerdings ohne täglichen Besuch des Unterrichts. Trotz allem dankte ich ihr für ihre tatkräftige Unterstützung und bat sie, in meinem Namen noch einmal liebe Grüße an meine Lehrer und Mitschüler auszurichten. Ich traute mich nicht, noch einmal in die Klasse zu gehen und mich von allen Anwesenden zu verabschieden. Zu groß war die Angst vor Rechtfertigung und Abschiedsschmerz. Hatte ich mich doch bereits so gut eingelebt …

Innerlich war ich vollkommen gebrochen und fühlte mich wertloser denn je. Ich hatte für so vieles gekämpft, mir neue Ziele gesetzt, ein neues Leben begonnen und nun war im Endeffekt alles für die Katz gewesen. So viele Menschen waren stolz und glaubten an mich. Dass ich es doch noch schaffen würde, meinem Leben einen Sinn geben könnte. Die vergangenen 8 Monate, welche ich nun im Ruhrgebiet lebte, hatten mich um so viele Erfahrungen reicher gemacht. Ich lernte zu vergeben. Ich lernte, dass jeder Mensch sein Päckchen zu tragen hat. Wirklich bedingungslos glücklich ist wohl keiner. Gerade durch meine neuen Mitschüler, welche ebenfalls sehr viele Probleme hatten, hatte ich einiges begriffen.

Manche Menschen unternehmen eine Pilgerfahrt nach Japan oder Indien, um ihr Innerstes zu ergründen. Ich dagegen fand mein Inneres im Ruhrgebiet.

Von nun an entwickelte ich eine unglaubliche Panik vor dem Essen. Zum ersten Mal in meinem Leben beschäftigte ich mich bewusst mit Nährwerten. Ich studierte alle Packungen genau und lernte binnen kürzester Zeit sämtliche Kalorienzahlen auswendig. Ich war erschüttert als ich sah, wie viele Kalorien allein in einer Dose Ravioli steckten. Und dann stand da noch drauf „Pro Portion". *Bitte was? So eine Dose teilt man auf zweimal auf? Wer wird bitte davon satt???*

Hinzu kam die Tatsache, dass ich durch das Insulin, welches ich mir nun wieder täglich angemessen verabreichte, wieder einmal dauerhaft hungrig war. Herkömmliche Portionen hatten mich schon früher nur bedingt gesättigt. Ich musste einen Weg finden, dieses permanente Hungergefühl erfolgreich zu unterdrücken. Ich gewöhnte mir an, noch mehr zu rauchen, kaute pro Tag bestimmt 5 Päckchen mit zuckerfreien Kaugummis (pro Pack 5 Streifen) und konsumierte viele zuckerfreie Energydrinks. Bestimmt auch nicht gerade das Gelbe vom Ei in puncto Gesundheit, aber zumindest besser als die vollständige Verweigerung von Insulin.

Ich packte sämtliche vorrätige Lebensmittel zusammen und schenkte sie Martin und seiner Freundin Anja. Lieber aß ich gar nichts als nur ein bisschen, was Appetit auf mehr gemacht hätte. So viel Disziplin hätte ich dann doch nicht gehabt, nur die Hälfte zu essen.

Fortan ernährte ich mich nur noch von Gemüse und trockenen Brötchen. Ich schmiss den Rest meines geliebten Eis in die Mülltonne und dachte mindestens fünfmal darüber nach, ob ich einen Apfel essen sollte. Stundenlang lief ich durch die Stadt, um Kalorien zu verbrennen. Im Schnitt brachte ich es auf 15.000 Schritte pro Tag. Das war schon mal ein Anfang.

Ich studierte sämtliche Brötchensorten. Welches hatte die meisten Kalorien, welches hatte die meisten BEs? Ich wurde wahnsinnig im Kopf. Da ich es nun übermäßig genau nahm und mich so viel zu bewegen versuchte wie nur möglich, passierte es zwischenzeitlich, dass ich wieder in den Unterzucker verfiel. Dies sorgte für massiven Heißhunger, welchem ich nicht immer standhalten konnte. Ein vollkommen neuer Teufelskreis begann ...

Noch einmal suchte ich meinen Diabetologen und die zuständige Ernährungsberaterin auf. Ich verdeutlichte, wie schwer es mir fiel, auf sämtliche Dinge zu verzichten, welche ich bis vor kurzem noch ohne Probleme essen konnte, ohne zuzunehmen. Sie meinte, dass ich im Grunde auf nichts achten müsste, was die Kalorienzahl anging. Ich wäre nicht übergewichtig, eher das Gegenteil und müsste daher auch keine Diät einhalten. Ich dürfte alles essen, wonach mir der Sinn steht. Nur eben mit der Bedingung, jede Mahlzeit mit dem benötigten Insulin abzudecken. Natürlich nicht übermäßig viele Süßigkeiten, das ginge selbstverständlich langfristig auf die Hüften. Aber eine tägliche Nascherei, welche kein großartiges Fett enthielt, wie etwa Gummibärchen oder Russisch Brot, wären durchaus erlaubt. Das Fett wäre ihrer Meinung nach der Figurkiller, der Zucker wiederum nicht ganz so drastisch. Immerhin käme ein Gramm Fett auf 9 kcal. Ein Gramm Kohlenhydrate nur auf 4 kcal. Das klang einleuchtend.

Durch meine zwischenzeitigen Unterzuckerungen und meinen neu entdeckten Perfektionswahn in Bezug auf meine Gesundheit war mein Hba1C binnen einer Woche bereits wieder auf 12,1 gesunken. Das wäre nicht gut, meinte der Arzt. Zu schnell dürfe die Senkung nicht erfolgen, das verkraftet der Körper nicht optimal. Ich sollte ihn lieber langsamer, aber auf Dauer senken. Die Spitzen der Werte seien das Gefährliche. Mein Körper hätte sich systematisch an den erhöhten Wert gewöhnt und sei momentan noch darauf eingestellt. Den Wert zu schnell zu senken hätte den Effekt eines Sturzfluges, welcher enorme Strapazen für den Körper bedeutet und ebenfalls Langzeitschäden begünstigen könnte. Wenigstens ging der Zoster nach einigen Tagen der Behandlung wieder weg, was mich beruhigte. Eine kleine weiße Narbe blieb jedoch bestehen und wird auf ewig an meine Leichtsinnigkeit erinnern.

Und trotz meines wenigen Essens im Vergleich zu zuvor raste ich binnen weniger Tage von 62 kg auf 67 kg. Ich verstand die Welt nicht mehr, bekam eine unbeschreibliche Panikattacke und kontaktierte André. Dieser beschwor mich, meine Waage wegzuwerfen und mich diesbezüglich nicht mehr verrückt zu machen. Ich packte das Teil und verfrachtete es in die Mülltonne. Irgendwie eine Erleichterung, aber andererseits auch ein enormer Kontrollverlust. Von nun an konnte ich nur noch spekulieren und mutmaßen. Ich bewegte mich noch mehr, aß noch weniger und kümmerte mich um den bevorstehenden Umzug. Dafür hatten André und ich schon einen genauen Plan gemacht. Mitte Oktober hatte André einen Auftritt mit unserer Band ganz in der Nähe vom Ruhrgebiet. Das wollten wir geschickt miteinander verbinden und auf dieser Tour mit dem LKW sämtliches Mobiliar von mir zurück ins Allgäu bringen. Doch so lange hielt ich es nicht mehr aus und packte das Wichtigste meiner Sachen zusammen.

Die restlichen Tage verbrachte ich sehr viel in der Gegenwart von Martin und dessen Freundin Anja. Urplötzlich konnte ich nicht mehr allein sein und suchte Nähe von halbwegs vertrauten Gesichtern. Einsamkeit ertrug ich stets nur, indem ich mich zurückzog und Unmengen an Essen in mich hinein schaufelte. Da dieser bedenkenlose Lebensabschnitt von nun an jedoch vorbei war und ich mich (wie die meisten Menschen), in dieser Hinsicht zusammenreißen musste, um meine so hart erkämpfte Statur zu erhalten, war das nicht mehr möglich. Ich brauchte also gezielte Ablenkung.

Martin und seine Freundin waren für mich da und hatten stets ein offenes Ohr. Ich erzählte, wie schlecht ich mich fühlte, dass ich alles aufgeben müsste. Martin war immer optimistisch und lässig. Ich solle mir keinen unnötigen Stress und auch nicht immer so viele Gedanken um die Meinung anderer Menschen machen. Er verglich mich mit den Mietern im Haus. „*Guck sie dir doch mal an. Alle stinkfaul, drogensüchtig, arbeitslos und WOLLEN auf lange Sicht noch nicht mal was ändern. Im Gegensatz zu denen bist du ein Vorbild! Und mach dir keinen Kopf darüber, was andere von dir denken. Du bist doch schließlich kein Promi in der Öffentlichkeit, welcher jeden Schritt vor die Haustür überdenken muss!*“

Hatte Martin keine Zeit, setzte ich mich an meine Artikel und schrieb mir die Finger wund. Ich wollte möglichst viel Geld ansparen, um die vergangenen Jahre der Faulheit wieder gut zu machen. Außerdem hatte ich noch genug Arbeit, um mit sämtlichen Ämtern alles zu regeln. Den Antrag auf BAföG, welcher noch immer nicht bewilligt war, zog ich zurück und auch den Antrag auf Halbwaisenrente stornierte ich, weil dieser nur bei einer schulischen Ausbildung bewilligt wird. Ich erntete viel Verständnis der Ämter, wie so häufig in meinem Leben.

Bei meinem alten „Arbeitgeber", dem Jobcenter im Allgäu, meldete ich mich bereits im Oktober für den bevorstehenden November wieder an. Ich bekundete, dass ich erneut bei André als Untermieter leben würde, wie einst zuvor. Ich bekam eine neue Sachbearbeiterin, welche unendlich nett war und mir telefonisch alles erklärte, was es zu beachten galt.

Noch nie in meinem Leben war ich so zwiegespalten. Einerseits freute ich mich, sehr bald wieder bei André und Stupsi zu sein. Dass André mir in so vieler Hinsicht vergeben hatte, bedeutete mir alles. Auf der anderen Seite war ich sehr traurig, mein erstes eigenes Reich, welches ich mir über die vergangenen Monate so schön eingerichtet hatte, wieder aufgeben zu müssen. André meinte, dass es sich hierbei ganz bestimmt um eine Art der Vorsehung handeln würde. Nichts geschieht vergebens, alles hat irgendwo seinen Sinn. Er glaubte fest an einen Neuanfang mit uns, nur durch diesen „Fehlschlag" konnte mir bewusst werden, wie gut und unbeschwert unser beider Leben im Grunde doch sei. Auch wenn es manchmal schwer ist, wessen Leben läuft schon immer strikt nach einem vorgelegten Erfolgsplan? Wohl die wenigsten.

Mitte Oktober 2018 vereinbarten wir einen Tag, an welchem ich die Rückfahrt antreten würde. Da ich es kaum noch aushielt, innerlich verrückt wurde und keine Minute länger ohne meine Liebsten sein wollte, bestieg ich bereits einen Tag zuvor in den frühen Abendstunden das Auto, welches ich in den Stunden davor mit dem Nötigsten vollgeladen hatte. Und obwohl ich von der vorangegangenen Schlepperei noch ziemlich fertig war und mich den gesamten Tag über nur von zuckerfreien Bonbons und

Kaugummis ernährt hatte, wollte ich es unbedingt durchziehen. Nachdem ich mich von Martin und seiner Freundin Anja verabschiedet hatte, tankte ich das Auto voll und fuhr durch die Nacht.

Tapfer fuhr ich durch, obwohl ich recht müde war. Stets im Hinterkopf: Mein Zuckerspiegel. Fünfmal hielt ich an, um jenen zu kontrollieren. Als ich eine Tankstelle betrat, wanderte ich bestimmt rund 5 Minuten um den Snack-Bereich und überlegte hin und her. *Was sollte ich kaufen? Was hatte die wenigsten Kalorien? Wie sollte ich, ohne die genaue Grammzahl zu kennen, unterwegs jemals in diesem Leben wieder etwas bedenkenlos essen können?* Ich bestellte mir ein trockenes Brötchen, von welchem ich annahm, dass es zwischen 3 und 4 BEs haben musste. Schweren Herzens verzichtete ich auf einen sehr verlockend aussehenden Blaubeer-Muffin.

André war zusammen mit Moritz an jenem Abend bei einem Auftritt und ebenfalls unterwegs. Wir wussten nicht, wer von uns beiden zuerst zuhause ankommen würde. Als wir telefonisch feststellten, dass ich um etwa 100 km im Vorsprung war, hielt ich nach 5 Stunden Fahrt völlig übermüdet an einem Autobahnparkplatz an und schlief einige Stunden. Ich legte mich quer über die beiden Vordersitze des Twingos und fand tatsächlich trotz der unkomfortablen Position und der Handbremse im Rücken etwas Ruhe. Nachdem es hell wurde und ich telefonisch von André geweckt wurde, trat ich die letzten 150 km an.

Als ich endlich wieder in meiner alten Heimat ankam, war auch André schon zuhause und erwartete mich bereits. Stupsi war gerade auf Besuch bei Aarons Schwester und deren Familie. Sie hüteten ihn gerne, wenn André beim Auftritt war. Dort hatte er es in diesem Zeitraum eindeutig schöner als im LKW, wenn sich die liebe Familie mit den beiden Kindern um ihn kümmerte. Sogar einen Garten hatte er hier zur Verfügung. Ein toller Vorzug für Hunde, welchen wir ihm leider nicht bieten konnten.

Gemeinsam trugen wir meine Sachen nach oben und räumten das Nötigste ein. Es war so ein komisches Gefühl, ich fühlte mich wie auf Besuch. Dass ich hier bereits einige Zeit gewohnt hatte, davon spürte ich kaum noch etwas. Alles schien so unwirklich, wie in einer Illusion. *Passierte das alles wirklich? Träumte ich nur?*

Ich hatte wahnsinnige Bedenken, was meine Familie und meine Freunde von meiner vorzeitigen Rückkehr halten würden, sobald sie denn Bescheid wüssten. Aaron, Andrés Eltern und Axel waren bereits eingeweiht. Meiner Mutter hatte ich es bis dato noch verschwiegen. Zu groß war die Scham, mal wieder etwas im Leben vielversprechend angefangen und doch nicht zu Ende gebracht zu haben. Ein vollkommener Schuss in den Ofen. Ich wünschte mir, mich irgendwo zu verkriechen.

Meine sozialen Netzwerke legte ich zunächst still und postete auch nichts in den nächsten Wochen. War ich doch dort im Grunde sehr aktiv gewesen, hatte gerne zwischendurch etwas geteilt, so wie die meisten jungen Menschen meines Alters, blieb dies vorerst aus.

Am nächsten Tag holten wir Stupsi ab. Ich war überglücklich, meinen über alles geliebten Schatz endlich wieder in den Armen zu halten. Sein süßes und liebes Gesichtchen wieder zu streicheln und ihn zu knuddeln. Auch er freute sich unsagbar über meine Ankunft. Er hatte mich niemals vergessen. Niemals wieder würde ich ihn verlassen, das schwor ich mir. In Gedanken hatte mir dieser in den vergangenen Tagen das Leben gerettet.

Gemeinsam besprachen wir, wie wir denn nun weiter verfahren sollten. André meinte, die letzten Monate vor meinem Umzug ins Ruhrgebiet waren für ihn ein reiner Nervenkrieg gewesen. Nicht nur, dass ich ihm im Alltag keinerlei Aufgaben mehr abnahm und gelegentlich aufgrund meines körperlichen Zustandes sogar Stupsi vernachlässigte. Auch, dass ich mich immer weiter körperlich zerstörte und keinem glauben wollte, außer mir selbst. Das könnte er nicht noch einmal ertragen. Er beteuerte, dass es niemals wieder so weit kommen dürfte. Er wollte mir definitiv nicht beim bewussten Zugrundegehen zusehen.

Ich versprach, niemals wieder meine Gesundheit derart zu riskieren und machte bereits wenige Tage nach meiner Rückkehr

Termine bei meinem alten Hausarzt und in der Diabetologie, bei welcher ich mich vor einem Jahr bereits einmal vorgestellt hatte.

Mit gemischten Gefühlen bestieg ich unsere alte Waage. Jene zeigte 62 kg an. Ich fühlte mich ein wenig beruhigt, hatte meine andere Waage wenige Tage zuvor noch 67 kg angezeigt. Also zeigten meine radikalen Diätmaßnahmen erste Erfolge. Natürlich musste es noch deutlich weniger werden, schließlich war ich einst schon auf 57 kg gewesen.

Konsequent hielt ich an meinem Diätplan fest. Täglich unternahm ich sehr viele Spaziergänge mit Stupsi, aß kaum etwas anderes als Salat, Gemüse und trockene Brötchen und lernte weiterhin BE- und Kalorienzahlen auswendig. Wie viel Wissen war mir doch all die Jahre verborgen geblieben. Wie viele Kalorien steckten tatsächlich in sämtlichen Leckereien, welche ich all die Jahre über gedankenlos verzehrte? Das sollte sich von nun an konsequent ändern.

Ich befürchtete, ich würde in alte Muster zurückfallen, wenn ich ganz allein und unbeobachtet zuhause wäre. Um mich abzulenken (und gleichzeitig auch Kalorien zu verbrennen) ging ich immer öfter gemeinsam mit André hinüber ins Lager und erfragte Aufgaben. Und Chef Aaron, welcher sich über meine neue Motivation freute, spannte mich gleich tatkräftig mit ein. Zwar unentgeltlich, aber das war mir egal. Ich fühlte mich so dermaßen schuldig, dass ich all die Jahre überwiegend André auf der Tasche gelegen und kaum etwas beigetragen hatte. Außer durch meine kurzzeitigen Anstellungen bei Zeitarbeitsfirmen, welche jedoch nicht von längerer Dauer waren.

Jeden Morgen stand ich nun mit André auf und ging mit ihm ins Lager. Dort machten wir verschiedene Arbeiten, bei welchen ich assistieren durfte. Wir restaurierten sämtliche Cases, schliffen sie ab, machten neue Rollen, Butterflys und Henkel dran und nieteten jene fest. Ich durfte die PA-Anlage und die Motoren des Ground Supports neu lackieren, Aaron zeigte mir, wie man die Farben anrührte. Gemeinsam mit seiner Freundin

Melli erstellte ich mit Schraubzwingen und Bohrmaschine neue Leinwände für die bevorstehende Küchenmesse, welche im kommenden Jahr gebraucht werden würden. Mit dem Heißluftfön zogen wir im Lager bei Minusgraden mit viel Geduld die alten Folien ab.

Es war ein sehr schönes Gefühl, einen Teil beitragen zu können. Und außerdem jeden Tag etwas Neues dazuzulernen. Wie viel hatten André, Aaron und dessen Freundin Melli über die letzten Jahre handwerklich und körperlich geleistet, ohne dass es mir wirklich aufgefallen war. Wie viel Arbeit und Insiderwissen steckte in der ganzen Materie. Ich fühlte mich nun zugehörig.

Es war außerdem eine Art kameradschaftliches, beinahe schon brüderliches Gefühl, da ja auch Aaron seit vielen Jahren unter Diabetes Typ 1 litt. Zum ersten Mal unterhielten wir uns ausführlich darüber, die letzten Jahre war das niemals groß ein Thema zwischen uns gewesen. Aaron und Melli erzählten von einer vergangenen Schulung, welche sie kürzlich gemeinsam besucht hatten. Dort lernten sie, mit der ganzen Thematik mal wieder vollkommen auf dem Laufenden zu sein. Aaron berichtete, dass er selbst in dieser Hinsicht niemals ein Vorbild gewesen war und häufig den Zucker vernachlässigte. In der Schulung lernten sie so viel Neues. André schlug vor, dass wir im November ebenfalls eine solche Schulung besuchen sollten, was ich ihm zusagte.

Doch bevor es so weit war, hatten wir noch einen Spezialauftrag zu erfüllen, bei welchem ich assistieren durfte. Andrés Mutter Anna hatte sich eine neue Einbauküche zusammengespart und der handwerklich sehr geschickte André hatte ihr angeboten, den Einbau zu übernehmen. Parallel dazu verlegten wir einen nagelneuen Laminatboden in einem neuen, fröhlichen Weiß, welcher die Wohnung deutlich erhellte. Ich assistierte beim Festhalten, Kleben, Klopfen und Sägen, während sich Anna und Dietmar im Nebenzimmer um Stupsi kümmerten. André und ich trugen die alte Küche die Treppen hinunter und verluden sie in den Anhänger, welchen André von Moritz ausgeliehen hatte. Anschließend fuhren wir sie zum Schrottplatz. Ich freute mich über die ausgiebige Bewegung, bei welcher ich viele Kalorien verbrannte. Wenige Tage später wurde die neue Küche geliefert und wir begannen mit dem Einbau.

Meinen Geburtstag, welcher kurz bevorstand, hätte ich zum ersten Mal in meinem Leben am liebsten aus dem Kalender verbannt. Ich befürchtete Glückwünsche und Nachfragen. Ich wollte nur meine Ruhe und mit niemandem sprechen. Einen Geburtstagskuchen lehnte ich strikt ab, ich aß nur etwas, wenn ich wirklich massiven Hunger hatte. Betäubte mein Hungergefühl während des Tages noch immer mit massenhaft zuckerfreien Kaugummis.

Es war eine unglaubliche Qual mich bei Annas köstlichen Mittagessen, bei welchen ich mich die Jahre zuvor stets übermäßig bedient hatte, rechtzeitig zu bremsen. Eine einzige Maultasche in der Suppe erschien mir bereits als schwere Todsünde und obwohl ich noch deutlichen Hunger verspürte, beließ ich es dabei. Ich bat André, dass wir gegen Abend, wenn wir wieder nach Hause führen, bitte nichts mitnehmen sollten. Anna packte uns immer fürsorglich sämtliche Reste vom Mittagessen ein, damit wir am Abend noch etwas davon hatten. Was nicht im Hause war, konnte in schwachen Stunden nicht gegessen werden, sagte ich mir. Ohnehin hatte ich mir inzwischen mehrere Strategien zurechtgelegt, welche mich vom unnötigen Essen abhalten sollten. Neben zuckerfreien Kaugummis und Energy-Drinks waren das Maßnahmen wie das stetige Bereitstellen von Karotten auf dem Tisch und keinerlei Lebensmittel im Haus zu haben, welche mich ganz besonders in späten Abendstunden angemacht hätten. Meine nach wie vor schwächste Tageszeit in puncto Essen.

Anna war erstaunt, wie mich jene Zeit im Ruhrgebiet doch verändert hatte. Kannte sie mich zuvor als den albernen Clown, welcher naive Fragen stellte und oft kindisch rüberkam. Das hatte sich inzwischen schlagartig verändert. Ich war still und sachlich. Mit Dietmars Demenz stand es nicht zum Besten. Es gab inzwischen sogar schon Tage, an welchen er unsere Gesichter nicht mehr erkannte. Außerdem agierte er zuweilen sehr aggressiv, wenn er sich ungerecht behandelt fühlte oder ihm etwas partout nicht einfallen wollte. Das belastete Anna sehr. Sie hatte außerdem seit einigen Monaten mit einer schweren, chronischen Darmkrankheit zu kämpfen, weshalb sie im vergangenen Sommer auch einige Tage im Krankenhaus verbringen musste. Kollagene Collitis lautete ihre Diagnose. Sie war seitdem auf sehr starke Cortison-Präparate angewiesen und entwickelte parallel dazu eine Laktose- und Fruktoseintoleranz. Kein Arzt konnte ihr wirklich helfen, da es für diese seltene und noch recht unerforschte Krankheit kein präventives Behandlungsschema gibt.

Sie litt unter ständigen Bauchschmerzen und Durchfall, weshalb auch sie (jedoch aus deutlich anderen Gründen), eine große Angst vorm Essen entwickelte. Sie war stark abgemagert und körperlich sehr instabil. Dietmar, um welchen sie sich tagtäglich kümmern und für welchen sie ständig mitdenken musste, verstärkte diese Situation nur noch mehr.

Ich suchte erstmals wieder Kontakt zu meiner Mutter und telefonierte mit ihr. Ich erklärte ihr die Situation und zu meiner Überraschung erhielt ich sehr viel Rückhalt und Verständnis von ihr. Ich schilderte ihr meine Gemütslage, was sie sehr gut nachvollziehen konnte. Sie selbst befand sich in einer ähnlichen Lage, als sie vor vielen Jahren Onkel Beck verließ und zurück in meine alte Heimatstadt kehrte. Alles wirkt im ersten Moment so unwirklich und leer. Dass man einen schweren Fehler begangen hatte, konnte man nicht einfach mal so eben ablegen. Sie sagte, dass ich mich für nichts zu schämen bräuchte und motivierte mich, weiterzumachen.

In den darauffolgenden Tagen besuchte ich die ortseigene Realschule und fragte, ob es denn hier ein ähnliches Angebot gäbe wie an der VHS im Ruhrgebiet. Leider Fehlanzeige. Ich dürfe sehr gerne an den Abschlussprüfungen für die mittlere Reife im Sommer 2019 extern teilnehmen, allerdings nicht gemeinsam mit den Schülern den regulären Unterricht besuchen. Die

Frau sagte mir, dass es bislang noch keinen externen Schüler gegeben hatte, welcher jene Prüfung bestanden hatte. Sie hielt es schlichtweg für zu schwierig.

Ich besorgte mir die nötigen Unterlagen, um mir privat den gesamten Stoff anzueignen. Verwarf jene Intension doch schon nach wenigen Tagen wieder. Ich glaubte, es allein bestimmt nicht schaffen zu können, selbst wenn ich täglich mehrere Stunden dafür gelernt hätte. Wozu ich ganz nebenbei gesagt in diesem Ausnahmezustand auch nicht fähig gewesen wäre. Ich hatte zu viel anderes im Kopf. An erster Stelle sämtliche Kalorienzahlen, die es noch auswendig zu lernen galt.

Mein Sachbearbeiter vom Arbeitsamt lud mich eines Tages vor. André begleitete mich, da ich mich noch immer in einer Art Schockzustand befand. Ich (oder vielmehr André) erzählte ihm, dass es mit meinem geplanten Abschluss im Ruhrgebiet nicht funktioniert hatte und dass mich mein körperlicher Zustand und vor allem die ständige Panik vor erneuter Gewichtszunahme an meine Grenzen brachte. Ich erhielt eine neue Auflage: Stabilisation der gesundheitlichen und psychischen Gesamtsituation. Es war unglaublich, wie viel Verständnis und Unterstützung ich an diesem Tag von meinem Sachbearbeiter bekam. Ich war ihm so dankbar dafür, dass er trotz aller Umstände an mich glaubte und mir Mut spendete. Ganz bestimmt würde ich es schaffen, wenn ich nur fest an mich glauben würde.

Ich schaffte es mit viel Mühe und Kontrolle, meinen Hba1C binnen 3 Monaten von 12 auf 8,1 herunter zu kriegen. Mein Hausarzt und meine Diabetologin lobten mich. Auch mein Gewicht sank tagtäglich, da ich mich nur noch von Rohkost und Brötchen ernährte.

Wir begannen die Diabetes-Schulung im Dezember 2018. Es waren noch 8 andere Personen anwesend, welche auch Zucker hatten. Zusätzlich deren direkte Bezugspersonen, welche ebenfalls noch etwas dazulernen wollten. Die meisten hatten die Diagnose erst vor kurzem erhalten, nur wenige hatten den Zucker schon etwas länger. Ich hatte ihn mit bald 23 Jahren bereits am längsten. In dieser langen Zeit hatte ich schon so unendlich viel vergessen oder verdrängt. Nun wurden meine, oder besser gesagt unsere Kenntnisse komplett aufgefrischt. André hatte sich noch niemals tiefgründiger mit der Thematik befasst, da er mir in dieser Beziehung stets vertraut hatte. Konnte man eigentlich auch nach so vielen Jahren erwarten. Es ist ohnehin so, dass sehr viele Menschen, welche keinerlei Bezug zu diesem Thema haben, glauben, mit ein bisschen Spritzen und Messen ist bereits alles erledigt. Jedoch gehört noch so viel mehr dazu. Der Kopf sollte immer mit dabei sein, um unnötige Fehler zu vermeiden.

Eine sympathische und kompetente Dame rollte den Tageslichtprojektor ins Zimmer und begann mit der Schulung. Nachdem sich jeder einmal kurz vorgestellt hatte, seinen Diagnosezeitraum und sein individuelles Behandlungsspektrum vorgestellt hatte (Insuline gibt es sehr viele verschiedene), konnte es losgehen.

Wir lernten Faktoren kennen, welche den Zuckerspiegel neben dem Essverhalten noch zusätzlich beeinflussen. Dazu zählten Bewegung (senkt den Blutzuckerspiegel, da hier aktiv die Muskeln arbeiten), Stress, Krankheit und Nervosität (erhöhen den Blutzuckerspiegel, da Cortison und Adrenalin ausgestoßen werden), die genaue Handhabung von Pens und Nadeln wurde uns erklärt und noch einmal verdeutlicht, wie wichtig es wäre, regelmäßig die Nadeln zu wechseln, da jene ansonsten stumpf werden und den Austritt vom Insulin erschweren. Dass Insulin zum Lagern in den Kühlschrank gehört, das wusste ich noch. Außerdem wäre es sehr wichtig, die Spritzstellen abzuwechseln, um Verhärtungen vorzubeugen. Diese seien nicht nur ein optischer Makel, sondern beeinflussen auch die Wirkung des Insulins. Wenn sich dieses durch verhärtete Stellen „durchkämpfen" muss, entfaltet sich dessen Wirkung deutlich später. Andernfalls wirkt es schon nach wenigen Minuten.

Die eigentliche Schwierigkeit des Ess- und Spritz-Verhältnisses besteht im Grunde darin, dass die zeitliche Wirkdauer übereinstimmen muss, um vor allem Unterzuckerungen vorzubeugen. Jedes Essen geht unterschiedlich schnell ins Blut. Eine Mahlzeit ohne Fett geht viel schneller ins Blut, da das Fett die Wirkdauer verlängert und somit ausbremst. Gummibärchen, Cola oder Limo sind Spitzenreiter. Ebenso wie Obst. Im Unterzucker eignet sich beispielsweise Apfelsaft.

Isst man beispielsweise 100 g Spaghetti mit Reibekäse (entspricht etwa 6–7 BEs) und hat einen Ausgangswert von 100 mg/dl, so ist es nicht sinnvoll, sich bereits vor der Mahlzeit 7 Einheiten zur Korrektur zu injizieren. Das Insulin wirkt in der Regel bereits nach einigen Minuten, während sich die Aufnahme der Kohlenhydrate (welche sich im Körper in Zucker verwandeln), über mehrere Stunden ziehen kann. Ganz besonders dann, wenn viel Fett in der Mahlzeit enthalten ist, in diesem Fall der Reibekäse. Es wäre daher besser, die Korrektur in zwei Schritte aufzuteilen und zu warten, bis sich der Pegel allmählich erhöht hat. Lieber nach 2–3 Stunden noch einmal nachmessen, allerdings nicht die BE-Zahl vergessen, welche es noch auszugleichen gilt. Andernfalls steigt der Pegel unbemerkt langsam, aber sicher in die Höhe.

Das ist vor allem das ganz Gemeine in den Abendstunden. Geht man mit einem Ausgangswert von 150 mg/dl ins Bett, so ist das optimal. Allerdings nur, wenn man ganz sicher ist, dass in den Stunden zuvor nichts mehr gegessen wurde, was den Pegel in der Nacht noch weiter nach oben treibt. Am besten wäre hier, nach 18:00 Uhr nichts mehr zu essen (zumindest nichts mehr, was Kohlenhydrate beinhaltet), um bei einer letzten Messung um 23:00 Uhr ganz sicher zu sein. Bei einem höheren Wert kann dann noch rechtzeitig korrigiert werden. Das ist meiner Erfahrung nach das Schwierigste an der ganzen Sache. Sehr viele Menschen kennen dieses Problem. Abends vor dem Fernseher möchte man noch gerne etwas naschen und sei es nur eine Kleinigkeit. Muss keine ganze Tüte Gummibärchen sein, so wie ich es in früheren Zeiten oftmals unbedacht getan hatte. Und das reichte meist noch nicht einmal aus. Selbst ein simples Cornetto-Eis, welches ungefähr 2,5 BEs enthält, kann hier schon Berge versetzen. Bis zu 8 Stunden kann es nachwirken.

Hinzu kommt, dass die Leber (übrigens auch bei gesunden Menschen) in den frühen Morgenstunden Zuckerreserven ausschüttet, um den Körper nach einer längeren Essenspause mit Energie für den bevorstehenden Tag zu versorgen. Das ist ein natürlicher Prozess, welcher jedoch als Diabetiker noch zusätzlich beachtet werden muss, um einem zu hohen Nüchtern-Wert entgegenzuwirken. Und dann sind es auch noch gelegentlich Träume, welche den Zuckerspiegel beeinflussen können. Ferner muss hier die Dosis des Basalinsulins ganz genau stimmen.

Weiterhin lernten wir, dass eine intensive Sporteinheit bereits noch Stunden nach deren Ausführung den Blutzuckerspiegel heruntertreiben kann. Beispielsweise eine lange Radtour oder ein ausgiebiger Spaziergang senken ihn erheblich. Auch einige Stunden danach. Daher empfiehlt es sich, sicherheitshalber immer etwas weniger zu spritzen, wenn bereits im Vorfeld Sport und Bewegung angedacht sind. Im Ruhezustand kann dagegen normal gerechnet werden.

Es wurde ferner erklärt, wie man sich im Falle einer Überzuckerung verhalten sollte, wenn jene über mehrere Stunden anhält. Bei einem Blutzuckerwert von 300 mg/dl aufwärts sollte ggf. ein Keton-Test durchgeführt werden, um zu überprüfen, ob ein vollständiger Insulinmangel vorliegt. Das kann gelegentlich passieren, beispielsweise wenn die Insulinampulle unbemerkt kaputt gegangen ist oder Kurzzeit- mit Langzeitinsulin verwechselt wurde. In diesem Fall sollte sich hingesetzt, ausreichend Flüssigkeit getrunken und abgewartet werden. Außerdem in kurzen Zeitabständen immer wieder der Wert überprüft werden. Sinkt der Zucker nicht durch normale Insulinzufuhr, so sind sehr wahrscheinlich Ketone am Werk. Jene gilt es mithilfe eines Urinstreifens zu ermitteln. Ist dieser anschließend verfärbt, so ist dies ein eindeutiger Hinweis, da sich überschüssiger Zucker durch den Urin ausscheidet. Das ist den Ketonen (meinen ehemals so guten Freunden) zu verdanken, welche unter anderem auch in jenem Zustand Energie aus überschüssigen Fettzellen gewinnen und diese somit abbauen. Ab einem Zuckerwert von 300 mg/dl bestünde bereits große Gefahr, im Zweifelsfall gilt es hier, einen Arzt zu kontaktieren und ins Krankenhaus zu gehen. Es droht ein Kollaps oder sogar ein diabetisches Koma. André und ich schauten uns bei dieser Info unauffällig an und zogen die Brauen nach oben. *Ernsthaft?* Bei einem Wert von 300 mg/dl merkte ich teilweise noch nicht einmal spezifische Symptome, höchstens etwas Durst. Mein Körper hatte hierbei schon deutlich Ärgeres ertragen, ohne jemals zu kollabieren. Irgendwie ein lustiges Gefühl, ich fühlte mich in gewisser Weise unverwundbar. Wie eine Art Iron-Man unter den Diabetikern. Wenn ich auch auf meine Handlungen von vor noch wenigen Monaten alles andere als stolz war. Ich bereute es noch immer, konnte es jedoch nicht mehr rückgängig machen.

Endlich ließ auch ich mich langfristig zu Pens überreden, gegen welche ich mich seit vielen Jahren gesträubt hatte. Als eingefleischtes Gewohnheitstier war ich immer meinen Spritzen treu geblieben, da ich es für handlicher empfand und mich auch schon häufiger an den Pen-Nadeln verletzt hatte, als ich diese ausprobiert hatte. Diese täglich zu wechseln erschien mir umständlich. Jedoch handelte es sich auch hierbei um eine reine Gewohnheit, welche mir schon sehr bald in Fleisch und Blut überging. Wortwörtlich. Heute bin ich froh darüber, auf Pens umgestiegen zu sein. Ganz besonders die Mehrweg-Pens kann ich persönlich nur empfehlen. Sie sind deutlich umweltschonender, handlich und passen bei Bedarf in jede Hosentasche oder ins Federmäppchen. Beispielsweise in der Schule oder auf einem Konzert.

Außerdem bekam ich ein neues Messgerät, welches meine Werte per Bluetooth in eine App übertrug. Somit war Buchführen endlich überflüssig, darauf hatte ich wirklich keine Lust mehr. Und trotz allem ein regelmäßiger Überblick.

Unsere Fachberaterin merkte an, dass selbst eine Hauptmahlzeit niemals mehr als 5 BEs enthalten sollte. Das wunderte mich, schließlich haben bereits zwei belegte Brötchen, welche man gerne einmal zum Frühstück oder Abendessen verzehrt, schon knapp

6–7 BEs. Als einer meiner „Mitschüler" erzählte, dass sein regelmäßiges Mittagessen aus 16 BEs bestünde, schaute sie jenen ganz verdutzt an. Ich wunderte mich auch etwas, ganz besonders, weil es sich bei diesem um einen recht normalgewichtigen Mann handelte. Ich dachte nach. Gut, 16 BEs sind schnell mal zusammen. Isst man 200 g Nudeln mit etwas Sauce und zum Nachtisch noch ein kleines Eis, so hat man diese Zahl in etwa erreicht. Aber das ist ja wiederum kein Geheimnis, dass mehrere kleine Mahlzeiten über den Tag verteilt besser sind, als drei sehr große. Besser für den Stoffwechsel, die Verdauung und natürlich für den Blutzucker. Nicht umsonst stellte man zu Zeiten, in welchen es noch keine intensivierte Insulintherapie gab, ein festes Schema auf, an welches sich die Zuckerkranken halten mussten. Durch die modernen Insuline war man da schon deutlich flexibler, das gelegentliche Stück Kuchen am Nachmittag, welches bereits 4–5 BEs aufweist, war somit nicht länger ein Problem. Allein für diesen Fortschritt war ich sehr dankbar und wusste ihn zu schätzen.

Unsere Hausaufgabe bestand darin, einen sogenannten Basalratentest durchzuführen, in welchem es zu ermitteln galt, wie viel Basalinsulin wir täglich unabhängig vom Mahlzeiteninsulin benötigten. Es fiel mir schwer, diesen durchzuführen, weil ich in diesem Zeitraum nur zu gewissen Zeiten essen durfte. Da ich mich jedoch noch mitten im Abnehmprozess befand (die Dosis ist unter anderem auch von Alter, Größe, Gewicht und täglicher Bewegung abhängig), musste ich diese Dosis des Öfteren neu anpassen. Je weniger Körpergewicht, desto weniger Insulin wird benötigt.

Aaron, Andrés Chef und Freund, hatte über die Jahre schon einige Schäden durch seinen nicht immer optimal eingestellten Zucker davongetragen. Er erlitt bereits zweimal einen Herzinfarkt, durch welche ihm Bypässe gelegt werden mussten. Aus diesem Grunde war er auch gezwungen, von heute auf morgen mit dem Rauchen aufzuhören. Dafür bewunderte ich ihn, hatte jener doch stets gerne geraucht. Ganz besonders beim Arbeiten stellte ich mir das als Ding der Unmöglichkeit vor.

Das könnte ich niemals tun, allein schon wegen der Tatsache, dass sich nach Rauchentwöhnung der Grundumsatz verringert und die meisten Menschen aufgrund dessen zunehmen. Es hat also nur indirekt damit zu tun, dass oftmals mehr gegessen wird. Ferner waren auch Aarons Nieren schon angegriffen und seine Empfindungen in den Beinen nicht mehr optimal. Er erzählte, dass er es oftmals gar nicht mehr spürte, wenn er sich anstieß oder einen Stein im Schuh hatte.

Seit einigen Monaten war meine Mutter konsequent auf E-Zigarette umgestiegen und hatte das Rauchen von Tabakzigaretten völlig eingestellt. Sie selbst hatte dadurch ebenfalls einige Kilos zugenommen. Diese wurde sie durch gezieltes Intervallfasten (16:8 Modell) wieder los. Nach eigenen Angaben kam sie mit dieser Art der Ernährungsumstellung sehr gut zurecht. Für mich persönlich wäre das jedoch nichts. Nicht etwa, weil Diabetikern grundsätzlich von diesem Ernährungsschema abgeraten wird, diesbezüglich hätte ich lediglich meine Insulindosis anpassen müssen. Viel eher deshalb, weil mir 16 Stunden ohne Essen schlichtweg zu lang sind.

Um Geld zu sparen, und natürlich auch um die Gesundheit zu schonen, schenkte sie mir und André zu Weihnachten zwei Test-Sets. Möglicherweise wäre das auch etwas für uns. Und tatsächlich sprach uns diese neue Art des Rauchens an. Es war zwar ein etwas anderes Rauchen, allerdings trotzdem ein befriedigender Effekt. Ganz besonders André, welcher Mentholgeschmack liebte, probierte sich sehr viel an neuen Liquids aus. So kauften wir uns noch zwei separate Modelle, welche fortan unsere täglichen Begleiter wurden. Hatten wir einen Auftritt, so rauchten wir normale Zigaretten, um die teuren Modelle nicht unnötig zu beschädigen oder gar zu verlieren. Aber unsere Gesamtausgaben halbierten sich und das allein war schon ein riesiger Fortschritt. Allerdings schaffte ich es nicht, mit dem herkömmlichen Rauchen aufzuhören, da ich vor allem eine erneute Gewichtszunahme fürchtete. Ferner nimmt mir das herkömmliche Rauchen einen Großteil des durchgehenden Hungergefühls ab, welches zweifellos durch die tägliche Insulinzufuhr kommt. Wäre dies nicht der Fall, würde ich es ganz bestimmt schaffen. Auf der anderen Seite sage ich mir, dass es sich auch bei diesem Thema um eine individuelle Geschichte handelt, welche jeder Mensch anders verkraftet. Viele Menschen rauchen und werden trotzdem sehr alt. Andere rauchen nicht und sterben jung. Reines Glücksspiel. Das ganze Leben ist ein Glücksspiel. Und außerdem gibt es bei E-Zigaretten bislang noch keine wirklichen Langzeitergebnisse. Ich kann mir nicht vorstellen, dass sämtliche synthetische Inhaltsstoffe tatsächlich auf Dauer gesünder sein sollen.

Die Ärzte fragten mich, ob ich denn grundsätzliches Interesse an einer Insulinpumpe hätte. Dies lehnte ich jedoch nach wie vor ab, da ich jenem System keinen Vorteil abgewinnen konnte. Man musste trotz allem nach wie vor im Kopf berechnen, wie viel man gegessen hatte und dementsprechend auf Knopfdruck das benötigte Insulin abgeben. Würde jene Pumpe dies von allein berechnen und ausführen, wäre es eine Überlegung wert gewesen. Aber auf diese Art und Weise bin ich trotz allem noch in der Lage, mir das Insulin per Pen zuzuführen, ohne ständig eine Art Katheter am Körper zu tragen, welcher mich bestimmt häufig behindern würde.

Anders stand es dagegen zunächst mit der Option auf einen Sensor, welcher per Scanfunktion bedient werden kann und somit den aktuellen Blutzuckerwert aufs Handy übermittelt. Erstmalig stand ich dieser neuen Option mit einem offenen Ohr gegenüber, da ich mir hiervon Vorteile erhoffte. Nicht etwa, weil ich die tägliche Piekserei in die Fingerkuppen fürchtete, gegen diesen Vorgang war ich bereits seit einiger Zeit immun. Viel eher fand ich die Möglichkeit großartig, einen Alarm an meiner Seite zu haben, welcher mich warnte, wenn sich der Zuckerspiegel aus dem Gleichgewicht bewegte. Sprich, es fängt an zu piepsen, wenn er zu hoch oder zu tief ist. Ganz besonders in nächtlichen Stunden bietet dieses System einen ungeahnten Vorteil. Ich wollte es gerne versuchen. Und obwohl ich Bedenken bezüglich der Handhabung und Anbringung hatte, entschied ich mich, jenes zu beantragen.

Nachdem ich das vorgefertigte Rezept meiner Ärztin eingereicht hatte, kam wenige Wochen später eine erste Antwort. Sie wollten noch mehr Informationen von mir haben, unter anderem meine Blutzuckerwerte der letzten Monate, meinen aktuellen Hba1C, Informationen zur Erstdiagnose, Folgeerkrankungen usw. Nachdem ich alles zusammengetragen hatte, reichte ich einen wohlformulierten, ausführlichen Antrag ein.

2 Wochen später wurde mein vielversprechender Antrag jedoch abgelehnt. Begründung: Da keine schweren Unterzuckerungen verzeichnet wurden, wären herkömmliche Messungen weiterhin vollkommen ausreichend.

Bitte was??? Wollten die mich eigentlich verarschen? Weil ich gut auf meinen Zucker achtete und nicht oft genug im Unterzucker war, wurde mir jene Hilfe verweigert? Was sollte das für ein bescheuertes System sein? Nach über 23 Jahren Diabetes hatte ich kein Recht auf jene Hilfeleistung? Ich war stinksauer und wünschte dieser Flasche von Sachbearbeiter meine Krankheit nur mal für 2 Wochen – dann würde er es sicher mit Handkuss bewilligen!

Und obwohl mich André und einige meiner engsten Bekannten dazu aufforderten, Widerspruch einzulegen, tat ich es nicht. Ich hatte keine Lust, den Zuständigen auch noch hinterher zu kriechen. Soweit kommt's wohl noch.

Heute bin ich ehrlich gesagt jedoch sehr froh darüber, dass mir ein solcher Sensor nie bewilligt wurde. Auch wenn er im Alltag möglicherweise enorm praktisch in Bezug auf meine Werte gewesen wäre und meinen allgemeinen Hba1C bestimmt noch deutlich verbessert hätte, so entschied sich mein Inneres am Ende doch dagegen. Ständiges Piepen in der Nacht, potentielle Entzündungen an der Haut durch den Chip (kommt angeblich bei sehr vielen vor), wo meine Haut doch ohnehin recht empfindlich reagiert etc. Und außerdem wäre ich noch häufiger daran erinnert gewesen, dass ich diese Krankheit habe, als ich es ohnehin schon bin. *Ne, ne, lasst mal gut sein, ich kriege das auch anderweitig hin. Ich bin doch schließlich kein Steiff-Teddy mit Knopf zur Kennzeichnung …*

Auf steilen Wegen verbrennt man die meisten Kalorien.

Der Körper vergisst nicht

Meine neue Art der Essstörung steigerte sich immer weiter. Inzwischen war jeder Gang durch einen Einkaufsladen die pure Hölle. Jedes Mal, wenn ich durch die Gänge schlenderte und an Artikeln vorbeikam, welche ich früher vollkommen unbedacht gekauft und gegessen hatte, löste das eine vollkommene Leere in mir aus. Ich verweigerte mir inzwischen alles, was mich unter Umständen wieder hätte zunehmen lassen. In meinem Kopf lief inzwischen eine Art Scanner, welcher mir bei jedem einzelnen Produkt die Kalorien anzeigte. *Nougat Schokolade; 100g davon ca. 550 Kalorien, Kekse mit Zitronenfüllung; Pro Stück ca. 100 Kalorien (WTF: 5 verdammte Kekse, welche binnen 2 Minuten verputzt sind, stellen bereits einen Viertel vom gesamten Tagesbedarf dar???), Cornflakes; 100g ca. 360 Kalorien…* Und die Liste ging endlos weiter. Ich kannte inzwischen von nahezu jedem Lebensmittel die genauen Nährwerte.

Ganz besonders am Anfang fiel es mir noch schwer, sämtliche Lebensmittel vollständig zu ignorieren und von meinem neuen Ernährungsplan zu streichen. Häufig stand ich mit zwei verschiedenen Produkten in der Hand vor den Regalen und verglich die Nährwerte. Was lohnte sich? Wovon hätte ich länger etwas? Soll ich, oder soll ich nicht? Es würde mich mal wieder so doll anmachen… *NEIN, Mica! Das ist es einfach nicht wert!*

Irgendwann gelang es mir, diese unnötige Form der Selbstkasteiung einzuschränken, indem ich spezifische Teile des Supermarkts von vorneherein vermied. Ich wanderte schnurstracks nur noch zu jenen Stellen, an welchen sich Lebensmittel befanden, welche ich wirklich kaufen wollte. Überwiegend Gemüse, Brötchen, diverse Light Produkte und zuckerfreie Kaugummis.

Selbst meinem besten Freund Axel blieb mein Wahn und meine Panik vorm Essen nicht verborgen. Als ich ihn zum ersten Mal nach meinem Aufenthalt im Ruhrgebiet wieder besuchte, wollte er extra für mich ein kalorienarmes Abendessen zubereiten. Dafür wollte er zuvor noch mit mir in den Supermarkt gehen, damit ich mir den Belag für unsere Wraps selbst aussuchen konnte. Vor der Eingangstüre des Ladens überkam mich eine urplötzliche Panik, ich begann zu zittern und weigerte mich, den Laden zu betreten. „Bring mir bitte einfach nur etwas Salat, Radieschen, Tomaten und eine 0,2 %-Fett Light Sauce mit" bat ich ihn und verdrückte mich in eine Ecke, um mich mit einer Zigarette herunterzubringen. Allein der unbeschreibliche Duft vom Bäcker, welcher durch die sich automatisch öffnende Eingangstüre drang, war die pure Hölle für mich. Ich war in einem vollkommenen Ausnahmezustand des Hungers und lief durchgehend wie auf Batterien. Den ganzen Tag wollte ich möglichst in Bewegung bleiben, um noch mehr Kalorien zu verbrennen.

Endlich hatte ich es geschafft! Im Januar 2019 erreichte ich meine lang ersehnten 55 kg und freute mich unsagbar. Ich hatte es geschafft! Selbst mit dem Masthormon. Durch systematisches Hungern und durchgehenden Verzicht war es mir endlich gelungen, mein Ziel zu erreichen. Inzwischen war ich sogar noch deutlich schlanker als in jenen Zeiten, in welchen ich mein Insulin verweigert hatte. Hatte es also auf „faire Art und Weise" geschafft. Zum ersten Mal im Leben war ich in puncto Aussehen so richtig glücklich mit mir selbst.

So häufig hörte ich von den Leuten um mich herum, dass ich extrem dünn aussähe. Beinahe schon krank. Diese Worte waren komischerweise die größten Komplimente für mich, ich fühlte mich dadurch bestärkt. Auch wenn die meisten diese skurrile Denkweise nicht nachvollziehen können, für mich war es ein enormer Triumph. Ich fühlte mich schön, da ich nun endlich meinem persönlichen Idealbild entsprach. Meine sichtbaren Rippen erfreuten mich, meine „Drachenzacken", wie ich die Wirbelsäule im Spaße bezeichnete, schauten heraus. Endlich waren meine Oberarme einmal dünner als die Unterarme und auch meine Schenkel berührten sich beim Gehen nicht mehr. So wollte ich immer aussehen. Auch wenn es die meisten als etwas ZU dünn ansehen mögen, mir gefiel es. Ich war ausgeglichener denn je, obwohl ich schon sehr häufig große Lust auf etwas Süßes oder Deftiges hatte. Aber das lohnte sich einfach nicht. Wie heißt es schließlich so schön? 5 Minuten auf der Zunge, 5 Monate auf den Hüften …

Doch trotz meiner neuen Optik, welche mich in diesem einen Punkt inzwischen voll und ganz befriedigte, so war mir gleichzeitig bewusst, dass auch das kein Dauerzustand sein konnte, mit welchem ich halbwegs entspannt durchs Leben gehen wollte.

Ich suchte nach einem Psychologen, welcher mich in ambulanter Therapie behandeln würde. Es gab eindeutig noch sehr viel aufzuarbeiten, ich wollte die Sache angehen. Ich bekam einen Termin bei einem Therapeuten, welcher mich jedoch nach 50 Minuten des Kennenlernens abwies. Diese komplexe Problematik sei ihm zu heiß, er riet mir zu einer stationären Unterbringung. Am besten in einer Klinik für Essgestörte. Ich dachte eine Weile über diesen Ratschlag nach, entschied mich aber dagegen. Zu groß war die Angst vor einem Zimmernachbarn aufgrund meiner Sozialphobie und der direkten Konfrontation mit verschiedenen Dingen, welche ich tief in meinem Unterbewusstsein doch längst wusste. Und ich wollte Stupsi nie wieder allein lassen, jeder Tag mit ihm war so unendlich kostbar. Ich hatte noch niemals in meinem Leben so viel bewusst reflektiert wie in den letzten paar Monaten. Und im Endeffekt musste ich es am Ende selbst sein, welcher mich aus der Krise herausholt. Psychologen können helfen, Mittel und Wege aufzeigen und unterstützen. Aber den Weg muss jeder letztendlich doch allein gehen.

Noch immer hielten meine Verdauungsbeschwerden an, weswegen ich meinen Hausarzt aufsuchte. Ich erzählte ihm von der Problematik, jener veranlasste eine Stuhlprobe.

Einige Tage später erhielt ich die Diagnose: Exokrine Pankreasinsuffizienz. Soll heißen, die Bauchspeicheldrüse, welche neben der Produktion von Insulin noch die Aufgabe von

Verdauungsenzymen erfüllt, hat diese Produktion nun ebenfalls eingestellt. Ich sollte von nun an Tabletten zum Essen einnehmen, welche das Gegessene mit Hilfe von Enzymen aufspalten und somit die Nährstoffaufnahme garantieren. Panik machte sich in mir breit. *Und damit womöglich wieder zunehmen? Niemals!*

Einige Male nahm ich (allein schon André zuliebe), diese Präparate, um einige Nährstoffe aufzunehmen. Seit ich denken kann hatte ich bereits einen mittelschweren Eisenmangel, welcher natürlich auf Dauer auch Spuren hinterlassen würde. André kannte meine Panik diesbezüglich und schlug vor, jene Tabletten nur zu denjenigen Mahlzeiten einzunehmen, welche wertvolle Vitamine enthielten. Bei unnötigen Naschereien könnte ich sie ja weglassen. Also einigten wir uns erstmals auf diese Methode.

Trotz allem stellte sich diesbezüglich keine Besserung ein, meine Verdauungsbeschwerden hielten weiter an. So häufig hatte ich nach dem Essen einen recht aufgeblähten Bauch, welchen ich noch nicht einmal mit einer ausgiebigen Gassirunde mit Stupsi wieder wegbekam. Durfte jedoch zum Großteil auch auf die übermäßige Rohkost zurückzuführen sein. Ganz besonders abends tanzt die Verdauung Samba, wenn dann noch viel Rohkost zur Sättigung verzehrt wird.

Anna, Andrés Mutter, ging es gesundheitlich immer schlechter. Die Medikamente gegen ihre chronische Darmkrankheit zeigten keinerlei Wirkung mehr. Eines Tages ging es ihr so schlecht, dass André und ich alles liegen ließen und gemeinsam mit ihr und Ehemann Dietmar in die Notaufnahme fuhren. Wir befürchteten, dass sie für einige Tage dableiben müsste und hatten bei uns zuhause schon alles bereit gemacht, um Dietmar in dieser Zeit bei uns wohnen zu lassen. Dieser konnte aufgrund seiner Demenz schon längst nicht mehr allein bleiben, zu groß war die Gefahr, dass er weglief, den Herd anmachte oder ähnliches.

Wir warteten beinahe 6 Stunden in der Notaufnahme, bis Anna endlich an die Reihe kam. Die Untersuchung erfolgte ohne spezifische Ergebnisse, bis auf einen leichten Mangel an Vitamin

D und Calcium war „angeblich" alles in Ordnung. So bekam sie ein neues Medikament verschrieben, welches die schlimmsten Beschwerden stoppen sollte. Sie wurde wieder nach Hause geschickt

Dieses Medikament vertrug Anna jedoch auch nur über wenige Tage, ihre Krankheit war einfach zu unspezifisch und unerforscht. Es gab keine präzise Behandlungsmethode, jeder Arzt handelte diesbezüglich im individuellen Befinden des Patienten. Ihre Dosis an Cortison wurde erhöht, Vitaminpräparate verschrieben. Für eine gewisse Zeit ging es nun wieder einigermaßen, aber für wie lange noch? Wann käme der nächste Schub?

Es war sehr schlimm zu sehen, wie schlecht es Anna inzwischen ging. Anna war ihr Leben lang eine fleißige Frau gewesen, welche sowohl hart arbeitete und gleichzeitig immer für ihre Familie sorgte. Ganz zu schweigen von ihrer Liebe zu Tieren. Und gerade jetzt, wo für sie im Grunde eigentlich alles zum Besten stehen sollte, sie vor einiger Zeit in Rente ging und auch ihre geliebte Wohnung endlich abbezahlt war, schickte ihr das Schicksal so eine harte Prüfung. Hinzu noch die Sorgen mit Dietmar, welcher ihr diesbezüglich natürlich keine Hilfe, sondern vielmehr eine zusätzliche Belastung war.

Anna und Dietmar gehörten wie auch André längst zu meiner Familie. Der Zusammenhalt und die gegenseitige Unterstützung waren enorm. Ich war glücklich, wenn ich hin und wieder helfen konnte, indem ich auf Dietmar aufpasste, wenn Anna beispielsweise einen wichtigen Termin hatte.

Oh Mann, warum gibt es noch so viele unergründete Krankheiten, für welche es noch immer keine passende Therapieform gibt? Aber Milliarden von Geldern werden dafür verschwendet, um Autos auf dem Mars herumfahren zu lassen. Was für eine Logik …

Ich bekam urplötzlich unerträgliche Schmerzen in den Gelenken, überwiegend in den Fingern. Morgens war ich von einer massiven Steifigkeit beherrscht, ich konnte noch nicht einmal mehr eine Kaffeetasse halten. Nur wenn ich meine Hände unter heißes Wasser hielt, konnte ich sie allmählich wieder bewegen. Ich entwickelte einen schmerzhaften Schnappfinger, welcher mich im Alltag massiv einschränkte. Ich suchte einen Rheumatologen auf und bat ihn um Rat. Er nahm sämtliche Blutproben, um potentielles Rheuma oder Arthrose auszuschließen. Und tatsächlich fielen sämtliche Tests negativ aus, kein Anhaltspunkt in diesem Sinne. Er schob jene Beschwerden auf meinen „schlechten Ernährungszustand", wie er in seinem Bericht vermerkte. Das Einzige, was nach wie vor herausstach, war mein Eisenmangel, welchen er anordnete, intravenös auszugleichen. Dies erfolgte in den darauffolgenden Wochen beim Hausarzt, welcher sich ebenfalls keinen Reim auf meine Gelenkschmerzen machen konnte. Möglicherweise wäre mein Körper noch immer „beleidigt", wegen des katastrophalen Zustandes meines Zuckerspiegels während der letzten 2 Jahre.

Zumindest hatte ich kein Rheuma, was mich schon einmal beruhigte, weil mir dieses Krankheitsbild aus meiner Familie väterlicherseits ja bestens bekannt war. Ich weiß, dass ich aufgrund meiner Fehlhaltung durch die Sehnenverkürzung irgendwann einmal Beschwerden bekommen werde. Die Hüfte wird kommen, so prophezeite man mir bereits in Kindertagen. Aber deswegen eine Operation und einen potentiellen Verlust des Fußes riskieren? Lieber nicht …

So bekam ich von nun an alle 2 Wochen eine Eiseninfusion bei meinem Hausarzt. Außerdem wurden Präparate wie Diclofenac und Etoriax gegen die Gelenkschmerzen ausprobiert, welche jedoch keine Wirkung zeigten. Nach wie vor waren meine Finger morgens steif wie ein Brett und auch meine anderen Gelenke begannen allmählich weh zu tun. Ein weiterer Gang zum Rheumatologen brachte mir eine Überweisung für eine Ergotherapie ein. Ich fühlte mich in gewisser Weise verurteilt. *Ergotherapie? Ist das nicht etwas für alte Leute mit Bandscheibenvorfall?* Meine Mutter, welche mich zu diesem Arzttermin begleitet hatte, nahm mir diese Bedenken. Sie hätte ebenfalls einige Kinder in ihrem Kindergarten, welche schon in frühesten Jahren eine Ergotherapie brauchten, aufgrund neurologischer Koordinationsstörungen und ähnlichem. Hier gäbe es kein Altersschema. Außerdem war ich aufgrund meiner Sehnenverkürzung im Wachstum ebenfalls schon über einen sehr langen Zeitraum in Physiotherapie gewesen. Warum also nicht? Ich konnte nur gewinnen.

Ich war in ständiger Panik, was mit meinem Körper denn nun eigentlich los war. So beging ich einen schwerwiegenden Fehler, welcher pures Gift für die eigene Psyche bedeutet. Ich googelte gezielt nach spezifischen Symptomen, welche auf meine passten. Und da gab es sehr viele. Die Gelenkschmerzen, die Verdauungsbeschwerden, die leicht erhöhten Leberwerte. Praktisch die Hälfte des gesamten Krankheitsspektrums der Medizin passte darauf.

Im März 2019 erhielt ich einen CT-Termin, welcher Klarheit bezüglich meiner Bauchspeicheldrüse bringen sollte. Die Abbildung war unauffällig, keine chronische Pankreatitis. Komischerweise fielen auch meine Lipase-Werte, welche für die Fettverdauung im Körper zuständig sind, normal aus. Das konnte bei einer angeblichen Pankreasinsuffizienz doch nicht sein, oder? Aus diesem Grund hatten die Enzym-Tabletten auch keinerlei Wirkung gezeigt. Ich recherchierte weiter.

Ein Ultraschall, welchen mein Hausarzt durchführte, fiel ebenfalls normal aus. Es war nichts Auffälliges zu sehen. Ich ging noch häufiger zum Arzt in dieser Zeit, sprach ihn auf alles Mögliche an, was denn mit mir los sein „könnte". Ich war von einer regelrechten Hypochondrie besessen. Mein Hausarzt beruhigte mich und meinte, ich sollte mit der inständigen Recherche aufhören. Das Internet sei voller Schauermärchen und Foren, welche Angst und Panik schürten. Außerdem sei klar, dass meist nur jene Menschen etwas dort verfassen, welche schlechte Erfahrungen gemacht hatten. Einer war klüger als der andere, so viele verschiedene Diagnosen wurden miteinander verglichen und von Ahnungslosen analysiert. Die Übrigen, bei welchen alles gut verlief, hätten Besseres zu tun.

Ich befasste mich weiter intensiv mit dem Zucker. Ich besorgte mir zum ersten Mal im Leben die kostenlosen Ratgeber aus der Apotheke, welche meine Eltern schon lasen, als ich noch ein Kind war. Mein Vater hatte mir damals schon des Öfteren angeraten, auch mal einen Blick hineinzuwerfen. Es handle sich hierbei schließlich um „meine" Materie. Was ich allerdings niemals tat. Ich fühlte mich diesbezüglich stets klüger und wollte mit der Thematik nichts zu tun haben. Ich wollte nicht in diese Sonderrolle gedrängt werden und ganz normal leben, wie alle anderen Kinder auch. Spielen mit meinem Bauernhof erschien mir damals sinnvoller.

Ich googelte nach dem neuesten Stand und möglichen Heilungschancen. Waren die denn immer noch nicht weiter als vor 20 Jahren? Gab es noch immer keine bessere Methode, als sich täglich mindestens 4 Spritzen zu setzen und ständig zu kontrollieren? Wie sah es mit einer Bauchspeicheldrüsen-Transplantation aus? Ich las, dass jene Möglichkeit bestand und sprach dies auch in der Schulung an. Dort erklärte man mir, dass es sich hierbei um einen sehr komplexen Eingriff handeln würde und dass es im Endeffekt auch kein wirkliches „Update" zur herkömmlichen Typ-1-Therapie sei. Man wäre stets gezwungen, sehr viele Tabletten zu nehmen, um eine Abstoßung des Organs zu verhindern. Außerdem wartete man sehr lange auf ein Spenderorgan. Blutgruppe und ähnliches müsste alles passen. Das lohnte sich in meinem Falle definitiv noch nicht, ich sollte so weiter verfahren wie bisher. Es sei lediglich rentabel, wenn schon die Nieren kaputt sind. Meine sind nach wie vor intakt.

Was ich nicht verstand war die Tatsache, dass es noch immer kein intelligentes Insulin gab, welches man so umprogrammieren kann, dass es sich wie ein Depot im Körper einlagert und nur ausgeschüttet wird, wenn es aufgrund von Essen oder anderen Prozessen im Körper benötigt wird. Wie beispielsweise eine Schutzimpfung, welche für 10 Jahre anhält. Es gibt so viele verschiedene Insuline, deren Wirkdauer schon sehr intelligent umprogrammiert werden konnte. Und jedes funktioniert hierbei ein bisschen anders. Eines wirkt bereits nach 5 Minuten, wieder ein anderes erst nach 20 Minuten. Je nach Menge erreicht es eine unterschiedliche Zeitspanne der Wirkung. Das ist ganz besonders aus jenem Grund sehr praktisch, da jeder Mensch ein individuelles Leben führt. Aber warum gab es noch keine Möglichkeit für ein intelligentes Insulin, welches man sich beispielsweise nur noch einmal die Woche oder einmal im Monat spritzen müsste? Welches automatisch erkennt, wann es wirken muss. Das wäre mal ein interessanter Ansatzpunkt, welchen es auszubauen gäbe. Möglicherweise gibt es hierzu schon Möglichkeiten in den Startlöchern. Das würde zumindest das viele Kopfrechnen vor jeder Mahlzeit ersparen.

Ich konnte nicht glauben, wie viele Gefahren und Begleitfolgen der Diabetes mit sich brachte. Man hört regelmäßig die Standards bezüglich Erblindung, Nierenversagen und vorzeitigem Absterben der Beine. Das ist alles in allem nur die Spitze des Eisberges, es gibt noch so viele weitere Folgen und Risiken. Man kann sagen, als Diabetiker ist man gegenüber allem, sei es ein Herzinfarkt, ein Schlaganfall, Nervenschäden, Osteoporose, Verlust der Sehkraft, vorzeitige Demenz und vielem mehr, einem zehnfach so hohen Risiko ausgesetzt wie ein gesunder Mensch. Außerdem sei die durchschnittliche Lebenserwartung statistisch gesehen um mindestens 10 Jahre verkürzt. Das machte Hoffnung …

Nicht, dass ich es jemals krampfhaft darauf angelegt hatte, 80 oder 90 Lebensjahre zu erreichen. Ich bin der festen Überzeugung, dass man auch in deutlich kürzerer Zeit sämtlichen Wünschen nachkommen kann. Im Alter jagt ein Gebrechen das andere und es ist in meinen Augen alles andere als ein erstrebenswerter Zustand. Ich muss nicht als Großvater auf einer Bank sitzen, meine Kinder betrachten, wie sie Ärzte oder Anwälte werden, und meine Enkelkinder im Garten spielen sehen. Nur um dem Idealbild unserer Gesellschaft zu entsprechen. Ich habe gänzlich andere Wünsche vom Leben. Aus diesem Grund ließ ich mir jene Statistiken nicht allzu nahe kommen. Wir alle werden älter, ein jeder entwickelt im Laufe seines Lebens das eine oder andere Gebrechen. *Ja, Leute, es ist so. Wir sind nicht unsterblich!* Je früher wir diese Tatsache akzeptieren, umso leichter gehen wir durchs Leben!

Und trotz allem ist es nach wie vor ein beschissenes Gefühl, bei einem potentiellen (wenn auch nicht sehr wahrscheinlichen) Flugzeugabsturz auf einer einsamen Insel ohne Insulin höchstwahrscheinlich als Erster abzukratzen. Dieses inständige Gefühl der notorischen Abhängigkeit ist zuweilen äußerst anstrengend.

Noch nie im Leben hatte ich explizit darauf geachtet, in wie vielen Lebensbereichen Diabetiker „gebrandmarkt" werden. Zum Beispiel bei Medikamenten. In nahezu jeder Packungsbeilage steht der Hinweis „Schwangere, Herzkranke oder Diabetiker besprechen sich vor der Anwendung ggf. mit ihrem Arzt". So viele Dinge (z. B. Cremes) sind mit der Aufschrift „Diabetiker Geeignet" versehen. Auf einen Schlag fühlte ich mich durch all diese Aufzählungen gekennzeichneter denn je. Fast wie eine Art Außerirdischer, welcher ganz offensichtlich in eine ganz eigene Schublade gesteckt wurde. Ich war froh, jegliche Hinweise (welche allerdings meist fürsorglich gemeint sind) mein Leben lang ignoriert zu haben. *Ich hasse Sonderrollen, ich hasse sie!!!* Ich bin ein ganz normaler Mensch und kein Alien!

Die akute Angst, dass schlagartig alles den Bach hinuntergehen würde, blieb in den nächsten Zeiten durchgehend bestehen. Dass ich mich bald nicht mehr bewegen konnte, dass ich irgendeine versteckte Quelle in meinem Körper hätte, welche für sämtliche Beschwerden verantwortlich war. Dass es von nun an stetig schlimmer werden würde. Meine Recherchen gingen weiter.

André versuchte mich in dieser Hinsicht zu bestärken und ermutigte mich, an den schönen Dingen im Leben festzuhalten. Wir hatten ein Dach über dem Kopf, fließend Wasser, Stromanschluss, Internetzugang, ein Auto und einen kleinen Schatz, welcher uns alles bedeutete. Sehr viele Menschen auf dieser Welt dürfen von solchen Privilegien nur träumen. Und damit hatte er eindeutig Recht.

Ein gutes Beispiel hierfür war ein Kollege von André, welcher ebenfalls in der Musikszene tätig war. Sören, ein fleißiger, wenn auch etwas vorlauter Typ, welcher gerne damit prahlte, wie viel er doch schon erreicht hatte und was er an sportlichen Aktivitäten in seiner Freizeit trieb. Große Wanderungen, Klettertouren in den Bergen und ähnliches. Einst machte er sich über uns im Spaße lustig, dass wir in unserer Freizeit viel lieber auf dem Sofa saßen, anstatt Sport und Kletterausflüge zu betreiben.

Vor einiger Zeit hatte dieser Sören einen schweren Autounfall. Seitdem war er querschnittsgelähmt und auf einen Rollstuhl angewiesen. Seine Prognose war zunächst nicht eindeutig. Die Ärzte schlossen nicht gänzlich aus, dass sich sein Rückenmark im Laufe der Zeit wieder erholen könnte, allerdings wäre dies ziemlich unwahrscheinlich. Ich glaube, sie wollten ihm den Glauben nicht nehmen. Ganz besonders der einfühlsame André hatte furchtbares Mitleid mit ihm. Mit einer solchen Situation könnte man meine doch nun absolut nicht vergleichen. Sören würde sofort mit Handkuss mit mir tauschen, meinte André. Ich fragte mich, welche Situation denn nun im „Gesamtbild" die bessere wäre, wenn man alles so gegeneinander abwägt. Immerhin durfte Sören unbeschwert viele Jahre über frei und gesund leben, sämtliche Freuden der Jugend genießen und kannte das Gefühl von Krankheit oder Einschränkungen wohl nicht ansatzweise. Erst jetzt, Ende dreißig, hatte er diese schwerwiegende Lebenseinschränkung bekommen. Und er war noch nicht mal ganz unschuldig daran, angeblich fuhr er nicht einmal angeschnallt, als der Unfall passierte. Wohingegen mein Leben doch bereits noch vor meinem 4. Lebensjahr eingeschränkt war und ohne medizinische Versorgung bereits geendet hätte, bevor es richtig begann.

Ist möglicherweise auch ein blödes Beispiel, eine Art Äpfel-Birnen-Vergleich. Aber Gedanken wie jene beschäftigten mich dennoch gelegentlich.

Wie schwer und schlimm eine Krankheit oder Einschränkung wahrgenommen wird, hängt natürlich wieder einmal gänzlich von der betroffenen Person ab. Die meiste Zeit meines Lebens war mir mein Zucker überwiegend egal gewesen, ich hatte nach reinem Gefühl gehandelt. Ständiger Grundgedanke: *Ja, ja, das*

passiert vielleicht den anderen, aber nicht mir. Ich bin in gewisser Wei-
se unsterblich!

Diese Gedanken können wohl sehr viele Menschen nachvollziehen. Der Raucher weiß genau, dass es langfristig alles andere
als gesund ist, aber er tut es trotzdem. Genauso wie der Trinker.
Oder der notorische Partygänger, welcher auf jeder Feier eine
andere Person abschleppt und noch nicht mal ein Kondom verwendet. Frei nach dem Motto: „Egal, wird schon gut gehen."

Es kann alles für eine Weile gut gehen. Aber hat man dann
die Diagnose schwarz auf weiß, ändert sich alles schlagartig. Fragen und persönliche Anschuldigungen, „Hätte ich doch bloß
mal ...", sind die unmittelbare Folge. Aber macht das nicht auch
zu einem gewissen Punkt das Leben aus? Naiv zu sein und Fehler zu machen? Eine Garantie gibt es ohnehin für nichts und niemanden. Im Grunde müssten wir uns alle in Watte packen und
niemals unser Zuhause verlassen. Und das wäre kein Leben, das
wäre pures Vegetieren. Ich bin froh über alle Dinge, welche ich
getan habe und somit das Leben für einen kurzen Zeitabschnitt
bewusster genießen durfte. Ganz gleich, ob es vernünftig war
oder eben nicht.

Ein fleißiger Helfer

Ich fand immer mehr Gefallen daran, André im Verleih zu helfen und diverse Aufgaben zu verrichten. Auch die Anwesenheit von Aaron und Melli bekräftigte meine soziale Kompetenz. Aaron versuchte gezielt, mir Aufgaben unabhängig von André zu geben, um mir auf diesem Weg mehr Selbstvertrauen zu verschaffen. Was mir anfänglich nicht so recht war, war André doch stets meine zentrale Leitfigur. So freute ich mich inzwischen auch darauf, wenn ich mal einen Tag mit Melli allein im Lager arbeiten durfte und mit ihr die interessantesten Gespräche führen konnte.

Sie erzählte mir ein bisschen etwas von Aaron, wie er in Situationen bezüglich des Zuckers agierte. Und ich zog sehr viele Parallelen daraus, da mir einige Situationen doch sehr bekannt vorkamen. Unkontrollierbarer Heißhunger und Nervosität im Unterzucker, starker Durst im Überzucker und die ständige Lust auf etwas Süßes. Aaron war (wie ich), eine Naschkatze, welcher Kuchen und süße Stückchen liebte. Seit er nicht mehr rauchte war das nach eigenen Angaben noch stärker geworden. Was ich nachvollziehen konnte. Irgendein Ventil zum „gut Fühlen" braucht es eben. Hand aufs Herz: Von Kamillentee und Zwieback wird auf Dauer keiner glücklich... ☺

Was Aaron und mich jedoch grundlegend unterschied war unser Charakter. Er war extrovertiert, ich dagegen sehr introvertiert. Ärgerte er sich beispielsweise über jemanden, sagte er ihm dies auch direkt ins Gesicht. Selbst wenn damit Streit vorprogrammiert war. Aaron bestand darauf, selbstbewusst seinen Standpunkt zu verdeutlichen und war damit das genaue Gegenteil von mir. Ich war viel eher der Typ, welcher sich für Fehler entschuldigte und alles in sich hineinfraß, anstatt zu debattieren (außer bei André und Axel, da traute ich mich meine ehrliche Meinung zu vertreten).

Ich bewunderte Aaron für seine direkte Art. Gelegentlich gab es auch mit André Streit und Meinungsverschiedenheiten, welche jedoch nie lange anhielten. Bei Aaron war es oftmals so, dass er schnell einmal etwas aus der Wut heraus sagte, was er im Grunde gar nicht so meinte. Auch diese Art kam mir sehr bekannt vor. Sehr oft äußerte auch ich einen unüberlegten und auch gelegentlich radikalen Standpunkt, welchen ich bereits nach einigen Sekunden wieder bereute und dachte: *Mist, das hätte ich mir jetzt sparen können!* So viel unterdrückte Wut. Ging es Aaron manchmal ähnlich?

Ohnehin ist es so, dass sogenannte Impuls-Handlungen, welche unüberlegt gesagt oder getroffen werden, oftmals sehr viel Ärger und Folgen verursachen. Das kann eine Ohrfeige während eines Streits, eine unüberlegte Aussage oder aber auch eine spontane Fehlentscheidung in jeglicher Hinsicht sein. Handlungen aus dem ersten Impuls führen im Grunde zu gar nichts, höchstens zu Problemen. Wir alle neigen auf irgendeine Weise dazu. Diese Impulse sind für uns alle überlebenswichtig. Ganz besonders im Alltag, wo wir häufig schnell reagieren müssen, wie zum Beispiel im Straßenverkehr. Aber im zwischenmenschlichen Bereich geht diesbezüglich so manches kaputt. Im Grunde ist das schade. Es lohnt sich definitiv, gelegentlich noch einmal über gewisse Dinge zu schlafen. Wie mich einst mein Hauswirt Martin im Ruhrgebiet lehrte: „In der Hektik passieren Fehler!"

Meine freiwilligen Arbeiten führten dazu, dass sich ein kleiner Traum von mir erfüllte. Nachdem Aaron über einige Monate gesehen hatte, wie stark ich mich engagierte, stellte er auch mich endlich im Verleih an. Ein unsagbares Glücksgefühl, endlich hatte ich einen Platz gefunden. Und ich beschloss mich weiterhin zu engagieren und Vollgas zu geben. Ganz besonders in puncto Bandtechnik.

Sehr bald sollte die Saison mit unserer Band wieder losgehen. Da Moritz inzwischen überwiegend in seinem eigenen Verleih tätig war und sich einige seiner Jobs mit unseren überschnitten, sagte er bereits zu Anfang des Jahres die meisten Auftritte bei uns ab. Aus diesem Grund sollte ich fortan die Lichtshow übernehmen. Zunächst war ich unsicher, da ich es doch seit einiger Zeit nicht mehr gemacht hatte. Weiterhin war Moritz der deutlich bessere Programmierer. Konnte ich das möglicherweise auch?

So nahm ich mir die benötigte Zeit und eignete mir nach und nach sämtliches Fachwissen an. Und sogar noch mehr. Ich erlernte mit telefonischer Hilfe von Moritz wie man Farbwechsel, Strobos und Chases programmierte, und notierte mir dies gleichzeitig. Ich löschte das Pult wiederholt, um es erneut zu programmieren. So lange, bis ich es geschafft hatte und sämtliches Wissen vertieft war. Es dauerte nicht lange, bis ich eine sehr passable Lichtshow bei den Live-Auftritten präsentierte. Ich erntete sehr viel positives Feedback von André, Aaron, Melli und den Musikern. Ich war Moritz sehr dankbar, dass er mir so viel Wissen weitergegeben hatte. Aaron setzte mich von nun an auch bei anderen Veranstaltungen wie Vereinsfesten und Galas ein. Sogar ein Musical durfte ich einmal übernehmen. Hierbei konnte ich meine künstlerischen Fähigkeiten in Form der Lichttechnik noch deutlich ausbauen.

Gab es Verbesserungsvorschläge und Ideen, so nahm ich diese gerne entgegen. Ohnehin war es inzwischen bei mir so, dass ich mit konstruktiver Kritik sehr gut umgehen konnte. Ich freute mich mittlerweile, Tipps und Ratschläge zu erhalten, welche mich künftig verbessern konnten. Ganz egal auf welchem Gebiet. Nur so kommt man schließlich weiter, niemand lernt jemals vollständig aus. In dieser Hinsicht bemerkte ich bereits einen kleinen, aber feinen Fortschritt. Noch vor einiger Zeit war ich selbst gegen gut gemeinte Ratschläge vollkommen immun und wollte es von vorneherein besser wissen. Inzwischen war ich diesbezüglich deutlich flexibler geworden.

Im April fand ein Musikfest in unserer Region statt, bei welchem Aarons Verleih seit einigen Jahren den Aufbau übernahm. Auch ich assistierte dieses Jahr beim Aufbau, welcher sich über eine knappe Woche zog. Ich kletterte im Alu herum, verkabelte und sicherte die

Lampen. Inzwischen traute ich mich sogar auf die Leiter, wovor ich all die Jahre zuvor Angst hatte. Ich übernahm einige Arbeiten, welche mich mit Stolz erfüllten. Das Gefühl, André und den anderen in irgendeiner Weise nachzustehen, war längst verschwunden. Ich fühlte mich weniger minderwertig, allein schon durch meine neue Statur. Alles andere schien plötzlich Nebensache. Schaffte ich etwas nicht, so konnte ich dies inzwischen deutlich leichter wegstecken.

Die Techniker wurden mit einem kleinen Buffet versorgt, auf welchem es neben Kaffee auch belegte Wecken und Kuchen gab. Ich bediente mich dezent nach einigen Überlegungen, übertrieb es allerdings längst nicht mehr so wie früher. Ich schämte mich jedoch urplötzlich dafür, in der Gegenwart von anderen zu essen. Daher holte ich mir meist heimlich etwas. Keine Ahnung, woher dieses neu aufgetretene Gefühl wieder kam.

Am Abend der Veranstaltung traf ich einige altbekannte Gesichter wieder. Unsere alte Band, bei welcher André vor Jahren den Sound gemacht hatte, spielte vor Ort. Ich hörte von einigen, wie dünn ich geworden wäre und ob es mir gesundheitlich gut ginge. Was mich mental bestätigte. Das größte Kompliment für mich.

Vom ursprünglichen faulen Tagträumer, welcher zuhause herumhing und in den Tag (oder besser in die Nacht) hineinlebte, war längst nichts mehr übrig. Das Gefühl gebraucht zu werden und helfen zu können erfüllte mich mit enormem Stolz. Zu tun gab es immer etwas. Und wenn es nur Kabel aufwickeln war.

So assistierte ich ferner bei der Fertigung eines neuen LKW-Auflegers, welchen Aaron seit einiger Zeit baute. Während sich André und Aaron um die Elektronik kümmerten, strich ich die Achse in einem glänzenden Schwarz und kratzte das alte Fett aus den Füßen. Bis die Farbe endlich von meinen Fingern vollständig verschwunden war dauerte es einige Tage. Aber ich machte mir nichts daraus. Die Farbe symbolisierte meine Arbeit.

Ich vernachlässigte alles, was mir früher wichtig war. So traf ich mich auch nur noch recht selten mit meinem besten Freund Axel, welcher inzwischen dabei war, parallel zu seinem Job als Gastronomiefachmann eine Abendschule zu besuchen, um sein Fachabitur nachzuholen. Dies war ihm jedoch nur möglich, da er bereits über eine abgeschlossene Ausbildung verfügte.

Wir telefonierten aber nach wie vor regelmäßig und hielten uns damit gegenseitig auf dem Laufenden. Ich erzählte ihm von meiner Panik, wieder zuzunehmen, was er nicht verstehen konnte. Ohnehin meinte er, dass ich mich seit dem Aufenthalt im Ruhrgebiet sehr verändert hätte. Nichts mache mehr Spaß mit mir, ich hätte nur noch meinen Zucker, Kalorienzahlen und meine Gesundheit im Kopf. Er sagte, dass er seinen alten besten Freund zurückhaben wollte, mit welchem er immer so viel Spaß hatte. Ich verstand seine Meinung. Ich fühlte mich selbst auch nicht sonderlich wohl inmitten meiner Angst vor allem.

Und obwohl mich die Arbeit im Verleih ziemlich ausfüllte, machte ich mir dennoch Gedanken darüber, wie ich möglichst vielen Tieren helfen konnte. Das Problem war leider, dass sämtliche Tierheime nur ehrenamtliche oder 450 €-Kräfte beschäftigten. Das war leider keine Option, um die täglichen Brötchen zu verdienen. In einer Welt wie dieser schien es mir als das einzig Sinnvolle, den armen Tieren zu helfen, welche von der kapitalistischen Menschheit systematisch ausgebeutet werden. Tagtäglich sah ich Bilder und Videos in sozialen Netzwerken, auf welchen sie systematisch gequält und ausgenutzt wurden. Warum ist die Welt in dieser Hinsicht so mies? Hat der Großteil der Menschheit kein Interesse daran, ihr Leid zu beenden? Ein Tier ist solch eine treue Seele, bedingungslos liebend und bescheiden. Die Menschheit könnte noch so viel von den Tieren lernen!

Seit wir Stupsi adoptiert hatten haben André und ich einen gemeinsamen Lebenstraum: Sollten wir einmal viel Geld gespart haben, wollen wir eine Tierpension eröffnen, welche verwaiste Tiere aufnimmt, sich um deren Gesundheit kümmert und diese dann in gute Hände vermittelt. Tiere aus Ländern retten, in welchen sie ein schlimmes Leben haben, und dort einfach nur bedenkenlos getötet oder vernachlässigt werden. Möglicherweise auch ein eigenes kleines Kastrationsprojekt gründen, welches Teil dieser Idee werden sollte. Jedes Mal, wenn ich meinen geliebten Stupsi knuddle, ist mir bewusst, dass es da draußen Millionen lieber Seelen seiner Art gibt, welche hungernd in eiskalten Zwingern warten, teilweise schlimme Schmerzen haben oder still und leise verenden. Dieses Wissen bricht mir nach wie vor das Herz und ich würde es so gerne ändern. Ein Mensch allein kann nicht die ganze Welt retten, so viel ist schon einmal klar. Aber wenn jeder nur eine Kleinigkeit beitragen würde, wäre sie ein deutlich besserer Ort

Leider tun die meisten nur nix. Hier triumphiert einmal mehr die apathische Gleichgültigkeit unserer "modernen" Gesellschaft.

Pures Glück ist reines Wunschdenken.
Zufriedenheit ist die Antwort.

Unser tägliches Brot nimm mir heute

Als wir wieder einmal bei Anna und Dietmar zum Mittagessen eingeladen waren, unterhielten wir uns über Annas Krankheit. Sie legte André ans Herz, sich auch mal wieder einer größeren Untersuchung zu unterziehen, um zu sehen, ob alles in Ordnung sei. André war in dieser Hinsicht wie ich. Er ging lediglich zum Arzt, wenn es einen expliziten Anlass gab. Solange es ihm gutging, wollte er sich nicht unnötig verrückt machen.

Ferner riet ihm Anna, sich auch auf Unverträglichkeiten testen zu lassen, so wie es bei ihr der Fall war. Solche Unverträglichkeiten sind angeblich teilweise erblich bedingt. André sagte zu und ließ sich die Tage später testen. Sein Hausarzt sagte, dass er eine sogenannte Glutenintoleranz oder Zöliakie aus der Blutuntersuchung allein nicht mit Sicherheit diagnostizieren könne, dafür wäre eine Magenspiegelung nötig. André lehnte diese jedoch ab.

Ich googelte wenig später aus purem Interesse nach dieser Krankheit. Unverträglichkeit gegenüber Gluten, 10 % aller Diabetiker sind unter anderem betroffen. *Was? So etwas gab es tatsächlich?* Ich dachte bis dahin, dass es nur eine Unverträglichkeit gegenüber Milchzucker gäbe, wie ich es einst einmal im Ruhrgebiet vermutet hatte, als ich literweise Milch trank. Aber gegenüber Gluten? Also Brot und Nudeln? Was es nicht alles zu geben schien. Ich fragte beim nächsten Hausarztbesuch (im Grunde eigentlich eher spaßeshalber), ob man diesen Test einmal mitmachen könne. Dachte mir aber nichts weiter dabei. Ich glaubte es zwar nicht, aber vielleicht gab es diesbezüglich ja einen Zusammenhang. Ich tippte bezüglich meiner Verdauungsprobleme noch immer viel eher auf eine leichte Laktoseintoleranz, welche durch meine Diät-Joghurts ausgelöst worden sein könnte.

Oder auf eine negative Reaktion des Darms, weil ich diesen täglich mit vielen Kaugummis und zuckerfreien Energydrinks malträtierte. Nicht zu vergessen jeder Menge Rohkost.

Wenige Tage später erschien ich zur Besprechung meiner Blutwerte. Dr. Arnold fragte mich, wie ich denn auf die Idee einer Glutenunverträglichkeit gekommen wäre. Ich erwiderte, dass ich es bei einer Freundin gehört hatte, daraufhin etwas recherchiert und es nun einfach aus Spaß wissen wollte. Doch es erwartete mich alles andere als ein lustiges Ergebnis. Tatsächlich war einer der drei Werte, der Gliadin AK IgG-Wert, welcher die Antikörper gegen das aufgenommene Gluten anzeigt, auf 120 erhöht. Eine Glutenunverträglichkeit schien tatsächlich möglich. Ich war schockiert. Zur genaueren Abklärung sollte eine Magenspiegelung mit Biopsie aus dem Dünndarm erfolgen. Keine große Sache, wie Dr. Arnold meinte. Vor der Magenspiegelung hatte ich diesmal auch keine wirkliche Angst mehr. Viel eher vor dem Endergebnis …

Zuhause machte ich sofort einen Termin bei einem Gastroenterologen, welcher in den nächsten Wochen stattfinden sollte. Die nette Dame am Telefon sagte, ich solle bis zur Untersuchung auf jeden Fall „normal" weiter essen, um eine sichere Diagnose zu gewährleisten.

Die Vorstellung, tatsächlich von einer Glutenunverträglichkeit betroffen zu sein, machte mich wahnsinnig. Dieser Zustand bestärkte sich, nachdem ich die Thematik ausführlicher googelte. Gluten war nicht nur in sämtlichen Brotsorten, sondern auch noch in Nudeln und als Zusatz in diversen Fertigprodukten enthalten. Und im Gegensatz zur Laktose- und Fruktoseintoleranz, welche beide bereits mit Enzym-Tabletten behandelt werden konnten, gab es für diese Unverträglichkeit bislang noch keine gezielte Behandlung. Diese Krankheit würde angeblich nie wieder verschwinden, bei jedem Verzehr von Gluten reagierte der Dünndarm mit einer Entzündungsreaktion, woraufhin sämtliche Darmzotten, welche die Nährstoffaufnahme garantierten, binnen kurzer Zeit absterben. Was wäre, wenn ich diese Krankheit wirklich auch noch hätte? Was würde das für mein künftiges Leben bedeuten?

Nie wieder frei essen dürfen, was mir schmeckte und was ich bereits mein ganzes Leben schon kannte? Von einer ständigen Angst beherrscht zu sein, etwas erwischt zu haben und somit wieder eine erneute Entzündung verursacht zu haben? Nie mehr leckere Dinkelknauzen, welche ich zum abendlichen Salat so gerne dazu aß, weil ich einst las, dass Dinkel eine gesündere Alternative zu Weizenmehl wäre. Nie mehr normale Brötchen vom Bäcker? Nie mehr Nudeln, Maultaschen oder Tortellini? Nie mehr Cornflakes oder Müsli? Nie mehr Pizza, Fast Food oder Nudelaufläufe? Ganz zu schweigen von Weihnachtsplätzchen, Kuchen und sonstigen Naschereien? Mir wurde gedanklich schwarz vor Augen. Und obwohl ich auf die meisten dieser Köstlichkeiten ohnehin seit einiger Zeit aus Kaloriengründen verzichtete, erschien es mir undenkbar, für den Rest meines Lebens darauf zu verzichten.

Ich kontaktierte André telefonisch und erzählte ihm von dieser Wahrscheinlichkeit. Er reagierte geschockt, beinahe noch mehr als ich. Später zuhause angekommen, setzte er sich sofort an den Rechner und begann ausführlich zu recherchieren. Er fand heraus, dass einige Lebensmittelgeschäfte ein sehr großes Sortiment an glutenfreien Lebensmitteln anboten, das schenkte ihm Zuversicht.

Wir setzten uns ins Auto und fuhren dorthin. Lange dauerte es nicht, bis wir fündig wurden. Wir erschraken jedoch nicht schlecht, als wir die gepfefferten Preise sahen. Fast 3 € für eine Packung Brot, welches einem normalen ähnelte. 3 € für eine Packung Nudeln, welche im normalen Handel etwa 60 Cent kostete. Ein Päckchen Kekse und ein Marmorkuchen brachten es ebenfalls beinah auf 4 €. Was war das denn für eine bodenlose Unverschämtheit? Wer konnte sich das bitte auf Dauer leisten, wenn er nicht gerade Bill Gates hieß? André meinte, dass es jetzt nicht darauf ankäme und dass wir das jetzt einfach mal versuchen sollten. Gesundheit sei schließlich unbezahlbar.

Nachdem wir einige glutenfreie Lebensmittel auf Probe auf das Kassenband gelegt hatten, waren wir bei etwa 70 € angekommen. Im Grunde nur für Beilagen, Ersatz für Brot, Nudeln und einige Snacks. Auch eine vollkommen glutenfreie Soße hatten wir mitgenommen. Ein Einkauf mit denselben „normalen" Produkten hätte bei maximal 30 € gelegen.

Zuhause versuchten wir uns an einem Gericht. Wir probierten die glutenfreien Spaghetti mit der mitgebrachten Pilz-Soße. Ich kann nicht mit Sicherheit sagen, ob es reine Kopfsache war, aber das Essen schmeckte einfach nicht gut. Fad und trocken. Die Spaghetti mussten wir mit tonnenweise Salz anreichern, damit sie überhaupt nach etwas schmeckten. Sie klebten aneinander, waren so klumpig und ekelhaft. Nach einigen Löffeln schmissen wir den Rest weg. Diese Kalorien erschienen es nicht wert, gegessen zu werden. Der Marmorkuchen war einigermaßen passabel, allerdings hatte jener auch deutlich mehr Kalorien als ein handelsüblicher. Und auch deutlich mehr Fett. Was mir aufgrund meiner Panik vor Kalorien natürlich sofort ins Auge fiel.

Einige Zeit später erfolgte der Termin zur Magenspiegelung. Diesen Termin hatte ich erst gegen 15:00 Uhr, weshalb ich den ganzen Tag über nichts essen durfte.

Mit mulmigem Gefühl betrat ich mit André die Praxis des Gastroenterologen. André musste als Fahrer agieren, da ich mich während des Vorgangs in einer Art Dämmerschlaf befinden würde. *Jippie, ich liebe Narkosen!* Das Gefühl des Einschlafens empfand ich stets als sehr angenehm und entspannend. Wie einst damals bei meinen Weisheitszähnen.

Still und in Gedanken versunken beobachtete ich das wunderschöne Aquarium, welches im Wartezimmer aufgestellt war. Sollten diese schönen Korallen möglicherweise eine Symbolik der Darmzotten darstellen? Das wäre eine sehr kreative Idee gewesen.

In den eigentlichen Untersuchungsraum ging ich allein. Die Schwestern bereiteten mich auf den Eingriff vor, indem sie mich aufklärten und noch einige Angaben von mir benötigten. Ich erzählte von meiner Angst, tatsächlich unter einer Glutenunverträglichkeit zu leiden und dass mir dies eine enorme Lebensqualität nehmen würde. Eine der Schwestern redete mir wohlgesonnen zu. Sie erzählte von ihrem Kind, welches ebenfalls unter einer Unverträglichkeit dieser Art litt. Dieses würde prima mit einer sogenannten „Paleo Diät" zurechtkommen. Das wäre angesichts meines Zuckers für mich zusätzlich die beste Lösung. Das schien keine Option für mich zu sein. Nur Eier, Fleisch, Fisch und Gemüse? Das mag für einen kurzen Zeitraum machbar sein, wenn es darum geht, eine Diät zu machen oder den Körper zu entgiften. Aber auf Lebenszeit? Niemals. Außerdem hatte ich meinen Fleischkonsum aus Tierschutz- und diätbedingten Gründen schon lange drastisch eingeschränkt.

Schließlich betrat auch der Doktor das Zimmer, begrüßte mich spärlich und ohne großartigen Blickkontakt. Er wirkte, als wäre er unter Zeitdruck und im Stress. So wie viele Ärzte heutzutage. Er fragte mich, wie es denn zu jenem akuten Verdacht gekommen wäre. Ich erzählte von meinen erhöhten Gliadin Ak IgG-Antikörpern. Erwähnte im gleichen Atemzug allerdings auch, dass die beiden anderen Werte, die Transglutaminase und die IgA-Werte im Normbereich wären. „Wenn die Transglutaminase-Werte im Normbereich liegen, ist eine Glutenunverträglichkeit ziemlich unwahrscheinlich!", meinte er und bereitete den Eingriff vor. „Jetzt spüren Sie gleich nichts mehr!", sagte die nette Schwester, nachdem sie mir eine Art Atemschutzmaske aufsetzte und lächelte mir zu. Ich fühlte mich gleich viel wohler. Beruhigt döste ich weg.

Als ich erwachte konnte ich kaum glauben, dass die Prozedur schon vorbei war. Ich fühlte mich gut und entspannt, wie in einem leichten Rauschzustand. Ich erwartete, dass ich das Ergebnis bereits in wenigen Minuten bekommen würde. Dem war allerdings nicht so. Die Proben, welche aus meinem Dünndarm entnommen wurden, müssten erst in die Pathologie geschickt und dort analysiert werden. Erst dann sei mit einem sicheren Ergebnis zu rechnen. Der Doktor sagte noch im Vorbeigehen zu mir, er habe mit der Kamera eine weiße Schicht im Dünndarm gesehen, welche jedoch keinen Hinweis auf eine Glutenunverträglichkeit liefern würde. Es könnte sich um eine simple Entzündung handeln, Genaueres würde die Analyse ergeben. „Also ganz normal weiter essen?", fragte ich unsicher. „Ganz normal!", entgegnete der Arzt, gab mir die Hand und verabschiedete sich. In 2 Wochen läge das Ergebnis vor.

Motiviert und vor allem sehr erleichtert, dass ich diese Prozedur gut überstanden hatte, verließ ich mit André die Praxis. Wir gingen einkaufen und aßen ausgiebig zu Abend. Leckere Brötchen mit Salat …

2 Wochen später hatte ich einen erneuten Termin bei Dr. Arnold, meinem Hausarzt. Ich wusste, dass irgendetwas im Busch war, da meine Verdauungsbeschwerden noch immer nicht nachgelassen hatten. Rechnete aber aufgrund der motivierenden Worte des Gastroenterologen längst nicht mehr mit einer Glutenunverträglichkeit, viel eher mit einer kleinen Entzündung, welche durch Antibiotika oder ähnliches innerhalb kürzester Zeit beseitigt werden konnte. Der Darm schien eine sehr komplexe Angelegenheit im Körper zu sein, welche oftmals unterschätzt wird. Möglicherweise lag es auch an meinem ausgiebigen Konsum von Süßstoff. Ich trank sehr viel zuckerfreie Energydrinks, zuckerfreie Süßgetränke und kaute praktisch den ganzen Tag über zuckerfreie Kaugummis. Das konnte ein bestärkender Faktor sein.

So wurde ich ins Zimmer gerufen, setzte mich und war mehr als gespannt auf die Diagnose. Ich konnte es Dr. Arnold jedoch bereits ansehen, dass jene nicht allzu rosig aussah. „So wie es aussieht hast du eindeutig eine Glutenunverträglichkeit im schweren Stadium!", entgegnete jener. Mein Herz sackte zehn Stationen tiefer. „*Was??? Wieso jetzt doch?* Der Gastrologe hatte doch gesagt, wenn die Transglutaminase-Werte in Ordnung wären, sei höchstwahrscheinlich alles gut!?"

Dr. Arnold schüttelte den Kopf. „Sieht leider ganz danach aus. Der Bericht ist eindeutig …"

André, welcher am wichtigen Tag der Diagnose an meiner Seite war, konnte es ebenso wenig glauben wie ich selbst. Still und geschockt saß er auf dem Stuhl neben der Liege und schaute mich an.

„Es tut mir so leid", sagte dieser. „Wenn ich könnte, würde ich es dir abnehmen, weil mir Essen lange nicht so viel bedeutet wie dir!"

Warum nur, WARUM??? Warum strafte mich mein Körper jetzt mit so einer grauenhaften Sache? Geschah dies nur aufgrund meiner Insulinverweigerung oder wäre es auch andernfalls passiert? Stand immerhin ja wieder einmal mit dem gottverdammten Zucker in Verbindung, wie so vieles in meinem Leben. Hatte ich es möglicherweise schon mein ganzes Leben und es verlief bislang nur symptomlos? Durch meine Recherchen hatte ich herausgefunden, dass 2 von 3 Betroffenen überhaupt nichts von ihrer Problematik wissen, da sie nie spezifische Symptome hatten. Und aus diesem Grund natürlich erst gar nicht nachschauen lassen. Häufig kommt diese Diagnose nur durch Zufall ans Licht.

„Ich weiß, ich war oft schlampig mit meiner Gesundheit", sagte ich vollkommen am Ende. „Aber dass ich es jetzt in diesem Maße zurückbekomme, das ist einfach nicht fair …" Dr. Arnold versuchte mich aufzubauen. „Du warst nicht schlampig, du hast auf gut Deutsch gesagt einfach nur die Arschkarte! Ich kann dich so gut verstehen, ich habe auch einmal aus Spaß ein glutenfreies Bier probiert, das kannst du vergessen. Versuch einfach die nächste Zeit, so gut wie möglich drauf zu verzichten, dass sich deine Darmzotten wieder regenerieren können. Und jetzt haben wir auch endlich einmal eine Antwort auf den rätselhaften Eisenmangel. Du hast doch bestimmt auch keine Lust, deswegen alle 2 Wochen dein Leben lang zur Infusion zu kommen."

Ehrlich gesagt wäre mir das lieber gewesen als meine Ernährung derart einschränken zu müssen. Nadeln war ich ohnehin seit frühester Kindheit gewohnt und die Zuzahlung hierfür käme auf Dauer bestimmt auch billiger als dieses ekelhafte glutenfreie Essen.

Was mir diesbezüglich am meisten Angst machte waren die Gelenkschmerzen und die ausgeprägte Morgensteifigkeit. Das wollte ich unbedingt wieder wegbekommen. Mit Verdauungsproblemen konnte ich dagegen leben. Das haben schließlich viele Menschen. Ich sage nur Reizdarm-Syndrom.

Nachdem wir die Praxis verließen, fiel mein Blick auf meine halbe Brezel, welche ich mir auf dem Hinweg zum Frühstück gekauft und bis dahin nur halb gegessen hatte. Ich konnte es noch immer nicht fassen, dass eine unschuldige, kleine Backware dieser Art derartigen Schaden in meinem Inneren verursachen würde. „Darf ich das zum Abschied noch aufessen?", fragte ich André. Jener nickte. „Ja, natürlich darfst du das!"

Ich konnte es noch immer nicht so recht glauben, was im schriftlichen Bericht der Pathologie festgehalten wurde. Noch immer beschäftigten mich die einstigen Worte des Gastroenterologen, dessen Praxis ich noch am selben Tage aufsuchte. Es gab noch einen separaten Bericht, welchen dieser an Dr. Arnold am selben Tage schicken wollte. Möglicherweise beinhaltete dieser einen anderen Standpunkt? Ich klammerte mich an jene Möglichkeit und erfragte den Bericht. Doch jener enthielt genau den gleichen Inhalt und auch dieser Arzt war inzwischen von der Diagnose überzeugt. Der letzte Strohhalm versank tief im Strudel der Endlosigkeit, es gab keinerlei Hoffnung mehr.

Ferner riet mir der Arzt zur Mitgliedschaft in einer Art Selbsthilfegruppe, welche mich mit umfangreicherem Wissen, aktuellen medizinischen Standpunkten, Übersichtstabellen und Rezepten versorgen sollte.

Na großartig, die nächste Sonderrolle. Auf der anderen Seite war dafür die Geschichte mit der angeblichen Pankreasinsuffizienz hiermit vom Tisch. Ich würde zumindest wieder ab und an etwas Alkohol trinken dürfen. Worauf ich nach all dem Erlebten, meinem neuen Wissensstand und den möglichen Gefahren noch nicht einmal mehr wirklich scharf war. Ganz zu schweigen von den Kalorien.

Am Tag der Diagnose gingen wir noch einmal einkaufen. Wir besorgten überwiegend verschiedene Brotsorten, da mir

Brot am wichtigsten war. Auf Nudeln konnte ich recht gut verzichten, hatten jene doch ohnehin viel zu viele Kalorien, wie ich vor kurzem lernte. Ich probierte mehrere verschiedene Sorten aus. Wäre es mit dem Brot allein doch schon getan gewesen …

Die meisten Lebensmittel, überwiegend die fertig konservierten, enthalten ebenfalls Gluten in Form von Geschmacksverstärkern und Bindemitteln. Soßen, Joghurts, Dressings, Gewürze … all das konnte Spuren von Gluten enthalten. KONNTE, konnte aber auch nicht …

André meinte, er würde mich in meiner momentanen Lage unterstützen und ebenfalls eine Weile auf Gluten verzichten. Er empfand es als unfair, wenn er neben mir „normal" essen würde, während ich mich quälte und eine eklige Alternative essen musste. Ich sagte zu ihm, dass er das nicht brauchte, schließlich war er doch nicht für mein Elend verantwortlich. Doch er bestand trotzdem darauf. Er war außerdem neugierig, ob sich bei ihm im Körper in jenem Zeitraum ebenfalls etwas verändern würde. André litt bereits sein Leben lang unter regelmäßigen Durchfällen, welche er jedoch auf einen nervösen Magen und seine ungleichmäßige Ernährung schob. Die Tatsache, dass er oftmals den ganzen Tag über nichts aß und erst am Abend richtig zulangte, war wohl auch nicht ganz unschuldig an diesem Effekt. Doch André kannte es nicht anders, für ihn war das ganz normal. Trotz allem fühlte er sich wohl, seine Blutwerte waren in Ordnung und auch sein Hausarzt hatte ihm beim letzten Mal geraten, auf sämtliche Tests dieser Art nichts zu geben. Sie würden rein gar nichts beweisen, wären im Endeffekt nur ein individueller Beleg. So lange er sich wohlfühle, bräuchte er diesbezüglich nichts zu hinterfragen.

Ich bereute, jenen Test überhaupt erst angesprochen, geschweige denn durchgeführt haben zu lassen. Vielleicht hätte ich es auf lange Sicht gar nicht wissen wollen. Aber nun stand ich vor den vollendeten Tatsachen und es galt das Beste daraus zu machen. Ich schaute mir die vorgeschlagene Vereinigung an, in welcher ich Mitglied werden sollte. Möglicherweise wäre es tatsächlich sinnvoll und brächte mir einige gute Ratschläge. Als ich die Mitgliedschaft beantragen wollte, wurde eine Gebühr von 80 € gefordert. Das wollte ich nicht zahlen und empfand es als Geldmacherei. *Auch noch Geld scheffeln mit Betroffenen,* das fehlte gerade noch, dachte ich mir. Ganz genauso wie diese überteuerten Produkte. Wenn man schon auf diese Pappe angewiesen ist, sollten sie preislich im selben Rahmen liegen wie gewöhnliches Essen. Auf der anderen Seite ist zu bedenken, dass die Herstellung deutlich aufwendiger ist, was natürlich auch bezahlt werden muss.

Ich haderte sehr lange mit mir, ob ich meinen engsten Kreis einweihen sollte, oder nicht. Immerhin bedeutete das eine weitere künftige Sonderrolle, aus welcher ich nie wieder herauskommen würde. Was würde sich künftig für mich ändern? Bei jedem Besuch die Frage gestellt zu bekommen, was ich essen „dürfte" oder nicht schien mir ein Graus. Das war nach wie vor das Ärgste, diese ewige Sonderrolle. Fürsorge und Aufmerksamkeit in allen Ehren, dafür bin ich dankbar, das ist nicht falsch zu verstehen. Aber ich will es nun einmal nicht, ganz genauso wenig wie beim Zucker.

Ganz besonders Anna, Andrés Mutter, zeigte sehr große Fürsorge und Anteilnahme an meiner Lage. Sie kaufte glutenfreies Mehl, mit welchem sie extra für mich die Schnitzel panierte, wenn wir bei ihr zum Mittagessen eingeladen waren. Auch der leckere Sonntagskuchen, welchen sie wöchentlich für uns backte, wurde nun frei von Gluten. Zwischenzeitlich kaufte sie sogar einen ganzen Vorrat glutenfreier Nudeln für uns, welche wir mitnehmen durften. Und auch einige Brotsorten. Sie erzählte von Andrés Schwester Martina, welche in Kindertagen ebenfalls eine Phase durchlaufen hatte, in welcher sie kein Gluten vertrug. Schon damals backte sie extra Brot und Kuchen für sie aus Mais. Allerdings ging bei Martina die Symptomatik damals nach einiger Zeit wieder weg. Ich hatte von einer Art der Glutenunverträglichkeit bei Kindern gehört, welche im besten Fall nur vorübergehend verläuft. Anna ermutigte mich, dass sie das auch bei mir noch für durchaus möglich hielt, da ich noch recht jung sei. Da kann sich der Körper noch ganz anders regenerieren. Auch wenn die Fachartikel hier eine gänzlich andere Meinung vertreten.

Was mich am meisten an sämtlichen neuen Produkten störte war die Tatsache, dass die meisten weitaus mehr Kalorien beinhalteten als die üblichen Brotsorten. Gerade hatte ich gelernt, jene wieder neu einzuschätzen und die passende Insulindosis zu finden, jetzt sollte sich noch einmal alles verändern. Ich benötigte weitaus mehr Insulin für ein glutenfreies Brötchen als für ein simples Laugenbrötchen oder den geliebten Dinkelknauzen. Meine Werte schnellten in die Höhe, was sich wohl auch auf den sich langsam regenerierenden Dünndarm zurückführen lassen mochte. Das Resultat: Mehr BEs, mehr Insulin, mehr Gewicht. Der Prozess verlief schleichend, aber stellte sich ein. Nach wenigen Wochen der glutenfreien Diät brachte ich es schon wieder auf 60 kg, was mein psychisches Wohlbefinden ziemlich auf die Probe stellte.

Sogar aus dem Internet bestellte ich mir diverse Artikel, welche sich ganz interessant anhörten. Vollkommen überteuert, aber immerhin etwas. Zufrieden war ich allerdings auch mit diesen Produkten nicht. Diejenigen, welche mit viel Käse und Zucker ausgestattet wurden, waren noch halbwegs schmackhaft, was allerdings wohl auch nur den Geschmacksverstärkern zu verdanken war. Das eigentliche Brot schmeckte entweder wie Gummi oder wie krümelndes Sägemehl. Keine Option auf Dauer für mich, so viel stand schon einmal fest.

Ich möchte die Mühen und vielen kreativen Ideen und Kreationen diverser Anbieter, welche in dieser Form helfen möchten, um Himmels willen nicht schmälern. Sie geben immerhin so vielen Menschen eine halbwegs passable Alternative und selbstverständlich handelt es sich hierbei um eine reine Geschmackssache. Einige Menschen mit dieser Problematik (ganz besonders jene, welche nicht jedes Gramm Körpergewicht so penibel verfolgen wie ich), werden sich diesbezüglich wohl sagen: „Naja, das Brot ist nicht die Welt, aber mit dem richtigen Belag geht das schon irgendwie!" Ich dagegen aß meine Brötchen schon immer am liebsten trocken. Ich mag den fluffigen Geschmack sämtlicher Backwaren, da braucht es meiner Meinung nach keinen zusätzlichen Belag.

Stutzig wurde ich jedoch, als ich bei intensiveren Recherchen auf einige Fakten stieß, welche eindeutig übertrieben schienen. Bei dieser Krankheit gilt es nicht nur Gluten zu vermeiden. Man sollte auch sämtliche Küchenutensilien wie Toaster oder Mikrowellen austauschen, welche bereits einmal mit Gluten in Kontakt kamen. Eigene Schubladen sollten vorhanden sein, wenn mehrere Personen im Haushalt lebten, separate Butter und Aufstriche verwendet werden. Sogar Geschirr, welches doch längst wieder abgewaschen war, sollte im besten Fall ausgetauscht werden. Jene Dinge KÖNNTEN immerhin noch „kontaminiert" sein. *Kontaminiert??? Ernsthaft? Sind wir hier in Tschernobyl, oder was?*
So langsam bestätigte sich mein Gedanke, dass es sich hier höchstwahrscheinlich um reine Geldmacherei und sinnlose Panikmache handelte. Ferner schüttelte ich den Kopf als ich las, dass sogar Kaugummis oder Zahnpasta Gluten enthalten konnten. In diversen Internetforen wurde hierüber lange und ausgiebig diskutiert. Leute bitte, ist das euer Ernst? Merkt ihr nicht, dass eure Beschwerden hierbei nur durch Kopfzerbrechen und Angst zustande kommen? Würde ich den ganzen Tag nur Zutatenlisten lesen und mich damit verrückt machen, hätte ich auch nur noch Bauchschmerzen und Dünnschiss…

Nachdem mein zuständiger Rheumatologe immer noch keinen Anhaltspunkt für meine Gelenkschmerzen gefunden hatte, erzählte ich auch diesem von meiner neuen Diagnose. Er bestand darauf, dass ich unbedingt eine glutenfreie Diät einhalten müsste. Auch wenn es jetzt noch keinen spezifischen Hinweis auf Rheuma oder ähnliches gab, so stände das Risiko für Osteoporose (Zerstörung der Knochen) bei regelmäßigem Kontakt mit Gluten sehr hoch. Er verharmloste meine Situation, indem er mir leckere glutenfreie Kesselchips empfahl und meinte, dass das doch überhaupt nicht so schlimm wäre. Heutzutage gäbe es doch für fast alles einen Ersatz. *Ja, ganz toll*, dachte ich mir. *Iss du selbst nur mal eine Woche lang dieses überteuerte Zeug, dann reden wir weiter.* Mut machen ist immer einfach. Aber erst mal selbst machen …

Ich ging weiter zur Ergotherapie und ließ meine Hände behandeln. Die netten Mädels, mit welchen ich mich prima verstand, zeigten mir verschiedene Übungen, welche ich auch zuhause durchführen sollte. Sie konnten sich jedoch auch nicht vorstellen, dass die Schmerzen schlichtweg von einer Glutenunverträglichkeit kommen würden.

Ich recherchierte weiter. Spekulierte weiterhin auf multiple Sklerose oder einen erneuten Ausbruch der Sklerodermie. Dafür gab es jedoch keine Anhaltspunkte. Sämtliche Rheuma-Antikörper waren negativ. Der Arzt hatte gescherzt, dass er sich wünschte, so gute Werte zu haben wie ich…

Ich kam zu dem finalen Schluss, dass es für meine Gelenkschmerzen keinen spezifischen Grund geben musste. Höchstwahrscheinlich ergaben hier einige Baustellen ein komplexes Gesamtpaket. Diabetes seit 23 Jahren, nicht immer ideal eingestellt, die sehr seltene Erkrankung zirkumskripte Sklerodermie, für welche es bis heute auch noch kein genaues Behandlungsschema gibt, und nun auch noch die angebliche Glutenunverträglichkeit, bei welcher einige Nährstoffe nicht ideal aufgenommen werden. Nicht zu vergessen meine innere Unruhe, meine Depressionen und meine permanente Angst, bald noch viel kränker zu werden. Das alles musste ein Gesamtpaket ergeben. Ferner wurde eine erneute Schilddrüsenunterfunktion diagnostiziert, für welche ich von nun an auch eine tägliche Tablette nehmen sollte. *Verflixt und zugenäht, hätte nicht EINE Einschränkung gereicht?*
Ich überlegte, ob es eventuell noch weitere Unverträglichkeiten in meinem Innersten geben würde. Unterließ es aber, hier weitere Nachforschungen und Untersuchungen anzustellen. Was da immer noch in meinem Körper schief lief: Ich wollte einfach nichts mehr wissen…

An manchen Tagen fragte ich mich jedoch, ob ich denn grundsätzlich überhaupt ein Recht dazu hätte, Missgunst gegenüber meiner neuen Ernährung zu empfinden. Wie viele Menschen und Tiere gibt es auf der ganzen Welt, welche für sämtliches Essen, welches nach wie vor auf meinem Speiseplan stand, dankbar wären, wenn sie es denn überhaupt hätten. Menschen in Afrika, welche sich täglich von einer Hand trockenem Reis ernähren und für welche Wasser eines der kostbarsten Güter darstellt. Was würden diese Menschen für Kartoffeln, Obst und Gemüse alles geben? Ist diese Denkweise unserer verwöhnten Gesellschaft zu verdanken, welche überhaupt nichts mehr zu schätzen weiß? Zu welcher leider auch ich in gewisser Weise zähle.

In anderen Ländern wird um Ernährung lange nicht so viel Wind gemacht, wie in den fortschrittlichen Industrieländern. Es wird gegessen, was vorhanden ist und das gilt es zu schätzen. Ohne lange Diskussionen. Friss oder stirb. Thema vom Tisch. Ich glaube kaum, dass man sich dort großartig um Themen wie Unverträglichkeiten den Kopf zerbricht.

Ich suchte einen weiteren Rheumatologen auf und schilderte die Sachlage. Dass ich die Schmerzen am Morgen nicht länger aushalten würde und dass das kein Zustand wäre, bekundete ich voller Verzweiflung, aber äußerst sachlich. Nachdem er einen Moment mit sich gerungen hatte, schrieb er mir ein Rezept für eine 2-wöchige Cortison-Therapie aus. Er warnte mich, dass es mir den Zuckerspiegel systematisch durch die Decke schießen würde und ich meine Insulindosis höchstwahrscheinlich im Zeitraum der Einnahme erhöhen müsste. Doch das war kein Problem, das lag ja immerhin in meiner Macht. Hauptsache, ich könnte endlich mal wieder schmerzfrei mit meinen Händen umgehen.

Bereits nach wenigen Tagen bemerkte ich Besserung. Am Ende der Therapie waren beinahe sämtliche Schmerzen verschwunden. Sie kehrten jedoch zurück, als die Therapie beendet war. Jedoch nicht mehr ganz so schlimm wie einst zuvor.

Was mich nach wie vor am meisten neben meinen Gelenkschmerzen belastete, war die Tatsache, dass ich ganz eindeutig wieder zugenommen hatte. Anmerkungen von außerhalb wie „Du siehst wieder besser aus!" interpretierte ich als persönlichen Angriff. Für mich hörte sich das so an, als würde man ein gut genährtes, pausbäckiges Baby loben. Obwohl es aus objektiven Perspektiven lieb gemeint schien, so bedeutete es für mich die größte Niederlage. Da diese glutenfreie Pappe auch nicht sonderlich lange sättigte, führte es zu erhöhtem Appetit und dem daraus resultierenden Essverhalten. Da halfen irgendwann auch keine zuckerfreien Kaugummis und Zigaretten mehr, welche den Großteil des Hungers unterdrückten.

Die inständigen Recherchen trieben mich nach Wochen des Verzichts an meine Grenzen. Was war das noch einmal für ein Mehl? Buchweizen oder Johannisbrotkern? Was hat mehr Kalorien, wo ist mehr Fett enthalten? Was bringt denn nun wirklich etwas? Wenig Fett oder wenig Kohlenhydrate? Ich versuchte so einiges, sämtliche Erfolge blieben aus.

Ich unterhielt mich ausgiebig mit meiner Mutter und bekundete meine Frustration. Dass das kein Leben mehr sei, ständig in einem Käfig voller Angst zu sitzen. Stets im Hinterkopf zu haben: Wie hoch ist gerade der Zuckerwert? In welcher Mahlzeit ist Gluten, in welcher Mahlzeit KÖNNTE Gluten sein? Was für fehlgeleitete Immunprozesse hätte ich in naher Zukunft noch zu erwarten? Ich erzählte ihr, wovon ich die vergangenen Monate im Internet alles gelesen hatte, wie sich die Meinungen in den Foren unterschieden und von welchen Horrorszenarien dort berichtet wurde. Meine Mutter sagte zu mir, ich sollte nicht alles so ernst nehmen und mir mein eigenes Urteil bilden. Wie viele empfindliche Menschen jammern im Internet herum, das sei nicht für bare Münze zu nehmen. Dasselbe hatte mir mein Hausarzt gesagt.

Meine Mutter meinte, möglicherweise würde es künftig Zeiten geben, in welchen ich Gluten wieder einmal besser vertragen könnte. Ich sollte noch eine Weile standhaft bleiben und mich dann allmählich mal wieder an Produkte herantasten, welche einen recht geringen Glutengehalt aufweisen. Wie zum Beispiel Roggen- oder Sauerteigbrot, welche von Natur aus weniger Gluten enthalten als Weizen- oder Dinkelmehl. Diese Hoffnung schien mir so aussichtslos, ich versuchte mir keine sinnlose Illusion zu machen.

Meine Mutter erzählte mir während eines ausgiebigen Spaziergages mit Stupsi von einer potentiellen Theorie, welche sie persönlich seit einiger Zeit für sehr glaubhaft empfand. Sie hatte einmal gelesen, dass viele Autoimmunkrankheiten (von welchen auch ich betroffen war), durch einen geplanten Kaiserschnitt ausgelöst werden können. Ausführlich beschrieb sie mir jene These.

Durch den fehlenden natürlichen Geburtsvorgang, welcher das Kind bereits gegen so viele Dinge im Leben abhärtet, sei das Kind im Vergleich zu „normal" geborenen Kindern anfälliger für Autoimmunkrankheiten. Diese Theorie, welche medizinisch niemals eindeutig bestätigt wurde, passte demnach sehr gut auf mich, meinte meine Mutter.

Für meine psychischen Defizite, die sich wie ein roter Faden durch mein Leben zogen, hatte sie ebenfalls eine Theorie, über welche sie vor vielen Jahren in einem Buch über Kaiserschnitte gelesen hatte. Ich lag ja – wie bereits erwähnt – falsch herum im Mutterleib. Und eine sogenannte Beckenendlage auf normalem Weg auf die Welt zu bringen birgt ein enormes Risiko für das Baby. Somit wurde ich ein „geplanter Kaiserschnitt". Laut dieser Theorie werden sehr viele der auf diese Art und Weise zur Welt gekommenen Kinder später psychisch auffällig. Die Erklärung dazu klang recht einleuchtend:

Man müsste sich vorstellen, nachts im Tiefschlaf im warmen Bett zu liegen und friedlich zu schlafen. Urplötzlich wird grelles Licht angeschaltet, die warme Decke wird weggezogen und es wird schlagartig eiskalt im Raum. Viele Menschen stehen plötzlich um das Bett herum und erfüllen den noch vor wenigen Sekunden so stillen Raum mit Lärm und unangenehmen Geräuschen. So etwa müsse sich ein Baby fühlen, welches per geplantem Kaiserschnitt aus dem Mutterleib „gerissen" würde und durch nichts vorher darauf vorbereitet war. Bei einer herkömmlichen

Geburt entscheidet das Kind darüber, wann es bereit ist, den sicheren Mutterleib zu verlassen und seine Reise ins Leben anzutreten. Ein Kaiserschnitt-Kind wird dagegen im übertragenen Sinne vollständig übergangen und gar nicht erst gefragt.

Ferner erzählte meine Mutter, dass sie ihre damalige Entscheidung, einen Kaiserschnitt vornehmen zu lassen, bis heute bitter bereue. Bei meinem Bruder, welcher 7 Jahre nach mir auf natürlichem Wege zur Welt kam, stellte sich heraus, dass die Voraussetzungen für eine normale Geburt auch in meinem Falle gegeben gewesen wären. Ich hätte es höchstwahrscheinlich unbeschadet überstanden, obwohl ich mich im Bauch gedreht hatte. Nur wusste meine Mutter dies damals nicht besser und hörte auf die Ärzte, welche einen Kaiserschnitt für sicherer hielten. Sie wollte natürlich nur das Beste für mich, so wie alle liebenden Mütter.

Bis meine Mutter damals vollständig aus der Narkose erwachte, dauerte es viele Stunden. Bis dahin lag ich in meinem Kinderbettchen im Säuglingszimmer, nur kurz in der Obhut meines Vaters, aber ansonsten mehr oder weniger allein – und das nach einem vermutlich für mich traumatischen Geburtsvorgang. Meine Mutter war durch die Narkose erst am späten Nachmittag in der Lage, mich in den Arm zu nehmen und mir Geborgenheit zu vermitteln und die Erinnerung an diesen Tag belastet sie in gewisser Art und Weise bis heute.

Ferner verdeutlichte mir meine Mutter immer wieder, wie leid es ihr im Nachhinein täte, mich damals in die Geschichte mit Onkel Beck hineingezogen zu haben. Wie lange sie zusah, wie er mir damals Angst einjagte, ganz besonders in angetrunkenen Nächten. Ich kann nicht beschwören, ob seine damaligen Gewaltausbrüche (welche ich teilweise hautnah miterlebte) mit meiner Psyche in Verbindung stehen. Manche Szenen habe ich heute noch vor Augen, allerdings laufen diese nicht etwa traumatisierend in meinem Kopf ab. Viel eher wie ein Thriller, bei welchem ich lediglich ein unbetroffener Zuschauer bin. Hinzu kommt die Tatsache, dass ich spätestens seit den psychotischen Erlebnissen mit André wusste, wie stark die Psyche einen

Menschen zu etwas zwingen kann, was er im Grunde von seiner rationalen Denkweise überhaupt nicht tun möchte. Möglicherweise wünschte sich auch Onkel Beck, das Vergangene wieder rückgängig zu machen, was er meiner Mutter damals angetan hatte. So wie ich mir wünschte, die Geschehnisse mit André zu löschen. Da dies aber nicht möglich ist, bleibt nur der Blick in die Zukunft und diese besser zu gestalten. Es reicht nicht aus, wenn unser Gegenüber bekundet, dass er uns die traumatischen Erlebnisse längst verziehen hat. Weiterhin müssen wir uns selbst verzeihen. Außerdem gehören auch immer zwei dazu. Meine Mutter und André hätten beide jederzeit die Möglichkeit gehabt, die Kurve zu kratzen und sich nie wieder beim anderen zu melden. Das haben sie jedoch beide nicht getan und sind somit auch auf eine gewisse Art mitschuldig. Auch wenn sich dies zunächst blöd anhören mag, so entspricht es der Wahrheit.

Es tat mir in gewisser Weise sehr leid, dass sich meine Mutter mit einer Theorie wie jener über Jahre Vorwürfe zu machen schien. Es war doch schließlich nicht ihre Schuld. Außerdem gab es keinerlei Beweise für diese Theorie. Wenn sie auch sehr plausibel zu klingen schien. Auf der anderen Seite: Unter diesen Umständen müsste ja jeder Mensch, welcher per Kaiserschnitt das Licht der Welt erblickt, ähnliche Probleme haben wie ich. Und das ist nach meinem Wissen nicht der Fall.

Die Kraft der Psyche

Jeder Tag ohne gewohntes und geliebtes Essen schien mir wie ein verlorener. Und wer sagte mir, dass tatsächlich noch zu meinen Lebzeiten etwas dagegen erfunden würde, wie sie es im Internet ja schon seit vielen Jahren anpriesen? Ich hatte mich ausgiebig in die Materie eingelesen. Bereits im Jahr 2007 war von einer baldigen Heilung in Form von Tabletten die Rede. Auch eine Schutzimpfung war damals schon im Gespräch. Das ist jetzt 14 Jahre her. Momentan tüftelt man an etwas Neuem herum, was bei Verzehr das Gluten umschließen soll, bevor es der Körper als Feind erkennt und durch den Ausstoß von Antikörpern attackieren könnte. Die Forscher priesen an, dass jenes Mittel sehr wahrscheinlich im Jahr 2021 erhältlich wäre. Was zuerst mit großer Zuversicht meinerseits betrachtet wurde, verwandelte sich alsbald in pessimistischen Realismus. Diese Leier kannte ich bereits. Dann käme wahrscheinlich dies noch dazwischen und das auch noch. Und dieser Aspekt müsste auch noch getestet werden und jener auch noch. Das dauert schon nochmal gut 10–20 Jahre, ganz bestimmt. Wie auch beim Zucker.

Das Schlimmste sind stets diese sinnlosen Hoffnungsschimmer, welche im Endeffekt doch für nichts garantieren. Betroffene Menschen freuen sich unbändig darauf, dass sämtliches Leid und alle Einschränkungen ein baldiges Ende finden werden und dann geschieht es doch nicht. Dieses Gefühl lässt sich sehr gut mit jenem vergleichen, welches wir empfinden, wenn wir uns beispielsweise wiederholt den Film „Titanic" ansehen und zu jener Stelle kommen, an welcher das Schiff kurz davor ist, den Eisberg zu streifen. Und obwohl wir im Grunde ganz genau wissen, dass sie dagegen rammen und am Ende untergehen wird, so hoffen wir doch jedes Mal ein kleines bisschen, dass sie es dieses Mal wie durch ein Wunder am Eisberg vorbeischaffen wird. Hoffnung hält uns eindeutig am Leben, keine Frage. Ohne Träume und Hoffnung hätte alles keinen Sinn. Aber in dieser Hinsicht sollten sich die zuständigen Stellen meiner Meinung nach mit falschen Hoffnungsschimmern im Zaum halten. Selbst wenn die Intension für eine solche Versprechung lediglich darin besteht, um Zuversicht zu schenken. Am Ende ist hier nicht selten das Gegenteil der Fall.

Das umfangreiche Wissen und die komplexe medizinische Materie in allen Ehren. Ich habe Hochachtung vor jedem Arzt und jedem Wissenschaftler, welcher mit vollem Einsatz und vollkommener Hingabe für seine Patienten und Forschungsergebnisse kämpft. Wirklich, jene Menschen haben meinen vollen Respekt! Diese Berufung ist weiß Gott kein Zuckerschlecken. Wie viel muss man im Kopf behalten, wie viele Möglichkeiten in Betracht ziehen können. Und vor allem: Auch bei unschönen Diagnosen wird regelmäßig Haltung bewahrt und den Menschen Trost und Kraft gespendet. Und es ist äußerst schwer, weil der menschliche Körper einfach sehr komplex ist. Und so individuell. Wäre es einfach, gäbe es längst keine Krankheiten mehr.

Hut ab vor jedem engagierten und couragierten Doktor und Wissenschaftler dieser Welt!

Allerdings verabscheue ich Tierversuche bis aufs Blut und habe bis heute ein schlechtes Gewissen, dass mir in meinen ersten Lebensjahren Insulin von Schweinen verabreicht wurde, welche diesbezüglich ihr Leben für mich und Millionen anderer Menschen opfern mussten.

Die Menschheit tüftelt an Künstlicher Intelligenz, verwendet modernste Hightech-Mittel und arbeitet auch sonst mit fortschrittlichster Entwicklung. Warum fremde Galaxien erforschen, so lange es auf diesem Planeten noch so viel zu tun gibt? Hunger, Armut, Krankheit, Tierleid, Umweltschutz etc.

In vielen Punkten verstehe ich die Logik in unserem „zivilisierten" System nicht so ganz. Menschen, bei welchen es aus medizinischer Sicht ohnehin nicht mehr viel zu machen gibt, welche sehr alt oder schwer krank sind, wünschen sich oftmals nichts sehnlicher, als endlich friedlich einschlafen zu dürfen. Aber das ist hier in Deutschland verboten. Warum? Warum gibt es hier keine gezielte Sterbehilfe wie in anderen Ländern? Eine großartige Art der Selbstbestimmung und der Freiheit, wie ich finde. Wie viele Menschen bekommen täglich eine tödliche Diagnose. Warum müssen jene noch einen so langen Leidensweg gehen, wie zum Beispiel Martina? Warum noch bis zum qualvollen Ende an Maschinen oder in einem Hospiz verweilen? Wäre es nicht sinnvoller, sämtliches Leid sofort zu beenden? In dieser Hinsicht sind wenigstens sogar einmal die Tiere im Vorteil. Jene dürfen bei unheilbarer Krankheit und unerträglichen Schmerzen erlöst werden. Und das ist gut so. Alles andere wäre Zeitverschwendung und sinnlose Quälerei. Nicht nur körperlich, sondern auch psychisch. Wie schlimm muss die gezielte Wartezeit auf den Tod wohl sein? Mit diesem Thema wird sich eindeutig zu wenig beschäftigt.

Weiterhin werden Millionen von Geldern verwendet, um Menschen, welche ohnehin den baldigen Tod zu erwarten haben, noch möglichst lange am Leben zu halten. Obwohl diese aus freien Stücken viel lieber sterben würden. Eine sinnlose Qual für jene und auch deren Angehörige. Es könnte alles so einfach sein. Verdammte Ethik …

Gerechtigkeit ist Illusion.
Das ganze Leben ist ein reines Zufallsprinzip.
Man nennt es umgangssprachlich Glück oder Schicksal.

Ich weiß, dass es mir im Grunde nicht zusteht, über diverse Dinge zu urteilen, von welchen ich überhaupt nicht genug Ahnung und Hintergrundwissen habe. Alles im Leben hat mehrere Seiten. Zu viele verschiedene Standpunkte und Aspekte. Was ist der Sinn des Lebens? Das muss am Ende jeder für sich selbst herausfinden. Der Strom des Lebens ist nach wie vor unergründlich. Nur weil die Menschheit versucht inständig alles besser zu machen, heißt das noch lange nicht, dass sie es auch wirklich tut. So viele wertvolle Aspekte gingen durch die „Generation-Smartphone" vollständig verloren. Ist nicht zum Beispiel die unberührte Schönheit der Natur tausend Mal kostbarer als die moderne Illusion durch Tablet und IPhone, welche jene höchstens noch als Hintergrundbilder verwendet? Was wurde aus Kameradschaft und Nächstenliebe? Jeder lebt irgendwo für sich allein in seiner eigenen kleinen Welt, in seiner persönlichen Wunschvorstellung.

Die Menschheit wird fortlaufend weiter virtualisiert und auf diese Art taub und ruhig gestellt. Das nennt sich Kapitalismus. Die Suche nach dem durchgehenden Glück ist reines Wunschdenken. Und warum? Selbst wenn ein jeder von uns Millionär wäre, so wäre auch dies lediglich ein Zustand der Beruhigung. Aber Glück ist nun einmal nicht käuflich. Genauso wenig wie Gesundheit, bedingungslose Liebe oder wahre Freundschaft. Natürlich ist mit viel Geld einiges handlicher, aber eben auch nur das. Irgendwann ist alles Gewohnheit, selbst das umfangreichste Luxusleben. Baldige Langeweile und der inständige Wunsch nach mehr sind menschliche Phänomene. Warum sind wohl so viele Prominente schwer depressiv und drogenabhängig? Weil es häufig nichts mehr gibt, was sie noch erreichen können. Menschen brauchen immer irgendeinen Traum, welcher sie antreibt weiterzumachen. Wohin sollen wir noch weiter aufsteigen, wenn wir uns doch schon an der Spitze einer endlosen Treppe befinden, welche sich gen Himmel neigt? Dann folgt der verzweifelte Versuch, nach den Sternen zu greifen. Können wir diese jedoch nicht erreichen, so ist ein schmerzhafter Fall bereits vorprogrammiert.

Wofür kämpfen wir? Für Reichtum, Anerkennung, Gesundheit, Erfolg und Makellosigkeit. Jeder findet seine persönliche Bestätigung in anderen Dingen. Irgendeine Form von Bestätigung braucht jeder Mensch. Auch Hingabe lässt Glücksgefühle entstehen. Die Frau, welche sich den ganzen Tag um Haushalt und Kinder kümmert und sich noch stundenlang den Kopf darüber zerbricht, welches Essen sie ihrem Mann abends auf den Tisch bringt, nur um diesen glücklich zu machen, sucht in ihrer Berufung auch eine Art der Bestätigung. Selbst wenn sie nur „ihre Pflicht erfüllt" und noch nicht einmal ein wortwörtliches „Dankeschön" bekommt.

Einst erklärte mir meine philosophisch veranlagte Mutter, dass selbst „Freude geben" im Grunde ein unbewusster, egoistischer Vorgang ist. Wer Freude schenkt, profitiert gleichzeitig von der Freude der anderen und erntet hierdurch Glücksgefühle. Und diese bestätigen wiederum das Ego. *Ich bin ein guter Mensch, ich habe Freude geschenkt!*

Mir wurde im Laufe der Zeit bewusst, dass mein Bedürfnis nach Lob und Bestätigung lediglich ein menschliches Grundbedürfnis darstellt, mich aber in keiner Weise minderwertiger oder schwächer werden lässt. Schließlich sind wir alle auf Liebe, Lob, Verständnis und Anerkennung angewiesen, der eine mehr, der andere weniger. Doch wodurch ernten wir die Befriedigung dieses Grundbedürfnisses? Durch eine Beförderung? Durch einen erfolgreichen Abschluss? Durch ein dickes Monatsgehalt? Durch einen schnellen Sportflitzer oder eine Rolex? Durch die Fähigkeit, anderen Menschen zu helfen? Durch die Tatsache, eine fürsorgliche Ehefrau und Mutter zu sein? Durch Alkohol und Drogen? Durch einen schlanken oder sportlichen Körper? Jeder Mensch auf seine Weise.

So oft hört man bei sehr erfolgreichen Personen den Satz: „Dieser Mensch hat es geschafft!" Schön und gut, aber was GENAU hat er denn geschafft? Möglicherweise hat er viel Geld oder ist eine hohe und angesehene Persönlichkeit. Für viele womöglich auch ein Vorbild. Aber nur weil er der Besitzer einer Firma ist und in Geld schwimmt, hat er es tatsächlich im Leben GESCHAFFT? Wer beurteilt dies? Ganz klar: Der soziale Status. Aber hat es im Gegenzug nicht auch die einfache Hausfrau geschafft, welche sich um den Haushalt kümmerte, ihre Kinder zu guten Menschen erzog und überwiegend zuhause blieb? Hat es nicht auch der schwer Drogensüchtige geschafft, welcher sich seinem Konsum entzog und ein neues Leben begann? Oder ganz besonders der ehrenamtliche Helfer, welcher Tiere aus Tötungsstationen befreit und diesen die Möglichkeit auf ein neues, gutes Zuhause gibt?

So viele Menschen haben es in irgendeiner Hinsicht geschafft, wenn man es aus dieser Sicht betrachtet. Diese Degradierungen, welche sich nur auf Geld und Karriere beziehen, empfinde ich persönlich als nicht gerechtfertigt.

Als ich begann, von dieser Sichtweise auf mein bisheriges Leben zurückzublicken, kann ich guten Gewissens sagen, dass auch ich schon einiges geschafft habe. Wenn auch nicht beruflich oder finanziell, aber in anderen Dingen durchaus. Dieses Gedankengut musste ich unbedingt weiter ausbauen. Und was nicht war, konnte ja schließlich noch werden!

Bestimmt ein Drittel meines Lebens habe ich nur ans reine Nachdenken und Spekulieren verschwendet. Meine Gedanken sind manchmal so kurios, zwiegespalten, widersprüchlich, unorthodox und für sehr wenige Menschen vollkommen nachvollziehbar. Einige Standpunkte finden Zuspruch, andere ernten dagegen Unverständnis. Was ist verquer mit meinen Gedanken, meinen Ansichten und meiner individuellen Meinung? Warum widerspricht sie so häufig der Meinung der anderen? Ist sie deswegen falsch oder einfach nur anders? Denn das ist es, was ich bin: ANDERS! Inzwischen habe ich zu akzeptieren gelernt, dass ich in diesem Sinne nicht „normal" bin. Vom körperlichen Aspekt einmal vollkommen abgesehen. Der denkende Mensch ändert seine Meinung, das ist die normalste Sache der Welt. Die Frage ist nur: Werden wir tatsächlich klüger und reifer? Oder einfach nur bedächtiger in jener Angst, dass nichts jemals wieder so sein wird wie früher? In jungen Jahren, als wir noch gesund und geistig unbelastet waren. Als uns noch die ganze Welt offenstand und wir gedankenverloren mit unseren Lego-Figuren spielten und träumten. Was würden wir tatsächlich anders machen, wenn wir unser genaues Todesdatum kennen würden? Das ist eine sehr interessante Frage.

Ich wünschte, ich wäre in Kindertagen gelegentlich nicht so aufsässig und besserwisserisch gewesen und hätte den Erwachsenen das eine oder andere geglaubt. Lebenserfahrung ist ein kostbares Gut und mitunter eines der wertvollsten Dinge im Leben. Wobei es hierbei auch zu sagen gilt, es ist eindeutig eine Frage, auf welche Art diese vermittelt wird. Sagt die griesgrämige, dominante Großmutter ihrem kleinen Enkel, dass dieser gefälligst auf sie hören müsste, da SIE ja über Lebenserfahrung verfügt, wird der Enkel automatisch auf die Barrikaden gehen. Lebenserfahrung lässt sich nicht aufzwängen und schon gar nicht durch subtiles Niedermachen vermitteln. So nach dem Motto: „Ich bin alt und erfahren, du bist noch klein und dumm. Also hör gefälligst auf mich!"

Lebenserfahrung sollte liebevoll und mit Geduld vermittelt werden. Begründungen und logische Beispiele sollten eingebracht werden, damit Kinder überhaupt erst begreifen können.

Mit meiner Mutter konnte ich in meinem persönlichen Umfeld stets am besten über philosophische Lebensfragen diskutieren. Einmal sprachen wir bei einem Spaziergang über das Thema Erziehung. Da sie seit über 30 Jahren als Erzieherin arbeitet, ist sie in diesem Punkt natürlich auch nicht gänzlich unwissend. Sie sagte mir einmal, dass sogenannte „Erziehung" lediglich die persönlichen Überzeugungen der jeweiligen Eltern sind. Es ist bekannt, dass Erziehung zu den heißest diskutierten Themen in unserer Gesellschaft gehört. Jeder hat eine andere Theorie und jeder weiß es besser. Weil Menschen einfach grundlegend verschieden sind. Meine Mutter sagte, dass es aus ihrer Sicht im Grunde vollkommen sinnlos wäre, ein Kind zehnmal dazu zu ermahnen, „bitte" und „danke" zu sagen. Bekommt es dies von seinen Eltern in der Praxis bereits regelmäßig vorgelebt, so ist davon auszugehen, dass das Kind diese grundlegende Höflichkeitsform ganz von selbst übernehmen wird. Eltern sind in Kindertagen ganz einfach die zentralen Leitfiguren, das ist ein Naturgesetz. Alles Weitere ist lediglich eine gezielt formende Maßnahme der Eltern, welche schon ansatzweise militaristisch ist. Fehlen jedoch die elterliche Fürsorge und die entsprechende Vorbildfunktion, so ist davon auszugehen, dass Kleinkinder aus freien Stücken höchstwahrscheinlich keine Meisterleistungen vollbringen werden. Auch wenn dies wohl manche Eltern wie durch ein Wunder erwarten. Woher sollen sie es denn auch wissen? Offenbar waren Mutter oder Vater mal wieder zu sehr damit beschäftigt, sich mit Instagram oder TikTok zu zerstreuen. Anstatt ihren Kleinen die nötige Zeit zu widmen und einige Grundvoraussetzungen des Lebens zu vermitteln. Wie etwa Respekt, Höflichkeit, Kompromissbereitschaft und auch eine Portion Bescheidenheit.

Später sind die Schuldigen dann sehr schnell ausfindig gemacht: Kindergärtnerinnen und Lehrer natürlich! Wer denn wohl sonst? Die eigene Kompetenz infrage zu stellen? Für den Großteil der Menschheit eine Sache der Unmöglichkeit.

Meine Mutter hatte mir schon des Öfteren gesagt, dass die Auswirkungen der Psyche auf den gesamten Mechanismus nicht zu unterschätzen seien. Beispielsweise Depressionen äußern sich nicht nur in Form von Traurigkeit, Abgeschlagenheit oder gelegentlichen Bauchschmerzen. Sie können weitaus mehr begünstigen. Ich las unter anderem von einer psychosomatisch bedingten Glutenunverträglichkeit, welche nur aufgrund des Krieges im Kopfe zustande kommt.

Die letzten Monate war ich durchgehend darauf bedacht gewesen, dass meine Werte bloß stets korrekt waren, dass ich möglichst kein Gluten erwischte und dass ich es aus Schuldgefühlen allen in meiner Umgebung so recht wie möglich machte. Zu viel Schaden hatte ich bereits in der Vergangenheit angerichtet. Ganz besonders bei André. Möglicherweise eine Strafe des Schicksals? Kann man ja auch nicht so wirklich ausschließen.

Ich fand einen kompetenten Psychologen, welchen ich fortan regelmäßig ambulant aufsuchte. Es dauerte einige Stunden, bis ich das Wichtigste aus meinem Leben erzählt hatte, gab es hier doch schon einiges. Sehr bald schon spürte ich eine deutliche Veränderung. Es half mir so sehr, jene Dinge anzusprechen, welche mich belasteten und auch über Vergangenes wurde ausführlich gesprochen. Ich baute sehr viel neue Zuversicht auf und fühlte mich in einigen Standpunkten bestärkt.

Inzwischen war ich auch mental bereit für eine Therapie, war ich doch längst nicht mehr der kindische Kasper, welcher den Sinn einer Therapie im Grunde überhaupt nicht verstand und alles verharmloste. Mir wurde bewusst, dass ich sehr viele Probleme hatte und dass ich einige davon womöglich auch niemals vollständig verlieren werde. Damit muss ich mich arrangieren und neue Wege finden, damit umzugehen. Ich möchte nicht, dass sie mein Leben und vor allem nicht das Leben der anderen in irgendeiner Weise kaputt machen. Der Psychologe erklärte mir, dass beispielsweise meine introvertierte Ader höchstwahrscheinlich zum Großteil für immer bestehen bleiben wird. Diese Charaktereigenschaft ist bereits von Geburt an vorgegeben.

Ebenso meine gestörte Wahrnehmung in puncto Schönheitsideal und Essen, welche ich ebenfalls gemeinsam mit meinem Therapeuten von allen nur möglichen Seiten analysierte. Woher kam diese Problematik? Ich nannte einige Möglichkeiten, welche unter Umständen als Ursache infrage kamen. Ich erzählte von meinem Vater, welcher mich als kleines Kind scherzhaft als „Dickbäckchen" bezeichnete, ohne dies jedoch ansatzweise böse zu meinen. War es möglicherweise der damalige Neid auf meinen Bruder, welcher als Kind stets alles essen konnte, was er wollte und von meiner Mutter damals als „kleiner, dürrer Hering" bezeichnet wurde? Oder kam es durch die inständigen Vergleiche mit Axel, welcher in frühester Jugend ganz offensichtlich deutlich bessere Karten bei anderen hatte? Verspürte ich unbewusste Angst, durch die teuflische Kombination Diabetes und Übergewicht noch deutlich früher geschädigt zu sein? Wie in nahezu jedem Monatsratgeber regelmäßig davor gewarnt wird? Bei den meisten Diabetikern in Kombination mit Übergewicht ist die Wahrscheinlichkeit für diverse weitere Erkrankungen deutlich höher. So steigt zum Beispiel das Risiko für Herzinfarkte enorm.

Möglicherweise war es auch alles zusammen und peu a peu lief das „geistige Fass" im Laufe der Zeit in dieser Hinsicht immer voller.

Nach erneuter, gezielter Reflektion fiel mir auf, dass die Grundwurzeln jener Störung schon eindeutig in frühester Kindheit vorhanden waren. So favorisierte ich beispielsweise schon damals stets Zeichentrickfiguren, welche eine ziemlich dünne Statur hatten. Hatte das möglicherweise etwas damit zu tun? Oder handelte es sich hier um einen banalen Zufall? Keine Ahnung.

Bei vielen Menschen mit einer Essstörung (überwiegend bei Frauen), ist es der Fall, dass diese durch „Idealbilder" in Zeitschriften, von Models, Sängerinnen und Schauspielerinnen beeinflusst werden. Das war bei mir persönlich so niemals der Fall.

Außerdem weiß ich nur zu gut, dass man nach solchen Bildern niemals gehen darf. Sie haben meist nichts mit der Realität zu tun. Seit vielen Jahren werden diese Darstellungen gezielt bearbeitet, um ein nahezu perfektes Idealbild zu erschaffen. Und ganz besonders in den letzten Jahren erweiterte sich diesbezüglich das Handling enorm. Heutzutage kann sich jeder Amateur mithilfe einer App, Filtern, Instagram und Co. binnen weniger Klicks zum absoluten Topmodel machen, wofür es vor 15 Jahren noch gezielte Bildbearbeitungskenntnisse benötigte.

Mein Psychologe meinte, dass es häufig vollkommen banale Situationen sind, welche uns für unser späteres Leben prägen und an welche wir uns häufig überhaupt nicht mehr erinnern können. Zum Beispiel Situationen aus frühester Kindheit. Möglicherweise ging ich als Kleinkind einmal mit meinen Eltern spazieren und auf der gegenüberliegenden Straßenseite lächelte mir eine sehr dünne Person sehr freundlich zu. Unter Umständen assoziierte damals mein Gehirn: *Dieser dünne Mann da drüben ist klasse! So will ich auch eines Tages werden!* Manchmal gibt es in puncto Psychologie keine gezielte Antwort. Gedankengänge sind äußerst komplex und bei jedem Individuum verschieden ausgeprägt. Die Psyche ist wie das Wetter – über vieles kann spekuliert und einiges auch vorausgesagt werden. Was aber am Ende wirklich herauskommt, darüber entscheidet die akute Spontanlage.

Mit viel Geduld und Durchhaltevermögen könnte ich erlernen, wie ich mit dieser Problematik im Laufe meines weiteren Lebens besser umgehen könnte. Dass es sich hierbei um eine besonders extreme Einstellung handelt, welche sich größtenteils von anderen Meinungen unterscheidet, ist mir durchaus bewusst. Allerdings ist es nun einmal meine persönliche Meinung, auf welche jeder Mensch ein individuelles Recht hat. Der eine mag groß, der andere mag klein. Der eine mag dick, der andere dünn. Der eine mag muskulös, der andere hager. Ob dick, dünn, groß, klein, muskulös, blond, braun, schwarz oder rot: Dafür sind wir alle Menschen mit verschiedenen Vorlieben.

Ich versuchte einiges, um meine Essstörung gezielt zu bekämpfen. Mein Therapeut erklärte mir, dass es verschiedene Möglichkeiten gäbe, die Problematik zumindest etwas zu lindern. Es gibt diesbezüglich jedoch kein gezieltes Schema, jeder Betroffene findet im Laufe der Zeit einen anderen Weg. So fokussieren sich einige Menschen gezielt auf ein Hobby, andere finden dagegen in beruflicher Hinsicht Ablenkung. Eine sehr beliebte Methode wäre außerdem, das Selbstwertgefühl regelmäßig zu trainieren, indem man vor dem Spiegel übt und sich selbst Mut zuspricht. Diese Methode wurde mir schon vor Jahren von einem Freund empfohlen, welcher sie seit vielen Jahren selbst praktizierte. Und dieser schwor darauf. Also versuchte ich gezielt, mich in aller Ruhe und ohne Ablenkung mit meinem Spiegelbild zu unterhalten. „Mica, du bist ein wunderschöner Mensch und …" Neeee, das ging schon einmal gar nicht. Viel zu dick aufgetragen. Ich musste schon beinah lachen, da ich mir selbst überhaupt nicht glauben konnte. Also versuchte ich es erneut, diesmal in einer etwas abgeschwächten Version. „Mica, so hässlich bist du nun auch wieder nicht, das sagst du dir nur immer selbst!" Auch dies nahm ich mir nicht ab. Es dauerte noch einige Versuche, bis ich etwas fand, womit ich einigermaßen zufrieden war. „Mica, du hast vielleicht ein etwas anderes Idealbild, aber deswegen bist du noch lange nicht minderwertig. Mit etwas Disziplin ist es auch keine Sache der Unmöglichkeit, wieder etwas abzunehmen. Gib dir selbst einfach etwas Zeit und habe Geduld. Du hast es einmal geschafft, also wirst du es wieder schaffen! Und welcher Mensch ist schon vollkommen mit sich selbst zufrieden? Jeder hat doch irgendwo etwas zu beanstanden. Das ist keine gravierende Störung, lediglich eine Geschmacksfrage. Konzentriere dich neben dieser optischen Problematik aber auch auf Dinge, welche dich weiterbringen und anderweitig erfüllen werden. Es gibt im Leben noch weitaus mehr als nur die Optik!"

Das klang schon deutlich besser…

Selbstbewusstsein ist nicht mal eben per Klick über Amazon zu bestellen. Das Selbstbewusstsein gleicht einer Pflanze, welche im Laufe des Lebens immer weiterwächst und durch entsprechende „Wetterverhältnisse" oder auch Pflege beeinflusst wird. Je nachdem, welchen Umständen die Pflanze ausgesetzt ist, so entwickelt sich auch das persönliche Selbstwertgefühl. Andere Dinge liegen jedoch bereits von Natur aus in den individuellen Genen. So wächst das Selbstbewusstsein bei manchen Menschen so hoch wie ein majestätischer Baum mit kräftigen Ästen und verfügt auch über dementsprechend starke Wurzeln, welche es nicht beim ersten Windstoß dem Erdboden gleich machen. Bei anderen wächst dagegen das Selbstbewusstsein im Sinne eines Löwenzahns, welcher binnen kürzester Zeit verblüht und vom Winde verweht. Es kommt zwar regelmäßig zurück, allerdings sind diese zeitlichen Episoden oft nur von kurzer Dauer. Stürme (in dieser Metapher stehen sie für Schicksalsschläge oder andere Probleme) beschleunigen diesen Prozess.

Ich nahm mir vor, meine innere Pflanze von nun an gezielt wachsen zu lassen. Ganz egal, wie lange das dauern würde. Eine

Buche braucht im Schnitt 150 Jahre, bis sie vollständig ausgewachsen ist. Dafür steht diese aber deutlich fester im Leben als ein labiler Löwenzahn, welcher bereits nach wenigen Wochen wieder verblüht ist. Ein sehr schöner bildlicher Vergleich, wie ich finde.

Nach 2 Monaten der vollständigen Abstinenz wagte ich mich erstmals wieder an ein Roggenbrötchen, welches einen niedrigen Glutengehalt aufwies. Und siehe da: Ein bisschen vertrug ich wunderbar. Gut, die Verdauung könnte ein bisschen besser sein, aber bei wem ist sie das schon durchgehend? Heutzutage hat doch nahezu jeder irgendeine Unverträglichkeit.

Ich unterließ fortan die ewigen Recherchen und versuchte mich nicht mehr unnötig verrückt zu machen. KÖNNTE Darmkrebs sein, KÖNNTE chronischer Knochenschwund sein, KÖNNTE diabetischer Magen sein, KANN Spuren von Gluten enthalten ... STOP!!! Es reichte ein für alle Mal! Aus, Ende, Basta, Finite! Ich konnte nicht mehr. Sonst KONNTEN meine Gedanken allmählich bald Spuren von VOLLSTÄNDIGEM Wahnsinn enthalten ...

Ich festigte einen Standpunkt: Lieber lebe ich noch 5 Jahre und genieße mein Leben, denn davon habe ich nur eines. Oder ich verbringe den Rest meiner Tage in Angst und warte darauf, was noch alles kommen KÖNNTE. Bis zu der Geschichte mit dem Zoster hatte es mich niemals interessiert, was mit meinem Körper passieren KÖNNTE. Warum sollte es mich also jetzt interessieren? Immerhin bin ich inzwischen so weit vernünftig, meinen Körper nicht mehr durch gezielte Überzuckerungen zu strapazieren, um an Gewicht zu verlieren. Der Schritt, diesem suchtartigen Faktor zu entkommen, war alles andere als einfach. Ich kann auch nicht beschwören, dass es in meinem Leben nie wieder zu einem solchen „Rückfall" kommen wird. In meinem Leben bin ich bis dato zweimal massiv in diese Art der Sucht abgerutscht. Zweimal gelang es mir jedoch, mich selbst wieder herauszuholen. Ich nahm mir die Freiheit, mir diese Leistung im Geiste anzurechnen.

Nach einigen Wochen besuchte ich mal wieder meinen Hausarzt. Ich erzählte ihm von sämtlichen glutenfreien Produkten, welche deutlich mehr Kalorien aufwiesen als normales Brot. Wie sich mein Hba1C durch diese wieder erhöhte und ähnliches. Und deren teilweise so komischen Inhaltsstoffen. Ob jene langfristig tatsächlich gesünder seien? Hierbei schneiden sich die Meinungen.

„Pass auf deinen Zucker auf, DER kann dich umbringen. Das Gluten macht zwar gelegentliche Beschwerden, ist im Endeffekt aber harmlos dagegen. Übertreib es nicht, aber bevor du überhaupt keine Lebensqualität mehr hast, handle nach Gefühl und höre auf deinen Körper!" Seine Worte gaben mir Hoffnung.

Ohnehin fand ich in dieser Zeit heraus, dass man sich nicht allzu viel auf die Meinung von anderen verlassen darf. Selbst Ärzte sind nicht allwissend und geben lediglich das wieder, was sie in ihrem Studium lernen. Es ist ihre Aufgabe, den Patienten so zu beraten, wie es die allgemeine Schulmedizin vorschreibt. Und selbst diese Standpunkte haben sich im Laufe der Zeit schon so häufig gewandelt und es kamen immer wieder neue Erkenntnisse dazu. Es ist eine Sache der Unmöglichkeit, jedes einzelne Individuum auf der Welt angemessen zu beurteilen, man kann hier lediglich von Statistiken ausgehen. Und Statistiken werden niemals jedem Einzelnen gerecht, weshalb ich nichts darauf gebe. Kein Arzt der Welt wird sagen: „Jetzt geh erst mal heim und rauch gemütlich eine!" Obwohl er dies womöglich selbst tut …

Wer seinen Schatten ablegen möchte,
muss sich in die Dunkelheit wagen!

Ich finde es gut, dass das Thema Depressionen heute auf so vielen Wegen ernst genommen und auch behandelt wird. Denn diese sind ein ständiger Begleiter in diesem Leben. Jeder Mensch durchläuft wohl einmal in seinem Leben eine depressive Phase, welche aber nach einiger Zeit wieder verschwindet. Wer fiel noch niemals in ein Loch aufgrund einer gescheiterten Beziehung, unerwiderter Liebe, eines Todesfalls oder sonstigen Verlusten. Aber ein gefestigter Charakter findet in der Regel nach einer gewissen Zeit einen Weg, um sich aus der Trauer zu befreien.

Leider wird das Thema jedoch noch häufig unterschätzt oder sogar belächelt. Wer möchte sich bitte vor seinen Kumpels beim gemütlichen Feierabendbierchen blamieren? Sehr viele Menschen haben Angst, als labiler Versager oder als Jammerlappen dazustehen. Doch Depressionen finden immer einen Weg, wie sie sich äußern. Auf Dauer lassen sie sich nicht ignorieren. Sie sind einfach da, wie Schimmel an einer feuchten Wand. Man kann ihn noch so häufig überstreichen, er wird immer wieder durchkommen. Es sei denn, es wird an der Ursache gearbeitet. Und um diese zu finden, muss man häufig das gesamte Haus überprüfen. Das Haus entspricht in diesem bildlichen Beispiel unserer Seele.

Ich pflege zu sagen, dass die Seele einer Art Rumpelkammer entspricht. Unglaublich viel Plunder, welcher größtenteils dort schon längst nicht mehr hingehört. Doch weil es in der menschlichen Natur liegt, Probleme so lange wie möglich von sich wegzuschieben, wird auch die dringend nötige Entrümpelung regelmäßig vertagt. So auch das regelmäßige Ausmisten unserer Seele. Da die Rumpelkammer in aller Regel nicht sehr präsent ist, stört ihr unordentliches Innenleben nach außen hin kaum. Der Inhalt lässt sich also guten Gewissens verbergen. Allerdings nicht auf Dauer, denn hin und wieder brauchen wir etwas aus unseren Abstellräumen. Was wäre hierfür die beste Lösung? Meiner Meinung nach sollte die Rumpelkammer (Seele) niemals auf einmal ausgemistet werden. Dies könnte zur Folge haben, dass sämtliche Kartons und Schubladen alle auf einmal auf uns niederprasseln und uns dadurch im dümmsten Fall erschlagen. Nach diesem Schema verläuft auch eine gute Verhaltenstherapie – Step by step. Unsere Seele kann nur eine begrenzte Anzahl von Einflüssen und Emotionen auf einmal verkraften. Wird es ihr jedoch zu viel, so öffnet sie eine Art Notschublade in der Wand, in welche sie die restlichen Dinge verstaut, bis in der übrigen Rumpelkammer wieder etwas mehr Platz geschaffen wurde. Man darf sich daher also nicht wundern, wenn ein offensichtliches Problem gerade erst bewältigt wurde und binnen kürzester Zeit schon wieder das nächste im Raum steht. Das Gehirn ist ganz einfach eine nie endende Rumpelkammer, welche immer wieder Plunder findet, der urplötzlich im Weg herumliegt. Manchmal handelt es sich hierbei nur um ein paar Büroklammern, manchmal jedoch auch um sehr schwere Kisten, die nicht an einem einzigen Tag entrümpelt werden können.

Früher hieß es ganz einfach, der ist nicht ganz sauber. „Itt ganz bacha", wie man bei uns im Allgäu unter den deftigen, resoluten Bauern sagen würde. Daher wagen sehr viele erst gar nicht, ihre Depressionen kundzutun und offen über die inneren Dämonen, Selbstzweifel und Komplexe zu sprechen. Aus Angst vor Ausgrenzung, Spott oder als Schwächling zu gelten. Als inneren Ausgleich quälen oder dominieren sie stattdessen Tiere, betrinken sich und beginnen im Suff Schlägereien. Andere bewältigen ihre Depressionen mit dem gezielten Niedermachen von anderen Menschen oder schikanieren ihre Kollegen. Oder pöbeln dumm auf sozialen Netzwerken herum. Hier wäre es deutlich sinnvoller, die Depression zuzugeben und Hilfe in Anspruch zu nehmen, anstatt andere darunter leiden zu lassen.

Das muss noch nicht einmal zwangsläufig im medizinischen Rahmen oder in einer Psychotherapie sein. Selbst ein guter Freund, ein nahestehender Verwandter oder die Eltern sind gute Ansprechpartner, welche im Ernstfall eine gute Schulter zum Ausweinen bieten können. Gelegentliches Aussprechen bewirkt bereits so viel.

Sehr vielen Menschen würde man eine schwere Depression gar nicht erst zutrauen. Sie sind Meister der Verstellung. Sehr häufig sind es ganz besonders jene Menschen, welche sich im Alltag großer Beliebtheit erfreuen, viele Freunde haben und nach außen immer einen fröhlichen Spruch auf den Lippen tragen. Im Laufe der Zeit lernt man in dieser Hinsicht die Kunst der Verstellung, um unnötigen Diskussionen aus dem Weg zu gehen.

Es ist mitunter eine der schwersten Missionen im Leben, sich seinen eigenen Dämonen zu stellen. Sich selbst einzugestehen, dass man ein Mensch mit Fehlern und Problemen ist, das ist viel schwieriger als zu verdrängen und seinen Frust anderweitig abzubauen. Doch Verdrängung und Selbstbelügen funktioniert nur bis zu einem gewissen Punkt. Irgendwann kommt alles hervor. Selbst Aspekte, an welche wir uns überhaupt nicht mehr erinnern. Die Seele kann ein echtes Arschloch sein.

Nehmen wir ein simples, sehr zentrales Beispiel, welches wir täglich im Internet finden. Sehr viele Menschen machen sich Luft, indem sie Videos, Beiträge oder Artikel auf gehässigste Art und Weise kommentieren. Selbst dann, wenn sie im Grunde überhaupt nicht verstehen, worum es eigentlich geht. Politiker sind beispielweise ein sehr beliebtes Angriffsziel, um dem eigenen Ärger Luft zu machen. Obwohl viele Menschen noch nicht einmal über ausreichend Hintergrundwissen verfügen, schreiben sie boshafte Dinge, nur weil ihnen ein einziger Aspekt der gesamten Situation nicht zusagt. Oder aber sie lästern über ein Lied, welches ihnen nicht gefällt. Anstatt sich ihren persönlichen Teil lediglich zu denken und in Gedanken klüger zu sein, wird sofort drauflosgeschossen. Dies führt wiederum zu Gegenwind. Und so schaukeln sich Dinge (welche häufig aus einer banalen Lappalie entstanden), immer weiter hoch. Meiner Meinung nach auch eine mildere Form der Depression und der Verleugnung der eigenen Defizite, welche just in diesem Moment auf andere gerichtet werden.

Am Ende müssen wir uns selbst retten.
Andere Menschen können unterstützend wirken,
aber den letzten Weg geht jeder für sich allein.

Neue Hoffnung

„Die genauen Ursachen dieser Erkrankung sind bis heute noch weitestgehend ungeklärt!"

So endet beinah jeder zweite medizinische Fachartikel, wenn man nach einer spezifischen Symptomatik oder chronischen Erkrankung googelt. *Ach, tatsächlich?* Und trotzdem nehmen sich sämtliche Typen das Recht heraus zu beurteilen, was gut ist und was nicht? Obwohl es doch noch nicht einmal eindeutig erforscht zu sein scheint? Es brennt lichterloh, also kippen wir instinktiv einfach mal Salz drauf. Mal gucken, was passieren wird. Das entspricht etwa der gleichen Logik.

Ich werfe der Wissenschaft nicht vor, dass viele komplexe Dinge noch längst nicht erforscht und behandelbar sind. Aber was ich ihr vorwerfe, ist die Tatsache, teilweise äußerst spekulativ zu argumentieren, ohne die nötigen Beweise vorzuweisen. Wer garantiert denn mit hundertprozentiger Sicherheit, dass das Gluten an irgendwelchen spezifischen Symptomen Schuld hat? Möglicherweise ist es etwas vollkommen anderes. Eventuell geht die Forschung in die richtige Richtung, hat aber etwas Gravierendes übersehen. Wie lange glaubte man bezüglich der Katzenallergie, dass deren Fell daran schuld wäre? Bis schließlich herauskam, dass es sich um eine Kombination von Milben und Hautschuppen handelte.

Ich glaubte noch immer daran, dass meine Symptome in puncto Verdauung viel eher auf meinen neuen Lebensstil zurückzuführen sind. Jede Menge Rohkost, massenhaft zuckerfreie Kaugummis und einige Energy Drinks. Hinzu kam die Tatsache, dass ich mich inzwischen überwiegend vegetarisch ernährte. Das Ergebnis wäre genau dasselbe.

Bereits unsere Opas sagten nach einer üppigen Mahlzeit, jetzt ist es Zeit für ein Verdauungsschnäpschen. Und warum? Weil die alten Hausmittel sich über viele Generationen bewährt haben. Damals war die Welt noch nicht voller Fachartikel, Gesundheitsratgeber und Artikel im Internet, welche Angst und Panik schüren. Man hörte auf sein Bauchgefühl und merkte sich die Symptomatik für die Zukunft. Es war allzu bekannt, dass man höchstwahrscheinlich Bauchweh bekam, wenn man einen ganzen Teller Pflaumen aß. Heute würde dies gleich sofort als dramatische Fruktoseintoleranz ausgelegt werden.

Obwohl man angeblich erst seit einigen Jahrzehnten weiß, wie gefährlich das Rauchen ist, wurden viele Menschen, welche in ihrer Jugend zu Kriegszeiten bereits damit angefangen haben, teilweise überraschend alt. Ich glaube, dass auch jene Thematik enorm mit der Psyche zusammenhängt. Seitdem die berüchtigten Schock-Bildchen auf den Zigarettenpackungen aufgedruckt wurden, haben sich komischerweise auch die Todesfälle der Raucher summiert. Eventuell auch mitunter eine Kopfsache?

Es sind doch immer wieder die gleichen Symptome: Durchfall, Erbrechen, Bauchschmerzen, Verstopfung, Juckreiz, Hautausschlag, Appetitlosigkeit, Haarausfall und Bluthochdruck sind heute bei 95 % der Erkrankungen Standard. Es KÖNNTE daher alles sein. Eine simple Grippe oder gleich ein tödlicher Tumor. *Who cares?* Das ganze Leben ist ein Glücksspiel!

Nachdem ich mich emotional von sämtlichen Zwängen gelöst hatte, begann es mir auch körperlich deutlich besser zu gehen. Es ist so wie es ist, daran lässt sich nichts (mehr) ändern. Aber durch optimistische Gedanken lässt sich vieles positiv beeinflussen. Ich baute mir eine goldene Brücke, indem ich mir selbst sagte, ich MÜSSTE auf nichts verzichten. Es gibt NICHTS, was ich nicht DARF. Möglicherweise gibt es einige Dinge, welche ich meiner Gesundheit zuliebe tun oder eben nicht tun SOLLTE. Aber alles, was ich tue, obliegt meiner persönlichen Entscheidung und Vernunft. Im Endeffekt tue ich es für mich. Eine Belohnung oder eine Strafe gibt es in diesem Sinne nicht. Weder von den Ärzten noch von Familie und Freunden.

Dass es einen sogenannten Placebo Effekt tatsächlich gibt, habe ich bereits vor einigen Jahren am eigenen Leib festgestellt. Wir waren bei einem Auftritt und ich hing mit einigen Freunden herum. Wir wollten „vorglühen" und hatten schon vor Auftrittsbeginn einige Cocktails getrunken. Nach meinem dritten begann ich mich allmählich beduselt zu fühlen. Ich wurde lustig, entspannt und lallte ein wenig herum. Als mir eine Freundin verkündete, dass sie bis dato nur alkoholfreie Cocktails geholt hatte, um sicher zu gehen, dass wir nicht schon gegen 22:00 Uhr stockbesoffen wären, war ich ziemlich verwundert. Wieso fühlte ich mich unter diesen Umständen angetrunken??? Ganz einfach, weil mir mein Gehirn ganz automatisch signalisierte, dass dieses Gefühl jetzt langsam eintreten müsse. Unser Gehirn ist ein messerscharfer Top-Agent mit ungeahnten Fähigkeiten!

Leider gibt es sehr viele Menschen, welche sich einbilden immer alles besser wissen zu müssen. Und jene wird es immer geben. Die wahre Kunst besteht darin, diese zu ignorieren. Auch wenn das Ausgesprochene dermaßen an die eigene Substanz geht.

Selbstbewusstsein bedeutet unter anderem, klüger zu sein und sich nicht aufzuregen. Sich eine Art Mauer im Kopf aufzubauen, welche nicht zu durchdringen ist.

Gemeinsam mit meinem Psychologen fand ich eine Methode, welche mir zumindest schon einmal bei großen Menschenmengen, im Supermarkt oder an sonstigen Orten half, an welchen ich mich stark beobachtet, beinahe schon verfolgt fühlte. Ich begann mir vorzustellen, ich befände mich in einer großen, unzerstörbaren Seifenblase, in welcher mich keiner sehen könnte. Auf diese Art erlernte ich mich freier zu bewegen. An Kassen bei Hektik innerlich nicht mehr in radikale Panik zu verfallen, wenn mir etwas herunterfiel und anwesenden Personen dadurch gehässige Gedanken zu unterstellen, welche sich sehr wahrscheinlich ohnehin nur in meinem Kopf abspielten. Dieser Erfolg bestätigte mich. Ich machte mir nicht mehr allzu viele Gedanken darüber, was andere von mir denken KÖNNTEN.

Weiterhin wurde mir klar, dass die Menschen nicht zwangs-läufig etwas Negatives über mich denken müssen, nur weil sie mich ansehen. Schließlich schaue ich andere Menschen in der Öffentlichkeit genauso an, ohne mir bei jedem etwas Explizites zu denken. Und sollte sich tatsächlich jemand etwas bei meinem Anblick denken, so muss das nicht zwangsläufig schlecht sein. Möglicherweise denkt der eine oder andere sogar etwas Positives, wie „schöne Jacke" oder „peppige Frisur". Ich konnte es doch gar nicht explizit beurteilen. Und irgendwann war ich es auch leid, mir sinnlose Gedanken zu machen und mich inständig ver-folgt zu fühlen. Selbst WENN sie etwas Negatives denken soll-ten, wen juckt es bitte? Individuelle Gedanken lassen sich nun einmal nicht beeinflussen oder gar verbieten. Und ich persön-lich werde womöglich von 99 % niemals erfahren.

Eines Abends saß ich mit Stupsi zuhause und zappte durch die Kanäle. Ich blieb bei einer Doku hängen, welche sich mit Er-nährung auseinandersetzte. Unter anderem kam das Thema Un-verträglichkeiten zur Sprache. Ein Arzt erklärte, dass es sich bei dieser ganzen Antikörpergeschichte um ein reines Feedback des Körpers handeln würde, womit dieser zum Ausdruck bringt, dass er vor kurzer Zeit mit dieser Substanz (sei es Gluten, Fruktose, Laktose, Histamin oder ähnlichem), in Kontakt gekommen ist. Es jedoch keinerlei Beweise für eine systematische Schädigung gäbe. Lediglich eine Art der Registrierung. Glutenfreie Produkte wurden genauer unter die Lupe genommen und deren Inhalts-stoffe analysiert. Einige davon schienen sehr bedenklich. Von der beträchtlichen Kalorienanzahl im Vergleich zu normalen Pro-dukten ganz zu schweigen. Auch das wäre eine mögliche Erklä-rung. Dieser Standpunkt gab mir neue Hoffnung.

Ich weiß nicht, wie genau mein Körper funktioniert, was er noch vorhat und was sich in den nächsten Tagen, Wochen oder Jahren ergeben wird. Möglicherweise werden sämtliche Dinge besser oder auch schlechter, wer weiß das schon? Menschen fallen aus den unerklärlichsten Gründen tot um, weil ihnen beispiels-weise spontan eine Hauptschlagader platzt. Oder ein spontaner

Herzinfarkt stellt sich ein, obwohl man doch im Grunde immer gesund war. Es gilt tatsächlich jeden Tag so zu leben, als gäbe es kein Morgen mehr. Und sei es nur in Bezug auf ein fluffiges Brötchen. Ich habe die Thematik stets im Hinterkopf und es ist bei weitem kein schönes Gefühl, immer mit gemischten Gefühlen in ein Brötchen zu beißen. Jedoch kenne ich mögliche Gefahren. Genauso wie ich jene kenne, eine befahrene Straße zu überqueren.

Täglich bringen sich Menschen aus den unterschiedlichsten Gründen in Gefahr. Extremsportler, Bergsteiger, Polizisten, Handwerker, Feuerwehrmänner, Bodyguards, Stuntmen, Chemiker oder Atomphysiker. Sogar Autofahrer sind eine sehr hohe Risikogruppe für allerlei Gefahren. Sie alle kennen mögliche Risiken und leben trotz allem ihr Leben. Warum? Weil sie genau wissen, dass es für nichts und niemanden eine Garantie gibt. An die ersehnte Unsterblichkeit ist die teilweise so größenwahnsinnige Menschheit noch nicht herangekommen. Und wird es hoffentlich auch niemals. Wer bitte will schon ewig leben?

Ich erinnerte mich an ein weiteres Beispiel, welches einen optimalen Vergleich für den Sinneswandel der Wissenschaft symbolisierte. Früher gab es spezielle Süßigkeiten für Diabetiker mit Zuckeraustauschstoffen im Handel zu erwerben. Die Medizin hielt diese lange Zeit für sinnvoller. Ab 2012 wurden sämtliche Produkte vom Markt genommen, weil man sie nach neuesten Studien für gesundheitsgefährdend hielt. Die Standpunkte ändern sich doch ständig. Was gestern gesund schien, ist heute schlecht und widerlegt. Wer sagt mir, dass das nicht auch in irgendeiner Weise für die Glutenunverträglichkeit gilt? Möglicherweise sagt der Standpunkt in 10 Jahren, dass geringe Mengen durchaus in Ordnung, wenn nicht sogar gesund sind.

Einigen Theorien zufolge sind Gluten und Laktose für niemanden sonderlich geeignet. Ursprünglich war der Mensch für Fleisch, Gemüse und Früchte ausgelegt. Erst im Laufe der moderneren Zeit wurde mit Weizen, Hafer, Roggen und Gerste experimentiert, um in Zeiten der Not nicht zu verhungern. In diesen

Zeiten wurde eine gewisse Resistenz dagegen entwickelt. Was irgendwo auch einen Sinn ergibt. Wer viel Alkohol trinkt, wird irgendwann immun dagegen. Wer nur einmal im Jahr am Geburtstag zwei Gläschen trinkt, liegt schnell unterm Tisch. Könnte sich diese Theorie auch auf jene Materie beziehen? In gewisser Weise eine Art Immunisierung?

Wächst das Kind gesünder auf, wenn es mit Dreck und Bakterien in Kontakt kommt oder nach jedem Spielplatzbesuch einmal gründlich desinfiziert wird? Ein ähnliches, nicht eindeutig geklärtes und umstrittenes Thema.

Rotes Fleisch ist krebserregend. Zu viel Alkohol und Nikotin erhöhen sämtliche Risiken. Vegetarier haben in der Regel einen Eisenmangel. Menschen, welche zu viel Fleisch essen, bekommen Cholesterinprobleme. Rohkost ist nur etwas für ein starkes Verdauungssystem. Tomaten können Entzündungsprozesse im Körper begünstigen. Obst ist nur zum Teil gesund, weil zu viel Fruktose zu Übergewicht führen kann. Bestimmte Pfannen sind krebserregend, sogar Plüschtiere können giftige Substanzen enthalten. Zu viel Sonne kann Hautkrebs begünstigen, selbst nach Abklang vergisst die Haut niemals einen Sonnenbrand.

Alles in dieser Welt hat doch irgendwo seinen Preis. Fast täglich erscheint ein Artikel auf einer Startseite, dass wieder ein hoch gefährliches Produkt vom Discounter zurückgerufen wurde. Das gehört inzwischen doch schon ganz selbstverständlich dazu. Aber es interessiert mich inzwischen nicht mehr. Mein Leben, mein Schema!

Ich versuche weiterhin den weisen Worten meiner Mutter zu vertrauen. „Alles in Maßen!"

Es mag sich so anhören, als würde ich mir sämtliche Baustellen „schönreden" und erneut dazu neigen zu verdrängen. Das mag bis zu einem gewissen Punkt auch stimmen. Aber was bleibt mir denn auch anderes übrig? Soll ich jeden Tag für den Rest meines Lebens mit panischen Gedanken aufstehen, mir überlegen, was ich heute denn wieder alles nicht darf und was mir irgendwann einmal schaden KÖNNTE? Bestimmt nicht. In dieser Hinsicht bevorzuge ich den Weg der Beschönigung. Für solche Ängste ist das Leben einfach zu kurz. Alles unterliegt einem gewissen Risiko.

Alles in allem machte ich die nächsten Wochen wieder Fortschritte. Ich konnte wieder besser allein sein, übernahm eigenständig Aufgaben und genoss die Zeit mit Stupsi intensiver denn je.

Im Sommer 2019 wurde André von Aaron für einige Monate auf den firmeneigenen LKW gesetzt, damit er in Zeiten der Winterpause (solange keine Live-Auftritte stattfanden), der Firma Gewinn einbringen konnte, indem der LKW für Tagestouren genutzt wurde. Stupsi und ich begleiteten ihn gelegentlich, wenn es im Lager nichts zu tun gab. Alte Erinnerungen kamen wieder hoch. Doch inzwischen vollkommen ohne Streitigkeiten, psychotischen Szenarien und ähnlichem. Einfach nur auf dem Beifahrersitz sitzen und die vorbeiziehende Landschaft genießen. Allein schon diese Situation hielt mir vor Augen, dass ich durchaus sehr viele Fortschritte und Veränderungen über die vergangenen Jahre gemacht hatte. Auf meine persönliche Art und Weise. Wie konnte ich mich vor rund 10 Jahren nur um Himmels willen darüber aufregen, wenn André die Warnblinkanlage betätigte? Im Nachhinein kam mir dies wie ein unbewusstes Machtspiel eines bockigen Kindes vor.

Beim erneuten Begleitfahren kam ich auf die Idee, meine Lebensgeschichte nieder zu schreiben. Da es in meinem Leben den einen oder anderen Punkt gibt, welcher sich von einer „herkömmlichen Biografie" unterscheidet, empfand ich sie als erzählenswert. Und darum geht es auch im Endeffekt: Um ein individuelles Leben! Ganz egal, wie lange es dauert. Nachdem ich realisierte, dass meine Geschichte möglicherweise auch für die Öffentlichkeit interessant wäre, beschloss ich daraus eine Autobiografie zu machen.

Ich bin mir sicher, dass sich sehr viele Leser denken werden: „Meine Fresse, was für'n Psychowrack!" Damit muss ich leben. Auf der anderen Seite wird es mit Sicherheit auch den einen oder anderen Menschen geben, welcher sagen wird: „Also aus dieser Perspektive habe ich das so noch nie betrachtet!" Und sollte dies nur einer der Leser am Ende sagen, so hat sich die ganze Chose gelohnt.

Meine Berufung

Im Frühjahr 2020 begann eine neue Art der Zeit, welche ich und wohl die meisten Menschen niemals erwartet hätten. Eine neue weltweite Pandemie namens Corona war ausgebrochen, welche fortan alles verändern sollte. Was zunächst als neuartiger, hochgefährlicher Virus aus China in den Nachrichten zu vernehmen war, sollte binnen kürzester Zeit auch bei uns in Deutschland zu einem zentralen Thema werden. Schon bald wurden auch hier die ersten Fälle gemeldet und es dauerte nicht lange, da begann schon der erste große Lockdown und sämtliche Menschen rannten plötzlich mit Gesichtsmasken umher.

Es schien beinah so, als wären alle verrückt geworden. Die Menschen begannen damit, systematisch Klopapier, Nudeln und Fertiggerichte zu bunkern, da sich alle vor einer gewaltigen Phase der Entbehrung fürchteten. Sie prügelten sich teilweise sogar darum. Eine Zeit lang war es äußerst schwer, an jene Dinge zu kommen, wie wir es bisher gewohnt waren.

Und auch für André und mich sollte sich das Leben ab diesem Zeitpunkt konsequent verändern. Da schon bald sämtliche Großveranstaltungen abgesagt wurden, sah es in puncto Musikszene sehr dunkel aus.

Auch unsere Band, welche André und ich inzwischen gemeinsam betreuten, war gezwungen, sämtliche Auftritte bis auf weiteres abzusagen. Durch diesen Schicksalsschlag fehlten urplötzlich sämtliche Einnahmen für den Verleih, weshalb Aaron am Ende nichts anderes übrigblieb, als mich wieder zu entlassen. Ein erneuter, herber Schlag. Nicht nur für meine, sondern auch für Aarons und Andrés berufliche Zukunft. Wie sollte Aaron die laufenden Kosten für den Verleih künftig tragen? Die Miete für die Hallen etc. Alles schien auf einmal aussichtslos. Doch zum Glück hatte Aaron noch einen letzten rettenden Trumpf im Ärmel: André!

Dieser war von nun an täglich mit dem LKW unterwegs, mit welchem er auch im Jahr zuvor den Umsatz der Firma verbessert hatte, als er während der Wintermonate Touren fuhr. André investierte seine gesamte Energie und bemühte sich, so viele Touren wie möglich zu schaffen, damit der Musikverleih weiter bestehen konnte. Noch immer hofften alle darauf, dass es ein absehbarer Zeitraum wäre, bis die furchtbare Corona-Pandemie endlich vorbei ist und alles wieder normal laufen würde. Andrés Ansporn, in naher Zukunft wieder am Live-Mischpult zu stehen, ließ ihn permanent durchhalten.

Meistens blieb er von nun an die ganze Woche weg. Auch über Nacht schlief er im LKW, wenn ihn der Disponent mit weiteren Touren beauftragte. Ich blieb mit Stupsi zuhause, schrieb erneut einige Ghostwriter-Artikel und traf mich häufig mit meiner neuen Freundin Alexandra, welche ebenfalls zwei Hunde hatte und nur wenige Kilometer entfernt wohnte. Von nun an gingen wir täglich miteinander spazieren und auch unsere Hunde waren schon bald ein gutes Team. Ich freute mich für Stupsi, welchem der Kontakt mit Artgenossen ganz offensichtlich gut bekam. Alexandra war sehr aktiv im Tierschutz und fragte mich, ob ich Interesse hätte, hier zu assistieren. Natürlich bejahte ich sofort und setzte mich fortan regelmäßig an meinen PC, um Vermittlungsanzeigen zu schalten, Steckbriefe zu entwerfen und auch eine Homepage für ihren Verein ins Leben zu rufen. Alles, was ich tun konnte um so vielen Tieren wie möglich zu helfen, war mir ein Herzensbedürfnis. Durch Alexandra kam ich mit weiteren Menschen in Kontakt, welche sich ebenfalls sehr stark im Tierschutz engagierten. Gelegentlich holten wir zusammen Hunde ab, welche gerade frisch aus dem Ausland angereist kamen und brachten sie zu ihren vorläufigen Pflegestellen. Der Wunsch, einmal selbst in dieser Branche zu arbeiten und viel Gutes zu tun, wurde von Tag zu Tag stärker.

Inzwischen lebte ich vegetarisch und kaufte für mich selbst kein Fleisch mehr. Ich war auf einige vegetarische und vegane

Alternativen umgestiegen, von welchen es in heutiger Zeit eine wirklich umfangreiche Auswahl gibt. Natürlich unterscheidet sich der Geschmack ein bisschen vom herkömmlichen Fleisch, das will ich gar nicht bestreiten. Aber der Mensch ist bekanntlich ein Gewohnheitstier. Nur weil etwas anders schmeckt, muss es deshalb nicht zwangsläufig schlechter sein. Für mich persönlich müsste kein Tier sterben. Vollkommener Veganer zu werden gelang mir allerdings nicht. Ich liebe Milch und Milcherzeugnisse, auf welche ich (momentan) noch nicht verzichten könnte. Ich schätze, wenn es weltweit nur Kühe und Hühner gäbe, welche artgerecht gehalten würden und durch Milch und Eier lediglich „ihre Miete bezahlen" würden, wäre dies schon ein enormes Update. Zumindest muss hierfür kein Lebewesen sterben.

Für mich war es neben meiner Intension aus Tierschutzgründen zusätzlich eine Art Win-Win-Situation bezüglich meiner Low-Fat-Diät, welche ich seit dem Sommer 2019 wieder konsequent einhielt. In diesem Zeitraum fand ich ein Ernährungsschema, mit welchem ich sehr gut zurechtkam. Über den Tag ernährte ich mich fortan überwiegend von Obst, Gemüse, Reiswaffeln und kalorienreduziertem Milchreis. Abends gab es immer 3 Tage Salat, dann 3 Tage Gemüsesuppe, dann wieder 3 Tage Salat und immer so weiter. Ferner erweiterte ich mein Tagesziel an Schritten auf 18.000, was laut meiner Uhr rund 1000 extra Kalorien verbrennen sollte. Bis heute halte ich konsequent an diesem Schema fest. Am Anfang hatte ich dadurch auch schon wieder etwas abgenommen, allerdings pendelte sich hier irgendwann eine Basis ein. Seit vielen Monaten halte ich mich bei einem Gewicht von 60 kg, welche ich inzwischen halbwegs zu akzeptieren gelernt habe. Irgendwie hat sich mein Mechanismus auf dieses Gewicht eingependelt und ich möchte meinen Körper inzwischen nicht mehr ständig strapazieren. Natürlich wünsche ich mir nach wie vor meine 55 kg zurück. Allerdings ist dieser Wunsch nicht mehr so akut, als dass ich ihn krampfhaft und mit allen (auch ungesunden) Mitteln erreichen will. Man muss im Leben nun einmal dazu fähig sein, Kompromisse einzugehen. Auch wenn sie gelegentlich wehtun. Bis heute ist jedoch noch kein Tag vergangen, an welchem ich keine Kalorienzahlen aufleuchten sehe, sobald ich ein spezifisches Nahrungsmittel anschaue. Wird dieser Fluch für immer bleiben?

Beim Einkaufen überflutete mich inzwischen ein regelrechter Hass auf sämtliche Menschen, welche vollkommen gedankenlos in der Fleisch- und Wurst Abteilung zulangten. Anscheinend haben diese vollkommen ausgeblendet, dass in ihrem deftigen Leberkäse oder ihrer Salami einst einmal ein Herz schlug. Diese gierigen Bestien sind schuld daran, dass die grauenhafte Massentierhaltung weiter besteht. Jeder, der eine Scheiß Discounter-Wurst für 99 Cent kauft, ist genauso schuldig wie die Schlächter selbst! Ganz besonders bei Menschen, welche gefühlte 10 Tonnen an XXL-Wienerle in ihre Wagen legten (die meisten davon noch fett wie ein Wasserball), lief mir innerlich an der Supermarktkasse die Galle über. Am liebsten hätte ich ihnen ins Gesicht gebrüllt und sie damit konfrontiert, ob ihnen eigentlich bewusst wäre, wie viele unschuldige Tiere für dieses verdammte Billigfleisch auf grausamste Art und Weise ihr Leben lassen mussten. Doch ich wusste, dass eine solch impulsive Handlung alles andere als angebracht geschweige denn effektiv gewesen wäre. Mit lautstarker Konfrontation ist in aller Regel nicht viel zu erreichen und die Menschen gehen hier eher auf die Barrikaden. Das Einzige, was in diesem Punkt angebracht ist, wäre eine vernünftige und überzeugende Aufklärung. Und obwohl es mir nach wie vor unendlich wehtut, zu sehen, wie viel Billigfleisch in den Läden über das Kassenband geht (von der unglaublichen Menge, welche jeden Tag weggeschmissen wird, ganz zu schweigen), habe ich mir auch diesbezüglich eine Art Stoppschild im Kopf eingebaut. *Ein Großteil weiß bestimmt noch nicht einmal etwas von den katastrophalen Zuständen in der Massentierhaltung. Früher wusste ich selbst genauso wenig Bescheid und glaubte an das „Märchen vom idyllischen Bauernhof".* Andere schauen dagegen einfach weg. Viel zu wenig Aufklärung in dieser Hinsicht, das ist definitiv nicht zu leugnen. Dass das öffentliche Fernsehen zweimal im Jahr von schlimmen Zuständen in einem expliziten Schlachthaus berichtet, ist einfach nicht genug.

Wenn schon Milliarden von Tieren gefressen werden, dann sollen sie zumindest ein artgerechtes Leben haben, das ist ja wohl das Mindeste!

Mein bester Freund Axel war inzwischen ebenfalls Vegetarier geworden, was ich ihm sehr hoch anrechnete. Als sämtliche Gastronomien während des ersten großen Lockdowns schlossen, kam Axel vorübergehend auf Kurzarbeit und durfte zunächst nicht mehr arbeiten. Auch seine Abendschule blieb geschlossen und er musste sich seine Noten durch Hausarbeiten einholen. Dabei half ich ihm ganz besonders in Englisch, Deutsch und Geschichte und erzielte für ihn so manche gute Note.

Er besuchte mich in dieser Zeit regelmäßig und übernachtete auch wiederholt bei mir. Wir hatten eine sehr lustige und unbeschwerte Zeit miteinander, unternahmen lange Wanderungen mit Stupsi und spielten nach Jahren einmal wieder unser gemeinsames Lieblingsspiel „Terraria".

Außerdem nutzte ich endlich einmal die Gelegenheit, um aus der Kirche auszutreten, was ich bereits seit einiger Zeit vorgehabt hatte. Ich sah einfach keinen Sinn mehr darin und hielt es auch schlichtweg für falsch, wenn etwas in meinem Ausweis stand, was so überhaupt nicht stimmte. Schon vor vielen Jahren hatte ich für mich selbst herausgefunden, dass ich längst nicht mehr an Gott, geschweige denn an eine andere, religiöse Vereinigung glaubte. Für mich persönlich bedeutet Religion nur eine Illusion der Menschen, welche große Angst vor dem Tod haben und sich diesen in Gedanken angenehmer gestalten möchten.

Ich bin dennoch davon überzeugt, dass es nach dem Tode irgendwie weitergehen könnte. Dass möglicherweise die Seele überlebt oder jeder zumindest das erhält, was er verdient hat. Karma eben. Auf der anderen Seite wäre ein durchgehender Schlaf, welcher ewige Ruhe und Frieden bedeutet, ganz bestimmt auch nicht die schlechteste Wahl. Lassen wir uns überraschen ...

Mein Traum, eines Tages eine Rettungsstation für Tiere in Not aufzumachen, rückte durch mein neu entdecktes Engagement im Tierschutz immer weiter in den Vordergrund. So viel unsagbares Leid da draußen, hunderttausende von Tieren, welche auf unsere Hilfe angewiesen sind. Welche in anderen Ländern nur achtlos wie ein Stück Fleisch in die Tötungsstation geworfen werden und oftmals auf dem Weg dorthin schon elendig an Hunger, Krankheiten und Kälte verenden. Hier besteht solch ein akuter Handlungsbedarf, ich konnte diese Bilder einfach nicht mehr ertragen …

Ohne von einer Art Gotteskomplex besessen zu sein, fiel es mir eines Tages schlagartig wie Schuppen von den Augen, wofür ich auf diese Welt gekommen war: **Um Tieren zu helfen!** Unschuldige Seelen zu retten, welche ihre Stimme gegen die Grausamkeit der Menschen nicht erheben können und diesen tagtäglich ausgeliefert sind. In Versuchslaboren, in der Massentierhaltung und für Touristenattraktionen. Der Mensch ist zuweilen eine solch widerliche, ignorante Bestie! *Ihr kapitalistischer Abschaum, ich werde euch bekämpfen, solange es mir möglich ist!* 😤😤😤

Sorry, bei diesem Thema überkommt es mich einfach…

So richtig bewusst wurde mir diese Tatsache, nachdem ich wieder einmal ausführlich mit meinem Chatfreund Pit aus der Schweiz geschrieben hatte. Wir hatten uns schon häufiger über die allgemeine Schönheit der Natur, deren heilender Wirkung und auch über Tiere ausgetauscht. Als ich Pit zum ersten Mal von meinem Traum mit der Rettungspension für Tiere erzählte, schrieb er mir, dass wir alle aus ganz unterschiedlichen Gründen auf Erden wären. Ganz offensichtlich war es meine Berufung, ein „Anwalt der Stimmlosen" zu sein. Seine Worte bezogen sich hierbei auf die Tierwelt. Pit wusste, dass ich nach meinen persönlichen Möglichkeiten schon sehr lange für die Tierwelt kämpfte und brachte es somit sehr deutlich auf den Punkt.

Ich beschloss, den Rest meines Lebens, ganz gleich wie lange es noch dauern würde, dem Wohl der Tiere zu widmen. Flyer zu drucken und an öffentlichen Plätzen aufzuhängen, Anzeigen im Netz zu schalten, Decken für ausländische Tierheime in Not zu sammeln und monatlich einen bescheidenen Betrag an den Tierschutz zu spenden war zwar ein guter Anfang, allerdings noch lange nicht genug. Ich wollte deutlich mehr tun, ich wollte etwas bewirken! Um noch deutlich mehr tun zu können, musste ich eindeutig Geld verdienen. Viel Geld, damit so viele Tiere wie möglich davon gerettet werden konnten. Ich persönlich kann noch immer nicht begreifen, warum so viele Menschen ihr Geld in materielle Dinge stecken, welche doch grundsätzlich nur für einen sehr kurzen Zeitraum befriedigen. Ein Sportwagen, eine Yacht, eine teure Uhr... wer braucht so etwas bitte??? Ich persönlich würde nichts weiter als Schuldgefühle empfinden, wenn ich mit einem 200.000 €-Karren herumfahren würde. Stets in dem Wissen, dass von diesem Wert tausende von dankbaren Tieren gerettet werden könnten. Aber ich schätzte, das ist Prioritäten- und Ansichtssache.

Besserer Job bedeutet automatisch besserer Abschluss, ganz einfache Rechnung. Also musste ich es erneut wagen, eine geeignete Anlaufstelle zu finden, welche mir einen besseren Abschluss für ein späteres Studium gewähren könnte.

Fortan lief mein Telefon heiß und meine Tastatur ratterte. Ich war durchgehend damit beschäftigt, Schulen im näheren Umkreis zu kontaktieren und zu erfragen, ob es denn eine Möglichkeit gäbe, meinen mittleren Schulabschluss nachzuholen. Ich musste den regulären Unterricht besuchen, keine Frage. Sämtliche, herkömmliche Mittelschulen, welche Schüler im üblichen Alter unterrichten, weigerten sich jedoch, einen 27-Jährigen mit in die Klasse zu setzen. Dies sei allein schon aufgrund vom Altersunterschied absolut nicht machbar. *Was für eine bescheuerte Regelung,* dachte ich mir. Was spräche denn bitte schön dagegen? Anstatt einen Menschen, welcher seinen Abschluss nachholen wollte, viel eher zu fördern als abzulehnen. Besteht denn nicht überall Mangel an Arbeitsplätzen? Wie soll dieser denn ausgeglichen werden, wenn sie in puncto Bildung so einen Terz machen? Ich erinnerte mich an die Zeit zurück, in welcher ich als LKW-Fahrer Fuß zu fassen versuchte. Das war damals das gleiche in grün. Bevorzugt „jung und dynamisch", aber am besten gleichzeitig mit 30 Jahren Berufserfahrung. Leute!!! Entscheidet euch mal bitte! Alles geht wohl kaum. Und verändert bitte mal dieses bescheuerte Bildungssystem, das hinten und vorn keinen Sinn ergibt. Warum ist es in Nordrhein-Westfalen, Berlin und an anderen Orten möglich, an diversen Schulen einen Abschluss in Vollzeit nachzuholen und hier maximal durch eine Abendschule oder einen Fernkurs? Bullshit!

Zum Glück fand ich am Ende nach vielen Stunden der vergeblichen Suche tatsächlich eine Schule, welche sich dazu bereiterklärte, mich als Schüler aufzunehmen. Es handelte sich hierbei um eine recht kleine Schule, welche von meinem Standort rund 50 km entfernt lag. Was zur Folge hatte, dass ich einen täglichen Fahrtweg von über 100 km auf mich nehmen musste. Ich war nicht gerade erfreut über diese Tatsache, ergriff die Gelegenheit aber trotzdem beim Schopf und meldete mich an. Inzwischen war ich dazu bereit, Kompromisse einzugehen und mir nicht mehr nur stets die Kirsche vom Kuchen zu stehlen, so wie dies früher meine Art war. Und schließlich ging es hierbei um meine Zukunft, welche inzwischen wieder von diversen Plänen und Zielen inspiriert wurde. Eines Tages reich sein und viele tausend Tiere retten! Ein schöneres Lebensziel könnte es für mich persönlich wohl nicht geben.

Nachdem ich mich erneut aufgerafft hatte und sämtliche Behördengänge bezüglich BAföG und Co. erledigt hatte, konnte ich den Start in meiner neuen Schule kaum noch abwarten. Auch meine Mutter freute sich sehr für mich, dass ich doch noch eine Lösung gefunden hatte, meine schulische Laufbahn zu vervollständigen. Ganz zu schweigen von André, Axel und einigen anderen Freunden. Ganz besonders Axel sagte mir immer wieder, wie sehr er an mich glaubte und war sich sicher, dass ich die Schule diesmal mit Leichtigkeit packen würde. Immerhin hatte ich ihm in den vergangenen Monaten so häufig bei seinen Schulaufgaben geholfen, welche er aufgrund von Corona zuhause erledigen durfte. Und diese verliefen auf dem Niveau des Fachabiturs, welches Axel mittlerweile nachgeholt hatte und sich inzwischen in einer erneuten Ausbildung zum Akustiker befindet.

Ich beschloss, mir von Anfang an sehr viel Mühe zu geben. In einer Gesellschaft wie dieser sind gute Noten schließlich Grundvoraussetzung für eine spätere, erfolgreiche Karriere. Ich erinnerte mich an die Worte meines Opas, welcher mir damals schon immer wieder prophezeite, ich würde eines Tages noch an seine Worte denken, wenn ich mich irgendwo in einem unterbezahlten Job durchquälen müsste und es dann bereuen würde, niemals einen besseren Abschluss gemacht zu haben. Und was ich in den vergangenen Jahren diesbezüglich erlebt hatte, unterstrich seine damaligen Worte mit einem dicken Filzstift.

Opa, ich gebe es nicht allzu gerne zu, aber du hattest Recht! Wenn ich könnte, würde ich die Zeit noch einmal bis zu meinem 16-jährigen Ich zurückdrehen und mit meinem jetzigen Wissensstand einiges anders machen. Aber hätte, wäre, wenn … bringt nichts mehr, also nach vorne schauen!

Was mir bei der ganzen Geschichte jedoch sehr schwer im Magen lag war die Tatsache, dass Stupsi nun täglich einige Stunden allein wäre. Doch auch hierfür fand sich schon bald eine zufriedenstellende Lösung. André erklärte sich dazu bereit, ihn zwischenzeitlich bei ihm im LKW mitzunehmen und ihn dann wieder bei mir zuhause abzuliefern. In seinen Pausenzeiten, welche jeder LKW-Fahrer gesetzlich einhalten muss und auch nach Feierabend, fand André genug Zeit um mit Stupsi ausgiebig Gassi zu gehen. Und zwei Vormittage in der Woche konnte er durchaus verkraften, wenn er zuhause ein paar Stunden allein war.

Niemals hätte ich noch vor wenigen Jahren erwartet, dass mir Schulunterricht so viel Freude bereiten könnte. Nachdem der

Schulunterricht im September 2020 begonnen hatte, merkte ich schnell, dass es eventuell wieder einmal Schicksal war, dass ich an einem solch großartigen Ort gelandet war. Möglicherweise half hier mein Vater der Vorsehung wieder einmal auf die Sprünge, indem er dafür sorgte, dass ich meinen Abschluss unter diesen prima Leuten nachholen würde.

Meine neue Klasse war recht klein, wir waren gerade einmal 13 Schüler. Außer mir gab es noch ein paar weitere „Nachzügler", welche damals die Schule aus verschiedenen Gründen vorzeitig verlassen hatten und jetzt ihren mittleren Schulabschluss nachholen wollten.

Sämtliche Mitschüler waren sehr nett und unkompliziert. Es war niemand dabei, von welchem ich sagen konnte, dass ich mit ihm oder ihr nicht klarkam. Meine anfänglichen Bedenken, dass ich als Klassenältester und Nachzügler möglicherweise nicht akzeptiert werden würde, verliefen schnell im Sand. Sogar das genaue Gegenteil war der Fall. Meine neuen Mitschüler fanden es lässig, dass sie einen älteren Mitschüler in der Klasse hatten. Ich fühlte mich sehr schnell integriert und gut angenommen. Und auch die Lehrer waren sehr engagiert, freundlich und recht cool. Menschlich gab es an diesem Ort rein gar nichts auszusetzen.

In den ersten beiden Wochen nach den Ferien waren wir dazu verpflichtet, einen Mundschutz zu tragen. Selbst im Unterricht an unseren Sitzplätzen. Da unsere Klasse ohnehin nur aus wenigen Schülern bestand, war ein Sicherheitsabstand von 1,5 Metern im Klassenraum kein großes Problem. Ab der 3. Woche durften wir unseren Mundschutz zumindest am Sitzplatz während des Unterrichts abnehmen, im Schulgebäude blieb er jedoch auf der Nase. Und obwohl mich die ganze Prozedur zwar langsam dezent nervte, empfand ich sie persönlich niemals als so schlimm wie einige andere Menschen. Selbst als Raucher machte es mir nicht allzu viel aus.

Dieser Aspekt, dass sämtliche Menschen aufgrund von Corona durchzudrehen schienen, bestätigte mir wieder einmal mehr, dass der Mensch ein egozentrisches Raubtier ist. Im Ernstfall geht es nur darum, an sich selbst zu denken und sich selbst zu retten. Siehe Hamsterkäufe. *War ich möglicherweise noch nicht einmal so schlimm wie ich immer dachte? Ging es tatsächlich noch deutlich drastischer?* In Gedanken malte ich mir ansatzweise sarkastisch aus, wie sehr sich jene Menschen wohl aufregen würden, wenn sie nicht mehr richtig laufen könnten oder sich vier- bis sechsmal täglich eine Spritze setzen müssten. Ganz zu schweigen von der ewigen Rechnerei vor und nach jeder Mahlzeit. Und sie jammern schon wegen einem kleinen Stückchen Papier vor der Nase, was höchstwahrscheinlich zeitlich begrenzt sein wird.

Damit will ich jedoch nicht sagen, dass ich irgendjemandem diese neu entdeckte Lungenkrankheit (von welcher ich persönlich keinen Schimmer habe und mir auch kein Urteil erlauben möchte) wünsche. In letzter Zeit wurde sehr viel darüber spekuliert und jede Menge widersprüchliche Fakten und Thesen aufgestellt. Von Anfang an habe ich diesbezüglich niemals großartig die Nachrichten verfolgt, geschweige denn irgendwelche zusätzlichen Vorsichtsmaßnahmen getroffen. Ich halte mich an die allgemeinen Regeln in der Öffentlichkeit, sehe darin allerdings keinen wirklichen Sinn. Lediglich keine Lust auf Diskussionen oder Bußgelder. Ich habe einfach keine Kraft mehr, mir meine verbleibende Lebenszeit mit negativen Einflüssen zu zerstören. Was ich bereits in der Vergangenheit durch meinen Zucker durchgemacht hatte, wollte ich unter keinen Umständen erneut erleben. Was kommt, das kommt. Ganz egal, ob die Menschheit deswegen durchdreht oder nicht. Sollte Mutter Erde (welche wir alle so drastisch verletzt haben) sich tatsächlich eines Tages dazu entschließen zurückzuschlagen, wird es für die Menschheit ohnehin kein Überleben geben. Möglicherweise ist Corona so eine Art erster Warnschuss, dass es unserer Welt langsam reicht …?! Eine Art natürliche Selektion? Wundern würde mich das nicht. Wir haben der Welt genug angetan …

Es war in jenem Zeitraum, als Andrés Stiefvater Dietmar nach langer Wartezeit endlich einen Platz in einem Seniorenheim bekam. Anna war am Ende ihrer Kräfte und war froh, nun endlich wieder einmal nachts durchschlafen zu können. Sie und André hatten vor einiger Zeit extra ein Heim ausgewählt, welches sich kilometertechnisch genau zwischen unseren Standpunkten befand. So konnten wir Dietmar abwechselnd besuchen gehen. Das war allerdings noch lange vor dem Corona-Spuk, als André noch im Lager arbeitete und sich jederzeit mal für 1-2 Stündchen hätte davonstehlen können. Das ging inzwischen ja nun nicht mehr, seitdem er sich seit Monaten unter der Woche auf dem LKW befand. Da ich Dietmar sehr gerne mag, betrachtete ich es als ganz selbstverständlich, ihn regelmäßig dort zu besuchen. Wenn es die aktuellen Corona-Regeln denn zuließen. Zeitweise durfte ihn wegen akuter Ansteckungsgefahr niemand besuchen.

Es war jedes Mal ein sehr komisches Gefühl auf die Demenz-Station zu kommen. Neben Dietmar waren hier noch etwa 10 andere Patienten untergebracht. Einige davon noch deutlich stärker betroffen als Dietmar. Zum Beispiel gab es dort eine Frau, welche ziemlich unheimlich aussah und sich auch extrem merkwürdig verhielt. Die ganze Zeit starrte sie uns mit weit aufgerissenen blutroten Augen an und kam urplötzlich auf einen zu. Ungefragt packte sie jeden am Arm, wobei es mir äußerst unbehaglich wurde. Ich empfand Abscheu, auf der anderen Seite tat sie mir aber leid. Ich wusste natürlich, dass sie unter einer tückischen Krankheit litt, welche ihr nach und nach das Leben aussog. Ich malte mir aus, dass diese gruselige „Zombie-Frau" noch vor einiger Zeit mit Sicherheit eine liebevolle Mutter und Großmutter war, welche fröhlich mit ihren Enkeln spielte. Andere saßen dagegen nur die ganze Zeit im Aufenthaltsraum und starrten ins Nichts. Im Grunde vegetierten sie alle nur noch vor sich hin. Wie lebende Tote. Gegen Demenz gibt es (wie bei den meisten Autoimmunerkrankungen) bislang noch kein Heilmittel, es wird also nie mehr besser werden. Ich bin davon überzeugt, dass sich die meisten Betroffenen nichts sehnlicher wünschen, als zu gehen. Ich kann mir nicht vorstellen, dass man unter diesen Umständen sein Leben noch genießen kann. Warum gibt es diesbezüglich keine Möglichkeit, einem solchen Zustand vorzeitig entgegenzuwirken? Dass man zum Beispiel zu Zeiten, in welchen man noch bei klarem Verstand ist, ein Dokument aufsetzen kann, welches dafür sorgt, dass man in einem solchen Zustand „erlöst" wird. Wie etwa eine Verfügung bei Koma-Patienten. Gäbe es Aussicht auf eine Heilung und Oma und Opa kämen nach einiger Zeit wieder vollständig genesen nach Hause, so sähe die ganze Sache noch einmal vollkommen anders aus. Da es aber ohnehin nie mehr besser wird, wäre eine solche Überlegung meines Erachtens absolut sinnvoll. Natürlich nur aus freien Stücken. Ich persönlich würde einen solchen Wisch sofort unterzeichnen. Weder möchte ich eines Tages allein vor mich hin vegetieren noch eine Belastung für Angehörige sein.

Ich weiß, dass dies ein sehr gewagtes Thema ist und dass es einige Menschen gibt, welche mir in diesem Punkt widersprechen mögen. In so vielen Lebenslagen kommen sich ethische Moralvorstellungen und rein rationale Denkweise gehörig in die Quere.

Meist holte ich Dietmar ab und wir unternahmen einen Spaziergang mit Stupsi. Anna und Dietmar liebten den kleinen Wuschel abgöttisch und für Dietmar schien es jedes Mal eine willkommene Abwechslung, wenn er sein „Büble" wiedersehen durfte. Um Dietmars Fitness stand es inzwischen nicht mehr allzu gut. Durch die Corona Umstände war die Station gezwungen, vollständig isoliert zu bleiben und gemeinsame Unternehmungen waren momentan nicht möglich. Das wirkte sich selbstverständlich auch auf seine Kondition aus. Damit er wenigstens einmal die Woche rauskam, erschien mir ein moderater Spaziergang daher nur angebracht.

Demenz ist eine sehr traurige Geschichte. Wir alle sollten niemals vergessen, dass Betroffene einst geliebte Eltern, Großeltern, Brüder, Schwestern, Onkel, Tanten oder anderweitige Angehörige waren. Wir sollten sie in diesen Zeiten nicht im Stich lassen, wenn wir zu Lebzeiten ein gutes Verhältnis hatten.

Ich war verblüfft zu sehen, wie sehr mich meine Mitschüler und Lehrer als Person schätzten. Zu früheren Schulzeiten war ich es gewohnt, häufig ausgegrenzt zu werden. Ganz besonders bei Gruppenarbeiten. Inzwischen zählte ich tatsächlich zu den ersten, welche diesbezüglich angefragt wurden. Möglicherweise auch deshalb, weil ich mittlerweile konsequent und diszipliniert arbeitete und die Zeit in der Schule nicht mehr nur so wie früher „absaß",. Ich war bestrebt, etwas für künftige Erfolge zu tun. Zuweilen war ich diesbezüglich sogar schon ZU perfektionistisch. Machte ich einen Leichtsinnsfehler, welcher meine Note lediglich auf eine 2 verschlechterte, nahm ich mir dies persönlich recht übel. Früher zu nachlässig, heute zu perfektionistisch. Warum ist meine Denkweise nur so schwarz-weiß? Aber auch das wurde nach und nach deutlich besser. Nobody's perfect!

Ich wunderte mich, dass es mir nach außen hin gelang, einen überwiegend entspannten und loyalen Zeitgenossen zu geben. Ich unterstützte die anderen, so gut ich nur konnte. Ganz egal ob beim Unterrichtsstoff, bei den Hausaufgaben oder auch bei anderen Fragen. Ich war immer da, wenn jemand meine Hilfe brauchte. Da ich gelegentlich für den einen oder anderen nachlässigeren Schüler die Aufgaben übernahm (z.B. bei Gruppenarbeiten), bezeichnete mich eine Mitschülerin einmal sogar als „zu gut für diese Welt". Ich konnte es nicht fassen. Hinterließ ich tatsächlich solch ein Bild? Ich fühlte mich über diese Aussage sehr glücklich und dankbar.

Wenn die nur ansatzweise wüssten, was dieser „hilfsbereite Typ von nebenan" doch alles auf dem Psycho-Kasten hatte…

Es amüsierte mich, dass meinen Lehrern auffiel, dass ich in vielen Situationen zu komplex dachte. Das war jedoch schon immer meine Art. Anstatt den direkten Weg zu gehen, dachte ich stets fünfmal durch die Büsche hindurch. Ganz besonders in Mathe wurde diese Denkweise sehr deutlich. Ich überlegte, woran dies liegen konnte und kam auf eine mögliche Antwort. Eventuell hing auch dies in gewisser Weise mit meinem Zucker zusammen, durch welchen ich im Grunde jeden Tag in puncto Insulin im Geiste mehrere Rechnungen durchlief. Eine meiner persönlichen Formeln würde wohl in etwa so aussehen:

Abendessen: F(x) = 5 BEs $\triangleq$ (5 Einheiten Insulin) – 4,5 km Laufen ≈ (– 2 Einheiten Insulin durch Bewegung) <u>F(x) ≈ 3 Einheiten Insulin benötigt für 5 BE</u>

Hatte ich in Mathe eine gezielte Frage, so erhielt ich unter anderem immer wieder großartige Tipps von meinem cleveren Bruder, welcher neben Chemie auch Mathematik als Nebenfach studierte. Natürlich war der Stoff der 10. Klasse für ihn Pipifax und er zeigte mir so manche Eselsbrücke. Ich war sehr stolz auf ihn. Nicht nur auf seine mathematischen Kenntnisse, sondern auch auf die Tatsache, dass aus ihm inzwischen ein richtig vernünftiger und stattlicher Mann geworden war. Ich weiß noch ganz genau, als ich ihn das erste Mal in seinem Babybett erblickte. Wo ist nur die Zeit geblieben? Ich glaube, ich werde alt …

Trotz aller schulischen Erfolge und dem Gedeihen meines sozialen Status, habe ich es bislang noch immer nicht geschafft, meine Essstörung konsequent abzulegen. Ganz besonders die ersten Tage, an welchen ich mit Bus und Bahn zur Schule fuhr, waren noch sehr schlimm. Am Bahnhof kam ich jeden Morgen beim Bäcker vorbei, an welchem ich mir ab und an einen Kaffee holte. Es war jedes Mal eine sehr große Hürde, wenn mein Blick auf die köstlichen Schnecken und Hörnchen fiel, von welchen ich mir jedes Mal von Herzen gerne etwas gekauft hätte. Es erforderte sehr viel Selbstdisziplin, dieser Versuchung nonstop zu widerstehen. Ich sagte mir innerlich, dass es sich einfach nicht lohnen würde. Rund 800 Kalorien binnen 3 Minuten weg zu futtern und dies wieder tagelang zu bereuen. Das stand rational betrachtet in keinerlei Verhältnis.

Ich glaube, dass diese Art der Problematik deutlich mehr Menschen betrifft als nur mich allein. Es ist wohl auch ein sehr treffender Vergleich zu einem trockenen Alkoholiker, welcher bei jedem Einkauf dazu gezwungen ist, zumindest in die Nähe der Alkoholabteilung zu kommen. Es ist eine recht identische Parallele der inneren Zerrissenheit und Unterdrückung. Aber am Ende siegt doch meist der Wille und nach Verlassen des Ladens ist der ehemalige Alkoholiker gottfroh, nicht wieder schwach geworden zu sein. So ging es auch mir, sobald der Bäcker am Bahnhof außer Sichtweite lag. Und doch bleibt die inständige Versuchung wohl für den Rest des Lebens bestehen. Natürlich kann der ehemalige Alkoholiker den Gang durch die Spirituosenabteilung möglichst gut vermeiden. Aber im Geiste weiß er ganz genau, dass sie gleich um die Ecke liegt. In einer schwachen Stunde besteht jederzeit eine potentielle Rückfallgefahr und es sind nur wenige Schritte. Hier ist ein sehr willensstarker Geist erforderlich. So auch in meiner Problematik in puncto Essen. Aber im Grunde ist es wohl doch nur Kopfsache. Alles im Leben ist irgendwo Kopfsache.

Ferner ist es nach wie vor sehr schwer für mich, dünnere Menschen zu sehen. Und obwohl ich inzwischen so weit bin, dass ich in solchen Momenten nicht mehr in ein offensichtliches Stimmungstief verfalle, ist es an manchen Tagen nahezu unerträglich. Ich kann es von Grund auf nicht verstehen, dass es Menschen gibt, welche mit ihrer dünnen Statur unzufrieden sind und sogar gelegentlich darüber klagen. Von dieser Sorte habe ich im Laufe der Zeit schon einige kennengelernt. So viel essen wie sie nur wollen und trotzdem immer klapperdürr oder zumindest schlank zu bleiben. Meiner Meinung nach ist das eines der größten Geschenke im Leben. Aber eben auch nur MEINER Meinung nach. Ich sagte mir selbst, dass dies wieder ein ganz typisches Phänomen von unterschiedlichen Standpunkten ist. Möglicherweise ist dieses Thema für andere Menschen tatsächlich schlimmer als ich es persönlich nachvollziehen kann. Und ich habe kein Recht darüber zu urteilen, welche Meinung hier die richtige ist, das steht mir einfach nicht zu. Genauso wie andere Menschen kein Recht haben, über mich in Punkten zu urteilen, welche sie niemals erlebt geschweige denn ansatzweise nachvollziehen können. Ich baute mir in solchen Situationen wieder einmal ein gedankliches Stoppschild ein und vertrat meine persönliche Meinung lediglich im Geiste: *Jammer du nur. Das entspricht in etwa der gleichen Logik, als würde ein Milliardär über seinen Reichtum jammern!* Eine sinnlose Diskussion vom Zaun zu brechen, bei welcher es am Ende ohnehin kein „Richtig" oder „Falsch" geben sollte, erschien mir definitiv zu sinnlos.

Ich bin nicht gänzlich pessimistisch, dass sich meine Essstörung irgendwann in der Zukunft einmal bessert und möglicherweise sogar einmal vollständig verschwindet. Aber solange sie da ist, habe ich keine Veranlassung, sie zu unterdrücken. Damit würde ich mich selbst und auch meine Mitmenschen belügen und das möchte ich nicht tun. Ich schätze, dass es die deutlich bessere und gesündere Methode darstellt, als wieder mein Insulin zu verweigern. Ich hoffe sehr, dass sich mein Charakter inzwischen zumindest soweit stabilisiert hat, um nie wieder in diesen Teufelskreis zurückzufallen.

In gewisser Weise gehört diese Art der „Störung" auch irgendwie zu mir. Wer weiß, wozu ich imstande wäre, wenn ich hier kein „Ventil" hätte, um meinen gelegentlichen Frust zu bewältigen. Ich will es auf keinen Fall erneut an anderen auslassen.

Manchmal frage ich mich sogar, ob diese Störung möglicherweise eine Art Geschenk sein könnte. Was sich im ersten Moment vollkommen irrsinnig anhört, erscheint mir bei tiefgründigerem Nachdenken gar nicht so verwerflich. Was wäre, wenn ich von Natur aus dünn wäre und rein gar nichts dafür tun müsste? So wäre ich bestimmt nicht dazu angetrieben, täglich 2 Stunden mit Stupsi zu laufen, was auch für diesen ganz nebenbei äußerst gesund ist. Ich würde mich keinem gesunden Ernährungsschema aussetzen und nach wie vor essen, worauf ich gerade Lust hätte. So wie vor einigen Jahren. Selbst für Menschen, welche von Natur aus eine dünne Statur haben, ist der kontinuierliche Konsum von viel Zucker und Fett nicht gerade förderlich. Die Organe werden hier trotzdem belastet, auch wenn man es diesen Menschen optisch nicht ansieht.

Es dauerte eine ganze Weile bis ich verstanden hatte, dass auch ein dünner Körper ziemlich anfällig sein kann. Häufig nicht sonderlich viel Abwehrkräfte, Probleme mit den Gelenken, anfällig für Krankheiten etc. Lange Zeit über glaubte ich, dass nur stark übergewichtige Menschen in gesundheitlicher Hinsicht akut gefährdet wären. Herzinfarkt, Schlaganfall, etc. Das ist jedoch völliger Quatsch.

Ich mutierte zum regelrechten Arbeitstier. Um bloß keine Langweile aufkommen zu lassen (und dadurch sinnlos Kalorien zu konsumieren), so ist es für mich inzwischen vollkommen normal, meinen Tagesplan so zu gestalten, dass ich immer etwas zutun habe. Wenn nicht gerade Schule ist, so laufe ich ausgiebig mit Stupsi, kümmere mich um mein Tierschutzprojekt oder schreibe Ghostwriter-Artikel. Irgendetwas findet sich immer, womit ich mich bis hin zur nächsten Mahlzeit ablenken kann. Und sei es nur die Wohnung zu putzen, das Auto auszusaugen oder die DVD-Sammlung zu sortieren. In meinem Kopf läuft in dieser Hinsicht eine Art Uhr, welche mir das Essen nur zu bestimmten Zeiten erlaubt. In diesen nehme ich meine genau berechnete Anzahl an Kalorien zu mir. Diese Momente sind sehr bedeutend, fast schon heilig für mich, in welchen ich auch keine Störungen zulasse. Dieses Schema schenkt mir Sicherheit und gleichzeitig etwas, worauf ich mich den ganzen Tag über freuen kann. *Ein besonderer Moment für mich* – das klingt zunächst wie ein kitschiger Slogan aus einer Kaffee-Werbung, allerdings habe ich herausgefunden, dass dies eine ziemlich kluge und auch wichtige Sache ist. Jeder braucht mindestens einmal am Tag ein schönes Ritual, welches ganz und gar uns selbst gehört. In meinem Fall das langgezogene, aber gleichzeitig kalorienarme Abendessen.

Es dauerte eine Weile, bis ich dies meinem besten Freund Axel vermitteln konnte, welchen es anfangs noch ankotzte, dass er mich nach seinem Feierabend nicht regelmäßig anrufen durfte. Ab 18 Uhr toleriere ich grundsätzlich keine Störungen mehr in Form von Telefonaten (außer es handelt sich um einen akuten Notfall oder ein besonderes Ereignis). Nachdem ich ihm dies ausführlich erklärt hatte, so akzeptierte er dies am Ende ohne Probleme. Hin und wieder mache ich auch hier mal eine Ausnahme, so extrem ist es jetzt auch wieder nicht. Aber grundsätzlich bewahre ich mir dieses Ritual.

Axel kannte die Problematik aus eigener Erfahrung. Wir beide sind von Natur aus waschechte Genießer, welchen es äußerst schwerfällt, bei Köstlichkeiten *Nein* zu sagen. Und dann auch wieder ein gezieltes Ende zu finden. Axel war schon seit Jahren nicht mehr so dünn, wie einst zu Jugendzeiten. Er war über die Jahre ebenfalls etwas in die Breite gegangen, was auch ihn eindeutig störte. Was ich an Axel jedoch bewunderte, war die Tatsache, dass er damit deutlich lockerer umgehen konnte als ich. Hin und wieder meckerte er über bestimmte „Problemzonen", das war im Grunde aber auch schon alles. „Ja mei, Essen ist halt geil, dagegen können wir nix machen! Beim nächsten Anlass machen wir dann halt wieder mal mehr Sport!" Damit war das Thema für Axel meist wieder schnell vom Tisch.

Ich kann es dagegen nicht einmal zulassen, von anderen fotografiert zu werden. Nicht etwa, weil ich Datenmissbrauch vermute, ich kann mich in ungünstigen Positionen einfach nicht ertragen. Und möchte auch nicht, dass mich andere dann so sehen. Am Neujahrstag zeigte sich dieses Manko an einem sehr typischen Beispiel. Axel und ich unternahmen einen ausgiebigen Spaziergang und er schoss ein spontanes Selfie von uns beiden, um einem gemeinsamen Freund Grüße zu schicken. Als ich das Bild sah, hätte ich am liebsten losgeheult. Ich wirkte wie ein Kugelfisch in meiner dicken Winterjacke. „Hast du dir mal überlegt, was die Nachwelt denken könnte, wenn sie dieses Foto von mir sieht?", fragte ich Axel ziemlich frustriert. „Du hättest mich ja wenigstens vorwarnen können, du weißt, dass ich spontane Ganzkörperaufnahmen hasse!" Axel verdrehte genervt die Augen und hielt eine seiner legendären Aufmunterungsvorträge, welche mich schon seit unserer Kindheit zum Lachen brachten. „Die Nachwelt? Meinst du, auf deiner Beerdigung wird gerade DIESES Foto ausgestellt, oder was? Ganz klar, ich sehe den Pfarrer schon vor mir wie er sagen wird: Und hier, verehrte Trauergemeinde, sehen Sie Mica Scholten gemeinsam mit seinem besten Freund bei einem Spaziergang. Wie Sie sehen können, passte er gerade einmal so aufs Foto und wir müssen zugeben, dass wir Bedenken hatten, ihn in einem hölzernen Sarg zu beerdigen. Eventuell wäre dieser noch vor der Absenkung ins Grab durchgebrochen. Aufgrund dieser Tatsache haben wir uns für einen massiven Betonsarg entschieden, welcher seinem krankhaften Übergewicht zweifellos standhalten würde. Aaaalter, komm mal wieder runter und guck dich mal an, du Klappergestell!" Wenige Sekunden später musste ich tatsächlich heulen – allerdings vor Lachen!

Ich bin dem Schicksal so unendlich dankbar, dass es mich damals vor fast 20 Jahren mit einem Klassenkameraden nach Hause gehen ließ. Nur durch diesen banalen Zufall lernte ich DEN Menschen kennen, welchen ich seitdem nicht nur meinen allerbesten Freund, sondern auch den größten Seelenbalsam und lustigsten Vogel aller Zeiten nennen darf – Axel, ich liebe dich mein Bester!!!

Axel und auch meine Mutter waren in puncto Körperschemastörung eine sehr wichtige Stütze für mich. Es fiel mir zuweilen zwar schwer, auf ihre motivierenden Worte zu vertrauen, aber trotzdem bewirkten sie auf lange Sicht eine enorme Hilfe. Meine Mutter fasste mich in dieser Beziehung gelegentlich auch nicht gerade mit Samthandschuhen an. Sie verdeutlichte mir, dass ich schon immer dazu neigte, mich in Dinge hineinzusteigern. Diese Aussage (welche ich zunächst noch als denunzierende Unterstellung auffasste), entpuppte sich jedoch bei genauerer Überlegung als gar nicht so falsch. Und schon war ein weiteres Ziel in Aussicht: Lockerer zu werden und nicht alles so persönlich zu nehmen. Auch das ist ein Prozess, welcher nicht von Heute auf Morgen zu bewerkstelligen ist. Aber ich bin zuversichtlich, dass mir auch das im Laufe der Zeit deutlich leichter fallen wird. So vieles im Leben kommt nicht durch eine simple Erklärung, sondern allein mit zunehmender Lebenserfahrung. Worte sind häufig wie rohe Eier, welche gegen eine Mauer geworfen werden, allerdings nicht ansatzweise die Chance haben, durch sie hindurch zu dringen. Trotzdem ölt jeder einzelne Tropfen den Stein und irgendwann kommt ggf. etwas Positives dabei raus. Manchmal ist Geduld im Leben einfach unverzichtbar.

Durch Corona war unsere Klasse (so wie viele andere) dazu gezwungen, für einen längeren Zeitraum zwischen Präsenzunterricht und Homeschooling zu switchen. Mehrere Monate verbrachten wir ab Weihnachten 2020 zuhause und führten unseren regulären Stundenplan mit einem entsprechenden Programm für Homeschooling weiter. Im Grunde keine allzu schlimme Situation für mich, da ich durch diese Maßnahme gleich mehrere Vorteile genoss. Ich sparte mir fortan einiges an Spritgeld und hatte rund zwei Stunden (welche ich bis dato für den täglichen Fahrtweg benötigte) mehr Zeit für mich. Und auch für Stupsi, welcher in diesem Zeitraum nicht bei André im LKW mitfahren musste, war es natürlich eine großartige Sache, bei mir zuhause zu bleiben.

Allerdings machte sich auch in dieser Situation mal wieder meine Essproblematik bemerkbar. Zuhause war der Kühlschrank nur ein Zimmer entfernt und es kostete mich sehr viel Disziplin und Durchhaltevermögen, mir nicht alle paar Minuten einen Snack zu holen. Auf der anderen Seite hatte ich wiederum das Glück, meinen Tagesbedarf gut unter Kontrolle zu halten, indem ich nach dem Unterricht noch längere Touren als sonst mit Stupsi lief. Auch mein neues Ergometer (welchen mir André zum 11. Jahrestag geschenkt hatte), war bei akutem Bedarf stets zur Stelle, wenn ich einige Kalorien zu viel erwischt hatte. Diesen Aspekt möchte ich jedoch nicht überbewerten, da es einigen meiner Mitschüler so erging. Immer etwas im Hintergrund snacken, im richtigen Schulunterricht absolut nicht machbar. Aber zuhause eben schon. Auf den ersten Blick möchte man gar nicht meinen, wie viele Umstände eine solche Essstörung mit sich bringt. Nicht selten muss man sich hierbei selbst austricksen und sich ein Schema zurechtlegen, um nicht in alte Verhaltensmuster zurückzufallen.

Alles in allem gelang es mir recht gut, die Zeit zu überbrücken und im Februar 2021 ein sehr gutes Zwischenzeugnis zu erzielen.

Durch Corona kam ich in eine Situation, welche mich wieder einmal explizit „brandmarkte". Bereits Anfang 2021 fragte mich meine zuständige Ärztin, ob ich mich als sogenannte „Risikogruppe" (Diabetiker zählen darunter) bald impfen lassen würde. Allein durch diese Kennzeichnung weigerte ich mich, da ich mich selbst nicht als Risikogruppe ansehe. Ich fühle mich körperlich wohl, bin im Gesamtbild nicht sonderlich anfällig und auch recht zäh. Ich beschloss allein schon aus Prinzip mit der Impfung zu warten und den wirklichen „Risikogruppen" Vorrang zu gewähren.

Erst als in meinem persönlichen Umfeld schon alle Menschen geimpft waren und auch meine reguläre Altersklasse unabhängig von der Risikogruppe an die Reihe kam, machte ich mir einen Termin.

Wenn es schulisch weiterhin so gut läuft, steht für mich in beruflicher Hinsicht wohl alles zum Besten. Ich erkannte meine persönlichen Stärken noch rechtzeitig und möchte hierauf unbedingt aufbauen. Ich werde höchstwahrscheinlich in die Richtungen Journalismus oder Grafikdesign gehen, was mir schon immer sehr viel Spaß machte. Auf alle Fälle möchte ich am Ball bleiben und meine Zukunft beim Schopfe packen. Den Traum von meiner Tierpension stets im Hinterkopf. Wir alle brauchen irgendwelche Träume, welche uns zum Weitermachen antreiben! Das habe ich von André gelernt.

Die komplizierteste Formel aller Zeiten?
Das Leben!

Keine Garantie!

Es mag Garantiefristen für Autos, Elektroartikel oder Waschmaschinen geben. Aber in Bezug auf unsere Gesundheit und unser sonstiges individuelles Schicksal gibt es keine, ganz gleich in welcher Hinsicht! Es gibt nur sogenannte Vorsichtsmaßnahmen, welche vor potentiellen Folgen schützen KÖNNEN, es aber noch lange nicht MÜSSEN … alles ein Abwägen von Wahrscheinlichkeit, Genetik, Schätzung, und Statistik. Aber keinerlei Gewährleistung für IRGENDETWAS. Zu viele Faktoren spielen hierbei eine entscheidende Rolle.

Es gibt Menschen, welche stets „gesund" waren und auch sonst in jeglicher Hinsicht vorbildlich lebten, wie es uns täglich tausende Fachartikel diverser Gesundheitsstudien in die Köpfe hämmern. Und aus heiterem Himmel fallen sie tot um, aus den teilweise unerklärlichsten Gründen. Genauso gibt es Menschen, welche eine oder sogar mehrere schwere Erkrankungen/Einschränkungen an der Backe haben und deren Prognosen alles andere als gutstehen. Und jene leben trotz aller Statistiken länger als so mancher „Gesunde".

Hiermit möchte ich sagen, dass es für nichts und niemanden eine eindeutige Garantie auf langjährige Gesundheit oder Immunität gibt. Die Lebenserwartung mag zwar jährlich ansteigen, aber ist es wirklich das, was wir wollen? Irgendwann sind wir alle nur noch Roboter, ausgetauscht durch Ersatzteile. Weit davon entfernt, was die ursprüngliche Natur eigentlich vorgesehen hatte. Warum muss die Menschheit immer weiter Gott spielen, nur um mit allen erdenklichen Mitteln das Leben zu verlängern? Kann man nicht in 50 Lebensjahren genauso viel Spaß haben wie in krampfhaft erzwungenen 100?

Das Leben ist eine komische Sache, welche aus so vielen unterschiedlichen Aspekten und Perspektiven betrachtet wird. Wissenschaften,

Religionen, Glaube, Politik etc. werden sich niemals vollständig einig sein. Wir alle sind Produkte diverser Lebensumstände und Prägungen, welche uns zu dem machen, was wir sind. Zufälle, Schicksale, Gene, Glück, Reichtum, Armut, Emotionen, Erziehung, innere Stärke und die nötige Willenskraft bestimmen unseren Standpunkt und lassen uns tagtäglich wachsen und weitermachen. Der Bach fließt immer weiter. Selbst wenn viele große Steine, Schlamm oder umgestürzte Baumstämme ihm seinen Strom erschweren. Welche Überraschungen wird das Leben schon morgen für uns alle bereithalten? Das Leben ist nicht fair und schon gar nicht planbar. Wir alle müssen immer wieder improvisieren. Zurzeit ist Corona hierfür das ideale Beispiel. Menschliche Spekulationen in der Wissenschaft, menschliche Zweifel, menschliche Bedürfnisse, menschliche Frustration und menschliche Meinungsverschiedenheit. Das alles in einen großen Topf geworfen – **BOOOOM!!!** ✳ ✳ ✳

Ich habe für mich selbst entschieden, mir nicht mehr unnötig den Kopf über Dinge zu zerbrechen, welche sich ohnehin nicht ändern lassen. Es mag sinnvoll sein, in der einen oder anderen Sache vorausschauend zu denken und die nötigen Vorbereitungen zu treffen. Doch wer garantiert uns das Morgen? Wer garantiert uns überhaupt irgendetwas? In diesem Fall bestimmt nicht der göttliche Hersteller oder die Pharmaindustrie …

Ich will nicht in Erinnerung bleiben als gebrochener, kleiner Antikörper, welcher sich durch diverse Vorschriften und Vorsichtsmaßnahmen das Leben verbauen ließ. Der dies nicht durfte und das nicht. Ich möchte so leben wie jeder andere auch, ohne mir dauernd den Kopf zu zermartern, ob mein Zuckerwert auf 120 mg/dl oder auf 400 mg/dl ist. Oder ob 20 mg Gluten oder 200.000 mg in einer Mahlzeit sind. SCHEIß DER HUND DRAUF, einmal fahren wir alle in die Grube!!!
   Und sollte es mich statistisch gesehen tatsächlich 10, 20 oder gar 40 Jahre eher dahinraffen als so manchen „Normalen" … dann kann ich es nicht ändern. Bringt die Pharmaindustrie die

nächsten paar Jahre tatsächlich das lang ersehnte Wundermittel auf den Markt, so ist das schön. Aber ich versteife mich nicht mehr darauf.

Manchmal frage ich mich, ob es an meiner jetzigen Situation überhaupt etwas Gravierendes verändern würde. Was wäre, wenn mir morgen eine gute Fee erscheinen würde und mich auf einen Schlag vollkommen gesund zaubern würde? Möglicherweise wäre das für die ersten 4 Wochen ein grandioses Update. Ich würde mir täglich mehrere Injektionen und auch jede Menge Rechnerei beim Essen ersparen. Aber ich schätze, dass sich auch dieser Zustand sehr schnell verselbstverständlichen würde. Nach einiger Zeit wäre auch das ganz normal und nichts Besonders mehr. Mit Sicherheit würde mich dann etwas anderes drastisch ankotzen. Es liegt einfach in der menschlichen Natur, dass wir uns viel eher die mikroskopisch kleinen Haare in der Suppe suchen, anstatt den leckeren Inhalt zu genießen.

Ich will das komplexe Wissen der Medizin nicht schmälern und schätze auch die Fortschritte. Ohne sie hätte ich höchstwahrscheinlich schon ins Gras gebissen, bevor ich mein 4. Lebensjahr erreichte und hätte manches nicht erleben dürfen. Diesen Fakt erkenne ich an. Aber ich glaube dennoch, dass möglicherweise eine große, geldgeile Mafia hinter dem Großen und Ganzen steckt. Meine Mutter erzählte mir einmal von einem Flugzeugabsturz, bei welchem ein Forscher mit einem Heilmittel für Diabetes im Gepäck ums Leben kam. Nur ein Gerücht oder die Wahrheit? Und wenn ja: Kann das Zufall sein? *I don't know, i don't care!*

Wenn ich heute so auf mein bisheriges Leben zurückblicke, fällt mir auf, dass ich mir stets ein anderes Ventil suchte, welches mir dabei half, bewusst auszuweichen, um mir selbst zu entfliehen. Aufsässig zu sein, indem ich meinen Vater und gelegentlich die Lehrer ärgerte und mich darüber amüsierte. Zum Islam konvertieren zu wollen, nur um etwas mit meinen damaligen Vorbildern gemeinsam zu haben und ein Ventil für meine unterdrückte Wut zu finden. So beliebt und gefragt zu sein wie Axel. Die gleichen

Rechte zu haben wie André. Einer Illusion in Form der Spiel-sucht hinterherzujagen. Fortzugehen, nur um in der Nähe eines Menschen zu sein, welchen ich glaubte, zu kennen. So dünn zu sein wie nur möglich, Essen bis zum Umfallen etc.

All das scheint mir im Nachhinein betrachtet eine Art Ablen-kung und der unbewusste Wunsch nach Anerkennung gewesen zu sein, um mir bloß keine Gedanken zu machen, wie es eigentlich in mir selbst aussieht. Zu verdrängen, dass ich im Grunde stets ein Wrack voller Komplexe und Depressionen war, welches ande-re Menschen für die eigenen Probleme verantwortlich mach-te. Und den Großteil der „normalen" Menschheit hasste, nur weil diese im Vergleich zu mir stets so gesund und ausgeglichen wirkten. Es war der pure Neid und ekelhafte Missgunst, nichts weiter. Ich blieb viel zu lange das unsichere Kind, welches nie-mals wusste, wo sein eigentlicher Platz in der Welt liegt. Inzwi-schen habe ich gelernt, überwiegend in mir selbst zu ruhen und vieles an mir vorbeigehen zu lassen. Es lohnt sich einfach nicht, sich über jeden Fliegenfurz aufzuregen.

Ich glaube inzwischen, dass das größte Problem der Menschheit darin besteht, inständig und überall nach dem permanenten Glück und der vollkommenen Perfektion ohne Rücksicht auf Verluste zu suchen. Diesbezüglich wird in jeder Hinsicht alles gegeben, um diesem Zustand so nahe wie möglich zu kommen, ich selbst nehme mich da gar nicht aus.

Aber das durchgehende Glück gibt es nicht und wird es auch niemals geben. **Zufriedenheit** heißt das Zauberwort. Es sind die kleinen Momente im Leben, welche als Glück bezeichnet werden können. Auch das hört sich im ersten Moment sehr stark nach einem billigen Werbespruch für Schokolade an. Aber auf das Le-ben bezogen entspricht es der Wahrheit. Besondere Erinnerun-gen sind einmalig und unwiederbringlich. Es sind nicht nur die alten Menschen, welche sich inständig durch ihre Vergangenheit erheitern und anpreisen, wie schön das Leben doch einst war. War es das tatsächlich? Unser Gehirn ist auch in dieser Hinsicht ein fieser kleiner Underground-Agent, welcher sich die eine oder andere Erinnerung gezielt zurechtrückt, um sie noch schöner zu bewahren. Aber trotz allem sind es diese erlebten Dinge, welche uns am Tage unseres Dahinscheidens geblieben sind und unser Dasein bedeutend gemacht haben. Und wenn es auch nur für uns selbst ist und uns diese Erinnerungen friedlicher einschlafen lassen werden. Ganz gleich, ob sie tatsächlich so schön waren, wie es uns unser Gehirn im Nachhinein gerne vorgaukeln möchte. Erinnerungen sind das Einzige, was wirklich bleibt, während die überschüssige Materie vergeht. Ich halte nicht viel von der Kirche, aber ich muss zugeben, dass sie einige weise Ansichten vertritt. Beinah 12 Jahre ist es inzwischen her, als mein Vater starb. Damals sagte der Pfarrer auf seiner Beerdigung einen Satz, welcher mich schon damals faszinierte und welcher sich vollkommen bewahrheitete. „Solange er in Erinnerungen weiterlebt, wird er niemals wirklich tot sein!" Da ist was dran. Solange Erinnerungen leben, sind wir im Geiste auch niemals tot.

Ich habe mir mittlerweile gezielt angewöhnt, jene Dinge zu schätzen, welche ich (noch) habe. Und mich nicht mehr unnötig über jene aufzuregen, welche ich gerne HÄTTE (außer mein Gewicht, da hapert es nach wie vor…). Und das jeden einzelnen Tag. Wie schnell kann alles vorbei oder beeinträchtigt sein? Das halte ich mir stets vor Augen. Ich müsste nur einmal kurz beim Gassi gehen über eine Wurzel stolpern und könnte mir das Genick brechen. Oder das Auto versagt und ich rase gegen einen Baum. Oder ein lockerer Dachziegel fällt herunter und erschlägt mich. Und, und, und …

Wohl jeder kennt die schönen Zitate und Lebensweisheiten, welche unter anderem in sozialen Netzwerken regelmäßig Beachtung finden. Der eine oder andere ist tatsächlich von enormer Weisheit geprägt. Meinen Lieblingsspruch „**Lebe jeden Tag, als wäre es dein letzter!**", machte ich im Laufe der Zeit zu meinem Lebensmotto. Vor einigen Jahren interpretierte ich diesen Spruch noch deutlich naiver. Ich dachte mir damals: Ja, genau, wenn ich das tun würde, wäre ich nach 3 Tagen pleite. Bei dieser Weisheit geht es jedoch nicht darum, jeden Tag fette Partys zu feiern, sich teure Sachen zu kaufen oder größere Unternehmungen zu bewerkstelligen. Es geht darum, jeden Tag so schön wie möglich zu gestalten. Trotz aktivem Arbeits- oder Schulleben. sich selbst jeden Tag eine kleine Freude zu machen, welche den Moment verschönert. Ein schöner Film, ein ausgiebiger Spaziergang, ein aufmunterndes Lied, ein köstliches Essen oder ein warmes Bad. Diese Kleinigkeiten sind das wahre Glück im Leben.

Ich weiß, dass ich meinen Weg weiter gehen werde. Auch wenn ein gewisser Teil der inneren Dämonen stets bleiben wird. Und das ist noch nicht einmal das Schlechteste, wie ich finde. Zu einem gewissen Teil bin ich sogar froh, jener Mensch zu sein, welcher ich heute bin. Wer weiß, ob ich auf anderem Wege heute an meinem jetzigen Standpunkt angekommen wäre? Möglicherweise wäre ich ein ausbeuterischer, kapitalistischer Chef oder ein gemeiner Tierquäler. Ich bin froh, dass ich ein einfaches Landkind geblieben bin, welches die wunderschöne Natur und die Tierwelt über alles liebt. Sehr viele Menschen verloren jene Aspekte im Laufe des Zeitalters von Snapchat und TikTok gänzlich aus den Augen. Es ist in dieser Welt nicht nur ausschließlich meine Seele, welche sich zuweilen im Unterzucker befindet. Das habe ich inzwischen erkannt.

Sämtliche Kämpfe sollen nicht vergeblich gewesen sein. Ich bin ein Teil des großen Gesamten. Ich bin mehr als nur ein nutzloser wandelnder Antikörper, welcher bis dato noch rein gar nichts im Leben erreicht hat. Inzwischen betrachte ich meinen Körper nicht mehr als meinen Feind, sondern viel eher als ein effektives Werkzeug, um meinen weiteren Lebensweg zu bestreiten. Ein Auto muss nicht nur schön aussehen. Am Ende zählt viel mehr die Tatsache, wie weit es dich bringen wird. Diese Metapher bezieht sich ebenfalls auf den menschlichen Mechanismus. Mir wurde klar, dass ich im Grunde zu viel mehr fähig bin, als ich mir auf den ersten Blick hin zutraute. Mein Geist hatte mich trotz aller Probleme immer irgendwie weiterkämpfen und auch in schwierigen Lebenssituationen durchhalten lassen. Inzwischen glaube ich vermehrt an die Kräfte der Selbstheilung, anstelle von medizinischen Diagnosen, welche sich zum Großteil nur auf Statistiken beziehen und den einzelnen Parteien nicht gerecht werden.

Der Einzige, welcher sich stets im Wege stand, bin ich selbst. Ich verurteilte andere Menschen für meine persönlichen Defizite. Unterstellte diesen oft das Schlechteste, obwohl es hierfür keinerlei Begründung gab. Doch die Zeiten der durchgehenden Depression und des endlosen Selbstmitleids sollen nun endlich Geschichte sein.

Ich bin Mica Scholten! Ich habe körperliche Handicaps und auch einen gewaltigen Vogel im Kopf. Aber trotz allem bin ich Mica Scholten! Und das bis zum Ende meiner Tage …

*Das Einzige, das bleibt, sind
Erinnerungen.*

Dies Buch widme ich André, Axel, meiner Familie und allen Menschen, welche einen positiven Teil meines Lebens ausmach(t)en.

Weiterhin widme ich es allen Menschen, welche sich ihre Lebensfreude trotz chronischer Einschränkungen nicht nehmen lassen und täglich aufs Neue leben und kämpfen.

Ferner allen Tier- und Naturfreunden, welche ihr Leben dafür einsetzen, die Welt der Tiere zu verbessern!

Nicht zu vergessen meinem größten Schatz auf Erden, welcher mir zeigte, was bedingungslose Liebe bedeutet.

Sämtliche Einnahmen dieses Buches werden zum Wohle der Tiere verwendet.

novum ❦ VERLAG FÜR NEUAUTOREN

Bewerten
Sie dieses Buch
auf unserer
Homepage!

w w w . n o v u m v e r l a g . c o m

Der Autor

FÜR AUTOREN A HEART FOR AUTHORS À L'ÉCOUTE DES AUTEURS MIA KAPΔIA ΓIA ΣYΓΓPA
FÖR FÖRFATTARE UN CORAZÓN POR LOS AUTORES YAZARLARIMIZA GÖNÜL VERELIM SZÍV
PER AUTORI ET HJERTE FOR FORFATTERE EEN HART VOOR SCHRIJVERS TEMOS OS AUTOF
ZOINKERT SERCE DLA AUTORÓW EIN HERZ FÜR AUTOREN A HEART FOR AUTHORS À L'ÉCOUT
BCEЙ ДУШОЙ K ABTOPAM ETT HJÄRTA FÖR FÖRFATTARE À LA ESCUCHA DE LOS AUTOR
MIA KAPΔIA ΓIA ΣYΓΓPAΦEIΣ UN CUORE PER AUTORI ET HJERTE FOR FORFATTERE EEN H
ZERZŐINKÉRT SERCE DLA AUTORÓW EIN HERZ FÜR
CORAÇÃO BCEЙ ДУШОЙ K ABTOPAM ETT HJÄRTA FÖR

Mica Scholten wurde 1992 geboren. Seit seinem
4. Lebensjahr hat er Diabetes Typ 1, einhergehend
damit tauchen nach und nach diverse weitere körperliche und mentale Probleme auf.
Einen höheren Schulabschluss holt er im Erwach-
senenalter nach. Beruflich war er lange auf der
Suche und tätig als Leiharbeiter, Service-Mitarbeiter
und Lichttechniker. In seiner Freizeit liebt er lange
Spaziergänge in freier Natur, das Schreiben, Musik
hören und seine Freunde treffen. Seine ganze Leidenschaft gilt aber den Tieren und dem Tierschutz,
worauf er seine Zukunft weiter aufbauen möchte.
Er ist äußerst kreativ und philosophisch veranlagt.
Mit „Die Seele im Unterzucker – Wenn der Körper
zum Feind wird", seiner ersten Veröffentlichung,
erzählt er seine Biografie, ungeschönt mit allen
Höhen und Tiefen.

novum ⬥ VERLAG FÜR NEUAUTOREN

Der Verlag

> Wer aufhört
> besser zu werden,
> hat aufgehört
> gut zu sein!

Basierend auf diesem Motto ist es dem novum Verlag ein Anliegen neue Manuskripte aufzuspüren, zu veröffentlichen und deren Autoren langfristig zu fördern. Mittlerweile gilt der 1997 gegründete und mehrfach prämierte Verlag als Spezialist für Neuautoren in Deutschland, Österreich und der Schweiz.

Für jedes neue Manuskript wird innerhalb weniger Wochen eine kostenfreie, unverbindliche Lektorats-Prüfung erstellt.

Weitere Informationen zum Verlag und seinen Büchern finden Sie im Internet unter:

www.novumverlag.com